제4전정판

국제경영

INTERNATIONAL BUSINESS

/ 강태구 저

박영사

제 4 전정판 서문

오늘날 우리는 '국경이 없는 세계(borderless world)' 속에서 하루하루를 살아가고 있으며, 기업들은 이렇게 하나 된 세계시장(single world market)에서 지구적 경쟁과 불확실성에 맞서가며 어떻게 하면 성공적으로 국제사업활동을 수행할 수 있을 것인가에 온갖 심혈을 기울이고 있다.

이런 가운데 세계경제는 WTO의 운영에 따른 각국 간의 무역마찰 심화와 지역경제통합의 가속화 및 결속 강화, 그리고 유럽경제의 침체와 이에 따른 각국의 경제적 위기 봉착 등 예전에 볼 수 없었던 급격한 변화를 맞고 있다. 이에 오늘날의 기업들은 이러한 시대적 변화에 능동적으로 대처하고 동시에 범세계적인 사업활동을 성공적으로 수행하기 위하여 국제경영 전반에 관한 높은 수준의 이론적 · 실무적 지식을 겸비하지 않으면 안 되게 되었다.

본서는 이러한 시대적 요구에 부응하여 우리 학생들과 기업들이 급변하는 국제경영환경에 창조적으로 대처하고 글로벌한 시야에서 국제경영활동을 성공적으로 수행하기 위해서 과연 무엇을 겸비하는 것이 바람직할 것인가를 생각하면서, 저자가 여러 해 동안 학부와 대학원, MBA 등에서 국제경영, 국제경영전략, 글로벌기업 등 국제경영학 관련과목을 강의하면서 준비한 자료를 중심으로 관련 문헌을 두루 참고하여 학부 및 대학원의 강의에 적합하도록 꾸민 것이다.

저자는 이 책에서 오늘날 전세계적으로 이루어지고 있는 모든 형태의 국제경영활동을 포괄하고자 노력하였으며, 이를 위해 전체적인 내용을 크게 국제경영학 서설, 국제경영환경, 해외사업전략, 국제경영전략과 관리 등 4부 15장으로 편성하여 학부 및 대학원의 한 학기 강의에 적합하도록 꾸몄다. 그리고 이번 제4전정판에서는 전체 내용을 처음부터 다시 정리하고 자료를 최신의 것으로 대체하였으며, 각 장의 앞뒤에 전세계적인 사례와 우리나라의 사례를 개정 · 수록하여 학생들이 변화하는 시대를 능동적으로 따라가면서 각 장의 내용을 보다 흥미롭고 수월하게 파악하여 공부할 수 있게 하였다.

따라서 이 책을 교재로 국제경영을 강의하고자 하는 교수님들께서는 그 강좌의 특성이나 강의시간 등을 고려하여 각 장의 특정 부분을 보다 상세하게 강의하거나 또는 생략하는 등의 방법을 선택적으로 활용하면 국제경영의 교육목표를 보다 효과적으로 달성할 수 있을 것으로 사료된다.

저자는 각 장의 내용을 가능한 한 쉽고 친절하게 서술하려고 노력하였지만, 워낙 천학비재한 사람이라 이러한 의도가 어느 정도나 반영되었는지 의구심이 앞설 뿐이다. 그리고 아직도 많을 것으로 사료되는 부족한 부분이나 오류는 추후 동학제현의 지적을 받아 계속 수정 · 보완하고자 다짐해 본다. 다만 저자로서 본서가 국제경영을 공부하는 학부생 및 대학원생, 그리고 전세계에서 국제경영활동을 수행하고 있는 우리 기업들의 전략적 의사결정에 조금이라도 도움이 될 수 있다면 더 이상의 바람이 없겠다.

이 책을 집필하는 데 많은 분들의 도움을 받았다. 특히 평소 전남대학교 경영대학의 선후배 · 동료 교수님들의 따뜻한 격려는 본서를 출판하는 데 큰 밑거름이 되었다. 그리고 본서 제4전정판의 출판을 기꺼이 허락하여 주신 박영사의 안종만 회장님을 비롯한 임직원 여러분, 원고를 말끔하고 세련되게 편집해 주신 전채린 선생님, 그리고 교정에 시간을 할애해 준 김사윤 조교에게도 깊은 감사의 말씀을 드린다.

끝으로 사랑하는 가족 정 모니카, 강 아오스딩, 강 미카엘라에게도 마음에서 우러나는 깊은 사랑의 뜻을 전한다.

2012년 8월

무등산이 바라다 보이는 연구실에서

저 자

차례

International Business

제1부 국제경영학 서설

제2부 국제경영환경

제 3 장 경제적 환경

제 4 장 문화적 환경

제 5 장 정치적 환경

제3부 해외사업전략

제 7 장 수출전략

제4부 국제경영전략과 관리

제10장 국제전략제휴

제12장 국제마케팅

제14장 국제인사

제15장 국제조직

국제경영학 서설

International Business

제1부

CHAPTER 01

기업의 글로벌화와 **국제경영**

International Business

국제경영사례 1-1

Singer사 로고

1851 최초 재봉틀

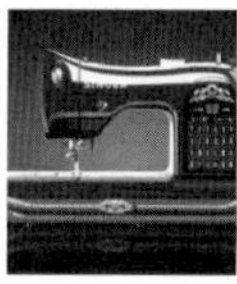

2012 창립 160년 기념 재봉틀

I. M. Singer

2012년 현재 160년의 역사를 기록하고 있는 Singer사의 성장과 발전, 그리고 글로벌화는 국제경영을 공부하고 있는 우리들에게 여러 가지 시사점을 제공해주고 있다.

사실, 손바느질에 대한 기계화가 시도된 것은 1790년 영국의 T. 세인트의 재봉기로 거슬러 올라가지만, 정작 최초의 표준형 가정용 재봉틀을 생산하여 성공적으로 사업을 이룬 사람은 다름 아닌 발명가 I. M. Singer이다.

Singer사는 처음부터 국내외적으로 크게 성공을 거두게 되었는데, 그들은 단순히 국내시장에 머물지 않고 과감하게 해외에 진출하여 사업을 확장해나가는 대담성을 보였다.

그러면 그들은 그 옛날에 어떠한 과정을 거쳐서 전세계적으로 글로벌화를 하였을까.

Singer사는 1850년 재봉틀을 발명한 이후, 먼저 미국 내에서 생산 · 판매하기 위해 1851년 뉴욕에 Singer사(I. M. Singer & Company)를 설립하였다. 그리고 I. M. Singer는 이 혁신제품을 보호하기 위하여 특허를 신청하여 1851년까지 국내특허와 몇몇 해외특허를 획득하였고 1855년까지는 주로 국내사업에만 주력하였다.

Singer사의 최초의 글로벌화는 1855년 재봉기계에 대한 자사의 프랑스 특허를 프랑스 무역상에게 총액 일괄지급에 로열티를 붙여 지급받기로 하는 조건으로 판매한 것으로부터 시작되었다. 그러나 프랑스 무역상이 로열티를 지불하지 않으려고 하고 이 무역상이 Singer사와 경쟁하고 있던 기업의 제품을 취급함에 따라 분쟁이 발생하게 되었고, Singer사에게 해외특허를 독립적인 기업인에게 판매하지 못하도록 함에 따라 어려움을 겪기도 하였다. 이 때문에 Singer사는 1856년에는 그동안 자사의 특허를 국내시장의 개인 기업인들에게 지역별로 제공하던 것을 중단하고, 자사직영 판매대리점을 설립하기 시작하였다. 하지만 독립적인 판매대리점(independent agents)들은 소비자들에 대한 제품 사용설명서를 제공받지 못하였고 그 결과 소비자들에게 서비스를 제공하지 못했었다. 또 그들은 대량의 재고유지와 할부판매에 따른 재정상의 위험을 부담하지 않으려고 하였다.

국내사업에서 교훈을 얻게 된 Singer사는 해외진입방식으로 프랜차이즈 대리점을 이용하게 되었는데, 이들 프랜차이즈 대리점은 특정 지역에서 Singer사의 재봉틀을 판매하고 홍보하는 역할을 담당하였다. 1858년 Singer사는 리오 데 자네이루(Rio de Janeiro)와 그 외 지역에 해외지점 역할을 하는 독립적인 전문경영자를 두게 되었다. 그리고 1860-1861년간에 캐나다, 쿠바, 큐라소(Curacao), 독일, 멕시코, 페루, 푸에르토리코, 우루과이 그리고 베네수엘라 대리점에 127대의 재봉틀을 수출하였다. Singer사는 국내에서 겪었던 좋지 못한 경험 때문에, 때로는 프랜차이즈 대리점과 직영 판매대리점을 동시에 이용하면서 선형적인 글로벌화를 가속화시켰다.

Singer사는 또한 해외시장에 판매대리점 설립을 늘려갔다. 그리고 1861년에는 글라스고우(Glasgow)와 런던(London)에 유급 대리점을 두게 되었다. 그리고 영국에 또 다른 지점을 설립하였는데, 이들 각 대리점들은 재봉틀을 위탁받아 판매하였다. 1862년에 이르자 Singer사는 영국에서 자사의 재봉틀을 모방 · 생산하는 기업들과의 경쟁에 직면하게 되었다. 하지만 재봉틀 판매는 당시 달러화가 과소평가되던 때라 국내보다 해외에서 훨씬 더 싸게 팔려 해외판매가 꾸준히 증대되었다. Singer사는 1863년에 독일의 함부르크(Hamburg)에 판매사무소를 개설하였고, 나중에는 스웨덴에 판매사무소를 개설하였다. 그리고 1866년 유럽에서는 Singer사의 재봉틀 수요가 공급을 초과하였고, 경쟁사들은 Singer사가 재봉틀 수요를 완전히 충족시키지 못하자 이 기회를 십분 활용하였다. 남북전쟁 이후 미국 달러화의 가치는 상승하였고, 동시에 미국의 임금도 상승하기 시작하여, 결국 제조비용이 증대되었고 기업들의 국제경쟁력은 약화되었다. 그 결과 일부 미국기업들은 공장을 해외에 설립하기 시작하였다.

1868년 Singer사는 미국에서 부품을 수입하여 글라스고우에 소규모 조립공장을 설립하였다. 그 사업은 성공적이어서 1869년에는 모든 부품을 글라스고우에서 생산하기 위해 미국에서 기계를 수입하였다. 그리고 1874년에는 국내의 경기침체 때문에, 생산량의 절반 이상을 해외에 판매하고 있었다. 당시 Singer사는 국내에서 자금을 조달하는 독립적인 대리점(locally-financed independent agents)들을 급여에 커미션을 추가해서 지급하는 대리점(salaried-plus-commission agents)으로 대체하기 시작하였다. 1879년에 이르러서는 런던 지역본부는 영국에 26개의 대리점을 소유하고 파리, 마드리드, 브뤼셀, 밀란, 바젤, 케이프타운, 봄베이 그리고 오클랜드에 각 한 개씩의 대리점을 소유하게 되었다.

1880년에 이르러서는 오스트레일리아, 아시아, 아프리카, 남미 남부지역, 영국, 그리고 유럽대륙의 대부분 지역에 대한 판매를 담당하는 런던 지역본부를 둔 강력한 해외 판매조직을 갖게 되었다. 함부르크 사무소는 유럽북부와 중부를 책임지고, 뉴욕 사무소는 카리브해와 멕시코, 그리고 남미의 북부와 캐나다 지역에 대한 판매를 담당하였다. 1881년에는 글라스고우에 있는 Singer사의 3개 공장이 재봉틀에 대한 수요를 충족시키지 못함에 따라, 1882년 글라스고우 근처 킬보위(Kilbowie)에 최신식 미국 기계와 미국에 있는 최대 규모 공장의 생산능력과 같은 생산능력을 가진 현대식 공장을 설립하였다. 그리고 1883년에는 캐나다와 오스트레일리아에 생산공장을 설립하였다. Singer사는 그동안의 경험을 통해서 유럽과 여타 시장에 판매할 재봉틀을 미국보다 스코틀랜드에서 훨씬 더 싸게 생산할 수 있다는 사실을 간파할 수 있게 되었다.

자료: UNCTAD, *World Investment Report 1996: Investment, Trade and International Policy Arrangements* (New York and Geneva, UN, 1996); M. Wilkins, *The Emergence of Multinational Enterprise: American Business Abroad from the Colonial Era to 1914* (Cambridge, Mass., Harvard University Press, 1970); Singer Homepage (www.mysingerstory.com); 한국 Singer Homepage(www.singerkorea.co.kr)

제1절 국제경영의 개념

1. 세계경제의 글로벌화

일찍이 오마에(K. Ohmae)는 오늘날 세계경제에는 국경이 사라지고, 기술의 발전에 따라 정보, 자본, 기술혁신이 초고속으로 전파되고 있으며, 이러한 현상은 최고의 제품을 최저의 가격으로 소비하고자 하는 소비자들의 욕구에 의해 더욱 가속화되었다고 주장하였다. [1]

이렇듯 우리는 이미 국경이 그 의미를 상실한 세계경제의 글로벌화(globalization of world economy)시대에 살고 있으며, 앞으로도 더욱더 가속화되어가는 글로벌화 시대에 살게 될 것이다.

사실 세계경제의 글로벌화는 오랜 역사적 과정을 통해 이루어진 것이지만, 여기에는 무엇보다도 자유무역을 표방하고 운영되었던 GATT(General Agreement on Tariffs and Trade: 관세와 무역에 관한 일반협정)체제와 과학기술 및 운송·통신수단의 획기적인 발달 등이 결정적인 영향을 미쳤다고 할 수 있다.

세계경제의 글로벌화를 주도한 무역(trade)이 오늘날과 같은 본격적인 국제경영활동의 하나로 이루어지기 시작한 것은 GATT체제가 출범했던 제2차 세계대전 직후부터라고 할 수 있다. 제2차 세계대전 직후 GATT체제의 출범과 더불어 무역자유화가 강력하게 추진됨에 따라 전세계 무역이 급증하기 시작하였고 이렇게 급증된 전세계 무역은 곧 세계경제의 급속한 성장에 견인차 역할을 하였다.

이러한 세계경제의 글로벌화는 글로벌 시장규모의 확대를 통해서도 쉽게 확인할 수 있는데, 전세계 GDP U$30조 중에서 1999년에 이미 글로벌화된 시장규모가 약 U$6조에 달하는 21%를 차지하고 있으며, 글로벌화 과정에 있는 시장규모도 전체의 64%인 약 U$13조에 이르고 있는 것으로 파악되고 있다. 이는 전세계 시장의 85%가 이미 글로벌화 상태에 놓여 있다는 것을 의미한다.

이러한 세계경제의 글로벌화는 앞으로도 더욱 가속화되어 2027년에는 전세계 GDP가 U$91조로 확대되는 가운데 이 중 94%에 달하는 U$85조 이상이 글로벌 시장에서 발생하게 될 것으로 전망되며, 지역시장이 담당하게 될 GDP 규모는 단지 6%에 불과할 것으로 전망되고 있다. [2]

한편, 무역을 중심으로 이루어지기 시작한 각국 경제의 글로벌화는 곧바로 시장의 글로벌화와 생산의 글로벌화를 통해 기업의 글로벌화를 가져왔다. 즉 높은 수준의 자산적 지식을 보유하고 있던 거대 기업들은 자사가 보유하고 있는 이러한 자산적 지식을 최대한 활용하여 이익을 극대화하기 위해 해외에 진출하기 시작하였고, 과학기술 및 운송 · 통신수단의 급속한 발달은 이들 기업의 해외진출을 용이하게 하였을 뿐만 아니라 해외 여러 지역에 산재해 있는 해외자회사들을 성공적으로 관리할 수 있게 해 주었다. 그 결과 거대기업들은 원가를 절감하기 위해 한 가지 제품의 생산에 필요한 여러 가지 공정을 전세계 여러 지역에 분산하여 수행하는 이른바 생산의 글로벌화를 추구하기 시작하였다.

그리하여 오늘날의 기업들은 국경이 없는 하나 된 세계 그리고 하나 된 시장에서 수출방식(exporting)이나 계약방식(contract), 그리고 한 걸음 더 나아가 해외에서 제품을 직접 생산 · 판매하기 위한 해외직접투자방식(foreign direct investment)을 이용하여 국제경영활동을 활발하게 전개하고 있다.

2. 글로벌화의 개념

오늘날 우리가 살고 있는 이 세계는 이제 국경이 없는 하나의 세계(borderless world) 그리고 시장이 하나가 된 세계(single market)라고 할 수 있다. 본서는 이러한 세계에서 이루어지는 국제경영활동, 그리고 이러한 국제경영활동의 주체가 되는 글로벌기업의 전략과 관리를 연구하는 것이 주목적이므로, 여기에서는 먼저 글로벌화와 글로벌산업, 그리고 글로벌기업에 대한 정의를 살펴보기로 한다.

글로벌화(Globalization)란 여러 가지로 정의될 수 있지만, [3] 통상 세계경제가 종전의 국가단위 시장으로부터, 국경에 따른 시장구분이 더 이상 의미가 없는 세계적인 거대 단일시장으로 통합되어 가는 과정을 뜻한다. 글로벌화에 따라서 국가 간의 시장이 개방되고 제품, 서비스, 기술 그리고 자본이 자유롭게 이동되게 되는데, 이러한 현상을 각국시장의 개방화에 따라서 더욱 가속화될 것으로 예상된다.

글로벌산업(Global Industry)이란 특정 지역에서의 전략적 위치가 글로벌 경쟁에 의해서 근본적으로 영향을 받는 그러한 산업을 말한다.

글로벌기업(Global Company)이란 전세계를 하나의 단일시장으로 보고, 통합된 전략하에서 글로벌 경영활동을 수행하는 기업을 뜻한다.

표 1-1 글로벌화의 개념

글로벌화 (globalization)	종전의 국가단위 시장에서 시장을 국경에 따라 구분하는 것이 의미가 없는 세계적인 하나의 시장으로 통합되는 과정을 뜻한다.
글로벌산업 (global industry)	특정 지역에서의 전략적 위치가 글로벌 경쟁에 의해 근본적으로 영향을 받는 산업을 뜻한다.
글로벌기업 (global company)	전세계를 하나의 시장으로 보고 통합된 전략하에서 글로벌 경영활동을 수행하는 기업을 뜻한다.

자료: J. Fraser and J. Oppenheim, "What's New about Globalization?" *The Mckinsey Quarterly*, 1977, No. 2, pp. 168-179.

한편, 기업 및 산업의 글로벌화는 앞으로도 여러 가지 요인들에 의해서 끊임없이 지속될 것인데, 여기에는 ① 각국 시장의 기호 동질화, ② 생산 및 유통에 있어서의 범세계적인 규모의 경제, ③ 운송비의 감소, ④ 국가 간의 상호의존성 심화 등과 같은 요인들을 들 수 있다. [4]

이와 같은 범세계적인 글로벌화는 앞으로 제품이나 기술, 국민, 기업 그리고 산업의 국적을 구분하기 어렵게 만들 것이고, 조만간 국가경제라는 말 자체조차 사라지고 국경을 가지고 구분할 수 있는 것이라고는 오로지 국가를 구성하고 있는 국민에 불과한 정도가 될 것이다. [5]

3. 국제경영의 정의

국제경영(International Business)이 하나의 독립된 학문분야로 발전하기 시작한 것은 상당한 시간이 흘렀지만, 국제경영에 대한 연구대상이 국제사업활동의 급속한 증대 및 다양화와 더불어 급속하게 변하고 있기 때문에 국제경영에 대한 정의도 시대에 따라서, 그리고 학자에 따라서 조금씩 다르다.

여기서 국제경영에 대한 몇몇 학자들의 정의를 살펴보면, 먼저 로빈슨(R. Robinson)은 국제경영이란 한 나라, 한 영토 또는 한 식민지 이상의 사람 또는 기관에 영향을 미치는 공적 · 사적 경영활동을 그 대상으로 하는 연구 및 실무분야라고 정의하고 있다. [6]

그리고 로벅 등(S. H. Robock, K. Simmonds & J. Zwick)은 국경을 초월하여 이루어지는 사업활동을 교육 및 연구대상으로 하는 학문분야라고 정의하고, 국경을 초월하여 이루어지는 사업활동에 재화, 서비스, 자본 및 인력의 이동, 기술이전, 그리고 인력관리를 포함시키

고 있다.[7]

이상에서 살펴본 바와 같이, 국제경영에 대한 정의는 학자들에 따라서 조금씩 다르게 정의되고 있다. 하지만 국제경영이 국경을 초월하여 이루어지는 사업활동을 그 대상으로 하는 학문 및 실무분야라는 데에는 특별한 이견이 없다.

본서는 국제경영을 '국경을 초월하여 이루어지는 모든 공적 · 사적 사업활동으로서 재화, 서비스, 기술, 자본, 인력 그리고 정보 등을 포괄' 하는 넓은 의미로 정의하기로 한다.

4. 국내경영과 국제경영의 차이

그러면 국제경영은 국내경영과 어떤 차이가 있는가?

국내경영과 국제경영은 서로 많은 공통점과 유사점을 가지고 있고, 이들 간에는 상호 유기적인 관계가 있을 뿐 아니라 국내경영에서 활용되는 여러 가지 보편적인 기본원리들은 국제경영의 경우에도 그대로 연장 · 적용된다.

그럼에도 불구하고 국제경영이 국내경영과 특별히 다른 점은, 경영활동이 자기 나라와 전혀 다른 환경(경제적, 사회 · 문화적, 정치적, 법률적 환경)을 가진 해외 다른 나라에서 이루어지고, 그것도 어떤 한 나라에서만 이루어지는 것이 아니라 수많은 여러 나라에서 동시에 이루어진다는 점이다.

그 결과 글로벌기업은 자사가 진출한 국가의 수만큼 많은 이질적인 환경하에서, 국내경영의 경우보다 훨씬 더 많은 사업상의 위험과 어려움을 겪으면서 사업활동을 수행하고, 그런 가운데서도 자사의 경영자원을 국제적으로 최적 배분 · 활용하여 이익을 극대화해야 하는 입장에 놓이게 된다. 이런 점에서 국제경영은 국내경영을 단순히 국제적으로 연장한 것 그 이상으로 보아야만 한다.

따라서 국내경영의 경우에는 단일 국민경제에 적용되는 이론과 실무만으로도 충분하지만, 국제경영의 경우에는 여기에 더하여 국가 간의 환경의 차이로 인해 발생하는 국제경영활동상의 제반 문제를 해결해 줄 수 있는 또 다른 새로운 이론과 실무를 필요로 한다. 바로 이것이 국제경영이 국내경영과 다른 점이며 국제경영이라는 학문분야가 해결해야 할 문제이다.

5. 국제경영학의 학문적 영역

제2차 세계대전 이후, 국제경영활동이 활발하게 이루어짐에 따라 실천적 과학으로서의 사명을 띤 경영학은 이러한 기업환경의 변화에 대응하여 국제경영활동을 효율적으로 수행하는 데 필요한 새로운 이론과 관리기법을 필요로 하게 되었다.

그리하여 국제경영은 이러한 시대적 요청에 부응하여 국경을 초월하여 이루어지는 경영활동을 그 연구대상으로 하는 하나의 실천적 학문분야로 발전하기 시작하였다. 그리하여, 기업의 해외진출 및 글로벌화가 하나의 일상적인 현상이 되어가고, 세계경제가 점차 글로벌화되어 가는 오늘날에 이르러서는 국제경영에 관한 이론적, 실무적 관심이 그 어느 때보다도 높아지고 있다.

브룩(M. Z. Brooke)은 국제경영의 연구대상을 〈그림 1-1〉에서 볼 수 있는 바와 같이 '국경을 넘어 자원을 거래하고 결합하는 사업활동과 그 사업활동의 주체가 되는 글로벌기업의 경영관리'라는 두 가지 영역으로 구분하고 있다.[8]

그림 1-1 국제경영의 학문적 영역

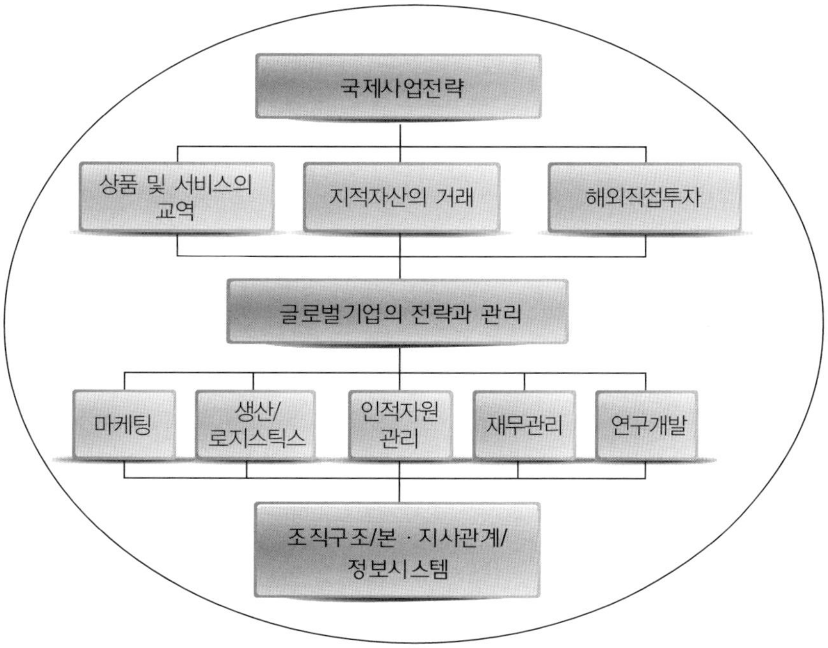

자료: M. Z. Brooke, *International Management*, 2nd ed. (Glocester, UK, Stanley Thornes Ltd., 1992), p. 18.

첫 번째 영역에 속하는 '국경을 넘어 자원을 거래하고 결합하는 사업활동'은 상품 및 서비스의 교역, 지적자산의 거래(라이센싱 등), 해외직접투자 등을 의미하며, 그 중에서도 특히 무역과 해외직접투자가 국제사업활동의 핵심이 된다. 여기에서 자원이라는 개념은 상품 및 서비스뿐만 아니라 자본과 기술, 경영, 등록상표, 그리고 기타의 지식을 모두 포괄하는 넓은 의미로 이해해야 한다.

두 번째 영역에 속하는 '국제사업활동의 주체가 되는 글로벌기업의 경영관리'는 국제사업활동의 주체가 되는 글로벌기업의 경영과 관리에 관한 것이다. 여기에는 재무, 마케팅, 생산/로지스틱스, 인적자원관리, 연구개발 등과 같은 직능분야가 포함된다. 또 글로벌화와 현지적응에 대한 압력을 동시에 받고 있는 글로벌기업의 전략과 조직구조, 본 · 지사간의 관리 및 정보시스템도 여기에 포함된다.

제2절 기업의 글로벌화

1. 기업의 해외진출

(1) 해외진출방식

기업의 해외시장 진출은 그것이 수출방식인가, 계약방식인가 그리고 투자방식인가에 따라 다음과 같이 분류할 수 있다.

1) 수출방식에 의한 해외진출

간접수출(indirect exporting)

자사대리점/유통업자를 통한 수출(direct agent/distributer exporting)

자사지점/자회사를 통한 수출(direct branch/subsidiary exporting)

기타(other)

2) 계약방식에 의한 해외진출

라이센싱(licensing)

프랜차이징(franchising)

기술계약(technical agreement)

서비스계약(service contract)

관리계약(management contract)

건설/턴키계약(construction/turnkey contract)

계약생산(contract manufacture)

공동생산계약(co-production agreement)

기타(other)

3) 직접투자방식에 의한 해외진출

단독투자(신설)(sole venture: new establishment)

단독투자(취득)(sole venture: acquisition)

합작투자(신설/취득)(joint venture: new establishment/acquisition)

기타(other)

(2) 수출방식에 의한 해외진출

수출방식에 의한 해외진출은 기업이 자기 나라에서 제품을 생산하여 해외에 수출한다는 점에서 계약방식이나 직접투자방식에 의한 해외진출과 근본적으로 다르다. 수출방식에 의한 해외진출에는 간접수출과 직접수출이 있다.

1) 간접수출(indirect exporting)

간접수출은 제품을 생산한 기업이 자사 제품을 해외에 직접 수출하지 않고 국내에 소재하고 있는 중간수출업자(국내 판매조직, 수출관리상사, 협력기구 등)를 통해서 해외에 수출하는 경우를 말한다. 이 경우, 제품을 생산한 기업은 제품을 국내의 중간수출업자에게 판매한 이후로는 그 제품에 대해 아무런 권리가 없으므로 모든 수출업무가 종료되며, 수출선이나 수출마케팅전략에 대한 통제권을 갖지 못한다.

간접수출은 주로 수출경험이 없거나 수출전문인력을 이용할 수 없는 중소기업의 경우, 또는 수출규모가 너무 작아서 자신이 직접 수출하지 않고 다른 기업에게 맡겨 수출하는 것이 훨씬 더 효과적인 경우 등에 주로 활용된다.

간접수출의 예로는, 우리나라의 중소수출기업들이 자신이 직접 제품을 수출하지 못하고 국내 유수 종합상사를 통해서 제품을 수출하는 경우, 그리고 우리나라 운동화 생산업체들이 미국의 Nike나 영국의 Reebok으로부터 OEM(Original Equipment Manufacturing)방식의 주문을 받아 운동화를 생산하지만 정작 수출은 Nike나 Reebok이 하는 경우 등이 여기에 해당된다.

2) 직접수출(direct exporting)

직접수출이란 제품을 생산한 기업이 직접 자신의 제품을 해외에 수출하는 경우를 말한다. 직접수출의 경우, 제품을 생산한 기업은 시장조사, 고객접촉, 가격결정, 물적유통, 수출서류 작성 등과 같은 모든 수출마케팅활동을 직접 계획하고 수행하게 된다.

직접수출은 간접수출의 경우보다 수출활동이 훨씬 더 적극적으로, 그리고 능동적으로 이루어지며, 고도로 차별화된 제품을 생산하고 있는 기업들이 주로 많이 활용하고 있는 방식으로서 해외시장개입의 폭과 범위가 훨씬 더 확대된다.

우리나라의 현대종합상사나 삼성물산 등과 같은 전문무역회사인 종합상사 등이 해외고객에게 직접 제품을 수출하는 경우, 그리고 Boeing이나 Sony와 같은 글로벌기업들이 비행기나 전자제품을 해외고객에게 직접 수출하는 경우 등은 모두 직접수출에 해당된다.

이상에서 간접수출과 직접수출에 대해 살펴보았는데, 기업들은 이 두 가지 수출방식을 상호배타적으로 활용하기보다는 자사의 전략과 필요에 따라서 예를 들면, 대규모시장에는 직접수출방식을 이용하고 소규모시장에는 간접수출방식을 이용하는 경우 등과 같이 상호 보완적으로 활용할 수 있다.

(3) 계약방식에 의한 해외진출

계약방식에 의한 해외진출은 기업이 자사가 보유하고 있는 기술(technology)이나 지식(knowledge)을 일정한 대가를 받고 외국기업에게 이전하기로 하는 장기계약을 체결하여 해외시장에 진출하는 방식이다. 계약방식은 그것이 상품이 아닌 기술이나 지식을 이전하는 수단이라는 점에서 수출방식과 크게 다르며, 자본투자가 요구되지 않는다는 점에서 직접투자방식과도 구별된다. 계약방식에는 라이센싱, 프랜차이징, 관리계약, 턴키 프로젝트, 컨소시엄 그리고 계약생산 등이 있다.

1) 라이센싱(licensing)

라이센싱은 라이센서(licensor)와 라이센시(licensee) 간에 라이센서가 보유하고 있는 특허(patent)나 노하우(know-how), 등록상표(trademark) 또는 기술공정(technical process) 등의 상업적 자산을 일정한 로열티(royalty)나 수수료(fee)를 받고 라이센시에게 제공하기로 하는 라이센싱계약을 체결하여 해외시장에 진출하는 국제사업방식이다.

예를 들어, IBM이 일정한 대가를 받고 전자제품의 생산과 관련한 자사의 특허공정을 특정 해외기업이 일정기간 사용할 수 있도록 권리를 제공하는 경우나 Walt Disney가 일정한 대가를 받고 특정 기업에게 미키 마우스(Mickey Mouse)의 상표를 일정기간 동안 사용할 수 있도록 권리를 제공하는 경우 등이 그것이다.

라이센싱은 제품을 국내에서 생산하는 경우 생산원가가 너무 높거나 국내에서 생산하여 해외에 수출하고자 할 때 무역장벽이 있거나, 또는 현지까지의 운송비가 너무 많이 소요되는 경우, 그리고 제품을 현지에서 생산하고자 해도 현지정부가 외국인투자를 규제하여 현지생산이 불가능한 경우 등에 활용된다. 예를 들어, 버드와이저(Budweiser)는 미국에서 맥주를 생산한 다음 이것을 해외 여러 나라에 수출하는 방식을 택할 수도 있으나 운송비 등을 고려할 때 이것이 바람직하지 않으므로 그보다는 외국기업에게 자사의 기술과 브랜드에 대한 라이센싱을 제공하여 버드와이저 맥주를 전세계에 판매하고 있다. 우리나라의 경우에는 OB맥주가 버드와이저로부터 라이센싱을 제공받아 버드와이저 맥주를 생산하고 있다.

라이센싱은 라이센서의 입장에서는 적은 위험과 비용으로 해외시장에 쉽게 진출할 수 있다는 장점이 있고 라이센시의 입장에서는 유명제품의 브랜드를 쉽게 활용할 수 있다는 장점이 있다.

2) 프랜차이징(franchising)

프랜차이징은 프랜차이저(franchisor)가 소유권이 독립된 프랜차이지(franchisee)로부터 일정한 수수료를 받고 등록상표(trademark) 등에 대한 사용권을 허가해 주고, 기업의 운영까지를 계속적으로 지원해주는 국제사업방식으로서 라이센싱의 한 형태라고 할 수 있다.

예를 들면, McDonald's나 Kentucky Fried Chicken은 프랜차이지에게 'McDonald's' 나 'KFC'라는 등록상표를 사용하도록 허락해주고 프랜차이지가 맥도널드 점이나 켄터키 프라이드치킨 점을 잘 운영할 수 있도록 운영에 필요한 여러 가지 지원까지를 제공해주는 국제사업방식을 말한다.

프랜차이저와 프랜차이지는 양 기업이 서로 독립성을 유지하면서 최종 소비자에게 이르는 재화 및 서비스의 일부를 각기 생산한다는 점에서 수직적 통합과 유사하다. 프랜치이징은 즉석식품, 자동차임대, 건설, 음료, 호텔, 모텔, 주유소 등과 같은 산업에서 많이 이용되고 있다.

우리나라에 있는 Sheraton호텔은 SK그룹이 Sheraton체인에 가맹하여 운영하고 있는 프랜차이즈 호텔이다. SK는 프랜차이즈에 가입한 대가로 Sheraton이라는 상호를 이용할 수 있고 전세계 Sheraton체인점에 대한 예약을 해 주고 있다. 대신 Sheraton 본사는 관리자를 파견하여 Sheraton이란 브랜드에 어울리는 호텔서비스를 제공할 수 있도록 Sheraton호텔의 경영에 직접 관여하고 있다.

3) 관리계약(management contract)

관리계약이란 합작투자의 한 형태로서 양 파트너 중 한 파트너는 운영시설을 소유하고 다른 파트너는 경영을 담당하는 형태의 국제사업방식이다. 이때 경영을 담당하는 파트너는 관리적 노하우(managerial know-how)를 제공하는 대가로 합작업체의 일부 소유권이나 로열티 또는 관리대가를 받게 된다.

예를 들어, 미국의 Hilton호텔이나 Marriot호텔, Sheraton호텔, 그리고 우리나라의 신라호텔과 같은 유명호텔들은 해외에서 자신이 직접 호텔을 소유한 상태에서 호텔업을 운영하는 것이 아니라 외국호텔과 관리계약을 맺어 자신들이 호텔의 경영을 담당하는 방식으로 해외에 진출하고 있다. 위의 프랜차이징에서 예로 든 Sheraton호텔의 경우, 관리자를 파견하여 경영을 담당해 준 Sheraton 본사는 호텔경영에 필요한 관리노하우를 제공하는 대가로 일정 비율의 경영관리서비스료(management fee)를 받아간다.

관리계약은 자기 나라가 몰수한 자국 내의 외국인투자 자산을 자기 나라 사람이 관리할 수 있는 능력을 갖출 때까지 일정 기간 동안 다른 기업에게 운영해 주도록 위탁하고자 하는 경우, 공장설비를 판매한 기업이 그 사업체를 위탁하여 경영하는 경우, 그리고 더 이상 기존 시설의 운영이 불가능하여 사업을 다른 분야로 전환하기 위해 그 시설을 해외기업에게 위탁하여 경영하게 해야 하는 경우 등에 이용된다.

4) 턴키 프로젝트(turnkey project)

턴키 프로젝트는 일명 플랜트수출(plant export)이라고도 하는데, 이 방식은 기업이 외국으로부터 공장이나 기타 산업시스템을 발주받아 이것을 설계 · 건설한 다음, 그 초기운영까지를 담당한 후 프로젝트를 완공하여 해외발주자에게 제공하는 국제사업방식이다. 예를 들어, GE나 Westinghouse와 같은 거대 글로벌기업들이 개발도상국이나 동유럽 국가의 대규모 전력사업을 수주받아 이를 완공한 다음, 일정기간의 시운전을 거쳐 발주자에게 제공하는 경우 등이 여기에 해당된다.

우리나라의 경우에도 현대중공업, 두산중공업, 삼성물산, SK건설, 현대건설 등과 같은 중공업업체, 그리고 종합상사와 엔지니어링업체 등이 턴키 프로젝트 방식을 활용하여 해외시장에 진출하고 있다. 일례로 2012년 대우건설은 세계 최대 원유 보유국인 중남미 베네수엘라에서 88억달러 규모의 초대형 복합석유화학 플랜트 공사를 따내서 자금조달에서부터 설계 · 구매 · 시공 등 공사 전 과정을 일괄 수행하게 되었다.

한편, 단순한 턴키 프로젝트에서 한 걸음 더 나아가 프로젝트의 발주자가 당해 프로젝트를 독자적으로 운영할 수 있도록 경영관리나 근로자 훈련 등과 같은 서비스를 추가로 제공하는 턴키 플러스(turnkey plus)방식도 있다.

턴키 프로젝트에서는 엔지니어링 기술과 노동 및 경영관리기법이 해외발주자에게 복합적으로 이전되는 것이 일반적이다. 턴키 프로젝트의 제공업체는 완성된 시설을 제공하고 그 대가로 기계설비대금과 공장설계, 공정 노하우, 현지인 훈련 등에 대해 일정한 대가(fee)를 받는다.

5) 계약생산(contract manufacture)

계약생산은 기업이 자사가 직접 제품을 생산하여 해외에 수출하기보다는 생산능력을 가진 현지기업을 선정하여 그 기업으로 하여금 자사가 요구하는 제품을 생산하여 공급하도록 하는 계약을 체결하고, 이 계약하에서 생산된 제품에 대한 마케팅은 자기 기업이 책임을 지는 국제사업방식이다.

예를 들어, 미국의 Nike가 한국 및 중국 등의 운동화생산업체들과 계약을 맺어 일정한 품질과 가격에 운동화를 생산 · 공급하도록 하고 있는 경우가 여기에 해당된다. 이 경우, 제품디자인이나 핵심부품, 그리고 판매와 같은 가치사슬의 처음과 끝 부분은 Nike가 직접 담당한다.

계약생산은 통상 자기 기업이 직접 그 제품을 생산할 여력이 없거나 현지의 값싼 노동력이나 원자재를 이용하고자 하는 경우, 그리고 현지생산과정에서 발생할지도 모르는 소유권 문제 등에 따른 충돌을 피하고자 하는 경우 등에 활용된다.

주문자상표 부착방식에 의한 수출(Original Equipment Manufacturing: OEM)도 일종의 계약생산이라고 할 수 있다. Nike는 자사가 직영하는 제조기업 하나 없이도 OEM방식을 이용하여 나이키 신발을 생산, 공급함으로써 전세계 스포츠 시장을 석권하고 있다.

미국의 Solectron은 OEM방식으로 컴퓨터, 일반 전기전사제품, 산업재 및 의료장비, 항공 전자장비, 통신장비, 반도체 관련 기기 등을 생산하여 Hewlett-Packard, Dell Computer, IBM, Motorola 등에 제공하고 있는 OEM분야의 글로벌기업이다.

우리나라의 LG전자는 2001년 드럼세탁기 판매사업 일부를 터키의 아르첼릭사에 아웃소싱하여 유럽과 독립국가연합(CIS)에 판매한 바 있으며, 폴란드의 아마코사 등에는 냉장고 생산을 OEM방식으로 위탁하고 있고, 2006년에는 대만과 OEM계약을 체결하여 15인치 노트북 PC '엑스노트 K1'을 국내에 판매한 바 있다.

6) 전략적 제휴(strategic alliance)

전략적 제휴란 기술개발, 조달, 생산, 마케팅, 디자인, 엔지니어링, 유통 등의 분야에서 이루어지는 기업 간 제휴관계를 의미한다. 예를 들어, 프랑스, 영국, 독일, 스페인기업 등의 유럽기업들이 미국의 Boeing에 대항하기 위해 공동으로 Airbus를 설립하여 비행기를 생산한 예, GM과 Toyota가 합작투자를 통해 미국에서 자동차를 생산한 예, 2001년 우리나라의 삼성전자와 Microsoft가 차세대 홈 네트워크 및 정보가전을 공동개발하고 마케팅을 펴기로 전략적 제휴를 맺은 예, 그리고 대한항공과 일본항공이 몇몇 주요 노선을 공동운항하고 있는 예 등이 여기에 해당된다. 기업들은 이러한 전략적 제휴를 통해 상호 대등한 입장에서 서로의 비교우위요소를 결합함으로써 전체적인 경쟁력을 향상시킬 수 있다.[9]

전략적 제휴는 대부분 선진국 경쟁기업 간에 신규회사를 설립하지 않고 형성되는 특징을 가지는데, 이는 전통적인 기업협력형태인 합작투자가 주로 선·후진국 기업 간의 수직적 분업의 형태를 띠는 것과 비교된다. 또 전략적 제휴에 참가하는 기업들이 경영의 독립성을 유지하면서 사업을 공동으로 추진할 수 있기 때문에 위험을 분산시키고 수익을 안정적으로 확보하며 개별기업의 노하우를 용이하게 관리할 수 있다는 이점이 있다.

(4) 해외직접투자방식에 의한 해외진출

해외직접투자방식에 의한 해외진출은 기업이 제품을 해외 현지에서 직접 생산하여 마케팅하기 위한 생산시설을 설립하기 위해 현지에 자본을 투자하는 경우를 말한다. 현지에서의 제품생산은 모든 부품을 본국에서 수입하여 현지에서는 단순히 조립·가공만 하는 방식으로부터 제품 전체를 완전히 현지국의 생산요소를 이용하여 생산하는 방식에 이르기까지 다양한 방식이 있다.

해외직접투자방식에 의한 해외진출을 소유권으로 구분하면 단독투자(sole venture)와 합작투자(joint venture)가 있고 해외진출형태로 구분하면 신설(greenfield)과 인수·합병(Merger & Acquisition: M&A)이 있다.

1) 단독투자와 합작투자

① 단독투자(Sole Venture)

단독투자는 기업이 의결권 주식의 95% 이상을 자사가 소유하는 형태로 해외에 진출하는 경우를 말하며, 이렇게 설립된 기업을 완전소유자회사(Wholly Owned Subsidiary: WOS)라고 한다. 단독투자는 예전에 존재하지 않았던 기업을 새롭게 설립하여 진출하는 신설(greenfield)방식이나 기존에 현지에서 가동되고 있는 기업을 인수하거나 그 기업과 합병하여 진출하는 인수 · 합병(Merger & Acquisition: M&A)방식을 이용할 수도 있다.

최근 Fuji가 미국의 사우스캐롤라이나(South Carolina)주에 필름 생산공장을 새롭게 설립하여 진출한 예, 현대자동차가 미국 앨라바마(Alabama)주에 자동차 생산공장을 새롭게 설립하여 진출한 예 등은 신설방식에 의한 해외진출에 해당된다. 그리고 오래전 우리나라의 삼미종합특수강이 캐나다의 아틀라스(Atlas)를 인수하여 해외시장에 진출한 예, LG전자가 미국의 제니스(Zenith)를 인수하여 미국시장에 진출한 예 등은 모두 M&A방식에 의한 해외진출에 해당된다.

일반적으로 단독투자 방식에 의한 해외진출은 기업이 강력한 독점적 우위를 소유하고 있거나 제품의 생산과정에서 모기업이 자회사에게 원자재를 공급한다든지 또는 그 반대의 관계가 성립되는 경우 등에 주로 활용된다. 이 방식에 의한 해외진출은 제품이나 기술에 대한 강력한 통제가 가능하고, 자사의 경영방침을 독자적으로 운영할 수 있고 또 기술이나 노하우의 누출을 방지할 수 있다는 이점이 있다.

② 합작투자(Joint Venture)

합작투자는 2개 이상의 기업, 개인 또는 정부기관이 영구적인 기반 아래 특정 기업체의 운영에 공동으로 참여하는 국제사업방식으로서 전체 참여 기업이 공동으로 소유권을 갖는다는 특징을 가지고 있다. 공동소유의 대상은 주식자본, 채무, 무형고정자산(특허권, 의장권, 상표권, 영업권), 경영노하우, 기술노하우, 유형고정자산(기계, 설비, 토지) 등 어떤 것이라도 가능하다.[10] 여기에서 GM과 Toyota가 합작투자를 통해 미국에 NUMMI(New United Motor Manufacturing Inc.)를 설립하고 여기에서 자동차를 생산했던 경우, Fuji와 Xerox가 50 : 50 합작투자로 Fuji-Xerox를 설립했던 경우 등은 모두 합작투자의 대표적인 예라고 하겠다.

합작투자는 합작에 참여하는 기업들이 소유권과 경영을 분담하며 자본 및 기술 등 상대방 기업이 소유하고 있는 강점을 서로 이용하고 위험을 분담할 수 있다는 장점이 있다.[11] 따라서 합작투자는 단독투자에 비해 자회사에 대한 통제보다는 현지파트너의 기여를 필요로 하는 경우에 주로 이용된다.

2) 신설과 인수 · 합병

① 신설(Greenfield)

신설방식이란 기업이 현재에 예전에 없던 생산시설을 새롭게 설립하여 해외에 진출하는 경우를 말한다. 이 방식은 기업이 처음부터 자신이 원하는 기업을 자신이 원하는 방식으로 운영하고자 하는 경우에 주로 활용된다. 실례로는 우리 현대자동차가 미국 앨라바마주에 자동차생산을 위한 공장을 설립할 때 공장을 처음부터 새롭게 설립하여 진출한 경우가 여기에 해당된다.

신설방식은 자신이 직접 해외시장 개입의 규모와 생산시설을 통제할 수 있기 때문에 비용이 훨씬 더 적게 들고 가장 최신의 생산기술 및 경영기법을 활용할 수 있다는 장점이 있다. 하지만 시간이 너무 많이 소요된다는 단점도 있다.

② 인수 · 합병(Merger & Acquisition: M&A)

인수 · 합병은 기업이 다른 기업과 통합되어 한 기업이 되거나(merger) 또는 다른 기업의 주식 또는 자산을 취득하여 경영권을 획득하는 방식(acquisition)으로 해외에 진출하는 경우를 말한다. 한 예로서 우리나라의 LG전자는 미국에 진출할 당시 미국 현지에서 운영중이던 제니스(Zenith)라는 기업을 인수하여 진출하였다.

M&A방식은 신속한 해외시장진출이 가능하고 현지기업의 기술 및 상표 등을 일거에 획득할 수 있다는 장점이 있다. 하지만 동시에 피매수기업이 가지고 있는 문제점까지도 떠안을 수도 있다는 단점이 있다.

이상에서 기업들이 해외에 진출할 때 이용하는 해외진출방식에 대해 살펴보았는데, 기업들이 실제로 어떤 방식을 이용하여 해외에 진출하는가는 기업내외적인 제반 요인을 고려하여 결정하게 된다.

이상에서 논의한 여러 가지 해외진출방식의 장단점을 간단하게 요약하면 〈표 1-2〉와 같다.

2. 기업의 글로벌화 과정

(1) 기업의 글로벌화 단계

기업의 글로벌화 단계는 간접수출단계로부터 범세계적인 차원에서 해외시장진출전략을 모색하는 글로벌 마케팅 및 생산단계에 이르기까지 네 가지 단계로 구분할 수 있다.

이들 글로벌화 단계의 특징을 살펴보면 다음과 같다.[12]

① 제1단계: 간접수출 또는 우연한 수출

이 단계는 간접수출이나 비정기적인 수출 또는 우연한 수출주문에 응하는 단계로서,

표 1-2 해외진출형태의 장 · 단점

유 형	형 태	장 점	단 점
수출방식	수 출	• 적은 비용으로 해외시장 진출 가능 • 해외진출 용이 • 소유상의 위험 전무 • 입지상 · 경험곡선상의 경제성 실현	• 높은 운송비 • 무역장벽 • 현지 판매대리점 관리
계약방식	라이센싱	• 적은 비용으로 해외시장 진출 가능 • 연구개발비 부담 경감 • 무역장벽 우회 • 정치적 위험 회피	• 지적재산권 보호 위험 증대 • 기술 통제력 상실 • 입지상 · 경험곡선상의 경제성 실현 불가능 • 범세계적인 전략적 조정 불가능 • 경쟁기업 양성
	프랜차이징	• 적은 비용 및 위험으로 해외진출 • 라이센싱보다 통제가 쉬움 • 연구개발비 부담 경감 • 정치적 위험 회피	• 제한적인 이익 • 품질 통제 불가능 • 범세계적인 전략적 조정 불가능
	관리계약	• 위험이 낮은 수익 향유 • 위험회피 • 전문 경영지식이나 경험 활용	• 경영의사결정 참여 불가능 • 일시적 수탁관리 • 경쟁기업 양성 • 이익이 수수료에 국한
	턴키 프로젝트	• 해외투자 철수시 대안으로 활용 • 공정기술에 따른 수익 확보	• 경쟁기업 양성 • 장기적인 시장확보 불가능 • 정치적, 법률적 변화에 따른 영향
	계약생산	• 투자 불필요 • 관세장벽 회피 • 저렴한 생산비	• 품질관리 불가능 • 공급제한
직접투자 방식	단독투자	• 기술보호 • 범세계적인 전략적 조정 가능성 • 입지상 · 경험곡선상의 경제성 실현	• 높은 수준의 비용과 위험 • 장기간 시일 소요 • 상당한 국제경험 필요
	합작투자	• 현지파트너의 기술 및 자본에 대한 접근 가능성 • 연구개발비 및 위험 분담 • 현지의 정치적 수용성 증대	• 기술에 대한 통제력 상실 • 범세계적인 전략적 조정 불가능 • 입지상 · 경험곡선상의 경제성 실현 불가능

국내에서 생산된 제품을 국내의 수출중간상 또는 현지 판매대리인을 통해 판매하는 간접수출 중심의 글로벌화 초기단계이다. 이 단계는 통상 해외시장에 대한 개입수준이 아주 낮다.

② 제2단계: 직접수출 또는 라이센싱

이 단계는 대리인/유통업자 또는 지사/현지법인을 통한 직접수출과 의욕적인 라이센싱이 이루어지는 단계이다. 이 단계에 이르면 국제경영과 국내경영이 명확하게 구분된다.

③ 제3단계: 직접수출, 라이센싱, 해외생산에 대한 자본투자

이 단계에서는 해외직접투자를 통해 생산 · 판매기능의 일부를 해외로 이전하여 상대국의 무역장벽에 대응하면서 현지판매를 강화한다. 따라서 일부 국가에서는 현지생산이 이루어지고, 다른 국가에서는 수출 또는 라이센싱방식이 이용된다. 그러나 이 단계에서는 여전히 국제경영이 국가와 지역을 초월하여 통합되지 못하고 또 국제사업전략도 국내사업전략과 통합되지 못한다.

④ 제4단계: 글로벌 마케팅 및 생산

이 단계에서는 수많은 시장이 수많은 국가로부터 공급된다. 그리고 국내시장은 수많은 시장 중의 단 한 시장으로만 간주된다. 이 단계는 명실공히 세계를 하나의 글로벌 시장으로 보고 통합된 전략하에서 기업활동을 범세계적으로 조정하고 통합하는 글로벌 경영단계이다.

이상에서 기업의 글로벌화 단계를 살펴보았는데, 초기단계와 최종단계가 특별히 다른 점은 기업이 해외진출방식을 결정하는 데 있어서 모든 대안적인 진출방식을 비교 · 평가하여 목표제품과 목표시장에 가장 적합한 방식을 선택하려는 자세를 가지고 있는가, 그렇지 않은가 하는 데 있다. 즉 글로벌화의 초기단계에서는 기업들이 해외진출방식의 대안으로서 한두 가지 진출형태만을 고려하지만, 글로벌화 수준이 높아져 갈수록 기업들은 이용 가능한 모든 진출방식을 비교 · 평가한 후 그 중 목표제품과 목표시장에 가장 적합한 진출방식을 선택하게 된다.

실제로 글로벌화의 최종단계에 접어든 글로벌기업들은 한두 시장이 아닌 수많은 시장에 진출하기 때문에 어느 동일한 시점에서도 진출하고자 하는 목표시장의 특성과 자사의 전략에 따라서는 여러 가지 해외시장진출방식의 이용이 가능하게 된다.

3. 해외진출방식의 선택

(1) 해외진출방식 선택 과정

기업은 어떤 경쟁적 우위(예: 첨단기술)를 보유하고 있는 경우, 이것을 어떻게 가장 이익적으로 활용할 수 있을 것인가에 대한 전략적 의사결정에 직면하게 된다. 기업들의 전략적 의사결정 과정을 보면 〈그림 1-2〉와 같은 의사결정과정을 거치게 된다.

첫째, 기업이 어떤 경쟁적 우위를 소유하고 있으면, 먼저 기존의 경쟁적 우위를 변경할 것인가 아니면 그것을 그대로 해외시장에 활용할 것인가를 결정하게 된다.

둘째, 기존의 경쟁적 우위를 해외시장에 활용하기로 결정했다면, 그 다음은 이것을 국내에서 활용하여 제품을 국내에서 생산한 다음 수출방식으로 활용할 것인가 아니면 그것을

그림 1-2 해외진출방식의 선택 과정

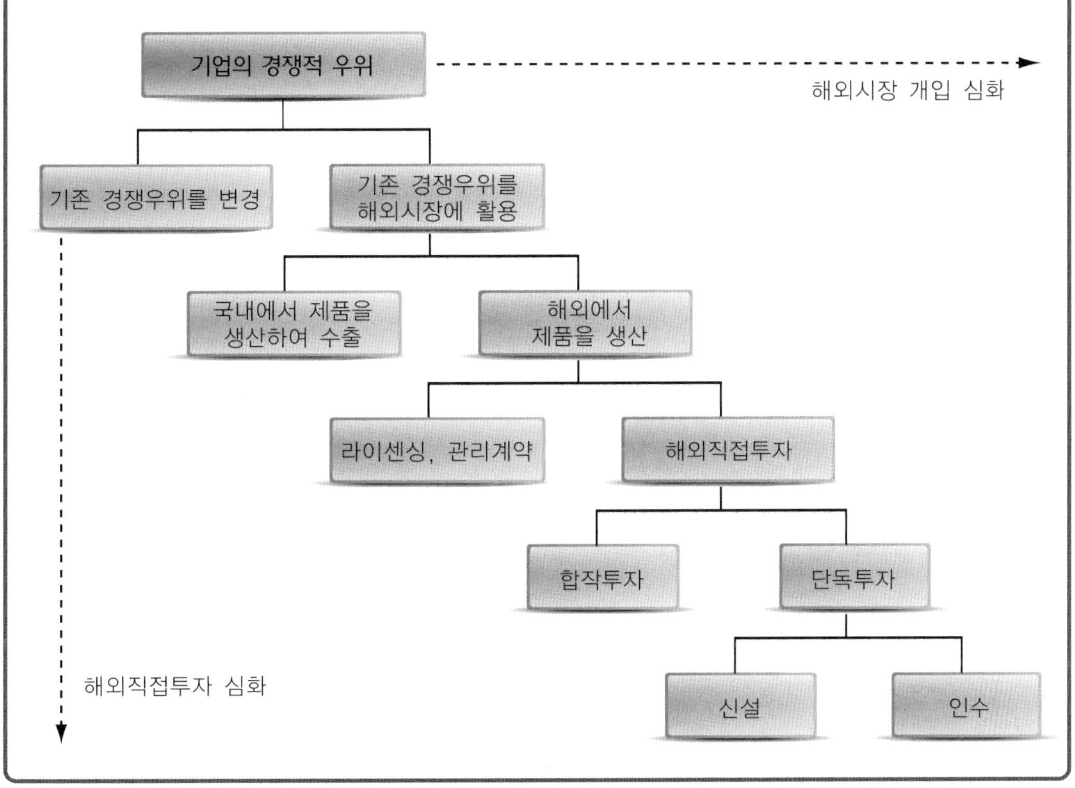

자료: G. Dufey and R. Mirus, "Foreign Direct Investment: Theory and Strategic Considerations," unpublished, University of Michigan, 1985 일부 수정.

해외시장에 가지고 나가서 활용할 것인가를 결정하게 된다.

셋째, 그 경쟁적 우위를 해외시장에 가지고 나가서 제품을 생산하기로 결정했다면 그 다음은 라이센싱과 같은 계약방식을 활용할 것인가 아니면 해외직접투자방식을 활용할 것인가를 결정하게 된다.

넷째, 해외직접투자방식을 이용하기로 결정했다면, 그 다음은 합작투자방식을 이용할 것인가 아니면 단독투자방식을 이용할 것인가를 결정해야 한다.

마지막으로 단독투자방식으로 해외시장에 진출하기로 결정했다면, 이제는 신설방식(greenfield)으로 진출할 것인가 아니면 인수방식(M&A)으로 진출할 것인가를 결정해야 한다.

(2) 해외진출방식의 선택

기업의 해외시장진출방식의 선택을 수출, 라이센싱, 해외직접투자로 구분하여 나타내면 〈그림 1-3〉과 같다.

먼저 기업들은 해외시장진출방식을 선정함에 있어서, 가장 먼저 위험수준이 가장 낮고 자원의 투입이 별로 필요하지 않는 수출방식을 통한 해외시장진출방식을 모색하게 된다. 그러나 높은 무역장벽으로 인해 수출방식의 이용이 불가능하게 되면, 그 다음에는 라이센싱방식이나 해외직접투자방식과 같은 여타의 대안적인 방식을 통한 진출을 모색하게 된다.

하지만 이때 기업들은 자기 기업이 보유하고 있는 기술이 유출되어 자기 기업의 경쟁적 우위가 잠식당하게 될 가능성이 크다고 판단되면, 비록 자원의 투입이 상대적으로 많이 요구되더라도 기술유출을 피할 수 있는 해외직접투자방식을 통해 해외시장에 진출하게 된다. 그러나 기술이 유출되더라도 자기 기업의 경쟁우위가 잠식당할 가능성이 크지 않다고 판단되면, 기술유출 위험이 낮은 라이센싱방식을 통한 해외진출을 모색하게 된다.

4. 해외진출방식의 변화 과정

기업은 일단 국제사업활동을 시작하면 해외진출을 예측 가능한 형태로 변화시켜 가는 것으로 알려지고 있다.[13] 즉, 기업은 일단 해외시장에 진출한 다음에는 점차 해외마케팅 활동에 대한 통제를 강화할 수 있는 진출방법을 모색하게 된다.

그리고 이때 기업은 통제를 강화하기 위해 해외시장에 훨씬 더 많은 자원을 투입하게 되며, 그에 따라 훨씬 더 높은 수준의 시장위험 및 정치적 위험을 부담하게 된다. 그러나

그림 1-3 힐(C. W. Hill)의 모형

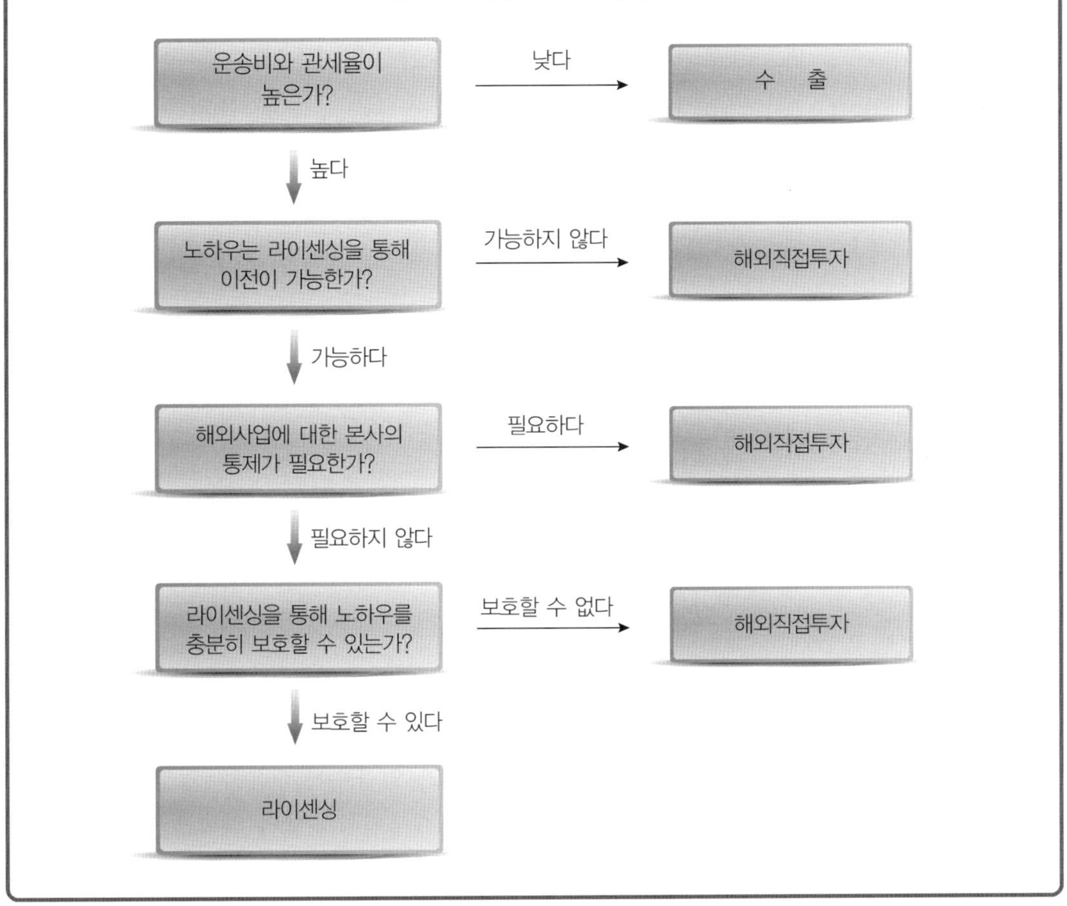

자료: C. W. L. Hill, C.-H. Wee, and K. Udayasankar, *International Business: An Asian Perspective* (Burr Ridge, Ill., Irwin, 2012), p. 278.

해외에서의 경쟁에 자신감을 갖게 되면 해외사업에 대한 위험보다는 시장통제력을 강화하는 데 더 많은 관심을 갖게 된다. 따라서 글로벌기업은 점차 해외직접투자방식을 통해 현지에 진출하게 된다.

〈그림 1-4〉는 제조기업의 해외진출방식 선택의 발전과정을 보여주고 있다. 어떤 기업들은 규모의 제약 때문에 현지판매지점이나 자회사를 통한 수출단계 이상으로는 발전하지 못하지만, 또 다른 기업들은 합작투자나 단독투자 등과 같은 현지생산단계에 이르기까지 지속적으로 발전해 나간다.

기업의 국제경영활동이 간접수출 → 직접수출 → 합작투자 → 단독투자 방향으로 가면 갈수록 국제사업활동에 대한 개입의 수준이 높아지고 경영자원의 투입이 많아지며 위험의

그림 1-4 기업의 해외진출방식 발전과정

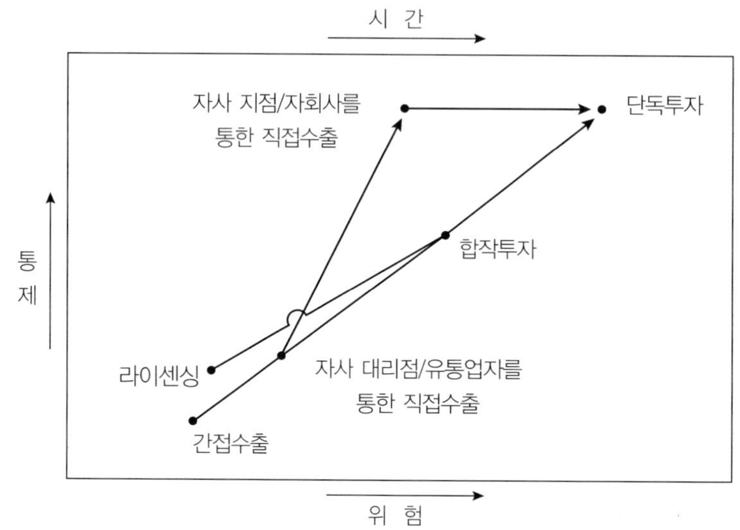

자료: F. R. Root, *Entry Strategies for International Markets*, Revised and Expanded ed. (New York, Lexington Books, 1994), p. 39.

정도가 커지고 통제권이 강화된다.

따라서 기업이 강력한 국제사업경쟁력을 소유하고 있을수록, 국제사업경험이 많을수록, 높은 시장점유율을 확보하고 있을수록, 그리고 국제사업활동상의 위험을 흡수할 수 있는 능력이 많을수록 국제사업방식을 수출방식으로부터 해외직접투자방식으로 발전시켜 나갈 수 있다.

국제경영사례 1-2

삼성전자의 글로벌화

삼성전자는 국내시장에서의 판매과정을 거쳐 수출 → 현지판매 → 현지생산이라는 글로벌화 과정을 거쳐 성장해왔으며 지역적으로는 북미 → 서유럽 → 개발도상국 순으로 해외시장을 확대해 나갔다.

삼성전자는 1960년대 후반 정부가 수출주도형 공업화 전략에 따라 전자공업을 집중적으로 육성하던 시기인 1969년 일본의 Sanyo 및 NEC와의 합작으로 삼성산요전기와 삼성NEC를 설립하여, 1970년에 처음으로 흑백 TV를 생산하고 점차 양산해가면서 기술을 축적하고 내수시장 기반을 구축해 나갔다. 그런 다음 1971년에 파나마에 흑백 TV를 처녀수출한 것을 시발로 해외시장에 대한 진출을 강화해가기 시작하였다.

1975년에 들어서는 사세가 확장되면서 매출과 이익이 급신장하고, 설립 당시 흑백 TV에 국한되었던 제품도 점차 VTR, 전자레인지, 컬러 TV, 냉장고 등으로 확장해가면서 신제품개발은 물론 자동화 · 양산체제에 돌입하였다. 그리고 1978년에는 미국에 판매법인(SEA)을 설립하는 등 해외지점 및 법인을 확대하여 수출을 강화함으로써 1억 달러의 수출실적을 달성하기에 이르렀다.

1980년대 초에는 제2차 오일쇼크와 세계적 불황에도 불구하고 기술개발을 촉진하고 품질 및 생산성의 향상과 원가절감을 위한 경영합리화를 추진하는 한편, 첨단기술 개발, 해외공장 설립 등을 통해 해외시장 및 품목의 다변화를 도모하여 수출이 전체 매출의 50% 이상을 차지하기에 이르렀다. 그리고 1982년에는 최초의 해외생산법인인 포르투갈 공장(SEP)을 준공하였다. 한편, 삼성전자는 수출시장의 다변화를 위하여 해외지점 및 법인을 더욱 확대하는 한편 자가 브랜드 수출도 꾸준히 늘려가는 전략을 취했다.

이어 1990년대에 들어서는 해외생산체제를 더욱 확대하여 스페인 및 헝가리 생산공장을 준공하였다. 그리고 수출을 지속적으로 확대해 가는 가운데, 1995년 영국 윈야드 복합단지, 1996년 멕시코 티후아나 전자 복합단지 등 세계 곳곳에 대규모 복합단지를 조성하였다. 그리고 1997년에는 미국 3DO사의 반도체부문을 인수하였고, 1998년에는 미국 오스틴 반도체공장을 본격 가동하였다.

2000년대에 들어서는 2000년 야후와의 전략적 제휴, 2004년 메이택, IBM, 야후코리아와 전략적 제휴 체결, 중국 WCDMA 합작사 설립 등을 추진하였다. 이어 2006년에는 헝가리 AV공장을 증설하고, 스프린트 넥스텔, 인텔, 모토로라와 와이브로 분야 전략적 제휴를 체결하였다. 2007년에는 러시아 현지 TV 공장 건설, 브랜드 아르마니와 전략적 제휴를 추진하였고, 2008년에는 러시아 TV공장 준공, 2009년에는 삼성 모바일 와이맥스, 말레이시아 진출 등의 노력을 경주하였다.

여기에서 삼성전자의 글로벌화 과정을 수출, 해외판매법인, 해외생산법인, 전략적 제휴 등으로 구분하여 연도별로 살펴보면 아래와 같다.

1969	삼성전자공업주식회사 설립
1977	컬러 TV 파나마에 처녀수출
1978	미국 현지 판매법인 설립, 수출 1억 달러 돌파
1982	독일 현지 판매법인 설립, 포르투갈 현지 생산법인 준공
1984	미국 현지 생산법인 설립, VTR 미국에 처녀수출

1987 영국현지 생산법인 설립
1988 태국 및 멕시코 현지 생산법인 설립, 프랑스 합작 판매회사 설립
1992 체코슬로바키아 생산법인 설립, 중국 천진 VTR 합작 생산법인 설립
1993 중국 전자교환기 합작공장 설립, 수출 50억 달러 달성
1995 미국 AST 지분 40.25% 인수, 도시바와 전략적 제휴, 영국 윈야드 복합단지 준공
1997 미국 3DO의 반도체부문 인수(AGT 설립), 중국 소주단지에 세탁기공장 설립
1998 영국 윈야드 TV공장을 철수하고 헝가리로 집중 / 브라질 공장 모니터 생산
2000 야후와 전략적 제휴 체결
2004 메이택, IBM, 야후코리아와 전략적 제휴, 도시바 및 소니와 합작사 설립
2007 러시아에 현지 TV 공장 건설, 브랜드 아르마니와 전략적 제휴
2009 삼성 모바일 와이맥스, 말레이시아 진출

삼성전자는 2012년 현재 전세계에 8개의 지역총괄, 28개의 생산법인과 53개의 판매법인을 갖추고 글로벌 전략을 펼쳐가고 있다.

삼성전자의 글로벌 네트워크(2012)

	지역총괄	해외생산법인	해외판매법인
아시아 태평양	동남아시아 1, 서남아시아 1, 중국 1	22 (중국 12, 인도 2, 인도네시아 1, 말레이시아 2, 필리핀 1, 태국 1, 베트남 3)	13 (호주 1, 중국 2, 홍콩 1, 인도 2, 인도네시아 1, 일본 1, 말레이시아 1, 필리핀 1, 싱가포르 1, 대만 1, 태국 1)
러시아 중앙아시아	러시아 1	1 (러시아)	3 (러시아 1, 우크라이나 1, 카자흐스탄 1)
유럽	유럽 1	3 (헝가리 1, 슬로바키아 1, 폴란드 1)	18 (오스트리아 2, 프랑스 1, 독일 2, 그리스 1, 헝가리 1,루마니아 1, 이탈리아 1, 네덜란드 1, 폴란드 1, 포르투갈 1, 스페인 1, 스웨덴 1, 영국 2, 체코 1, 라트비아 1)
북남미	북미 1, 중남미 1	5 (브라질 2, 멕시코 1, 미국 2)	11 (캐나다 1, 멕시코 1, 미국 3, 아르헨티나 1, 브라질 1, 칠레 1, 콜롬비아 1, 파나마 1, 페루 1)
중동 아프리카	중동 및 아프리카 1		8 (아랍에미리트 1, 남아프리카공화국 1, 터키 1, 이란 1, 이스라엘 1, 사우디아라비아 1, 요르단 1, 모로코 1)
계		28	53

자료: 삼성전자.

세계지도

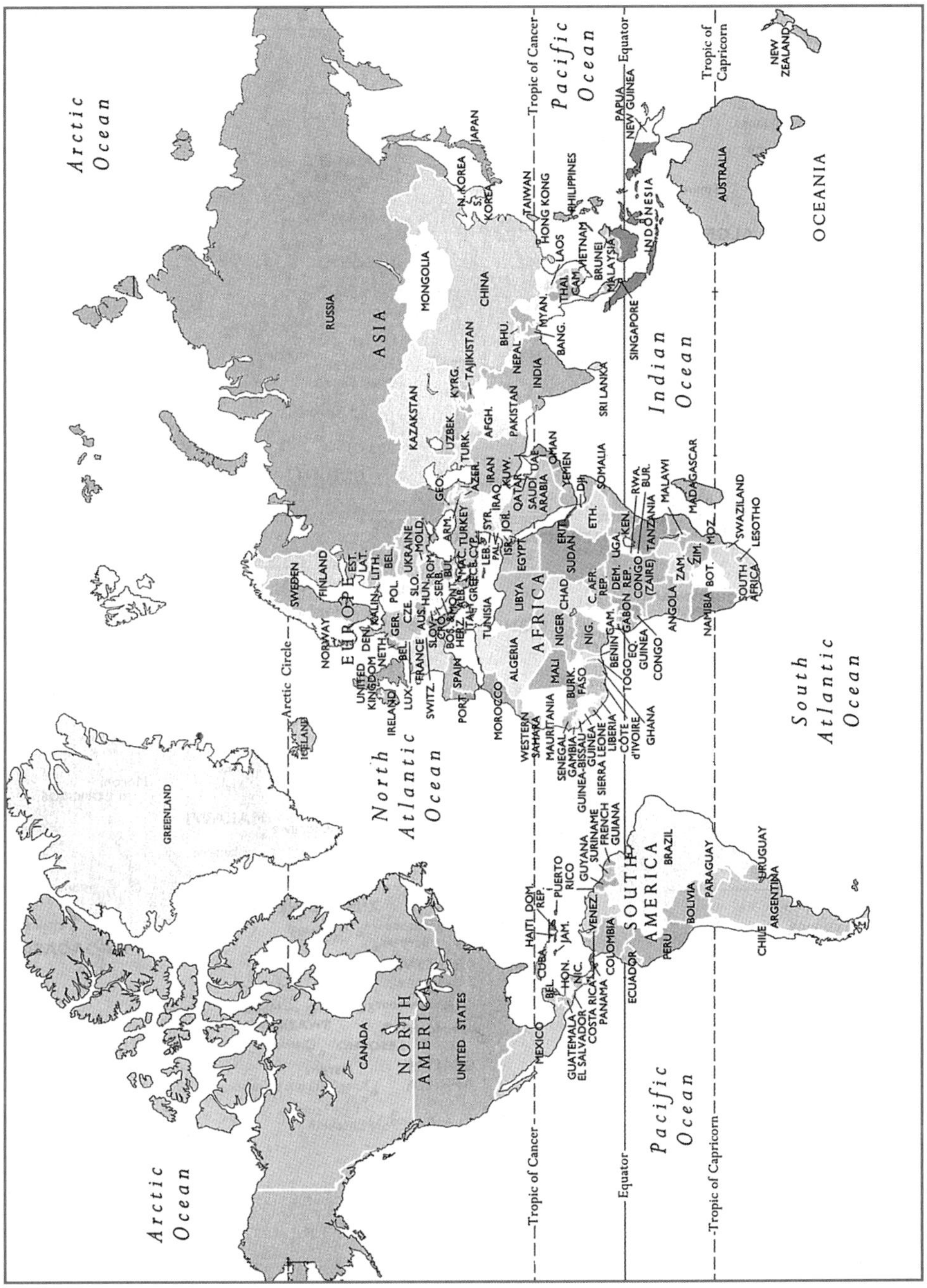
Arctic Ocean
Arctic Ocean
NORTH AMERICA
CANADA
UNITED STATES
GREENLAND
ICELAND
North Atlantic Ocean
SOUTH AMERICA
BRAZIL
South Atlantic Ocean
Pacific Ocean
EUROPE
AFRICA
ASIA
RUSSIA
MONGOLIA
CHINA
KAZAKSTAN
INDIA
JAPAN
Indian Ocean
Pacific Ocean
AUSTRALIA
OCEANIA
NEW ZEALAND
Tropic of Cancer
Equator
Tropic of Capricorn
Arctic Circle

CHAPTER 02

글로벌기업

International Business

국제경영사례 2-1

가장 전형적인 글로벌기업: 네슬레(Nestlé)

2010년 매출액 1,097억 2천만 스위스 프랑, 순이익 342억 스위스 프랑을 기록하고 있는 전세계 최대 다국적식품회사인 네슬레(Nestlé : 작은 새 둥지란 뜻)는 "Bringing superior taste, pleasure and wellness, Whenever, Wherever, However"라는 기치 아래, 전세계 거의 모든 나라 511개 공장에서 27만 5천명의 직원을 거느리고 8,500가지의 제품을 생산 · 판매하고 있다.

Nestlé는 1866년, 유럽에서 산모가 영양부족 등으로 모유가 나오지 않아 아기가 성장하지 못하거나 목숨을 잃기까지 하자, 이를 막기 위해 스위스의 화학자인 앙리 네슬레(Henri Nestlé)가 아기들에게 엄마 젖을 대신해 먹일 수 있는 음식을 개발하기로 한 것이 그 시초이다.

그리하여 1867년 모유와 비슷한 액체 성분에 영양요소를 추가로 넣은 대체수유식품 '페린락테'와 함께 설립된 식품회사가 바로 Nestlé이다. 오늘날 Nestlé 영유아식, 인스턴트 커피, 분말유제품, 초콜릿, 아이스크림, 씨리얼 등을 생산하는 세계 1위의 다국적식품회사로 성장했다.

그동안의 Nestlé의 성장과정을 보면 끊임없는 기술개발과 용의주도한 인수 · 합병(M&A)을 통해 세계 최대 다국적식품회사로 발전해 왔다. Nestlé는 창업 당시에도 합병의 역사를 가지고 있는데, 1866년 스위스의 샴(Cham)에 설립된 「앵글로 스위스연유회사」와 인근의 레만호반 베베(Vevey)에 세워진 「네슬레식품」간의 합병이 바로 이 세계적 기업인 Nestlé 모태이다.

Nestlé는 1866년에 설립, 1875년에는 우유를 수출하기도 했지만 1898년까지는 대체적으로 국내에서 제품을 생산하여 수출하는 전략을 고수하다가, 같은 해에 노르웨이의 한 연유회사와 자본제휴를 하면서 국제화의 길을 걷기 시작하여, 1900년 미국에 생산공장을 설립한 것을 시발로 영국 · 독일 · 스페인 등에 현지공장을 설립하였다. 이어서 1904년에는 새롭게 개발한 초콜릿으로 세계시장에 진출한 이래 끊임없는 기술개발과 지속적인 인수 · 합병을 통해서 세계 최대의 다국적식품회사로 성장하기 시작하였다. 1905년에는 앵글로 스위스(Anglo-Swiss Condensed Milk Co.)와 합병하여 스위스에 7개, 영국에 5개, 독일 · 노르웨이 · 스페인 · 미국 등에 17개의 생산공장을 거느린 글로벌기업의 면모를 갖추게 되었다. 그리고 제1차 세계대전 기간에는 전쟁의 영향을 별로 받지 않았던 미국과 호주에서 사업을 강화하고 브라질에도 진출하였다. 그 결과 1921년에 이미 전세계에 80개의 공장과 12개의 자회사를 거느린 거대식품회사가 되었다. 그리고 1920년대에는 맥아유 · 분말음료 · 분말버터 등 다양한 신제품을 개발하였고 지속적인 인수 · 합병을 통해서 프랑스, 영국 등 유럽 여러 나라에 현지 공장을 설립하였다. 특히 1929년에는 초콜릿의 발명자 피터(Peter)가 따로 경영해 오던 회사를 합병함으로써 명실공히 전세계적 규모의 생산 · 판매 체제를 구축하게 되었다. 또 1933년에는 영세 연유업자를 인수하여 일본에 진출하기도 하였는데, 그것이 오늘날 일본 커피시장의 70% 점유율을 보이고 있는 「Nestlé Japan」이다.

한편, Nestlé는 1930년대 대공황 당시 더 이상 스위스에서 제품을 생산해서는 경쟁력을 유지할 수 없다고 판단하고, 기업의 모태였던 샴(Cham)과 베베(Vevey)의 두 공장을 폐쇄하고, 유니랙(Unilac Inc.)사를 설립하여 이 기업을 해외자회사들의 모기업으로 키우기로 하였다. 이때 경영조직의 개편과 더불어 생산제품을 유제품 일변도에서 탈피하는 것이었는데, 그 일환으로 탄생하게 된 제품이 오늘날 전세계적으로 잘 알려져 있는 「네스카페(Nescafe)」이다.

한편, Nestlé는 제2차 세계대전이 끝나자 대대적인 기업확장에 나서, 1947년에는 알리멘타나(Alimentana S. A.)사를 합병하여 고체 스프(soup)의 제조권과 판매권, 그리고 상표권을 모두 인수하였고, 1950년에는 254년 전통의 크로스 블랙웰(Crosse & Blackwell)사를 인수하기도 하였다. 또 1963년에는 스웨덴의 파인더스(Findus)사를 인수하여 냉동건조식품에 뛰어들었는데, 이때 냉동건조기법을 이용하여 개발한 제품이 네스카페 이후의 최고 히트작인 테이스터스 초이스(Taster's Choice)다. 그 이후로도 인수와 합병을 통한 성장과 다각화는 지속되어 1985-2000년 중반에 이르기까지 수많은 관련기업을 인수 · 합병하여 지속적인 성장을 유지하였다.

2000년대 중반 이후에도 Nestlé의 기업 인수는 계속되는 가운데, 2007년에는 벨기에의 초콜릿 회사인 피에르 마르콜리니(Pierre Marcolini)와 제휴하여 2009년 초콜릿 센터를 열기도 하였다. 아울러 2003–2010년간에는 뫼벤픽 아이스림 같은 고급 브랜드와 노바티스 메디컬 뉴트리션 같은 큰 규모의 회사 등 다양한 식품, 음료, 건강 관련 브랜드와 합병을 통해 다양한 산업군에서 성장을 도모했다.

Nestlé의 글로벌화는 생산공장의 전세계적인 분포와 제품다각화, 범세계적인 마케팅활동, 최고경영자의 국적 구성, 분권화 및 현지화 등을 통해서 쉽게 파악할 수 있다. Nestlé는 전세계에 분포된 공장에서 다양한 제품을 생산 · 판매하고 있고, 전체 매출액 중 98% 이상을 해외 지역에서 판매하여 지리적인 다변화를 이루고 있다. 그리고 전세계적으로 고용하고 있는 약 27만 5천 명의 직원들도 대부분 외국인으로 채워져 있으며, 스위스 본사에 근무하고 있는 최고경영자의 절반 이상이 비스위스인으로 구성되어 있다. 이로서 Nestlé는 명실상부한 글로벌기업으로 평가받고 있다.

한편, Nestlé는 음식이 신체뿐만 아니라 정신의 즐거움까지 함께 제공해 주어야 한다고 생각하고, Nestlé가 만드는 모든 제품이 사람들의 삶의 경험을 풍부하게 할 수 있다는 사고로 노력하고 있다. 즉, 가족과 친구와 커뮤니티의 따스함을 공유하는 것을 돕는 것을 Nestlé 제품의 궁극적인 목적으로 하고 있다.

이를 위해, Nestlé는 2010년 이후에도 지속적인 R&D투자를 통한 제품 혁신 및 개선으로 소비자들에게 건강하면서도 맛있는 식음료 제품을 선보이고 있고, 동시에 소비자, 사회, 이익관계자들의 공동 가치 개발 및 창출을 위한 '사회공동가치개발'에 노력을 아끼지 않고 있다.

자료: UNCTAD, *World Investment Report 2005: Transnational Corporations and the Internationalization of R&D* (New York and Geneva, UN, 2005); Nestlé website(www.nestle.com); 한국네슬레(www.nestle.co.kr).

제1절 글로벌기업의 정의

버논과 웰즈(R. Vernon & L. T. Wells)는 글로벌기업이란 해외 여러 나라에 수많은 자회사를 거느리고 국제사업활동을 수행하는 기업으로서, 비록 자회사들이 서로 각기 다른 나라에 위치하고 있을지라도 공동소유관계로 연결되어 있고, 자금이나 신용, 정보, 시스템, 특허권 등과 같은 경영자원을 공동으로 활용하며 공동전략에 따라 움직이는 기업 군(cluster)이라고 정의하고 있다.[1]

그리고 유엔(UN)은 글로벌기업을 자산, 판매, 생산, 고용 또는 이익 등의 활동에 참여하고 있는 하나 또는 그 이상의 지점이나 자회사를 소유하고 있는 기업이라고 정의하고, 그 부차적인 기준으로서 특정 사업활동(예를 들면 생산), 최소한의 자회사 수(예를 들면 6개) 또는 해외활동의 최소한의 비중(예를 들면 판매 또는 자산의 25%) 등의 조건을 추가할 수 있다고 하고 있다.[2]

이와 같이 글로벌기업은 관련 기관이나 학자들에 따라서 아주 다양하게 정의되고 있는데, 본서에서는 글로벌기업을 범세계적 시야를 가지고 2개국 이상에서 제품을 생산 · 판매하고 최소한 한 개 이상의 해외자회사에 대한 운영을 통제하는 기업으로서, 기업전체로서의 이익 극대화와 성장에 그 목표를 두고 사업활동을 전개하는 공적 · 사적 기업이나 혼합형태의 기업을 모두 포괄하는 광의의 개념으로 정의하기로 한다.

또한 글로벌기업(global firm)에 대한 용어가 최근에 이르기까지 어떤 통일된 견해에 이르지 못하고 있으므로 본서에서는 이것을 국제기업(international company), 세계기업(world enterprise), 글로벌기업(global firm), 초국적기업(transnational enterprise) 등과 동일한 용어로 간주하고 필요에 따라서 이들을 혼용하여 사용하기로 한다.

제2절 글로벌기업 현황

1. 개황

Fortune Global 500 (July 2011)에 발표된 전세계 100대 글로벌기업(Global Firm) 중 최상위 20대 글로벌기업의 주요 현황을 살펴보면 〈표 2-1〉과 같다. 이 표를 보면, 미국의 Wal-Mart Stores가 1위를 차지하고 있고, 2위는 네덜란드/영국 이중국적의 Royal Dutch Shell, 그리고 3위는 Exxon Mobil이 차지하고 있음을 알 수 있다. 이어서 Exxon Mobil, BP, Sinopec Group, China National Petroleum, State Grid, Toyota Motor, Japan Post Holdings, Chevron 등이 그 뒤를 따르고 있다.

이들 글로벌기업들은 대부분 각국을 대표하는 최대 규모의 기업들로서, 해외에 수많은 계열기업을 거느리고 범세계적인 시야에서 국제사업활동을 수행하고 있다. 또 이들은 지역적으로 뿐만 아니라 제품면에서도 고도의 다변화를 이루고 있으며 전체 매출액, 수익, 자산, 직원 수 등에 있어서 해외부문이 높은 비중을 차지하여 높은 국제화율을 보이고 있다. 이들의 국제사업활동은 시간이 흐를수록 더욱 증대되고 있으며, 그것도 수출보다는 해외직접투자가 더 큰 폭으로 급속하게 증대되고 있다.

한편, 아래 〈표 2-2〉는 전세계 100대 글로벌기업 중 가장 높은 다국적성지수(internationality index)를 보이는 최상위 5대 기업의 현황과 면모를 보여주고 있다. 이 표를 보면 오늘날 글로벌기업들이 얼마나 광범위하게 범세계적으로 해외사업활동을 전개하고 있고, 또 해외부문에 얼마나 많은 비중을 두고 있는가를 쉽게 이해할 수 있다. 여기에서 가장 높은 다국적성지수를 보이고 있는 Xstrata PLC를 예로 들어보면, Xstrata PLC의 해외자산 비중은 94%에 달하고, 해외판매 비율은 90%, 그리고 해외고용 비율은 94%에 달하여 전체적으로 다국적성지수가 93%에 이르고 있다. 그 다음으로 ArcelorMittal, Pernod Richard SA, WPP Group Plc, 그리고 Linde AG의 경우에도 모두 88% 이상의 높은 다국적성지수를 보여 이들 기업이 얼마나 많이 글로벌화되어 있는가를 알 수 있다.

여기에서 2010년의 전세계 100대 글로벌기업의 다국적성지수를 살펴보면 해외자산 비

표 2-1 최상위 20대 글로벌기업 현황

(단위: 백만달러, 명)

순위	글로벌기업	국적	업종	매출액	수익	직원 수
1	Wal-Mart Stores	미국	소매업	421,849	16,389	2,100,000
2	Royal Dutch Shell	네덜란드/영국	석유	378,152	20,127	97,000
3	Exxon Mobil	미국	석유	354,674	30,460	103,700
4	BP	영국	석유	308,928	-3,719	79,700
5	Sinopec Group	중국	석유	273,422	7,629	640,535
6	China National Petroleum	중국	석유	240,192	14,367	1,674,541
7	State Grid	중국	전력	226,294	4,556	1,564,000
8	Toyota Motor	일본	자동차	221,760	4,766	317,716
9	Japan Post Holdings	일본	우편, 금융	203,958	4,891	233,000
10	Chevron	미국	석유	196,337	19,024	62,196
11	Total	프랑스	석유	186,055	14,001	92,855
12	ConocoPhillips	미국	석유	184,966	111,358	29,700
13	Volkswagen	독일	자동차	168,041	9,053	399,381
14	AXA	프랑스	보험	162,236	3,641	102,957
15	Fannie Mae	미국	금융	153,825	-14,014	7,300
16	General Electric	미국	전기/전자제품	151,628	11,644	287,000
17	ING Group	네덜란드	보험	147,053	3,678	106,139
18	Glencore International	스위스	원자재교역	144,978	1,291	57,656
19	Berkshire Hathaway	미국	보험	136,185	12,967	260,519
20	General Motors	미국	자동차	135,592	6,172	202,000

자료: *Fortune*, July 25, 2011.

율 62%, 해외판매 비율 64%, 그리고 해외고용 비율 56%를 보여 대단히 높은 다국적성지수를 보이고 있고, 이어서 전세계 100대 개발도상국 글로벌기업의 경우에도 해외자산 비율 32%, 해외판매 비율 48%, 해외고용 비율 41% 등을 보여 상당히 높은 다국적성지수를 보이고 있다.[3] 여기에서 전세계 글로벌기업들이 개발도상국기업들보다 높은 다국적성지수를 보이고 있음을 알 수 있다.

표 2-2 글로벌기업의 해외사업비중

(단위: %)

글로벌기업	국적	업종	해외자산 비율(%)	해외판매 비율(%)	해외고용 비율(%)	다국적성 지수*
Xstrata PLC	영국	광산업	94	90	94	93
ArcelorMittal	룩셈부르크	금속제품	95	100	78	91
Pernod Richard SA	프랑스	식음료제품	90	91	83	89
WPP Group Plc	영국	기타 영업서비스	88	87	90	89
Linde AG	독일	화학제품	90	89	85	88

주: *다국적성지수는 해외자산 비율, 해외판매 비율, 해외고용 비율을 합하여 산술평균한 것임.
자료: UNCTAD, *World Investment Report 2009: Transnational Corporations, Agriculture Production and Development* (New York and Geneva, UN, 2009).

한편, 우리나라 기업들의 경우에는 LG가 55%, Hynix Semiconductor Inc. 51%, Samsung Electronics 47%, Kia Motors 43%, Hyundai Motor Company 28% 등을 보여 선진국 글로벌기업들보다 다국적성지수가 크게 낮음을 알 수 있다.

오늘날 글로벌기업들은 해외시장을 각 국가단위 시장으로 나누어 보기보다는 전세계 시장을 국경이 없는 하나의 통합된 단일시장으로 간주하고 범세계적인 경영활동을 전개하고 있다. UN에 따르면 현재 전세계적으로 약 82,000여 개 이상의 글로벌기업들이 약 810,000여 개의 해외계열회사를 거느리고 국제경영활동을 전개하고 있는 것으로 파악되고 있다.

2. 국가별 현황

*Fortune Global 500*를 이용하여 전세계 500대 글로벌기업의 국별 분포를 살펴보면 〈표 2-3〉과 같다. 이 표에서 볼 수 있는 바와 같이 미국이 133개사(26.6%)로 가장 높은 비중을 보이고 있고, 이어서 일본 68(13.6%), 중국 61(12.2%), 프랑스 35(7.0%), 독일 34(6.8%), 영국 30(6.0%), 스위스 15(3.0%), 한국 14(2.8%), 네덜란드 12(2.4%), 캐나다 11(2.2%), 이탈리아 10(2.0%) 등의 순서를 보이고 있다.

여기에서 중국과 한국을 제외한다면 선진국들이 전세계 500대 글로벌기업의 대부분을 차지하고 있음을 알 수 있으며, 이는 전세계 해외직접투자 현황에서와 비슷하게 선진국 기업들이 세계경제를 좌우하고 있음을 알 수 있다.

표 2-3 글로벌기업의 국별 분포

국별	기업 수	구성비(%)	그 국가의 대표기업 ( )안은 500대 기업 중의 순위
미국	133	26.6	Exxon Mobil (1)
일본	68	13.6	Toyota Motor (8)
중국	61	12.2	Sinopec (5)
프랑스	35	7.0	Total (11)
독일	34	6.8	Volkswagen (13)
영국	30	6.0	BP (4)
스위스	15	3.0	Glencore International (18)
한국	14	2.8	Samsung Electronics (22)
네덜란드	12	2.4	Royal Dutch Shell (2)
캐나다	11	2.2	Manulifie Financial (240)
이탈리아	10	2.0	ENI (23)
기타	77	15.4	
합계	500	100.0	

주: 기업 수가 10개 미만인 국가는 생략하였음.
자료: *Fortune Global 500*, July 25, 2011.

여기에서 잠시 우리나라 기업들의 순위를 살펴보면, Samsung Electronics가 22위를 기록하여 한국기업 중에서는 최상위를 기록하고 있고, 그 다음으로 Hyundai Motor가 55위, SK Holdings 82위, POSCO 161위, LG Electronics 171위, Hyundai Heavy Industries 220위, GS Holdings 238위, Korea Electric Power 271위, Hanwha 321위, Samsung Life Insurance 333위, LG Display 440위, Doosan 489위, Samsung C&T 492위, 그리고 Korea Gas 498위 등을 기록하고 있다.

3. 산업별 현황

전세계 500대 글로벌기업의 산업별 구성을 살펴보면 〈표 2-4〉에서 볼 수 있는 바와 같이 제조업 분야가 가장 높은 비율을 보이고 있고 그 다음으로 서비스업, 1차산업 등의 순을 보이고 있다. 이것을 좀 더 상세한 업종별로 분류해 보면 공익사업 25개사, 전문제품 소

표 2-4 글로벌기업의 업종별 분포

(단위: 백만달러)

산업	기업 수	매출 1위 기업	국적	매출액	500대 기업 순위
공익사업: 전기, 가스	25	Exelon	미국	18,644	141
전문제품 소매	22	Costco Wholesale	미국	77,946	28
상업은행	20	Bank of America Corp.	미국	134,194	9
보험: 재산, 재해	19	Berkshire Hahtaway	미국	136,185	19
자동차/부품	17	General Motors	미국	135,592	8
보험: 생명, 건강	17	MetLife	미국	52,717	46
화학	16	Dow Chemical	미국	53,674	45
정보통신	15	AT&T	미국	124,629	12
항공 · 방위	14	Boeing	미국	64,306	36
식소비제품	14	PepsiCo	미국	57,838	43
정유	12	Exxon Mobil	미국	354,674	2
의약품	12	Pfizer	미국	67,809	31
광산/원유생산	11	Occidental Petroleum	미국	19,857	129
식품/의약품	11	CVS Caremark	미국	96,413	21
건강관리	11	UnitedHealth Group	미국	94,155	22
일반백화점	10	Wal-Mart Stores	미국	421,849	1
배관	10	Enterprise Products Partners	미국	33,739	80

주: 기업 수가 10개 미만인 업종은 생략하였음.
자료: *Ibid.*

매 22개사, 상업은행 20개사, 보험(재산, 재해) 19개사, 자동차/부품 17개사, 보험(생명, 건강) 17개사, 화학 16개사, 정보통신 15개사, 항공 · 방위 14개사, 식소비제품 14개사, 정유 12개사, 의약품 12개사 등을 보이고 있다. 여기에서 여러 산업 분야의 매출 1위 기업이 모두 미국기업이라는 점은 특기할 만하다.

제 3 절 글로벌기업의 본질과 글로벌시스템

1. 글로벌기업의 본질

(1) 글로벌기업의 국제화 능력4

1) 금융중개자로서의 능력

IBM, AT&T, Exxon 등과 같은 글로벌기업들이 국제적으로 성장할 수 있었던 주요한 이유는 그들이 세계도처의 자본시장(capital market)을 자유롭게 이용할 수 있는 독특한 능력을 소유하고 있었기 때문이다. 예를 들어 미국의 IBM이 영국에 소재하고 있는 자회사(subsidiary)를 확장하기 위해 자금을 조달해야 하는 경우를 살펴보자. 그리고 이때 미국의 자본시장이 자금조달에 있어서 가장 유리한 조건을 갖추고 있다고 가정하자. 그러면 IBM은 글로벌기업이기 때문에 이러한 유리한 조건의 미국자금을 이용하는 데 있어서 영국의 경쟁기업보다 자금에 대한 접근가능성이나 이용에 따른 환위험(foreign exchange risk) 등의 면에서 훨씬 더 유리한 위치에 서게 된다.

2) 지역다변화 주체로서의 능력

무역은 관세 및 수송비, 그리고 여타의 무역장벽 때문에 국내 상거래보다 훨씬 더 어려운 사업이다. 그러나 Coca Cola, Sony, Nestlé 등과 같이 일단 여러 나라에서 제품을 동시에 판매할 수 있는 능력을 갖게 된 기업들은 그렇지 못한 기업들에 비해 시장이 안정적이라는 측면에서 훨씬 우위에 서게 된다. 투자자들은 글로벌기업의 이러한 시장안정성을 높이 평가하게 되고, 그 결과 이들 글로벌기업의 자본비용(cost of capital)은 낮아지게 되며 결과적으로 이들은 국내기업에 비해 비교우위를 갖게 된다.

3) 독점자로서의 능력

기업들은 종종 주요 기술에 대한 특허권(예: GE, IBM), 유명상표(예: Coca Cola, MS) 또는 독특한 조직능력(Shell) 등 다른 기업들이 쉽게 모방할 수 없는 특별한 우위요소를 확보하는 경우가 있다. 이러한 우위요소를 확보하고 있는 기업들은, 만약 그 우위요소를 해외시장에서 활동하고 있는 자기의 자회사에게 어떤 형태로든지 전달할 수 있다면, 시장 내의 여타 경쟁기업에 비해 상대적인 우위에 서게 된다. 이러한 우위요소는 꼭 글로벌기업이 아니더라도 수출을 통해서도 이용할 수 있는데, 이때 만약 수출을 통한 이용이 불가능하게 되면 수출 대신 해외투자를 통해 다국적조직을 구축하게 된다.

4) 시장창조자로서의 능력

글로벌기업은 자신이 소유하고 있는 독특한 우위요소를 해외 각국의 현지기업에게 라이센싱을 제공하는 방식으로 활용할 수도 있다. 그러나 현지기업들은 유명상표나 특허권 등에 대한 실제적인 가치를 그것을 소유하고 있는 글로벌기업만큼 그렇게 높게 생각하지 않기 때문에 그에 상응하는 대가를 지불하려고 하지 않는다. 이 경우 Toyota나 IBM 등과 같은 대부분의 글로벌기업들은 라이센싱방식을 이용하기보다는 해외자회사를 설립하여 자신의 독특한 우위요소를 이들에게 직접 판매하는 독점적인 내부시장(internal market)을 개발하게 된다.

글로벌기업이 소유하고 있는 이상의 네 가지 능력들은 상호 배타적이거나 모순되는 것이 아니라 경우에 따라서는 이들 모든 요인이 동시에 작용할 수도 있다. 다만 독점자로서의 능력과 시장창조자로서의 능력이 해외자회사 설립에 대한 기업의 의사결정에 가장 결정적인 영향을 미치는 것으로 알려지고 있다.

(2) 글로벌기업의 경쟁적 우위[5]

1) 기술상의 우위

Boeing이나 IBM 등과 같이 기술혁신 및 연구개발에 대규모 투자를 하고 있는 산업의 선도적인 기업들은 기술상의 우위를 이용하여 해외시장과 긴밀한 관계를 갖고 있다. 항공기, 화학, 제약, 기계류산업의 경우 이러한 관계는 수출이라는 형태로 나타나게 된다. 이러한 산업에 속하는 기업들은 수출을 용이하게 하기 위해 보통 해외시장에 대리점(agent)을 지정하거나 판매자회사(sales subsidiary)를 설립한다. 그리고 기술상의 우위가 뚜렷한 초기단계에서는 수출을 통해 해외시장을 공급하다가 기술상의 우위가 낮아지게 되면 해외자회사를 설립하여 해외에 진출하는 방식을 취한다.

2) 유명상표

글로벌기업이 해외에서 생산활동을 전개할 수 있는 또 다른 전략은 IBM, Coca Cola, Sony 등의 기업에서 볼 수 있는 바와 같이 유명상표를 이용하는 것이다. 유명상표는 해외시장에서 경쟁력을 갖게 해 주는 중요한 요인이 되며, 그것은 통상 제품의 우수성에 기인한다. 유명상표가 사업의 성공여부에 결정적인 역할을 하는 포장식품, 음료수, 약품 등과 같은 업종에서는 수출을 통해서는 유명상표의 이점을 적절하게 활용할 수 없으므로 대개 현지 생산공장을 직접 설립하여 유명상표를 이용하는 방식을 취하게 된다. 유명상표는 투자기업으로 하여금 외국기업으로서의 추가비용을 극복하고, 경쟁적 지위를 유지할 수 있게 해 주는 필수 불가결한 요소이다.

3) 규모의 경제

글로벌기업들이 생산 · 판매하고 있는 대부분의 제품들은 기술우위나 유명상표에 의해서 그 판매가 좌우되는 제품들이 아니다. 즉 Exxon, Royal Dutch Shell, U.S. Steel 등이 생산하고 있는 석유, 구리, 알루미늄, 중화학제품 등과 같은 제품의 경우에는 기술이나 유명상표는 마케팅에 있어서 단지 부차적인 역할만을 수행하는 데 그칠 뿐, 그보다는 오히려 규모의 경제가 훨씬 더 큰 경쟁력의 원천이 된다. 이들 산업분야에서는 기업의 규모가 크면 클수록 보다 더 효율적이기 때문에 한계생산비가 상대적으로 낮아지게 되며 글로벌기업들은 이러한 우위를 누릴 수 있게 된다.

4) 정보수집능력

글로벌기업은 생산비 및 유통비가 주요 경쟁요소로 작용하는 산업의 경우, 전세계 어디에서 제품을 생산하는 것이 가장 저렴한지를 보다 효율적으로 탐색할 수 있는 무형자산을 가지고 있다. 국제사업활동에 있어서 효율적인 정보수집은 새로운 해외생산입지의 개발이나 해외시장 침투에 관한 획기적인 의사결정뿐만 아니라, 일상적인 해외기업활동을 수행하는 데 있어서도 경쟁우위를 유지할 수 있게 해 준다. 따라서 글로벌기업들은 이러한 정보수집능력을 생산입지의 선정 등에 활용함으로써 다른 기업보다 우위에 설 수 있게 된다. Citicorp과 같은 다국적은행의 효율적인 정보전달망, 일본 무역상사(general trading company)들의 광범위한 내부정보망 등이 여기에 해당된다.

글로벌기업은 이상과 같은 경쟁적 우위요소들을 해외에서 독점적, 배타적으로 활용할 수 있는 능력을 소유하고 있기 때문에 현지에서의 외국비용(cost of foreignness)을 지불하고도 충분히 지배권을 유지하면서 지속적으로 성장할 수 있는 것이다.

2. 글로벌시스템으로서의 글로벌기업

(1) 글로벌기업 시스템

글로벌기업은 해외 여러 나라에 수많은 현지 판매자회사 및 생산자회사를 직접 통제하면서 이들과 공동 소유관계로 연결되어 있고 신용, 정보, 시스템, 특허권과 같은 자원을 공동으로 사용하며, 공동목표를 달성하기 위해 공동전략에 따라서 글로벌한 시각에서 통합된 마케팅, 생산, 재무정책으로 국제사업활동을 수행하는 기업이다.

따라서 글로벌기업은 〈그림 2-1〉에서 볼 수 있는 바와 같이 본사, 현지자회사 그리고 장기거래협약을 맺고 있는 외국기업들이 서로 연계되어 글로벌기업 시스템을 이루게 된다. 여기서 P는 글로벌기업의 본사(parent)를 나타내며, S는 해외 여러 나라에 소재하고 있는 해외자회사(subsidiary)를 나타낸다.

또 일부 현지국에서는 대리점이나 유통업자(agent/distributor arrangements: A/D_j)와 단기거래협약을 맺기도 하고, 또 다른 나라에서는 라이센싱이나 여타 형태의 제휴협정(licensing

그림 2-1 글로벌기업 시스템

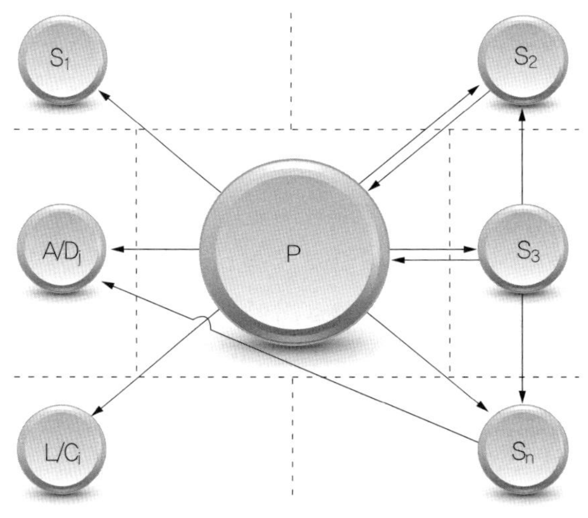

주: P-본사(parent)
S-해외자회사(subsidiary)
A/D_j-외국대리점/유통업자(agent/distributer arrangements)
L/C_i-라이센싱 또는 여타 제휴협정(licensing or other contractual arrangements)

자료: F. R. Root, *Entry Strategies for International Markets*, Revised and Expanded ed. (New York, Lexington Books, 1994), p. 253.

or other contractual arrangements: L/C_i)을 맺기도 한다. 글로벌기업 시스템을 구성하고 있는 이러한 다양한 구성원들은 서로 다른 나라에 위치하게 되는데, 이것은 그림에 점선으로 표시되어 있다.

(2) 글로벌기업의 내부거래

글로벌기업은 글로벌시스템 전체로서의 공동전략과 공동목표를 달성하기 위해 시스템 구성원들 간에 기술, 경영기법 등을 공동으로 이용하거나 자본, 제품 등을 상호 이전하게 되는데, 이것이 바로 글로벌기업 시스템의 핵심이다.

〈그림 2-1〉에서 본사(P)는 시스템 내의 모든 구성원들에게 기술과 경영관리기법을 이전하고, S_1, S_3, A/D_j에게는 제품을, 그리고 신설된 S_2에게는 자본을 이전할 수 있다. 또 그 반대로 본사가 이들 현지자회사나 다른 구성원들로부터 자금이나 제품 그리고 기술을 제공받을 수도 있다. 즉 현지 자회사 중의 하나인 S_2로부터는 완제품을, 그리고 또 다른 현지 자회사인 S_3로부터는 중간재에 대한 기술을 공급받을 수 있다.

이와 같이 글로벌기업은 하나의 시스템으로서의 공동전략과 공동목표를 달성하기 위해 구성원들 간 여러 가지 형태의 내부거래를 수행하고 있는데, 여기서 내부거래의 몇 가지 특성을 살펴보면 다음과 같다.[6]

먼저 글로벌기업의 여러 해외자회사들은 모두 다 같이 중간재, 부품 또는 완제품 조립 등의 모든 단계에 종사하는 것이 아니라 어떤 한 부문의 생산에만 전문화하여 제품을 생산하고, 이렇게 생산된 제품을 자회사들 간에 거래하게 된다. 이때 거래는 판매형식으로 이루어지게 되며, 비록 각 자회사들이 동일한 국제사업부 담당경영자의 지휘 및 통제하에 있고, 또 동일한 이익센터에 속해 있을지라도 시장판매와 같은 거래가격에 따르게 된다.

또 어떤 자회사는 글로벌기업 전체의 이익을 위한 연구개발에만 전문화하는 경우도 있다. 그리하여 여기서 개발된 특허권이나 노하우를 거래를 통해서 다른 자회사들에게 이전한다. 이러한 이전거래 역시 판매형식으로 이루어지게 되며 이전거래에 대한 반대급부로서 로열티나 관리용역비를 수수한다.

그리고 때로는 자금을 보다 더 효율적으로 이용하기 위해서 자회사들 간에 자금을 거래하기도 한다. 만약 자금흐름이 이자나 배당, 로열티, 관리용역비 또는 상품대금 등의 형태로 이루어지지 않으면 대여, 선급금 지불 또는 지분매입 등의 방법이 이용된다.

제4절 글로벌기업의 국제경영관리 유형[7]

1. 본국지향주의(ethnocentrism)

본국지향주의란 글로벌기업이 전략적 계획을 수립하고 실행하는 데 있어서, 본사의 가치와 이익을 중시하는 전략적 성향을 말한다. 본국지향주의적 성향을 가진 기업은 1차적인 목표를 이익의 극대화에 두고, 해외자회사를 본국에서와 마찬가지의 방식으로 운영한다. 이러한 성향을 가진 기업은 국내에서와 동일한 제품을 해외에서 판매하고자 하는 기업들에게서 쉽게 찾아볼 수 있다.

본국지향형 기업의 경우에는 모든 중요한 의사결정이 본국을 중심으로 이루어지고, 해외자회사는 본사의 영업활동에 있어서 단지 부수적인 것으로만 간주될 뿐 큰 의미를 갖지 못하며, 아무런 재량권도 갖지 못한다. 또 해외자회사에 대한 통제가 중앙집권적으로 이루어지고 현지 자회사의 요직은 대부분 본사에서 파견된 직원으로 보직된다. 그리고 인재나 제품도 본국산이 우선적인 대우를 받는다.

본국지향형 기업의 예로 승용차와 트럭을 미국에 수출했던 초창기 Nissan의 경우를 들 수 있는데, 당시 Nissan은 미국의 찬 기후를 고려하지 않고 일본의 따뜻한 기후에 맞게 자동차를 생산하여 미국에 수출한 나머지 추운 겨울에는 자동차의 시동이 걸리지 않아 많은 애를 먹었다. Nissan은 일본 북부지역의 자동차 소유주들이 추울 때는 자동차 후드에 담요를 덮어놓기 때문에 미국인들도 당연히 그렇게 할 것으로 생각했던 것이다. 미국의 제약회사인 Eli Lilly도 1980년대까지 본사가 미국 밖 해외사업활동을 강력하게 통제하였으며, 처음에는 미국시장을 대상으로 개발된 제품을 그대로 해외시장에 판매하는 데 열중했다.

2. 현지지향주의(polycentrism)

현지지향주의는 글로벌기업이 자사의 전략적 계획을 현지의 요구에 맞게 적응하는 전략적 성향을 말한다. 만약, 기업이 2개국 이상에서 사업활동을 수행하는 경우, 전반적인 전략적 계획을 각국의 요구가 반영될 수 있도록 현지에 적응시키는 전략이다. 현지지향형기업의 사명은 기업이 현지에 잘 수용되고 융화될 수 있도록 하는 것이다. 따라서 각 해외자회사는 현지의 요구에 기초하여 자사가 추구하고자 하는 목표를 설정하고 현지에서 획득한 이익을 현지 자회사의 확장과 성장에 사용하게 된다.

현지지향형 기업의 경우에는 본사가 재무나 기술개발 등과 같은 중요한 사항에 대해서만 의사결정권을 가질 뿐, 그 이외의 일상적인 업무에 대한 권한은 자회사에 이양하여 분권화(decentralization)하게 된다. 그러나 해외자회사의 인재가 본사에 등용되는 일은 거의 없다. 일상적인 업무에 관한 권한을 현지 자회사에게 위임하는 이와 같은 경영방침은 현지정부나 종업원, 그리고 소비자 등과 같은 현지 이해관계자들의 감정이나 또는 경제적 내셔널리즘에 대한 배려 차원에서 이루어지기도 한다.

현지지향형 기업의 예로는 Citicorp을 들 수 있는데, Citicorp은 최근에 이르기까지 전세계에 대한 금융서비스를 현지국 위주로 제공하고 있다. 그러나 최근에는 금융서비스산업의 글로벌화에 대비하여 Citicorp의 사업단위들 간의 통합을 강화하고 있다. 또 하나의 예로는 Ford를 들 수 있는데, Ford는 한때 4개 지역에 각기 따로 있던 자동차개발센터가 각 지역에 판매할 자동차를 각기 달리 설계하여 생산했었다.

3. 지역지향주의(regiocentrism)

지역지향주의는 수익성과 현지국의 공중적인 수용성(acceptability)을 기본사명으로 현지와 지역 모두의 요구를 중시하는 전략적 성향을 의미한다. 지역지향주의적 성향을 가진 기업은 개별 국가보다는 지리적인 지역을 더 중시하게 된다. 예를 들어 유럽연합(EU) 내에서 사업활동을 수행하고 있는 글로벌기업은 기업의 모든 전략적 의사결정에 있어서 유럽연합 회원국 전체를 그 대상으로 하는 것과 같은 경우가 그것이다.

이렇듯 지역지향형 기업은 주로 국제적인 지역시장의 수요를 충당하기 위한 것이기 때문에 지역사업본부의 역할이 대단히 중요하다. 지역지향형기업은 EU, NAFTA, ASEAN 등과 같은 경제통합에 부합하는 경영방침을 수립하여 시행하게 된다.

지역지향형기업의 예로는 GM의 경우를 들 수 있는데, GM은 지난 수십 년간 자사의 임원들에게 유럽시장이든 아시아 태평양지역 시장이든, 현지 환경에 적합한 자동차를 설계하도록 상당한 자율권을 부여했다. 전세계 GM 차량에 장착되어 있는 라디오 종류가 무려 300여 종에 달하는 것은 이러한 제품계획의 결과이다.

4. 세계지향주의(geocentrism)

세계지향주의는 글로벌기업이 범세계적인 관점에서 사업활동을 전개하는 전략적 성향을 의미한다. 오늘날 범세계적으로 사업활동을 전개하고 있는 세계 최대 규모의 글로벌기업들은 대부분 세계지향주의적인 전략적 성향을 가지고 있는 기업들이다. 이러한 성향을 가진 글로벌기업들은 범세계적인 제품을 생산하고 국적에 관계없이 범세계적으로 가장 유능한 인재를 선발하여 채용하는 등 글자 그대로의 세계지향주의적 전략을 채택한다.

이를 위해서, 세계지향형 기업은 국가주의적 편견에서 탈피하여, 상호의존관계를 가지고 있는 본사와 해외자회사가 유기적으로 결합하여 범세계적 관점에서 사업활동을 수행하게 된다. 따라서 본사와 해외자회사 간에 정책결정에 관한 의사소통이 자유롭게 이루어지며, 기업이 시스템 내부에 가지고 있는 모든 경영자원과 기업이 직면하고 있는 모든 환경요인을 최적으로 믹스(mix)하여 기업목표를 달성하게 된다. 최고경영자가 보다 더 범세계적인 경영이념을 가지고 있는 기업일수록 더욱더 세계지향형 기업이라고 할 수 있다.

여기에서 세계지향형 기업의 예로는 Nestlé를 들 수 있다.

Nestlé는 세계 최대의 다국적식품회사로서 2010년 현재 총 22만 5천명의 직원이 전세계 150개국의 511개 공장에서 청량음료, 유제품, 분유, 아이스크림, 초콜릿, 의약품 등 8,500가지의 제품을 생산·판매하고 있어 가장 전형적인 글로벌기업으로 평가받고 있다. 그리고 매출액 중 98% 이상을 해외에 판매하고 있으며 지역적으로도 다변화를 이루고 있고, 스위스 본사에 근무하고 있는 최고경영자의 절반 이상이 비스위스인으로 구성되어 있다. Nestlé는 UNCTAD가 전체 자산 및 판매, 그리고 고용에서 해외부문이 차지하고 있는 비율을 지수화하여 계산한 다국적성(transnationality)에 있어서 전세계 상위 100대 글로벌기업 중 1위를 기록하기도 하였다.

국제경영사례 2-2

한국 글로벌기업의 위상

한국의 글로벌기업들은 재벌(chaebol)이라고 불리면서 지난 25년간 한국의 경제발전에 크게 공헌하고 있다. 이 중 삼성(Samsung)은 가장 규모가 큰 재벌기업으로서 전자, 자동차, 조선, 항공, 그리고 기계 등 다양한 분야에 종사하고 있다. 그 다음으로는 규모가 비슷한 현대(Hyundai), SK 그리고 LG 등이 있다.

역사적으로, 한국의 재벌기업들은 저렴한 노임을 이용하여 다양한 종류의 제품을 선진국에 수출해왔다. 하지만 최근에는 토지 및 노임비용이 크게 높아져, 세계경제에 있어서의 재벌의 경쟁적 우위가 크게 소멸되고 있다.

최근 스위스 IMD의 *World Competitiveness Yearbook 2011* 국가경쟁력 실태를 보면, 한국은 59개 국 중 22위를 차지하여 벨기에와 아일랜드 바로 앞, 그리고 스페인과 영국과 뉴질랜드 다음에 위치하고 있다.

최근 한국의 재벌들은 경쟁적 지위를 유지하기 위하여, 한국보다 노임이 싸고 노동생산성이 높은 해외에 공장을 설립하여 높아져만 가는 국내의 비용증대에 대응하는가 하면, 외국기업을 인수하여 자신이 가지고 있지 못한 품질, 디자인, 기술노하우 및 시장을 획득하기 위해서 인수방식을 통한 해외투자를 하고 있다. 또 우리나라 제품의 수입을 우려하는 외국정부를 달래기 위해서 현지에 대한 해외투자를 하고 있다. 이러한 이유 때문에 최근 한국 재벌의 해외직접투자는 가속화되고 있고, 규모가 큰 일부 재벌기업들은 이미 진정한 의미의 글로벌기업이 되어 있는 상태이다.

그러면 과연 우리 기업들은 외국의 글로벌기업과 비교하여 어느 정도의 수준에 해당되는가.

Korean Globals

Country Rank	Company	Global 500 rank	City	Revenues ($ millions)
1	Samsung Electronics	22	Seoul	133,781
2	Hyundai Motor	55	Seoul	97,408
3	SK Holdings	82	Seoul	78,435
4	POSCO	161	Seoul	52,462
5	LG Electronics	171	Seoul	48,236
6	Hyundai Heavy Industries	220	Ulsan	38,996
7	GS Holdings	238	Seoul	36,570
8	Korea Electric Power	271	Seoul	34,110
9	Hanwha	321	Seoul	30,041
10	Samsung Life Insurance	333	Seoul	28,773
11	LG Display	440	Seoul	22,072
12	Doosan	489	Seoul	19,937
13	Samsung C&T	492	Seoul	19,765
14	Korea Gas	498	Seongnam	19,563

세계적 석학 앨프리드 챈들러(A. Chandler)는 미국 '포천(*Fortune*)' 지가 매년 발표하고 있는 'Global 500'에 들어가는 기업들을 '글로벌기업(Global Firm)'이라고 칭했다. 이 리스트에 들어가려면 업종에 상관없이 연 매출액이 103억 달러, 즉 13조원은 되어야 한다. 이런 기업이 많은 나라는 2011년 *Fortune Global 500*로 보았을 때, 미국(133), 일본(68), 중국(61), 프랑스(35), 독일(34), 영국(30), 스위스(15), 한국(14) 등 이다. 여기에서 중국과 한국을 제외하면 500대 기업 중 G7이 차지하는 숫자가 무려 321개 기업에 달한다.

이렇듯 지난 5년간 기업 수를 기준으로 한 글로벌 500대 기업의 국가별 순위는 미국, 일본, 프랑스, 영국, 독일의 독주가 이어져 오고 있다. 이들 국가들이 보유하고 있는 기업 수는 가히 압도적이므로 당분간은 그 지위를 계속 유지할 것으로 보인다. 그리고 여기서 한 가지 중요한 사실은 중국, 인도, 러시아, 멕시코 등 소위 신흥시장(Emerging Market)에 속하는 국가들의 글로벌기업이 약진하고 있다는 점이다. 그 중에서도 중국은 1996년 단지 15위에 불과하였으나 2005년에는 6위를 기록하였고, 2011년에는 급기야 3위에 랭크되어 전통적인 강대국을 위협하고 있다.

한편, 2011년 *Fortune Global 500*에 따르면 한국기업의 경우에는 삼성전자가 22위를 기록하였고, 그 다음으로는 현대자동차 55위, SK 82위, 포스코 161위, LG전자 171위 등 500대 기업 중에 14개 기업이 랭크되고 있다.

하지만, 삼성전자만이 전자업체 중 매출액 세계 1위를 기록하여 휴렛-팩커드 (28위) 등을 따돌리고 있을 뿐, 자동차 분야의 경우 현대자동차는 매출액이 974억 달러에 불과하여 도요타자동차 2,217억 달러, 폭스바겐 1,680억 달러, 제너럴모터즈 1,356억 달러에 크게 못 미치고 있다. 그 밖의 분야 즉 화학, 통신, 음식료 업종 등에 있어서도 우리 기업의 매출액은 세계 1위 업체에 비해 너무나 낮은 초라한 수준에 머물고 있다.

이상에서 우리나라 글로벌기업의 위상을 개관해 보았는데, 우리나라 글로벌기업의 위상은 아직은 아주 초라한 단계에 머물고 있다고 할 수 있다. 글로벌기업을 많이 배출하는 것만이 국가경제를 발전시키기 위한 최선의 정책이라고는 말할 수 없지만, 글로벌기업들은 한 나라의 국가경제에 결정적인 영향을 미친다는 점은 두말할 필요가 없는 사실이다. 따라서 세계무대에서 외국의 거대 글로벌기업들과 경쟁할 수 있는 초우량 글로벌기업이 계속 늘어나야 한다는 점은 너무 분명한 것으로 보인다. 글로벌기업을 더 많이 배출하는 것이 중소기업의 성장에도 도움이 되고 궁극적으로 국가경쟁력을 제고시키는 데도 도움이 될 수 있지 않을까 생각해본다.

자료: 배지현, "급변하는 초유량기업의 판도," 주간경제 911호, LG경제연구원 (2006. 11. 17.); *Fortune Global 500* (Jul. 25, 2011); IMD, *World Competitiveness Yearbook 2011*.

국제경영 환경

International Business

제2부

CHAPTER 03

경제적 환경

International Business

국제경영사례 3-1

세계경제 과연 돌파구를 찾을 것인가

유럽이 흔들리고 있다. 휘청거리고 있다. 제 힘에 부쳐 고꾸라지다가 물귀신처럼 전세계를 부여잡고 늘어지고 있다. 글로벌 금융시장은 유럽의 파산 위협에 전전긍긍하다가 때로는 패닉(panic)에 빠지다 실신하는 지경에 이르곤 한다.

포르투갈, 이탈리아, 그리스, 스페인 등 남유럽(PIGS)의 재정위기는 중독된 부채의 악순환을 끊어내지 못하고 있다. 되레 더욱 기승하여 북대서양 허리케인(hurricane)처럼 원심력으로 소용돌이치며 광폭한 폭풍우로 휘모리를 변주한다.

유럽의 재정위기는 지난 2008년 글로벌 금융위기의 연장선상에 서 있다. 미국발 서브프라임 모기지(subprime mortgage) 부실이 눈덩이처럼 불어나다 터지며 금융위기로 전화됐고 경기급랭과 신용위기를 막기 위해 재정지출을 늘리다가 소버린(sovereign) 위기까지 불러왔다.

글로벌 금융규제 완화와 넘치는 유동성은 과소비 흥취와 저신용층에게까지 마구잡이로 부동산대출을 안겼다. 9.11 사태 이후 테러리즘의 공포와 애국주의에 고양된 미국 부시 행정부의 부양일변도의 독단적인 무규제 주택정책까지 더해지자 신용리스크가 급발진 했다.

21세기 글로벌 금융자유화와 시장의 세계화, 그리고 정보기술(IT)의 비약적인 발전은 전세계를 로마제국의 개선문을 지나 유토피아(Utopia)로 이끄는 축제 퍼레이드의 삼두마차인양 으스댔다. 글로벌 금융자본시장은 한바탕의 대박을 노리며 빚으로 분탕질한 투기꾼들의 들끓는 탐욕의 도가니였다.

그러나 브레이크 없는 돈 잔치는 빚을 굴려 빚을 갚는 폰지게임(Ponzi game)의 환영이었다. 금융사기의 마각이 드러나자 빚잔치로 돌변한 현실은 터진 버블의 아수라장이었다. 잘 닦인 IT로드는 위기를 세계로 전염시켜 금융위기로 이끄는 저승사자였던 셈이다.

2012년은 글로벌 금융위기 이후 만 3년을 넘어선 즈음이다. 그렇지만 유로존 재정 불량국의 국가파산 위기는 아직 해결점을 찾지 못하고 있다. 권력교체로 정정불안은 잦아드는 듯하지만 적자감축은 아직 요원하며 새로운 긴축압력도 버겁기만 하다.

국가부채 상환 스케줄은 하루가 멀게 시시각각 다가오고 시장의 날선 불안은 언제 폭발할지 알 수가 없는 상황이다. 신용평가사들의 등급강등 압박은 숨통을 조이고 조달금리 상승은 적자 증가와 재정 악화의 악순환에 빠져들어 국가파산을 마중하는 덫이 되고 있다.

특히 2012년의 봄은 유로존 위기 및 세계경제를 가름하는 최대 분수령이 될 전망이다. 무엇보다 국가파산에 이르지 않기 위해서는 만기가 도래하는 국가부채를 일단 상환해야 하기 때문이다. 대규모 국채공급을 흡수할 튼튼한 수요자와 정책지원이 동반돼야 하는 문제이다.

유럽중앙은행(ECB)의 국채매입 등 역할 확대, IMF나 G20의 구제금융 확충, 그리고 유럽의 신재정협약의 구체화 등 복잡한 방안들이 합의돼야 하고 이를 이행할 구체적인 수단이 확보돼야 한다.

또 유로존 위기에 노출된 금융권의 경우 손실처리와 자본확충 과정에서 대출금 회수와 자산매각 등에 따른 신용경색, 긴축재정과 소비위축에 따른 경기침체 우려 등은 미국 및 중국의 경기부진과 맞물려 세계경제 및 교역관계를 악화시킬 수 있는 중요 과제가 될 것이다.

그렇지만 유로존 위기를 해결하기 위해서는 우선 경제원칙을 확고히 정립해야만 한다. 자기 생산 소득보다 많은 소비지출이 신용과 재정 불량, 나아가 유로존 위기의 근본원인이라면 제3자의 금융지원과 신뢰회복의 시작은 과다지출을 줄이는 데서 비롯되기 때문이다.

유로존은 파국의 위기 속에서 역사적 결단의 시기를 맞고 있다. 역사학자 아놀드 토인비(Arnold J. Toynbee)의 명구처럼 역사의 도전에 전면적인 응전을 할 때이다. 탄생과 성장을 거쳐 붕괴의 위기에서 산고를 이겨내고 새로운 창조를 만들어 내야 하는 시기이다.

1993년 마스트리히트조약(Maastricht Treaty) 이후 1999년 탄생한 유럽통화동맹(EMU)체제로서 유로존은 13년 만에 최대의 위기에 처해 있다. 제1, 2차 세계대전과 냉전체제를 거치며 팍스 아메리카에 대항하고자 〈하나의 유럽〉을 향한 꿈도 백척간두의 좌초 위기에 처했다.

과연 2012년 세계경제는 과연 돌파구를 찾을 수 있을 것인가?

경제학자 J. M. 케인즈는 "장기에는 모두 죽는다"며 1930년대 대공황 시기 과감한 재정지출 확대 등 강력한 정부개입을 역설하며 공황극복의 일등공신이 됐다. 장기 전망이나 시계가 불확실한 상태에서 장기에는 결국 안정될 것이라는 방임보다는 단기정책을 적극 추진해야 한다는 것이었다.

2008년 위기 당시 미국을 비롯한 세계 국가들은 케인즈의 해법을 따랐다. 그렇지만 작금의 재정위기에서 정부수단은 바닥이 났다. 대공황연구의 최고권위자인 미국 연방준비제도의 벤 버냉키 의장도 "헬리콥터 벤"이라는 별명대로 사상 최대의 돈을 뿌렸다. 두 차례 양적완화(quantitative easy)로 경기 급추락은 방어했지만 아직 뚜렷한 자신감을 재생하지는 못하고 있다.

글로벌 재정위기에서 세계경제를 지탱할 재정 및 통화정책 수단은 극히 제한된 상태이다. 글로벌 경제는 저성장과 고실업의 고통을 이겨내야만 한다. "땅에 넘어진 자 땅을 딛고 일어나라"는 금강경의 경구처럼 2012년은 밝은 미래를 위해 기본을 탄탄히 다져야만 하는 극기와 진정한 자기회복의 해가 돼야 할 것이다.

하지만, 현실이 그렇게 녹녹치 않다. 최근 실물부문에서 일부 개선되는 모습을 보였으나, 경기선행지표들이 다시 하락하고 있는 점을 고려할 때 유로지역의 경기회복은 매우 더딜 것으로 평가된다. 특히 2012년 상반기 중 유로지역의 경기회복은 어려울 것으로 전망되며, 하반기 이후에나 기대할 수 있을 것으로 예상된다.

자료: NEWSPIM, "세계경제 돌파구 찾나",(2012. 1. 1.); 김균태, "최근 유로지역 경기에 대한 평가 및 전망," 지역경제포커스, Vol. 6, No. 15, 대외경제정책연구원(2012. 4. 25.); 하창희 옮김, 유로의 미래를 말하다(서울, 지식트리, 2012).

제1절 현지국 시장의 특성

1. 현지국의 경제체제

(1) 시장경제체제(market economy)

시장경제체제는 통상 개인의 목표를 중시하는 나라에서 선호된다. 시장경제체제에서는 생산, 소비, 투자, 저축 등에 대한 모든 의사결정이 오로지 수요와 공급에 의해서만 결정되며, 가격이 매개변수 역할을 하게 된다. 이 경제체제에서는 대부분의 생산활동이 민영화되어 있으며 기업이나 가계의 의사결정이 경제적 자원을 할당하는 데 결정적인 역할을 하게 된다. 이러한 체제에서는 소비자의 구매패턴이 가격메커니즘을 통해 생산자에게 전달되어 어떤 제품을 얼마만큼 생산할 것인가가 결정되기 때문에 소비자가 최고 의사결정권자라고 할 수 있다. 이러한 체제를 채택하고 있는 대표적인 국가로는 미국과 일본 등을 들 수 있다.

(2) 통제경제체제(command economy)

통제경제체제는 사회의 공동목표를 중시하는 나라에서 선호되며, 정부가 경제적 자원을 계획적으로 할당하기 때문에 생산하고자 하는 제품 및 서비스의 종류와 양, 판매가격 그리고 유통방식까지도 정부가 직접 계획하고 결정하게 된다. 또 정부가 대부분의 토지와 공장 그리고 경제적 자원을 소유하며, 모든 사업이 국영화 내지 공영화되어 있다. 이러한 경제체제는 일반적으로 사회주의 국가들이 선호하던 것으로서 구소련과 쿠바 등이 그 전형적인 국가에 속한다.

(3) 혼합경제체제(mixed economy)

혼합경제체제는 시장경제체제와 통제경제체제 중간 정도에 놓여 있는 경제체제이다. 이 경제체제에서는 어떤 부문은 민영화되어 시장경제체제를 갖추고 있는 반면, 또 다른 부문은 국영화하여 정부가 직접 계획을 한다. 오늘날 완전한 시장경제체제나 완전한 통제경제체제를 가진 나라는 찾아보기 힘들며, 사실 많은 나라들이 혼합경제체제를 채택하고 있다고 할 수 있다. 이러한 경제체제를 채택하고 있는 나라로는 오늘날의 중국 그리고 영국, 스웨덴, 프랑스, 이탈리아 등과 같은 서유럽국가들을 들 수 있다.

2. 현지국의 경제 규모

(1) 인구

국제사업활동을 추진하고자 하는 기업이 목표시장국의 시장잠재력을 분석할 때 가장 먼저 고려해야 할 변수가 바로 인구(population)이다. 인구는 목표시장국에 따라서 그 규모가 크게 다를 뿐 아니라, 소비재와 같이 인간의 기본생활을 유지하는 데 필수적인 제품의 경우에는 인구의 규모를 가지고 유망시장 여부를 판단할 수 있기 때문이다.

그리고 인구의 규모뿐만 아니라 지역별 인구분포도 글로벌기업에게 여러 가지 시사점을 제공해 준다. 일례로 세계 전체 인구의 1/2 이상을 차지하고 있는 아시아지역에 대한 투자규모나 업종은 인구가 훨씬 더 적은 여타 지역에 대한 투자규모나 업종과 크게 다를 수 있기 때문이다. 또 연령별, 성별, 교육수준별, 직업별 인구분포도 국제사업활동에 대한 기업의 각종 경영의사결정에 중대한 영향을 미칠 수 있다. [1]

한편, 오늘날과 같이 지역경제통합이 가속화되고 있는 상황하에서는 개별 목표시장국의 인구뿐만 아니라 지역경제통합(예: EU, NAFTA 등)에 대한 인구분포도 기업의 국제경영활동에 중요한 시사점을 제공해 줄 수 있다.

그리고 인구의 규모 그 자체뿐만 아니라 인구증가율 또한 중요하게 고려해야 할 변수이다. 그것은 글로벌기업들의 모든 의사결정이 경제변수의 장기적인 추세와 관련하여 이루어지는 경우가 많기 때문이다.

여기에서 인구와 관련한 주요 변수들을 주요 국가별로 살펴보면 〈표 3-1〉과 같다. 이 표를 보면 인구가 가장 많은 나라는 중국으로서 13억 4천만 명을 기록하고 있고, 그 다음으로는 인도가 12억 1천만 명을 기록하고 있다. 그리고 인구가 가장 적은 나라로는 1만 명의

표 3-1 인구관련 지표의 국별 순위

구분(연도) \ 순위	1	2	3	4	최하위국	기타 관심국	한국
인구 (백만 명, 2011)	중국 (1,347)	인도 (1,210)	미국 (313)	인도네시아 (238)	투발루 (0.01)	일본 (127)	49
인구증가율 (%, 2010)	라이베리아 (4.50)	부룬디 (3.90)	아프가니스탄 (3.85)	서사하라 (3.72)	쿡제도 (-2.23)	일본 (-0.02)	0.33
평균수명 (연, 2009)	산마리노 (83)	일본 (83)	홍콩 (83)	스위스 (82)	레소토 (47)	북한 (68)	80
출산율 (천 명당, 2009)	니제르 (51)	우간다 (47)	말리 (46)	잠비아 (44)	모나코 (7)	중국 (12)	9
5세 이하 영아사망 수 (천 명당, 2010)	산마리노 (2)	리히텐슈타인 (2)	아이슬란드 (2)	싱가포르 (3)	소말리아 (180)	북한 (33)	5
실업률 (%, 2009)	태국 (1.2)	노르웨이 (3.2)	네덜란드 (3.4)	마카오 (3.6)	코소보 (45.4)	일본 (5.0)	3.6
여성취업률 (%, 2010)	아이슬란드 (77.0)	노르웨이 (73.3)	스위스 (72.3)	덴마크 (71.1)	파키스탄 (22.0)	일본 (60.1)	52.6

자료 : World Bank, OECD, CIA World Factbook.

인구를 가지고 있는 투발루를 들 수 있다. 한편, 우리나라는 4천 9백만 명의 인구를 기록하고 있다. 다음으로 인구증가율에 있어서는 라이베리아가 4.5%로서 가장 높게 나타나고 있고, 반대로 쿡제도는 -2.2%를 기록하고 있다. 우리나라의 증가율은 0.3%를 보이고 있다.

(2) GDP

1) GDP 규모

국내총생산(Gross Domestic Product: GDP)은 한 나라 영역 내에서 가계, 기업, 정부 등 경제 주체에 의해 일정 기간 생산된 모든 최종 재화와 서비스를 시장가격으로 평가한 것을 말한다. GDP는 일국의 경제규모를 개략적으로 파악할 수 있는 가장 좋은 지표의 하나로서, GDP 규모와 더불어 1인당 GDP도 경제규모를 파악할 수 있는 좋은 지표가 될 수 있다.

여기에서 2010년도 각국의 GDP 규모를 살펴보면 〈표 2-2〉에서 볼 수 있는 바와 같이 미국이 146,376억 달러로서 전세계 1위를 차지하고 있고, 그 다음으로는 중국이 57,673억 달러를 기록하여 2위를 차지하고 있다. GDP 규모가 가장 작은 나라는 투발루로서 3천만 달러를 기록하고 있으며, 우리나라는 10,144억 달러를 기록하고 있다. 한편, 관심국인 러시아도 14,893억 달러를 기록하여 지속적인 성장을 보이고 있다. 전세계 여러 나라들이 지난 50여 년간 획기적인 경제발전을 이룩하였고, 또 몇몇 국가들의 경우에는 GDP가 5배 이상 증가하기도 하였지만 실질 국민소득이 오히려 낮아진 국가도 적지 않다.

한편, GDP 규모는 일국의 경제규모를 개략적으로 파악할 수 있는 좋은 지표이기는 하지만 이것은 극히 개략적인 수치에 불과하기 때문에, 단순히 GDP 규모만을 가지고 시장잠재력을 파악하는 것은 무리라고 할 수 있다. 그것은 2010년의 경우를 예로 들어볼 때, 미국의 GDP 규모가 한국보다 약 14배에 더 높다고 해서 특정 제품에 대한 미국의 수요가 반드시 한국보다 14배 더 높을 것이라고 말할 수 없기 때문이다. 따라서 목표시장국의 시장잠재력을 파악함에 있어서는 GDP 규모를 여타 자료들과 함께 보완적으로 활용하는 것이 바람직하다. 그리고 시장잠재력을 파악하는 데 있어서는 GDP 규모뿐만 아니라 GDP 실질성장률도 대단히 중요한 변수가 된다.

여기에서 주요국의 몇 가지 경제관련 지표를 살펴보면 〈표 3-2〉와 같다.

표 3-2 경제관련 지표의 국별 순위

구분(연도) \ 순위	1	2	3	4	최하위국	기타 관심국	한국
GDP (백만$, 2010)	미국 (14,637,661)	중국 (5,767,346)	일본 (5,567,898)	독일 (3,397,562)	투발루 (31)	러시아 (1,489,936)	1,014,482
1인당 GDP ($, 2011)	룩셈부르크 (122,272)	카타르 (97,967)	노르웨이 (96,591)	스위스 (84,983)	부룬디 (197)	미국 (48,147)	23,749
1인당 GDP 실질성장률 (%, 2011)	카타르 (18.7)	가나 (13.5)	몽고 (11.5)	투르크메니스탄 (9.9)	그리스 (-6.0)	중국 (6위, 9.5)	3.9
GNI규모 (10억$, 2010)	미국 (14,635.6)	중국 (10,221.7)	일본 (4,414.3)	인도 (4,159.7)	팔라우(0.2)	프랑스 (2,234.2)	1417.9
1인당 GNI ($, 2010)	룩셈부르크 (61,790)	노르웨이 (56,830)	싱가포르 (55,790)	스위스 (50,170)	콩고 (320)	일본 (34,640)	29,010
국내총투자율 (%, 2010)	세이첼 (53.9)	부탄 (51.2)	몽고 (49.9)	중국 (48.7)	쿠웨이트 (8.6)	미국 (15.9)	28.6

자료 : World Bank, OECD, CIA World Factbook.

2) 1인당 GDP

GDP 규모 외에 1인당 GDP도 목표시장국의 시장잠재력을 개략적으로 파악할 수 있는 좋은 지표이다. 여기에서 2010년의 1인당 GDP를 살펴보면 〈표 3-2〉에서 볼 수 있는 바와 같이 룩셈부르크가 122,272달러를 기록하여 전세계 1위를 차지하고 있으며, 그 다음으로는 카타르가 9,967달러를 기록하여 2위를 차지하고 있다. 그리고 부룬디는 197달러에 그쳐 최하위를 기록하고 있으며, 우리나라는 23,749달러를 기록하고 있다.

다음으로 1인당 GDP의 실질성장률도 목표대상국의 시장잠재력을 파악하는 데 중요한 지표가 된다. 여기에서 몇몇 주요국의 1인당 GDP 실질성장률을 살펴보면 가장 높은 성장률을 기록하고 있는 나라로는 카타르 18.7%, 가나 13.5%, 몽골 11.5% 등을 들 수 있으며, 가장 낮은 성장률을 보이고 있는 국가로는 그리스로서 -6.0%를 기록하고 있다. 우리나라의 경우에는 3.9%를 기록하고 있다.

이상에서 GDP 규모 및 1인당 GDP, 그리고 1인당 GDP 성장률을 살펴보았는데, 이들 지표는 모두 일국의 시장잠재력을 파악할 수 있는 개략적인 지표가 되기는 하지만 그것은 어디까지나 전체 인구를 고려한 평균치에 불과할 뿐, 일국의 GDP가 전체적으로 평균적이지 않는 한 시장잠재력은 판단하는 지표로서 일정한 한계를 갖는다는 점을 간과해서는 안 된다.

더욱이 각국의 소득을 단일지표로 환산할 때 사용되는 환율의 적정성, 그리고 인구가 적기 때문에 나타나게 되는 1인당 GDP의 상승 등은 그 수치를 직접 비교하는 것이 별로 큰 의미가 없음을 시사해준다. 따라서 시장잠재력을 파악할 때 활용되는 여러 가지 지표들은 여타 관련 자료와 함께 상호 보완적으로 활용하는 것이 바람직하다고 하겠다.

3. 경제발전수준

(1) 경제발전단계

1) 경제발전단계

목표시장국의 시장잠재력을 평가함에 있어서는 전술한 인구 및 GDP 등과 같은 기초자료 외에 목표시장국의 일반적인 경제상황도 분석해야 한다. 이는 목표시장국이 어떤 경제발전단계에 위치하고 있는가에 따라 투자업종, 투자시기, 기술선택 그리고 마케팅 전략 등이 크게 달라질 수 있기 때문이다.

일국의 경제발전단계를 구분하는 기준에는 여러 가지가 있다. 가장 빈번하게 언급되는 기준으로는 로스토우(W. W. Rostow)[2]가 주장한 경제발전단계를 들 수 있는데, 로스토우는 모든 국가가 ① 전통적 사회(the tradition society) ② 도약전단계(preconditions for takeoff) ③ 도약단계(takeoff) ④ 성숙단계(drive to maturity) ⑤ 대량소비단계(the stage of mass consumption) 등의 다섯 단계를 거치게 된다고 주장하고 있다.

한편, 세계은행(World Bank)은 경제발전단계를 1인당 GNI(Gross National Income)를 가지고 구분하고 있다. 2012년 세계은행이 사용하고 있는 기준으로는 ① 저소득국가($ 1,005 이하), ② 중저소득국가($1,006-$3,975), ③ 중상소득국가($3,976-$12,275), ④ 고소득국가($12,276 이상) 등이 있다. 2012년의 경우 ① 저소득국가에는 아프가니스탄, 방글라데시, 니제르 등 35개국, ② 중저소득국가에는 앙골라, 인도, 세네갈 등 5개국, ③ 중상소득국가에는 알바니아, 알제리, 가봉 등 54개국, 그리고 ④ 고소득국가에는 한국, 독일, 호주 등 70개국이 분류되어 있다.

실제로 경제발전 수준의 차이에 따라서 해외직접투자의 유출입에 차이가 발생하는 경우가 많으며, 선진국 기업들의 대 개발도상국 투자는 이러한 맥락을 가지고 어느 정도의 파악이 가능하다.

2) 시장잠재력

목표시장국의 시장잠재력을 평가할 수 있는 또 하나의 지표로는 인간개발지수(Human Development Index: HDI)를 들 수 있다. 인간개발지수란 유엔개발계획(UNDP)이 각국의 평균 수명과 교육수준(성인 문자해득률), 1인당 국내총생산(GDP) 등을 토대로 인간다운 생활수준을 측정하는 복합지수를 말한다.

우리나라의 경우에는 2011년에 177개국 중 15위를 차지했다. 가장 높은 HDI를 보인 국가로는 1위 노르웨이(Norway), 2위 호주(Australia), 3위 네덜란드(Netherlands), 미국(United States), 뉴질랜드(New Zealand) 등이며 가장 낮은 순위의 국가로는 187위 콩고민주공화국(Democratic Republic of the Congo), 186위 니제르(Niger), 185위 부룬디(Burundi) 등이다. UNDP는 인간다운 삶의 질을 높이기 위한 노력의 하나로 지난 1990년부터 해마다 세계 각국의 HDI를 측정하여 공개 발표하고 있다.

한편, 시장잠재력을 파악하는 데 있어서는 신흥시장의 경우 신흥시장 잠재력지수(Emerging Market Potential Index: EMPI)를 이용하는 것도 바람직하다. 이 지수는 서방기업 경영자들에게 수출시장잠재력에 대한 현실적인 측정치를 제공하는 다양한 요인들을 상호 비교하여 신흥시장국가들을 비교하고 있다. 〈표 3-3〉은 상위 10개 신흥시장국의 시장잠재력지수를 보여주고 있다.

표 3-3 신흥시장 잠재력지수 (EMPI, 2011)

순위 (2011)	국가	시장규모	시장 성장률	시장 집약도	시장 소비규모	상업 인프라	경제적 자유	시장 수용성	국기위험	종합지수
1	싱가포르	1	100	72	65	83	80	100	100	63
2	홍콩	1	29	100	59	100	93	86	95	58
3	중국	100	93	1	67	36	7	4	55	55
4	한국	10	41	59	92	88	83	16	71	49
5	체코	1	18	45	100	92	89	14	76	45
6	인도	38	83	35	67	17	50	2	42	41
7	이스라엘	1	17	63	76	73	81	20	61	40
8	폴란드	4	21	60	79	73	80	5	69	40
9	헝가리	1	4	65	83	81	83	17	47	40
10	터키	6	70	66	65	49	60	4	43	38

자료: globalEDGE http://globaledge.msu.edu/Knowledge-Tools/MPI.

(2) 산업구조

목표시장국의 산업구조와 그 변동추이도 투자대상국의 시장잠재력을 평가하는 데 중요한 자료가 된다. 또한 산업구조는 그 나라의 경제발전수준과 밀접한 관련을 가지고 있다. 따라서 해외에 진출하고자 하는 기업은 목표시장국의 산업구조를 면밀히 파악해보는 것이 중요하다.

오늘날 전세계적으로 이루어지고 있는 대부분의 해외직접투자는 서비스업과 제조업에 대한 투자가 대종을 이루고 있지만, 이 외에 농업, 광업 등에 대한 투자도 이루어지고 있다.

여기에서 산업별 구조를 개략적으로 살펴보면, 2012년 현재 전세계적으로는 농업이 6.1%, 공업 31.1% 그리고 서비스업이 62.9%를 차지하고 있다. 일부 저개발국의 경우에는 농업, 수산업, 임업 등의 1차 산업이 전체 GDP의 30-50% 정도를 차지하고 있는 데 반해, 선진국의 경우에는 그 수치가 0-10% 미만에 그치고 있다. 그리고 2012년의 경우 국내총생산(GDP)에서 농업과 어업이 차지하고 있는 비중을 보면 홍콩, 싱가포르 등은 0%의 비율을 보이고 있는 데 반해, 아프가니스탄, 버마, 캄보디아 등은 30-40% 정도를 기록하여 대조적인 양상을 보이고 있다. 한편, 우리나라의 경우에는 2.6%를 기록하여 산업구조가 점차 영국(0.7%), 미국(1.2%), 일본(1.4%), 독일(0.8%) 등 선진국형에 근접하고 있는 것으로 파악되고 있다.

여기에서 최근 우리나라의 산업구조를 보다 자세하게 살펴보면 제조업이 39.3%, 서비스업 58.2%, 농림어업 2.6%를 차지하고 있는데, 우리나라 서비스산업의 점유율은 미국(76.8%), 일본(75.8%), 영국(77.5%) 등과 비교해 볼 때 극히 낮은 수치로서, 이들 국가들은 이미 1960-70년대에 40% 이상의 점유율을 기록한 바 있다.

4. 무역패턴 및 국제수지

(1) 무역패턴

일국의 무역량이나 수출입 제품의 구성, 그리고 주요 수출입국 등도 목표시장국의 시장잠재력을 파악하는 데 중요한 지표가 된다. 먼저 수출이 국내총생산에서 차지하는 비중을 보면, 홍콩 223%, 싱가포르 211%, 룩셈부르크 165% 등과 같이 높은 수치를 보이는 국가가 있는가 하면 브라질, 에티오피아와 같이 11%의 낮은 수치를 보이는 국가도 있다. 우리나라의 경우에는 52.4%를 기록하고 있다.

다음으로 무역의존도도 또한 목표시장국의 시장잠재력을 파악할 수 있는 좋은 지표가 된다. 무역의존도란 일국의 국민경제가 어느 정도로 무역에 의존하고 있는가를 나타내는 지표이다. 여기에서 무역의존도는 수출의존도와 수입의존도를 합한 것이다. 그리고 수출의존도는 수출액을 국민총생산(GDP)으로 나눈 것이며, 수입의존도는 수입액을 국민총생산으로 나눈 비율이다. 결국 무역의존도는 무역액(수출액+수입액)을 국민총생산으로 나눈 것을 의미한다.

무역의존도가 높은 국가는 자급자족도가 낮고 국가경제가 수출상대국의 경제상황에 따라서 크게 영향을 받을 수 있다는 것을 뜻한다. 반면에 무역의존도가 낮은 국가는 무역의존도가 높은 국가에 비해 교역상대국의 경제변화에 별다른 영향을 받지 않게 된다.

〈표 3-4〉는 미국, 일본, 한국의 무역의존도를 보여주고 있는데, 한국은 2010년의 경우 92.0%의 높은 수치를 보이고 있고, 미국과 일본은 각각 20.2%와 21.1%를 보이고 있다. 오늘날과 같은 세계경제하에서는 모든 나라들이 서로 깊은 연계관계하에서 운영되고 또 어떤 나라도 혼자서 자급자족할 수는 없기 때문에 무역의존도가 갈수록 높아지고 있지만, 우리나라의 경우에는 미국이나 일본에 비해 무역의존도가 너무 높아서 교역상대국의 상황에 따라 너무 쉽게 영향을 받을 수 있다는 문제점을 안고 있다.

한편, 무역패턴과 관련하여 각국은 직접 · 간접적으로 기업의 현지진출에 영향을 미칠 수 있는 여러 가지 수출지원정책과 수입제한정책을 수립하여 시행하고 있는바, 목표시장국

표 3-4 주요국의 무역의존도 (1970-2010)

(단위: %)

	수출의존도			수입의존도			무역의존도		
	한국	미국	일본	한국	미국	일본	한국	미국	일본
1980	28.9	8.4	11.2	36.8	9.6	12.2	65.8	18.0	23.4
1990	26.8	7.1	9.7	28.8	9.4	8.0	55.7	16.5	17.7
2000	37.8	7.9	10.1	35.3	12.7	8.0	73.1	20.7	18.1
2010	52.4	10.7	6.0	49.6	9.5	15.1	92.0	20.2	21.1

자료: IMF, *International Financial Statistics*, 각 년 호.

의 잠재력을 평가함에 있어서는 목표대상국의 이러한 무역정책도 충분히 고려하는 것이 필요하다.

(2) 국제수지

국제수지(balance of payments)란 특정 기간(통상 1년) 동안 일국의 거주자와 타국의 거주자 간에 발생하는 모든 국제거래를 체계적으로 분류하여 기록해 놓은 집계를 말한다. 국제수지는 그 국가의 개략적인 경제상황을 파악할 수 있게 해주고 정부의 재정정책, 금융정책, 무역정책에 대한 기초자료를 제공해주며, 국제사업활동과 관련해서는 목표시장국의 시장상황이나 외환통제에 대한 선행지표의 역할을 하기도 한다.

국제수지는 복식부기(double-entry bookkeeping)의 원리에 따라 상품 및 서비스 수입, 자산증가 그리고 부채감소는 차변(debit)에 기록하고, 상품 및 서비스 수출, 자산감소, 부채증가는 대변(credit)에 기록한다. 따라서 차변과 대변은 항상 일치하여 국제수지는 사후적으로 균형상태를 이루게 된다.

여기에서 우리나라 국제수지표가 어떻게 구성되어 있는가를 살펴보면 〈표 3-5〉와 같은데, 우리나라의 국제수지 현황은 한국은행 사이트(www.bok.or.kr)를 참조하면 쉽게 파악할 수 있다.

그러면 국제수지는 어떤 상태가 바람직한 것인가? 여기에 대한 대답은 국제수지는 균형을 이루는 것이 바람직하다는 것이다. 왜냐하면 국제수지가 지속적인 적자를 보이게 되면 외화가 계속적으로 유출되어 외환보유고가 고갈되고, 그렇게 되면 필수불가결한 재화의 수입이 불가능해질 뿐만 아니라 원활한 경제운영이 어렵게 되기 때문이다.

그러나 국제수지가 계속 흑자를 내는 것 또한 전혀 바람직하지 않다. 왜냐하면 외화획

표 3-5 우리나라 국제수지표

항목	상세 내역
경상수지	
상품수지	수출(FOB), 수입(FOB)
서비스수지	운송, 여행, 통신서비스, 건설서비스, 보험서비스, 금융서비스, 컴퓨터 및 정보서비스, 지적재산권 등 사용료, 유지보수서비스, 사업서비스, 개인 문화 오락서비스, 정부서비스
본원소득수지	급료 및 임금, 투자수익
이전소득수지	경상이전
자본 · 금융계정	
자본수지	
금융계정	직접투자, 증권투자, 파생금융상품, 기타투자, 준비자산
오차 및 누락	

자료: 한국은행, 새로운 국제수지통계 편제기준(BPM6)의 주요 개정내용, 2011.

득은 그것을 단순히 축적하는 데 의의가 있는 것이 아니라, 그것을 가지고 외국의 소비재, 자본재, 원자재 등을 수입하여 국민의 생활수준을 향상시키고 경제발전에 도움이 되도록 이용하는 것이 바람직하기 때문이다.

최근 많은 개발도상국들은 고질적인 국제수지 적자로 인해 많은 대외채무를 지고 있는데, 1980년대에는 많은 중남미국가들이 높은 대외채무 때문에 지급불능(default)이라는 국가파산상태에 직면한 바가 있었으며, 1990년대 말에는 아시아지역에 외환위기가 발생하여 우리나라와 인도네시아, 태국이 IMF로부터 구제금융을 제공받기도 하였다.

5. 외국인투자정책

기업이 목표시장국에 진출하여 국제사업활동을 추진하기 위해서는 목표시장국이 외국인투자에 대해 어떤 정책을 수립하여 시행하고 있는가를 철저하게 파악하는 것이 무엇보다도 중요하다.

투자대상국들은 통상 자국이 추구하는 목적에 따라서, 어떤 분야는 외국인투자를 적극적으로 유치하기 위해 갖가지 유인책을 제공하기도 하고, 또 다른 분야는 외국인투자를

표 3-6 현지국정부의 외국인투자정책

정 책	구 분	정 책 수 단
외국인투자 유인책	재정상의 유인책	조세경감 및 면제 가속상각 적용
	금융상의 유인책	보조금 지급 융자 채무 보증
	기타	수출가공지역 설치 정보 및 투자 서비스 제공
외국인투자 억제책	외국인투자 통제	진입통제 소유권 제한 특정 산업부문에 대한 투자제한 송금제한 및 외환통제 재산몰수
	이행요구	기술이전 요구 현지 원자재 사용 요구 수출의무 부과 내국인 고용비율 요구

강력하게 억제하기 위해 투자억제책을 쓰기도 하기 때문이다.

외국인투자에 대한 유인책과 억제책은 투자대상국이나 투자업종에 따라 크게 다르지만, 이들 정책은 기업의 현지진출에 직접적이고도 중대한 영향을 미치기 때문에 현지진출 이전에 반드시 파악해야 할 중요한 투자환경의 하나이다.

외국인투자를 유인하는 정책으로는 〈표 3-6〉에서 볼 수 있는 바와 같이 조세 및 관세 면제, 보조금 지급, 융자 등을 들 수 있고, 외국인투자를 억제하는 정책으로는 외국인투자에 대한 진입통제, 소유권 제한, 천연자원 추출 통제, 금융통제, 이행요구, 그리고 재산몰수 등을 들 수 있다.

6. 경제지리적 요소

기업이 목표시장국에 진출하여 국제사업활동을 수행하고자 하는 경우, 사전에 파악해야 할 중요한 경제적 환경요소에는 현지국의 경제지리적 요소도 포함된다. 특히 경제지리적 요소 중에서도 입지선정에 영향을 미치는 요소에 많은 주의를 기울일 필요가 있다. 목표시장국의 면적이나 인접국가, 국토의 형태, 수도나 주요 도시 등에 대한 자료도 국제사업활동을 수행하는 데 여러 가지 시사점을 제공해 준다.

또 목표시장국의 잠재력을 비교 · 평가함에 있어서는 국제사업활동을 전개하는 데 필수 불가결한 자원의 분포, 양질, 매장량, 이용 가능성 등을 면밀하게 파악해야 한다. 특히 원료공급은 기업이 현지생산을 시작할 때 가장 중요하게 고려해야 할 요인 중의 하나로서, 자원개발수입 등과 같은 국제사업활동을 추진하는 데 결정적인 영향을 미치기도 한다.

현지의 천연자원에 대한 상세한 분석은 기업이 현지에서 직접 제품을 생산하기 위해서 진출하는 경우뿐만 아니라, 단순히 수출방식으로 진출하는 경우라 할지라도 현지시장의 미래 수요를 예측하는 데 유용하게 활용될 수 있다.

7. 경제하부구조

경제하부구조는 한 나라의 산업화에 필수적인 요소가 되는 도로, 철도, 에너지공급, 전신, 전화, 교통수단 등으로 구성된다. 이러한 요소들은 넓게 보아 사회간접자본이라고 할 수 있는데, 경제하부구조는 마케팅활동상의 물적유통(physical distribution) 등에 직접적인 영향을 미쳐 곧바로 비용에 영향을 미치기 때문에, 기업이 현지에 대한 투자를 결정할 때 반드시 고려해야 할 가장 중요한 요소 중의 하나이다.

특히 범세계적인 관점에서 전세계적으로 제품을 생산하고 마케팅하는 글로벌기업의 경우, 경제하부구조가 잘 갖추어져 있지 않으면 해외투자나 수출입을 할 때 운송비, 생산비, 통신비, 보관비 등의 물류비용이 많이 소요되어 경쟁력을 잃게 되기 때문에, 목표시장국의 경제하부구조의 양질은 중요하게 파악해야 할 요소 중의 하나이다.

제 2 절 국제무역환경

1. 관세와 무역에 관한 일반협정 (General Agreement on Tariffs and Trade: GATT)

(1) GATT의 탄생 배경

1929년 대공황 이후 대부분의 국가들은 자국의 수출을 촉진하고 자국의 산업을 보호하기 위하여 자국의 통화를 과도하게 평가절하하고, 외국으로부터 수입되는 상품에 대해 고율의 관세를 부과하거나 수입량을 제한하는 조치를 취했다. 그 결과 전세계 무역량은 극도로 축소되었고, 이는 곧바로 국제수지 방어를 위한 각국의 경쟁적인 평가절하와 보복적인 무역장벽이라는 악순환을 초래케 함으로써 무역마찰이 전세계로 확산되었다.

제2차 세계대전이 끝난 후, 연합국은 1930년대의 각국의 무역장벽 강화와 국제통화제도의 불안정에 따른 무역마찰이 제2차 세계대전을 발발시킨 한 원인이 되었다는 점을 반성하고, 자유무역의 확대와 국제통화협력을 증진시키기 위하여 IMF-GATT체제를 출범시키기에 이르렀다. 여기에서 국제통화기금(International Monetary Fund: IMF)은 국제통화협력을 증진시키기 위한 국제통화기금이고, GATT는 국제 간의 무역을 증진시키고 경제발전을 이룩하기 위한 세계무역기구를 뜻한다.

(2) GATT의 기본원칙

1) 무역자유화

① 관세인하

GATT는 전통적인 보호무역정책 수단인 관세(tariff)만을 유일한 합법적인 무역제한수단으로 인정하고, 각국 간에 적용되고 있는 높은 관세율을 인하함으로써 무역을 자유화하고자 하였다.

따라서 GATT는 가맹국 간의 관세교섭에 의하여 관세율을 가급적 인하하고, 가맹국 간에는 관세상 일체의 차별대우를 취하지 않아야 한다고 명시하고 있다. GATT체제에서의 관세인하협상은 쌍무주의(bilateralism)와 다국주의(multilateralism)가 동시에 고려되었는데, 이는 어떤 두 이해당사국 간에 관세가 인하되거나 제거되면, 그 결과가 최혜국대우의 원칙(most-favored-nation clause)에 따라서 협상에 직접 참여하지 않은 다른 모든 회원국에게도 그대로 적용되는 것을 의미한다.

② 무역제한조치의 철폐

무역은 관세뿐만 아니라 양적인 무역제한조치에 의해서도 크게 규제를 받게 된다. 당시에 합법적인 무역제한수단으로 인정받던 관세는 주로 가격메커니즘을 통해서 무역을 제한하게 되지만, 양적인 무역제한조치는 무역을 양적으로 규제하기 때문에 때로는 관세보다 훨씬 더 강력한 무역제한수단으로 작용하게 된다. 따라서 GATT는 이러한 양적인 무역제한조치를 제거하기 위하여 꾸준히 노력해 왔다.

그러나 국제수지 악화에 따른 수입제한이나 농산물의 수입제한, 긴급수입제한(safeguard) 등은 무역제한조치의 예외로 인정하였는데, 이는 후일 여러 나라들이 이 예외조항을 악용하여 무역을 극도로 제한하는 부작용을 낳게 하는 주범이 되었다.

2) 최혜국대우(Most-Favored-Nation Treatment: MFN)

GATT는 그 규정 제1조에서 회원국은 회원국 간의 관세교섭을 통해 관세율을 가급적 인하하고 회원국 간에는 관세상 일체의 차별대우를 취해서는 안 된다고 명시하고 있다. 회원국 간 관세상 일체의 차별대우를 취하지 않아야 한다고 하는 것 자체가 곧 최혜국대우를 의미한다. 이는 어떤 회원국이 다른 회원국 상품에 대해 특별히 관세상 예우를 부여하고 있으면, 그것을 여타 회원국들의 동일한 상품에 대해서도 아무런 차별 없이 그대로 부여해 주어야 한다는 것을 의미하는 것이다.

그러나 GATT는 이와 같은 최혜국대우의 원칙에도 불구하고 기존의 특혜관세를 허용하였는가 하면, 관세동맹 및 자유무역지역 등과 같은 차별정책을 예외로 인정함으로써 무차별 속의 차별을 인정하는 우를 범하고 말았다.

(3) GATT의 공과

그동안 GATT의 주도하에 8차례의 다자간무역협상이 성공적으로 추진된 결과, 관세는 이제 더 이상 무역을 제한하는 수단으로서의 역할을 상실할 정도로 크게 인하되었다. 그리고 GATT의 이러한 노력은 전세계 무역을 크게 확대시키는 데 결정적인 역할을 하였다. 여기에서 GATT의 주도하에 이루어졌던 그동안의 다자간무역협상 결과를 살펴보면 〈표 3-7〉과 같다.

관세는 제1차 무역협상에서부터 제5차 딜론라운드(Dillon Round)까지는 국별 · 품목별 방식으로 인하되었다. 그러나 관세가 보다 더 본격적으로 인하되기 시작한 제6차 케네디라운드(Kennedy Round)부터는 일괄인하(linear tariff reduction)방식이 도입되었다. 여기에서 일괄인하란 주요 선진국들이 관세인하협상에서 관세인하를 제외할 품목을 합의한 후 관세율의 높고 낮음에 상관없이 일정한 비율, 즉 예를 들면 50%씩을 전품목에 적용하여 관세를 일괄적으로 인하하는 방식을 말한다.

케네디라운드에서는 이와 같은 일괄인하방식을 채택하여 관세를 인하한 결과, 협상에 참가한 국가들의 관세율이 평균 35% 인하되었고, 제7차 도쿄라운드(Tokyo Round)에서도 평균 33% 정도의 관세가 일괄인하되었다.

또한 케네디라운드에서부터는 관세장벽뿐만 아니라 비관세장벽(Non Tariff Barrier: NTB)도 완화 및 제거대상으로 등장하기에 이르렀고, 우루과이라운드(Uruguay Round)에서는 그동안 여러 차례의 무역협상에서 해결하지 못했던 관세 및 비관세장벽, 섬유류 교역, 긴급

표 3-7 GATT의 다자간무역협상

협상기간	명 칭	주 요 성 과	참가국 수	협상개최지
제 1 차(1947)	제네바라운드	관세인하(45,000)	23	스위스 제네바(Geneva)
제 2 차(1949)	엔시라운드	관세인하(5,000)	32	프랑스 엔시(Annecy)
제 3 차(1950~52)	톨키라운드	관세인하(8,700)	34	영국 톨키(Torquay)
제 4 차(1956)	제네바라운드	관세인하(3,000)	22	스위스 제네바(Geneva)
제 5 차(1961~62)	딜론라운드	관세인하(4,000)	23	스위스 제네바(Geneva)
제 6 차(1964~67)	케네디라운드	선진국의 관세율을 평균 35% 인하(30,000)	46	스위스 제네바(Geneva)
제 7 차(1973~79)	도쿄라운드	① 선진국의 관세율을 평균 33%인하(25,000) ② 비관세장벽을 완화하기 위해 9개 분야에 걸쳐 다자간 협정 체결	102	일본 도쿄(Tokyo)
제 8 차(1987~93)	우루과이라운드	WTO 신설	108	우루과이 푼타델에스테(Punta del Este)

수입제한조치, 농산물 수출보조금 문제, 그리고 기존에 GATT의 영역 밖에 있었던 서비스 무역, 외국인직접투자, 지적재산권 보호, 위조상품 등에 관한 문제가 추가로 협의되었다.

이상에서 살펴본 바와 같이 GATT는 1950-60년대의 무역을 급속히 증대시키고 관세를 현격히 인하시키는 데 크게 기여하였다. 그러나 1970년대에 들어서면서부터는 GATT가 본래적으로 가지고 있던 여러 가지 자체적인 결함 때문에 점차 그 한계를 드러내기 시작하였다.

2. 신보호무역주의(New Protectionism)와 GATT

(1) 신보호무역주의의 대두 배경

IMF-GATT체제 창설 이후 1950-60년대의 전세계 국제무역은 무역자유화 경향의 고조와 여러 차례의 무역협상을 통한 관세장벽의 완화로 괄목할 만한 성장을 기록하였다.

그러나 1970년대에 들어서면서부터는 몇 가지 큰 시련에 직면하게 되었는데, 그것은 다름 아닌 브레튼우즈체제(Bretton Woods System)의 붕괴와 오일쇼크(oil shock)에 따른 영향이었다. 즉, 1971년 국제통화제도가 위기에 직면하여 브레튼우즈체제가 붕괴됨에 따라 각국은 자국의 여건에 적합한 환율제도를 채택하게 되었고, 1973-74년에는 오일쇼크의 영향으로 석유수입국들이 심각한 국제수지 문제에 봉착하게 되었다. 그 결과 세계경제는 불황과 인플레이션, 고실업, 그리고 국제수지 악화 등과 같은 여러 가지 어려움을 겪게 되었다.

이런 가운데 1970년대의 세계무역에서는 자원보유국, 특히 석유수출국기구(Organization of Petroleum Exporting Countries: OPEC)의 지위가 크게 향상되고, 동시에 신흥공업국(Newly Industrialized Countries: NICs)들이 하나의 무역권을 형성하면서 급속히 부상하기 시작하였다.

한편, 이렇게 급속한 성장을 보인 자원보유국이나 신흥공업국과는 달리 미국을 중심으로 한 선진국들은 고실업 및 국제수지 적자 등으로 큰 어려움을 겪게 되었고, 동시에 경제력도 크게 약화되었다. 그 결과 자연스럽게 선진국들에 의한 신보호무역주의 경향이 나타나기 시작하였고, 이에 따라 무역자유화 경향은 점차 퇴조하기 시작하였다.

이때부터 그동안 전세계 경제성장의 견인차 역할을 수행해왔다고 평가받던 국제무역의 역할이 점차 퇴색되는 모습을 보이기 시작하였다. 특히 1980년대에 들어서면서부터는 일본과 신흥공업국들의 급속한 수출증대와 미국의 만성적인 국제수지 적자 및 첨단기술제품의 수입증대 등으로 미국 · 일본 · 유럽 간의 무역마찰이 점차 심화되었고, 이는 곧 세계무역을 더욱 위축시키는 요인으로 작용하였다.

(2) 신보호무역주의의 본질

보호무역주의는 엄밀히 말하면 그 연원을 중상주의 시대로까지 소급할 수 있지만, 오늘날 거론되고 있는 신보호무역주의는 여러 가지 측면에서 중상주의 시대의 보호무역주의와 그 성격이 전혀 다르다. 즉, 중상주의 시대의 보호무역주의는 그 당시 상대적으로 후진국이었던 미국과 독일이 상대적으로 선진국이었던 영국의 수출로부터 자국의 유치산업(infant industry)을 보호하기 위한 미시적인 견지에서, 그리고 당시에 합법적으로 인정되던 무역정책수단인 관세를 이용하여 수입을 제한하는 보호무역정책이었다.

그러나 오늘날의 신보호무역주의는 미국과 같은 선진국이 자국의 실업 및 국제수지와 같은 거시경제적인 문제를 해결하기 위하여, 점차 비교우위를 획득해 가기 시작하는 개발도상국의 수출에 대해 합법적으로 인정되고 있지 않은 비관세장벽을 이용하여 수입을 제한하는 보호무역정책이다.

보호의 대상도 개발도상국이 비교우위를 가지고 있는 섬유, 신발, 의류 등의 노동집약적인 경공업제품에서부터 기계, 철강, 자동차, 선박 및 일부 전자제품 등과 같은 자본집약적인 중화학공업제품에 이르기까지 광범위한 분야에 걸쳐 있다.

또한 신보호무역주의하에서 선진국들은 이러한 보호무역정책수단만으로는 소기의 목적을 달성하는 데 한계가 있다고 보고, 상술한 바와 같은 직접적인 수입규제는 물론이거니와 이 외에도 교역상대국의 상품시장 · 보험시장 · 금융시장 개방, 그리고 저작권, 물질특허, 상표권 등과 같은 문제까지도 들고 나오기 시작하였다.

(3) 신보호무역주의와 GATT

1) 신보호무역주의하의 수입제한수단

신보호무역주의하에서 미국을 비롯한 선진국들은 GATT규정의 불완전성을 이용하여 GATT가 예외로 규정하고 있던 긴급수입제한, 반덤핑관세 및 상계관세 등을 남용하여 수입을 제한하는가 하면, GATT에 규정되어 있지 않은 새로운 무역제한조치인 최저가격제나 수출자율규제, 그리고 시장질서협정 등을 동원하여 수입을 제한하는 보호조치를 취했다.

여기에서 신보호무역주의하에서 가장 많이 활용된 관세 및 비관세장벽을 보면 〈표 3-8〉과 같다.

① 긴급수입제한(safeguard)

긴급수입제한이란 GATT가 수입제한철폐의 예외로 인정한 수입제한조치로서, 국제수

표 3-8 신보호무역주의하의 관세장벽 및 비관세장벽

구 분	장벽수단	종 류
관세장벽	관세	상계관세, 덤핑방지관세, 보복관세, GSP철회 및 축소 등
비관세장벽	수량규제조치	수입금지, 수입제한(VER, OMA 포함), 쿼터 등
	수입과징금	할당관세, 조정관세 등
	수입승인제도	수입허가, 수입신고, 수입추천 등
	가격규제조치	반덤핑관세, 상계관세, 최저가격제 등
	기타 비관세장벽	기술장벽, 유통제한, 정부조달, 보조금 등

지상의 어려움에 따른 수입제한, 농수산물의 수입제한, 긴급조치에 의한 수입제한, 개발도상국의 특정 산업을 보호하기 위한 수입제한 등을 의미한다. 신보호무역주의하에서 선진국들은 이러한 예외조항을 악용하여 수입을 장기적으로 제한하는 조치를 취하였다.

일례로, 2012년 우크라이나는 한국 자동차업체를 상대로 긴급수입제한조치(세이프가드) 발동을 위한 조사를 개시했다. 우크라이나는 예상치 못한 수입증대로 자국의 산업이 심각한 피해를 입었다는 것인데, 최종 결과는 지켜볼 문제이다.

2005년 미국이 한국의 철강제품에 대해 긴급수입제한조치(세이프가드)를 발동하여 수입규제를 강화한 결과, 미국에 대한 철강수출이 전년도에 비해 무려 23%나 급감하였다. EU와 중국도 한국의 철강제품에 대해 세이프가드를 취하여 동 지역에 대한 수출이 크게 줄어든 바 있다. 자유무역협정(FTA)이 체결되더라도 수입 급증으로 인해 국내 산업이 피해를 입을 경우에는 관세인하를 중지하거나 관세를 인상할 수 있는 양자 세이프가드 제도가 도입된다.

② 반덤핑관세(anti-dumping duties)

반덤핑관세란 외국으로부터 부당하게 싼 가격의 제품이 수입됨으로써, 자국의 산업이 피해를 입을 가능성이 있는 경우, 이러한 제품의 수입에 대해 부과하는 관세를 의미한다. 이때 덤핑이란 수출국의 생산자 또는 수출자가 자국 내에서 통상적으로 거래되고 있는 정상가격보다 더 낮은 가격으로 수출하는 경우를 말한다.

미국은 2012년 한국의 삼성전자와 LG의 냉장고에 대해 16-30%의 반덤핑관세를 부과하여 이 두 기업의 미국 수출이 거의 불가능한 정도에 이르게 되었는데, 다행히 미국 국제무역위원회(ITC)가 LG전자와 삼성전자의 하단 냉동고형(프렌치도어) 냉장고의 덤핑수출 혐의에 대해 기각 판정을 내려서 우리기업들은 더 이상 반덩핑 관세 부담없이 하단 냉동고형 냉장고를 수출할 수 있게 되었다.

미국은 1987년 한국의 스테인레스 철강 조리기구에 대해 반덤핑관세를 부과한 이래 여러 건에 대해 지속적으로 반덤핑관세를 부과하고 있다. 일본의 경우에도 지난 2002년부터 한국과 대만산 폴리에스터 단섬유에 대해 6-13.5% 수준의 높은 반덤핑관세를 부과하고 있다.

③ 상계관세(countervailing duties)

상계관세란 수출국에서 장려금이나 보조금(subsidy)을 지급받아 생산된 제품이 자국에 수입됨으로써, 자국의 동종 산업이 피해를 입게 될 가능성이 있는 경우, 이러한 제품의 수입을 억제하기 위하여 생산국에서 지급받은 장려금이나 보조금에 해당하는 만큼의 관세를 부과하는 것을 말한다.

일본은 2006년 우리나라의 하이닉스반도체에 대해 27.7%의 상계관세를 5년간 부과하기로 결정한 바 있다. 이에 하이닉스는 매년 1억 3천만 달러의 관세를 지불해야 했다. 하이닉스는 이와 관련하여 중국 및 미국 등의 해외공장이나 대만의 수탁가공업체를 통한 대일수출로 상계관세를 피하려고 하고 있다. 2012년 WTO 무역기구 분쟁 소위원회는 일본이 부과한 상계관세는 WTO 규칙에 위배된다고 판정하고 시정을 요구했다.

④ 보복관세(retaliating duties)

보복관세는 외국이 자국의 수출품 · 선박 · 항공기에 대해 부당한 차별관세를 부과하거나 차별대우를 취하는 경우, 또는 자국이나 자국 산업에 대해 불이익 조치를 취하는 경우, 이에 대처하는 수단으로서 상대국으로부터 수입하는 상품에 대해 보복적으로 부과하는 고율의 관세를 말한다.

2012년 미 상무부는 중국 정부가 태양광 패널업체들에게 불법적으로 수출 보조금을 지원했다는 결론을 내리고, 중국 업체들이 수출하는 패널에 대해 2.9-4.73%의 추가적인 보복관세를 부과키로 했다.

⑤ 최저가격제(trigger price)

미국이 자국의 철강산업을 보호하기 위하여 도입한 일종의 반덤핑제도로서, 자국에 수입되는 철강이 비용이 가장 낮은 지역에서 생산된 가격보다 더 낮은 가격으로 수입되는 경우, 이것을 조사하여 관세를 부과하는 것을 말한다.

2012년 영국정부는 국민들의 과도한 음주 때문에 술에 대해 최저가격제를 적용하기로 했다. 이로서 영국에서 판매되는 술은 유닛(200mL)당 최소 40펜스(약 720원) 이하로는 팔 수 없게 된다. 영국 정부는 최저 가격제가 시행되면 일주일에 50유닛 이상 마시는 애주가의 경우 술값 지출이 최대 135파운드(약 24만 3000원) 늘어날 것으로 추산했다.

⑥ 수출자율규제(Voluntary Export Restraints: VER)

수출자율규제란 특정 제품의 수입이 증대됨으로써 자국의 시장이 교란될 우려가 있는 경우, 수입국과 수출국 간에 쌍무적 또는 다각적 협정을 체결하여 수출국이 특정 제품의 수출을 자율적으로 규제하도록 하는 조치를 말한다.

한 예를 들어보면, 1992년 미국과 한국, 일본 간에 철강, 자동차, 기계 등의 품목에 대해 체결했던 수출자율규제협정(Voluntary Restraints Agreement: VRA)이 종료되자, 한국과 일본은 미국이 무역공세를 취할 것을 염려하여 VER를 선언하였다. 우리나라는 1992년 철강부문에서 미국으로부터 반덤핑 및 상계관세 제소를 당하자 곧바로 대미 VER를 선언했었다.

일본은 1950년대부터 미국 및 유럽 등과의 철강, 자동차, 전자기기 등을 둘러싼 무역마찰에 대해 수출자율규제로 대응해 왔다. 구체적으로는 정부가 수출승인제나 수출카르텔을 통하여 각 수출기업에게 수출수량을 할당하여 실시하였다. 최근에는 면사나 강재를 둘러싸고 일본이 한국에 수출자율규제를 요청하는 예도 있다.

⑦ 시장질서협정(Orderly Marketing Arrangements: OMA)

시장질서협정이란 수출자율규제와 마찬가지로 수입증가에 따른 수입국의 시장교란을 방지하기 위하여, 수출국이 수입국과 맺은 협정에 따라 일정한 범위 내에서 수출을 자율적으로 규제하는 것을 말한다. 이 할당량을 초과하여 수출하게 되면 수입국의 수입할당제의 적용을 받게 되는 것이다. 우리나라는 1970년대 후반 미국과의 시장질서협정으로 인해서 당시 우리나라 신발수출의 60% 이상을 차지하던 미국에 대한 신발수출이 격감하여 큰 타격을 입은 바 있다.

이상에서 신보호무역주의하에서 가장 많이 사용되었던 몇몇 대표적인 관세 및 비관세 장벽을 살펴보았는데, 선진국들이 이렇듯 이미 GATT가 성립될 당시부터 예외조항으로 규정했던 반덤핑관세나 상계관세 등을 남용하여 수입을 제한한 것은 이들 정책수단이 특정 국가나 특정 상품을 선별하여 규제조치를 취할 수 있고, 또 불공정거래에 따른 자국 산업의 보호조치라는 명목을 내세워 수입규제의 책임을 전적으로 주요 수출국인 개발도상국으로 전가시킬 수 있었기 때문이다.

또 수량제한에 속하는 비관세장벽 수단인 시장질서협정이나 수출자율규제를 많이 활용했던 것은 이러한 정책수단들이 GATT의 규제나 상대국의 무역보복을 쉽게 피할 수 있고, 동시에 수입규제의 효과를 극대화할 수 있었기 때문이다.

2) 신보호무역주의와 GATT

상술한 바와 같이 신보호무역주의하에서 미국을 비롯한 선진국들은 GATT가 예외로 규정하고 있던 조항들을 남용하여 수입을 제한하는가 하면, 또 다른 새로운 무역제한조치를 만들어 수입을 제한하였다. 그 결과 전세계 무역의 40-50%, 그리고 공산품 무역의 20% 정도가 각종 수입규제하에 놓이게 되었다.

결국, 전세계 무역이 이와 같이 각종 규제하에 놓이게 된 것은 무엇보다도 GATT가 출범 당시부터 너무나 많은 예외를 인정하고 있었고, 또 비관세장벽에 대한 규정이 명확하지 못했기 때문이다.

그 결과 비교우위에 입각한 국제분업의 촉진과 이를 위해 국제협력을 강화한다고 하는 GATT의 기본정신, 그리고 GATT가 표방하고 있는 최혜국대우와 호혜주의는 사실상 무너지고 말았다. 또 GATT의 기능도 급속히 약화되기 시작하였다.

이런 가운데 GATT가 본래적으로 가지고 있던 규정의 불완전성과 법적 구속력의 미비 등은 선진국을 중심으로 확산되고 있던 신보호무역주의를 전혀 규제할 수 없게 만들었고, 결국에는 국제무역상의 여러 가지 문제를 원만하게 해결할 수 있는 능력을 상실하고 말았다.

3. 세계무역기구(World Trade Organization: WTO)

(1) WTO의 탄생

1970년대에 들어 선진국들이 GATT의 규정이나 예외조항을 악용하여 반덤핑관세 및 상계관세를 남용하고, GATT체제를 우회하는 수출자율규제나 시장질서협정 등과 같은 비관세장벽을 구축하는가 하면, 농산물 및 섬유류에 대해서도 다자간 또는 쌍무적 규제조치를 취하는 등의 신보호무역정책을 단행하였다.

그 결과 세계무역질서는 점차 문란해지기 시작하였고, 각국의 신보호무역정책에 대한 강제적 규제력과 분쟁해결절차를 갖고 있지 못했던 GATT로서는 이와 같이 악화되어 가는 국제무역환경에 대해 아무런 대응책도 강구할 수가 없었다. 더구나 GATT는 세계무역에서 점차 그 비중이 증대되고 있던 서비스, 해외투자, 지적재산권 등과 같은 새로운 분야를 포괄할 수 있는 능력을 갖지 못하고 있었다.

그 결과 GATT체제를 보완하고 유지하기 위한 새로운 다자간무역협상이 필요하게 되었고, 이를 위해 우루과이라운드(Uruguay Round) 협상이 시작되었다. 그리고 7년 동안의 오랜 협상을 거쳐 1995년에 WTO체제가 출범하게 되었다. WTO체제는 기존의 GATT체제를 계승하면서 동시에 독자적인 법인격이 부여된 새로운 무역질서의 중추기구로서의 역할을 담당하게 된 것이다.

(2) WTO체제

1) WTO의 조직

WTO는 정식 국제기구로서 〈그림 3-1〉에서 볼 수 있는 바와 같이, 각료회의와 일반이사회로 구성되어 있다. 각료회의는 최고의결기구로서 2년에 한 번씩 개최되며, WTO협정하의 모든 문제에 대한 의결권을 가지며, 회원국 대표들이 협의를 통해 주요사안들을 결정하게 된다. 그리고 일반이사회(주로 각국의 WTO대표가 참석)는 상설 운영되면서, 그 산하에 상품교역이사회(GATT), 서비스교역이사회(GATS), 지적재산권이사회(TRIPS)를 두고 있다.

그리고 일반이사회에 분쟁해결기구(DSB)와 무역정책검토기구(TPRB)를 두고 있는데, 분쟁해결기구는 회원국 간의 무역분쟁을 해결하고 무역정책검토기구는 회원국의 무역관련 정책 및 관행을 평가하도록 하고 있다.

그림 3-1 WTO의 구조

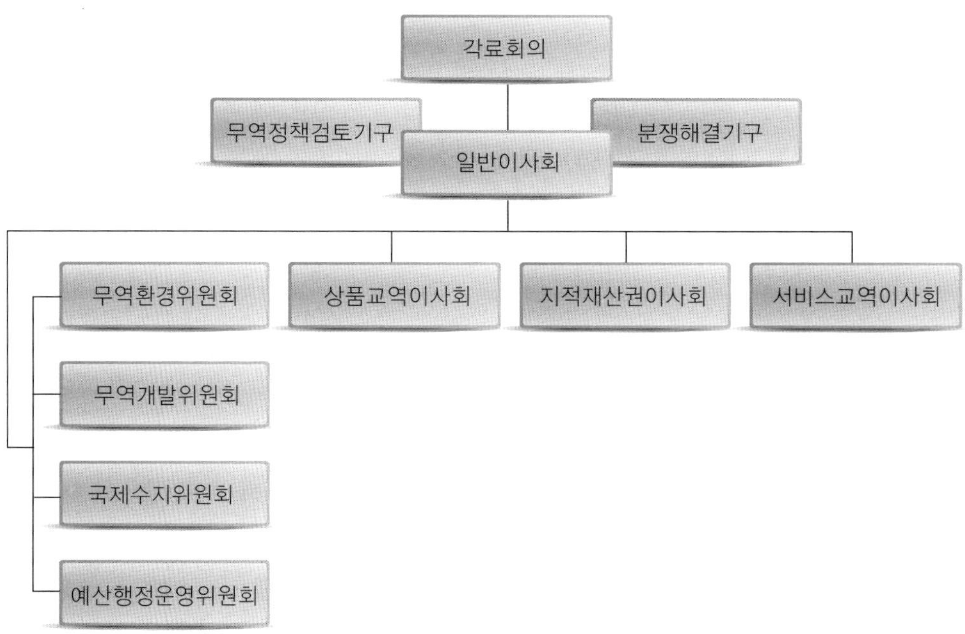

2) WTO체제와 GATT체제의 비교

WTO는 우루과이라운드 협정을 이행하는 기구로서, 특히 ① 공산품의 관세인하와 시장개방 확대, ② 농산물교역에 대한 다자간 협정의 채택, ③ GATT 규범의 명료화와 교역의 공정성 제고, ④ 서비스교역에 대한 새로운 다자간 규범의 도입, ⑤ 지적재산권보호의 무역체제 편입 등을 주 내용으로 하고 있다.

세계 무역문제를 새롭게 규율하는 WTO체제는 이전의 GATT체제와 비교할 때 〈표 3-9〉에서 볼 수 있는 바와 같은 특징을 가지고 있다.

첫째, WTO는 과거의 GATT에 비해 훨씬 더 강력한 통제력을 갖추고 있다. 즉 WTO는 단순한 협정에 불과했던 GATT와 달리 분쟁이 발생하는 경우 공권력을 동원하여 당사자의 의사에 반하는 판정을 내릴 수 있는 권한을 가지고 있다. 그리고 이를 이행하지 않을 경우에는 광범위한 보복조치를 취할 수 있도록 되어 있다. 또 의사결정방식에 있어서도 협의사항을 이행하지 않을 경우에는 회원국 3/4 이상의 찬성을 얻어 의사결정을 내릴 수 있도록 다수결 원칙을 도입함으로써 신속한 의사결정이 이루어질 수 있게 하고 있다.

둘째, WTO는 대폭적인 관세인하와 특정 분야에서의 무관세를 도입을 총해 관세를 철폐하면서 동시에 비관세장벽까지를 철폐하기 위한 구체적인 규제조항을 마련하였다. 그리고 기존의 GATT에서 용인되어 왔던 각종 회색조치(grey area measures)를 1999년까지 완전히 철폐하도록 하였다. 여기에서 회색조치란 긴급수입제한조치의 성격을 띠고 있으면서도

표 3-9 GATT체제와 WTO체제의 비교

	GA TT체제	WTO체제
기본특성	• 잠정적 국제협정 • 구속력이 없는 협정	• 영구적 국제기구 • 강력한 구속력을 갖춘 법적기구
주요 활동	• 관세인하 주력 • 비관세장벽 철폐 시도	• 관세인하와 특정 분야 무관세 도입으로 관세율 하향평준화 • 비관세장벽 철폐 강화
관할범위	• 주로 공산품	• 공산품 외에 농산품 규제도 도입
신분야 협정		• 서비스교역 협정(GATs) 제정 • 지적재산권 보호 규범(TRIPs) 제정 • 무역관련투자조치 협정(TRIMs) 도입
규범강화	• 보조금에 대한 정의 불명료 • 덤핑 남용	• 보조금의 정의 명료화 및 규율 강화 • 반덤핑조치 발동기준 및 부과절차 명료화 • 세이프가드 협정, 원산지규정, 선적전검사 협정 등 도입

GATT규정의 적용을 받지 않은 무역제한조치로서 수출자율규제(VER)나 시장질서협정(OMA) 등과 같은 조치를 말한다.

셋째, GATT는 주로 상품, 특히 공산품을 그 대상으로 하였으나 WTO는 공산품 외에 농산품에 대한 규제도 도입하였다. 그리고 다자간 섬유협정도 WTO체제 내로 흡수하였다. 또 서비스교역, 지적재산권 보호, 무역관련투자 등 무역에 영향을 미칠 수 있는 관련제도에 관한 규정도 크게 강화하였다.

넷째, WTO는 공정한 경쟁을 위해서 기업의 경쟁력을 인위적으로 강화하기 위해 지급하고 있는 각종 보조금에 대한 규정을 명확히 함으로써 정부로부터 보조금을 지원받는 분야에 대한 규제를 강화하였다. 또 GATT에서와 달리 자국산업에 피해를 입히는 수입품을 규제할 수 있는 반덤핑조치의 발동기준이나 부과절차 등을 명료화하여 그 남용을 사전에 방지하고 있다.

이상에서 WTO의 특징을 살펴보았는데, WTO는 예전의 GATT와 달리 개발도상국을 배려하는 평등이념이 퇴색되고 선진국에게 유리한 자유이념이 더욱 강화되었다. 즉, 개발도상국의 산업관련 보조금의 지원이 전면 금지되고 시장개방 분야에 있어서나 새롭게 추가된 서비스분야에 있어서도 개발도상국을 특별히 배려하는 이념이 완전히 사라졌다.

제 3 절 국제금융환경

1. 외환시장과 환율

(1) 외환시장

외환시장(foreign exchange market)이란 한 나라의 통화가 다른 나라의 통화로 교환되는 시장을 말한다. 아울러 두 나라 통화간의 상대가격인 환율이 결정되는 시장이기도 하다. 여기에서 외환시장의 구조를 보면 〈그림 3-2〉와 같다.

외환거래는 통상 국제간의 상품거래, 해외투자, 그리고 관광 등의 결과에 따라서 외국

그림 3-2 외환시장의 구조

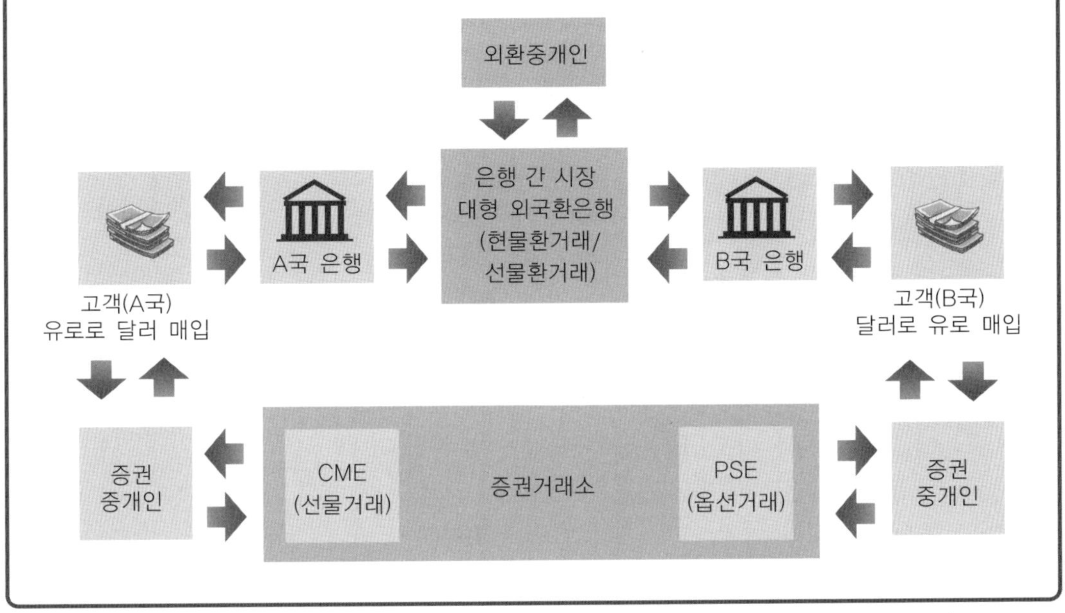

자료: J. D. Daniels, L. H. Radebaugh, and D. P. Sullivan, *International Business; Environments and Operations*, 11th ed. (Upper Saddle River, NJ, Pearson Education Inc., 2007), p. 297.

환은행, 고객, 통화당국, 외환브로커 등에 의해 전화나 텔렉스 또는 텔레타이프를 통해 이루어진다. 그리고 외환거래는 대부분 런던, 뉴욕, 도쿄 등과 같은 국제금융시장에서 형성되는 외환시장에서 이루어진다. 외환거래는 통상 하루 24시간 내내 거래가 이루어지는데, 이를 〈그림 3-3〉을 이용하여 설명해보면, 매일 최소 21시간 동안은 전세계 주요 국제금융센터인 런던, 뉴욕, 도쿄시장에서 거래가 이루어지고, 또 이들이 폐장되고 난 후 나머지 3시간 동안은 전세계 여타 금융시장인 샌프란시스코나 시드니 등에서 거래가 이루어진다.

외환거래는 현물통화는 거의 찾아볼 수 없고 은행 간의 전신이체를 통해 이루어지는 것이 일반적이다. 따라서 외환시장은 다분히 추상적이고도 총체적인 개념이라고 할 수 있다.

(2) 환율

1) 환율의 개념

환율(foreign exchange rate)이란 자국 통화와 외국 통화간의 교환비율을 뜻한다. 환율은 시장에서의 상품가격이 마치 수요와 공급에 의해서 결정되듯이 환율도 외환시장에서 관련 통화에 대한 수요와 공급에 의해서 결정된다. 그리고 환율은 외환에 대한 수요와 공급이

그림 3-3 시간대 별 국제금융시장

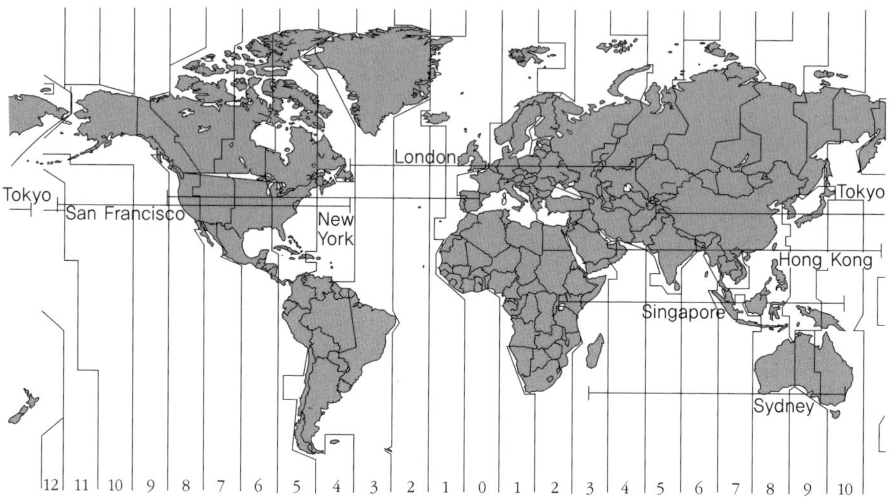

항상 변동되기 때문에, 그에 따라서 지속적으로 변동된다. 각국의 통화는 바로 이 환율을 기준으로 교환되고 거래된다.

2) 환율의 표시방법

환율의 표시방법에는 직접표시방법(direct quotation), 간접표시방법(indirect quotation), 그리고 달러표시방법(dollar rate)이 있다.

직접표시방법은 외국통화 한 단위의 가격을 자국통화로 표시하는 방법(예: 1달러=1,000원)이고, 간접표시방법은 자국통화 한 단위의 가격을 외국통화로 표시하는 방법(예: 1원=0.001달러)이다. 그리고 달러표시방법은 달러 한 단위당 지불해야 할 상대통화의 일정 단위로 표시하는 방법(예: €1.3220/U$)이다.

한편, 외국환은행은 은행이 고객으로부터 외환을 매입하는 환율과 고객에게 매도하는 환율을 동시에 매일매일 게시한다. 예를 들어 런던의 2012년 8월 1일자 환율이 유럽 유로화의 경우 1달러(U$)에 €1.3220-1.3230으로 고시되어 있다면, 중간율(middle rate)은 1U$=€1.3225가 되고, 은행의 달러 매입률(마르크 매도율)은 €1.3220이 되며 달러 매도율(마르크 매입률)은 €1.3230이 된다. 이때 매입률(buying rate)과 매도율(selling rate)의 차이를 스프레드(spread)라고 하며, 이 예에서 스프레드는 1달러당 €0.0010이 된다.

3) 환율의 종류

환율에는 현물환율, 선물환율, 스왑환율이 있다.

현물환율(spot exchange rate)이란 〈표 3-10〉에서 볼 수 있는 바와 같이 뉴욕(New York) 등의 금융시장에서 매일매일 게시되는 환율로서, 2영업일(2 working days) 이내에 이루어지는 외환거래에 적용되는 환율을 말한다. 이때 이루어지는 외환거래를 현물환거래(spot exchange transaction)라고 하고 현물환거래가 이루어지는 시장을 현물환시장(spot exchange market)이라고 한다.

선물환율(forward exchange rate)은 미래 일정 시점에 외환을 매매하기로 하는 선물환계약을 오늘 체결할 때 이용되는 환율을 뜻한다. 〈표 3-10〉을 보면 영국 파운드와 일본 엔, 스위스 프랑의 경우 30일 선물환율, 90일 선물환율, 180일 선물환율이 게시되어 있음을 알 수 있다. 선물환율은 무역업자 또는 투자가들이 환위험(exchange risk)을 회피하기 위하여 선물환계약을 체결할 때 이용되는 환율을 말한다. 선물환율을 이용하여 이루어지는 거래를 선물환거래(forward exchange transaction)라고 하고 선물환거래가 이루어지는 시장을 선물환시장(forward exchange market)이라고 한다.

여기에서 선물환거래의 예를 들어보면, 현재 환율이 1달러당 1,000원인데 이것이 3개월 후 1,100원이 될 것으로 예상되면 현재 시점에서 3개월 뒤 1달러를 받는 조건으로 선물을 구입해 놓으면 3개월 후 1,000원을 주고 1달러를 받게 되므로, 그때 이 1달러를 현물시장에서 1,100원에 팔면 100원의 이익을 거둘 수 있게 된다. 반대로 현 시점에서 판단할 때, 현재 환율이 1달러당 1,000원인데, 이것이 3개월 후 900원이 될 것으로 예상되면, 현재 시점에서 3개월 뒤 1달러를 주는 조건으로 선물을 매도하면 3개월 후에 1,000원을 받고 1달러를 주고, 현물시장에서는 1달러를 900원에 구입하여 이익을 거둘 수 있다.

스왑환율(swap rate)은 스왑거래에 적용되는 환율을 말한다. 여기서 스왑거래란 현물환거래와 선물환거래, 또는 만기가 서로 다른 두 개의 선물환거래를 동시에 체결하는 거래를 뜻한다. 예를 들어 A가 B로부터 100달러의 현물환을 매입함과 동시에 B에게 100달러의 선물환을 매각하는 경우, 또는 그와 반대로 100달러의 현물을 매각함과 동시에 동액의 선물을 매입하는 경우가 여기에 해당된다. 이때 현물환율과 선물환율의 차이를 스왑환율이라고 한다. 따라서 스왑환율은 환율이 아니라 환율의 차이를 의미하는 것이다.

이상에서 환율의 종류에 대해 살펴보았는데, 전체 외환거래에서 현물환거래와 스왑거래, 그리고 선물환거래가 차지하는 비중을 보면, 2007년의 경우 현물환거래가 31.3%를 차지하고 있고, 그 다음으로는 스왑거래 53.4%, 선물환거래 11.3%, 그리고 기타 4.0%를 보이고 있다.[3]

표 3-10 환율 고시의 예

March 29, 2012

NEW YORK (Dow Jones)--The New York foreign exchange mid-range rates below apply to trading among banks in amounts of $1 million and more, as quoted at 4 p.m. Eastern time by Reuters and other sources. Retail transactions provide fewer units of foreign currency per dollar.

	U.S. $ Equiv.		Currency Per U.S. $	
	Today	Prev. Day	Today	Prev. Day
Australia (Dollar)	1.0385	1.0389	0.9629	0.9626
Britain (Pound)	1.5958	1.5888	0.6267	0.6294
1-month forward	1.5954	1.5885	0.6268	0.6295
3-months forward	1.5948	1.5879	0.6270	0.6298
6-months forward	1.5938	1.5869	0.6274	0.6302
China (Renminbi)	0.1587	0.1587	6.3014	6.2996
India (Rupee)	0.01951	0.01970	51.250	50.760
Japan (Yen)	0.012127	0.012064	82.46	82.89
1-month forward	0.012130	0.012067	82.44	82.87
3-months forward	0.012138	0.012073	82.39	82.83
6-months forward	0.012151	0.012086	82.30	82.74
Kuwait (Dinar)	3.5978	3.6010	0.2780	0.2777
Russia (Ruble)	0.0340	0.0340	29.4258	29.3872
South Korea (Won)	0.0008778	0.0008792	1139.25	1137.35
Switzerland (Franc)	1.1035	1.1047	0.9062	0.9052
1-month forward	1.1039	1.1051	0.9059	0.9049
3-months forward	1.1047	1.1059	0.9052	0.9042
6-months forward	1.1062	1.1073	0.9040	0.9031
Thailand (Baht)	0.03240	0.03246	30.865	30.805
Euro	1.3302	1.3317	0.7518	0.7509

자료: *The Wall Street Journal*, 29th, Mar. 2012 일부 발췌.

(3) 환율결정이론

환율결정이론에는 여러 가지가 있으나 가장 대표적인 것으로는 구매력평가설, 이자율평가설, 국제피셔효과, 미래현물환율의 불편추정치로서의 선물환율 등이 있다. 이들의 내용을 간략하게 살펴보면 다음과 같다.

1) 구매력평가설(Purchasing Power Parity)

구매력평가설은 두 국가 간의 현물환율이 균형상태에서 출발한다고 하면, 두 국가 간의 인플레이션의 차이의 변화는 장기적으로 현물환율의 변화에 의해 정확하게 상쇄된다는 이론이다. 따라서 각국 간의 인플레이션율이 서로 다르면 이를 상쇄하는 환율변동이 발생하게 된다는 것이다.

구매력평가설에는 절대적 구매력평가설과 상대적 구매력평가설이 있다. 절대적 구매력평가설은 일정 기간 동안의 환율변동은 그 기간 동안의 두 국가 간의 국내물가와 해외물가수준 간의 비율과 같다는 이론이고, 상대적 구매력평가설은 일정 기간 동안의 환율변동은 그 기간 동안의 두 국가 간의 상대적인 물가수준의 변동률과 같다는 이론이다.

2) 국제피셔효과(International Fisher Effect)

피셔효과(Fisher effect)란 각국의 명목이자율은 그 나라의 인플레이션율과 실질이자율(인플레이션을 조정한 후의 이자율)의 합으로 나타낼 수 있으며, 각국의 인플레이션율의 차이는 명목이자율의 차이와 같다는 주장이다. 결국 명목이자율은 인플레이션율만큼 차이가 나고 환율은 명목이자율의 차이만큼 변동하게 된다. 이와 같이 현물환율은 두 국가 간의 명목이자율의 차이만큼 반대방향으로 변동한다는 것이 국제피셔효과이다.

3) 이자율평가설(Interest Rate Parity)

이자율평가설은 두 나라 간의 이자율의 차이를 환율변동과 연결시킨 이론이다. 만약 동일한 통화로 표시된 금융상품 간에 이자율의 차이가 있다면 재정거래가 발생하게 되고, 그렇게 되면 금융상품의 가격과 환율이 변동하여 궁극적으로는 재정이익이 발생하지 않는 균형상태에 도달하게 될 것이다.

왜냐하면 서로 다른 통화로 표시된 금융상품에 투자하는 경우, 투자가들은 투자에 대한 의사결정을 내릴 때 이자율의 차이뿐만 아니라 환율변동에 따른 환위험(foreign exchange risk)도 고려하기 때문이다. 따라서 동일한 만기와 동일한 위험수준을 가진 증권의 국가 간 이자율의 차이는 외국통화에 대한 선물환율(forward exchange rate)의 할인 또는 할증(discount or premium)과 같아야 한다는 것이 이자율평가설이다.

4) 미래 현물환율의 불편추정치로서의 선물환율 (Forward Rates as Unbiased Predictors of Future Spot Rates)

변동환율제도하에서는 외환시장이 효율적(efficient)이므로 선물환율이 미래현물환율의 불편예측치가 된다는 이론이다. 시장이 효율적이라는 의미는 모든 새로운 정보가 현물환율과 선물환율에 바로바로 반영되어, 시장에서 형성된 환율이 외환의 수요와 공급을 정확하게 반영하고 있다는 것을 의미한다.

이상에서 살펴본 네 가지 환율결정이론들 간의 관계를 그림으로 살펴보면 〈그림 3-4〉

그림 3-4 현물환율, 선물환율, 이자율, 인플레이션율 간의 관계

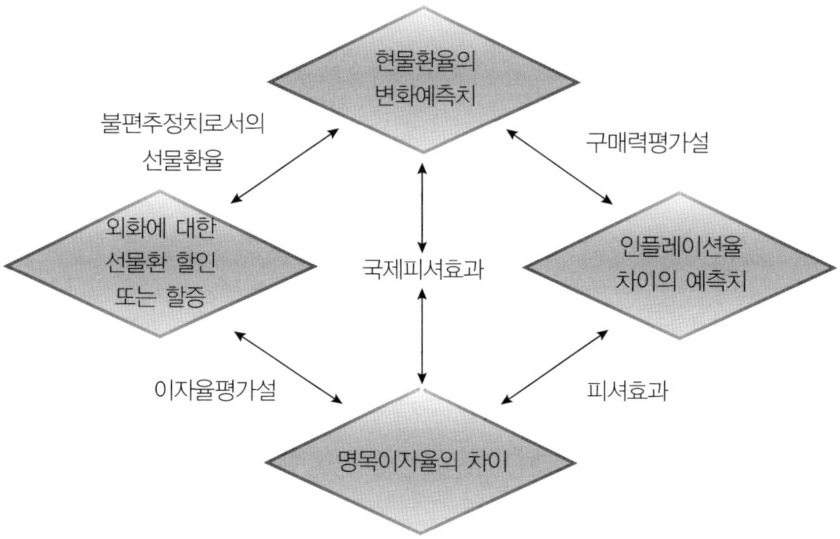

와 같다. 즉, 구매력평가설은 환율의 변화를 인플레이션율의 차이를 가지고 설명하고자 한 것이고, 국제피셔효과는 인플레이션이 이자율에 반영된다는 것을 전제로 환율의 변동을 이자율의 차이를 가지고 설명하고자 한 것이다. 또 미래현물환율의 불편추정치로서의 선물환율은 외환시장이 효율적이라는 전제하에서 선물환율과 미래의 현물환율이 같다는 이론이며, 이자율평가설은 선물환율은 결국 양국간의 이자율의 차이에 의해 결정된다는 이론이다.

2. 국제통화제도

(1) 금본위제도(gold standard)

금본위제도는 1880년경부터 1914년까지 약 30년간 운영된 통화제도를 말한다. 각 나라는 금본위제도하에서 자국 통화에 해당되는 금의 함량을 결정하고, 이 가격으로 금을 수동적으로 매입하거나 매출하도록 하였다. 금본위제도하에서 영국의 1파운드 금화는 순금 113.0016그레인(grain)을 함유하였고, 미국의 1달러는 23.22그레인의 순금을 함유하였다. 따라서 양국 통화가 모두 금과 연계되어 있었기 때문에 1파운드는 4.87달러의 가치를 갖게 된다.

이때 환율은 금수송점(금수출점과 금수입점) 내에서만 변동될 수 있도록 하였다. 즉 예를 들어 1파운드의 금을 뉴욕에서 런던까지 수송하는 데 3센트(0.03달러)의 비용이 소요된다고 하면, 달러 대 파운드의 환율은 금수출점인 4.90과 금수입점인 4.84 사이에서만 변동할 수 있게 된다.

(2) 브레튼우즈체제(Bretton Woods System)

1) 브레튼우즈체제의 운영

브레튼우즈체제는 1944년 미국 뉴햄프셔주(New Hampshire) 브레튼우즈(Bretton Woods)에서 개최된 국제통화회의에서 결정된 국제통화제도를 뜻한다. 이 국제통화회의에서는 ① 각국이 국제무역 및 금융에 관해 합의된 일련의 규칙을 준수하는가를 감독하고, ② 일시적인 국제수지상의 어려움을 겪고 있는 나라에 대해 차입의 편의를 제공해주기 위하여 국제통화기금(IMF)을 설립하고, 경제부흥을 위한 자금을 제공해주기 위해 국제부흥개발은행(International Bank for Reconstruction and Development: IBRD)을 설립하기로 하는 안을 확정하였다.

브레튼우즈체제는 금환본위제도로서 미국은 금(gold)의 가격을 1온스(ounce)당 미화 35달러로 고정시키기로 하고, 다른 나라들이 금을 달러로 바꾸어달라고 요구하면 어떠한 규제나 제약을 가하지 않고 그 가격으로 금을 사거나 팔기로 하였다. 그리고 미국 이외의 나라들은 자국통화의 가격을 금이나 달러에 고정시키는 한편, 자국의 환율이 최초 평가(par value)의 상하 1%를 초과하여 변동하는 경우 외환시장에 적극적으로 개입하여 변동 범위를 1% 내로 맞추기로 하였다.

이러한 내용을 기본 메커니즘으로 하고 있던 브레튼우즈체제는 상당기간 동안 별다른 문제없이 잘 운영되었다. 그러나 이 메커니즘의 운영을 전적으로 책임지고 있던 미국이 만성적인 국제수지 적자와 급격한 금준비 축소에 직면하게 되자 달러의 가치를 평가절하하지 않을 수 없게 되었다.

여기에 더하여 미국의 국제수지 적자가 지속됨으로써 미국 달러에 대한 불신이 크게 높아졌고, 각 나라들이 미국 달러를 보유하고 있기보다는 금이나 여타 강세통화(독일 마르크, 일본 엔, 스위스 프랑)를 보유하고자 하고, 금가격이 지속적으로 상승하여 미국이 더 이상 이 제도를 유지하기가 어렵게 되었다. 이에 1971년 미국 닉슨대통령이 금태환 정지를 선언함으로써 그동안 잘 운영되어오던 브레튼우즈체제는 무너지고 말았다.

한편, 1971년 12월에는 브레튼우즈체제를 유지하기 위한 하나의 고육책으로서 금의 달러가격을 1온스당 35달러에서 38달러로 인상하고, 환율의 변동폭도 상하 1%에서 상하

2.25%로 확대하는 조치를 취했다. 하지만 이러한 추가조치에도 불구하고 달러는 미국의 막대한 국제수지 적자 때문에 다시 1온스당 42.22달러로 평가절하하지 않을 수 없게 되었다.

이어 1973년에 달러에 대한 불리한 투기가 다시 재현되자 브레튼우즈체제는 더 이상 유지되지 못하고, 각국은 자국이 원하는 바에 따라 자국통화를 독자적으로 변동하도록 하든지 아니면 공동으로 변동하도록 하든지 환율운용방식을 자유롭게 선택하도록 함으로써 고정환율제도가 폐지되고 관리변동환율제도로 이행하게 되었다.

2) SDR의 창출

IMF는 브레튼우즈체제하의 국제유동성 부족 문제를 해결하기 위하여 기존의 국제유동성인 금 및 교환가능통화, 그리고 IMF포지션(position) 외에 새로운 준비자산으로서 특별인출권(Special Drawing Right: SDR)을 창출하여 가맹국의 쿼터에 따라 각국에 배분하도록 하였다.

창출 당시 1SDR은 1달러 또는 순금 0.888671gr과 등가로 창출되었으나 금과 직접 태환할 수는 없고 단지 은행 간 또는 IMF를 통해서 외국으로부터 교환 가능한 통화를 인출하는 데만 사용하도록 하였다. SDR이 창출된 1974년 당시 그 가치는 16개 교역국의 무역가중평균으로 산출되었으나 1981년부터는 미국, 독일, 프랑스, 일본, 영국 등 5개국 통화의 가중치로 산출하였으며, 1999년부터는 미국 달러(Dollar)와 유럽의 유로화(Euro), 일본의 엔화(Yen), 영국의 파운드화(Pound)를 동액의 Euro화로 대체하여 산출하고 있고, 그 가중치는 매 5년마다 조정하고 있다. 그동안 변화되어 온 1SDR의 구성 내용을 보면 〈표 3-11〉과 같다.

표 3-11 SDR의 구성 내용

구성통화	가 중 치(%)							통화단위 수
	1981-1985	1986-1990	1991-1995	1996-1998	2001-2005	2006-2010	2011-2015	2011-2015
미국 달러	42.0	42.0	40.0	40.0	45.0	44.0	41.9	0.660 U$
독일 마르크	19.0	19.0	21.0	21.0	Euro 29.0*	Euro 34.0	Euro 37.4	0.423 €
프랑스 프랑	13.0	12.0	11.0	11.0				
일본 엔	13.0	15.0	17.0	17.0	15.0	11.0	9.4	12.10 ¥
영국 파운드	13.0	12.0	11.0	11.0	11.0	11.0	11.3	0.111£
계	100.0	100.0	100.0	100.0	100.0	100.0	100.0	

* 1999년 1월 1일부터 독일 마르크와 프랑스 프랑은 동액의 Euro화로 대체되었음.

이 표에서 통화단위 수는 2006년 바스켓 통화의 가중치 조정에 따라 산출한 것이다. 따라서 1SDR의 가치는 SDR 구성통화의 일정 단위 수, 즉 통화단위 수에다 바스켓을 구성하는 통화에 매일 변동하는 실세환율을 곱하여 계산되기 때문에 매일매일 변동하게 된다. 즉, 2011년 1월-2015년 12월 간 1SDR의 가치는 다음과 같이 계산된다.

1SDR = 0.660U$ + 0.423Euro + 12.10¥ + 0.111£

그리고 이와 같이 산출된 SDR의 가치는 현물환율과 더불어 매일매일 고시된다.

(3) 현재의 국제통화제도

1) 전세계 각국의 환율제도

1973년부터 각국은 자국의 환율을 자국의 뜻에 따라 자유롭게 변동하도록 하는 실질적인 변동환율제도(floating exchange rate system)를 채택하고 있다. 이 제도하에서 각국의 통화당국은 환율의 장기적인 추세에는 영향을 미치지 않지만 단기적 변동을 완만하게 하기

표 3-12 IMF의 환율제도 분류

환율제도	분류	2011	
		국가 수	비율(%)
고정환율제도	독립적 법화가 없는 환율협정	13	6.8
	통화위원회제도	12	6.3
	전통적인 고정페그제도	43	22.6
	안정장치 페그	23	12.1
절충형태의 환율제도	크롤링 페그	3	1.6
	크롤링 유사 환율제도	12	6.3
	크롤링 밴드	1	0.5
	기타 관리환율제도	17	8.9
변동환율제도	변동환율제도	36	18.9
	완전자유변동환율제도	30	15.8
계		190	100.0

자료: IMF Homepage, May 30, 2012.

위해서 외환시장에 개입해야 할 책임이 있다.

변동환율제도는 1976년 자메이카협정(Jamaica Accords)에서 공식적으로 인정되었는데, 이 협정에서는 다음과 같은 몇 가지 합의가 이루어졌다. 첫째, 변동환율제도를 합법적으로 인정하기는 하지만 고정환율제도를 완전히 포기하는 것은 아니며 만약 IMF회원국 85% 이상의 찬성이 있으면 조정 가능한 고정환율제도로 다시 복귀할 수 있도록 융통성을 두었고, 둘째, 금의 공정가격을 폐지함과 동시에 금의 역할을 축소하였고, 셋째, 특별인출권(SDR)의 지위를 국제통화상의 주요 준비자산으로 격상시켰다.

여기에서 오늘날 전세계 여러 국가들이 활용하고 있는 환율제도를 분류하여 제시하면 〈표 3-12〉와 같다. 이 표를 보면 2011년 현재 190개국 중 47.9%가 고정환율제도를 채택하고 있고, 17.4%가 고정환율제도와 변동환율제도를 절충한 형태의 환율제도를 채택하고 있으며, 완전자유변동환율제도를 채택하고 있는 국가는 34.7%를 보이고 있다.

2) 유럽통화제도(European Monetary System: EMS)

유럽연합(European Union: EU)은 브레튼우즈체제에서 환율의 변동폭이 상하 1%에서 상하 2.25%로 확대될 당시 EU 내의 환율을 안정시킬 목적으로 EU국가 통화 간의 환율을 상하 1.125% 내에서만 변동하도록 하자는 데 합의하였는데, 이것이 소위 스네이크 제도(the snake within the tunnel)이다.

스네이크제도는 1979년 유럽통화제도(EMS)로 발족되었는데, EMS는 역내통화 간에는 고정환율제도를 유지하면서 역외통화들에 대해서는 변동환율제도를 채택하는 독특한 성격을 가지고 있었다. EMS에서는 각국 경제의 중요도에 따라 가중치를 부여한 유럽통화단위(European Currency Unit: ECU)를 창출하고 각국은 이 통화단위에 대해 각국의 중심률(central rate)을 산출한 다음, 회원국의 통화가 여타국 통화의 중심률로부터 2.25%(이탈리아의 경우는 6%) 이상 이탈하는 경우 양국이 외환시장에 개입하여 환율을 원래대로 복귀시키도록 하고 있었다.

한편, EMS는 1999년에 들어 다시 경제통화동맹(Economic and Monetary Union: EMU)으로 발전되었다. EMU는 단일통화은행인 유럽통화은행을 설립하여 이로 하여금 통화정책을 전담하게 하고, 1999년 1월 1일부터 EU 개별국가의 통화를 폐지하는 대신 유로(Euro)라는 단일통화를 창출하여 사용하도록 하고 있다. 2012년 현재 EMU에 참여하고 있는 나라는 오스트리아, 벨기에, 핀란드, 프랑스, 독일, 스페인, 영국, 덴마크, 스웨덴 등 26개국이다(www.musicschoolunion.eu 참조).

3) 우리나라의 환율제도

① 우리나라 외환시장의 구조

우리나라의 외환시장은 〈그림 3-5〉에서 볼 수 있는 바와 같이 시장참가자가 누구냐에 따라서 은행 간에 거래가 이루어지는 은행 간 시장, 그리고 개인, 기업 등 고객과 은행 사이에 이루어지는 대고객시장으로 구분되는데 우리가 보통 외환시장이라고 하면 은행 간 시장을 말한다.

우리나라의 외환시장에는 국내은행, 외국은행 국내지점, 종합금융회사 등의 금융기관과 한국은행 등이 참가하고 있는데 이들 간의 거래는 대부분이 원화와 미국 달러화의 거래로서 주로 금융결제원의 중개를 통해 이루어지고 있다. 여기에서 금융결제원은 은행 간 거래를 중개하는 역할을 담당하고, 한국은행(중앙은행)은 은행 간 거래나 대고객거래 결과 발생하는 외환의 수요와 공급의 불균형을 최종적으로 조절하여 외환거래가 원활하게 이루어지게 하고 있다.

② 우리나라의 환율제도

우리나라는 1945년 정부가 수립된 이후 고정환율제도를 채택해오다가 1964년에 환율을 미달러화에 고정시킨 단일변동환율제도로 이행하였고, 1980년에는 미달러화뿐만 아니라 주요 교역상대국 통화의 국제시세에 환율을 연동시킨 복수통화바스켓제도를 채택하였다.

그림 3-5 우리나라 외환시장의 구조

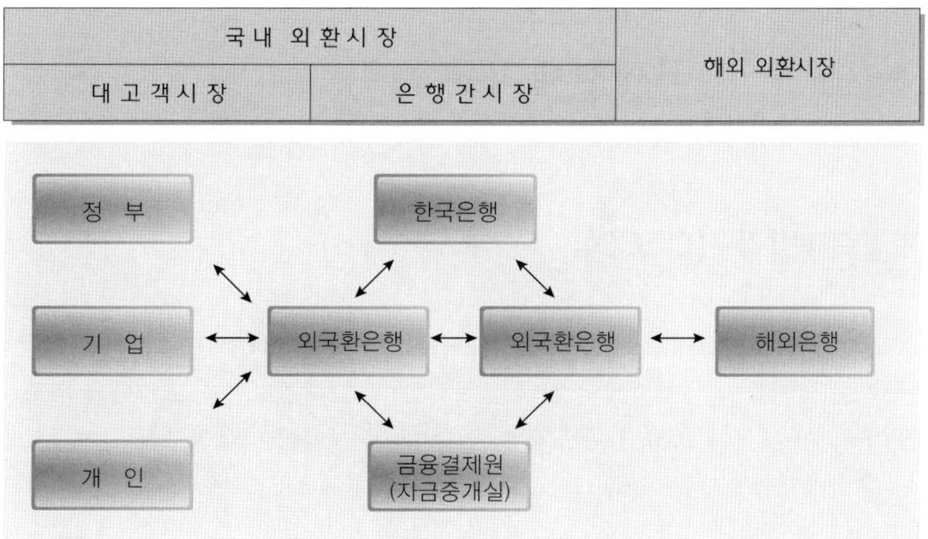

그 후 1990년에는 제한적 변동환율제도의 성격을 띤 시장평균환율제도를 도입하여 운영하였다. 시장평균환율(market average rate)이란 국내 외환시장에서 외국환은행 간에 거래된 원화의 대미달러 현물환 거래환율을 거래량으로 가중평균하여 산출한 환율을 말한다. 이 제도에서는 기본적으로 환율이 외환시장에서의 수요와 공급에 의해 결정되도록 하되, 급격한 환율변동에 의한 외환시장의 교란과 그것이 경제에 미치는 부작용을 완화하기 위해 매매기준율과 환율의 일일 변동폭을 도입하였다.

이때 당일의 매매기준율은 전 영업일의 은행 간 외환시장에서 외국환중개회사의 중개로 거래된 익일결제 현물환거래환율을 거래량으로 가중평균하여 산출하게 되며, 당일중의 외환거래는 이 매매기준율을 기준으로 상하변동폭을 정하고 이를 벗어나지 못하도록 하였다. 시장평균환율제도를 도입한 초기에는 하루의 환율변동 제한폭이 기준환율의 상하 0.4%이었으나 그 후 수차례에 걸쳐 제한폭이 점차 확대되어 한때는 기준환율 대비 상하 10.0%에까지 이르렀다.

우리나라는 1997년 12월 환율의 일일 변동폭을 완전히 폐지하고 완전한 자유변동환율제도로 이행하였다. 이에 따라 원/달러 환율은 은행 간 외환시장에서 외환수급에 따라 자유롭게 결정되고 있다. 다만 환율이 일시적인 충격으로 단기간에 급등락할 경우 외환당국이 시장참가자의 일원으로 개입하여 환율의 변동속도를 조절(smoothing operation)하고 있다.

제 4 절 국제경제기구

1. 경제협력개발기구(OECD)

OECD(Organization for Economic Cooperation and Development)는 민주주의와 자유시장경제를 추구하는 국가들이 세계경제의 현안을 협의하여 그 해결방안을 도출하기 위해 결성된 경제기구이다. 이 기구는 1961년 유럽과 미국 등 20여 개국이 마샬원조를 받아들이기 위해 설립했던 유럽경제협력기구(Organization for European Economic Cooperation: OEEC)를 발전적으로 개편하여 설립한 것이다.

OECD의 설립목적은 첫째, 통화의 안정을 유지하면서 고도의 성장을 촉진하고, 고용

증대 및 생활수준의 향상을 도모하며 둘째, 개발도상국의 경제개발을 지원하고 셋째, 무차별, 다각적 원칙에 따른 세계무역의 확대에 기여하기 위한 것이다.

OECD는 UN이나 WTO처럼 모든 국가에게 가입자격이 주어지는 것이 아니라 민주주의와 자유시장경제라는 공통적인 가치관을 가진 국가 중에서 기존 회원국의 추천을 통해 가입할 수 있다. OECD의 회원국은 2012년 현재 34개국이며 한국은 1996년에 29번째 국가로 가입하였다. OECD의 의사결정은 다수결이 아닌 회원국 전체의 합의를 통해 만장일치로 이루어지도록 하고 있다. 따라서 특정 회원국이 반대하는 사항에 대해서는 어떤 결정이나 권고를 채택할 수 없으며, 개별 회원국은 자국의 특수한 사정에 따라 특정 결정사항에 대한 적용을 면제받을 수 있다.

2. 유엔무역개발위원회(UNCTAD)

유엔무역개발위원회(United Nations Conference on Trade and Development: UNCTAD)는 1962년 선진국과 개발도상국 간의 교역을 증진시키고, 개발도상국의 경제개발문제에 대한 원칙과 정책을 수립하여 이에 대한 적절한 대응책을 강구하며, 개발도상국의 경제개발문제에 대해 책임 있는 활동을 전개함으로써 선진국과 개발도상국 간의 경제적 격차를 해소하기 위해 설립된 세계적 규모의 개발도상국 회의이다.

개발도상국들은 남북 간의 격차를 해소하기 위해서는 무엇보다도 개발도상국의 수출을 증대시키는 것이 가장 이상적이지만, 선진국 이해 중심의 무역질서인 GATT체제하에서는 개발도상국의 수출증대가 불가능하다고 판단하고, 개발도상국의 문제를 개발도상국이 독자적으로 해결하기 위해 UNCTAD를 설립한 것이다.

개발도상국들은 UNCTAD를 통해서 선진국에 대해 개발도상국이 생산하고 있는 여러 가지 상품에 대한 국제상품협정의 체결과 개발도상국이 선진국에 수출하고 있는 단순 공산품의 수출에 대한 선진국의 특혜 제공, 개발도상국으로부터 수입되는 농산물에 대한 선진국의 무역규제 철폐, 개발도상국에 대한 기술이전 및 글로벌기업에 대한 규제 강화, 그리고 개발도상국에 대한 해외원조 증대 등을 요청하였다.

그러나 일반특혜관세제도(Generalized System of Preference: GSP)를 제외하고는 아무것도 실현된 것이 없었으며 최근에는 선진국들이 이 일반특혜관세제도의 수혜대상국가도 극도로 제한하고 있다. 여기에서 GSP제도는 선진국들이 모든 후진국으로부터 수입되는 공산품에 대해 일정 기간 동안 관세상의 혜택을 제공해줌으로써 후진국의 공업을 보호해 주기 위한 것이다.

3. 국제부흥개발은행(IBRD)

국제부흥개발은행(International Bank for Reconstruction and Development: IBRD)은 1944년의 브레튼우즈협정에 기초하여 1946년에 각국의 경제부흥과 경제개발을 촉진하기 위해 설립한 국제금융기관으로서 일명 세계은행(World Bank)이라고도 한다. IBRD는 현재 주로 개발도상국의 사회간접자본 투자와 공업화, 그리고 농업투자에 대한 금융지원 등의 업무를 취급하고 있다.

IBRD는 국제개발협회(International Development Assistant: IDA) 및 국제금융공사(International Finance Corporation: IFC)와 더불어 세계은행그룹이라고 불리고 있다. IDA는 개발도상국의 경제개발을 지원하고 생활수준을 향상시키기 위하여 장기저리의 개발자금을 공여할 목적으로 설립된 국제협력기관이며, IFC는 개발도상국의 생산적인 민간기업의 발전을 촉진하기 위하여 설립된 국제투자기관이다.

여기에서 이들 UN의 주요기구를 보면 〈그림 3-6〉과 같다.

제 5 절 지역경제통합

1. 지역경제통합의 의의

지역경제통합이란 회원국 간의 무역장벽을 철폐하여 역내무역을 증진시키고, 비회원국에 대해서는 차별적인 무역정책을 취함으로써 회원국의 이익을 보호하기 위한 하나의 지역 경제조직체를 뜻한다. 지역경제통합이 이루어지게 되면 시장규모가 확대되어 규모의 경제 이익을 달성할 수 있게 되고 경제통합 이전에는 불가능했던 교역이 이루어짐에 따라 무역창출효과가 발생하게 된다.

지역경제통합은 통상 공동시장이나 관세동맹 또는 자유무역지역 등과 같은 형태로 이루어지는데, 이러한 지역경제통합은 원칙적인 측면에서는 GATT가 표방하고 있던 무차별원칙에 정면으로 위배되는 것이었다. 그러나 GATT는 대원칙에 있어서는 최혜국대우(MFN)

그림 3-6 UN의 주요 기구

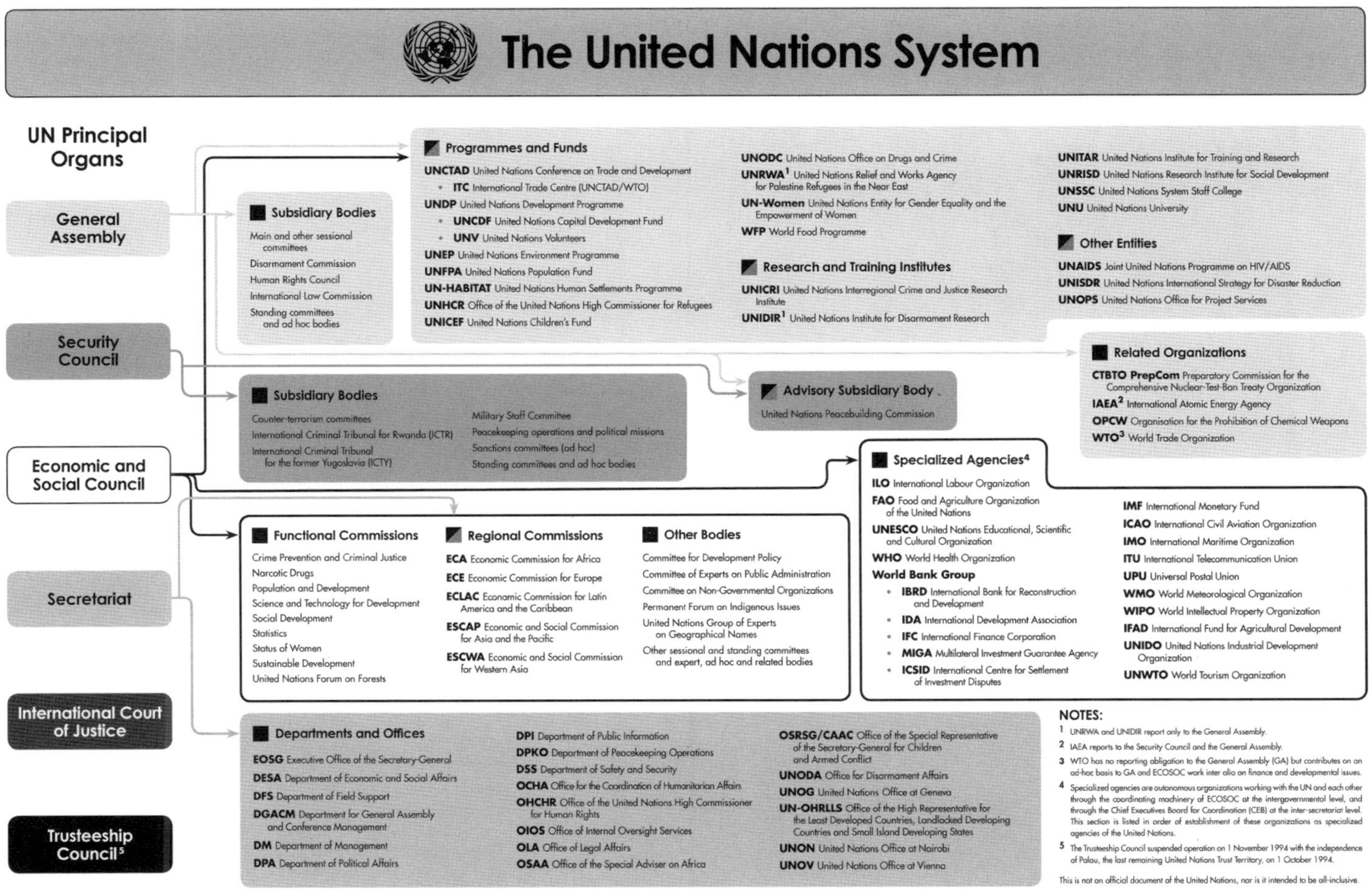

그림 3-7 전세계 지역경제블럭

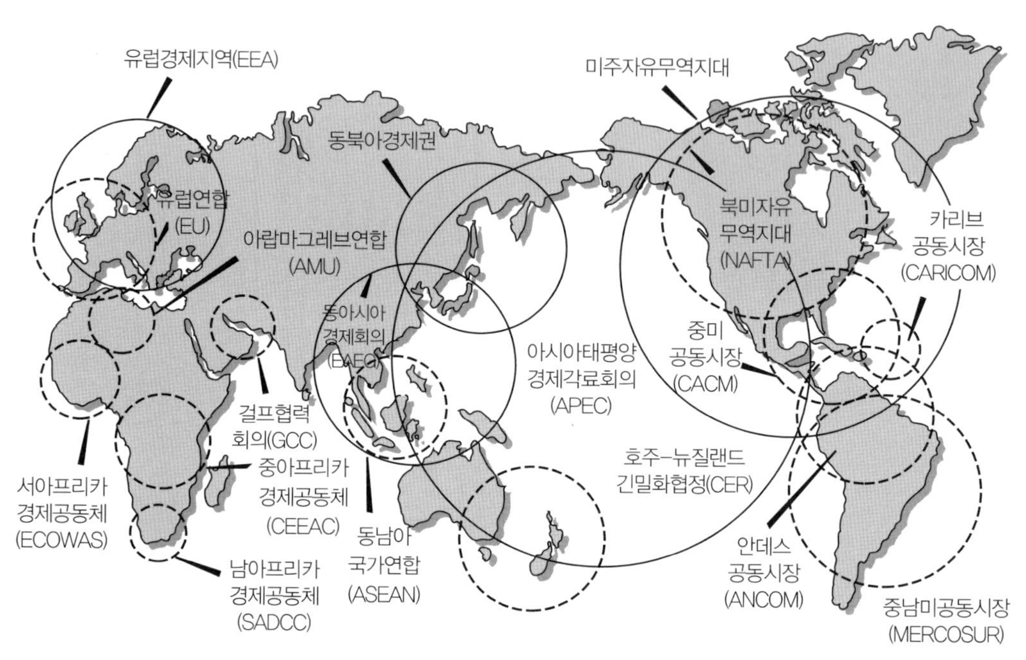

라는 무차별원칙을 표방하면서도, 서구의 경제부흥을 위한 경제적 배려와 서구의 공산화 방지를 위한 정치적 배려의 일환으로 EU와 같은 경제통합이나 NAFTA 등과 같은 자유무역지역 등을 예외로 인정하였던 것이다.

그 결과 오늘날 수많은 지역경제통합이 출현하게 되었는데, 전세계에 분포되어 있는 이들 지역경제통합을 보면 〈그림 3-7〉과 같다.

2. 지역경제통합의 유형

(1) 자유무역지역(Free Trade Area)

자유무역지역이란 정치적 · 경제적으로 밀접한 관계를 가지고 있는 둘 이상의 가맹국이 상품이동에 대한 관세를 철폐하여 역내 자유무역을 보장하고, 비가맹국에 대해서는 각국이 독자적인 관세 및 무역정책을 실시하도록 하는 연합을 뜻한다. 비가맹국에 대해 독자적인 관세정책과 무역정책을 구사한다는 점이 관세동맹과 다르다.

1) 유럽자유무역연합(EFTA)

유럽자유무역연합(European Free Trade Association: EFTA)은 1960년 영국, 오스트리아, 스위스, 덴마크, 노르웨이, 스웨덴, 포르투갈 등 7개 가맹국으로 출발했다. 현재 회원국은 아이슬란드, 노르웨이, 리히텐슈타인, 스위스 등 4개국이다. EFTA는 EC와 통합하여 유럽경제지역(European Economic Area: EEA)을 창설하기로 하고, 자유무역지역 수준에 머물고 있던 EC와 EFTA 간의 관계를 공동시장 단계로까지 발전시키기로 합의하였다.

2) 라틴아메리카통합연합(LAIA)

라틴아메리카통합연합(Latin America Integration Association: LAIA)은 1961년 결성된 라틴아메리카자유무역연합(Latin American Free Trade Association: LAFTA)의 기존 회원국들이 LAFTA를 해체하고 역내 가맹국 간의 무역균형을 도모하기 위하여 1981년에 새롭게 창설된 통합연합이다.

종전의 LAFTA는 관세동맹이라기보다는 자유무역지역으로서 제3국에 대한 역외 공동관세가 없었으며, 각국의 국내사정 및 유치산업 보호정책 등 때문에 큰 진전을 보지 못하였다. 결국 LAFTA는 회원국들의 수출촉진정책 추진으로 인해 1980년 자유무역지역을 결성하기로 한 목표가 철회되었고 그 대신 구속력이 약한 LAIA로 대체되었다. 현재 LAIA의 회원국은 멕시코, 브라질, 아르헨티나, 파라과이, 우루과이, 볼리비아, 콜롬비아, 에콰도르, 페루, 베네수엘라, 칠레 등이다.

3) 아세안 자유무역지역(AFTA)

아세안 자유무역협정(ASEAN Free Trade Area: AFTA)은 동남아시아국가 연합 국가 간의 관세인하와 관세장벽의 철폐를 통해 동남아시아 지역 내의 무역거래 자유화와 활성화를 이루어 외국인투자를 유치하고, 블록경제체제를 발전시키기 위해 결성되었다. 현재 회원국은 싱가포르, 태국, 말레이시아, 인도네시아, 필리핀, 베트남, 브루나이, 라오스, 미얀마 그리고 캄보디아 등 10개국이다.

그동안 ASEAN 회원국들이 관세인하 시기의 단축 문제 및 예외품목의 축소, AFTA 대상국가의 확대 등의 문제를 활발히 논의한 결과, 1999년 ASEAN 비공식정상회담에서 기존 6개 회원국은 2010년까지, 그리고 후발가입국은 2015-2018년까지 역내관세를 앞당겨 철폐하기로 결정하였다.

4) 북미자유무역연합(NAFTA)

북미자유무역연합(North American Free Trade Association: NAFTA)은 1991년 미국 · 캐나다 · 멕시코 3국 간에 결성된 지역경제통합이다. 미국은 1980년대에 들어 유럽통합(EU)에 대비하고 대외불균형을 시정하기 위해서는 교역상대국의 무역장벽을 철폐함과 동시에 무역분쟁에 따른 해결절차까지를 협상대상으로 삼을 수 있는 쌍무무역협정을 체결하여 교역의 자유화를 추진하는 것이 훨씬 더 효과적이라는 판단하에 북미자유무역연합을 결성하였다.

NAFTA 회원국인 미국, 캐나다, 멕시코는 경제규모와 경제발전단계, 그리고 산업구조 등 거의 모든 부분의 경제적 특성이 현격히 다르지만 당사국 간의 이해관계는 일치하고 있다. 즉, 미국은 멕시코의 저렴한 임금과 풍부한 노동력을 이용함으로써 산업경쟁력을 제고하고 멕시코시장에 대한 접근을 용이하게 할 목적으로, 그리고 멕시코는 미국시장에 대한 접근을 보다 용이하게 하고 미국으로부터 자본 및 기술을 도입하여 경제발전을 가속화할 목적으로 참여하고 있다. 그리고 캐나다는 멕시코 상품이 미국시장을 잠식하게 될 것이라는 판단 아래 미 · 캐나다 간의 자유무역협정에서 확보한 기득권을 지키기 위해 NAFTA 가입이 효과적이라는 판단하에 참여하고 있다.

5) 동남아국가연합(ASEAN)

동남아국가연합(Association of Southeast Asian Nations: ASEAN)은 1967년 회원국 간의 자유무역 촉진과 산업정책에 있어서의 상호협력을 목표로 결성되었다. 하지만 역내 상품무역의 단 5%만이 ASEAN 특혜관세의 혜택을 받아 교역되고 있어서 역내 자유무역이 별로 진전되지는 못하고 있는 것으로 평가되고 있다. 더구나 1997년에 몰아친 동남아지역에 대한 금융위기는 인도네시아, 말레이시아, 태국 등에 심각한 경제적 타격을 주어 ASEAN이 단기간 내에 큰 진전을 이룰 것으로 기대하기는 어려운 상태에 있다. 현재 ASEAN의 회원국은 브루나이, 인도네시아, 라오스, 말레이시아, 미얀마, 필리핀, 싱가포르, 태국, 베트남 등이다.

한편 ASEAN 10개국은 2004년 12월 한국, 중국, 일본 3개국과 동아시아 정상회의의 신설을 합의하고 동아시아공동체(East Asia Community: EAC) 결성에 합의하였다. 이 공동체는 아시아형 유럽연합을 구상하고자 하는 것인데, 아직 구체적인 단계에는 이르지 못하고 있다.

6) 아시아태평양경제협력(APEC)

아시아태평양경제협력(Asia Pacific Economic Cooperation: APEC)은 1990년 태평양 연안 국가들이 경제성장 및 지역 내에서의 상호의존성 증대에 대비한 다자간 협력을 목표로 결성되었다. APEC은 지역경제공동체의 결성을 그 비전으로 설정하고, 무역 및 투자의 자유화와 경제기술 협력을 달성하기 위해 아태지역의 경제성장을 위한 협력증진과 무역 및 투자 촉진, 다자간 개방적 무역질서의 강화를 그 주요 목적으로 하고 있다. 회원국 중 선진국들은 2010년까지, 그리고 개발도상국들은 2020년까지 무역 및 투자를 자유화하고 개방할 것을 장기목표로 설정하였다.

APEC의 21개 회원국이 전세계 GDP의 약 50%, 전세계 무역의 약 40%, 그리고 전세계 경제성장의 대부분을 차지하고 있다는 점은 APEC이 얼마나 중요한 경제협력체가 될 가능성이 높은가를 시사해주는 것이라고 하겠다. 만약 APEC이 자유무역지역으로 발전하게 된다면 그것은 세계에서 가장 큰 자유무역지역이 될 것이다.

APEC 회원국은 현재 총 21개국으로서 동아시아 12개국(한국, 중국, 일본, 대만, 홍콩, 인도네시아, 말레이시아, 베트남, 태국, 필리핀, 싱가포르, 브루나이), 미주 5개국(미국, 캐나다, 멕시코, 페루, 칠레), 대양주 3개국(호주, 뉴질랜드, 파푸아뉴기니) 및 러시아로 구성되어 있다.

(2) 관세동맹(Customs Union)

관세동맹이란 역내 자유무역은 물론이고 비가맹국에 대해 공동관세 및 공동무역정책을 실시하는 경제통합을 의미한다. 오늘날 관세동맹은 찾아보기가 힘들지만 대표적인 예로는 MERCOSUR와 EEC에 가입하기 이전의 구Benelux, 그리고 1958년 당시의 EEC 등을 들 수 있다.

(3) 공동시장(Common Market)

공동시장은 관세동맹보다 더욱더 강화된 경제통합 형태로서 가맹국 간에 상품 이외에 노동, 자본 등 생산요소의 자유로운 이동이 보장되는 경제통합을 뜻한다.

1) 유럽경제지역(EEA)

유럽경제지역(European Economic Area: EEA)은 유럽의 양대 무역블럭인 EU 15개국과 EFTA 4개국이 합쳐 구성한 유럽 단일 통합시장이다. EU의 전신인 EC와 EFTA는 출범 직후부터 지리적, 문화적 동질성을 바탕으로 상호교류를 확대해 왔으며, 이미 1972년부터 공산품이 무관세로 교역됨으로써 사실상의 자유무역지역으로 발전하였다. EC와 EFTA는 1993년부터 EEA를 발효시켜 자유무역지역 수준에 머물고 있던 양 지역 간의 관계를 보다 더 발전시켜, 재화는 물론 서비스, 인력, 자본의 이동까지를 자유화하는 공동시장으로 발전시키기로 합의하였다.

현재, EEA에는 스위스를 제외한 EFTA 가입국의 아이슬란드, 리히텐슈타인, 노르웨이와 EU에 가입중인 27국을 합쳐, 총 30개국이 참가하고 있다. EU에 가입중인 27국은 그리스, 노르웨이, 네덜란드, 덴마크, 독일, 라트비아, 루마니아, 룩셈부르크, 리투아니아, 리히텐슈타인, 몰타, 벨기에, 불가리아, 스웨덴, 스페인, 슬로바키아, 슬로베니아, 아이슬란드, 아일랜드, 에스토니아, 영국, 오스트리아, 이탈리아, 체코, 사이프러스, 포르투갈, 폴란드, 프랑스, 핀란드, 헝가리 등이다.

2) 중미공동시장(CACM)

중미공동시장(Central American Common Market)은 1961년 과테말라, 엘살바도르, 온두라스, 니카라과, 코스타리카 중미 4개국이 공동시장을 목표로 창설한 공동시장으로서 2000년에는 파나마, 벨리제가 회원국이 되었다. 회원국 중 과테말라, 엘살바도르, 온두라스, 니카라과는 정치, 문화, 군사통합을 위한 CA-4를 설립하였다.

3) 안데스공동시장(ANCOM)

안데스공동시장(Andean Common Market: ANCOM)은 1969년 안데스 5개국(볼리비아, 콜롬비아, 페루, 에콰도르, 칠레)이 회원국 간 산업 및 해외투자정책을 조정하기 위해 설립된 공동시장이다. ANCOM은 원래 LAFTA가 역내 경제대국 등에 의해서 일방적으로 운영되는 것에 반발하여 창설되었다. 1976년에는 칠레가 회원국에서 탈퇴하였고 1973년에는 베네수엘라가 여기에 가입하였다. 1992년에는 안데스 자유무역지대를 설립하였고, 1995년에는 공동역외관세 채택하였으며, 1997년에는 안데스공동체로 발전하였다. 현재 회원국은 볼리비아, 콜롬비아, 에콰도르, 페루, 베네수엘라 등 5개국이다.

4) 카리브공동시장(CARICOM)

카리브공동시장(Caribbean Community and Common Market: CARICOM)은 카리브해 13개 도서국들이 1973년 역내 저개발국에 대한 우대조치 강화를 위해 기존의 CARIFTA를 해체하고 설립한 공동시장이다. 회원국은 트리니다드토바고, 바베이도스, 자메이카, 그레나다, 몬트새렛, 도미니카, 세인트루시아, 세인트빈센트그레나딘, 세인트크리스토퍼네비스, 벨리즈, 바하마, 앤티가바부다, 가이아나, 아이티, 수리남 등 15개국이다.

5) 남미공동시장(MERCOSUR)

남미공동시장(MERCADO Commum Delsu: MERCOSUR)은 LAIA를 통한 중남미 경제통합이 부진하자 남미 경제대국인 브라질과 아르헨티나가 1985년 경제통합의 추진을 선언하고, 1989년에 양국에 대한 경제의존도가 높은 우루과이, 파라과이가 여기에 동참하여 설립된 공동시장이다. 이들 4개국은 1991년 아순시온조약(Treaty of Asuncion)을 체결하고, 1995년부터 상품, 서비스, 자본, 노동의 자유로운 이동이 보장되는 남미공동시장(Southern Common Market)을 결성하였다.

MERCOSUR는 자유무역지역의 창설, 공동 역외관세 수립, 자본, 노동 및 서비스의 자유로운 이동 등을 추진하고 있다. 현재 볼리비아, 칠레, 콜롬비아, 에콰도르 그리고 페루가 자유무역지역 수준에서 준회원국으로 참가하고 있다.

(4) 경제동맹(Economic Union)

경제동맹은 공동시장에서 한 걸음 더 나아가 가맹국 간에 산업 · 재정 · 통화정책 등 경제전반에 걸쳐 공동정책을 실시하는 경제통합을 의미한다. 그 대표적인 예로는 1992년의 경제 및 통화통합(Economic and Monetary Union: EMU)을 들 수 있다.

(5) 정치동맹(Political Union)

정치동맹이란 완전한 정치통합을 의미하는 것으로서, 그 예로는 지금은 해체되고 없는 동구경제상호원조회의(Council for Mutual Economic Assistance: COMECON)를 들 수 있다.

이상에서 살펴본 여러 가지 유형의 경제통합의 특성을 요약하면 〈표 3-13〉과 같다.

표 3-13 경제통합의 특성

	자유무역지역	관세동맹	공동시장	경제동맹	정치동맹
역내관세 철폐	○	○	○	○	○
역외 공동관세		○	○	○	○
자본 · 노동의 자유 이동			○	○	○
단일 경제정책				○	○
정치통합					○
예	EFTA LAIA AFTA NAFTA	Benelux EEC(1958)	EEA CACM ANCOM CARICOM MERCOSUR	EU	구COMECON
경제통합의 강도	약	———	———	———→	강

국제경영사례 3-2

한 · 미 FTA의 득실과 활용방안

지난 2012년 3월 15일 한미 FTA가 발효되었다. 그동안 정치적으로나 사회적으로 많은 갈등을 불러왔고 아직도 논란의 여지를 남겨 둔 협정이다. 그러면 한국의 입장에서 한 · 미 FTA의 득실은 무엇이며 우리는 어떻게 이 새로운 변화를 잘 활용할 수 있을까.

한 · 미 FTA에 따른 한국의 득실은 무엇인가?

• 한국에 크게 이익이 될 것이라는 주장

한 · 미 FTA가 한국에게 이익이 될 것이라는 주장은 미국시장은 우리 상품의 경쟁력을 판가름하는 시험무대일 뿐 아니라 시장이 광활하기 때문에 큰 이익을 얻을 수 있고, 유통업과 같은 경우 시장을 개방하면 경쟁력이 강화될 것이라는 것이다. 또 통상마찰이 줄어들어 수출이 증대되고 외국인투자가 크게 늘어 많은 일자리를 창출하게 될 것이라는 주장이다. 또 소득이 향상되고 일자리가 창출되어 양극화 해소에도 큰 도움이 될 것으로 생각하고 있다. 그리고 혹시 있을지도 모르는 피해에 대해서는 농업분야의 개방을 최소화하고 개방에 따른 지원을 확대하면 별 문제가 없을 것으로 판단하고 있으며, 기업과 노동자의 피해를 지원하면 피해가 감소되고, 공공서비스는 단계적으로 개방하면 된다는 것이다. 그리고 FTA는 서로의 취약분야를 존중하면서 상호 이익을 추구하는 것이기 때문에 양국 모두가 이익을 거둘 수 있을 것이라는 주장이다.

• 한국에게 손해가 될 것이라는 주장

한 · 미 FTA가 한국에게 손해가 될 것이라는 주장은 경쟁력이 취약한 한국의 농수산업, 금융서비스, 제약산업 등은 미국이 압도적인 경쟁력을 가지고 있기 때문에 미국과 경쟁을 하게 되면 한국 동종산업의 존립기반이 흔들리고 결국 경제종속을 면치 못하게 될 것이라는 주장이다. 또 FTA를 체결하더라도 고용창출효과가 미미할 것이고 임금 불평등, 지역 간 불균형 등 사회 양극화현상은 더욱 심화되며 경제성장율이 약화되고 장기적으로는 결국 미국경제에 종속되게 될 것이라는 주장이다. 또 모든 공공부문, 법 · 제도 관행이 훼손될 우려가 있을 뿐 아니라 환경규제에 관한 권한이 무력화된다는 것이다. 결과적으로 미국의 강력한 협상력 때문에 우리가 크게 손해를 보게 된다는 것이다.

• 외국기관들의 평가는 어떤가?

한국의 수출경쟁국인 중국과 일본은 한 · 미 FTA 발효에 따라 한국 수출경쟁력이 급부상하게 될 것을 우려하고 있으며, 영국, 프랑스 등 유럽의 연구소와 기관들은 한국이 한 · 미 FTA를 통해 글로벌 시장의 경쟁선두로 부상할 것이라고 긍정적으로 전망하고 있다.

일본의 경단련 Hiromasa Yonekura 회장은 "여러 분야에서 한국과 직접 경쟁하는 일본은 수출이 일본경제의 근간이기 때문에 이번 한 · 미 FTA 협정타결을 큰 위험으로 여긴다"고 말하며 한 · 미 FTA 발효에 따른 한국의 수출경쟁력 강화에 큰 위기감을 나타내고 있다.

중국의 환구시보는 한국이 일본이나 중국 등 경쟁국들보다 먼저 EU와 FTA로 연결되면서 상품경쟁력 향상은 물론 유럽시장을 선점하고 있으며, 한 · 미 FTA까지 발효되어 '선진국-개도국-신흥국' 시장의 조합은 물론 유럽, 남미, 북미, 아시아 대륙에 걸친 FTA 거점 확대가 가능해질 것이라고 전망하고 있다.

영국의 경제전문지 이코노미스트(*Economist*)는 "한국의 대미수출은 대미수입에 비해 훨씬 규모가 크다. 한국에서 가장 많이 팔리는 미국차인 포드조차도 그 대수는 얼마 안 된다"며 "한국은 이제 한·미 FTA와 한·EU FTA를 함께 추진, 세계 2대 시장에 타의 추종을 불허하며 접근할 수 있기를 희망한다"고 전했다.

또한 프랑스 AFP 통신은 "한·미 FTA가 투자여건을 개선해 한국을 외국인투자 및 외국 서비스 제공자들에게 좀 더 매력적인 국가로 만드는 것이 주요 혜택이 될 것"이라고 말하며 "한·미 FTA가 생산성 및 자본형성 증진을 통해 향후 10년간 인구 고령화 압력을 완화함으로써 한국이 장기적 경제 성장을 지속하도록 도울 것"으로 내다봤다.

그러면 우리는 한·미 FTA를 어떻게 활용해야 할까?

첫째, 무엇보다도 우선 미국에 대해 비교우위가 분명한 품목들을 중심으로 수출확대에 힘써야 한다. 이는 경쟁우위를 가진 분야에서만이라도 수출과 생산이 활발히 늘어나야 다른 기업들도 따라서 수출을 하게 될 것이기 때문이다.

둘째, 미국과 EU 간 경쟁효과를 극대화해야 한다. 우리의 입장에서 미국, EU 등 대 선진국 수입 중 가장 많은 부분을 차지하고 있는 자본재의 경우, 기술적 제약 등으로 인해서 자급이 쉽지 않은 것이 현실이다. 따라서 해당분야에서 서로 경쟁하는 미국과 EU 기업들이 관세인하 혜택을 독차지 하지 않고 수요자인 한국과 공유할 수 있도록 공급자 간 경쟁을 촉진시킬 필요가 있다.

셋째, 미래 지향적인 대응이 필요하다. 그동안 정부는 한미 FTA 발효에 따른 취약부문의 피해를 최소화하고 해당 분야의 경쟁력을 높이기 위해 다양한 정책들을 준비해 왔다, 따라서 설비확충 등 하드웨어 부분에 대한 금융지원이나 사후적인 피해보전이 그 중심을 이루어왔다. 하지만 앞으로는 단순히 자본투입 등을 통한 비용경쟁력 제고가 아니라, 좀 더 장기적인 차원에서 물적자원보다는 인적자원 확충이 더 시급하다.

넷째, 수입 및 유통 부문의 경쟁확산이 시급하다. 우리가 FTA를 통해 시장을 개방한 것은 농축산업 등 경쟁열위 부문에 있어서는 피해도 많지만 이러한 피해보다는 우리경제 전체가 누릴 이익이 더 크다고 판단했기 때문이다. 따라서 수출확대를 통한 생산측면의 이익 극대화는 물론, 최종 소비자들의 후생개선 효과가 수입 및 유통 부문의 경쟁확산 등의 조치를 통해 결코 감소되지 않도록 하는 것이 절대적으로 필요하다.

아울러, 시장 독점의 상당 부분은 정보 독점의 결과라는 점을 간과하지 말고 관련 정부 부처와 각종 미디어 등을 통해 관련 정보를 확산시킨다든지 독점이나 담합에 대한 행정 처분 등을 강화하는 등의 노력이 기대된다.

자료: 주간무역(2012. 3. 9.); 김형주, "한·미FTA, 단기적 교역보다 장기적 체질 강화 의미 크다," 경제정보, LG경제연구원(2012. 3. 20.); 매경, "한·미 FTA, 유통업자 배불리기 여전하다"(2012. 4. 16).

CHAPTER 04

문화적 **환경**

International Business

국제경영사례 4 - 1

McDonald's와 힌두교 문화

2011년 *Fortune*이 발표한 Global 500 기업 중에서 McDonald's는 111위를 기록하여 음식서비스업 분야에서 단연 1위를 차지하고 있는 세계적인 글로벌기업이다.

McDonald's는 1940년 리처드, 모리스 맥도널드 형제가 운영하던 '패스트푸드' 레스토랑이 그 기원이다. 그 후 1955년 창업자 레이 크록(Ray Kroc)이 미국 캘리포니아주 샌 버나디노에서 '스피디 시스템'으로 운영하고 있던 딕 맥도널드 형제의 레스토랑의 프랜차이즈 판매권을 인수, 공동 경영에 나선 것으로부터 시작되었다.

레이 크록은 원래 밀크쉐이크 기계 판매원이었다. 그는 캘리포니아에 있는 McDonald's 형제의 햄버거 가게에서 주문을 받았고 그들에게 감탄했다. 메뉴는 간단하고 저렴하지만 햄버거는 최고였다. 프렌치후라이는 가게에서 직접 만들고 쉐이크는 다른 곳보다 진했다. 그는 맥도널드 형제에게 새로운 맥도널드 가게를 열게 해주면 총판매액의 0.5%를 맥도널드의 상호와 아이디어 명목으로 주겠다고 제안했고 맥도널드 형제는 그 제안을 받아들였고 레이는 일리노이주 드 플레인에 첫 가게를 열였다.

그 후 그는 주변지역의 사업가들에게 프랜차이즈를 내주었고 1960년이 되는 해 미국에 문을 연 가게는 무려 200개나 되었다. 1961년에는 맥도널드 형제의 지분을 3백만 달러에 구입하고 1965년에는 McDonald's Corporation이 되었다.

이렇게 성장하기 시작한 McDonald's는 2012년 현재 설립한 지 57년이 되었다. 오늘날 McDonald's는 전세계 121개국, 3만여 개의 매장에서 매일 5천만 명에게 서비스를 제공하고 있으며, 외식업뿐만 아니라 체인점 사업 분야에서도 세계 최대 규모를 자랑하고 있다.

McDonald's는 실로 여러 가지 면에서 기업의 국제화에 새로운 장을 열었다.

McDonald's가 가장 최근 문을 연 나라는 인도이다. McDonald's는 1990년대 말부터 인도에서 식당을 개점하기 시작했다. 인도는 McDonald's에게 매우 특별한 도전이었다.

수천 년 동안 인도의 힌두교 문화는 암소(cow)를 숭배해왔다. 암소는 모든 인류를 지탱해 주는 성모(Divine Mother)를 의미하기 때문에 결코 먹을 수 없는 존재로 받아들여졌다. 암소는 쟁기를 끌어 밭을 갈아주는 황소(bull)를 낳아 주고, 암소의 젖은 요구르트와 버터의 일종인 기(ghee)를 생산하는데 사용된다. 뿐만 아니라 암소의 오줌은 전통 힌두교 의학에서는 중요한 약재로 쓰이며, 암소의 배설물은 연료로 쓰이기도 한다. 인도 전역에는 약 3억 마리의 소가 전혀 묶이지 않은 채 돌아다니며 신성한 공급자(sacred provider)로서 경외의 대상이 된다. 어딜 가나 소들은 느릿느릿 길을 걸어 다니고, 쓰레기 더미를 뒤지며 풀을 뜯어먹고, 사원에서 쉬기도 한다. 힌두교인들은 신성한 쇠고기는 먹지 않으므로 식탁이 아니면 그 어떤 곳에서도 소를 찾아볼 수 없다고 할 수 있다.

McDonald's는 세계 최대의 쇠고기 사용자이다. McDonald's는 1955년 설립 이후 빅맥(Big Mac)을 만들기 위해 수많은 동물을 도살했다. 어떻게 쇠고기로 막대한 돈을 번 기업이 쇠고기를 먹는 것이 죄악인 나라에 진출할 수 있었을까? 돼지고기를 대신 쓰는 것은 어땠을까? 그러나 인도에 사는 1억 4천만 명의 이슬람교도들은 돼지고기를 먹지 않는다. 결국 남은 선택은 닭과 양고기뿐이었다. 따라서 McDonald's는 양고기로 만든 인도판 빅맥인 마하라자 맥(Maharaja Mac)을 탄생시켜 그러한 음식문화 딜레마에 대처했다. 또 지역에 따라서는 닭고기로 만든 맥알루티키 버거(McAloo Tikki Burger)와 같은 새로운 메뉴들을 도입하여 종교적 문제를 해결해 나갔다.

한편 인두 힌두교도 중에는 채식주의자들이 상당히 많기 때문에 그들을 위해서 채식주의자들이 먹을 수 있는 메뉴를 일반 메뉴들과 엄격히 구분하였다. McDonald's 인도 자회사의 사장은 "인도인들의 기호에 맞게 모든 것을 새롭게 다시 개발해야만 했다"라고 말한다. 실제로 인도에서 판매되는 이 회사 메뉴의 75%는 인도화된 것들이다.

한동안 이들 전략은 효과를 거두었다. 그러다가 2001년에 McDonald's는 미국 시애틀에 사는 세 명의 인도인 사업가가 제기한 집단소송에 휘말렸다. 그 사업가들은 모두 채식주의자였고 그 중 두 명이 힌두교도였는데, McDonald's가 프렌치후라이(Freench fries)에 쇠고기가 첨가된다는 사실을 고의적으로 숨겼다는 이유로 소송을 제기했던 것이다. McDonald's는 프렌치후라이를 만들기 위해 100% 식물성 기름을 사용한다고 항변했지만 곧 기름에 매우 소량의 쇠고기 추출물이 포함되어 있음을 인정했다. McDonald's는 1천만 달러 지급조건으로 합의를 보고 사과문을 발표했다. 그 사과문에는 "McDonald's가 미국식당에서 메뉴 선택시 필요한 적절한 정보를 제공하지 못했던 점에 대해 힌두교인과 채식주의자, 그 밖의 모든 이들에게 진심으로 사과드립니다"라는 내용이 들어 있었다. 나아가 이 회사는 제품의 재료를 분류 표시하는 데 더 세심한 주의를 기울일 것이며, 기름에 첨가되는 쇠고기 추출물의 대체재를 개발하겠다고 맹세했다.

그러나 21세기 지구촌에서 이 소식은 전세계로 빠르게 퍼져 나갔고 힌두교적 민족주의자들을 인도 뉴델리(New Delhi) 거리로 뛰쳐나오게 했다. 뉴델리에 모인 사람들은 McDonald's 점포를 파괴하여 4만 5천달러 상당의 손실을 입혔다. 그들은 구호를 외치고, McDonald's 인도 본사에서 시위를 벌이며 정부에게 McDonald's 점포를 폐쇄하라고 요구했다. McDonald's 인도 프랜차이즈 점포주인들은 서둘러 쇠고기 추출물이 들어간 기름을 사용했다는 것을 부인하였고, 강경 힌두교도들은 정말로 쇠고기 추출물이 검출되는지 확인하기 위해 McDonald's가 사용하는 기름을 공신력 있는 시험기관에 제출하겠다고 대응했다.

그러나 이 같은 부정적인 뉴스는 McDonald's의 장기적인 인도 사업계획에 별다른 영향을 미치지 않았다. McDonald's는 계속해서 점포를 개설해서 2006년에는 점포수를 60개로 늘렸고, 향후 30개 이상의 점포를 더 늘릴 계획을 수립하고 있다. 인도 소비자들은 McDonald's를 자주 찾는 이유로, 자녀들이 미국의 문화를 즐겨하고, 음식의 품질이 항상 변함없이 일정하며, 화장실이 항상 깨끗하다는 점을 들고 있다.

자료: Hill, C. W. *International Business*, 8th ed.(Boston, Ill., McGraw Hill, 2011), pp. 86-87; McDoanld's Homepage (www.mcdonalds.com).

제1절 문화의 본질

1. 문화의 정의

문화인류학자들에 따르면 문화(culture)란 인간집단이 여러 세대를 통해서 형성해 온 하나의 생활양식 또는 규범으로서, 천성적으로 가지고 태어나는 것이 아니라 오랜 생활을 통해서 반복적으로 습득된 하나의 행위라고 정의되고 있다.

여기서 문화에 대한 정의를 살펴보면, 먼저 타일러(E. B. Tylor)는 문화를 "지식, 신앙, 예술, 법률, 도덕, 관습, 그리고 사회의 한 구성원으로서 인간에 의해 습득된 모든 능력이나 관습 등을 포함하는 복합적 총체"라고 정의하고 있다.[1] 그는 여기에서 문화를 구체적인 사물뿐만 아니라 어떤 사물을 만드는 기술까지도 포함하는 인간고유의 모든 사물과 사건들까지를 포괄하는 개념으로 규정하고 있다.

그리고 화이트(L. A. White)는 문화를 정의함에 있어서 인간 고유의 상징행위에 기초한 사물 및 사건들을 상징물(symbolate)이라고 규정하고, 이것이 곧 문화를 구성한다고 주장한다. 따라서 그는 문화를 "상징행위에 의거한 사물 및 사건들을 신체 외적인 맥락, 즉 인간 유기체와 관련하에서 보다는 다른 상징물과의 관련하에서 고려했을 때 그것을 문화"라고 정의하고 있다.

이상에서 문화에 대한 두 학자의 정의를 살펴보았는데, 문화란 비록 우리가 그것을 꾸준하게 배우고 있다는 사실을 인식하지는 못하고 있지만 오랜 세월 동안의 반복적인 문화적 과정을 통해서 자기도 모르는 사이에 몸에 배게 된다. 따라서 인간행동의 대부분은 그가 속하고 있는 문화의 여러 가지 속성과 일치하게 이루어지게 되며, 그러한 인간행동은 의식적인 사고를 통해서 이루어지기보다 무의식적 · 습관적으로 이루어지게 된다. 그러기 때문에 역사는 바꿀 수 있어도 문화는 바꿀 수 없다는 얘기가 가능한 것이다.

2. 국제경영과 문화

기업이 국제사업활동을 수행하는 과정에서 직면하게 되는 수많은 어려움은 현지의 문화를 제대로 이해하지 못하기 때문에 발생하는 경우가 많다. 그리고 사람들은 통상 자기

그림 4-1 국제경영의 문화적 환경

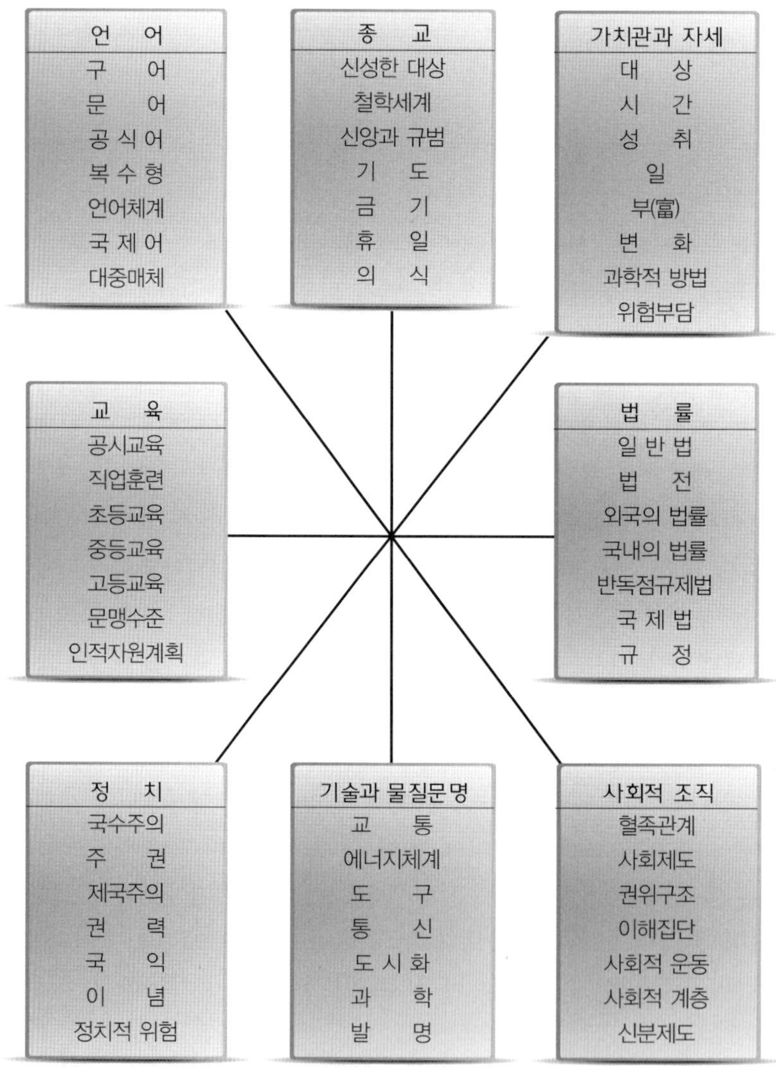

민족의 문화를 다른 민족의 문화보다 훨씬 더 우월하다고 생각하는 경향이 있으며, 자기 문화에 대한 이러한 무의식적인 주체성 때문에 국제사업활동을 수행하는 과정에서 여러 가지 어려움에 직면하게 된다.

다시 말해서 모든 나라들이 각기 자기 나름대로의 독특한 고유문화를 가지고 있고, 또 문화란 영원불변한 것이 아니라 타문화와의 지속적인 접촉을 통해서 끊임없이 변화하는 것이기 때문에, 수많은 나라의 각기 다른 문화에 효율적으로 대응한다는 것은 지극히 어려운 것이다.

그러나 각국의 이질적인 문화에 효율적으로 대응하지 못하는 경우, 범세계적인 경쟁을 이겨낼 수 없을 뿐 아니라 국제적인 경쟁적 우위를 획득하고 유지할 수 없게 된다. 따라서 범세계적으로 사업활동을 전개하고 있는 기업들은 현지문화를 철저하게 분석하고 이에 효율적으로 대처할 수 있는 방안을 강구하는 것이 무엇보다도 중요하다.

비록 각국 문화 간에는 이질적인 요소가 너무 많고 또 문화적인 차이도 크지만, 문화적 차이를 이해하는 것은 전혀 불가능한 것만은 아니며, 그것을 제대로만 파악 · 분석하여 효율적인 대응방안을 강구할 수 있다면 그것을 하나의 중요한 전략으로도 활용할 수 있을 것이다.

여기에서 문화를 구성하고 있는 요소들을 보면 〈그림 4-1〉에서와 같이 언어, 종교, 가치관, 법률, 정치, 기술과 물질문명, 사회적 조직, 교육 등을 들 수 있다.

제2절 문화의 구성요소

1. 언어(Language)

(1) 언어

언어는 문화적 요소 중에서 가장 먼저 들 수 있는 요소이다. 현재 전세계 국가는 약 200여 개에 불과하지만 전세계적으로 사용되고 있는 언어는 약 3,000가지에 달하고, 같은 어족에서 갈린 파생언어도 약 10,000가지에 이르는 것으로 알려지고 있다.

언어는 1차적인 의사소통수단의 하나로서 그 자체가 그 나라의 문화적 환경을 암묵적으로 내포하고 있기 때문에 현지국의 문화를 이해하는 데 있어서 가장 먼저 살펴보아야 할 가장 중요한 문화요소이다. 영국과 미국 언어에 상업 및 산업활동 관련 어휘가 풍부하고, 저개발국의 언어에 자국 문화에 대한 어휘가 풍부하며, 에스키모인이나 멕시코 원주민 언어에 눈(snow)에 대한 어휘가 풍부한 것은 바로 이러한 현상을 반영하고 있는 것이다.

한편, 언어는 벨기에 및 캐나다에서와 같이 한 국가 내에서 두 가지 언어가 동시에 사용되기도 하고, 스위스와 같이 독일어, 프랑스어, 이탈리아어 그리고 토속언어인 레토-로만어 등 여러 가지 언어가 동시에 사용되기도 한다. 인도의 경우는 무려 1,652개의 언어가 사용되는 가운데, 힌두어가 공용어이지만 부공용어로 영어가 사용되고 있으며, 각 주가 지정한 주 공용어만 해도 18개에 이르고 있다. 신문은 35개 언어로 발간되고, 방송은 104개 언어로 전파를 탄다. 전체 언어 중 1천 명 이상이 사용하는 언어만 해도 1,246개, 1만 명 이상이 사용하는 언어만 해도 197개, 백만 명 이상이 사용하는 언어만 해도 34개에 달한다.

여기에서 우리가 인터넷주소를 상대방에게 불러줄 때 흔히 말하는 @는 나라에 따라 어떻게 달리 호칭될까. 우리나라에서 골뱅이라고 부르는 @는 네덜란드에서는 원숭이 꼬리, 스웨덴에서는 코끼리의 코, 러시아에서는 강아지, 이탈리아에서는 달팽이, 이스라엘에서는 빵, 터키에서는 장미, 세르비아에서는 미친 a, 중국에서는 생쥐 등으로 각기 달리 불리고 있다.

또 비록 같은 언어권이라고 해도 동일한 제품에 대해 각기 다른 낱말이 사용되는 경우가 허다한데, 〈표 4-1〉은 영어권 국가와 한국어권 국가의 예를 보여주고 있다.

여기에서 오늘날 전세계적으로 가장 많이 사용되고 있는 언어를 보면 〈표 4-2〉와 같다. 이 표를 보면 전세계의 1/5이 넘는 인구가 중국어를 1차 언어로 사용하고 있고, 그 다

표 4-1 영어권 국가와 한국어권 국가 내의 언어의 차이

영어권 국가		한국어권 국가	
미국	영국	한국	북한
cookies	biscuits	아이스크림	얼음보숭이
dessert	pudding	스타킹	하루살이 양말
elevator	lift	살 뺀다	몸 깐다
gasoline	petrol	투피스	동강 옷
subway	tube	코르셋	몸매 띠
truck	lorry	볶음밥	기름밥
football	soccer	소프라노	녀성고음

표 4-2 전세계 10대 주요 언어

순위	언어	사용인구 (백만명)	비중(%)	주요 사용국가
1	중국어	1,213	20.35	중국, 싱가포르
2	스페인어	329	5.52	스페인, 아르헨티나, 멕시코
3	영어	328	5.50	미국, 영국
4	아랍어	221	3.70	알제리, 이집트, 사우디아라비아
5	힌두어	182	3.05	인도
6	벵갈어	181	3.04	방글라데시, 인도
7	포르투갈어	178	2.99	브라질, 포르투갈
8	러시아어	144	2.42	러시아, 우크라이나
9	일본어	122	2.05	일본
10	독일어	90.3	0.15	독일, 오스트리아

자료: Ethnologue(www.ethnologue.com).

음으로는 스페인어, 영어, 아랍어 순이다.

이상에서 언어에 관해 살펴보았는데, 언어는 암묵적으로 현지의 문화를 함축하고 있기 때문에 국제적으로 사업활동을 수행하는 기업들의 경우에는 외국어 사용시 단어나 문법, 그리고 사고방식이나 개념까지도 명확하게 할 필요가 있다고 하겠다.

(2) 침묵적 언어

기업이 국제사업활동을 성공적으로 수행하기 위해서는 말로 표현되는 언어뿐만 아니라 침묵적인 언어(silent language)에도 주의를 기울일 필요가 있다. 침묵적 언어의 예로는 〈표 4-3〉에 제시된 것과 같이 약속시간에 대한 개념이나 대화시 상대방과의 거리 간격 등 여러 가지가 있다. 다시 말해, 어떤 문화권에서는 시간개념이 정확하여 약속시간을 잘 준수하는가 하면, 다른 문화권에서는 약속시간에 조금 늦는 것이 오히려 정상으로 받아들여지는 경우도 있다. 그리고 대화시의 상대방과의 간격에 있어서도 중동지역이나 라틴아메리카의 경우에는 서유럽 사람들보다 훨씬 더 가까이서 상대방과 대화를 한다. 또 미국의 경우에는 사무실의 위치나 크기가 그 사람의 지위를 상징하지만, 아랍국가에서는 그것이 그 사람의 지위와 아무런 상관이 없다.

표 4-3 침묵적 언어

침묵적 언어의 종류	구체적인 예
시간에 관한 침묵적 언어	약속시간 준수, 업무처리의 시한
공간에 관한 침묵적 언어	사무실의 크기 및 위치, 대화시의 상대방과의 거리
물질에 관한 침묵적 언어	물질의 소유, 신기술이나 전통에 대한 선호 성향
우정에 관한 침묵적 언어	인간관계 및 우정
계약에 관한 침묵적 언어	법률, 규범 또는 관습에 따른 협상 규칙

자료: E. T. Hall, "The Silent Language in Overseas Business," *Harvard Business Review*, May-June, 1960, pp. 87~96.

제스처도 일종의 침묵적 언어라고 할 수 있는데, 해외에서 특정 제스처를 사용할 때는 상당한 주의가 필요하다. 왜냐하면 다른 문화권에서는 아무런 문제가 되지 않는 제스처가 특정 문화권에서는 전혀 예상치 못한 뜻을 함축하여 잘못된 결과를 초래할 수도 있기 때문이다. 예를 들어, 손가락을 모두 모아 손을 흔드는 제스처는 이탈리아에서는 바보를 의미하고 프랑스나 벨기에에서는 걱정스럽다 또는 무섭다는 뜻을 갖는다. 그리고 통상 좋다는 의미로 엄지와 검지를 모아 동그라미를 만들어 보이는 제스처는 프랑스에서는 가치 없다는 의미로, 그리스에서는 성적모욕을 상징하는 것으로 받아들여지고 있다.

2. 물질문명(Material Culture)

물질문명에는 식관습, 주거, 기구, 직업, 의복, 기술 등이 포함되며 이들은 모두 경제활동과 밀접한 관계를 가지고 있다. 우리가 두 나라 간의 기술격차를 논하는 것은 곧 두 나라 간의 물질문명의 차이를 논하는 것이 된다. 그리고 물질문명과 생활은 서로 밀접한 관련을 가지고 있어서 물질문명이 생활양식에 영향을 미칠 뿐 아니라 거꾸로 생활도 물질문명에 영향을 미치게 된다.

국제적으로 사업활동을 전개하는 글로벌기업들은 제품을 해외에 수출하거나 또는 해외에 생산공장을 설립하는 경우 자연스럽게 현지국에 이질적인 물질문명을 도입시키는 역할을 하게 된다. 따라서 성공적인 국제사업활동을 위해서는 현지국의 물질문명을 철저하게 파악하는 것이 무엇보다도 우선되어야 한다. 그것은 소비재나 산업재의 경우, 현지의 이질적인 물질문명 때문에 글로벌기업의 제품정책이나 광고활동이 크게 영향을 받을 수 있기 때문이다.

또한 물질문명 요소의 하나인 기술도 사회조직이나 전통적 사고에 크게 영향을 미치게 된다. 통상 기술은 인간적 가치와는 무관하게 객관적 합리성에서 나온 것이기 때문에 종종 사회조직과 충돌을 빚기도 하는데, 기술이 현지국에게 어느 정도의 영향을 미치는가는 현지국의 공업화 정도, 교육수준, 그리고 국가정책 등에 따라서 크게 달라진다.

일반적으로 공업화 단계가 낮은 국가의 경우, 기술은 그 국가의 사회조직과 기업활동을 재구성하게 하는 역할을 하기도 한다. 또 기술은 언어나 가치체계, 그리고 교육제도뿐만 아니라 종교 등에도 여러 가지 영향을 미치게 된다. [2]

여기에서 전화기를 예로 들어 물질문명의 차이를 살펴보면, 이집트는 인구 6천만 명에 전화는 2백만 대 정도에 불과하고, 한번 신청하면 평균 8년을 기다려야 하며, 나이지리아는 인구 100명에 전화기가 단 4대, 그리고 전화를 신청한 다음 3.5년을 기다려야 한다.

3. 예술(Arts)

예술에는 음악, 회화, 조각, 민요, 드라마, 댄스 등이 포함되며, 이들은 각기 문화권에 따라 큰 차이를 보이는 것이 일반적이다. 그리고 예술은 국가 단위별로 차이가 나기보다는 오히려 지역이나 문화권별로 차이를 보이게 된다.

예술이 글로벌기업의 국제사업활동에 직접적이고도 결정적인 영향을 미친다고는 하기는 어렵지만, 때로 여러 가지 측면에서 중요한 시사점을 제공해준다는 것만은 부정할 수 없다. 예를 들어, 제품을 현지의 예술적 감각에 부응하게 디자인하는 경우, 비록 그것이 범세계적 표준화에 역행하는 것이기는 하지만, 오히려 훨씬 더 성공적인 현지적응화전략이 될 수도 있다.

색깔도 문화권에 따라서 전혀 다른 의미를 갖는다. 예를 들어, 서구에서는 검은색이 애도를 뜻하지만 중국에서는 흰색이 애도를 뜻한다. 그리고 꽃의 색깔도 문화권에 따라서 전혀 다른 의미를 갖는다. 이렇듯 갖가지 예술요소들이 문화권에 따라서 전혀 다른 의미를 갖는 경우가 많기 때문에 제품의 디자인이나 광고, 그리고 판촉활동에 있어서 이러한 현지의 예술적 특성을 충분히 고려하는 전략이 절대적으로 필요하다. [3]

한편, 음악도 문화권에 따라 큰 차이를 보이는 것이 일반적이다. 따라서 글로벌기업이 라디오나 TV를 통해 광고를 하고자 하는 경우 현지문화에 잘 융화될 수 있는 음악을 선정하는 것이 중요할 것이다.

4. 교육(Education)

교육수준은 국가에 따라서 큰 차이를 보이며 GNP수준이나 경제발전 수준과도 밀접한 상관관계를 가지고 있다. 일반적으로 경제발전 수준이 높은 국가일수록 GNP수준도 높고, 문맹률도 낮은 것으로 파악되고 있다. 통상 목표시장국의 교육수준은 문맹률을 가지고 파악할 수 있으며, 고등교육기관 등록률을 가지고도 파악이 가능하다.

오늘날 전세계 문맹률을 보면 세계 성인인구의 26%인 10억 명이 문맹인 것으로 알려지고 있으며, 그 중 여자가 2/3를 차지하는 것으로 나타나고 있다. 그리고 문맹인 중 98%가 후진국에 살고 있고 최후진국의 평균 문맹률은 49%에 이르고 있다. 또 모든 문맹인의 52%가 인도와 중국에 살고 있다는 점이 특이하며 이것은 이들 국가의 엄청난 인구 수와 무관하지 않다. 여기에서 몇몇 국가의 15세 이상 문맹률을 살펴보면 〈표 4-4〉와 같다.

한편, 여기에서 교육이라는 것은 기술, 아이디어, 태도 또는 특정 원리뿐만 아니라 문화와 전통을 전수하는 일체의 과정이고, 국가에 따라서 교육제도나 교육내용 등이 크게 다르기 때문에 그것만을 가지고 교육의 질적 수준이나 특징 또는 교육의 정도를 파악하는 것은 불가능하다.

교육수준이 다르면 시장의 성격도 크게 다르게 나타나게 되는데, 이는 여러 가지 측면에서 글로벌기업의 사업활동에 중대한 영향을 미치게 된다. 글로벌기업들은 새로운 제품이나 기술을 가지고 목표시장국에 진출하기 때문에 그 제품의 사용법과 사용에 따르는 이익

표 4-4 5세 이상의 문맹률

국가	문맹률(%)	국가	문맹률(%)
니제르	71	이집트	34
에티오피아	70	가나	33
차드	62	수단	30
시에라리온	59	앙골라	30
하이티	51	캄보디아	28
방글라데시	44	알제리	27
모로코	44	과테말라	25
나이지리아	39	니카라과	22

자료: UNESCO, Institute for Statistics 2012 (http://stats.uis.unesco.org).

등에 대한 적절한 교육이 필요하다. 이때 현지인에 대한 교육은 현지의 교육수준에 맞게 이루어져야 하며 광고나 포장라벨, 제품에 대한 설명서 등도 현지국의 교육수준이나 기술수준에 맞게 이루어져야 한다. 이렇게 볼 때 각국의 문맹률은 그 나라와 관련된 글로벌기업의 국제사업활동의 추진에 많은 시사점을 제공해줄 수 있다고 하겠다.

5. 종교(Religion)

종교도 사회의 가치체계나 글로벌기업의 국제사업활동에 중대한 영향을 미칠 수 있는 문화요소의 하나이다. 그리고 종교는 그 신념에 따라서 신자들의 생활태도나 제품의 선택 및 구매방법 등에 결정적인 영향을 미치기도 한다.

종교는 크게 나누어 기독교(로마가톨릭, 신교, 희랍정교회), 이슬람, 힌두교, 불교, 유대교 등으로 구분할 수 있으며, 신자 수에 있어서는 〈표 4-5〉에서 볼 수 있는 바와 같이 기독교(로마가톨릭, 신교, 희랍정교회)가 35.8%로 가장 높고, 그 다음으로는 이슬람 24.2%, 힌두

표 4-5 주요 종교별 신자 수 및 비율

(단위: 천 명)

종교명	1900	점유율(%)	1970	점유율(%)	2000	점유율(%)	2005	점유율(%)	2010	점유율(%)
기독교	588,132	50.0	1,236,374	35.0	1,999,564	35.0	2,135,780	35.4	2,292,454	35.8
이슬람교	199,941	17.0	553,528	16.0	1,188,243	21.0	1,313,980	21.9	1,549,444	24.2
힌두교	203,003	18.0	462,598	13.0	811,336	14.0	870,040	14.4	948,507	14.8
무종교	3,024	0.0	532,096	15.0	768,159	14.0	768,590	12.8	639,852	9.9
불교	127,077	11.0	233,424	7.0	359,982	6.0	378,800	6.3	468,736	7.3
민족종교	11,758	1.0	160,278	5.0	228,367	4.0	256,340	4.3	261,429	4.0
무신론	226	0.0	165,400	5.0	150,090	3.0	151,540	2.5	138,532	2.2
신흥종교	5,910	1.0	77,762	2.0	102,356	2.0	108,130	1.8	64,443	1.0
시크교도	2,962	0.0	10,618	0.0	23,258	0.0	25,370	0.0	24,591	0.3
유대교	12,929	1.0	14,763	0.0	14,434	0.0	15,140	0.0	14,641	0.2
계	1,154,962	100.0	3,446,841	100.0	5,645,789	100.0	6,023,710	100.0	6,402,629	100.0

자료: S. Janssen, *The World Almanac and Book of Facts* (New York, World Almanac Books, 2011).

교 14.8%, 불교 9.9% 등의 순을 보이고 있다.

이들 각 종교는 그들이 추구하는 목표나 대상에 있어서 서로 다른 특징을 가지고 있는데, 그 주요 특징을 간단하게 살펴보면 다음과 같다.

가톨릭(Catholic)은 예수그리스도의 사랑을 교의로 하고, 성서와 성전에 그 바탕을 두고 있다. 가톨릭은 교회와 성사를 중시하는 한편 교회와 신부가 신과 인간의 중개역할을 하는 것으로 보며 교회를 떠나서는 구원이 없다고 본다. 성서는 신약과 구약으로 되어 있고, 성전은 구전으로 전해오는 하느님의 말씀이며 신관은 '삼위일체의 신'으로 성부와 성자, 성령의 합체를 뜻한다. 가톨릭은 이탈리아, 브라질, 스페인, 프랑스 등에서 우세하다.

개신교(Protestant)는 16세기 마틴 루터(M. Luther), 칼빈(Calvin) 등에 의한 종교개혁의 결과로 가톨릭에서 분리되어 나타난 종파로서, 로마가톨릭을 구교라고 하고 프로테스탄트를 개신교라고 한다. 개신교는 오직 신앙에 의해서만 구원이 가능하고, 성서에 의해서만 권위가 인정되며, 신의 말씀만이 권위이고, 교직자는 단지 신의 말씀을 전도하는 데 불과하다고 주장한다. 따라서 신앙 그 자체를 중시하고 근검과 절약을 강조한다. 개신교는 로마가톨릭교회, 동방정교회와 함께 그리스도교의 3대 교파를 이루며, 미국, 캐나다 등지에서 우세하다.

이슬람교(Islam)는 7세기 초 마호메트(Muhammad)가 완성한 종교로서, 그리스도교·불교와 함께 세계 3대 종교의 하나다. 이슬람교는 전지전능한 알라(Allah)의 가르침이 대천사 가브리엘을 통해 마호메트에게 계시되었다고 믿고 있으며, 자신들의 종교가 유대계의 여러 종교를 완성시킨 유일신 종교라고 주장한다. 이슬람교는 이슬람교의 유일신 알라에 관한 계시를 모은 코란(Koran)을 이슬람의 법학과 신학의 근원으로 삼고 있다. 이슬람교는 중동 지역에 널리 분포되어 있다.

힌두교(Hinduism)는 윤회와 업, 해탈, 도덕행위, 경건한 신앙 등을 그 기본사상으로 하고 있다. 힌두교는 인도 아리안 계통의 바라문교가 토착신앙과 융합된 후, 다시 불교의 영향을 받아 형성되었기 때문에 특정한 체계가 없으며, 다양한 신화, 성전전설, 의례, 제도, 관습을 가지고 있다. 이러한 다양성을 통일해 종교적 기능을 하게 한 것이 바로 카스트 제도(caste system)인데, 인도인의 종교생활은 사회생활과 매우 밀접한 관계를 가지고 있다. 힌두교 신자는 대다수가 인도에 살고 있으며 극히 일부가 방글라데시, 스리랑카, 미얀마, 네팔 등에 확산되어 있다.

불교(Buddhism)는 부처가 설한 교법이라는 뜻과 부처가 되기 위한 교법이란 뜻이 모두 담겨 있다. 여기에서 불이란 산스크리트어로 각성한 사람을 말하며, 특히 부처를 가리킨다. 불교는 부처가 무한한 '지혜'와 '자비'로 나타나고 모든 일에 집착하거나 구애하지 않고 현실을 직시하며 조용하고 흔들리지 않는 열반을 이상의 경지로 삼고 있다. 교의는 석가정각에 그 기초를 두고 있다. 불교는 그 근원지가 인도지만 현재는 동남아시아, 중국, 한국, 일본 등에 강하게 남아 있다.

유대교(Judaism)는 창조주의 선민임을 주장하는 이스라엘인의 종교로서 '모세의 율법'에 기초를 두고 있다. 유대교의 특징은 율법에 있는 메소포타미아 계약으로부터 유래하고 있는데, 그것은 신의 편에서는 '은혜(헤세드)' 이고 백성의 편에서는 신이 부여한 율법을 준수하는 것이다. 유대교는 일반종교에 비해 민족종교적인 성격이 강하며 정통 유대교에는 경전 이외 율법을 집대성한 '탈무드' 가 추가된다.

이상에서 각 종교의 특성을 간단하게 살펴보았는데, 이들은 각기 추구하는 목표나 대상이 다르기 때문에 기업의 국제사업활동에 여러 가지 영향을 미치게 된다.

여기에서 몇 가지 예를 들어보면, 이슬람교는 음주를 금지하고 있기 때문에 이슬람교가 널리 퍼져 있는 중동지역에서는 술 종류 제품의 마케팅 활동이 직접적인 영향을 받게 된다. 그리고 불교와 힌두교는 정신적인 가치를 중시하고 물질적인 측면을 경시하기 때문에 이들 종교가 퍼져 있는 지역에서는 불요불급한 제품의 마케팅활동이 영향을 받게 된다. 이 외에도 종교에 따라서 휴일도 다르고 또 금지하고 있는 음식(회교도의 돼지고기, 힌두교의 쇠고기, 유대교와 회교도의 금주 등)도 다르기 때문에, 종교는 글로벌기업의 국제경영활동에 중대한 영향을 미치게 된다.

6. 가치관(Values and Norms)

가치관도 문화권에 따라서 전혀 다른 양상을 보여준다. 먼저 서구사회에서는 직업의 귀천을 크게 따지지 않지만 다른 지역에서는 문(文)을 중시하고 상업을 천시하는 경향이 있다. 또한 미국과 같은 서구사회에서는 부의 축적이 사회적 성공이나 업적으로 평가받지만, 불교나 힌두교 사회에서는 열반의 경지 또는 무욕이 최상의 목표이기 때문에 물질의 소유를 경시하는 경향이 강하다. 이 때문에 서구제국에서는 생산과 소비에 대한 동기가 유발되어 경제활동이 활발하게 이루어지지만 불교나 힌두교 사회에서는 그렇지 못하다.

또 다른 측면에서 서구제국에서는 실용주의, 편의주의에 힘입어 변화에 쉽게 적응하고 의도적으로 기술이나 제품을 변화시키려고 하는 데 반해, 또 다른 사회에서는 전통을 중시한 나머지 제품의 생산이나 소비에 있어서 전통적인 방법을 고수하기도 한다. 이 때문에 전통중시사회는 변화에 대해 위험회피적인 성향을 갖는다.

이렇듯 한 사회의 가치관은 현지시장의 소비자 행동을 파악하는 데 기초가 되므로, 성공적인 국제사업활동을 위해서는 현지의 가치관과 행동패턴을 철저하게 파악하는 것이 무

표 4-6 문화적 가치관의 우선순위

순위	미국	일본	아랍
1	자유	소속의식	가족의 안전
2	독립	그룹의 조화	가족의 조화
3	자신감	집단주의	부모의 지도편달
4	평등	나이/연공주의	나이
5	개인주의	그룹의 합의	권위
6	경쟁	협력	화해
7	효율성	재능	헌신
8	시간	인내	인내
9	솔직성	우회적 표현	우회적 표현
10	개방성	공존	환대

자료: F. Elashmawi and P. R. Harris, *Multicultural Management* (Houston, TX, Gulf Publishing, 1993), p. 63.

엇보다도 중요하다.

위 〈표 4-6〉은 문화의 차이에 따른 일부 국가의 가치관의 우선순위를 보여주고 있다.

7. 사회조직(Societal Organization)

동일한 문화와 동일한 환경하에서 수행되는 국내 경영활동도 모든 것이 예측 가능하고 또 관리 가능한 것은 아니다. 국내에서 수행되는 경영활동의 경우가 이러할진대 국제적으로 이루어지는 경영활동의 경우는 더 말할 필요가 없다고 하겠다.

실제로 범세계적으로 경영활동을 전개하는 글로벌기업의 경우에는, 자신과 직접적인 관계를 가지고 있는 수출대리점이나 합작투자 파트너, 현지 자회사의 관리자, 원료 공급업자, 현지 노동자, 그리고 현지의 고객까지도 자국의 국내환경과 전혀 다른 현지 사회조직의 규범에 따라 행동하기 때문에 그것을 예측하고 관리하기란 쉽지 않다.

사회조직은 가족제도나 사회계층, 그리고 여타 조직을 포함하는 포괄적인 개념으로서 지역별 · 문화권별로 큰 차이를 보이는 것이 일반적이다. 예를 들어 남녀의 지위에 있어서도 회교사회에서는 남성의 역할이 지배적인 반면, 여성은 단지 한정적인 역할만을 수행하게 되는데, 이러한 현상은 중남미제국에서도 대체적으로 비슷하다. 그러나 구미제국에서는 남녀평등사상이 강해서 이와는 전혀 다른 양상을 보인다.

가족에 대한 개념도 문화권에 따라서 조금씩 다르다. 미국은 부모와 미혼자녀까지를 자기 가족의 범주에 포함시키는 데 반해, 여타 지역에서는 그 범주를 훨씬 더 넓게 보고 있다. 특히, 힌두교사회의 대가족 제도가 그 대표적인 예라고 할 수 있는데, 이 대가족 제도에서는 최고 연장자인 조부모가 가정의 모든 주요 의사결정권을 갖는다.

사회조직은 이 외에도 종교나 직업, 정치적 이해집단, 그리고 연령층 등으로 세분화할 수 있으며, 영국의 스코틀랜드 및 웨일즈와 같이 지역에 따라 구성원이 전혀 다른 경우도 있다. 이와 같은 가족제도나 사회구조는 특히 국제마케팅 활동에 결정적인 영향을 미친다고 하겠다.

제 3 절 문화적 환경의 분석

1. 이질문화에 대한 평가

기업이 자기 나라와 전혀 다른 문화적 환경을 가진 해외 특정 국가에 진출하여 국제사업활동을 수행하고자 하는 경우에는, 비록 현지의 이질적인 문화요소 모두를 다 분석 · 평가하지는 못한다고 할지라도 최소한 자기 기업이 수행하고자 하는 국제사업활동에 직접적으로 영향을 미칠 수 있는 주요 문화요소는 철저하게 분석 · 평가할 수 있어야 한다.

이질문화에 대한 평가는 통상 어떤 문화의 특정 측면만을 한정해서 분석하는 부분적인 접근방법이 주로 이용된다. 그 이유는 이 방법이 비록 모든 문화 간의 차이를 확인하고 분류하는 통합적인 접근방법보다는 설득력은 약하지만 문화 간에는 상이한 요소들이 너무 많아서 현실적으로 종합적인 접근방법을 이용한다는 것이 거의 불가능하고 또 비용도 너무 많이 소요되기 때문이다.

한편, 이질문화를 분석 · 평가함에 있어서는 문화의 이질성뿐만 아니라 동질성까지도 동시에 파악하는 것이 효과적이다. 왜냐하면 문화의 동질성도 문화적 이질성에 못지않게 국제사업활동에 중요한 시사점을 제공해 줄 수 있기 때문이다.

〈표 4-7〉은 국제적인 문화요소의 보편성을 보여주고 있다.

다음으로 이질문화에 대한 평가는 정적인 평가와 동적인 평가를 병행하는 것이 효과적이다. 그 이유는 정적인 평가는 문화요소 간의 차이를 명확히 하는 데 도움을 줄 뿐이지만, 동적인 평가는 어떠한 변화가 어떠한 속도로 이루어지게 될 것인가를 파악할 수 있게 해주기 때문이다. 글로벌기업의 경우 어떠한 변화가 쉽게 수용되고 또 어떠한 변화가 쉽게 거절될 수 있는가를 명확히 파악하는 것이 곧 국제사업활동의 성공 여부를 결정짓는 중요한 요인이 된다.

표 4-7 문화의 보편성

1. 연령등급	25. 민 속	49. 애 도
2. 운동경기	26. 음식금기	50. 음 악
3. 몸치장	27. 장례식	51. 신 화
4. 역법(calender)	28. 오 락	52. 숫 자
5. 청결훈련	29. 몸 짓	53. 산과학
6. 공동체조직	30. 선물제공	54. 형벌제재
7. 요 리	31. 정 부	55. 성 명
8. 협력노동	32. 인 사	56. 인구정책
9. 우주론	33. 머리모양	57. 출산요양
10. 구 혼	34. 환대(歡待)	58. 임신관습
11. 무 도	35. 주거위생	59. 재산권
12. 장식술	36. 근친상간금기	60. 초자연적 존재에 관한 위안
13. 점	37. 상속규칙	61. 사춘기관습
14. 분 업	38. 농 담	62. 종교의식
15. 꿈에 대한 해석	39. 혈족집단	63. 거주규칙
16. 교 육	40. 혈족용어	64. 성적 제약
17. 종말론	41. 언 어	65. 영혼개념
18. 윤 리	42. 법 률	66. 신분차별화
19. 인종식물학	43. 행운미신	67. 외과술
20. 예의범절	44. 마 술	68. 도구제작
21. 신앙요법	45. 결 혼	69. 교 역
22. 가 족	46. 식사시간	70. 방 문
23. 향 연	47. 의 술	71. 이유(離乳)
24. 발 화	48. 자연에 대한 겸손	72. 기상통제

자료: G. P. Murdock, "The Common Denominator of Culture," in R. Linton(ed.), *The Science of Man in the World Crisis* (New York: Columbia University Press, 1945), p. 77.

2. 문화적 환경에 대한 분석

(1) 클러크혼(F. Kluckhohn)의 모형

클러크혼은 서로 다른 문화를 비교하는 데 있어서 각 문화의 가치체계를 구분하기 위해 다음과 같은 다섯 가지의 의문을 제기하였다.

첫째, 인간의 본성은 기본적으로 선한가 아니면 악한가?

둘째, 인간과 자연은 어떤 관계를 가지고 있는가?

셋째, 인간관계가 개인주의적인가, 그룹중심적인가 아니면 권위주의적인가?

넷째, 인간의 행동양식은 정적인가 아니면 동적인가?

다섯째, 삶에 대한 태도는 과거지향적인가, 현재지향적인가 아니면 미래지향적인가?

여섯째, 공간에 대한 태도는 사적인가 아니면 공적인가?

그는 이상의 여섯 가지 질문에 대한 대답을 통해 한 문화권 내에 속한 사회구성원들의 공통적인 가치관과 사고방식을 찾아내고, 이것을 문화권별로 비교해봄으로써 국가 간의 문화적인 차이를 파악할 수 있다고 주장한다.

이 질문에 대한 대답의 범위를 살펴보면 〈표 4-8〉과 같다. 이 표를 통해 구미사회와 전통사회의 가치관과 행위를 비교해 보면, 구미사회는 표의 좌측 유형이 주가 되고, 전통사회는 표의 우측 유형이 주가 될 것이다.

이 모형은 문화의 여러 측면 중 극히 일부만을 보여주기 때문에 이것만을 가지고 외국

표 4-8 인간의 기본명제와 가치체계

기 준	행위 및 사고유형		
1. 인간의 본성	기본적으로 선함	선과 악이 혼합됨	기본적으로 악함
2. 자연과의 관계	자연을 정복	자연과 조화	자연에 복종
3. 인간관계	개인주의적 (동등관계)	그룹중심적 (공존관계)	권위주의적 (상하관계)
4. 인간의 행동양식	동적(動的)	내면적 성장	정적(靜的)
5. 시간지향성	미래지향적 (목표지향적)	현재지향적 (찰나적)	과거지향적 (전통적)
6. 공간지향성	사적	혼합	공적

자료: F. R. Kluckhohn and F. Strodbeck, *Variations in Value Orientations* (Westport, CT, Greenwood Press, 1961), p. 12.

문화를 완전히 이해한다고는 할 수 없지만, 문화권 간의 차이를 쉽고 간단하게 비교할 수 있고, 또 이것을 통해 피상적으로나마 외국문화를 조금 더 이해할 수 있다는 점에 그 의의가 있다.

한편, 서로 다른 문화적 지향성이 기업경영에 주는 시사점을 살펴보기 위하여 서구문화와 동양문화를 앞 〈표 4-8〉의 다섯 가지 기준을 가지고 비교해 보면 〈표 4-9〉와 같다.

표 4-9 문화적 지향성이 기업경영에 주는 시사점

기준	미국식 문화지향성(서양)	대비적 문화지향성(동양)
인간의 본성	• 인간본성은 선과 악의 혼합 • 인간의 본성은 변화함 예: 교육과 훈련을 통해 인간의 본성이 변화 가능함	• 인간본성은 선함 • 인간의 본성은 불변함 예: 교육훈련으로는 인간성이 변하지만 초기에 적절한 사람을 선발함
인간과 자연의 관계	• 인간이 자연을 지배함 예: 인간의 편리를 위해서 댐, 도로, 항만 등과 같은 지역조건을 변화시킴	• 인간과 자연은 조화로운 관계임 예: 인간의 욕구를 충족시키면서 자연을 유지 · 보전함
인간관계	• 개인주의적 예: 의사결정의 주체는 개인, 전문경영제의 도입, 능력위주의 인사채용	• 집단주의적 예: 의사결정의 주체는 집단임, 족벌 및 친족위주 경영제도의 도입, 친족위주의 인사채용
인간의 행동방식	• 동적 예: 종업원은 자기만족과 목표달성을 위해 업무를 수행(업무의 극대화 추구)	• 정적 예: 종업원들은 단지 자신에게 주어진 일만을 수행함(일의 극소화 추구)
시간지향성	• 미래 중심적 예: 정책목표는 10-20년 장기계획적이지만, 실제로는 단기적 목표달성을 위해 기업정책의 확신과 탄력성을 강조함	• 과거 중심적 예: 과거 10년 전에 수행하였던 기업정책을 토대로 기업의 미래 계획을 수립하며, 기업정책의 변화를 별로 원하지 않음
공간지향성	• 사적 예: 관리자가 중요한 회의를 큰 사무실에서 문을 닫은 상태에서 진행하며 비서 때문에 회의가 중단되기도 함	• 공적 예: 관리자가 중요한 회의를 보통 규모의 사무실에서 문을 연 상태에서 진행하며 직원이나 방문객 때문에 회의가 중단되기도 함

자료: N. J. Adler, *International Dimensions of Organizational Behavior*, 3rd ed. (Cincinnati, OH, South-Western College Publishing, 1997), p. 20.

(2) 홀(E. T. Hall)의 모형

이질문화권 간의 문화적 차이를 이해하기 위한 또 하나의 비교 · 분석방법으로는 홀의 모형을 들 수 있다. 홀은 각 국가의 문화를 고배경문화(high context culture)와 저배경문화(low context culture)로 분류하여 문화적 차이를 설명하고 있다.

고배경문화에서는 의사소통에 필요한 정보가 신체적 배경이나 개인에 내부화되어 명확하게 부호화되지 않는다. 그러나 책임과 신뢰가 중요한 가치로 강조되기 때문에 개인의 말이 확실한 보증서의 역할을 하게 되며, 책임과 명예 등에 더 큰 의미를 둔다. 또한 조직에서의 책임문제가 발생하는 경우, 그 책임은 최고위층에게 주어지며 집단지향적인 성격이 강하다. 이러한 고배경문화에 속하는 국가로는 중국, 한국, 일본, 프랑스를 들 수 있다.

반면, 저배경문화에서는 정보가 구체적인 대화를 통해서 교환되며, 법률적인 서류가 보증서의 역할을 하기 때문에 서류가 법률적인가의 여부가 중요한 의미를 가지며 책임이 최하위층에게 전가되는 것이 특징이다. 이러한 저배경문화에 속하는 국가로는 스위스, 독일, 스칸디나비아, 미국 등을 들 수 있다.

이와 같은 고배경문화와 저배경문화의 특징을 요약하면 〈표 4-10〉과 같다. 그리고 고

표 4-10 고배경문화와 저배경문화

	고배경문화	저배경문화
법률가	덜 중요하다.	매우 중요하다.
개인의 말	본인이 보증한다.	서면으로 보증한다.
조직의 실책에 대한 책임	최고위층	최하위층
공간에 대한 인식	서로 어울리는 공간을 중요하게 여긴다.	개인적인 공간을 중요하게 여기며, 침해받는 것을 싫어한다.
시간에 대한 인식	폴리크로닉(polychronic)하다. 즉 매사는 자신의 시간으로 처리한다.	모노크로닉(monochronic)하다. 즉 '시간은 돈이다'라는 관념이 아주 강하다.
협상	협상이 매우 상세하게 이루어진다. 이는 협상의 목적을 모든 당사자들이 서로 충분히 이해하도록 하는 데 있다.	매우 신속하게 이루어진다.
경쟁입찰	흔치 않다.	일상적이다.
대표적인 나라	일본, 중동	미국, 북유럽

자료: W. J. Keegan and C. Green, *Global Marketing*, 6th ed. (Boston, Mass., Pearson Education, Inc., 2011), p. 120.

배경문화와 저배경문화를 국제적으로 비교하면 〈그림 4-2〉와 같다.

(3) 호프스테드(G. Hofstede)의 모형

국가 간의 문화적 차이를 비교·분석할 수 있는 또 하나의 모형으로서 호프스테드의 모형을 들 수 있다.[4] 호프스테드는 IBM이 전세계적으로 소유하고 있는 해외자회사에 종사하고 있는 10만 명이 넘는 종업원들로부터 그들이 가지고 있는 태도와 가치관에 대한 자료를 수집하여, 이것을 많은 나라들 간의 문화적인 차이를 실증적으로 분석하는 데 활용하였다. 그가 문화적인 차이를 비교하는 데 사용한 네 가지 기준을 보면 아래와 같다.

첫째, 개인주의 대 집단주의(individualism-collectivism)

둘째, 권력간격(power distance)

셋째, 불확실성을 회피하고자 하는 의지(uncertainty avoidance)

넷째, 남성다움 대 여성다움(masculinity-feminity)

여기에서 호프스테드가 사용한 네 가지 기준의 개념과 의미, 그리고 분석결과를 살펴보면 다음과 같다.

그림 4-2 고배경문화와 저배경문화의 국제적 비교

문화권		문화의 특징
중 국 한 국 일 본 프 랑 스 아 랍 그 리 스 스 페 인 이탈리아 영 국 미 국 스칸디나비아제국 독 일 스 위 스	↕	고배경문화 • 서면이나 말보다 상식이 우선함 • 계약보다 신용을 중시 • 사적인 관계가 사업에 영향을 미침 저배경문화 • 말이나 서면을 중시 • 단순히 안면만으로 일이 해결되지 않음 • 법적 합의에 의한 신용 중시; 사업에서 개인관계 배제

자료: E. T. Hall, *Beyond Culture* (New York, Anchor Press, 1976).

1) 개인주의 대 집단주의

개인주의란 사람들이 자신과 자신의 직계가족에 대해서만 관심을 갖는 성향을 나타내는 사회구조를 의미한다. 개인주의적 사회에서는 개인들 간의 연계관계가 느슨하며 개인의 성취도와 자유도가 높게 평가된다. 이러한 성향이 강한 국가로는 미국, 영국, 네덜란드, 캐나다 등이 대표적이다.

한편, 집단주의는 내부집단(친척, 당파, 조직)과 외부집단을 엄격하게 구별하는 사회구조로서, 내부집단이 그들을 돌보아 주기를 바라며 거기에 대해 절대적인 충성을 보인다. 여기에 속하는 국가로는 콜롬비아, 파키스탄, 대만, 한국 등을 들 수 있다. 그리고 그 중간에 위치한 국가로는 일본, 인도, 오스트리아, 스페인을 들 수 있다.

그림 4-3 권력간격×개인주의/집단주의 구성도

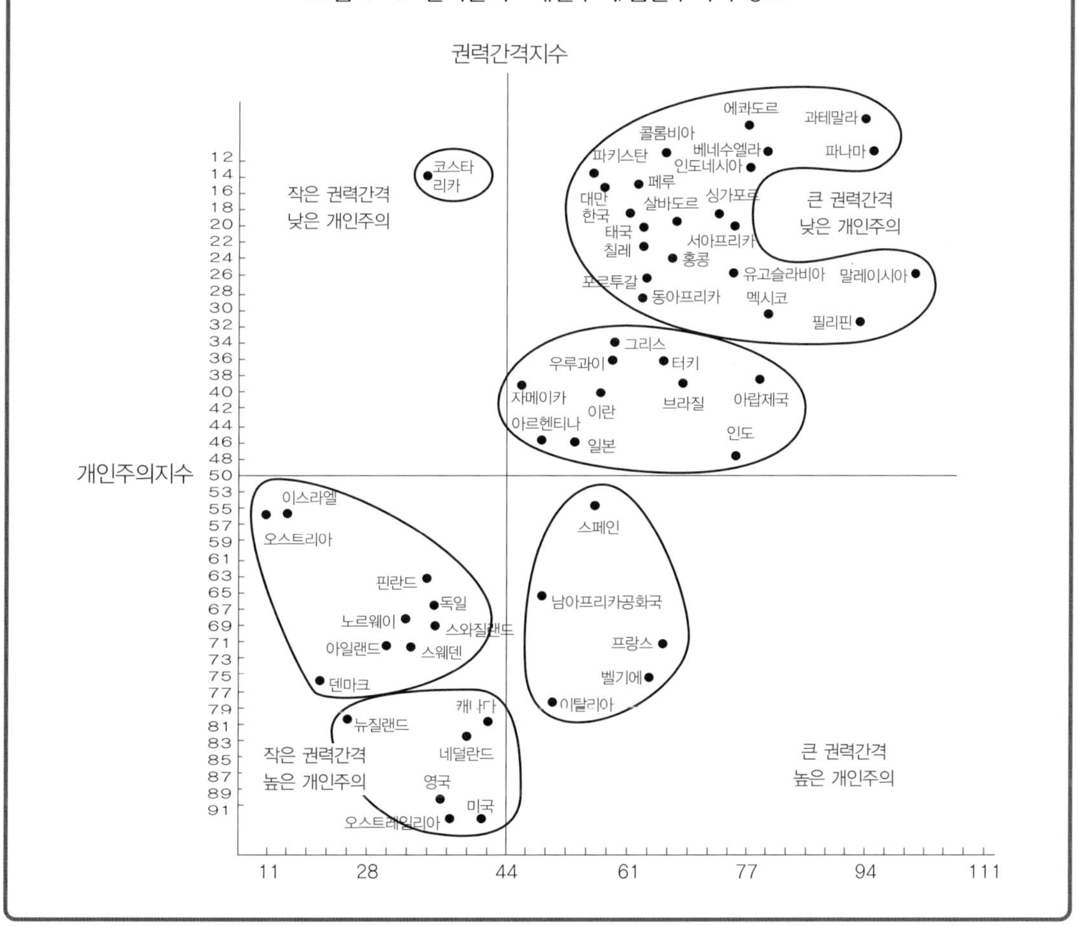

자료: G. Hofstede, "The Cultural Relativity of Organizational Practices and Theories," *Journal of International Business Studies*, Vol. 14, No. 2, Fall 1983, pp. 75~89.

2) 권력간격

권력간격이란 어떤 기관이나 조직 내에서 부와 권력이 불평등하게 배분되어 있거나 혹은 편중되어 있을 경우 이것을 어느 정도로 수용하는가를 나타내는 지표이다. 모든 사회는 불평등하지만 어떤 사회는 다른 사회보다 상대적으로 더 불평등한 경우가 있다. 가장 권위주의적인 국가로는 필리핀, 베네수엘라, 인도 등을 들 수 있으며, 이와 반대로 덴마크, 이스라엘, 오스트리아 등은 가장 평등한 국가로 나타나고 있다. 우리나라는 권위주의적이면서도 집단주의적인 국가로 분류되고 있다.

여기에서 권력간격과 집단주의를 결합해 보면, 〈그림 4-3〉에서 볼 수 있는 바와 같이 집단주의 특성이 강한 국가는 항상 큰 권력간격을 보여주지만, 개인주의 특성이 강한 국가

그림 4-4 권력간격×불확실성 회피의 구성도

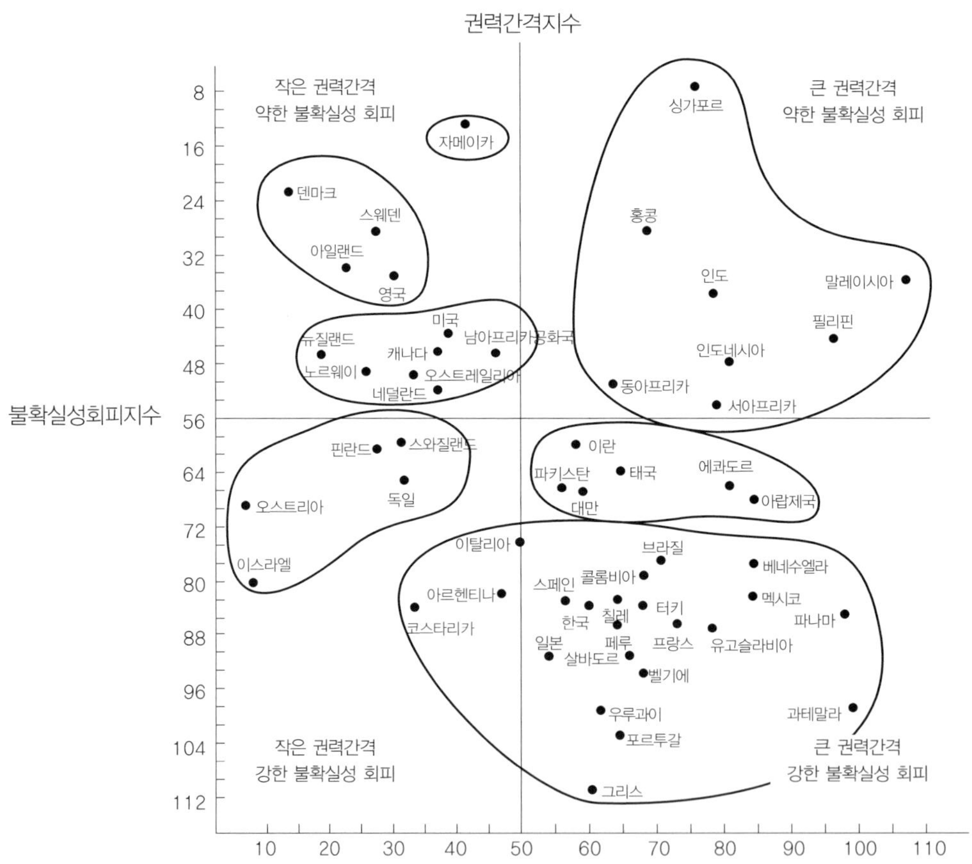

자료: *Ibid.*

그림 4-5 불확실성 회피×남성다움/여성다움의 구성도

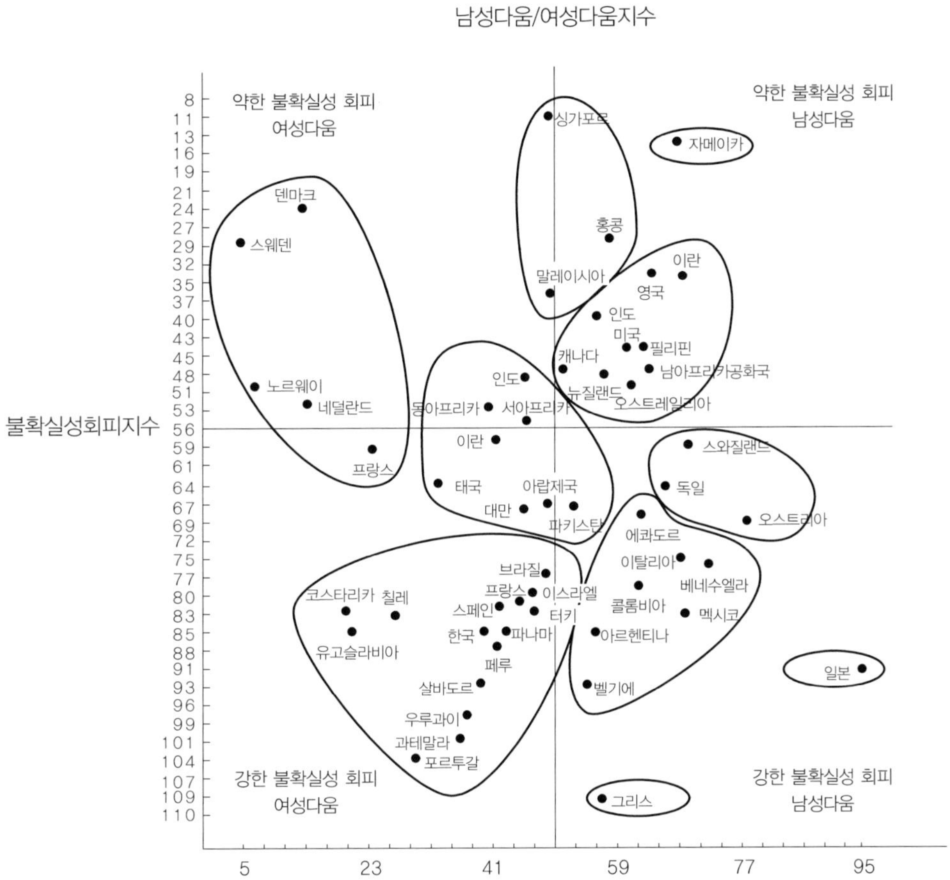

자료: *Ibid.*

는 꼭 작은 권력간격만을 보여주는 것은 아니라는 사실을 알 수 있다. 이는 개인주의적이면서도 동시에 권위주의적인 문화가 존재한다는 것을 의미한다.

3) 불확실성을 회피하고자 하는 의지

불확실성을 회피하고자 하는 의지가 약한 사회는 미래에 대해 별로 위협을 느끼지 않을 뿐 아니라, 다른 사람의 의견이 자신의 의견과 다르더라도 별로 신경을 쓰지 않는 사회를 의미한다. 이런 사회에서는 초조, 불안 등이 뚜렷하게 나타나고 각종 법률적·규범적 장치를 통해 위험을 줄이고 안정을 보장받고자 적극적으로 노력하는 현상이 나타나게 된다. 불확실성을 회피하고자 하는 의지가 높은 국가로는 〈그림 4-4〉에서 볼 수 있는 바와

표 4-11 주요국의 문화적 차원

네 가지 문화적 차원	문화적 차원의 수준 높음/강함 X ←-------- 중간 X --------→ 낮음/약함 X
개인주의	미국 … 일본 … 한국 … 과테말라
권력간격	말레이시아 … 한국 … 일본 … 미국 … 오스트리아
불확실성 회피	그리스 … 일본 … 한국 … 미국 … 싱가포르
남성다움	일본 … 미국 … 한국 … 스웨덴

자료: G. Hofstede, "National Cultures in Four Dimensions: A Research-Based Theory of Cultural Differences Among Nations," *International Studies of Management and Organization*, Vol. 13, No. 1/2, Spring-Summer 1983, p. 52의 지수를 참고로 작성.

같이 라틴국가(라틴유럽 및 라틴아메리카), 유고슬라비아, 그리스, 터키 등과 같은 지중해연안국가, 그리고 한국 및 일본 등을 들 수 있으며, 불확실성을 회피하고자 하는 의지가 낮은 국가로는 덴마크, 스웨덴, 영국, 아일랜드 등을 들 수 있다.

4) 남성다움 대 여성다움

남성다움 대 여성다움은 그 사회에서 지배적인 가치가 어느 정도로 남성다운가 또는 여성다운가를 나타내는 척도이다. 다시 말해서 남성과 여성의 역할을 명확히 구분하는 사회를 남성다운 사회로 그리고 양자 간의 역할을 별로 구분하지 않는 사회를 여성다운 사회로 구분하는 것이다. 가장 남성다운 국가는 〈그림 4-5〉에서 볼 수 있는 바와 같이 일본으로 나타나고 있고, 가장 여성다운 국가는 네 개의 노르딕국가와 네덜란드로 나타나고 있다. 우리나라는 여성다운 국가로 분류되고 있다.

여기서 우리나라의 경우를 권력간격과 개인주의-집단주의, 권력간격과 불확실성에 대한 회피성 그리고 남성다움-여성다움과 불확실성에 대한 회피성 등 서로 독립적인 두 개의 차원을 결합하여 살펴보면, 한국은 큰 권력간격과 낮은 개인주의, 큰 권력간격과 강한 불확실성 회피, 강한 불확실성 회피와 여성다움에 속하는 국가로 분류되고 있다. 그리고 우리나라의 문화적 차원을 몇몇 대표적인 국가들과 비교하여 살펴보면 〈표 4-11〉과 같다.

제4절 이질문화에 대한 적응

1. 이질문화의 관리

기업은 국제사업활동을 수행하는 경우 다음과 같은 다섯 가지의 문화적 속성을 이해하고 이에 적절하게 대응하고 관리하는 것이 필요하다. [5]

(1) 문화적 변동성(cultural variability)

문화적 변동성은 현지의 문화가 안정되어 있느냐 그렇지 않느냐 하는 문제이다. 현지의 문화가 안정되어 있지 못하고 불안정하게 변화하게 되면 그에 대한 예측이 불가능하게 되고, 그렇게 되면 이러한 변화에 신속하게 대응하는 것이 어렵게 되므로 현지에 대한 전문가를 두는 등의 방법을 통해서 이러한 변화에 신속하게 대응할 수 있는 방안을 강구하는 것이 필요하다.

(2) 문화적 복잡성(cultural complexity)

문화적 복잡성은 그 문화가 고배경문화인가 아니면 저배경문화인가 하는 문제이다. 고배경문화에서는 언어에 대한 의존도가 낮아 한마디의 말이 여러 가지 의미를 내포하며 의미가 분명하지 않다. 그러나 저배경문화에서는 한마디의 말은 그 자체의 의미만을 가지며 그 뜻도 분명하다. 따라서 고배경문화에서 국제경영활동을 수행하는 경우에는 문화의 복잡성에 따른 어려움을 겪지 않도록 이에 대한 대응방안을 강구하는 것이 필요하다.

(3) 문화적 적대감(cultural hostility)

문화적 적대감은 현지국이 외국기업에 대해 어느 정도의 적대감을 가지고 있느냐 하는 문제이다. 통상적으로 현지국들은 비록 정도의 차이는 있지만 외국기업에 대해 어느 정도의 적대감을 가지고 있는 것이 사실이다. 따라서 외국기업에 대해 높은 문화적 적대감을 가지고 있는 지역에서 국제경영활동을 수행하는 경우에는 보다 적극적으로 사회활동에 선량한 기업시민으로서 참여하여 현지사회에 동화되는 것이 중요하다.

(4) 문화적 이질성(cultural heterogeneity)

문화적 이질성은 자기 나라의 문화와 외국의 문화가 얼마나 다른가 하는 문제이다. 자기 나라의 문화와 외국의 문화가 크게 다르지 않다면 본국의 경영방식을 그대로 현지에 적용할 수 있다. 하지만 문화적 이질성이 현저하게 큰 경우에는 본국의 경영방식을 현지에 그대로 적용하는 것은 무리이다. 따라서 이런 경우에는 현지경영을 본사로부터 완전히 분리하여 분권화하는 방안을 강구하는 것이 효과적이다.

(5) 문화적 상호의존성(cultural interdependence)

문화적 상호의존성은 어떤 한 나라의 문화가 다른 나라의 문화에 어느 정도로 민감하게 반응하고 또 영향을 받는가 하는 문제이다. 각 나라들은 자원이나 원료의 공급, 장비, 새로운 기술, 작업공정 등의 면에서 다른 나라들과 상호의존관계를 가지고 있기 때문에, 문화적으로 영향을 받기도 하고 또 영향을 미치기도 한다. 이렇듯 본국과 현지국은 문화적으로 상호의존성을 가지고 있으므로 현지국에서 이루어지는 기업의 국제경영활동 전반에 걸쳐 이들 상호 간의 긴밀한 협력이 필요하다.

2. 이질문화 환경에 대한 적응

해외에서 국제사업활동을 수행하고자 하는 기업은 현지의 문화적 요소가 자기 기업의 국제사업활동에 미칠 수 있는 영향을 분석하고 이를 토대로 현지에 적응할 수 있는 방안을 마련하는 것이 무엇보다도 중요하다. 현지 문화의 측면에서 보았을 때 이전에 없던 새롭고 복잡한 국제사업형태일수록 현지 문화에 대한 철저한 사전 분석이 필요하게 된다. 여러 가지 문화적 요소들은 그 요소 하나하나가 국제사업활동에 영향을 미치기보다는 오히려 이들이 복합적으로 영향을 미친다고 할 수 있다.

리(J. A. Lee)는 이질문화에 대한 적응방안으로서 제품면에서의 적응, 개인적인 면에서의 적응, 제도적인 면에서의 적응이 중요하다고 주장하고 있다.[6]

(1) 제품정책의 적응

싱어사(Singer Machine Company)의 재봉틀 판매경험은 바로 이질적 문화환경에 대한 제품정책의 적응을 보여주는 좋은 예라고 할 수 있다. 싱어사는 회교국가에서는 부인의 지위가 한정되어 있고 외부인과 격리되어 있다는 점에 착안하여 재봉틀을 부인들에게 직접 판매하지 않고, 그들의 남편들에게 재봉틀을 이용하여 일을 하는 경우 얼마나 많은 일업을 얼마나 쉽게 할 수 있는가를 교육시킴으로써 판매에 성공하였다.

(2) 개인적인 적응

국제사업활동의 경우 해외에 파견된 관리자 자신뿐만 아니라 배우자나 그 가족도 현지에 잘 적응할 수 있어야 한다. 특히 현지에 파견된 관리자는 현지의 언어를 습득해야 하고 개인적으로 대인관계나 시간개념과 같은 현지인의 행동패턴에도 잘 적응할 수 있어야 한다.

(3) 제도적인 적응

현지 문화에 적응하기 위해서는 조직구조나 조직정책도 현지에 맞게 적응하는 것이 필요하다. 미국 글로벌기업들은 현지인을 채용함에 있어서 현지인들이 자신들의 출신 지역이나 당파에 관계없이 서로 협동적으로 일할 수 있을 것이라는 가정하에서 채용하고 있다. 그러나 예를 들어 레바논에서 국제사업활동을 전개하고자 하는 경우 팔레스타인의 회교도 난민과 본토의 기독교 레바논인을 동시에 고용한다면 과연 그들이 협동적으로 일을 할 수 있을 것인가를 생각해 보아야 한다.

3. 자기중심적 기준의 탈피

국제사업활동을 성공적으로 수행하기 위해서는 이질적인 문화에 잘 적응해야 한다는 점은 두말할 필요가 없다. 리(J. A. Lee)는 이질적 문화환경에 잘 적응하기 위해서는 자기중심적인 기준(Self Reference Criterion: SRC)을 탈피하는 것이 무엇보다도 중요하다고 주장한다.

여기에서 자기중심적 기준이란 국제경영관리자가 이질적 환경을 분석 · 평가하여, 어떤 의사결정을 내림에 있어서 무의식적으로 자기 자신이 속해 있는 문화적 기준에 따라서 판단하는 것을 의미한다. 이런 경우 그 판단에는 편의(bias)가 발생하게 되어 국제경영활동에 여러 가지 문제를 유발시키게 된다.

따라서 자기중심적인 기준의 영향을 최소화하기 위해서는 비교문화분석(cross-cultural analysis)을 거치는 것이 필요한데, 이 분석은 다음과 같은 몇 가지 단계를 거치게 된다.

제1단계: 문제나 목표를 자국의 문화적 특성, 관습, 규범에 따라 정의한다.

제2단계: 문제나 목표를 외국의 문화적 특성, 관습, 규범에 따라 정의한다.

제3단계: 자기중심적 기준이 당해 문제에 어떤 영향을 미치는가를 찾아내고, 이것이 문제를 어떻게 복잡하게 만드는가를 세심하게 검토한다.

제4단계: 자기중심적 기준의 영향을 제거한 상태에서 당해 문제를 다시 정의하고, 그 문제를 자기 기업이 목표로 하는 해외시장 여건에 맞게 해결한다.

여기에서 미국의 Disney가 프랑스 Disney를 세울 때, 자기중심적 기준을 탈피하기 위해 거쳤던 비교문화분석 과정을 살펴보기로 하자.[7]

제1단계: 미국의 Disney관리자들은 McDonald's, Coca Cola, Hollywood영화, 록음악 등이 전세계적으로 성공하였기 때문에 미국의 Disney도 다른 나라에 그대로 수출될 수 있을 것으로 판단했다. 더구나 Tokyo Disney를 미국 캘리포니아에 있는 Disney와 똑같이 만들었지만 아주 성공작이었기 때문에 그런 생각은 큰 무리가 아니었다. 그리고 Disney는 테마파크 내에서 술을 판매하거나 마시는 것을 금지했다.

제2단계: 유럽인들, 그 중에서도 특히 프랑스인들은 미국의 문화적 지배에 아주 민감하다는 것은 잘 알려져 있는 사실이다. 더구나 유럽에서는 점심을 먹을 때, 와인을 마시는 것이 아주 오래된 관습이었다. 또 유럽인들은 자기의 진짜 성(castle)을 가지고 있고, 인기 있는 디즈니 캐릭터들은 유럽의 동화에서 가져온 것들이다.

제3단계: 제1단계와 제2단계 분석을 비교해보면, 프랑스 Disney의 테마파크를 꼭 미국이나 일본 Disney의 테마파크와 같이 만들어야 할 필요가 없다는 것을 알 수 있다. 따라서 유럽 Disney가 성공하기 위해서는 설계를 변경해야 했다.

제4단계: 분석 결과, 프랑스 Disney의 테마파크를 프랑스와 유럽의 문화적 기준에 맞게 설계하는 것이 필요하게 되었다. 그래야만 프랑스인들이 테마파크에서 자신들의 정체성을 찾을 수 있게 될 것이기 때문이다.

4. 확산이론(diffusion theory)

(1) 채택과정

로저스(E. M. Rogers)는 글로벌기업의 시장침투 및 신제품 보급과 관련하여 문화의 변화를 다섯 단계로 구분하여 설명하고 있다.[8] 즉, 혁신이란 예전과 전혀 다르거나 또는 새로운 것을 창출해내는 것을 의미하는데, 혁신제품 또는 신제품이 나타나게 되면 사람들은 처음에 이것을 인식하고, 관심을 보이고, 제품의 수용 여부를 평가하고, 시험적으로 채택해 본 다음, 본격적으로 채택하여 실용화하는 다섯 가지의 단계를 거치게 된다고 주장하고 있다. 이들 각 단계별 특징을 살펴보면 다음과 같다.

① 제1단계: 인식(awareness)

소비자가 혁신제품에 대해 최초로 인식하거나 문제해결에 필요한 대안이 다른 문화권에 있음을 인식하는 단계로서, 광고와 같은 비인적 정보원이 중요한 역할을 하게 된다. 따라서 광고는 판매량을 증대시키기보다는 혁신적인 신제품을 새로운 시장에 소개함으로써 제품을 인식시키는 데 그 목적이 있다.

② 제2단계: 관심(interest)

소비자들은 혁신제품을 인식하게 되면 호기심에 끌려 새로운 제품에 대해 관심을 갖게 된다. 이 단계에 이르면 소비자들은 신제품에 대해 보다 많은 정보를 필요로 하며, 제품에 대한 조사단계에서 조정단계로 이행하게 되고 그에 따른 추가정보를 획득하기 위해 노력하게 된다.

③ 제3단계: 평가(evaluation)

혁신제품에 대한 사용여부, 그리고 혁신제품을 실생활에 사용할 경우 얻을 수 있는 예상이익 등을 평가하는 단계이다.

④ 제4단계: 시험적 채택(trial)

평가단계에서 제품을 채택하는 것이 유리할 것으로 판단되면 이를 시험적으로 사용하여 그 평가에 대한 정확성을 판단하는 단계로서, 여기에서는 가격이 가장 큰 영향을 미치게 된다.

⑤ 제5단계: 본격적인 채택(adoption)

제품을 본격적으로 구입하여 실생활에 이용하는 단계로서, 인적 정보원이 중요한 역할을 하게 되며 시장진입이 본격적으로 이루어지기 시작하여 문화가 점진적으로 변화하기 시작한다. 이때 신제품에 대한 채택여부는 첫째, 다른 제품에 대한 상대적인 우위, 둘째, 기존의 행동규범 내지는 가치기준과의 조화 여부, 셋째, 제품의 용도의 다양성, 넷째, 경쟁제품 또는 대용제품과의 가격차이, 다섯째, 제품과 관련된 의사소통 및 판매촉진의 효율성 등에 따라 결정된다.

그림 4-6 신제품 채택층의 범주

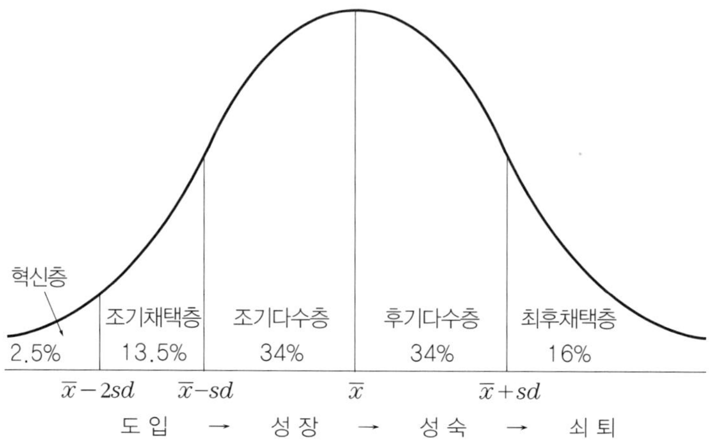

자료: E. M. Rogers, *Diffusion of Innovations*, 3rd ed. (New York, The Free Press, 1983), p. 247.

(2) 신제품 채택층의 범주

신제품을 수용하는 사회구성원 전체의 범주는 〈그림 4-6〉과 같이 구분할 수 있다.

먼저 최초로 신제품을 받아들이는 사람을 혁신층(innovators)이라고 하는데, 이들은 모험적이고 사회적 관계가 넓으며 부유한 계층으로서 전체의 약 2.5%를 차지한다.

혁신층에 이어서 신제품을 빨리 수용하는 사람을 조기채택층(early adopters)이라고 한다. 조기채택층은 전체의 13.5%를 차지하며 신제품 채택과정에서 마케팅 전략상 매우 중요하게 취급되어야 할 계층이다. 이들은 대개 사회적 영향력이 큰 젊은 계층 또는 사회적으로 높은 지위나 금전적인 부를 누리는 사람들이다. 이들은 대중매체에 대해 직접적이고도 즉각적인 반응을 보이기 때문에 신제품 보급을 위한 마케팅 활동의 주된 대상이 된다.

그 다음은 제품의 이용이 본격화되기 시작하는 단계로서 조기다수층(early majority)과 후기다수층(late majority)이 각각 34%를 차지하고, 최후채택층(laggards)이 16%를 차지하여 전체적으로 신제품 채택층의 범주가 정규분포를 이루게 된다.

이와 같이 신제품의 채택층이 정규분포를 이루는 것은 혁신품이나 신제품을 초기에 채택하는 혁신층이나 조기채택층이 아직 신제품을 채택하지 않은 사람들에게 제품을 구입하도록 영향을 미치는 상호작용효과(interaction effect)가 작용하기 때문이다. 따라서 1차적으로 혁신층이나 조기채택층을 대상으로 신제품 판매전략을 세우는 것이 효과적이라고 하겠다.

국제경영사례 4-2

외국인이 본 한국의 문화관습

1. 외국인의 눈에 비친 좋은 문화관습

• 따뜻한 한국사람

한국 사람들은 인정이 많고 환대 그리고 화합과 우정을 매우 소중하게 생각한다. 또 외환위기 같은 혹독한 시련기에도 열심히 일하기만 하면 상황이 나아질 것이라는 공감대를 형성, 한국인 특유의 '자제'와 '단결'을 보여주기도 하였다.

• 칠전팔기의 근성

한국인들은 분명한 목적을 갖고 최선을 다하며, 그 일을 성사시키기 위해 칠전팔기의 근성을 가지고 노력한다. 뉴욕의 법률사무소에서 일하던 한 스코틀랜드 변호사는 같은 사무실에서 일하다 알게 된 한국인 변호사의 인간적 매력과 칠전팔기 근성 때문에 한국에 오게 되었다고 한다.

• 위기 때마다 나타나는 저력

한국인들은 국가적 위기나 큰 이벤트가 있을 땐 언제나 놀라운 저력을 보여준다. '잘 살아보세'로 시작한 경제부흥운동, 1988년 올림픽 때의 시민의식, 그리고 1998년 외환위기 때 보여준 시민들의 자발적 금 모으기 운동 등은 한국인들의 저력과 잠재력을 느끼게 해주는 부분들이다.

• 활기찬 비즈니스

한국은 활기차고 적극적인 스타일로 빠르게 움직이는 나라이다. 그리고 비즈니스맨들은 새로운 아이디어와 기회를 기꺼이 받아들이는 자신감과 신념을 가지고 있다. 또 위험을 두려워하지 않고 위기를 전화위복의 기회로 받아들이며 능숙한 협상가임과 동시에 성실함도 겸비하고 있다.

• 독특한 친구 간의 우정

한국인들은 외국사람들과 달리 친구들 사이에 도움이 필요할 때는 아무 대가 없이 도와줄 뿐 결코 돈 따위를 매개체로 삼지 않는다. 외국인들은 한국인들이 친구 부탁에 대한 대가를 바라지 않는 대신 자신이 어려울 때 그 친구들도 적극 나서서 도와주겠지 하고 생각하게 된다는 것이다.

• 따뜻한 정

지하철에서 분실한 고가 노트북을 찾아준 한국 여성, 추운 겨울 따뜻한 커피숍으로 인도해 준 중년 남성, 중국교포의 고국생활을 보살펴 준 사장, 물건을 살 때 덤으로 하나 더 주는 아주머니의 후한 인심, 하찮은 음식이라도 함께 나눠먹는 미덕 등은 한국인의 따뜻한 정 문화의 표징이다.

2. 외국인의 눈에 비친 나쁜 문화관습

• 문제 많은 술 문화

한국인들은 술자리를 단순히 술만 마시는 자리가 아니라 사회생활의 중요한 일부분으로 생각한다. 그리고 술을 마시며 정치, 경제, 사회, 문화 및 회사에 관한 다양한 대화를 주고받으며 유대감을 다진다. 하지만 외국인들은 한국 사람들의 과음과 몇 차에 걸친 술 문화를 이해하지 못한다.

• 무분별한 운전습관

한국 사람들은 대부분 지나치게 공격적인 운전습관을 갖고 있다. 운전 중 갑자기 끼어들기, 신호 등 무시하고 달리기, 좌회전 차선으로 들어와서 직진하기 등 잘못된 운전습관을 가지고 있다. 특히 양보운전을 하지 않는 것, 횡단보도의 정지선을 지키지 않는 것 등은 매우 심각한 문제이다.

• 지키지 않는 약속시간

한국 사람들은 약속을 잘 지키지 않는다. 예를 들어, 외국인들의 경우 소풍 갈 경우 약속시간은 '만나서 떠나는 시간'으로 생각하지만 한국인들은 '약속시간'을 '모이는 시간' 정도로 여기는 것 같다. 그래서 제시간에 온 사람이 이상하고 20~30분 늦게 나와도 아무런 문제가 없다.

• 무질서한 공공문화

한국 사람들은 참을성 있게 줄서는 일에는 별로 관심이 없으며, 아무 생각 없이 끼어드는 것이 꽤 보편화돼 있다. 한 외국인은 최근 한 음악회에서 자신이 구매하지도 않은 고급좌석에 앉아 제값에 좌석을 구매한 사람이 제발 나타나지 않기를 바라는 한국 사람을 본 적이 있다고 한다.

• 서두르는 한국문화

한국인들은 뭐든지 빨리빨리 하려는 이른바 '빨리빨리 신드롬'에 빠져 있다. 좋게 봐서는 부지런함의 상징이기도 하지만 때론 성급함 때문에 타인에 대한 예의를 저버리게 된다. 쇼핑 때는 서로 먼저 집어갈 것처럼 서두르고, 점원들은 고객 주위에서 서성거려 심기를 불편하게 한다.

• 너무 따지는 학연 · 지연

어느 나라에서나 고객관리는 사업의 성패를 가늠하는 중요한 요소다. 또 어느 나라에서나 동창 및 동향이 사업상 도움이 되기도 한다. 하지만 한국인들은 지연과 학연을 너무 따져 지나치며 특정 지역이나 특정 학교 출신 관계를 일반 사업거래 전반에 그대로 적용시킨다.

• 몸에 밴 권위주의

한국 사람들은 앞과 뒤, 위와 아래, 귀(貴)와 천(賤)을 철저히 따지면서 자신이 남들보다 우위에 있다 싶으면 그것을 과시하려고 한다. 한국인들의 이러한 의식구조는 사회의 유연성을 떨어뜨리고, 유연성의 결여는 곧 다양성을 부인하는 결과를 가져와 사회발전에 악영향을 끼치게 된다.

3. 외국인들에게 물어보니…

외국인들은 한국 사람들은 친절하지만 매너가 없고 에티켓이 부족하다고 지적한다. 또 거리가 지저분하고 길거리에 침을 뱉고 쓰레기를 함부로 버리는 것에 관대한 것 같다고 한다. 또 타인을 배려하지 않는 한국 운전자들의 매너와 빈번한 법규위반이 국가이미지를 실추시키고 있다고 지적한다. 한국인들의 혼수문제 등에 따른 겉치레 의식도 지적의 대상이다.

또 한국인들은 다른 문화나 종교에 대한 배려가 부족하고, 한국인들의 조급한 행동은 상대 외국인에게 실례를 범하게 된다고 지적한다. 또 같은 외국인이라도 백인은 우대하고 제3세계 출신 외국인들에 대해서는 차별적으로 대한다는 것이다.

자료: 동아일보, 연재기사 "한국에서 살다보니" 1997-2001.

CHAPTER 05

정치적 **환경**

International Business

국제경영사례 5－1

정치적 위험과 글로벌기업 McDonald's

미국이 아프가니스탄에 공습을 시작한 몇 시간 뒤 곧바로 반발이 시작되었다. 파키스탄에서는 성난 군중이 이슬라마바드와 카라치에 있는 McDonald's 상점을 파괴했고, 인도네시아에서는 시위대가 휴양지 우중판당에 있는 McDonald's 상점 앞에서 성조기를 불태운 다음 상점을 습격했다.

McDonald's와 같은 글로벌기업들은 이미 오래전부터 온 세계 사람들의 입맛을 획일화시킨다는 비난의 대상이 되어왔다. 그런데 '미국의 문화 제국주의'를 비난하는 사람들이 심지어 유럽에서조차 증가하고, 거기에 9. 11 테러사건 이후 일어났던 여러 가지 일들이 겹치면서 '문화와 입맛'이라는 주제에 그보다 훨씬 더 폭발력이 강한 '정치와 종교'라는 주제가 끼어들게 되었다. 그리고 글로벌기업의 고위 경영층은 수많은 기업들이 성장전략으로 채택하고 있는 세계화가 앞으로도 과연 계속해서 효과를 발휘할 수 있을지에 대해 의문을 품기 시작했다.

이 문제에 가장 날카롭게 직면하고 있는 기업이 바로 McDonald's이다. McDonald's는 지난 해 총 매출의 절반 이상을 미국이 아닌 다른 나라에서 올렸다. McDonald's는 미국 내에 이미 수많은 점포를 갖고 있기 때문에 빠른 성장을 위해서 해외에 점포를 늘려야 한다는 결정을 내린지 오래다.

사실 아프가니스탄 공습이 있기 전에도 McDonald's는 달러의 강세와 남미의 경제성장 둔화, 유럽과 일본의 광우병 공포 등으로 인해 크게 곤란을 겪고 있었다. 일부 브랜드 전문가들은 어쩌면 코카콜라도 McDonald's와 마찬가지로 성장 둔화를 겪게 될지 모른다고 말한다.

이 때문인지 최근 Coca Cola는 물과 차 등 탄산음료가 아닌 음료수 판매 쪽으로 옮겨가고 있고, McDonald's도 피자를 기웃거리고 있다. 또한 이 두 회사는 무감각한 미국의 거인이 아니라 현지 경영체제를 갖춘 세계적 기업으로서 자신들의 이미지를 바꾸려고 노력하고 있다. McDonald's의 대변인은 McDonald's가 미국 기업이 아니라 전세계에서 현지인 소유주에 의해 경영되는 세계적 기업이라는 전통적인 주장을 되풀이했다.

그러나 문제는 전세계 사람들이 이런 주장을 받아주지 않는다는 데 있다. 미국 메릴랜드대 정치학과 벤저민 버버 교수는 미국의 거대 기업들이 자신의 브랜드를 받아들이는 외국 사람들의 감정과 문화적 충격에 전혀 무관심했던 것이 오늘과 같은 저항을 불러일으켰다고 지적한다.

그러나 McDonald's의 간부들은 이런 주장에 강력히 반발한다. 사우디아라비아의 McDonald's 식당에서는 독신 남성들이 반드시 여자나 아이들과 떨어진 자리에서 식사를 하도록 하고 있고, 인도에서는 빅맥 대신 고기가 들어가지 않은 마하라자맥을 판매하고 있을 정도로 지역문화에 신경을 쓰고 있다는 것이다.

일부 학자들은 McDonald's의 덩치가 너무 크기 때문에 질투, 시기심, 분노, 반미감정 등의 타깃이 될 수밖에 없다는 것이다. 하버드대 인류학과의 제임스 워트슨 박사는 "중산층은 McDonald's를 좋아하지만 지식인들과 문화 수호자들은 미국이 해병대나 특수부대 대신 McDonald's를 이용해서 자신들을 지배하고 있다고 생각한다"고 말하고 있다.

사실, McDonald's는 1999년 쇠고기 분쟁 때에도 곤욕을 치렀다. "Born in USA, made in France"는 프랑스 McDonald's사가 이때 대대적으로 벌였던 기업이미지 광고 슬로건이다. 프랑스 McDonald's는 전국 750개 매장에서 하루 평균 1백만 명의 프랑스 고객을 맞고 있다. 파리 최고 번화가 샹젤리제가에서부터 시골구석 마을까지 진출한 McDonald's는 이젠 프랑스 풍경화의 하나로 자리 잡았다. 특히 청소년들 사이에선 McDonald's가 세련되고 현대적인 것을 상징해 대단한 인기를 얻고 있다. 심지어 일부 학부모들은 말 잘 듣고 공부 잘하면 주말에 McDonald's에 데리고 가겠다는 약속을 하기도 한다. 도심 서민들에겐 큰 돈 안 드는 가족 외출 식당이기도 한 셈이다.

하지만 반미 감정이 고조될 때마다 McDonald's는 미 제국주의의 앞잡이로 손가락질당하기 일쑤다. 지난 여름 미국과 유럽연합(EU) 간의 호르몬 처리 쇠고기 무역분쟁을 둘러싸고 미국이 유럽산 농산물 수입 규제조치를 실시하자 프랑스 농부 연합은 연일 McDonald's 매장에서 폭력시위를 벌였다. 음식의 진미와는 거리가 먼 햄버거는 야만인이나 먹는 것이라며 오랑캐의 저질 먹거리가 자국 고급 음식을 짓밟게 할 수 없다고 목청을 높였다. 농부들의 연일 시위에도 불구하고 지난 여름 McDonald's 매상은 줄지 않았고, 오히려 신규매장이 늘고 있는 추세다. 그러나 브랜드 이미지엔 상당한 타격을 받았다.

최근 WTO 뉴라운드 각료회의를 즈음해 프랑스 농부들의 반 McDonald's 시위가 다시 고개를 들자 프랑스 McDonald's는 그동안의 침묵을 깨고 기업 이미지 광고를 통해 역공격을 하고 나섰다. 더 이상 희생양으로 피해만 감수할 수는 없다는 주장이다.

프랑스 땅에 있는 McDonald's는 엄연한 프랑스 기업이란 게 이번 광고가 전달코자 하는 주 메시지다. 프랑스 McDonald's는 상표만 미국 것이지 음식 재료는 프랑스에서 경작된 신토불이 프랑스 농산물이라는 것이다.

따라서 McDonald's에 대한 무차별적 공격은 McDonald's에 쇠고기와 채소를 조달하는 프랑스 농가에 도리어 해가 될 것이란 내용을 은근히 담고 있다. 또 전국적으로 3만여 명을 고용하고 있는 McDonald's가 실업문제 해소에도 기여하는 바가 크다는 점을 부각시키고 있다. TV 광고에는 프랑스 McDonald's는 식품재료를 햄버거의 원조국인 미국에서 수입하지 않고 자국 농산물을 쓰는 게 문제라고 불평하는 미국 농부의 모습도 보인다.

프랑스 McDonald's의 고육책이 이미지 개선에 얼마나 효과를 거둘지 관심거리다.

자료: 한국경제신문(1999. 12. 13); 동아일보(2001. 10. 23); 한겨레신문(2001. 10. 23); Hill, C. W., C.-H. Wee, and K. Udayasankar, *International Business: An Asian Perspective* (Boston, Ill., McGraw Hill, 2012), p. 27 종합 작성.

제1절 정치적 위험의 정의

1. 정치적 위험의 정의

정치적 위험(political risk)이란 국제경영활동을 수행하고 있는 기업의 자산이나 수익에 손실을 끼칠 수 있는 정치적 사건이 발생할 가능성이라고 정의할 수 있다.[1] 일례로 어떤 두 나라 간에 예기치 못한 전쟁이 발발하여 양국에서 국제경영활동을 수행하고 있는 외국기업들이 손실을 입게 되는 경우 그것을 곧 정치적 위험이라고 할 수 있다.

따라서 정치적 위험이란 단순히 어떤 정치적 변화를 의미하는 것이 아니라, 어떤 정치적 변화가 글로벌기업의 범세계적인 경영활동이나 투자자산 또는 수익성 등에 실질적인 영향을 미치게 되었을 때 비로소 그것을 정치적 위험이라고 할 수 있다.[2]

결국 어떤 사건이 정치적 위험으로 간주되기 위해서는 첫째, 예측하기 어려운 정치적 변화가 있어야 하고, 둘째, 그러한 정치적 변화가 글로벌기업의 경영활동에 실질적인 영향을 미쳐야 한다는 점이 전제되어야 한다.

정치적 위험은 두 가지 측면에서 범세계적으로 사업활동을 전개하는 글로벌기업에게 부정적인 영향을 미친다. 그 하나는 투자대상국의 정치적 위험을 너무 과소평가하여 무리하게 해외사업을 착수한 나머지 결과적으로 실패하게 되는 경우이고, 다른 하나는 투자대상국의 정치적 위험을 너무 과대평가한 나머지 충분히 착수해도 좋을 해외사업을 포기함으로써 사업기회를 놓치는 경우이다.

따라서 국제사업을 성공적으로 수행하기 위해서는 투자대상국에 진출하기에 앞서, 먼저 투자대상국의 정치적 환경을 면밀하게 분석 · 평가하여 정치적 위험을 회피하거나 최소화할 수 있는 방안을 강구하는 것이 무엇보다도 중요하다.

2. 정치적 위험의 구분

정치적 위험은 크게 거시적 위험(macro risk)과 미시적 위험(micro risk)으로 구분할 수 있다.[3] 거시적 위험이란 특정 정치적 위험이 현지에 진출해 있는 모든 외국인투자기업에게 일률적으로 영향을 미치는 경우를 말하고, 미시적 위험은 정치적 위험이 어떤 특정 산업이나 기업, 또는 특정 프로젝트에 한정해서 영향을 미치는 경우를 말한다.

거시적 위험의 예로는 1958~1959년 쿠바(Cuba)의 카스트로(F. Castro)가 모든 사유재산을 국유화했던 경우, 그리고 최근 러시아가 외국통화에 대해 강력한 통제정책을 행사하고 있는 경우 등이 그것이다. 이러한 정치적 위험은 이들 국가 내의 모든 외국인투자기업에게 동일하게 영향을 미친다. 다음으로 미시적 위험은 현지국 정부가 어떤 정치적인 이유로 인해서 특정 산업이나 기업 또는 특정 프로젝트에 한정해서 어떤 제한조치를 취하는 경우를 말한다. 예를 들면, 미국 클린턴 행정부가 일본 고급승용차에 대해 국내 수출허가제도를 시행했던 경우, 그리고 2006년 베네수엘라가 광물자원 국유화법을 시행했던 경우 등을 들 수 있다. 오늘날 글로벌기업들이 해외에서 직면하고 있는 대부분의 정치적 위험은 미시적 위험에 속한다고 할 수 있다.

한편, 여기에서 우리는 정치적 위험(political risk)과 정치적 불확실성(political instability)을 명확히 구분할 필요가 있다. 즉, 어떤 정치적 변화나 정치적 불안정성 그 자체를 정치적 위험이라고 할 수는 없고, 이러한 정치적 변화나 정치적 불안정성이 기업의 국제경영활동에 부정적인 영향을 미치게 될 때 비로소 그것을 정치적 위험이라고 하게 된다.

다음으로 정치적 위험과 경제적 위험에 대해서도 명확한 구분이 필요하다. 동맹파업의 경우를 예로 든다면 만약 그 동맹파업이 근무조건에 대한 불만 때문에 발생한 것이라면 그것은 정치적 위험이라기보다는 경제적 위험이라고 할 수 있고, 1978년 니카라과(Nicaragua)에서 발생했던 것과 같이 동맹파업이 특정 정권에 대항하기 위해 이루어진 것이라면 그것은 정치적 위험이라고 할 수 있다.

제 2 절 정치적 위험의 유형

정치적 위험은 필요에 따라 여러 가지 형태로 유형화할 수 있다. 먼저 정치적 위험을 가시도(degree of visibility)와 과격성의 정도(degree of violence)를 가지고 유형화하면 〈그림 5-1〉과 같다.

그림 5-1 정치적 위험의 유형

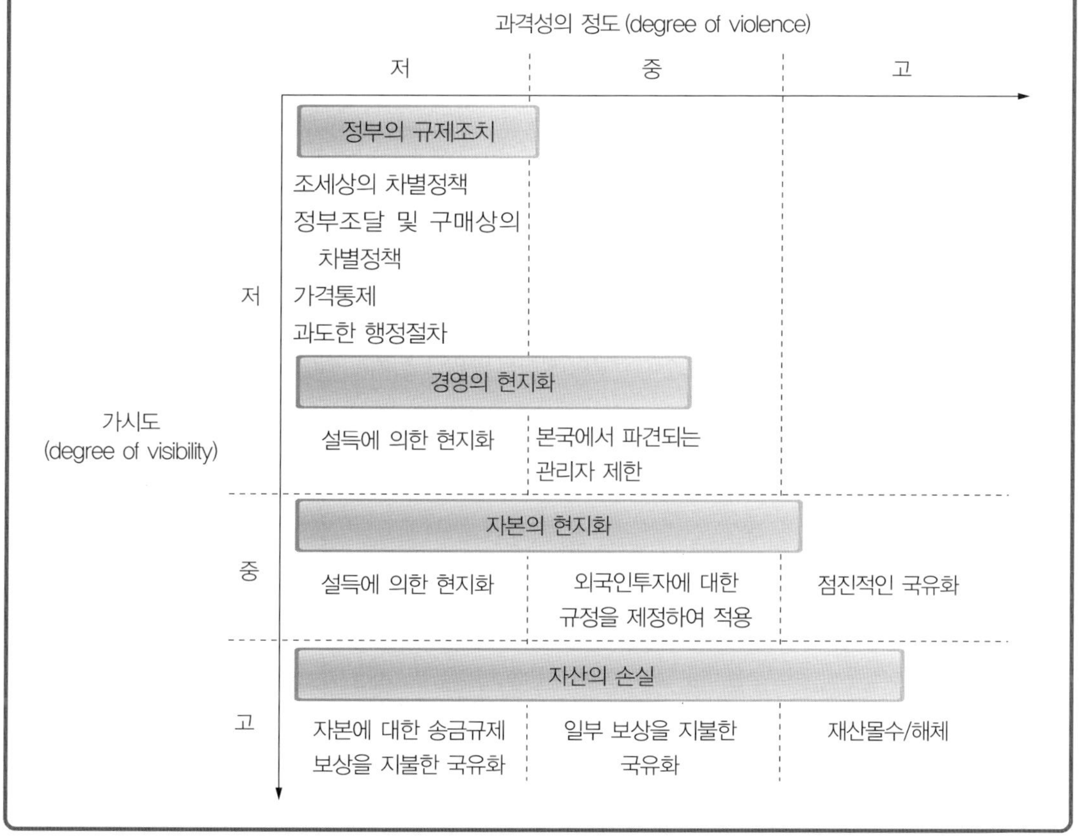

자료: J. C. Leontiades, *Multinational Corporate Strategy: Planning for World Markets* (Lexington, Mass., D. C. Heath & Co., 1987), p. 155 재인용.

이 그림에서 정치적 위험은 정부의 규제조치, 경영의 현지화, 자본의 현지화, 자산의 손실 등으로 나누어 볼 수 있으며, 가시도와 과격성의 정도가 높은 정치적 위험인 국유화(nationalization)나 재산몰수(confiscation)가 가장 위험한 정치적 위험이 된다.

정부의 규제조치(government restrictions)는 조세상의 차별정책이나 정부조달 및 구매상의 차별정책, 가격통제, 그리고 과도한 행정절차 등과 같은 형태로 나타나는데, 이러한 정치적 위험은 비록 그 정도가 가장 낮기는 하지만 기업경영에 적지 않은 영향을 미치게 된다.

경영의 현지화(indigenization of management)는 해외 현지에서의 기업경영에 현지인들을 보다 더 많이 참여시킬 수 있도록 현지인 비율을 높여달라는 압력을 뜻하는데, 여기에 있어서는 설득을 통한 현지화와 본국파견관리자의 제한을 통한 현지화가 있다.

자본의 현지화(indigenization of capital)는 글로벌기업의 소유지분을 현지의 투자자들에게 양보하도록 압력을 가하는 조치로서, 여기에는 그 정도에 따라서 설득을 통한 현지화, 외국인투자규정의 적용을 통한 현지화, 그리고 점진적인 국유화가 있다.

자산의 손실(loss of assets)은 기업의 자산이 정치적 위험으로 인해 피해를 입는 것을 말하는데, 여기에는 현지 정부의 자금 송금제한, 국유화, 재산몰수 및 해체 등이 있다.

다른 한편으로, 정치적 위험을 〈표 5-1〉에서와 같이 이전위험, 운영위험, 소유권 및 통제위험, 일반적인 불안정 위험으로 구별할 수도 있다.[4] 이는 피투자국 정부의 행위나 피투자국의 정치적 불안정성이 외국인투자기업의 이익에 어느 정도의 영향을 미치는가를 가지고 구분한 것이다.

먼저, 이전위험(transfer risk)이란 과실송금의 제한 등과 같이 자금유출을 제한하는 피투

표 5-1 현지정부의 정치적 행위와 정치적 위험

정치적 위험의 정도	현지정부의 정치적 행위	정치적 위험
높음	혁명, 체제전복, 정국동요, 외부침입	일반적인 불안정 위험
↑	국유화, 간섭, 징발, 강제매각, 강제적인 계약 재협상, 계약파기	소유권/통제 위험
↓	수입규제, 현지부품사용 요구, 조세, 가격통제, 외국인 채용제한, 노동법규/태업, 수출의무 부과, 외국기업에 대한 차별정책	운영위험
낮음	과실(배당, 로열티, 수수료)이나 자금의 송금제한, 환율의 안정성	이전위험

자료: F. R. Root, *Entry Strategies for International Markets*, Revised and Expanded ed. (Lexington, Mass., Lexington Books, 1994), p. 155.

자국의 규제에 따른 불확실성을 뜻한다. 그리고 운영위험(operation risk)은 피투자국이 투자기업의 생산, 마케팅, 재무 등의 경영활동을 제약하는 정책을 시행함으로써 발생하는 위험을 말한다. 이어서 소유권/통제위험(ownership/control risk)은 피투자국이 해외자회사에 대한 소유권과 통제권을 박탈 또는 제한하는 조치로 인해서 발생하는 불확실성에 따른 위험을 말한다. 끝으로 일반적인 불안정 위험(general instability risk)은 피투자국 정치체제의 연속성에 대한 불확실성에 따른 위험을 뜻한다.

제 3 절 정치적 위험의 원천과 영향

1. 정치적 위험의 원천

정치적 위험의 원천과 그것이 국제경영활동에 미치는 영향을 요약하여 정리하면 〈표 5-2〉와 같다. 이 표에서 우리는 정치적 위험의 원천이 매우 다양할 뿐 아니라 국제사업활동에 미치는 영향 또한 대단히 다양하고 광범위하다는 사실을 알 수 있다.

여기에서 정치적 위험의 원천을 살펴보면 다음과 같다.

첫째, 자본주의 국가가 사회주의 국가로 전환되는 경우와 같이 정치적 이념이 바뀜에 따라 발생하게 되는 정치적 위험을 들 수 있다. 1960년 카스트로(F. Castro)가 대통령으로 당선된 후 쿠바(Cuba)의 모든 사유재산을 국유화함으로써 쿠바에 진출해 있던 모든 외국인기업들이 심각한 정치적 위험에 직면했던 경우가 바로 여기에 해당된다.

둘째, 사회적 불안과 무질서도 정치적 위험의 원천이 된다. 1980년 중앙아메리카(Central America)에서 발생했던 사회적 불안이나 무질서, 그리고 1991년 자이르(Zaire)에서 발생한 사회적 무질서, 1996년 인도네시아(Indonesia)의 수카르노(Sukarno)정권이 야당을 탄압함으로써 발생했던 사회적 무질서, 2006년 태국의 쿠데타 등도 모두 정치적 위험의 원천이 된다.

셋째, 현지기업과 외국인기업 간의 이해관계도 정치적 위험의 원천이 될 수 있다. 예를 들어 외국인투자 때문에 현지기업들이 불이익을 받게 되거나 또는 현지에 진출한 외국인기업들 간에 이해관계가 충돌하는 경우 등이 곧바로 정치적 위험과 직결된다.

표 5-2 정치적 위험의 원천과 영향

정치적 위험의 원천	정치적 위험이 발생되는 집단	정치적 위험이 국제경영 활동에 미치는 영향
상반된 정치적 이념 (민족주의, 사회주의, 공산주의)	집권정부 및 산하 기관	재산몰수: 보상이 없는 자산손실
사회적인 불안과 무질서	의회 내의 세력집단	재산수용: 보상은 있으나 영업활동이 금지됨
현지 기업집단의 기득권	의회 이외의 반대집단 (국내외의 폭력혁명가 또는 테러주의자의 활동)	운용상의 규제: 시장점유율, 제품특성, 고용정책, 현재의 소유권 등
정치적 독립	비조직적 일반대중 이익집단: 학생, 노동자, 농민, 소수집단	이전의 자유 상실: 금융(배당금, 이자지불 등), 제품, 인력 또는 소유권 등
전쟁, 내란, 테러행위	외국정부 또는 EU와 같은 정부 간의 기관	계약의 파기나 일방적 변경, 세금, 강제하청 등의 차별정책
새로운 외교관계 또는 내란을 지원하려는 외국정부	전쟁에 개입하거나 또는 내란을 지원하려는 외국정부	폭동, 모반, 혁명, 전쟁, 테러행위 등에 의한 재산 및 인명상의 피해

자료: S. H. Robock and K. Simmonds, *International Business and Multinational Enterprise*, 4th ed. (Homewood, Ill., Richard D. Irwin, 1989), p. 383.

넷째, 전쟁, 내란, 테러행위 등도 정치적 위험의 원천이 된다. 이스라엘과 아랍국가 간의 오랜 전쟁, 그리고 1990년대 중반에 있었던 체첸공화국(Chechen Republic)의 독립 요구나 보스니아(Bosnia)의 내전 등도 심각한 정치적 위험이 된다.

다섯째, 새로운 외교관계의 수립도 정치적 위험의 원천이 된다. 이러한 예로서 인도네시아의 수카르노정권이 공산권 국가와 수립했던 새로운 외교관계 등을 들 수 있다.

이외에 엘살바도르(El Salvador)와 니카라과(Nicaragua)에서 볼 수 있었던 토지개혁조치 등도 현지에서 국제사업활동을 수행하고 있던 외국기업들에게 심각한 정치적 위험으로 작용하였다.

여기에서 잠시 지난 1998-2005년간 개발도상국에서 발생했던 227건의 정치적 위험을 현지국 정부의 간섭, 전쟁, 비정부단체의 간섭으로 구분하여 살펴보면, 전체 건수 면에서는 나이지리아(35건), 이라크(30건), 인도네시아(23건), 중국(15건), 인도(15건), 베네수엘라(14건), 러시아(13건), 아르헨티나(12건) 등의 순서를 보이고 있다.[5]

한편 이것을 전쟁위험 측면에서 보면, 나이지리아(30건), 이라크(20건), 콜롬비아(12건), 인도네시아(10건) 등의 순서를 보이고 있고, 현지국 정부의 간섭 위험으로는 중국(13건), 베네수엘라(12건), 인도(11건), 인도네시아(10건), 러시아(10건) 등의 순서를 보이고 있다.

2. 정치적 위험의 영향

정치적 위험은 여러 가지 측면에서 기업의 국제경영활동에 중대한 영향을 미치게 되는데, 그 대표적인 영향을 보면 〈표 5-2〉와 같다.

첫째, 재산몰수(confiscation)이다. 재산몰수는 피투자국이 자국에 소재하고 있는 외국인투자기업의 사유재산을 아무런 보상 없이 수용하는 경우를 말한다.

둘째, 재산수용(expropriation)이다. 재산수용은 재산몰수보다 훨씬 더 넓은 의미로 보상의 유무에 관계없이 특정 외국인투자기업의 소유권을 피투자국이 강제로 징수하여 처분하는 행위를 뜻한다.

셋째, 운용상의 규제(operation risk)이다. 운용상의 규제는 피투자국이 외국인투자기업의 시장점유율, 소유권 비율, 제품의 특성, 고용정책 등에 대해 일정한 규칙을 정해 놓고 이를 준수하도록 요구하는 경우이다.

넷째, 이전의 자유에 대한 제한(transfer risk)이다. 이는 현지정부가 글로벌기업이 현지사업의 결과로 얻은 이익이나 배당 등의 본국 송금을 제한하는 경우를 말한다.

다섯째, 계약의 일방적인 파기나 변경이다. 계약의 일방적인 파기나 변경은 피투자국 정부가 자국의 특정 목적을 달성하기 위하여 기업들 간에 체결된 원래의 계약을 파기하거나 그 내용을 변경하는 경우를 말한다.

여섯째, 현지국의 차별정책이다. 피투자국들이 자국의 특정 목적이나 필요에 따라서 차별적인 조세정책이나 하청정책 등을 취하는 경우를 말한다.

일곱째, 재산 및 인명상의 피해이다. 피투자국 내에서의 전쟁, 폭동, 내란 등과 같은 극단적인 정치적 위험으로 인해 외국인투자기업의 재산이나 인명이 피해를 입는 경우이다.

그러면, 실제로 글로벌기업들은 해외투자를 결정할 때 어떠한 정치적 위험을 가장 심각하게 고려할까? 글로벌기업은 가장 심각하게 고려하는 정치적 위험으로 현지국 정부의 규제(72%), 현지국 정부의 금융위험(67%), 현지국 통화위험(63%), 정치적 · 사회적 혼란(62%), 법률적 규정 미비(34%), 주 공급업자, 고객, 파트너의 파산(33%), 기업지배 문제(25%), 직원 및 자산의 안정성(22%), 테러공격(21%)인 것으로 나타나고 있다.[6]

3. 국유화 및 재산수용

(1) 국유화 및 재산수용의 추이

국유화(nationalization)란 어떤 국가가 자국 내에 소재하고 있는 외국인투자기업의 재산과 재산권을 자국의 소유와 관리하에 두는 강제적인 조치를 뜻한다. 국유화는 정치적 위험 중 가장 극단적인 위험이라고 할 수 있으며, 여기에는 재산몰수, 재산수용, 강제매각 등이 모두 포함된다.

국유화의 최근 예로는 2006년 볼리비아의 에보 모랄레스 대통령이 가스 · 석유산업을 국유화했던 예, 2009년 아르헨티나 정부가 자국의 항공회사 Aerolíeas Argentinas를 재국유화한 예, 2010년 아일랜드 정부가 Anglo Irish Bank를 국유화한 예, 그리고 2011년 그리스 정부가 자국의 Proton Bank를 국유화한 예 등을 들 수 있다.

다음으로 재산수용(confiscation)의 예로는, 1968년 페루가 미국계 기업인 인터내셔널 피트롤리엄사(International Petroleum Company)를 수용했던 예, 그리고 1971년 칠레가 미국의 동(copper) 광산을 수용했던 예 등을 들 수 있다. 또 2007년 베네수엘라의 차베스대통령이 프랑스 석유회사 Total의 주요 유전을 수용했던 예, 그리고 2011년 영국기업의 토지 71만 7천 에이커를 수용했던 예 등을 들 수 있다.

이상에서 살펴본 국유화와 재산수용은 국제적으로 사업활동을 수행하는 글로벌기업에게 결정적으로 부정적인 영향을 미치는 정치적 위험이라고 할 수 있는데, 그동안의 발생 추이를 보면 〈그림 5-2〉와 같다.

이 그림에서 볼 수 있는 바와 같이 재산수용은 1960년대부터 꾸준히 증가하기 시작하여, 천연자원이 무기화되고 기업 간의 경쟁이 격화되기 시작한 1970년대에 가장 높은 발생빈도를 보였고, 1980년대에 들어서면서부터는 발생건수가 현저히 줄어들어 한 해에 한 건 정도의 낮은 발생률을 보이고 있다. 이러한 추이는 세계적인 정치적 환경의 안정화에 힘입어 1990년대 이후에도 지속적인 안정세를 보이고 있다.

(2) 국유화와 재산수용의 성향

국유화와 재산수용은 현지에서 사업활동을 수행하는 글로벌기업에게 가장 극단적인 영향을 미치는 정치적 위험이라고 할 수 있는데, 그동안의 국유화와 재산수용의 사례를 분석하여 그 일반적인 경향을 보면 다음과 같다.[7]

첫째, 재산수용은 연대적으로 제2차 세계대전 이후, 후진국의 교역조건이 크게 악화되

그림 5-2 재산수용의 추이

자료: *The Economist* (Mar. 27, 1993), p. 19.

고 자원민족주의가 고조되던 시기에 주로 많이 이루어졌다.

둘째, 지역별로는 주로 라틴아메리카 국가들이 외국인투자기업을 가장 많이 수용한 것으로 나타나고 있고, 그 다음으로는 아랍국가, 아프리카 등의 순서를 보이고 있다. 결국 몇몇 국가들이 그동안에 이루어진 전세계 재산수용의 대부분을 차지하고 있다.

셋째, 산업별로는 원유, 광산, 농장 등과 같은 천연자원 추출산업(extractive industry)과 은행, 보험 등과 같은 서비스산업, 그리고 공공시설, 운수 등과 같은 경제하부구조 부문에 종사하는 외국인투자기업들이 쉽게 수용되는 경향이 높은 것으로 나타나고 있다.

넷째, 재산수용은 소유권이나 기술수준, 수직적 통합의 정도, 그리고 자산규모 등에 의해 크게 영향을 받는 것으로 밝혀지고 있다. 즉, 외국기업의 소유비율이 너무 높거나 대기업인 경우에 수용될 가능성이 높으며, 반면에 현지기업과 합작투자를 하고 있거나 높은 수준의 기술 및 유명 브랜드를 소유하고 있는 경우에는 수용 가능성이 낮은 것으로 파악되고 있다.

다섯째, 재산수용은 정치이념상의 문제 때문에 발생할 수도 있으나 그 외에 천연자원에 대한 지배권 확보나 성숙산업에 대한 외국인 배제 등과 같은 경제적인 동기 때문에 발생하는 경우도 적지 않다.

제 4 절 정치적 위험의 분석

1. 정치적 위험의 평가

해외직접투자에 대한 정치적 위험(political risk)은 다음과 같은 질문을 통해서 평가할 수 있다.

- 해외투자 계획기간 동안 현지국의 일반적인 정치적 불안정성이 어떻게 될 것인가?
- 현 정부는 얼마나 오랫동안 정권을 유지할 수 있을 것인가?
- 현 정부는 현재의 외국인투자 정책(예: 소유권 규제)에 얼마나 개입하고 있는가?
- 만약 정권이 바뀐다면, 새로운 정부는 외국인투자 정책을 어떻게 바꿀 것인가?
- 외국인투자 정책의 변화는 해외투자안의 안정성과 이익에 어떤 영향을 미칠 것인가?

국제경영관리자는 이들 문제에 대한 정확한 해답을 얻기 위해 입수 가능한 1, 2차적 자료를 최대한 입수하고, 수집된 자료를 체계적으로 분석하여 위험을 평가하는 것이 무엇보다도 중요하다.

다음으로 정치적 위험에 대한 평가는 〈그림 5-3〉에서 볼 수 있는 바와 같은 네 단계의 과정을 거치게 된다.

첫 번째 단계는 현지국의 '일반적 불안정 위험'을 분석하는 데 초점을 둔다. 만약 투자계획 기간 동안 현지국의 정치적 혼란이 야기될 것으로 예상되면 제안된 해외투자안의 정치적 위험에 대한 평가는 더 이상 필요 없게 된다.

두 번째 단계는 첫 번째 단계의 평가에서 현지국의 정치적 상황이 계획기간 동안 안정될 것으로 분석된 경우, 해외투자안에 대한 국유화 및 강제수용의 가능성, 즉 '소유권/통제위험'을 평가한다. 소유권/통제위험은 현지에 투자한 외국기업이 현지국 정부에 의해 수용되는 가장 최악의 사태이므로, 기업들은 현지국에 대한 투자를 결정하기 이전에 소유권/통제위험의 발생 가능성을 철저하게 평가하는 것이 중요하다.

세 번째 단계는 두 번째 단계에서 현지국의 '소유권/통제위험'이 대단치 않다고 예상

그림 5-3 해외직접투자시의 정치적 위험 평가

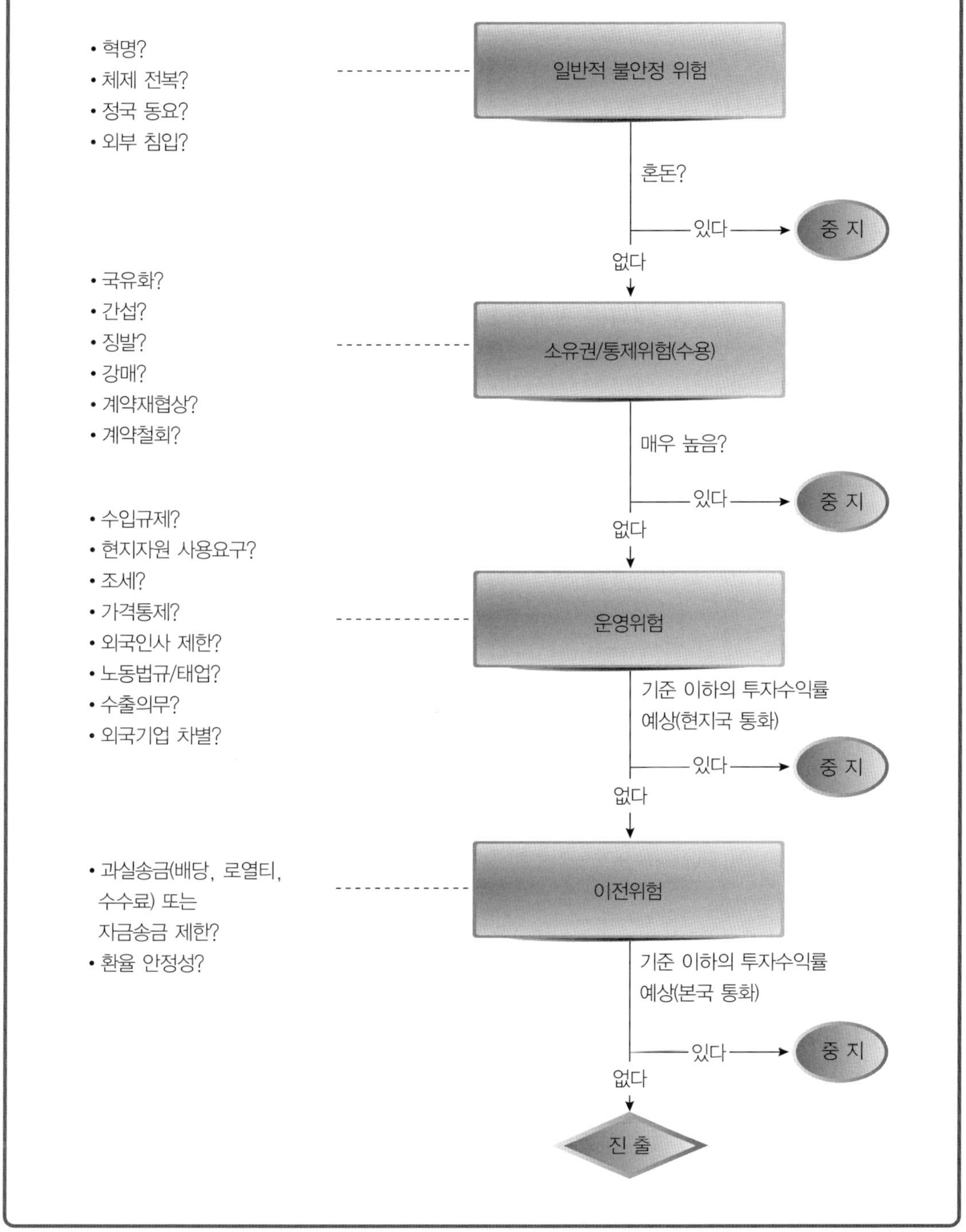

자료: F. R. Root, *op. cit.*, p. 155.

되는 경우, 해외투자안의 '운영위험'을 평가하게 된다. 이를 위해 투자기업은 해외투자안의 특성을 규정하는 한편, 현지국 통화에 기준한 투자수익률이 산정될 수 있도록 전 투자계획기간에 걸쳐 예상되는 '현금흐름'을 분석한다. 그런 다음 분석된 투자 수익성을 투자위험을 감안하여 조정한 다음 해당 해외투자안의 타당성을 재평가한다.

마지막 단계에서는 '이전위험'을 분석하게 된다. 여기에서는 현지국으로부터의 자유로운 과실송금과 여타 자금송금 가능성을 분석한다. 또한 해외투자안의 순자산가치와 순현금흐름에 중대한 영향을 미치는 환위험(exchange rate risk)에 대한 평가도 잊지 말아야 한다.

만약 제안된 해외투자안이 위 네 단계의 심사를 무사히 통과하고, 기업이 바라는 일정 투자수익률을 충족시켜줄 수 있다고 평가되면, 그 해외투자는 최고경영층의 최종적인 승인만을 남기게 된다.

2. 정치적 위험의 분석방법

피투자국의 정치적 위험 분석방법에는 주관적인 방법과 객관적인 방법이 있다. 그 중 오늘날 가장 많이 활용되고 있는 방법으로는 투자조사단을 파견하는 방법(Grand Tours), 전문가의 자문을 받는 방법(Old Hands), 델파이 예측(Delphi Forecasts)을 이용하는 방법, 계량적 모델을 이용하는 방법(Quantitative Methods) 등이 있다.[8]

(1) 투자조사단을 파견하는 방법(Grand Tours)

어떤 특정 국가에 대한 투자를 고려하고 있는 기업은 국내에서 현지국에 대한 정보를 사전에 수집한 다음, 현지국에 투자조사단을 파견하여 직접 조사하는 방법을 이용하기도 한다. 현지국에 파견된 투자조사단은 현지의 기업가, 정치가, 사회 지도자들과 모임을 갖고 며칠 또는 몇 주간 현지의 정치적 상황을 파악하여 이를 최고경영층에 보고한다.

이 방법은 투자조사단을 직접 파견하여 현지의 정치적 상황을 파악한다는 점에서는 바람직한 방법이지만, 투자에 대한 조사가 다분히 제한된 정보에 국한되고, 조사가 단시간 내에 이루어지기 때문에 조사결과가 방문국의 정치 · 경제적 현실을 정확하게 반영하지 못하게 된다는 단점이 있다. 또 외국인투자의 유치를 갈망하고 있는 국가의 경우에는 이러한 투자조사단의 방문을 자국에게 유리하게 호도할 수 있다는 단점도 있다.

(2) 전문가의 자문을 받는 방법(Old Hands)

해외에 진출하고자 하는 기업은 자기가 투자하고자 하는 국가나 지역에 대해 전문적인 지식이나 경험을 가지고 있는 사업가, 외교관, 언론인 또는 기업가로부터 자문을 받기도 한다. 이 방법은 특히 시장잠재력이 높아지고 있는 지역에 대한 정치적 위험을 분석하는 데 가장 효과적이다. 대부분의 기업들은 이러한 전문가를 기업의 고문이나 상담역, 그리고 때로는 상근 임원으로 채용하기도 한다. 이들 전문가들은 투자대상국의 현 정치지도자들의 정치노선과 개인적인 성격, 경쟁상태에 있는 정치집단의 강점과 약점, 그리고 새로운 입법 가능성 등에 대한 평가업무를 담당하게 된다.

전문가의 자문을 받는 방법은 이들로부터 획득한 정보가 투자조사단을 현지에 파견하여 획득한 정보를 전망하고 판단하는 데 크게 도움이 될 수 있다는 장점을 가지고 있다. 그러나 이 방법은 미시적인 위험보다는 거시적인 위험에 초점을 맞추고 있고, 또 너무나 제한된 정보에 기초한 나머지 투자기업의 운명이 전문가에 따라 크게 좌우될 수 있다는 단점이 있다. 9

(3) 델파이 예측(Delphi Forecasts)을 이용하는 방법

델파이 예측을 이용하는 방법은 전술한 두 가지 방법보다도 정치적 위험을 훨씬 더 체계적으로 분석 · 예측할 수 있는 방법이다.

이 방법에서는 먼저 정치적 위험에 영향을 미칠 수 있는 요인(예를 들면, 군대의 구성과 규모, 정치적 납치 등)을 결정한 다음, 전문가들이 투자대상국에서 이들 각 요인들이 차지하는 상대적 중요도에 따라서 가중치를 부여하거나 서열을 매겨 체크리스트(check-list)를 작성한다.

그런 다음 체크리스트상 서열이 매겨진 각 요인들을 종합하여 정치적 위험에 대한 종합지수를 산출한다. 그리고 이에 근거하여 각국의 정치적 위험의 순위를 결정한다.

델파이 예측방법이 유효한 결과를 도출해 내기 위해서는 다음과 같은 조건이 충족되어야 한다.

첫째, 정치적 위험에 영향을 미칠 수 있는 요인들이 포괄적이면서도 정확하게 선정되어야 한다. 둘째, 전문가들이 합리적이고 시의 적절하게 의견을 제시하여야 한다. 셋째, 각 전문가들의 의견에 대해 가중치를 부여하고 종합할 수 있는 적절한 방법이 마련되어야 한다.

델파이 예측방법은 분석이 체계적일 뿐 아니라 시간변화에 따른 위험수준의 변화를 일관성 있게 측정할 수 있다는 점에서 장점을 가지고 있다. 그러나 예측이 주로 거시적 위험에 초점을 맞추고 있다는 점은 약점으로 지적되고 있다.

(4) 계량적인 모델(Quantitative Methods)을 이용하는 방법

계량적인 모델을 이용하는 방법은 정치적 위험을 예측함에 있어서 계량경영학자들이 경제현상을 예측할 때 이용하는 정교한 계량적인 방법을 활용하는 방법이다. 기업의 경영의사결정자들은 다중분석(multivariate analysis)에서 사용되는 새로운 분석도구와 기법을 이용하여 복잡한 정치문제를 검토하고 견해를 확인해 볼 수 있다.

다중분석은 주로 두 가지 목적에 활용되는데, 그 첫째는 현재와 과거의 정보를 토대로 미래의 정치정세를 예측하는 데 활용되고, 둘째는 한 나라의 정치에 영향을 미치는 요인들 간의 상관관계를 보다 구체적으로 파악하는 데 활용된다.

계량적인 방법은 정치적 위험요인을 각 요인이나 하부요인으로 세분한다는 점은 델파이 예측방법과 유사하지만, 각 요인에 대한 순위를 전문위원회가 결정하지 않고, 각 요인에 대해 그 요인을 측정할 수 있는 지수를 선택한다는 점이 델파이 예측방법과 다르다. 이 방법은 전술한 어떤 방법보다도 더 체계적일 뿐만 아니라 국제경제의 거시적인 위험과 미시적인 위험을 모두 살필 수 있다는 장점을 가지고 있다. 그러나 모델설정에 비용이 많이 소요되고 필요한 자료수집이 불가능하다는 점 등은 단점으로 지적되고 있다.

(5) 통합적인 정치적 위험 분석(Integrated Analysis)

정치적 위험을 분석하는 데 있어서 전술한 네 가지 방법은 각기 나름대로 도움이 되지만, 이들을 각각 따로 활용하게 되면 완벽한 분석이 불가능하게 된다. 따라서 이러한 주관적인 방법과 객관적인 방법을 통합하여 활용하는 종합적인 분석이 필요하다.

많은 글로벌기업들은 정치적 위험을 분석할 때, 필수적인 자료 이외에 계량적인 분석과 서술적인 분석을 함께 활용하여 통합적인 분석을 하고 있다. 특정 국가의 투자환경을 평가하는 데는 직관과 감각이 필요하며 무분별하게 계량적인 방법만을 이용하는 것은 별 의미가 없다. 그리고 컴퓨터를 이용한 계량적인 분석결과를 너무 맹신하는 경향이 있기도 한데, 가장 효과적인 분석방법은 통찰력과 지혜를 경영과학과 결합하여 활용하는 것이다.

글로벌기업은 통합적인 분석방법을 이용함으로써 정치적 위험에 대한 예측능력을 높일 수 있다. 이 통합적인 연구에 따르면 특정 국가의 빈부격차가 크면 클수록 불안정성이 높아지게 된다는 것은 타당성이 없으며, 중산층이 없는 경우 미래의 불안정성 위험이 높아진다는 것 또한 타당성이 없는 것으로 나타나고 있다.

이 통합적인 연구에 따르면 특정 국가의 정치적 운명은 다음과 같은 독립적인 요인들의 영향을 받는 것으로 밝혀지고 있다.

① 국내의 정치적 불안정성

국내의 갈등의 정도는 국가전복, 반란, 소요 등이 발생할 확률로 측정되며, 이때 고려해야 할 변수들은 폭동, 숙청, 암살, 게릴라전, 정부전복 위기 등을 들 수 있다.

② 대외적인 갈등

대외적인 갈등은 특정 국가가 다른 국가에 대해 적대감을 갖는 정도를 측정하는 것으로서, 분석대상에는 외교관계의 단절로부터 무력투쟁에 이르기까지의 수많은 요인들이 포함된다.

③ 정치적 환경

정치적 환경은 정부가 극우나 극좌로 전향할 가능성이 어느 정도인가를 측정하는 것이다. 여기에 대한 분석변수로는 의회에서의 공산당 및 사회주의자들의 의석 수, 정치문제에 있어서의 군대의 역할 등을 들 수 있다.

④ 경제적 환경

경제적 환경은 해외투자 여건에 대한 전반적인 평가로서 특히 경제부문에 대한 정부의 간섭을 의미한다. 이때 고려될 수 있는 요인으로는 한 나라의 경제력을 나타내는 국민총생산, 인플레이션율, 대외채무 수준 등과 같은 요인들이다.

이들 요인들은 또다시 수많은 하위 구성요인으로 나누어지게 된다. 예를 들면, 대외적인 갈등의 경우 중요한 독립적 요인들로는 부정적인 의사소통, 경고 및 방어적 행위, 무력사용의 정도, 부정적인 제재, 반외세 시위 등을 들 수 있다. 최종적으로 이들 각 구성요인을 가장 잘 나타내주는 지표를 규명하게 된다. 부정적인 의사소통의 경우에는 협박, 항의, 고발 등이 가장 적합한 지표가 되며 경계태세, 군대이동, 군동원 태세 등은 경고나 방어행위의 징표가 된다.

결국 정치적 위험 분석은 수백만 개의 정치적, 경제적, 사회문화적 요인을 포함한 복합적인 차원의 작업이라고 할 수 있다. 물론 미래에 대한 예측들이 기초로 하고 있는 요인들에 대한 예상은 다분히 주관적이며 이러한 주관적인 판단에 따른 예상은 기계적으로 이루어지게 된다. 컴퓨터를 이용한 계량적인 분석과 전문가의 서술적 평가가 결합되는 경우에만 이들 변수와 또 다른 변수들 간의 상호연관성이 효과적으로 평가될 수 있다.

3. 주요 전문기관의 정치적 위험 분석기법

(1) BERI사의 정치적 위험 분석

BERI(Business Environment Risk Index)사는 〈표 5-3〉에서 볼 수 있는 바와 같이 정치적 위험과 관련이 깊다고 생각되는 15가지의 변수를 설정하고, 100명 정도의 전문가들이 이들 변수에 대한 각국의 지수를 평가하여 정치적 위험을 분석하고 있다. 그리고 전체적인 정치적 위험 외에 정치적인 위험, 운영상의 위험, 재무적인 위험, 민족주의의 위험을 별도로 평가한다.

이 체크리스트에서 전체 가중치는 25이며, 총 100점 만점으로 지수를 평가하게 된다. 평가결과는 투자대상국이 어느 정도의 지수에 속하는가에 따라 〈표 5-4〉와 같이 평가한다.

즉 점수를 평가한 결과 총점이 71점 이상이면 투자를 해도 좋은 국가로 평가할 수 있고, 점수가 56~70에 해당하면 비록 투자는 가능하지만 상당한 정도의 주의가 필요한 국가로 평가할 수 있으며 55점 이하이면 투자가 별로 바람직하지 않는 국가로 평가할 수 있다. BERI사의 서비스를 활용하면 매 해 전체 대상국가의 종합지수를 활용할 수 있다.

(2) *Euromoney*지의 컨트리 리스크 분석

컨트리 리스크(country risk)는 투자대상국의 정치적 위험, 경제적 성과, 구조적 위험, 외환관리 상태 등을 종합적으로 분석하여 지표화한 것으로서, 특정 국가 전체의 신용상태를 평가하는 하나의 기준으로 활용되고 있다.

컨트리 리스크는 여러 기관들에 의해서 평가되고 있는데, 그 대표적인 예가 유로머니(*Euromoney*)지의 컨트리 리스크 평가이다. 유로머니지는 컨트리 리스크의 범주를 〈표 5-5〉와 같이 분석지표, 신용지표, 시장지표로 나누고, 이것을 다시 정치적 위험 30%, 경제적 성과 30%, 구조적 위험 10%, 부채지표 10%, 신용등급 10%, 은행대출접근 10% 등으로 세분하여 전세계 185개 국가의 컨트리 리스크를 평가하고 있다. 이렇게 산출된 총점을 가지고 그 점수가 높을수록 양호한 사업환경을 가진 국가로 평가하고, 그것이 낮을수록 사업환경이 불량한 국가로 평가한다.

〈표 5-6〉은 유로머니지가 평가한 2011년도 상위 100개국의 국가별 컨트리 리스크를 보여주고 있다.

이 표를 보면 상위 100개국 중 투자여건이 가장 좋은 국가로는 노르웨이, 스위스, 스웨덴, 덴마크, 핀란드 등의 순을 보이고 있고, 투자여건이 좋지 않은 최하위 국가들로는 벨

표 5-3 BERI사의 정치적 위험 분석 체크리스트

변 수	가중치					비 고
	전체 지수	정치 지수	운영 지수	재무 지수	민족 주의	
정치적 안정성 (political stability)	3	6				예상치 못한 정치적 변화 가능성과 정치적 변화가 국제사업활동에 미치는 영향의 정도
경제성장 (economic growth)	2.5		5			GNP 실질성장률
화폐의 태환성 (currency convertibility)	2.5		5	5	5	현지통화를 외화로 교환할 때 겪게 되는 어려움의 정도 및 국제금융시장에서의 현지통화의 수용성 정도
노동비용/생산성 (labor cost/productivity)	2		3			자금수준, 노동생산성, 생산설비의 근대화 정도, 기업의 사회적 비용 부담
장기자본 조달 (long-term capital)	2			5		장기자금의 차입 및 자본조달의 어려움의 정도
단기차입능력 (short-term credit)	2			5		외국계 기업이 가용한 단기자금의 차입 가능성 및 현금운용에 필요한 현지 금융기관의 발달 정도
외국인투자환경(foreign Investment credit)	1.5	5			8	정치제도가 민간기업의 사회적 비용을 부담하는 정도와 자본주의 원칙의 허용 수준
국유화 (nationalization)	1.5	5			8	재산수용 및 보상의 정도와 민족자본에 대한 우대조치
물가상승 (monetary inflation)	1.5	3		3		물가상승의 정도와 물가상승이 기업에 미치는 충격을 완화할 수 있는 제도의 효율성 수준
국제수지 (balance of payments)	1.5	3		3		경상수지 및 자본수지의 현황과 외국인투자자의 수익에 영향을 미치는 국제수지의 추이
계약의 실행성 (contract enforceability)	1.5		4	2		계약사항을 존중하는 정도와 언어 및 국민감정의 차이 때문에 발생하는 분규의 정도
관료의 업무지연 (bureaucratic delays)	1	3		2	4	세관 통관 및 외화송금 등 정부의 대민 업무 처리 속도와 능률
통신 및 운송 (communications/ transportations)	1		3			기업이 이용할 수 있는 통신설비 및 운송관계 경제하부구조에 대한 평가
현지의 경영능력 (local management)	1		2			현지에서 자본을 출자하거나 경영에 참여할 수 있는 현지인의 수 및 질적 수준
전문적인 서비스 (professional support)	0.5		3			회계 · 법률 · 판매 · 기술 · 건축청부 등에 있어서 기업의 사회적 비용 부담
계	25	25	25	25	25	

평가기준: 수 = 4, 우 = 3, 미 = 2, 양 = 1, 가 = 0

자료: F. T. Harner, "Business Environment Risk Index, Appendix B," *BERI Ltd. System for Selected Countries*, August 1981, p. 9 일부 첨가.

표 5-4 BERI사의 정치적 위험 평가 기준

종합지수	평 가
86~100	투자에 전혀 위험이 없는 매우 양호한 투자환경 국가
71~85	전형적인 선진국의 투자환경
56~70	보통 정도의 위험을 가지고 있지만, 사업활동에 치명적인 영향을 미칠 정도로 불안하지는 않은 국가
41~55	투자환경이 매우 위험하여 투자결정에 신중을 기해야 할 국가
0~41	현지 사업활동이 불가능할 정도로 위험이 높은 국가

표 5-5 *Euromoney*의 컨트리 리스크 평가표

구 분	평가요소	가중치(%)	평 가 자 료
질적 평가	경제성과	30	- 은행의 안정성, 경제성장 전망, 실업률, 경상 · 재정수지, 통화 및 통화정책의 안정성
	정치적 위험	30	- 부패정도, 정부의 배당 지급불능 및 자본송금불능 위험, 정부의 안정성, 정보에 대한 접근성 및 투명성, 제도적 위험, 규제 및 정책환경
	구조적 위험	10	- 인구통계, 하드 인프라, 노동시장 및 노사관계, 소프트 인프라
양적 평가	외채지표	10	- 총 외채잔액/GNP, 외채상환/수출, 경상수지/GDP
	신용등급	10	- Moody's, S&P, Fitch IBCA의 국가 신용평가 등급 평균
	은행대출접근	10	- 국제자본시장에 대한 각국의 접근성
종합평점 = 가중치× [산출점수-최저점수)/(최고점수-최저점수)]			

라루스, 알제리, 모잠비크 등을 보이고 있다.

여기에서는 세계 100개국 중 최상위 10개국과 최하위 10개국에 대한 평가표만 기술되어 있지만, 유로머니를 이용하면 매해 각국 전체의 리스크 평가표를 활용할 수 있다. 이 평가표는 다른 자료들과 더불어 해외투자 대상국 선정에 대한 기초자료로 활용될 수 있다.

표 5-6 *Euromoney*의 컨트리 리스크 평가 (2011)

순 위 (Mar. 2011)		국 가	총점 (100)	경제적 성과(30)	정치적 위험(30)	구조적 위험(10)	부채 지표(10)	신용 등급(10)	은행대출 접근(10)
최상위 10개국	1	노르웨이	93.33	28.19	26.89	8.25	10.00	10.00	10.00
	2	스위스	90.22	26.80	24.99	8.44	10.00	10.00	10.00
	3	스웨덴	88.93	28.04	22.65	8.24	10.00	10.00	10.00
	4	덴마크	88.80	27.90	22.81	8.09	10.00	10.00	10.00
	5	핀란드	88.55	27.99	22.40	8.16	10.00	10.00	10.00
	6	룩셈부르크	88.27	27.54	21.71	9.03	10.00	10.00	10.00
	7	캐나다	88.26	27.80	22.12	8.34	10.00	10.00	10.00
	8	네덜란드	88.20	27.71	22.85	7.64	10.00	10.00	10.00
	9	홍콩	87.18	25.25	24.87	8.10	10.00	8.96	10.00
	10	오스트레일리아	86.18	27.10	21.43	7.86	10.00	9.79	10.00
한국	25	한국	78.39	23.01	22.33	7.43	10.00	7.29	8.33
최하위 10개국	91	레바논	43.53	45.25	45.58	61.31	1.46	7.22	1.50
	92	알바니아	42.77	38.00	41.47	48.38	1.88	8.48	3.75
	93	베네수엘라	42.47	47.67	32.16	53.67	1.88	9.30	2.00
	94	몽고	42.09	44.33	40.85	30.00	1.88	7.63	4.00
	95	나이지리아	42.05	45.56	33.67	45.75	2.19	9.54	2.00
	96	파라과이	40.33	51.00	24.70	53.25	1.25	9.07	2.00
	97	세이첼	40.27	45.00	51.00	60.00	0.63	3.37	1.50
	98	벨라루스	39.84	43.75	34.38	27.81	1.88	8.73	3.00
	99	알제리	39.50	45.80	37.40	50.60	0.00	5.50	4.00
	100	모잠비크	38.79	41.00	47.00	0.00	1.56	8.74	2.00

자료: *Euromoney*, Mar. 2011.

(3) 한국수출입은행의 평가

우리나라의 한국수출입은행도 신흥국가를 대상으로 이들 해외 각국의 투자환경 및 위험과 관련한 평가결과를 정기적으로 제공하고 있다. 이들은 국가신용도 평가에 있어서 정성평가 및 정량평가 방식을 병행하여 종합적으로 산출한 평점을 기준으로 각국의 신용등급을 평가하고 있는데 정량평가와 정성평가 분야의 하위 평가요수를 보면 〈표 5-7〉과 같다.

한편 평가결과는 평가대상국의 위험수준에 따라 A, B1, B2, C1, C2, C3, D1, D2, E의 9단계로 구분하고 있는데, 이들 분류기준과 2012년의 평가결과를 요약하면 〈표 5-8〉과 같다.

(4) 기타 기관의 컨트리 리스크 평가

1) PRS의 평가기법

PRS(The Political Risk Service)(www.prsgroup.com)는 사내에 국별 평가전문가들을 두고 이들로 하여금 평가대상국의 정치적 위험(Political Risk), 외채관리 위험(Financial Risk), 경제적 위험(Economic Risk)을 평가하게 한 다음, 이 세 분야의 점수를 가중평균하여 컨트리 리스크를 평가하고 있다.

2) 일본국제금융정보센터의 평가기법

일본국제금융정보센터(Japan Center for International Finance: JCIF)(www.jcif.or.jp)는 컨트리 리스크를 '해외 특정 국가에 실시한 투융자가 그 국가의 정치적, 경제적 및 사회적 요인에 의해 자산 및 수익을 회수하기 어렵게 되는 위험'으로 정의하고, 국가신용도를 자산 및 수익의 회수곤란 위험 측면에서 평가하고 있다.

JCIF는 이 평가에서 정량분석과 정성분석을 혼합하여 활용하고 있는데, 정량분석은 경제지표로 구성되어 있고, 정성분석은 경제, 정치, 사회, 국제금융시장 평가 및 자료의 신뢰성 등의 다섯 가지 위험지표로 구성되어 있다.

3) EIU의 평가기법

EIU(The Economist Intelligence Unit)(www.eiu.com)는 경제 통계치를 인용한 정량분석과 자체의 신용평가전문가를 활용한 정성분석을 병행 · 실시하여 종합평점을 산출한 다음, 평

표 5-7 신용도 평가분야

구 분	평가분야	비 고
정량평가	국내경제, 대외거래, 외채상환능력 및 경제 펀더멘털 반영	최근 통계자료 입력, 계량모형 운용
정성평가	경제, 정치, 사회, 국제신인도에 관한 질적 요소 및 전망치 등 반영	리스크 단계별 평점부여

표 5-8 신용도 평가 분류기준 및 평가 결과

등 급	분류 기준	2012 평가결과
A	매우 우수한 외채상환능력 및 정치 · 경제 구조(최상위 신용도)	
B1	우수한 외채상환능력 및 정치 · 경제 구조(상위 신용도)	말레이시아, 중국, 사우디아라비아, 카타르, 폴란드, 칠레 등
B2	양호한 외채상환능력 및 정치 · 경제 구조(상하위 신용도)	인도, 남아프리카공화국, 알제리, 헝가리, 멕시코, 브라질, 페루 등
C1	비교적 양호한 외채상환능력 및 정치 · 경제 구조(중상위 신용도)	베트남, 인도네시아, 바레인, 러시아, 루마니아, 터키, 파나마 등
C2	무난한 외채상환능력 및 정치 · 경제 구조(중위 신용도)	필리핀, 요르단, 아일랜드, 카자흐스탄, 도미니카공화국 등
C3	비교적 미흡한 외채상환능력 및 정치 · 경제 구조(중하위 신용도)	몽골, 스리랑카, 이집트, 이란, 포르투갈, 아제르바이잔, 과테말라 등
D1	취약한 외채상환능력 및 정치 · 경제 구조(하상위 신용도)	방글라데시, 캄보디아, 가나, 카메룬, 그리스, 우즈베키스탄 등
D2	매우 취약한 외채상환능력 및 정치 · 경제 구조(하위 신용도)	에티오피아, 예멘, 케냐, 그루지야, 세르비아, 우크라이나 등
E	채무불이행 상태(최하위 신용도)	네팔. 미얀마, 레바논, 차드, 에콰도르 등

자료: 한국수출입은행(www.keri.koreaexim.go.kr).

가대상국의 국가신용도를 다섯 단계(A~E급)로 구분하고 있다.

EIU의 평가는 정치적 위험, 경제정책 위험, 경제구조 위험 및 유동성 위험 등 네 부분으로 구성되어 있으며 그 밑에 여러 가지 하위요소에 대해 방대한 평가를 포함하고 있다.

4) Global Risk Service(Global Insight, Inc.)

Global Risk Service(www.globalriskservices.com)는 전세계 200개국에 대한 투자위험도를 예측하여 제공하는 서비스로서, 각국에 대한 51개 속성에 대한 질적 양적 데이터를 수집하여 1-100까지 위험도 점수를 부여한 후 이를 지역적, 전세계적 상황을 고려하여 조정한 다음, 평가한 내용에 기초하여 비즈니스, 경제, 재정, 정치, 위험도를 측정한다.

이 밖에도 Moody's(Moody's Investors Service)나 S&P(Standard & Poors) 등과 같은 신용평가회사들이 각국의 투자등급, 투자회수등급, 채무불이행등급 등의 신용도를 평가하여 공표하고 있다.

제 5 절 정치적 위험의 관리

1. 해외투자 이전의 관리전략

(1) 정치적 위험에 대한 사전 분석

글로벌기업이 현지에서 정치적 위험에 처할 가능성이 있는가를 파악하기 위해서는 먼저 자기 기업의 제품과 해외사업 패턴을 철저하게 분석하는 것이 필요하다. 이를 위해 정치적 위험의 특성을 파악하는 것이 급선무이다. 즉, 정치적 위험이 거시적 위험인가 미시적 위험인가, 해외투자가 재산수용이나 재산손실 가능성에 노출되어 있는가 아닌가, 또 해외사업활동에 대한 제한이 주요 위험으로 작용하는가 아닌가 등이 그것이다. 그리고 다음과 같은 여러 가지 물음에 대한 대답들은 이러한 분석에 유용한 시사점을 제공해 줄 수 있을 것이다.[10]

현지인들이 성공적으로 경영활동을 수행할 수 있는 능력을 가지고 있는가?

외국기업과 그 관리자들이 현지에서 크게 돋보이는가?

외부로부터 주기적으로 신기술을 도입해야 할 필요가 있는가?

그 해외투자가 동일 사업분야에 현재 종사하는 현지인들과 심한 경쟁관계에 있는가?

그 해외투자사업이 석유 또는 광물 등 현지 천연자원에 대한 의존도가 높은가 ?

그 해외투자가 현지국의 국제수지에 압박을 주는가?

그 기업이 현지시장에서 강력한 독점적 지위를 차지하고 있는가?

그 기업이 생산하고자 하는 제품이 현지사회에 필수적이며 수용될 수 있는가?

그 해외투자가 현지국에게 매력적이고도 계속적인 이익을 가져다 줄 수 있는가? 하는 것 등이 그것이다.

이상의 물음에 대해 그 해외투자나 제품이 현지국의 목표에 부합된다고 판단되면 현지국 정부로부터 우호적인 대우를 받을 것이지만 그렇지 못한 경우에는 정치적 위험에 직면하게 될 가능성이 있다고 평가할 수 있다.

(2) 투자보증 확보 및 투자보장협정 체결

해외투자 기업이 최첨단기술이나 유명 브랜드를 보유하는 경우 등에는 현지국에 대해 높은 협상력을 가지게 되므로, 현지국 정부로부터 해외투자에 대해 일정한 보증을 받거나 또는 현지정부와 투자보장협정을 체결할 수 있다.

다시 말해서, 이러한 능력을 가지고 있는 기업은 자사의 협상력을 바탕으로 현지국 정부로부터 해외투자 금액이나 투자보호, 조세양허, 재산수용시의 보상 등과 같은 주요 부분에 대해 일정한 보증을 확보할 수 있다. 이러한 보증은 해외투자기업이 현지국의 경제발전에 크게 기여할 것으로 평가받거나, 높은 수준의 기술을 보유하고 있거나, 현지기업과 합작투자를 하거나, 유명 브랜드를 보유하고 있는 경우 등에 가능하다.

다음으로 자사의 해외투자를 보호하기 위해서는 현지국 정부와 투자보장협정을 체결하는 것도 투자 이후에 발생할지도 모르는 정치적 위험을 사전에 예방할 수 있는 하나의 방법이다. 정부 간의 투자보장협정에는 통상 최혜국대우의 보장, 국유화 및 재산수용 금지, 전쟁 · 폭동 등의 긴급사태에 따른 투자손실 보상, 투자원금 및 과실의 자유로운 송금, 투자관련 분쟁시의 분쟁해결 절차 등이 포함된다.

(3) 해외투자보험 및 보증제도 활용

해외에 투자하고자 하는 기업은 비록 투자당시에는 정치적 위험에 직면할 가능성이 극히 희박하다고 판단되어 투자를 결정하게 되더라도, 정치적 위험은 그 투자가 이루어진 이후 언제라도 발생할 수 있다는 점을 간과해서는 안 된다.

따라서 해외투자를 하고자 하는 기업은 후일에 발생할지도 모르는 예기치 못한 정치적 위험으로부터 자사의 손실을 최소화하기 위하여, 해외투자 이전에 이러한 정치적 위험을 해외투자보험이나 보증제도를 이용하여 공공기관에 전가시키는 전략을 수립하는 것이 바람직하다. 오늘날 대부분의 국가들은 자국 기업의 해외투자를 보호하기 위하여 여러 가지 보험 및 보증제도를 수립 · 시행하고 있다.

이러한 제도의 하나가 바로 미국의 해외민간투자공사(Overseas Private Investment Corporation: OPIC)를 이용한 해외투자보증제도이다.[11]

OPIC는 이 제도에서 아래와 같은 내용을 보증하고 있다.

① 인가된 투자의 이익 또는 원리금의 불태환에 대한 보증

② 현지 정부의 재산몰수나 재산수용에 따른 손실 보증

③ 전쟁 또는 혁명에 따른 손실 보증 등이 그것이다.

이 외에 OPIC는 통상적인 교역에 따르는 손실까지도 보증하고 있다.

한편, 1989년에는 다자간투자보증협회(Multilateral Investment Guarantee Association: MIGA)가 창설됨으로써 해외투자에 따른 재산수용 등에 관해 투자국과 피투자국 모두에게 조속한 문제해결에 임하도록 압력을 가할 수 있게 되었다.

MIGA는 세계은행그룹의 한 기관으로서 회원국의 경제발전을 위한 민간투자를 촉진하는 것을 그 목적으로 첫째는 대 개발도상국 외국인직접투자와 관련한 투자자의 비상업적 위험에 대한 손실보상을 보증하고, 둘째는 회원국의 투자환경개선을 위한 자문서비스를 제공하는 것을 주 업무로 하고 있다. MIGA는 이전위험과 권리박탈위험, 계약위반위험, 그리고 전쟁 및 내란 위험 등을 보증한다.

우리나라의 경우에도 해외투자위험으로부터 우리기업을 보호하기 위해 갖가지 보험제도를 활용하고 있다. 해외직접투자보험제도는 해외직접투자에 수반되는 갖가지 위험 중 수용위험, 전쟁위험, 송금불능위험 등의 불가항력적인 비상위험에 따른 손실을 보상해줌으로써 우리 투자자를 보호해 주고자 하는 제도이다. 여기에는 다음과 같은 내용이 포함된다.

① 수용위험: 피투자국 정부나 공공단체 등에 의한 투자재산의 몰수 · 박탈 또는 권리행사의 침해

② 전쟁위험: 전쟁, 혁명, 내란 등 피투자국의 정변으로 인한 투자사업의 불능 · 파산 및 6개월 이상의 사업정지

③ 송금불능위험: 피투자국 정부의 취득금 관리 또는 외환사정악화에 따라 실시되는 환거래의 제한 · 금지 등으로 인한 투자원금(배당금 및 이자 포함) 등의 본국송금 불능 등이다.

2. 해외투자 이후의 관리전략

(1) 정치적 위험 경감전략 활용

해외투자가 이루어진 이후, 현지에서 사업활동을 수행하는 과정에서 직면하게 될지도 모르는 정치적 위험은 생산 및 로지스틱스(logistics)전략, 마케팅전략, 재무전략, 조직전략 등을 활용함으로써 이것을 어느 정도 경감시킬 수 있다. 12

1) 생산 및 로지스틱스전략

투자기업의 협상력을 강화시켜줄 수 있는 생산 및 로지스틱스전략에는 원료 및 부품의

현지조달, 생산시설의 입지 선정, 수송에 대한 통제권 확보, 기술에 대한 통제권 확보 등이 포함된다. 이 전략에서는 원료 및 부품을 현지에서 조달하여 피투자국 정부의 부가가치를 높이고 고용을 증대시키거나, 생산시설을 정치적으로 안정된 국가에 위치시킴으로써 정치적 위험을 줄일 수 있다. 또 국경을 통과하는 오일 파이프라인(oil pipeline)과 같은 수송수단에 대한 통제권이나 주요 특허 및 공정 등과 같은 기술에 대한 통제권을 확보함으로써 정치적 위험을 줄일 수 있다.

2) 마케팅전략

투자기업의 협상력을 증대시켜 줄 수 있는 마케팅 기법으로는 시장에 대한 통제권의 확보와 브랜드 및 등록상표의 사용을 들 수 있다. 시장에 대한 통제권 확보는 투자기업이 자신의 협상력을 증대시키고 정치적 위험을 회피할 수 있는 가장 전형적인 전략이다. 특히 투자기업이 공산품 수출시장에 대한 통제권을 확보하고 있으면, 정치적 위험도 회피할 수 있고 협상력도 높일 수 있다. 또 브랜드 및 등록상표에 대한 통제권도 기술에 대한 통제권과 동일한 효과를 갖는다.

3) 재무전략

투자기업의 협상력을 증대시켜줄 수 있는 재무전략으로는 투자지분의 최소화, 차입자금원의 다변화, 합작투자 활용, 계약방식의 외환관리기법 이용 등을 들 수 있다. 현지에 진출한 기업이 자금의 대부분을 현지 은행에서 차입하거나, 또 필요한 자금을 전세계 여러 지역의 자금원으로부터 차입하게 되면 정치적 위험이 크게 줄어들게 된다. 또 현지기업 및 기관과의 합작투자나 헷징(hedging), 스왑(swap), 수출신용보험 등과 같은 외환관리기법을 이용해도 정치적 위험을 크게 줄일 수 있다.

4) 조직전략

조직전략을 이용해도 정치적 위험을 크게 줄여 줄 수 있다. 여기에는 적합한 현지 합작투자 파트너의 선정, 현지기업에게 제품이나 서비스를 생산하도록 하는 라이센싱 제공, 관리계약을 통한 현지사업 경영 등이 있다. 또 지역본부를 정치적으로 안정된 지역에 위치시키는 것도 하나의 조직전략이 될 수 있다.

(2) 실제적인 정치적 위험 대응 방안

기업이 현지에서 실제 정치적 위험에 직면하였을 경우에는 정치적 위험의 종류와 그 정도에 따라서 여러 가지 대응방안이 가능하다.

먼저 정치적 위험이 예견되기는 하지만 정치적 위험 수준이 그다지 높지 않고 또 지금 당장 정치적 위험에 직면한 상태가 아닌 경우에는, 현재 진행중인 사업활동을 계속해 나가면서 대응방안을 강구할 수 있다. 이 경우에는 생산제품이나 사업지역을 다변화하거나, 지분을 줄여 나가거나, 현지기업과의 합작투자를 추진하거나, 일부 공정을 다른 나라로 이전하는 등의 방법을 적절하게 활용함으로써 정치적 위험을 어느 정도 줄일 수 있다.

그러나 국유화 및 재산수용 등과 같은 극단적인 정치적 위험이 예견되거나 또는 지금 당장 그것에 직면해 있는 상태라면, 정치적 위험에 따른 손실을 최소화하기 위하여 투자에 따른 수익을 조속히 회수하고, 해외자회사를 피투자국의 요구에 부응하게 운영하거나 또는 피투자국 정부와의 협상을 통하여 손실 가능성을 최소화하는 방안을 강구해야 한다. 또 현재 진행중인 사업을 가능한 한 신속하게 축소하거나 당해 해외사업을 다른 기업에게 매각 또는 청산하거나, 해외투자 자산을 본국으로 회수하거나 또는 다른 지역으로 재배치하는 등의 방법을 강구해야 한다.

그리고 투자재산이 이미 국유화되었거나 수용되었을 경우에는 현지 정부와의 협상을 통해서 적절한 보상을 요구하거나, 국제적 여론에 호소하거나, 국제적인 중재기관의 중재를 활용하거나, 국제적인 법률기관에 제소하는 등의 방법을 통해 손실을 최소화해야 한다.

이상에서 정치적 위험에 직면한 경우의 전략 방안에 대해 살펴보았는데, 투자기업들은 투자를 결정하기 이전에 정치적 위험의 가능성을 철저하게 분석하는 것도 중요하지만, 투자를 시행한 이후 현지에서 선량한 기업시민으로 행동하면서 현지국의 경제발전 및 기술수준의 향상, 현지 관련산업의 육성 등에 적극적으로 기여하는 것이 정치적 위험을 가장 확실하게 줄일 수 있는 방법이라는 점을 염두에 두어야 한다.

국제경영사례 5 – 2

한국기업의 정치적 위험에 대한 대응

• 미국의 아프가니스탄 공격과 한국기업

미국의 대 테러전쟁이 개시되자 국내 주요기업들은 곧바로 '비상경영체제'에 돌입했다. 삼성·LG·SK·현대자동차 등 한국의 글로벌기업들은 전쟁발발로 인해서 경영위기를 가속화시킬 돌발변수가 터질 수 있다는 전제 아래 수출 우회통로 마련, 석유 등 원자재의 시장추이 및 확보방안, 국내외 금융시장동향과 이에 따른 유동성 등 '위기경영' 관리를 위한 체크포인트를 시시각각 확인하기 시작했다.

삼성은 이란, 시리아, 리비아, 사우디아라비아, 아랍에미리트, 이스라엘, 터키 등과 24시간 비상연락망을 가동하여 상황전개에 따라 긴급히 대처토록 했다. 삼성 관계자는 "지난 91년의 걸프전도 당초 1주일 정도면 끝날 것으로 예상했으나 몇 달 동안 지속된 전례가 있다"며 "최악의 경우에 대비한 시나리오를 마련, 사태추이에 따라 단계별로 대응해 나갈 것"이라고 말했다. 삼성은 이미 최악의 위기경영 단계에 대비, 세계전역의 수출입거래처 재점검, 채산성 유지방안, 안정적인 원자재 공급원 확보 등을 위해 분주하게 움직여 왔다. 또 금융시장 불안정이 우려된다는 점에서 주요 계열사를 중심으로 일간 단위의 유동성 점검에 들어갔다.

LG는 전자 등 수출비중이 높은 계열사들을 중심으로 주요 거래처 동향을 수시 파악하는 한편 수출통로가 막힐 경우에 대비한 우회수출 방안을 마련했다. LG는 또 환율·유가 움직임에 촉각을 곤두세운 채 비상대책 팀을 중심으로 중동 현지의 동향을 시간단위로 체크하기 시작했다. 이와 병행해 재무담당 임원들은 연말까지의 유동성 관리방안을 다시 한 번 정밀 검토하기 시작했다.

현대자동차는 테러사태 이후부터 구축한 비상대책 팀을 중심으로 미주 및 유럽지역 수출시장 점검과 현지 바이어 동향을 수시 파악하고 있다. 현대자동차는 특히 이번 전쟁이 장기화되면 고유가가 지속돼 수요기반이 급속히 위축될 것으로 판단, 주요 시장을 유지시킬 수 있는 비상방안을 다시 한 번 점검하는 한편 비상시 비용 및 원가절감방안을 적용시키기로 했다.

국제원유가 상승, 원유수송 차질 등 이번 전쟁의 직접피해 영향권에 있는 ㈜SK, LG정유 등 정유업계와 현대상선·한진해운 등 해운업계도 원유 비축물량 확대, 도입선 다각화, 안전 수송로 확보 등에 총력을 기울이고 있다. 정유업계 관계자들은 "전쟁이 중동지역으로 번질 경우 유가가 천정부지로 뛸 게 확실하다"며 "배럴당 30달러 이상의 고유가가 6개월 이상 장기화하는 최악의 경우에 대비한 시나리오를 마련, 상황에 따라 단계별로 대응해 나갈 계획"이라고 밝혔다.

삼성물산·LG상사·SK글로벌 등의 글로벌기업들도 수출감소가 불가피할 것으로 보고 거래처 이탈에 따른 피해 최소화에 주력하고 있다.

• 인도·파키스탄 전쟁 발발의 가능성과 한국기업

미국의 대 테러전을 전후하여 인도령 카슈미르에서는 테러 발생 및 그 강도가 한층 증가하고, 카슈미르 주 의사당에 대한 이슬람 분리주의자들의 자살 폭탄테러와 접경지역에서의 치열한 포격전 등 연이은 분쟁으로 희생자 수가 100명을 넘어선 것으로 알려지고 있다.

이 사건으로 인도는 파키스탄 정보부를 배후세력으로 지목하고 1971년 이래 처음으로 파키스탄 주재 인도대사를 소환하고 접경지역에 병력을 추가 배치하는 한편, 파키스탄과 연결되는 모든 도로와 철도를 폐쇄하고 항공기의 자국 영공 통과를 금지하는 강경한 조치를 취하였다. 파키스탄도 인도에 대해 같은 방식으로 대응함으로써 양국간 긴장이 고조되고 있다.

인도와 파키스탄은 1947년 영국으로부터 독립할 당시 종교적 갈등으로 분리되었는바, 이후 카슈미르(Kashmir)지역의 영유권을 놓고 1947년, 1965년, 1971년까지 세 차례나 전쟁을 치렀으며 이로 인한 사망자 수만도 100만 명이 넘는 것으로 집계되고 있다.

1989년 이후 인도령 카슈미르 지역에서 인도통치에 반대하는 반란이 급증하면서 인도 · 파키스탄 간의 영토분쟁은 내전의 성격을 띠게 되었는데, 인도는 이와 같은 분리독립운동이 파키스탄의 지원을 받은 무장테러집단에 의해 자행되고 있는 것으로 보고 있다.

1998년 인도정부가 국제사회의 비난에도 불구하고 다섯 차례에 걸친 핵실험을 강행하고, 이에 대응하여 파키스탄도 핵실험을 수행하면서 영토를 둘러싼 양국 간의 팽팽한 군사적 대립이 국제적 이슈로 부각되었다.

인도는 1991년 개혁 · 개방정책 추진 이후 외국인직접투자를 유치하기 위하여 각종 규제를 완화하고 투자환경을 개선하였고, 파키스탄 역시 외국인직접투자를 경제개발에 필수적인 자금조달원으로 인식하여 정부차원에서 외국인투자자들에 대한 인센티브를 제도화하는 등 다양한 정책을 추진해 왔다. 그러나 두 국가 모두 외국인투자 유치실적은 저조한 상태이다.

• 남미국가들의 자원 국유화와 한국기업

2006년 3월 31일 우고 차베스 베네수엘라 대통령은 원유를 포함한 모든 천연자원의 국유화를 공식 선언했다. 이에 따라 베네수엘라 석유공사(PDVSA)는 외국회사가 참여 중인 32개 유전사업에서 일방적으로 60%의 지분을 빼앗아 주도권을 행사하게 됐다. 이로서 베네수엘라는 매장량 3,770억 배럴로 사우디아라비아(2,700억 배럴)를 제치고 세계 1위의 원유보유국이 되었다.

그 결과 한국석유공사의 베네수엘라 오나도 광구 지분은 14.1%에서 5.64%로 갑자기 줄어들게 되었다. 이 광구는 하루 3,000배럴, 연간 100만 배럴의 석유를 생산해 왔으며, 지난해 매출액이 800만 달러(약 80억 원), 순이익은 140만 달러에 달하던 것이다. 한국석유공사는 이 사업을 지속시키기 위해 새 협정에 서명하고, 줄어든 지분에 대한 보상 문제를 협의 중에 있다.

한편, 볼리비아와 페루도 위험하다. 볼리비아의 경우에는 에보 모랄레스 볼리비아 대통령이 석유, 철도, 통신 등 국가 주요사업의 국유화를 추진 중에 있기 때문이다. 우리 기업 중에서는 동원이 볼리비아의 팔마 광구에 100% 지분을 갖고 있다.

페루의 경우에도 우리나라 최대정유사인 SK㈜가 페루 카미시아 광구에서 17.6%의 지분으로 연간 매출 1억 4,000만 달러, 순이익 5,000만 달러를 거두고 있는데, 좌파 후보가 당선될 경우 에너지자원을 국유화하기로 되어 있어 이에 대비하고 있다. 또 남미의 정치상황이 불안정해 올해부터 해외 석유개발 투자대상에서 남미지역을 후순위로 분류하고 있다.

자료: 매일경제신문(1997. 6. 27); 서울경제신문(2001. 10. 8); 대외경제정책연구원, 주간세계경제분석(2002. 1. 7); 동아일보(2006. 4. 6).

CHAPTER 06

법률적 **환경**

International Business

국제경영사례 6 - 1

독점금지법의 역외적용

• 독점금지법의 개념

독점금지법이란 인수 및 합병(M&A) 등과 같이 독점을 강화하는 행위, 그리고 소비자 및 다른 기업의 이익을 침해하는 각종 불공정 행위를 금지하는 법을 말한다. 독점금지법의 세계화는 크게 두 가지 경로를 따라 진행되고 있다. 그 하나는 다양한 형태의 반독점법을 채택하고 시행하는 국가들이 점차 늘어나고 있다는 것이다. 이 경우 그 나라에서 활동하는 외국기업들은 불가피하게 해당 국가의 독점금지법을 따라야 한다. 또 다른 경로는 강대국들이 자국의 반독점법을 자국 밖에서 활동하는 기업들에게까지 연장 적용하는 것이다. 이것이 바로 기업의 국제경영활동을 어렵게 만드는 요인이 되고 있다.

• 법의 역외적용의 개념과 법리

법의 역외적용이란 자국의 국내법을 자국 밖에서 발생한 법률문제에 대하여 적용하는 것을 일컫는다. 역외적용의 이론적 근거는 속지주의, 객관적 속지주의, 영향이론이 대립하고 있다. 속지주의는 자국 내에서 발생한 행위에 대해서만 자국 법률을 적용해야 한다는 입장으로서 원칙적으로 역외적용을 부정하는 입장이다. 객관적 속지주의는 외국사업자의 일부 경쟁제한 행위가 자국영역 내에서 행해진 경우 그 행위 전체에 대해 관할권이 있다고 함으로써 역외적용을 한정적으로 인정하는 입장이다. 그리고 영향이론은 외국사업자의 외국에서의 행위가 자국 내에 어느 정도 이상의 영향을 미치게 되면 자국의 법률을 적용할 수 있다는 입장이다. 미국, EU 등 주요 선진국들은 대부분 효과주의를 채택하는 추세에 있고 이것이 점차 확산되고 있다.

• 미국 독점금지법의 역외적용

미국의 독점금지법은 독점, 과점, 합병, 가격담합, 가격차별 등을 규제대상으로 하는 셔먼법, 클레이튼법 및 연방거래위원회법 등의 세 가지 법을 기본 골격으로 하고, 이것을 수정하는 법령 및 이를 해석, 적용한 다수의 판례로 구성되어 있다. 그러나 셔먼법이나 클레이튼법, 연방거래위원회법에는 직접적으로 역외적용의 근거가 되는 조항은 없다. 따라서 미국에서의 역외적용에 관한 법리는 주로 판례를 통해서 발달해왔다.

역외적용과 구체적으로 관련된 미국의 독점금지법령은 대외무역독점금지강화법과 국제독점금지집행지원법(IAEAA), 그리고 연방법무부/연방거래위원회독점금지법지침서의 1995역외적용지침서, 상호독점금지법집행보조조약으로 구성된다. 미국 독점금지법의 역외적용은 현재 영향이론이 적용된다.

• EU 독점금지법의 역외적용

EU의 독점금지법은 EU의 기본법이자 조직 규범이라 할 수 있는 로마조약 제85조 및 제86조를 근간으로 하면서 이 밖에 이들을 실시하기 위한 규칙과 가이드라인 등이 있다. 이 중 제85조는 가맹국 간 통상에 영향을 미치는 기업 간의 경쟁제한협정을 금지하고 있고, 제86조는 가맹국 간 통상에 영향을 미치는 시장지배적 기업의 경제력 남용행위를 금지하고 있다.

이 로마조약 제85조 및 제86조는 역외에서 행하여진 행위가 EC가맹국 간 통상에 영향을 미치는 한도에서 그에 적용된다. 로마조약이 역외의 행위에 대하여 적용된 사례는 상당한 수에 이르고 있지만 이 역외적용은 '영향이론' 및 '행위귀속이론' 에 기초하여 행해지고 있다.

EC위원회의 심결례는 영향이론에 의거하여 역외적용을 인정한 경우가 많으나 그 구체적인 기준은 일관되지 않고 있다. 동 위원회는 사안에 따라서는 귀책이론을 주장하고 나아가 카르텔에 참여한 기업에 대해서는 귀책이론을 다른 사업자에게도 확장하는 입장을 보이고 있다.

한편 유럽사법재판소는 기본적으로 속지주의를 고수하면서 이를 귀책이론, 실행이론에 의해 확장하고 있어 영향이론의 채택에 매우 신중한 자세를 보이고 있다.

• 일본 독점금지법의 역외적용

일본 공정취인위원회 사무국이 1969년과 1973년에 발간한 개정 독점금지법 해설서 및 일본-페르샤만 일본운임동맹사건 및 일본광학사건에서의 심결례를 살펴볼 때, 일본 독점금지법은 영향이론을 채택하고 있는 것으로 보인다. 이에 대해 3중운임동맹사건에서는 재일주재원, 대리점 또는 지점을 보유하는 외국사업자가 이들의 영업거점을 통하여 일본에서 독점금지법위반계약을 체결하고 이를 실행하는 것에 대해 독점금지법을 적용하고 있기 때문에 속지주의 또는 귀책이론을 근거로 하고 있다. 이와 같이 일본 공취위 사무국은 영향이론을 선호하고 있으나, 공취위는 그 채택에 매우 신중한 태도를 보이고 있다.

• 중국 독점금지법의 역외적용

중국의 반독점법은 경영자가 시장지배를 남용해 가격을 조작하거나 약탈적인 가격을 정하는 행위, 거래를 강제하는 행위, 가격을 담합하는 행위, 시장을 자의적으로 분할하는 행위, 생산물량을 조정하는 행위 등 시장경쟁를 저해하는 일체의 행위를 엄단하는 내용을 담고 있다. 중국의 반독점법은 외자기업의 중국 내 M&A와 지식재산권 남용행위뿐 아니라, 중국 중앙정부 각 부처 및 지방정부 산하 국유기업의 독점적 행위 또한 제한하고 있다.

자료: 월간무역, 1999년 4월-5월호; "반독점법의 세계적 확산이 글로벌기업에게 미치는 영향," 주간경제(2006. 1. 18.); "중국의 반독점법 추진: 한국기업에 주는 기회와 위협," KIEP 오늘의 세계경제(2006. 6. 26.).

제 1 절 국제경영과 법률적 환경

1. 국제경영과 법률적 환경

(1) 국제경영과 법률적 환경

기업이 범세계적인 경영활동을 성공적으로 수행하기 위해서는 먼저 해외진출 이전에 관련 법률적 환경을 면밀하게 분석하는 것이 절대적으로 중요하다.

통상 국제경영활동을 수행하는 기업이 직면하게 되는 법률적 환경은 크게 세 가지로 구분할 수 있는데, 그것은 〈그림 6-1〉에서 보듯이 자국의 법률적인 환경과 경제블럭지역(예를 들면 EU나 NAFTA)의 법률적인 환경, 그리고 마지막으로 국제적인 법률적인 환경 즉 국제법이 그것이다.

원래, 각국의 법률적인 환경은 주권국의 법률시스템에 의해서 결정되지만, 오늘날과 같이 사업활동이 범세계적으로 이루어지는 시대에는 사업활동이 국내의 법률뿐만 아니라 지역의 법률 그리고 국제법 등 모두에 의해 영향을 받게 된다.

물론 이때 자국의 법률이 가장 크게 영향을 미치지만, 전세계 여러 나라에서 사업활동을 전개하고 있는 글로벌기업의 경우에는 각국의 법률도 중대한 영향을 미치게 된다. 여기에 더하여 지역의 법률적 프레임과 국제법도 환경보호 및 인권보호와 같은 분야에는 중첩해서 영향을 미치게 된다.

〈그림 6-1〉은 바로 이러한 내용을 보여주고 있다. 즉 지적재산, 경쟁 및 거래관습, 소비자 보호, 환경보호, 기업설립 및 지배구조, 고용보호, 건강 및 안전, 인권보호 등과 같은 법률적인 문제는 모두 국내법의 규제를 받는데, 그 중에서 경쟁 및 거래관습, 소비자 보호, 환경보호, 고용보호, 건강 및 안전, 인권보호 등과 같은 문제는 다시 지역의 법률적인 규제도 받게 되며, 이 중 환경보호와 인권보호 문제는 또다시 국제법의 규제도 받게 된다는 점이다.

국제경영활동을 수행하는 기업의 입장에서 보면, 모든 규제는 그것이 국내규제이든,

그림 6-1 국제경영과 법률적 환경

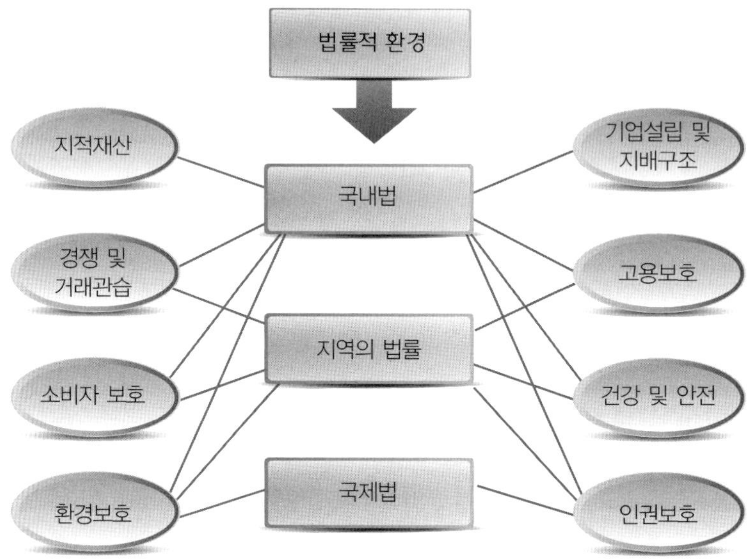

자료: J. Morrison, *International Business*, 3rd ed. (NY, Palgrave Macmillan, 2009)

지역적인 규제이든, 국제적인 규제이든 다 똑같이 부담으로 작용하게 된다. 결국 기업들은 규제가 가장 낮은 나라를 선호하겠지만 그것은 환경 및 안전에 대한 규제나 지적재산권에 대한 규제 등이 취약해진다는 것을 의미하기 때문에 꼭 바람직한 것을 아니라고 하겠다.

(2) 국제경영활동상의 법률적 위험

기업의 국제경영활동상의 법률적 위험은 기업이 현지에서 계약이행을 위해 어떤 법률적인 조치를 취하려고 하거나 또는 피투자국의 법률적 조치에 대해 방어책을 강구하려고 할 때 발생하게 된다.

글로벌기업은 해외직접투자나 해외조달전략을 실행하려고 하는 경우, 해외 각국의 여러 가지 법률적 환경에 휩싸이게 된다. 즉 해외의 제품공급업자, 고객, 하도급업체와의 계약의 경우를 예로 들면, 글로벌기업은 고용 및 건강·안전관련 법률에 대한 책임, 환경보호에 대한 책임, 위해제품에 대한 책임, 그리고 산업재해에 대한 책임 등 여러 가지 위험에 직면하게 된다.

여기에서 기업이 국제경영활동상 직면하게 되는 법률적 위험을 보면 〈그림 6-2〉에서와 같이 법치준수 수준, 지적재산권 보호, 계약의 집행력, 지배구조의 투명성, 부패용인 수

그림 6-2 국제경영활동상의 법률적 위험

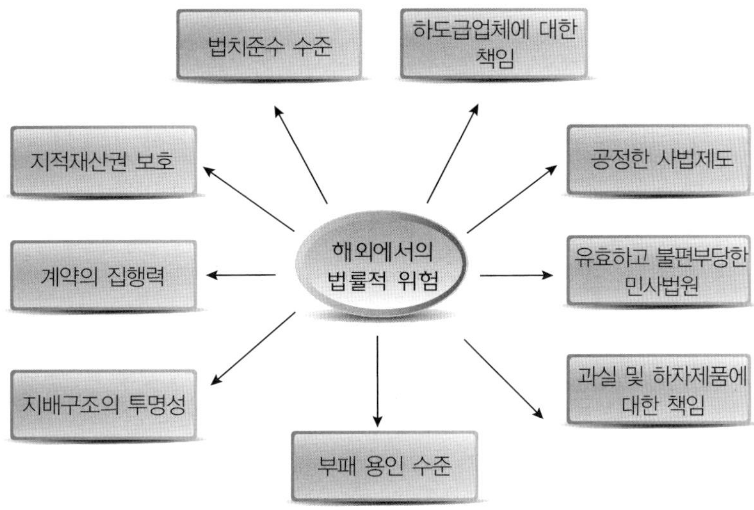

자료: *Ibid*.

준, 과실 및 하자제품에 대한 책임, 유효하고 불편부당한 민사법원, 공정한 사법제도, 하도급업체에 대한 책임 등과 같은 위험이 있다.

2. 국제사업활동과 국제법

오늘날과 같이 기업들이 국경을 초월하여 범세계적으로 사업활동을 전개하고 있는 시대에는 이들 글로벌기업들을 법률적인 측면에서 효율적으로 규율하고, 동시에 그들에게 정당한 권익을 보호해 줄 수 있는 국제적인 기관(international organization)이나 국제법(international law)이 있어야 한다. 하지만 이 세상에는 WTO를 제외하고 이러한 자격을 갖춘 국제적인 기관이나 국제법은 존재하지 않고 있다.

따라서 국제사업활동을 수행하는 과정에서 관련 당사자들 간에 견해가 상반된 법률적 문제에 봉착하는 경우, 이것을 해결하는 데 여러 가지 어려움을 겪게 된다.[1] 한 예로서, 어떤 개발도상국이 자국에서 사업활동을 수행하고 있던 선진국 투자기업의 재산을 수용(expropriation)했다고 가정해보면, 전세계 해외투자의 대부분을 차지하고 있는 선진국들은 신속하고도 적절한 현실적 보상이 뒤따라야 한다고 주장하겠지만, 이러한 주장은 선진국들만의 생각일 뿐 외국기업의 재산을 수용한 개발도상국은 여기에 동조하지 않을 수도 있다는 점이다.

한편, 국제사업활동상 발생하는 법률적인 문제 해결과 관련하여, 국제법에 가장 근접한 것으로는 통상 및 경제문제를 다루는 조약(treaty)이나 협약(convention) 등이 있다. 하지만 이러한 조약이나 협약은 당해 당사국 자체의 법원을 통해서만 법률적 구속력을 갖는 두 국가 간 또는 다수국 간의 협정에 불과하기 때문에, 이들 조약이나 협약은 전세계 수많은 나라에서 범세계적인 전략에 따라 수행되고 있는 글로벌기업의 각종 국제사업활동을 포괄할 수 있을 만큼 충분하지는 않다.

따라서 글로벌한 시각에서 국제사업활동을 전개하고자 하는 기업들은 해외진출에 앞서서 해외진출과 관련한 법률적인 문제를 상세하게 검토하고, 문제가 발생하는 경우 이에 어떻게 효율적으로 대처할 것인가를 사전에 강구해 두는 것이 무엇보다도 중요하다.

3. 국제경영과 현지국의 법률

기업이 자기 나라와 전혀 다른 법률적 환경을 가진 해외 특정국에 진출하여 국제사업활동을 수행하는 경우, 여러 가지 예기치 못한 법률적 문제에 봉착하게 된다. 특히 해외 현지에서의 기업활동은 그 나라의 법률에 따라서 직접적인 규제를 받기 때문에, 현지에서 국제사업활동을 성공적으로 수행하기 위해서는 무엇보다도 먼저 현지의 법률적 환경을 면밀하게 분석하고 이해하는 것이 필요하다.

해외진출에 따른 법률적인 문제를 검토함에 있어서는 여러 가지 법률이 포함될 수 있겠으나, 먼저 현지국의 외국인투자관계법에 대한 검토가 선행되어야 한다. 왜냐하면 헌법이나 외국인투자법 등 현지진출과 관련된 관계법의 규정은 해외직접투자의 진출방식을 비롯하여 해외진출전략 등에 직접적인 영향을 미치기 때문이다. 또 관련법의 검토를 통해서 현지국이 외국인투자기업에게 제공하는 권익에 대한 법률적 보장의 형식과 내용을 파악할 수 있기 때문이다.

따라서 해외 특정국가에 진출하고자 하는 기업들은 진출에 앞서서 외국인투자에 대한 현지국의 장려정책 및 억제정책, 자국 산업에 대한 보호정책, 그리고 기타 해외투자 관련법을 면밀하게 검토해야 한다. 또 외국인투자관계법 외에도 투자보장협정과 같은 조약은 물론, 다자간 조약이나 외국인투자기업과 현지국 간의 계약 등에 대해서도 상세하게 살펴볼 필요가 있다.

제2절 해외진출시의 주요 법률문제

1. 현지국의 법률체계

현지국의 법률체계는 현지에 진출하여 국제사업활동을 전개하고자 하는 기업에게 여러 가지 면에서 중대한 영향을 미친다. 따라서 현지에 진출하기 이전에 현지국의 법률체계를 미리 파악하는 것이 대단히 중요하다. 통상 현지국의 법률체계는 크게 불문법, 성문법, 종교법으로 구분할 수 있다.

먼저 불문법(Common Law)은 역사주의적 성격을 가지며 판례법과 관습법을 그 근간으로 한다. 불문법은 당사자 간에 합의된 내용을 가능한 한 자세히 그리고 명확하게 기재한다. 다시 말해서 장래에 발생할 가능성이 있는 모든 문제점을 철저하게 파악하고 그에 대한 당사자의 입장을 명확히 한 후 이를 상세하게 규정하는 방식을 취한다. 현재 불문법을 채택하고 있는 국가로는 영국, 미국, 캐나다, 오스트레일리아, 뉴질랜드, 인도 등 약 26개국에 달하며 우리나라도 최근에 형사소송법이나 행정법 등을 비롯한 여러 분야에 불문법 요소가 도입되고 있다.

다음으로 성문법(Civil Law)은 법규를 가지고 명문화한 법제도로서 이론적이고 논리적이며 개념주의적이고 체계적이다. 성문법은 불문법과 달리 계약의 개요만을 정하고 구체적 사항은 법의 해석에 맡기려는 자세를 취한다. 오늘날에는 법의 형식으로서 성문법을 중심으로 하는, 이른바 '성문법주의'가 지배적이다. 성문법은 독일, 프랑스, 일본 등 약 70여 개국이 채택하고 있다.

끝으로 종교법은 종교적인 계율에 입각한 법으로서 대표적으로 이슬람법(Islamic Law), 힌두법(Hinduism), 유태법 등이 있다. 그 중 가장 대표적인 종교법이 이슬람법이다. 이슬람법은 처음에는 도덕적, 윤리적 규범에 불과하였으나 이것이 나중에 상거래에 연장 적용되었다. 이슬람법은 코란을 제1의 법원으로 하고 하디스를 제2의 법원으로 하고 있다. 전세계적으로 약 27개국이 이슬람법을 채택하고 있다.

이상에서 불문법, 성문법, 이슬람법 등의 법률체계를 살펴보았는데, 현실적으로 글로

표 6-1 국제법률체계

법률의 형태	법률의 특성	대표적인 나라
불문법	• 판례를 기초로 함 • 절차를 중시함 • 법률 적용이 융통적임	호주, 아일랜드, 뉴질랜드, 영국, 캐나다, 미국, 인도, 파키스탄, 가나, 나이지리아, 짐바브웨, 말레이시아
성문법	• 법이 성문화되어 있음 • 이론적인 원칙에 기초함 • 규약이 정교하여 예측이 가능함	대부분의 유럽국가 및 라틴 아메리카 국가, 터키, 일본, 멕시코
이슬람법	• 종교/신앙에 기초하여 성문화됨 • 성문화되어 있고 예측이 가능함 • 법률이 일상생활에도 적용됨	중동, 북아프리카, 아시아 몇 개 국
사회주의법	• 이데올로기에 기초함 • 관료주의에 기초함 • 최소한의 사적 권리만이 보장됨	러시아, 중국, 쿠바, 북한, 카자흐스탄, 우즈베키스탄, 우크라이나, 아제르바이잔, 몰도바, 타지키스탄, 키르기스스탄

자료: E. L. Richards, *Law for Global Business* (Boston, Mass., Irwin, 1994); Wikipedia, http://en.wikipedia.org/wiki/List_of_country_legal_systems (2012) 일부 요약.

벌기업은 그 특성상 전세계 여러 지역에서 사업활동을 전개하기 때문에 실제에 있어서는 보다 더 많은 현지의 법률체계에 직면하게 된다. 여기에서 글로벌기업이 직면할 수 있는 현지국의 법률체계와 그 특성을 간단하게 요약하여 정리하면 〈표 6-1〉과 같다.

2. 해외진출시의 주요 법률문제

(1) 해외직접투자 관련 법률문제

기업이 직접투자방식으로 해외에 진출하는 경우 직면할 수 있는 법률적 문제에는 다음과 같은 것들이 있다.

첫째, 외국인의 경제활동에 적용되는 현지국의 법률제도로서, 국내법상의 외국인 지위와 보호, 출입국 관리 등과 같은 일반적인 법률적 문제와 외국인에 대한 특정 경제활동의 제한 및 장려, 외국법인의 정의, 외국인이 소유하거나 통제하고 있는 법인에 대한 대우, 그리고 준거법에 대한 각국의 태도 등 특정한 법률적 문제가 포함된다.

둘째, 국제법상 보장되는 경제규범으로서 국제관습법, 조약, 그리고 국제기구의 규범 등 국제법과 해외직접투자 간의 관계에 관한 법률적 문제가 있다.

셋째, 국제법과 국내법 간의 관계로서, 외국인의 재산몰수 또는 재산수용과 관련해서는 컨세션(concession)계약, 소급입법, 자연인 보호 등이 있고, 국제법의 국내법화 과정 및 그와 반대되는 사항과 관련해서는 국제협정 및 국내법 간의 관계 등이 있다.

넷째, 자국 또는 외국 법원과 주권 간의 관계로서, 여기에는 재판관할권, 외국판결의 국내집행, 제소법정의 결정(choice of forum) 등이 포함된다.

다섯째, 독점금지법과 공업소유권 등 경제관계 법령 및 조세법의 대외적 효력 또는 외국인에 대한 적용 여부와 관련된 법률적 문제가 있다.

끝으로 구체적인 계약법, 상사법, 매매법 등과 같은 사법상의 문제가 많이 제기된다.

(2) 국제사업활동 전반과 관련한 법률적 문제

위에서는 해외직접투자와 관련된 법률적 문제에 관해 살펴보았는데, 수출방식에 의한 해외진출 및 계약방식에 의한 해외진출 모두를 포괄한 국제경영활동 전반과 관련하여 고려해야 할 법률에는 다음과 같은 것들이 있다. [2]

- 수출입관련법: 관세, 가격 및 수량규제, 원산지 규정, 표준규격, 전략물자 통제
- 해외투자 관련법: 인허가, 소유권, 과실송금 규제, 현지부품사용요구, 수출의무
- 세법: 법인세, 소득세, 과실송금, 이전가격
- 지적재산권: 등록 및 심사, 적용범위, 존속기간
- 근로기준법: 노동조합 결성권, 단체교섭권, 노동시간, 임금, 안전설비 등
- 외국환관리법: 규제, 결제방법, 환율과 통화지정, 관리기관
- 회계법: 재무제표, 회계감사, 감가상각, 환손실 처리
- 공정거래법: 기업합병, 합작투자, 기업매수, 독점규제법, 불공정거래
- 환경보호법: 대기, 수질 및 해양오염방지, 공해대책, 과잉규제
- 부정부패방지법: 정치자금, 뇌물공여 등

3. 국제사업관련 계약서의 언어 선택

글로벌기업은 국제사업활동을 수행하는 과정에서 여러 가지 계약서를 작성하게 되는데, 계약서를 어떤 나라의 언어로 작성할 것인가가 국제사업활동의 법률적 문제와 관련하여 대단히 중요한 문제 중의 하나이다.

왜냐하면 특정 국가의 법률제도는 그 나라의 언어를 이용하는 경우에만 가장 정확하게 표현할 수 있을 뿐, 다른 나라의 언어로 번역하는 경우에는 원래의 뜻에 부합하는 정확한 표현이 불가능한 경우가 많고, 또 때로는 오역의 가능성마저 없지 않기 때문이다. 특히 법률적인 용어나 제도는 특정 국가의 문화적 소산이기 때문에 거기에는 눈에 보이는 글자 이외에 눈에 보이지 않는 의미가 함축되어 있는 경우가 많아 이런 가능성은 더욱더 높다.

한편, 계약서를 두 가지 이상의 언어로 작성하는 경우에도 계약서의 내용을 해석하는데 있어서 상당한 차이가 있을 수 있고, 이러한 해석상의 차이는 추후 예기치 못한 법률적 분쟁을 유발시키게 된다. 따라서 계약서를 두 가지 이상의 언어로 작성하는 경우에는 어떤 언어로 작성된 계약서를 우선적으로 적용할 것인가를 계약서의 내용에 명확하게 삽입하는 것이 후일 발생할지도 모르는 분쟁을 미리 예방할 수 있는 하나의 방법이다.

4. 법률적 조직형태의 선택

기업이 해외에 진출할 때 가장 먼저 직면하게 되는 법률적 문제는 과연 어떤 조직형태를 선택하여 진출할 것인가 하는 것이다. 조직형태의 선택은 투자본국 및 피투자국의 투자허가 등과 같은 절차법적인 측면은 물론이거니와 조세 및 재판귀속의 한계 등과 같은 실체법상의 측면에서도 나라 간에 큰 차이가 있기 때문에 중요한 법률적 문제가 된다. 또 조직형태의 선택은 곧바로 기업의 목표를 어떻게 효과적으로 달성할 수 있을 것인가를 결정한다는 점에서 높은 중요성을 갖는다.

통상 해외진출기업이 선택할 수 있는 대표적인 조직형태에는 지점(branch), 현지법인(subsidiary), 그리고 합작회사(joint corporation)가 있다. 기업들은 해외진출시, 본사가 현지국의 재판권에 직접 귀속되는 지점을 설립하여 진출할 것인가, 아니면 본사와 법률상 아무런 관계가 없는 주식회사와 같은 현지법인을 설립하여 진출할 것인가, 아니면 현지기업과 합작회사를 설립하여 진출할 것인가를 결정해야 한다.

그리고 이 중 일반적으로 가장 많이 선택되는 현지법인과 합작회사와 관련해서도 신설방식(greenfield)을 이용하여 진출할 것인가, 아니면 기존회사를 인수(acquisition)하는 방식으로 진출할 것인가 하는 문제에도 봉착하게 된다.

또 그 다음으로는 현지법상 어떠한 기업형태, 즉 단독투자(sole venture)로 진출할 것인가 아니면 합작투자(joint venture)로 진출할 것인가 하는 문제에도 봉착하게 된다. 또 주식회사와 유한회사 중 어떤 형태로 진출할 것인가 하는 문제에도 봉착하게 된다.

5. 법적 관할권의 지정

기업이 국제경영활동을 수행하는 과정에서 특정 법률적 문제에 부딪치게 되면, 무엇보다도 먼저 이것을 어느 나라의 법률에 따라서 해결해야 할 것인가 하는 문제에 직면하게 된다. 이 경우, 관련 당사자 간에 특정 법률적 문제가 발생하는 경우 어느 나라의 법률을 적용할 것인가에 대해 서면합의가 이미 이루어진 상태라면 그에 따라서 그 나라의 법률을 적용하면 된다.

그러나 그런 명문화된 규정이 없다면, 투자본국과 피투자국 법률 중 어떤 한 나라의 법률을 적용하여 그 문제를 해결해야만 하는데, 이 경우 각 당사자들은 관련문제를 자국의 법적 관할하에서 해결하는 것이 유리하기 때문에 각자 자국의 법적 관할하에서 해결하고자 고집하게 된다.

그리고 사전에 법적 관할권에 대한 명확한 합의가 이루어지지 않은 상태에서 법률적 분쟁이 발생하게 되면, 재판권을 가진 국가는 특별한 사유가 없는 한 자국의 법률을 적용하여 판결을 내리게 되고, 이렇게 되면 그 판결은 법적 관할권을 가지고 있는 국가에 소속한 당사자에게 유리하게 전개될 수밖에 없게 된다.

따라서 해외에서 사업활동을 수행하고자 하는 기업들은 관련 당사자와 합의하여 법률적 분쟁이 발생하는 경우 어떤 나라의 법적 관할권하에서 문제를 해결할 것인가를 사전에 명문화해 놓는 것이 후일에 직면할지 모르는 법률적 문제를 용이하게 해결할 수 있는 가장 좋은 방법이라고 하겠다.

제 3 절 국제경영활동상의 주요 법률문제

1. 법의 영토외 적용(Extraterritoriality)

(1) 독점규제법(Antitrust)

독점규제법은 독점, 거래제한, 그리고 공모에 의한 경쟁제한을 금지하는 법률로서, 기업에게 자유로운 사업활동을 보장하여 중소기업의 생존을 보존하는 한편 독점의 폐해로부터 소비자의 이익을 보호하기 위한 법률이다.

미국은 자국의 통상을 저해하는 행위를 금지시키기 위하여, 독점규제법을 미국 내에서의 반경쟁적 행위뿐만 아니라 자국 기업의 해외사업활동에까지도 연장 · 적용하고 있다. 미국의 독점규제법은 자국 기업의 해외에서의 반경쟁적 행위가 미국의 통상이나 여타 해외주재 미국기업의 경쟁적 지위를 저해하는 경우 이 법에 반한다고 규정하고 있다.

외국기업의 경우에도 미국기업과 계약을 체결하거나 미국시장에서 영업활동을 하고 있는 경우 독점규제법의 관할하에 들게 된다. 또 외국인의 경우에도 미국 내에 자산을 보유하고 있거나 사업활동을 하고 있는 경우, 그리고 회사직원이 상주하고 있는 경우 등에는 독점규제법의 적용을 받게 된다.[3]

이렇듯 독점규제법은 미국이 자국의 법률을 자국 영토 밖의 기업이나 기업활동에 적용하려고 하기 때문에 '법의 영토외 적용(extraterritoriality)' 문제가 심각한 국제문제로 대두되는 것이다.[4] 물론 미국정부의 입장에서 보면, 미국은 이 법을 통해서 자기 나라 글로벌기업의 해외자회사가 해외에서 카르텔(cartel)이나 무역제한조치에 참여하거나 또는 다른 기업들과 가격을 담합하는 행위를 방지할 수 있다. 또 미국의 라이센서(licensor)가 자기 기업이 부품이나 서비스의 공급원이라는 점을 이용하여 라이센시(licensee)의 행동을 제한하거나, 가격을 고정시키거나, 판매지역을 제한하는 등의 행위를 방지할 수 있다.

그러나 미국법의 적용을 받는 상태 국가의 관점에서 보면, 외국의 법률이 자기 나라의 영토와 법적 관할권 내에까지 연장 · 적용되는 것이기 때문에 주권문제와 같은 국제적인 법률문제로 이어지게 되는 것이다.

한편, EU도 로마조약(Treaty of Rome)에서 독점규제를 명시하고 있다. 로마조약은 가격 및 거래조건의 담합, 생산 및 투자제한, 시장 및 공급원 분할, 상이한 조건의 제시를 통한 경쟁제한 등을 담고 있다. 또 독점적 지위의 남용을 규제하기 위하여 회원국 간의 부당한 매매가격 또는 거래조건의 강요, 국가 간의 가격차별, 소비자의 손실 등으로 생산, 판매 또는 기술발전을 제한하는 행위 등을 담고 있다.[5]

(2) 수출관리법(Export Administration Act)

1979년부터 시행된 미국의 수출관리법은 자국의 대통령에게 일부 상품이나 기술의 공산권 국가와의 거래를 규제하거나 통제하고, 북한, 베트남, 쿠바, 중국 등 몇몇 공산권 국가와의 거래를 완전히 금지할 수 있는 권한을 부여하고 있다. 수출관리법은 미국시민은 물론이고 미국의 법률하에서 설립된 기업에게 고용된 직원 및 그들이 소유하고 있는 합작기업과 조합, 그리고 기업이나 여타 조직 모두에게 공통적으로 적용된다.

그 한 예로서, 1982년 미국기업과 라이센싱계약을 체결한 프랑스기업은 소련의 가스관건설공사에 입찰하였으나 미국정부는 미국기업을 통제하는 방법으로 프랑스기업이 소련에게 제품을 수출하지 못하도록 영향력을 행사한 바 있다.

또 하나의 예로서, 아르헨티나에 소재하고 있던 Ford자동차의 해외자회사는 쿠바 정부로부터 자동차를 수출해달라는 주문을 받았고, 아르헨티나 정부는 자국의 고용증대와 외화획득을 위해 이에 응하고 싶었지만, Ford자동차의 미국 본사는 수출이 이루어질 경우, 미국의 수출관리법이 적용될 것을 우려하여 아르헨티나 소재 Ford자동차의 자회사에게 자동차를 수출하지 못하도록 조치하였다. 비록 아르헨티나 정부가 미국의 반대에도 불구하고 자동차를 수출하게 하여 그 거래를 완결시켰지만, 이러한 상황에 직면했던 Ford자동차는 투자본국인 미국의 법률과 피투자국인 아르헨티나의 법률 사이에서 큰 어려움에 처했었다.

또 2004년 미 연방당국은 중국에 레이더, 정밀무기, 전자전 사용물품, 통신장비 등 안보무기시스템을 판매한 '유니버설 테크놀로지즈'와 '맨턴 일렉트로닉스'의 직원을 수출관리법 위반 혐의로 체포하기도 하였다. 통상 수출관리법 위반은 최고 징역 10년에 벌금 1백만 달러까지 선고할 수 있다.

한편, 미국은 지난 1979년부터 수출관리법에 따라 첨단기술이 포함돼 있거나 군사무기로 활용이 가능한 상품의 대중국 수출을 통제해왔으나 2006년에는 눈덩이처럼 커진 대중국 무역적자를 해소하기 위하여 전략물자의 대중국 수출제한을 완화한 바 있다.

(3) 해외부패방지관련법

1) 미국의 해외부패방지법(Foreign Corrupt Practices Act, 1977)

1977년에 제정된 미국의 해외부패방지법은 외국정부의 관리에게 뇌물(bribe) 또는 리베이트(rebate)를 제공하거나 중간상에게 과도한 수수료를 제공하는 행위 등은 외교관계는 물론 외국정부의 국익에도 좋지 못한 영향을 미친다는 뜻에서 입법화되었다.

이 법은 금품수혜자가 금품을 제공한 기업에게 자기의 지위를 이용하여 사업을 획득하고, 유지하고, 보유할 수 있도록 도와줄 수 있는 상황하에서 미국기업들이 외국의 정당이나 후보 또는 자의적인 권한을 가지고 있는 정부관리에게 금품을 제공하거나 금품제공을 제의하는 것까지를 금지하고 있다.

그러나 이 법은 하위직에 대한 금품제공은 금지하지 않고 있다. 오히려 서기나 장관을 막론하고 외국의 정부관리들로 하여금 그들의 정상적인 임무를 신속하게 수행하도록 하기 위해 제공하는 윤활유로서의 금품제공은 허용하고 있다. 그리고 기업에 대해서는 비록 허용 가능한 금액을 명시하고 있지는 않지만, 그러한 거래를 정확하고 공정하게 기록할 것을 요구하고 있다. 또한 미국인이 해외에서 사적으로 금전을 제공하는 행위도 해외부패방지법의 규제대상이 될 수 있다.

미국의 증권거래위원회(Securities and Exchange Commission)는 1970년대 말 워터게이트(Watergate) 사건에 대한 반발의 일환으로 미국의 몇몇 대기업을 해외부패방지법 위반혐의로 고발한 바 있는데,[6] 당시 해외에서 뇌물을 제공했던 기업은 포천(*Fortune*)지가 선정한 500대 기업 중 117개 기업에 이르렀으며 그 금액도 수억 달러에 달했던 것으로 알려져 있다.[7]

2) OECD의 뇌물제공 행위 방지 국제협약

1997년 OECD는 국제상거래에 있어서 외국공무원에 대한 뇌물제공 행위 방지를 위한 국제협약(Convention on Combating Bribery of Foreign Public Officials in International Business Transactions)을 체결하여, 각 나라가 외국공무원에 대한 뇌물제공행위를 형사처벌하도록 규정하고 이에 관한 공통의 국제기준과 국가 간 협력을 규정하였다.

이 조약하에서 회원국은 외국공무원에 대한 뇌물제공행위를 형사처벌하기 위해 필요한 입법조치를 취하고 다른 회원국에 대하여 수사공조 및 범죄인인도 관련 협조를 제공하도록 하고 있다.

이 협약의 핵심골자는 각국이 국제상거래 과정에서 사업상 부정한 이익을 취하기 위하여 외국의 공무원에게 뇌물을 주거나 그러한 의사를 표시하거나 뇌물을 약속하는 행위를 반드시 형사처벌해야 한다는 것이다.

이 협약은 뇌물을 주어서는 안 되는 외국공무원의 범주에 해당국 법령상 공무원의 신분을 가지고 있지 않더라도 정부로부터 위임받은 공적 업무를 수행하거나 공공기관 · 공기업 · 국제기구에 종사하는 사람까지도 포함하고 있다. 또 외국공무원에 뇌물을 제공한 개인 외에 관련 법인도 의무적으로 처벌하도록 요구하고 있다.

아울러, 형사처벌에 직접 관련된 사항 외에도 효과적인 법집행을 위한 각국의 관할권 확립, 협약가입국 간의 원활한 수사공조 및 범죄인인도, 뇌물제공 목적의 이중장부 작성 등 회계 부정행위 방지를 위한 제도의 확립 등에 관한 규정도 두고 있다.[8]

3) 한국의 국제상거래뇌물방지법

우리나라의 이 법률은 외국공무원에 대한 뇌물제공행위의 형사처벌을 요구하고 있는 OECD 뇌물방지협약을 이행하기 위하여 특별히 제정되었다. 이 협약에서는 외국공무원에 대한 뇌물제공 행위자의 형사처벌 외에 관련 법인도 처벌하도록 하고 나아가 뇌물제공행위로 얻게 된 이익까지도 박탈하도록 요구하는 등 기존 형사법령만으로는 이행할 수 없는 내용을 다수 포함하고 있다.

이 법률은 "국제상거래와 관련하여 부정한 이익을 얻을 목적으로 외국공무원 등에게 그 업무와 관련하여 뇌물을 약속 · 공여의 의사를 표시"하는 행위를 처벌대상으로 하고 있다. 즉, 뇌물을 실제로 주는 행위뿐 아니라, 뇌물을 주겠다고 제안하거나 뇌물에 관하여 약속하는 행위 모두 이 법에 의한 형사처벌 대상이 된다.

예를 들어, 우리나라 기업이 중국의 원자력 발전소 건설공사 입찰에서 그 공사를 수주할 목적으로 중국 공무원에게 금전 및 기타 이익을 주거나, 또는 주겠다는 의사를 표시하거나 이를 약속하는 경우 이 법에 의해 처벌을 받게 되어 있다.

4) 해외부패정도의 측정

해외부패방지와 관련하여 국제투명성기구(Transparency International)가 2011에 발표한 세계 주요국의 부패인지도지수(Corruption Perceptions Index: CPI)를 살펴보면 〈표 6-2〉와 같다. 여기에서 부패인지도지수는 각국의 기업인과 위험분석가, 일반인이 느끼는 해당 국가의 부패정도를 0~10까지 지수화한 것으로 지수가 클수록 부패의 정도가 약하고 청렴도가 높음을 뜻한다.

이 표에서 볼 수 있는 바와 같이 가장 청렴한 국가로는 1위 뉴질랜드, 2위 덴마크, 핀란드, 4위 스웨덴, 5위 싱가포르 등이며 가장 부패한 국가로는 182위인 북한과 소말리아, 180위인 아프카니스탄, 미얀마 등이다. 우리나라는 부패인지도지수 5.4로서 43위를 기록하여 청렴도가 폴란드, 부탄, 대만 등에도 뒤지고 있다.

한편, 각국의 부패의 정도는 국제투명성기구가 발표하는 뇌물공여지수(Bribe Papers Index: BPI)를 가지고도 판단이 가능하다. 여기에서 뇌물공여지수란 자국에서 활동하고 있는 외국기업이 자국 공무원들에게 뇌물을 제공할 가능성이 어느 정도인가를 조사하는 것이다. 2011년에 가장 청렴하다고 평가된 5개국을 보면 1위 네덜란드, 스위스, 3위 벨기에, 4위 독일, 일본, 5위 호주, 캐나다 등이고, 가장 부패정도가 심한 국가로는 러시아, 중국, 멕시코, 인도네시아, 아랍에미리트 등이다.

여기에시 한 가지 재미있는 사실은 두 가지 지수 모두에서 청렴도가 높은 국가들은 대부분 부유한 국가들이고, 부패정도가 높은 국가들은 대부분 빈곤한 국가들이라는 점이다.

표 6-2 각국의 부패인지도지수(CPI, 2011)

최대 청렴 10개국			최대 부패 10개국		
순위	국가명	CPI 지수	순위	국가명	CPI 지수
1	뉴질랜드	9.5	143	아제르바이잔, 벨라루스, 코모로스	2.4
2	덴마크	9.4	152	타지키스탄, 우크라이나	2.3
	핀란드	9.4	154	중앙아프리카, 콩고공화국, 코트디부아르, 기니비사우, 케냐, 라오스, 네팔, 파푸아뉴기니, 파라과이, 짐바브웨	2.2
4	스웨덴	9.3	164	캄보디아, 기니, 키르기스스탄, 예멘	2.1
5	싱가포르	9.2	168	앙골라, 차드, 콩고민주공화국, 리비아	2.0
6	노르웨이	9.0	172	부룬디, 베네수엘라	1.9
7	네덜란드	8.8	175	아이티, 이락	1.8
8	호주	8.8	177	수단, 투르크메니스탄, 우즈베키스탄	1.6
	스위스	8.8	180	아프가니스탄, 미얀마	1.5
10	캐나다	8.7	182	북한, 소말리아	1.0
43	한국	5.4			

자료: Transparency International (www.transparency.org)(2012).

2. 조세협정

글로벌기업은 그 특성상, 여러 나라에서 사업활동을 수행하고 있고, 또 주권을 가진 국가는 자국 관할권 내에서 세금을 징수할 수 있는 자주권을 가지고 있기 때문에 해외사업활동의 경우, 해외에서 얻어진 동일한 소득에 대해 투자국과 피투자국 모두가 과세하는 이중과세문제(double taxation)가 발생하게 된다. 만약 이중과세가 방지되지 않는다면 해외투자기업들은 현지기업들보다 훨씬 더 많은 세금을 부담해야 하기 때문에 해외사업 자체가 이루어질 수 없게 된다.

그러나 과세관할권에 대해서는 아직까지 국제적으로 통일된 이론이 없으며, 현실적으로 한 기업이 2개국 이상의 과세관할권하에 놓이는 경우도 없지 않다. 또 국가에 따라서는 과세대상이나 과세대상이 되는 소득원천 등 과세제도도 여러 가지 면에서 많은 차이를 보이고 있다.[9]

각국은 이러한 과세제도상의 차이에도 불구하고 이중과세를 방지하기 위해 여러 가지 방법을 활용하고 있는데, 주로 가장 많이 활용되고 있는 제도가 외국세액공제제도, 외국소득면제제도, 외국소득공제제도 등이다.

외국세액공제제도는 투자자의 해외원천소득에 대해 원천지국이 부과한 세액을 투자자의 과세부담에서 공제해 주는 제도이다. 그리고 외국소득면제제도는 원천지국에서 과세된 해외사업소득을 국내 과세대상에서 면제해 주는 제도로서, 실제적인 조세관할권은 원천지국이 갖게 되므로 국제적인 이중과세문제가 완전히 해결된다. 마지막으로 외국소득공제제도는 원천지국에서 과세된 외국납부세액을 거주지국의 과세대상소득에서 공제해 주는 제도로서, 이 경우 외국에서 납부한 세액은 국내기업이 외국에서 영업활동을 하는 데 소요되는 경상경비로 취급된다.

우리나라와 조세조약을 체결한 국가는 2012년 현재 일본, 미국, 중국, 그리스, 스위스, 네덜란드, 캐나다, 호주 등 모두 77개국에 달하고 있고, 조세조약 체결에는 서명했지만 국회비준 절차를 남기고 있는 수단, 나이지리아, 콜롬비아, 파나마, 가봉 등 5개국을 합하면 실질적으로는 82개국에 달한다.

3. 투자보장협정(Investment Treaty)

각국 정부는 자국기업의 해외투자를 촉진하기 위하여 투자여건이 양호하지 못한 피투자국과 투자협정을 체결하고 재산몰수, 환율불안정, 통화불태환, 그리고 전쟁, 혁명 또는 폭동 등에 따른 해외투자 손실을 보장하고 있다. 이러한 투자협정은 통상 쌍무조약의 형태를 띠는데, 현재 전세계에는 약 500여 개가 넘는 쌍무협정이 체결되어 있다.

각국 정부는 이러한 투자협정을 통하여 자국 관할권 내에 소재하고 있는 외국인 및 외국기업들에게 재판권 및 재산취득권 등과 같은 여러 가지 기본권을 보장하고 있다. 또한 이 협정에서 서명국들은 국제법을 준수하는 한편 피투자국이 외국인소유기업의 자산을 몰수하였을 경우 즉각적이고도 적절하게 보상할 것을 동의하고 있다.

투자협정에는 외국인소유기업에 대한 특별한 조항을 담고 있는 경우도 있으며 정부에 따라서는 아래와 같은 모든 권리를 외국인기업에게 보장해 주는 경우도 있다. 10

① 내국민대우(national treatment)

② 최혜국대우(most-favored-nation clause)

③ 정부가 외국인소유기업과 체결한 계약상의 대우

④ 국제법에 따른 대우 등이 그것이다.

여기서 내국민대우란 외국인 또는 외국법인에 대해 자기 나라가 자국민이나 자국법인에 대해 부여하고 있는 것과 동일한 권리를 부여하는 것을 말한다. 자국에서 활동하고 있는 외국인이나 외국법인에게 직접적인 영향을 미치는 이러한 입법은 궁극적으로 자국과 이해관계를 가지고 있는 다른 나라에 대해 자국이 외국인에게 부여하고 있는 것과 동일한 권리를 자국민에게도 부여해 주도록 간접적으로 강요하는 것이 된다.

다음으로 최혜국대우는 어느 한 조약 당사국이 제3국에게 보장하고 있는 것과 동일한 특혜를 다른 조약당사국에게도 특별한 다른 대가를 지불하지 않고 그대로 무차별하게 자동적으로 부여하는 것을 말한다. 오늘날에는 이러한 원래의 의미가 변질되어 상대 조약당사국을 다른 제3국에 비해 더 불리하게 대우하지 않는다는 의미로 사용되고 있다.

우리나라는 2012년 현재 영국, 독일 등 68개국과 투자보장협정을 체결한 상태이며 브라질, 이란 등 9개국과는 서명을 마친 상태이다.

4. 재산수용(Expropriation)

재산수용이란 보상의 유무에 관계없이 피투자국이 자국에 투자한 외국인투자기업의 재산과 재산권을 강제로 징수하여 처분하는 행위를 말한다. 예를 들면, 2006년 5월에 당선된 에보 모랄레스 볼리비아 대통령이 볼리비아의 석유 · 가스전 56곳에 군대를 투입하여 자원을 국유화한 것과 같은 경우가 그것이다.

외국인투자기업에 대한 재산수용은 재산수용에 대해 국내법을 적용해야 할 것인가 아니면 국제법을 적용해야 할 것인가, 그리고 보상의 형태 및 금액 등을 어떻게 해야 할 것인가 등 여러 가지 분쟁을 야기시키게 된다.

통상 외국인투자기업의 재산이 쉽게 수용되는 분야는 광업을 중심으로 하는 자원개발산업과 은행 및 보험 등과 같은 금융산업, 그리고 공익시설 및 운수 등과 같은 외부경제 부문을 들 수 있다. 그리고 투자기업이 피투자국의 특정 경제부문을 지배하고 있거나 거액의 자산을 소유하고 있는 경우, 피투자국에 의해서 수용을 당할 가능성이 높다.

한편, 재산수용에는 즉각적인 수용 이외에 점진적인 수용(creeping expropriation)도 있다. 점진적인 수용이란 외국인투자기업에게 점진적인 차별조치를 취함으로써 실질적인 경영악화를 초래케 하여 궁극적으로는 그 사업을 그만둘 수밖에 없게 만들어 버리는 경우를 말한다. 외국인출자비율의 제한이나 현지법인에 대한 현지인의 참여확대, 제품의 국산화비율 증대, 과도한 강제적인 기술이전 요구나 제약, 그리고 극단적인 규제 등이 바로 여기에 해당된다.

재산수용에 대한 권리는 자주권의 한 속성에 속한 것으로서 이른바 영토주의 원칙이 통설이며, 해당 목적물이 수용국 내에 위치하는 한 이는 원칙적으로 유효한 것으로 받아들여지고 있다. 결국 모든 국가는 자국의 법률이 정하는 바에 따라서, 그리고 자국의 목표와 우선순위에 따라서 자국관할권 내에 소재하고 있는 외국인투자를 규제하고 관할할 수 있는 권리를 가질 뿐만 아니라, 한 걸음 더 나아가 외국인재산을 국유화하거나 수용할 수 있는 권리도 갖는다. 하지만 수용국 내의 목적물을 수용함에 있어서는 신속하고 적절한 현실적 보상이 이루어져야 한다는 것이 다수설이다.

5. 지적소유권 보호

지적재산권이란 문학, 예술 및 과학작품, 연출, 예술가의 공연, 음반 및 방송, 발명, 과학적 발견, 공업의장, 등록상표, 상표 등에 대한 권리와 공업, 과학, 문학 또는 예술분야의 지적활동에서 발생하는 기타의 모든 권리를 뜻한다. 결국 문학, 예술 및 과학작품 등 인간의 정신적 창작활동에 의해 생성된 무형의 재산권을 의미한다.

지적재산권은 〈그림 6-3〉에서 볼 수 있는 바와 같이 크게 산업재산권, 저작권 및 신지적재산권 등의 세 분야로 대별할 수 있다. 그리고 산업재산권은 다시 특허권, 의장권, 상표권, 지리적 표시권 등으로 나눌 수 있고, 저작권은 저작재산권과 저작인접권으로 구분할 수 있으며, 신지적재산권은 산업저작권(컴퓨터 프로그램 및 소프트웨어권, 반도체칩회로설계권 등), 첨단산업재산권(생명공학기술권 등), 정보재산권(영업비밀권 등)으로 나눌 수 있다.

그동안 지적재산권에 대한 국제적인 보호는 2국 간 또는 다국간협정에 의해 이루어져 왔으며, 개개 협정들은 각국의 국내법에 의거하여 독립적으로 시행되어 왔다.

지적재산권 보호를 위한 세계적인 기구로는 유엔전문기관인 세계지적재산권기구(World Intellectual Property Organization: WIPO)를 들 수 있다. 1967년에 설립된 이 기구는 파리협약(Paris Convention), 베른협약(Berne Convention) 등 대부분의 국제협정을 관할하면서, 전세계 각 국가들 간의 특허법상의 차이를 해소하고 세계 특허법의 통일을 위한 작업을 추진하는 등 지적재산권에 대해 중추적인 국제기구의 역할을 수행해 오고 있다.

그러나 이들 국제협약에 의한 지적재산권 보호는 그 보호수준이 미흡하고 GATT 다자간규범 내에 있지 않아 무역마찰의 주요 논쟁거리가 되어 왔다. 특히 위조상품의 무역에 대한 규율이 미흡하고 기존 협약들이 지적재산권 보호를 각국의 국내법에 위임하도록 하고 있으며, 신기술분야에 대한 보호가 미흡하다는 점 등이 개선되어야 할 것으로 지적되고 있었다.

이즈음 미국을 중심으로 하는 선진국들이 국제경쟁력을 제고하기 위한 수단으로서 지적재산권 보호를 강력하게 요구하게 되었고, 결국 지적재산권 보호문제는 우루과이라운드(Uruguay Round)의 다자간협상의 의제로 채택되어 지적재산권에 대한 다자간규범이 마련되게 되었다.

WTO체제에서의 무역관련지적재산권(Trade-Related Intellectual Properties: TRIPs)에 대한 협정은 내국민대우와 최혜국대우를 기본원칙으로 하여 저작권 및 저작인접권, 특허, 상표, 산업디자인, 지리적 표시, 반도체칩회로설계, 영업비밀 등 8개 분야에 대한 보호범위와 기간 및 시행절차, 그리고 분쟁해결절차 등을 규정하고 있다.

여기에서 지적재산권 보호를 위해 주요 지적재산권협약에 가입하고 있는 회원국 수를 보면 〈표 6-3〉과 같다.

그림 6-3 지적재산권의 구분

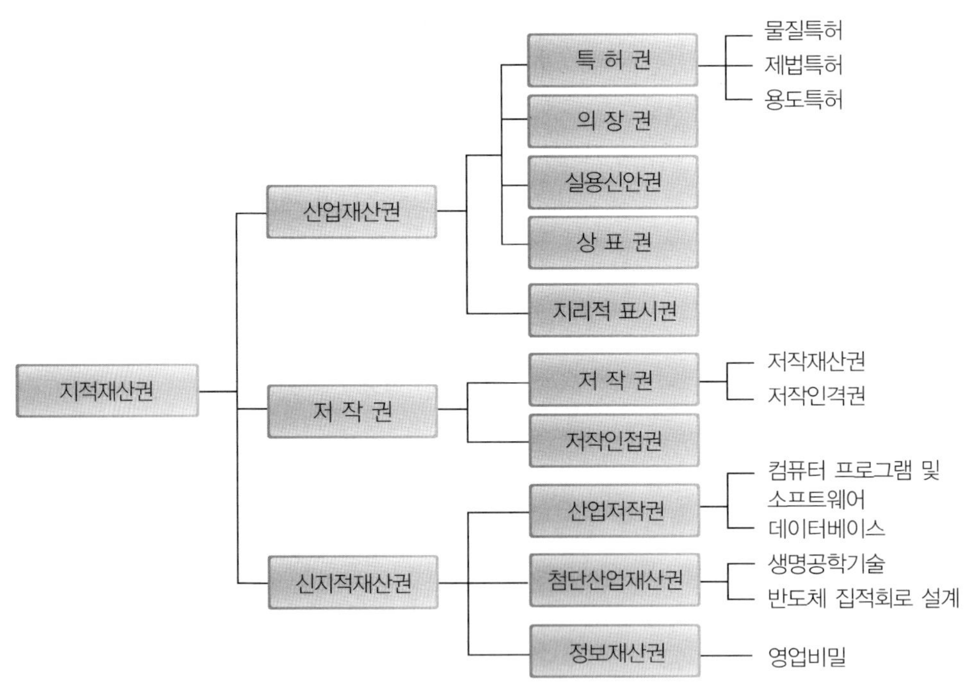

표 6-3 주요 지적재산권조약의 회원국 수

구 분	1980	1990	2000	2005	2012
세계지적재산권기구 (WIPO)	92	123	175	182	185
파리협약 (Paris Convention)	87	97	160	169	174
베른협약 (Berne Convention)	70	83	147	159	165
부다페스트협정 (Budapest Treaty)	6	22	48	60	75
특허협력조약 (PCT)	30	45	108	126	144

자료: 당해 기구 및 조약 홈페이지.

제 4 절 국제경영활동상의 법률적 분쟁해결

1. 분쟁해결방법

해외투자기업이 국제사업활동을 수행하는 과정에서 분쟁이 발생하는 경우, 이것을 해결하는 방법에는 아래와 같이 교섭을 통한 방법으로부터 재판을 통한 방법에 이르기까지 여러 가지가 있다.

첫째, 직접교섭을 통한 해결이다. 이 방법은 투자기업과 피투자국 간에 협의나 협상 등 직접적인 교섭을 통해 분쟁을 해결하는 방법이다.

둘째, 조정을 통한 해결이다. 이 방법은 분쟁조정위원회가 당사자 간의 쟁점을 찾아내서 분쟁당사자들이 서로 받아들일 수 있는 조건하에서 화해가 이루어지도록 조정하는 방법이다.

셋째, 중재를 통한 해결이다. 이 방법은 분쟁당사자 간의 합의하에 그 해결을 법원 이외에 공신력을 가지고 있는 중재기관에게 위임하고, 그 판정에 따라 분쟁을 해결하는 방법이다.

넷째, 관할법원의 재판을 통한 해결이다. 이 방법은 분쟁이 양 당사자 간의 직접 교섭이나 조정, 그리고 중재에 의해 해결되지 못하는 경우 관할법원의 재판을 통해서 해결하는 방법이다. 이때 판결을 내리게 될 관할법원은 계약서에 명시된 바에 따른다.

2. 분쟁해결 중재기관

국제경영활동을 수행하는 과정에서 발생한 법적 분쟁이 당사자 간에 원만하게 해결되지 못하면 중재나 소송을 이용할 수밖에 없다. 이 중 소송은 양 당사자가 원격지에 위치하고 있어 시간과 비용이 많이 소요될 뿐 아니라, 외국기업의 경우 소송에 의존하게 되면 현지인들에게 좋지 못한 이미지를 심어줄 수 있기 때문에 오히려 중재가 더 많이 이용된다.

분쟁해결에 이용 가능한 중재기관으로는 국제투자분쟁해결센터(International Center for Settlement of Investment Disputes: ICSID)와 UN국제무역거래법위원회(United Nations Commission on International Trade Law: UNCITRAL), 그리고 상업회의소(International Chamber of Commerce: ICC) 등이 있다.

먼저 국제투자분쟁해결센터(ICSID)는 세계은행(World Bank)의 지원하에 투자기업과 피투자국 간의 분쟁을 해결하기 위해 설립된 국제기구이다. 국제투자분쟁해결센터는 투자기업 및 피투자국의 특정 권리와 의무를 규정하고 있지는 않지만, 양 당사자가 분쟁의 해결을 의뢰하는 경우 분쟁에 대한 해결절차를 제공하고 있다.

다음으로 UN국제무역거래법위원회(UNCITRAL)를 통해서도 중재가 가능하다. 국제무역법은 각기 상이한 국가들 간의 사법적 성질의 상사관계를 규율하는 법체제로서, 여기에는 사회적 상사관계에 속하는 정부기관이나 공공기관, 그리고 중앙집권 경제체제를 갖는 국가의 외국무역공사 등의 사법적 법률행위까지도 포함된다.

또 국제상업회의소(ICC)의 국제투자분쟁 해결을 위한 조정 및 중재규칙을 통해서도 중재가 가능하다. 국제상업회의소의 중재에 맡겨질 분쟁은 무역거래뿐만 아니라 정부 또는 공공기관과 민간기업간의 분쟁, 투자계약에서 발생하는 분쟁, 그리고 공익사업에 관한 계약을 둘러싸고 발생하는 분쟁 등을 모두 포함한다. 그리고 여기에서의 분쟁은 국제적 요인이 포함되는 국제적 성격을 띤 것이어야 한다.

제 5 절 글로벌기업의 행동에 관한 국제적 규제

1. 국제상업회의소(ICC)의 지침

국제상업회의소(International Chamber of Commerce: ICC)의 지침에는 투자정책, 소유 및 경영, 재정, 조세정책, 법적 기본구조, 노동 및 사회문제를 포함한 인사정책, 발명, 노하우 및 전문능력을 포함한 기술, 무역정책 등의 행동원칙이 규정되어 있다. [11]

이 지침에서 투자기업은 피투자국의 법률, 정책 및 경제사회적 목표를 존중하고 피투자국 정부에 대해 투자시 부담하는 의무를 준수하며, 분쟁 발생시 국제조정재판소 또는 국제중재재판소를 통해 분쟁을 해결하는 협정을 체결해야 한다고 규정하고 있다.

그리고 투자본국 정부에 대해서는 자국의 국내법을 피투자국 내 투자기업의 행동에까지 연장 · 적용함으로써 피투자국의 법질서를 침해해서는 안 된다고 규정하고 있다.

또 피투자국 정부는 외국의 재산권에 대해 국제법상의 제 원칙을 존중하여 재산권을 공정하게 취급할 것과 투자기업에 대한 계약상의 의무 준수, 수용 또는 국유화시의 공정한 보상 실시 등을 규정하고 있다. 또 국제조정재판소나 국제중재재판소를 통한 분쟁해결에 관한 협정을 체결하고 소수 주주에 대한 보호규정을 두어야 한다고 규정하고 있다.

2. 경제협력개발기구(OECD)의 지침

경제협력개발기구는 글로벌기업에 대한 행동지침에서 글로벌기업에 대한 평가, 행동지침 설정의 목적, 글로벌기업에 관한 국제협력, 행동지침의 법적 성격 및 적용대상 등을 규정하고 있다. 본문에서는 일반적 지침에 이어 정보공시, 경쟁, 재무, 과세, 고용과 산업관계, 과학 및 기술 등의 개별지침을 포괄적으로 규정하고 있다. [12]

OECD의 지침은 다른 회원국 기업을 자국기업과 동등하게 대우하는 한편 그들과 체결한 모든 계약을 준수할 것을 규정하고 동시에 국제법에 따른 대우도 보장하고 있다.

이 지침의 주요 내용을 요약하면 다음과 같다.

① 매 결산시 재무제표에 계열기업의 소유관계, 세계 여러 지역에서 이루어지고 있는 경영활동의 성격과 주요 업종별 경영성과, 그리고 새로운 지역별 · 업종별 자본이동을 공개해야 한다.

② 투자제한 분야에 참여하거나 우월적 지위를 남용하여 그 시장에서의 경쟁행위를 저해하는 행위를 삼가야 한다.

③ 피투자국의 세무당국에 세액산출에 필요한 자료를 제공하여야 하며, 세법상 불법적으로 이전가격(transfer pricing)을 이용해서는 안 된다.

④ 노동단결권과 단체교섭권을 존중하고 종업원 훈련 및 자질 향상, 공정한 채용, 해임위협 금지, 공장폐쇄에 대한 대응책 강구 등을 규정하고 있다.

이 외에도 이 지침은 OECD회원국 정부의 방침과 목표에 대한 고려, 경제 · 사회적으로 피투자국에 대한 우선권 고려, 뇌물제공 및 정치적 기부나 간섭금지 등의 내용을 담고 있다.

OECD의 지침은 기본적으로 선진국 내의 자본이동을 대상으로 해외직접투자의 긍정적인 측면을 강조하여 해외투자를 촉진하자는 것이 그 기본 골격이다. OECD회원국인 우리나라도 이 규범의 취지에 부응할 수 있도록 외국인직접투자제도를 개선하는 등의 노력을 기울여야 할 것이다.

3. 유엔(UN)의 규제

1974년 UN에서 채택된 신국제경제질서 수립선언 및 행동계획(The Declaration and Programme of Action on a New International Economic Order)은 무역 및 국제통화 문제, 공업화와 기술이전, 천연자원의 항구주권, 그리고 글로벌기업과 개도국 간의 협력 등을 담고 있다.

UN은 신국제경제질서 수립선언 및 행동계획에 이어 1974년 12월에는 제 국가의 경제권리의무헌장(The Charter of Economic Right and Duties of States)을 채택하였다. 이 헌장의 제2장 경제적 권리 및 의무의 제2조 천연자원의 항구주권, 민간투자, 글로벌기업이라는 조항에는 다음과 같은 권리가 규정되어 있다.

개발도상국은

① 자국의 법령 및 자국의 국가적 목적과 정책의 우선순위에 따라서 자국 관할권 내에서의 외국인투자를 규제하며 이에 대한 권한을 행사한다.

② 자국의 경제사회정책에 합치하는 조치를 취할 수 있다.

③ 외국인자산을 국유화하거나 수용 또는 소유권을 이전할 권한을 갖는다.

또 행동계획 중 글로벌기업의 활동규제 조항에서는 다음과 같은 행동기준을 규정하고 있다.

① 피투자국에서의 내정간섭 불용

② 피투자국의 개발계획 및 목적에 부응하는 활동 수행

③ 공평하고 유리한 조건의 기술 및 경영노하우 이전 지지

④ 글로벌기업에서 발생하는 이익의 환원 추구

⑤ 기업이익의 재투자 촉진 등이다.

이상에서 글로벌기업에 대한 국제적인 규제에 대해 살펴보았는데, 이 외에도 WTO의 무역관련투자협정(Trade Related Investment Measures: TRIMs) 및 서비스 일반협정(General Agreement on Trade in Services: GATs), 국제투자보증기구(MIGA)의 지침, 국제투자분쟁처리기구(ICSID)의 지침, 세계은행(World Bank)의 가이드라인, ILO 3자선언 등이 있다.

국제경영사례 6-2

우리나라의 해외뇌물방지법

우리나라도 1999년부터 경제협력개발기구(OECD)의 뇌물방지협약에 따라 '국제상거래에서의 외국공무원에 대한 뇌물방지법(Convention on Combating Bribery of Foreign Public Officials in International Business Transactions)' (해외뇌물방지법)을 시행하고 있다.

세계무역기구(WTO)는 부패문제를 투자, 경쟁, 노동, 환경과 함께 5대 이슈로 다루고 있다. 이는 뇌물 및 부패행위가 공무원과 정치가의 주머니만 살찌울 뿐 비용을 높여 장기적으로 모든 기업과 소비자에게 손해를 끼치며 국제무역 및 해외투자에 장벽으로 작용하기 때문이다. 결국 부패행위는 뇌물을 제공한 기업이 사실상 독점적 지위를 갖게 되므로 공정한 경쟁을 가로막게 된다.

OECD의 뇌물방지협약에서도 국제거래에 있어서 외국공무원에 대한 뇌물제공을 금지하고 있으며, 이를 어길 경우 자국 법에 따라 처벌을 하도록 의무화하고 있는데, 처벌대상은 뇌물을 제공한 기업(개인)으로 한정하고 받은 사람은 처벌하지 않도록 되어 있다. 이때 처벌에 대한 요청은 국제거래에서 경쟁기업이 뇌물을 제공함으로써 손해를 보게 된 타국의 기업이 제기하게 된다.

우리나라 해외뇌물거래방지법도 OECD의 뇌물제공방지협약에서와 같이 국제상거래시 외국공무원에 대해 뇌물을 제공한 국내기업과 개인을 형사처벌할 수 있도록 규정하고 있다. 이는 해외에서의 상거래관행이 상대적으로 투명하지 못한 우리 기업들에는 큰 부담이 될 것으로 보인다. '해외뇌물방지법'은 특히 뇌물을 주고 공사를 따거나 물건을 팔아 얻은 이익금이 5억 원을 넘을 경우 최고 이익금의 2배까지의 벌과금도 물리도록 하고 있어서 사실상 해외에서의 모든 주요거래가 반부패라운드의 국제감시하에 놓이게 됐다고 해도 과언이 아니다.

사실, '부패라운드'라고 불리는 OECD협약을 유도해 낸 미국은 외국공무원에 대한 뇌물행위를 해외부패방지법 제정 이전부터 독점금지법 증권거래법 등을 통해 규제했었다. 그러다 워터게이트와 록히드 뇌물사건을 겪으면서 1977년 해외부패방지법을 제정했다. 워터게이트 청문회를 통해 미국기업들이 닉슨대통령에게 불법선거자금을 지원한 것을 포함해 입찰과 관련해 외국정부의 고위공무원에게 뇌물을 제공한 사실이 공개됐다. 그 중 하나가 그 유명한 록히드 사건이다.

록히드사가 이면계약을 통해 트라이스타 L1011항공기의 일본 판매와 관련해 약 2,500만 달러를 리베이트로 제공했다는 사실이 드러났다. 여론의 압력으로 법무부가 미국기업에 의한 국제적 뇌물사건을 수사했고 이를 계기로 해외부패방지법이 탄생했다. 미국에서 이러한 사실이 밝혀짐에 따라 일본 검찰도 수사를 개시해 1976년 다나카 가쿠에이 총리를 구속 기소한 바 있다.

해외부패방지법 제정 이후 뇌물공여죄 위반으로 20여 건이 기소됐으며 거의 모두가 유죄판결을 받았다. 일부 기업들은 재판과정에서 기업 이미지 손상을 우려해 거액의 유무죄흥정 절차(Plea Bargaining)를 통하여 벌금에 합의한 뒤 사건을 종결했다. 이 같은 배경에서 미국은 국제적인 뇌물관행을 근절시키고 국제상거래에서 공정한 경쟁을 보장하기 위해 OECD의 뇌물방지협약 제정을 주도하기에 이르렀다.

뇌물수수관행은 해외 상거래에서만 문제가 되는 것이 아니다. 한국의 외자유치 과정에서 외국인 투자자들이 국내기업에 대해 강도 높게 요구하는 것 중 하나가 철저한 뇌물관행의 근절이다. 외국인 투자자들은 뇌물 관행이 한국투자를 제약하는 중요한 요인이라고 보고 있다.

미국 A사는 세계 각국에서 광범위하게 합작사업을 벌이고 있는 글로벌기업인데, 몇 해 전 아프리카의 한 합작회사 직원이 현지 공무원에게 뇌물을 준 것이 문제가 됐다. 그리하여 그 직원의 이름조차 알지 못하는 본사의 간부가 미국의 해외부패관행법에 의해 처벌받을 뻔한 사건을 겪었다.

얼마 전 이 A사는 한국에서 합작회사를 설립하기 위한 협상을 벌이는 현장에서 한국측 합작파트너에게 장차 설립될 합작회사의 임직원이 미국의 해외부패방지법에 위반되는 행위를 하지 않도록 보장해달라고 집요하게 요구했다. 한국에 설립될 합작회사 직원이 공무원에게 뇌물을 주다 적발된다면 모회사 임직원까지 미국법에 의해 처벌받을 우려가 있다는 이유였다.

한국측 합작파트너는 한국 법에 의해 운영될 합작회사 직원이 미국 법에 위반되는 행위를 하지 않겠다는 약정을 해야 하는지에 대해 의문을 표시했으나 결국 미국측 파트너의 요구를 받아들일 수밖에 없었다. 현실적으로 부패방지를 위해서는 뇌물을 주지 않는 사업관행을 보다 확고하게 정착시키고 뇌물공여방지를 위한 노력을 문서화하는 것이 중요하다고 하겠다.

지금 전세계에서 벌어지는 뇌물수수관행 퇴치운동은 하나의 법률이 지배하는 지구촌 시장경제의 일원이 되기 위해 모든 국가가 반드시 지켜야 하는 기준이다. 오늘날 국제 상거래에 참여하는 모든 당사자들은 자국 법, 현지법은 물론 하나의 커다란 글로벌 리걸 시스템에 의해 규율되고 있음을 잊지 말아야 한다.

이러한 범세계적인 뇌물수수관행 퇴치와 관련하여 우리나라 기업들도 해외시장에서 선진 기업들과 공정하게 게임할 수 있도록 부패라운드에 대응하고 있다. 그 일환으로서 Hyundai는 전임직원에게 관련 교육을 실시하는가 하면, 윤리강령을 선포하고 해외에서 각종 계약체결시 뇌물방지법 준수를 명시하도록 하였다. Samsung 또한 부패방지를 위한 서면교육을 실시하였고, LG도 윤리규범 실천 지침에 뇌물공여 금지 항목을 추가하도록 하고, 정기적인 윤리규범 교육을 실시하였다. Daewoo 또한 인사 복무 및 감사 규정에 뇌물 방지에 대한 조항을 신설하도록 하여 이에 대응하였다.

여기에서 우리나라의 외국공무원에 대한 뇌물방지법을 보면 아래와 같다.

국제상거래에 있어서 외국공무원에 대한 뇌물방지법 (2010.3.24 법률 제10178호)

제1조(목적) 이 법은 국제상거래와 관련하여 외국공무원등에게 뇌물을 제공하는 행위를 처벌함으로써 건전한 국제상거래 질서의 확립에 기여하고 경제협력개발기구의 「국제상거래에 있어서 외국공무원에 대한 뇌물 제공행위 방지를 위한 협약」의 이행에 필요한 사항을 규정함을 목적으로 한다.

제2조(외국공무원등의 범위) 이 법에서 "외국공무원등"이란 다음 각 호의 어느 하나에 해당하는 사람을 말한다.

1. 임명직 또는 선출직에 상관없이 외국정부(중앙으로부터 지방에 이르는 모든 단계의 정부를 포함한다. 이하 같다)의 입법, 행정 또는 사법업무에 종사하는 사람

2. 다음 각 목의 어느 하나에 해낭하는 사람으로서 외국의 공공기능 수행자

가. 외국정부로부터 공적(公的) 업무를 위임받아 수행하는 사람

나. 특정한 공적 업무를 수행하기 위하여 법령에 따라 설립된 공공단체 또는 공공기관의 업무에 종사하는 사람

다. 외국정부가 납입자본금의 50퍼센트를 초과하여 출자하였거나 중요 사업의 결정 및 임원의 임면(任免) 등 운영 전반에 관하여 실질적인 지배력을 행사하고 있는 기업체의 임직원. 다만, 차별적 보조금이나 그 밖의 특혜를 받지 아니하고 일반 사경제(사경제) 주체와 동등한 경쟁관계에서 사업을

하는 기업체의 경우는 제외한다.

3. 공적 국제기구의 업무를 수행하는 사람

제3조(뇌물공여자 등의 형사책임) ① 국제상거래와 관련하여 부정한 이익을 얻을 목적으로 외국공무원 등에게 그 업무와 관련하여 뇌물을 약속 또는 공여하거나 공여의 의사를 표시한 자는 5년 이하의 징역 또는 2천만원 이하의 벌금에 처한다. 이 경우 범죄행위로 얻은 이익이 1천만원을 초과할 때에는 5년 이하의 징역 또는 그 이익의 2배에 해당하는 금액 이하의 벌금에 처한다.

② 제1항의 경우 다음 각 호의 어느 하나에 해당하는 경우는 예외로 한다.

1. 외국공무원 등이 속한 국가의 법령에 따라 그 지급이 허용되거나 요구되는 경우

2. 일상적·반복적 업무에 종사하는 외국공무원 등에게 그의 정당한 업무수행을 촉진할 목적으로 소액의 금전이나 그 밖의 이익을 약속 또는 공여하거나 공여의 의사를 표시하는 경우

③ 제1항의 죄를 범하여 징역에 처하는 경우에는 제1항에서 정한 벌금을 병과(倂科)한다.

제4조(양벌규정) 법인의 대표자나 대리인, 사용인, 그 밖의 종업원이 그 법인의 업무에 관하여 제3조제1항의 위반행위를 하면 그 행위자를 벌하는 외에 그 법인도 10억원 이하의 벌금에 처한다. 이 경우 범죄행위로 얻은 이익이 5억원을 초과할 때에는 그 이익의 2배에 해당하는 금액 이하의 벌금에 처한다. 다만, 법인이 그 위반행위를 방지하기 위하여 해당 업무에 관하여 상당한 주의와 감독을 게을리하지 아니한 경우에는 그러하지 아니하다.

제5조(몰수) 이 법에 규정된 범죄행위에 제공된 뇌물로서 범인(제4조에 따라 처벌되는 법인을 포함한다)이 소유하거나 범인 외의 자가 그 정황을 알면서 취득한 것은 몰수한다.

자료: 매일경제신문 (1999. 2. 4.); 동아일보 (1998. 12. 30., 1999. 9. 2., 1999. 10. 28.); 한국경제신문 (1999. 4. 16.); 법무부·전국경제인연합회, 국제상거래뇌물방지법 해설: OECD 뇌물방지협약 국내이행법률, 1999; 법무부, 국제상거래에 있어서 외국공무원에 대한 뇌물방지법 (2010. 3. 24).

해외사업 전략

International Business

제3부

CHAPTER 07

수출전략

International Business

국제경영사례 7 - 1

Nike의 수출전략

Nike는 OEM방식을 통한 자체적인 완제품 생산공장을 갖고 있다. 이는 각국에 하청공장을 두고 지역실정에 맞는 제품을 생산하기 위한 것이다.

미국 본사는 기본적인 연구개발과 제품디자인만을 담당할 뿐, 실제 신발과 각종 스포츠의류는 세계 각국의 현지 공장에서 생산한다. 나이키는 연간 약 40억 달러의 매출을 올리고 있지만 회사소유공장은 단지 미국에만 있다. 미국공장은 높은 기술이 요구되는 에어백(air bag)만 생산한다. 에어백은 Nike의 모든 신발에 핵심부품으로 사용되는 첨단제품이다. 신발완제품이나 체육복, 모자 등과 같은 다른 제품은 전혀 생산하지 않는다.

신발 완제품과 다른 스포츠의류는 모두 해외공장에서 생산하여 현지시장에 판매하기도 하고 다른 나라로 수출하기도 한다. 해외에서의 제품생산은 해외협력회사들과의 하청계약에 의해 이루어진다. 이때 본사 스태프가 해외공장에 상주하여 제품의 품질을 감시 · 감독한다. Nike의 지역별 분업체제는 아메리카지역과 아시아태평양지역, 그리고 유럽지역으로 나눠져 있다.

각 지역에 있는 Nike의 현지법인들은 미국 본사와 네덜란드, 홍콩에 있는 지역본부가 설정한 방향에 맞추어 제품개발에서부터 마케팅전략을 수립한다.

현지법인 사장들은 본사와 지역본부에서 내려온 지침을 토대로 각국 사정에 맞는 신발을 디자인하고 생산 · 판매하는 전략을 쓰고 있다. 한국에서는 스키복 생산이 독자적으로 이루어져 한국 내에서만 판매되고 호주에서는 크리켓용 신발이 현지법인의 독자적인 판단에 의해 생산되어 호주에서만 판매된다. 본사와 지역본부는 기본적인 방향과 제품의 공격을 설정해 주기만 할 뿐이다. 많은 기업들이 그렇듯이 Nike도 로컬화(localization)를 지역별 분업의 핵심전략으로 쓰고 있다.

Nike는 20여 년 전부터 지역별 분업체제를 실시했다. 원가절감을 통해 경쟁자들인 푸마나 아디다스 등을 누르기 위해서였다. 지난 1970년대 후반부터 한국, 대만, 태국 등 아시아국가에 생산기지를 설치하여 원가절감에 큰 성공을 거두었다. 이 지역의 저렴한 인건비와 양질의 노동력을 확보할 수 있었던 게 주효했다.

이처럼 지역별로 에어백만을 전문적으로 생산 · 공급하거나 완제품을 생산하여 현지에만 판매하면서 다른 제품도 생산하여 해외로 수출하는 지역별 분업체제는 세계시장을 겨냥한 Nike의 기본 전략이다. Nike는 이 같은 전략을 글로컬라이제이션(glocalization)이라고 정의하고 있다.

Nike는 지역분업체제를 통한 세계시장 확대를 위해 회장을 팀장으로 하는 5인의 세계화(글로벌라이제이션)팀을 가동 중이다. 이 팀은 3개월마다 만나 세계화와 관련한 조직개편을 논의한다. 또 특정국가나 지역에 대한 새로운 전략을 검토하거나 수립하는 일을 한다.

지역별 분업체제 속에서 Nike는 좀 색다른 신제품개발전략을 채택하고 있다. Nike는 먼저 신제품의 출시 목표시기를 정한 다음 1년 6개월 전부터 제품에 들어가 먼저 첫 6개월 동안은 소비자와 전문가들로부터 다양한 의견을 모은다. 그리고 출시 목표시기 1년을 앞두고 제품을 최종결정하여 생산라인을 돌린다.

철저한 품질테스트와 디자인을 검토한 후 본격적인 생산과 출하에 나선다는 원칙을 지키고 있는 가장 최근의 사례는 바로 농구용 셔츠다.

올해 미국 프로농구의 영웅 마이클 조단이 코트에 다시 컴백하면서 전에 쓰던 23번의 백넘버를 45번으로 바꾸었다. 이에 따라 백넘버 45번 셔츠의 수요가 폭발적으로 늘어났다. 그렇지만 생산 및 품질관리 원칙이 엄격히 지켜져 아직 수요에 충분히 대응하지 못하고 있다.

"어느 날 갑자기 새로운 수요(시장)가 생겼다고 해서 무턱대고 이것을 따라가지는 않는다. 스포츠화 및 의류 전문메이커로서의 자부심을 지키기 위해 충분한 품질관리를 거친 후에야 제품을 시장에 내놓는 것이 Nike의 전통이다."

철저한 계획과 품질관리를 반드시 거친 다음에야 시장에 제품을 내놓고 있기 때문에 Nike는 국제시장에서 스포츠화와 스포츠웨어의 최고메이커라는 평판을 듣고 있다.

최고메이커로서 Nike는 광고에서도 최고를 추구한다. 각 스포츠종목의 최고선수를 광고모델로 기용하여 활용함으로써 소비자들에게 세계일류선수들이 신거나 입고 있는 것이 바로 Nike제품이라는 사실을 세계에 널리 알리고 있다.

엘리트선수들을 통해 Nike를 일반 소비자들의 눈에 잘 띄게 하기 위해서다. Nike의 성장과정에서 스포츠스타들의 역할은 거의 절대적이었다. 1970년대 후반 테니스스타 존 매켄로는 Nike의 첫 계약선수였다. 이후 마라토너인 살라자르, 농구스타 마이클 조단으로 Nike의 스포츠스타를 이용한 마케팅전략은 계속되고 있다.

그러나 스포츠스타를 이용한 광고는 소극적인 마케팅전략이다. 역동성과 적극성이 스포츠의 생명임을 알고 있는 Nike가 소극적인 마케팅으로 만족할리 없다. 그래서 직접 스포츠시장을 확대시키기 위한 적극적인 마케팅전략도 구사한다. 세계 모든 사람들의 생활양식 변화를 유도하여 스포츠화 및 의류의 판매신장을 도모하는 것이다.

이를 위해 Nike는 세계적으로 통일된 광고 슬로건을 사용한다. "당장 행동으로 옮기십시오(Just Do It)." 이 캐치프레이즈는 자신의 체력상태를 항상 쾌적하게 유지하려는 사람들에게 지금 망설이지 말고 행동에 옮기라는 메시지를 전달하고 있다. Nike는 이때 적당한 스포츠화와 의류를 제공하여 사람들의 행동을 돕겠다는 의미를 광고에 담고 있다. 마케팅 중 판매분야에서는 선주문(futures order)이라는 특이한 방식을 쓰고 있다. 이 방식은 Nike의 성장에 크게 기여하고 있다.

Nike의 재고조정시스템인 선주문은 소매점들로 하여금 판매예상량의 80%까지 시즌개시 6-8개월 전에 미리 주문하도록 하는 방식을 말한다. 이를 통해 Nike는 생산계획을 수요에 맞춰 조절할 수 있어서 재고비용을 줄일 수 있다. 이때 Nike는 제때 정확한 시간에 물건을 공급해주면서 10%까지의 가격할인혜택도 주고 있다. 지역별 분업과 다양한 마케팅전략을 무기로 Nike는 현재 30%에 이르는 해외매출비중을 2년 후에는 50%로 끌어올린다는 야심 찬 계획을 가꿔나가고 있다.

Nike가 마케팅에서 가장 중시하는 것은 전통스포츠용품업체라는 이미지를 강조하는 것이다. 또 제품자체의 선전보다는 느낌이나 감정의 주입에 역점을 두고 있다. 스포츠는 합리적이라기보다는 정서적인 측면이 강하다는 판단에서이다.

그리고 Nike의 마케팅전략 중의 하나인 풀뿌리프로그램에서는 세계 각국의 어린이들에게 스포츠와 피트니스(몸매 가꾸기)의 방법을 가르쳐주고 직접 경험시킴으로써 미래의 고객을 확보하면서 잠재시장을 확대하기 위한 각종 청소년운동지원행사를 말한다. Nike는 회사설립 초기단계부터 이 프로그램을 실시해오고 있는데, 이 프로그램은 어린이들에게 스포츠의 세계를 이해하도록 하여 미래의 소비자를 육성하려는 것이 그 목적이다.

이를 위해 Nike는 자금을 제공해 각종 스포츠행사를 개최하고 스포츠게임비디오나 코치를 각국에 보내 스포츠의 대중화를 꾀하고 있다. 이때 각국의 나이키현지법인은 지역실정에 맞는 프로그램을 실행한다. 가령 한국에서 한 팀이 3명씩 코트의 반을 이용한 농구게임을 실시한다든지 하는 것이 그것이다. 최근 1~2년 동안만 해도 유럽에서 14세 이하 축구대회를 개최하였고 아시아에서는 길거리농구대회를 열고 있다. 이 밖에 나이키국제테니스캠프를 열어 어린 소년소녀들이 참가해 우의도 다지고 스포츠의 즐거움도 만끽하게 해주고 있다.

물론 여기에는 적지 않은 돈이 들어간다. 미국 내에는 「PLAY」라는 이름의 풀뿌리프로그램이 전역에서 실시되고 있는데 해마다 4,000~5,000만 달러를 투입하고 있다. 세계 전체적으로는 약 1억 달러가 들어가고 있는 셈이다.

Nike는 일반 스포츠화나 의류시장에서는 선두기업이나 성인여성용 스포츠화나 의류시장에서는 경쟁자인 리복에 크게 밀리고 있다는 지적을 받고 이것이 전략상 실책에 의한 것이라는 것을 인정하고 있다. 이는 그동안 에어로빅 등 성인여성들의 스포츠시장을 등한시해 온 결과라고 평가하고, 최근에는 이 분야에도 관심을 기울이고 있다.

자료: 한국경제신문(1995. 6. 1.); Nike website(www.nikebiz.com)(2012).

제 1 절 수출전략

1. 기업의 수출행태

(1) 수출의 의의

수출(exporting)이란 기업이 자기 나라에서 생산한 제품을 해외의 고객에게 판매하는 가장 기본적인 국제사업활동으로서, 특정 전략이나 제품에 따라서는 계약방식이나 해외직접투자방식에 의한 해외진출보다도 훨씬 더 전략적으로 빈번하게 활용된다.

수출은 통상 아직 국제화 초기단계에 있는 기업이 계약(라이센싱)이나 해외투자와 같은 본격적인 국제경영방식을 이용하여 사업활동을 추진하기 이전 단계에서, 해외시장에 깊이 개입하지 않고 동시에 위험도 크게 부담하지 않으면서 국제사업활동을 수행하고자 하는 경우에 주로 활용된다.

한편, 수출에는 간접수출(indirect exporting)과 직접수출(direct exporting)이 있는데, 통상 수출의 초기단계에서는 자본비용이나 위험수준이 낮고 고정자본투자가 거의 필요 없는 간접수출방식을 이용하다가, 점차 해외시장에 대한 지식이 축적되고 수출이 성공적으로 이루어지면 현지시장에 대한 통제수준을 높일 수 있는 직접수출방식으로 전환하게 된다.

수출은 비록 가장 기본적인 국제사업방식이기는 하지만 기업이 이보다 좀 더 발전된 국제사업활동인 계약(라이센싱)이나 해외투자방식을 통한 국제사업활동을 수행하는 과정에서도, 이들 방식과 더불어 상호 보완적 또는 대체적인 방법으로 많이 이용되기 때문에 가장 중요한 국제사업방식이라고 할 수 있다.

수출은 기업으로 하여금 해외시장에 대한 지식을 습득하게 해줌과 동시에 자사의 경쟁능력을 시험해 볼 수 있는 기회를 제공해준다는 점에서 그 의의가 크다고 하겠다. 다시 말해서 국제적 학습경험(learning experience)으로서의 수출은 기업으로 하여금 앞으로 보다 더 깊은 수준의 국제경영활동을 전개하기 위한 사전 준비단계 역할을 해 주게 된다.

(2) 수출의 동기

기업의 수출동기를 살펴보면 〈표 7-1〉과 같다. 이 표를 보면 기업들은 여러 가지 동기 하에서 수출을 하고 있음을 알 수 있다. 표의 종축은 기업의 수출행태를 능동적인 행태와 수동적인 행태로 구분한 것이고, 횡축은 수출이 기업 내적인 요인에 의해 이루어지느냐 아니면 기업 외적인 요인에 의해 이루어지느냐를 가지고 구분한 것이다. 따라서 기업의 수출동기는 네 가지 매트릭스로 나눌 수 있다.

먼저 기업 내적인 요인에 의한 능동적인 행태에 따른 동기로는 수출을 하고자 하는 경영자의 의지, 수출을 통한 성장 및 이익 목표의 달성, 마케팅상의 우위의 활용, 규모의 경제 달성, 독특한 제품 및 기술능력의 활용 등을 들 수 있다.

다음으로 기업 외적인 요인과 능동적인 행태에 따른 동기로는 해외시장기회의 출현과 정부 및 관련 기관의 지원을 들 수 있다.

그리고 기업 내적인 요인과 수동적인 행태에 따른 동기로는 위험의 분산, 계절성을 가진 제품의 판매 확대, 그리고 사용되지 않은 과잉자원의 활용 등과 같은 동기를 들 수 있다.

끝으로, 기업 외적인 요인과 수동적인 행태에 따른 동기로는 예기치 않은 수출주문, 협소한 국내시장 규모, 국내시장의 포화상태 또는 축소 등과 같은 동기를 들 수 있다.

(3) 수출 의사결정 과정

수출에 대한 기업의 의사결정은 〈그림 7-1〉에서 볼 수 있는 바와 같이 몇 가지 기본적

표 7-1 기업의 수출동기

	기업 내적인 요인	기업 외적인 요인
능동적 행태	• 경영자의 의지 • 성장 및 이익 목표 달성 • 마케팅상의 우위 • 규모의 경제 • 독특한 제품 및 기술능력	• 해외시장기회의 출현 • 정부 등 관련기관의 지원
수동적 행태	• 위험의 분산 • 계절성을 가진 상품의 판매 확대 • 과잉자원의 활용	• 예기치 않은 주문 • 협소한 국내시장 규모 • 국내시장의 포화상태 또는 축소

자료: G. Albaum, J. Strandscov, J., and E. Duerr, *International Marketing and Export Management*, 4th ed. (Harlow, UK, Pearson Education Limited, 2002), p. 48.

인 질문에 답하는 일련의 과정을 거쳐 이루어지게 된다.

첫째, 국내시장과 해외시장 중 어떤 시장을 통해 기업을 확장할 것인가

둘째, 만약 수출을 통해 확장하기로 했다면 다음은 어떤 시장을 목표로 할 것인가

셋째, 목표시장이 결정되었다면, 어떤 방법을 통해 그 시장에 진입할 것인가(유통정책, 가격책정, 촉진수준, 제품적응 여부 등)

넷째, 해외시장활동을 어떻게 관리할 것인가

다섯째, 그 시장에서 어느 정도의 성과가 달성될 수 있을 것인가 하는 것 등이 그것이다.

그림 7-1 수출에 대한 의사결정 과정

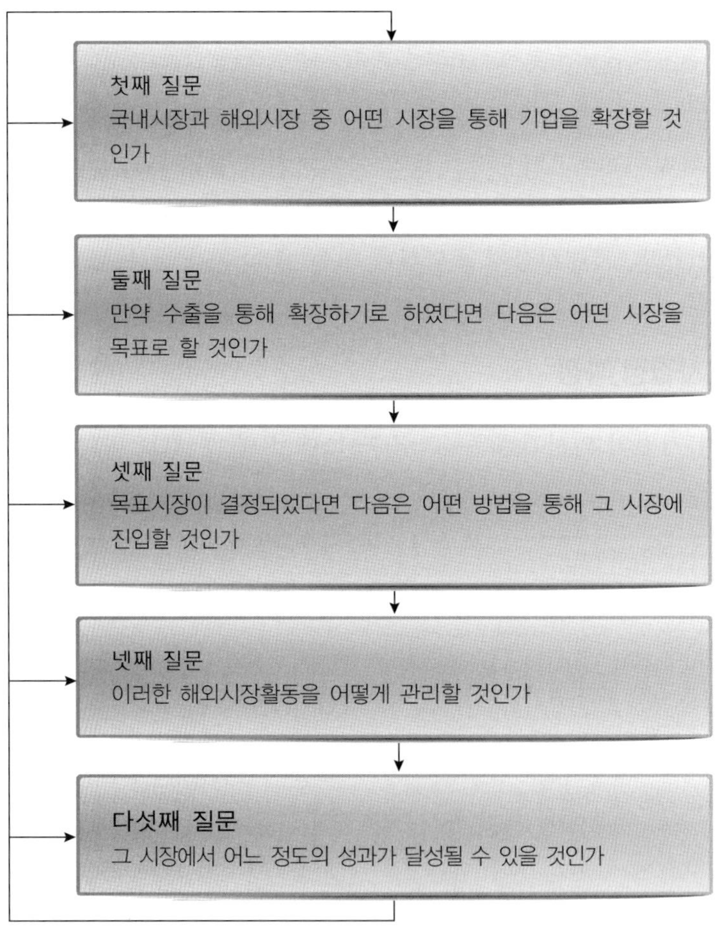

자료: P. J. Rosson and S. D. Reid, *Managing Export Entry and Expansion* (New York, Praeger Publishers, 1987).

(4) 기업의 수출활동 발전 단계

1) 빌키와 테사르(W. J. Bilkey & G. Tesar)

빌키와 테사르는 기업의 수출행태를 수출경험의 정도, 수출량, 수출국 등을 고려하여 연구한 결과, 다음과 같은 여섯 단계를 거쳐 발전하게 된다고 밝히고 있다.[1]

① 제1단계: 최고경영층이 수출에 대해 아무런 관심을 갖지 않으며 우연한 수출주문에도 응하지 않는다.

② 제2단계: 우연한 수출주문에는 응하지만 수출의 타당성을 발견하려는 노력을 기울이지 않는다.

③ 제3단계: 최고경영층이 수출의 타당성을 적극적으로 검토한다(이 단계는 우연한 수출주문이 접수되는 경우 제 4 단계로 뛰어넘을 수도 있다).

④ 제4단계: 기업이 심리적으로 가까운(psychologically close) 국가에 실험적으로 수출하기 시작한다.

⑤ 제5단계: 기업이 심리적으로 가까운 국가에 대해서는 능숙한 수출업자가 되고 환율, 관세 등에 최적으로 적응하게 된다.

⑥ 제6단계: 최고경영층이 심리적으로 먼 여타 국가에 대한 수출의 타당성을 검토한다.

2) 카브스길(S. T. Cavusgil)

카브스길은 기업의 수출이 다음과 같은 세 단계를 거쳐 발전되어 간다고 주장한다.[2]

① 실험적 개입단계

이 단계에서는 기업이 해외시장을 개척하려는 노력은 거의 하지 않고 우연한 주문에 대해서만 수동적으로 수출한다. 또 심리적으로 가까운 시장에 대해서는 국내마케팅전략을 적용하지만, 수출활동 그 자체를 위해서 기업의 자금이나 경영자원을 배분하는 데는 어느 정도 거부감을 갖는다.

② 적극적 개입단계

이 단계에서는 경영자들이 해외시장에 적극적으로 수출하거나, 그 해외시장의 독특한 욕구에 맞게 마케팅믹스를 적용하며 정규적으로 수출활동을 수행한다.

③ 완전개입단계

이 단계에서는 기업이 수출, 해외판매자회사, 생산자회사 등 여타의 국제경영수단을 이용하여 범세계적으로 국제사업활동을 수행한다.

이상에서 기업의 수출발전단계를 살펴보았는데, 여타의 연구에서도 기업들은 점진적인 수출단계를 거치는 것으로 알려지고 있다.

2. 수출시장의 선택

(1) 제품-시장 프로파일의 작성

수출시장을 선택하기 위한 첫 번째 작업은 자기 기업이 수출하고자 하는 제품의 판매와 이익에 영향을 미칠 수 있는 주요 요인을 찾아내는 일이다. 이때 살펴보아야 할 기본적인 질문에는 다음과 같은 것들이 있다. [3]

- 누가 우리 제품을 구입하는가?
- 누가 우리 제품을 구입하지 않는가?
- 우리 제품이 어떤 기호나 기능을 충족시켜주어야 하는가?
- 현재 우리 제품으로 충족시켜주지 못하고 있는 시장욕구가 있는가?
- 우리 제품이 어떤 문제를 해결해 주어야 하는가?
- 고객들이 우리 제품이 목표로 하는 기호를 만족시키거나 또는 문제를 해결하기 위해 현재 어떤 제품을 구입하고 있는가?
- 고객들이 현재 구입하고 있는 제품에 대해 얼마를 흔쾌히 지불하고 있는가?
- 우리 제품이 언제 구매되는가?
- 우리 제품이 어디서 구매되는가?

이러한 질문들은 기업이 수출시장에서 성공하기 위해 반드시 대답해야 할 문제들에 대한 해답을 제공해 줄 것이다. 상기 질문에 대한 대답들은 4P에 대한 의사결정에 도움을 주게 된다.

(2) 수출시장의 선택

수출하고자 하는 제품에 대한 프로파일(profile)이 작성되고 나면, 그 다음은 잠재적인 수출시장을 평가해야 한다. 여기에는 다음과 같은 여섯 가지 정보가 필요하다. [4]

① 시장의 잠재력

우선 목표시장의 규모와 성장 가능성 그리고 예상되는 수요 등을 기 공표된 여러 가지 자료를 이용하여 파악한다. 그리고 GNP나 수출입 통계 등과 같은 자료를 이용하여 시장의 잠재력을 개략적으로 평가한다.

② 목표시장국의 규제

주요 상품에 대한 목표시장국의 규제를 살펴본다. 여기에는 수입관세, 수입금지 또는 쿼터, 외환규제 등이 포함된다.

③ 운송비용

목표시장국까지의 운송비를 파악한다. 여기에는 해운, 육운, 공운 등의 대안적인 운송방법에 대한 조사도 포함된다.

④ 목표시장국에서의 경쟁

목표시장국에서의 경쟁의 형태와 강도를 파악한다. 여기에는 경쟁기업의 규모, 경쟁기업 제품의 특성, 목표시장국에서의 예상가격 등이 포함된다.

⑤ 제품의 적합성

자기 기업이 수출하고자 하는 제품이 목표시장국에 얼마나 적합한가를 파악한다. 해당 제품이 목표시장국에서 소구력을 가지고 있고, 특별히 목표시장국에 적합하게 개량해야 할 필요가 없으며, 수입제한이나 관세 그리고 운송비 때문에 가격경쟁력을 잃지 않는다면 목표시장국에 적합하다고 판단할 수 있다.

⑥ 서비스

만약 그 제품의 수출에 서비스가 필요하다면, 서비스가 목표시장의 규모에 일치하는 가격으로 제공될 수 있는가를 파악한다.

(3) 잠재 수출시장에 대한 방문

위에서 살펴본 여러 가지 정보를 가지고 수출시장을 최종적으로 선택하거나 또는 수출마케팅 프로그램을 개발하기에 앞서서, 자신이 잠재적인 수출시장을 직접 방문해 보는 것이 극히 중요하다. 잠재적인 수출시장에 대한 방문은 다음과 같은 이유에서 필요하다.[5]

첫째, 국내에서 수집된 목표시장국의 규제, 경쟁, 그리고 시장의 규모에 대한 정보 등은 모두 2차적인 자료에 기초한 것이므로, 이들 2차적인 정보를 가지고 내린 가정을 현지시장에서 직접 수집한 1차적인 정보를 가지고 다시 한 번 확인 · 조정 · 개정해야 할 필요가 있기 때문이다.

둘째, 수출마케팅 프로그램을 계속 진행시킬 것인가에 대한 최종적인 의사결정에 필요한 추가적인 자료를 확보하기 위해서이다. 실제로 어떤 특정 정보의 경우에는 2차적인 자료만으로는 수집이 전혀 불가능하다.

셋째, 현지의 대리점이나 유통업자와 협력하여 마케팅계획을 개발하기 위해서이다. 성공적인 수출을 위해서는 이들 대리점이나 유통업자들과 제품의 수정, 가격, 광고 및 촉진비용, 유통계획 등에 대한 합의가 이루어져야 한다.

넷째, 잠재 수출시장에 대한 방문이 직접판매의 기회를 제공해주기 때문이다. 무역박람회에 자기 기업의 제품을 전시해 봄으로써 시장을 테스트해 볼 수도 있고, 또 자기 기업의 제품에 대한 반응을 파악해 볼 수도 있고, 대리점 또는 고객도 직접 접촉해 볼 수 있기 때문이다.

(4) 수출마케팅 프로그램의 개발

수출시장이 선택되고 나면 그 다음은 수출마케팅 프로그램을 개발해야 한다. 여기에서 완전한 수출마케팅 프로그램을 개발하기 위해서는 제품(product), 가격(price), 유통(place), 촉진(promotion)의 4P를 체크하는 것이 가장 중요하다. 이들 4P 각각에 대한 수출마케팅 프로그램의 주안점은 이들 4P 각각을 확장하고, 적응하고, 개발하는 문제이다. 예를 들면 제품을 확장할 것인가 아니면 적응할 것인가 하는 것 등이다.

3. 수출경로

(1) 간접수출(indirect exporting)

1) 간접수출의 의의

간접수출은 제품을 생산한 기업이 직접 자신이 생산한 제품을 해외에 수출을 하는 것이 아니라 국내에 있는 수출중간상을 통해서 수출하는 경우를 말한다. 따라서 간접수출의 경우에는, 제품을 생산한 기업은 단순히 제품을 납기에 맞추어 수출중간상에게 공급하기만 하면 자신의 모든 의무가 끝나기 때문에, 국내시장에다가 제품을 판매하는 것과 크게 다를 바가 없다. 그리고 수출중간상에게 제품을 판매한 다음에는 수출시장선택이나 마케팅전략에 대한 통제가 전혀 불가능하다.

간접수출은 수출경험이 전혀 없거나 수출전문인력을 이용할 수 없는 경우, 그리고 생산규모나 재정능력 면에서 직접수출을 할 수 없는 경우 등에 주로 이용된다. 간접수출의 경우, 이용할 수 있는 수출중간상으로는 무역상사(international trading company), 수출상(export merchant), 외국바이어(resident foreign buyer), 수출커미션상(export commission house) 등이 있다.

간접수출과 직접수출의 경우에 이용 가능한 수출경로를 살펴보면 〈그림 7-2〉와 같다.

2) 간접수출의 장단점

간접수출의 장점으로는 다음과 같은 것들이 있다.

그림 7-2 이용 가능한 수출경로

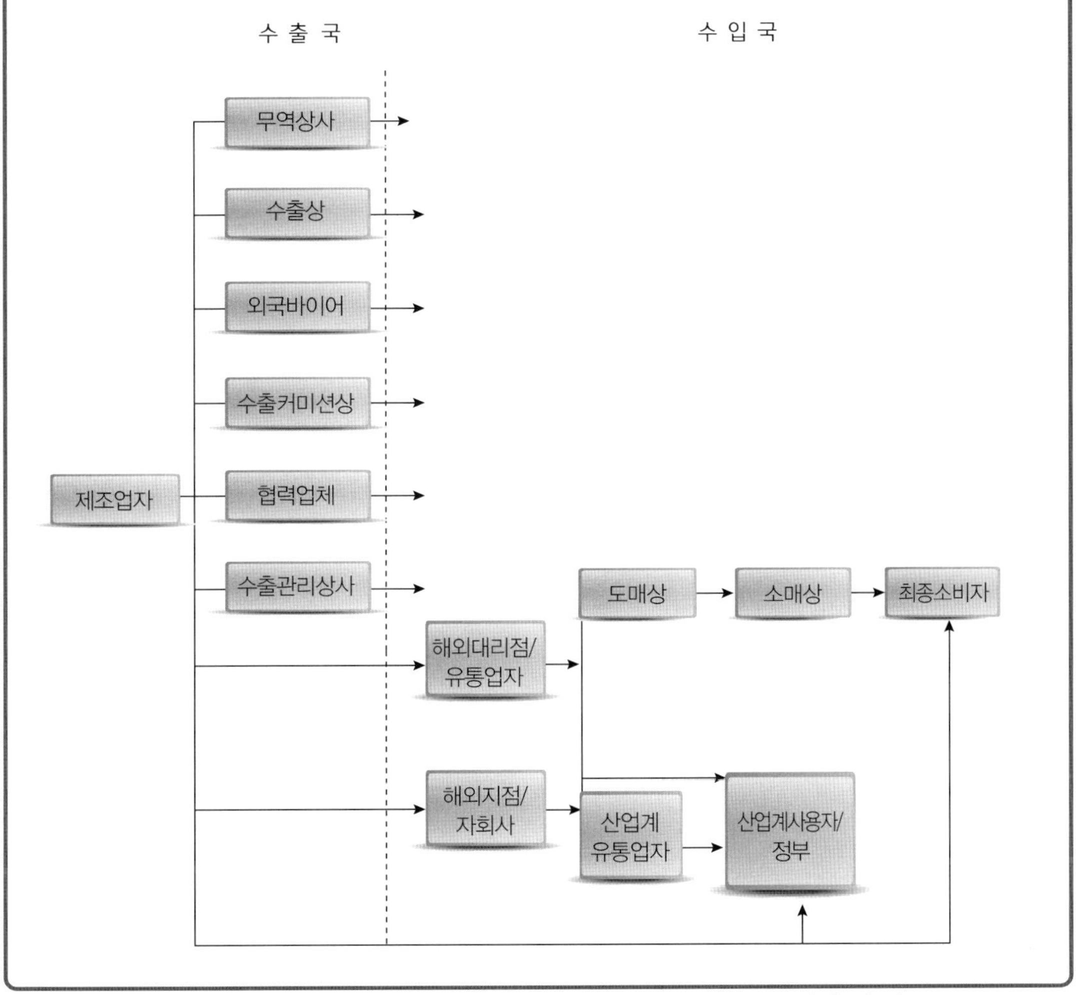

자료: F. R. Root, *Entry Strategies for International Markets*, Revised and Expanded ed. (Lexington, Mass., Lexington Books, 1994), p. 77.

① 수출경험이 풍부한 전문무역회사를 이용함으로써 안심하고 수출에 임할 수 있다.

② 전문무역회사를 이용함으로써 양질의 해외시장 정보를 수집하여 활용하고, 동시에 전문무역회사의 지명도도 활용할 수 있다.

③ 제품의 소유권이 제품을 판매하는 시점에서 중간수출상에게 이전되기 때문에 클레임이나 환율변동에 따른 위험을 피할 수 있다.

④ 제품을 생산한 기업이 수출관련 부서를 직접 운영하지 않아도 되기 때문에 그에 따른 비용을 절감할 수 있다.

한편, 단점으로는

① 제품을 생산한 기업의 입장에서는 제품을 수출중간상에게 판매한 이후의 수출마케팅에 대한 통제권을 상실할 뿐만 아니라 해외고객과의 직접적인 접촉이 불가능하기 때문에 고객의 욕구나 반응을 파악할 수 없고, 이 때문에 적절한 대응책을 강구하기가 어렵다.

② 수출중간상은 여러 기업들의 제품을 함께 취급하기 때문에, 수출규모나 이익이 적은 제품에 대해서는 별로 신경을 쓰지 않으며, 수출중간상들이 해외고객을 유치하기 위해 과다하게 경쟁을 하는 경우에는 제품을 생산한 기업이 피해를 입을 수 있다.

③ 제품을 생산한 기업과 수출중간상 간에 분쟁이 발생하거나 수출대행을 거절하는 경우 제품판매 기회를 잃게 될 가능성이 있다.

④ 수출클레임이 발생하는 경우, 제품을 공급한 기업에게 불리하게 처리할 가능성이 있으며 수출시장에 대한 정보부재로 인해서 제품생산기업의 수입이 감소할 수 있다.

⑤ 간접수출만을 계속하는 경우, 보다 적극적인 국제사업활동을 전개하는 데 필요한 전문인력을 양성하기가 어렵고, 장차 국제사업활동을 더 확대하고자 하는 경우 어려움에 직면할 가능성이 있다.

(2) 직접수출(direct exporting)

1) 직접수출의 의의

직접수출은 제품을 생산한 기업이 직접 해외 최종소비자에게 제품을 수출하는 경우로서, 간접수출에 비해 시장개입의 범위도 훨씬 넓고 또 수출업무도 훨씬 더 복잡해진다. 그리고 시장접촉, 시장조사, 물적유통(physical distribution), 수출서류 작성, 가격결정 등과 같은 제반 마케팅활동을 직접 통제하게 된다. 직접수출은 통상 본사의 수출부서나 해외지점, 해외자회사, 그리고 해외 상주대리점 등을 통해 이루어진다.

2) 직접수출의 장단점

직접수출의 장점을 보면

① 해외지점이나 거래처를 통해 가장 최신의 정보를 신속 · 정확하게 입수할 수 있기 때문에 해외시장의 수요를 신속 · 정확하게 예측하고 이에 대한 대처방안을 강구할 수 있다.

② 해외시장에서의 마케팅기능을 직접 수행함으로써 통제를 강화하고 판매를 증대시킬 수 있다.

③ 제품판매에 대한 사전 · 사후 서비스를 효과적으로 제공함으로써 신용도와 성가(reputation)를 유지할 수 있다.

④ 수출중간상에 대한 수수료 및 커미션을 절약함으로써 비용절감은 물론 이익증대를 도모할 수 있다.

반면 단점으로는

① 무역실무, 외국어, 해외시장 운영 등에 대한 전문적인 지식과 경험이 필요하기 때문에 이러한 제반 능력을 갖추지 못한 경우 실패 가능성이 높다.

② 손실 및 클레임에 대한 위험이 증대되며, 이에 대처하기 위한 수출전문가의 육성이나 고용에 비용이 많이 소요된다.

③ 수출마케팅 활동을 직접 수행하기 때문에 비용이 훨씬 더 많이 들게 되며, 자사 상표의 지명도를 높이는 데 특히 많은 비용이 소요된다.

④ 대규모 전문무역회사를 이용하여 수출하는 경우보다 시장정보를 획득하기가 어렵고 비용이 더 많이 소요된다.

(3) 수출경로의 선택

1) 간접수출 경로

간접수출은 기업이 아직 초보적인 수출단계를 벗어나지 못하고 있거나, 또는 수출하고자 하는 제품의 규모가 너무 작아서 직접수출이 필요하지 않는 경우 등에 주로 활용된다. 이때 이용할 수 있는 수출중간상으로는 ① 수출상(export merchant)이나 ② 수출대리점(export agent) 등을 들 수 있다.

① 수출상은 국내 제품생산기업과 해외 수입업자의 중간에 서서 국내 생산기업으로부터 제품을 구입하여 해외의 수입업자에게 판매함으로써 중간에서 매매차익을 취하기 위해 수출하는 사람을 말한다. 수출상은 해외시장에 구축해 놓은 수많은 판매망을 통해서 갖가지 제품을 수출하고 수출업무를 직접 관장한다. 또 판매원을 통한 현지마케팅활동도 수행

한다.

② 수출대리점은 수출상과는 달리 단순히 제품의 수출을 중개하거나 알선해주고 수수료를 취하는 중간수출상을 말한다. 대표적인 수출대리점으로는 중개업자나 판매대리점을 들 수 있다. 중개업자는 단순히 수출을 중개하는 역할만을 하지만, 판매대리점은 중개 및 알선, 오퍼, 신용장 개설, 매매계약서 체결 등과 같은 업무도 대행한다.

2) 직접수출 경로

직접수출은 제품을 생산한 기업이 직접 외국의 해외대리점/유통업자, 또는 현지판매지사/자회사를 통해 수출하는 경우를 말한다. 따라서 제반 마케팅활동을 강력하게 통제하는 한편 수출업무를 직접 관장하게 된다. 직접수출은 광활한 수출시장을 확보하고 범세계적으로 수출활동을 전개하는 대규모 수출기업의 경우에 효과적이다.

직접수출의 경우 이용할 수 있는 대표적인 수출경로에는 ① 현지대리점/유통업자(foreign agent/distributer), ② 현지판매지사/자회사(foreign branch/subsidiary) 등이 있다.

① 현지대리점/유통업자는 대리점이나 유통업자를 이용한 직접수출경로를 말한다. 여기서 현지대리점은 현지에서 국내 제품생산기업을 대신하여 제품을 판매하는 독립적인 중간업자를 말한다. 대리점은 국내 생산기업의 제품을 단순히 다른 중간상이나 최종소비자에게 전달해주는 역할만을 수행한다.

그리고 유통업자는 제품생산기업으로부터 자신의 위험과 비용하에 제품을 구입한 다음, 여기에 자신의 일정한 마진을 붙여 다른 중간상이나 최종소비자에게 재판매하는 업자를 말한다.

② 현지판매지사/자회사는 현지에서 본사를 대신할 수 있는 판매지사나 자회사를 설립하여 수출업무를 직접 수행하는 직접수출경로를 말한다. 현지판매지사/자회사의 수출경로를 이용하는 경우, 제품생산기업은 지사 및 자회사를 유지하는 데 필요한 추가적인 비용을 부담하게 된다. 지사가 자회사와 다른 점은 지사는 법률적으로 본사에 종속된 지점의 성격을 갖는 데 반해, 자회사는 본사와 독립된 별개의 회사로 간주된다.

이상에서 살펴본 현지대리점/유통업자를 통한 직접수출과 현지판매지사/자회사를 통한 직접수출의 장단점을 요약하면 〈표 7-2〉와 같다. 즉, 시장규모가 크고 수출업자가 장기적인 관점에서 관심을 가지고 있는 시장에 대해서는 현지자회사와 같은 자체 판매조직을 통한 수출이 유리하고, 반대로 시장이 불안정하거나 장기적인 전망이 별로 밝지 않은 시장에 대해서는 대리점을 통한 수출이 더 바람직하다.

표 7-2 직접수출 경로의 장단점 비교

	현지대리점/유통업자	현지판매지사/자회사
장 점	• 현지시장에 대한 정보가 밝다. • 현지에 가지고 있는 거점을 활용할 수 있다. • 마케팅비용이 적게 소요된다. • 서류작업이 단순하다.	• 마케팅활동을 직접 통제할 수 있다. • 본사와 긴밀하게 협조할 수 있다. • 이해가 상충되지 않는다. • 더 좋은 서비스를 제공할 수 있다.
단 점	• 자사 제품 이외에 다른 제품에 대해서도 이해관계를 갖는다. • 매출에 대한 통제가 어렵다. • 판매지역 때문에 문제가 발생할 가능성이 있다. • 계약기간 때문에 문제가 발생할 수 있다. • 최소한의 이익을 보장해 주어야 하는 문제가 있다.	• 정보수집에 비용이 많이 소요된다. • 조직개발에 많은 투자가 소요된다. • 현지 거점을 확보하기가 어렵다. • 현지 광고를 하기가 어렵다.

자료: J. N. Sheth and H. Schoenfeld (ed.), *Export Marketing: Lessons from Europe* (Champaign, Ill., University of Illinois Press, 1980), p. 180.

4. 구상무역(countertrade)

(1) 구상무역의 정의

구상무역이란 국제상품거래에 있어서 화폐를 개입시키지 않고 판매를 구매와 연계시키거나 구매를 판매와 연계시켜 수행하는 거래를 말한다.[6] 원래 구상무역은 자국의 통화가 다른 나라의 통화로 쉽게 태환(convert)될 수 없는 나라와의 무역에서 이용되기 시작하였다. 하지만 최근에는 상품뿐만 아니라 기술이전 및 서비스, 그리고 기자재 등의 거래에 따른 현금거래를 대체 또는 보완하는 방법으로 이루어지는 여러 가지 형태의 무역거래를 포괄하는 넓은 의미로 사용되고 있다.

구상무역의 이용 비중을 유형별로 살펴보면, 미국의 경우 상계무역이 73%로 가장 높고, 다음으로 대응구매 60%, 보상무역 22%, 바터 19% 등을 보였다.[7] 그리고 오스트레일리아의 경우에는 대응구매가 전체의 55.6%를 차지하여 가장 높은 비중을 보였고, 그 다음으로는 보상무역 28%, 상계무역 10.4%, 그리고 바터/스왑이 6%를 보였다.[8]

(2) 구상무역의 유형

구상무역은 대금지불 여부, 대금지불 형태, 대응구매의 여부 등에 따라서 바터(barter),

대응구매(counter purchase), 보상무역(buyback), 스위치무역(switch trading), 상계무역(offset trade) 등으로 구분된다.

이러한 구분을 그림으로 표시하면 〈그림 7-3〉과 같다.

1) 바터(barter)

바터는 거래당사자 간에 동일한 가치를 갖는 서로 다른 상품을 화폐를 개입시키지 않

그림 7-3 구상무역의 분류

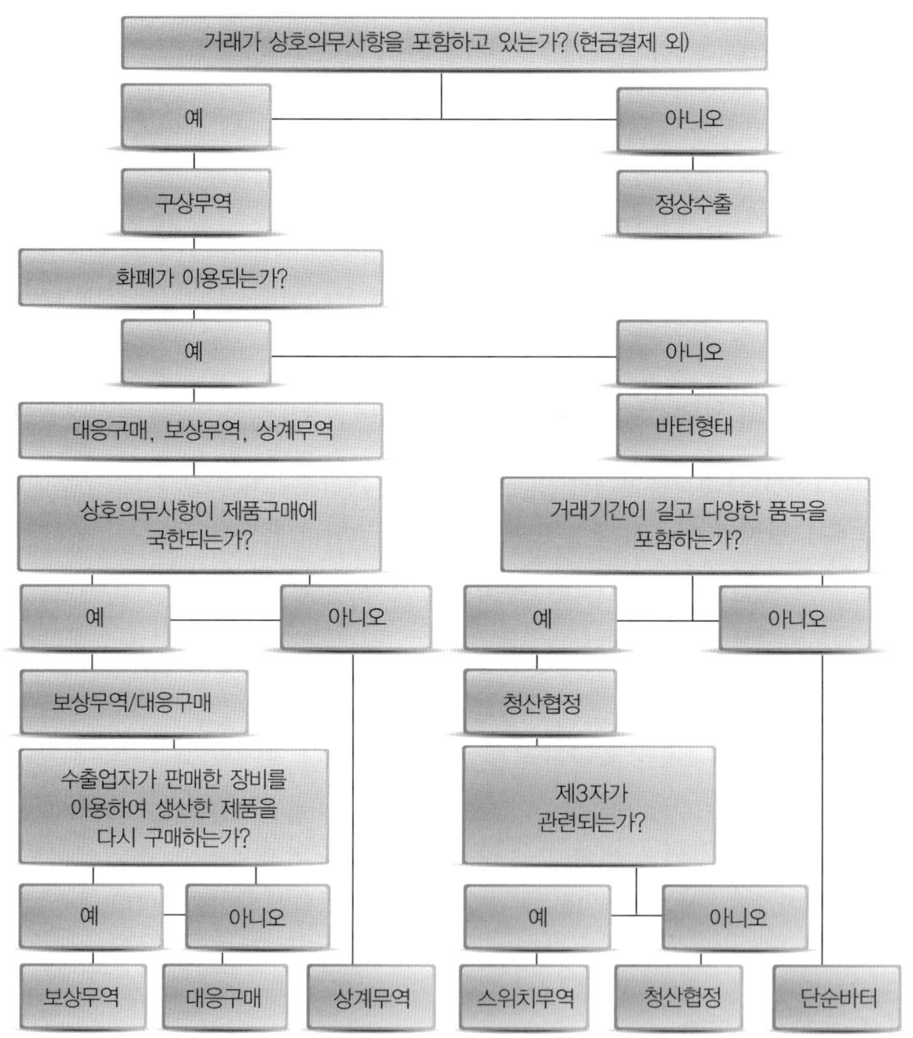

자료: J.-F. Hennart, "Some Empirical Dimensions of Countertrade," *Journal of International Business Studies*, Vol. 21, No. 2, Second Quarter 1990, p. 245.

고 물물교환하는 형식으로 거의 동시에 수출입하는 거래방식으로서 주로 정부 간 거래에서 많이 이용되고 있다.

바터의 예를 들어보면, 1991년 구소련은 자국 내 콜라의 공급을 늘리기 위하여 미국의 Pepsi-Cola와 30억 달러의 구매계약을 체결, Pepsi-Cola는 소련 내의 콜라 공장 수를 24개에서 50여 개로 늘려주는 동시에 모스크바에 2개의 피자(pizza)레스토랑을 설립해 주고, 그 대신 소련으로부터는 10척의 유조선과 화물선 그리고 보드카를 공급받기로 하였다.

우리나라의 LG상사는 2001년 바터무역을 위한 인터넷무역 사이트를 오픈하고 인도네시아 시나르마스 그룹으로부터 펄프와 원유, 천연고무 등 원자재 품목을 수입하고 그 대신 섬유, 전자제품을 수출하는 방식으로 물물교환하였다.

2) 대응구매(counter purchase or parallel barter)

대응구매는 수출기업이 자기의 수출에 대응하여 수입업자 또는 수입업자 중개하의 제3자로부터 그에 해당하는 만큼의 제품 또는 서비스를 구매함으로써, 수출과 수입을 상호 연결시키는 형태의 거래를 말한다.

예를 들어, 미국의 Ford는 1980년과 1981년, 유럽의 한 나라에 수백 대의 군용차량을 판매하고 그 나라로부터 군용차량판매 계약금액의 10%에 해당하는 제품을 대응구매하기로 계약을 체결하였다. 이 거래에서 그 나라는 Ford가 자기 나라에 판매하는 군용차 수에 비례하여 자신들의 제품을 판매할 수 있었기 때문에, 자기 나라의 군용차 입찰계약을 Ford가 따낼 수 있도록 최선을 다해 도와줌으로써 마치 자사의 판매원과 같은 역할을 하였다.

우리나라의 경우에는 2005년 우리가 생산한 기본훈련기(기종 KT1) 7대와 병원선 1척을 인도네시아에 제공하고 인도네시아로부터 인도네시아산 수송기(기종 CN235) 4대를 도입한 적이 있다.

3) 보상무역(compensation, buyback)

보상무역은 수출업자가 산업시설의 건설에 필요한 설비, 면허, 기술정보 등을 제공하고, 그 대가로 이 설비로부터 생산된 관련재 또는 결과재를 일정기간 동안 구매하기로 하는 장기계약을 체결하는 거래를 말한다. 이 방식은 주로 턴키(turn-key)방식의 플랜트 수출에서 많이 활용되고 있다.

이탈리아의 Fiat자동차는 구소련에 15억 달러를 투자하여 소형 자동차공장을 설립하고, 그 대가로 그 공장에서 생산된 자동차의 1/3을 Fiat가 수출하여 외화를 획득하기로 한 바 있다. 우리나라의 경우에도, 2005년 한국전력공사는 인도네시아에 전력을 판매하는 대가로 LNG를 제공받기로 하는 계약을 체결하고 750MW급 가스복합발전소를 건설 · 운영하고 있다.

4) 스위치무역(switch trading)

스위치무역은 수출입 양국의 업자 간에 매매계약을 체결하고 제품도 양자 간에 직송하지만, 대금결제는 제3국 업자를 개입시켜 간접적으로 이루어지도록 하는 형태의 무역을 말한다. 스위치무역은 통상 쌍무무역협정하에서 일정기간 동안 거래를 계속하는 경우에 발생하는 양국 간의 무역불균형을 시정하기 위하여 주로 활용된다. 서방투자자들이 대 동구 교역에서 지급받은 제품이나 소련 및 동구권 통화를 제3국을 통해 다른 외화로 태환하고자 할 때 많이 이용되기도 하였다.

예를 들어, Christian Dior는 1985년부터 구소련의 모스크바와 체코의 프라하에 3개의 향수판매점을 개점하고 소련에서는 루블(Ruble)화, 그리고 체코에서는 코루나(Koruna)화를 받고 향수를 판매하였다. 하지만 소련의 모스크바에서 판매한 향수의 판매이익을 프랑스로 송금하는 것이 금지되고 있었기 때문에, Christian Dior는 소련이나 체코에 대해 루블화나 코루나화 부채를 지고 있는 제3국에게 루블화와 코루나화를 지급하고, 그 대가로 그 나라들로부터 서방세계에 판매할 수 있는 제품이나 외화를 매입하여 수출입에 따른 대금을 결제하였다.

5) 상계무역(offset trade)

상계무역은 수출업자가 수출제품을 생산할 때 그 완제품 속에 수입국에서 생산한 일부 제품이나 부품을 포함시켜 생산하도록 하는 거래를 말한다. 예를 들면, 미국의 General Dynamics는 F-16기를 제작함에 있어서, F-16기 구매가격의 40%에 해당하는 부품을 F-16기를 구입하는 국가가 생산하기로 하는 조건으로 벨기에, 덴마크, 노르웨이, 인도네시아 등에 수백 대의 F-16을 판매한 바 있다.

이러한 방식의 수출입거래는 대부분 수출국이 선진국이고 수입국이 개발도상국인 경우에 주로 활용되는데, 개발도상국이 선진국으로부터 민간 항공기나 군용 항공기, 또는 군수품과 같은 고부가가치 제품을 수입할 때 그 항공기나 군수품 생산에 개발도상국에서 생산된 제품이나 부품을 포함시키도록 하고 있다. 이 경우 선진국들은 개발도상국들이 일부 제품이나 부품을 생산할 때 관련기술을 지원해준다.

제 2 절 국제무역이론

1. 고전적 무역이론

(1) 비교우위의 원리

1) 절대우위(absolute advantage)

아담 스미스(A. Smith)는 1776년의 그의 저서 「국부론」에서 두 국가 간의 무역은 절대적 우위(absolute advantage)에 의해서 발생하게 된다고 주장하고, 두 국가가 무역을 하게 되면 두 국가 모두 무역을 통한 이익을 누릴 수 있다고 주장하였다.

그는 귀금속의 확보가 곧 국가의 부와 직결되고 이를 위해 정부가 모든 경제활동에 적극 개입해야 한다고 하는 중상주의자들의 견해를 강력히 비판하고, 귀금속의 확보 그 자체를 국부로 인정하는 중상주의자들의 견해와는 달리 화폐로 구입할 수 있는 재화를 국부로 인정하고, 가능한 한 정부가 경제활동에 간섭하지 않는 자유방임정책(policy of laissez-faire)을 강력히 주장하였다.

또한 그는 재화는 분업을 통해서 양적 증대가 가능하다고 주장하고, 분업의 원리를 국제무역에 적용하여 절대생산비차가 발생하는 경우의 무역이익을 설명하고 있다. 즉, 두 국가가 두 가지 제품을 생산한다고 가정하는 경우, 두 국가 모두 두 제품 중 어떤 한 가지 제품의 생산에는 상대방국가보다 더 효율적이고 나머지 다른 한 가지 제품의 생산에는 비효율적이라고 하면, 이 두 국가는 각기 자기 나라에서 이 두 가지 제품을 모두 생산할 것이 아니라 자기 나라가 상대방 국가에 비해 절대적으로 우위에 있는 한 가지 제품에만 특화(specialize)하여 생산하고, 여기에서 생산된 제품을 서로 교환하면 두 국가 모두 이익을 얻을 수 있다는 것이다. 이렇게 하면 자원을 효율적으로 이용할 수 있을 뿐만 아니라 두 제품의 총생산도 증대된다고 주장한다. 이 생산증대가 바로 생산의 특화에 의해 얻어지는 양국의 이익을 나타내는데 그 이익은 무역을 통해서 양국에 배분되게 된다.

여기에서 절대적 우위에 따른 무역을 예를 들어 설명하면 다음과 같다.

표 7-3 절대우위

	미 국	한 국
밀(부쉘/1인당 1시간 노동량)	6	1
옷감(야드/1인당 1시간 노동량)	4	5

〈표 7-3〉에서 미국은 1시간의 노동으로 밀 6부쉘(bushel)을 생산할 수 있고, 한국은 동일한 1시간의 노동으로 밀을 1부쉘밖에 생산할 수 없다고 가정하자. 그리고 옷감의 경우에는 한국은 1시간의 노동으로 5야드(yard)의 옷감을 생산할 수 있고, 미국은 동일한 1시간의 노동으로 옷감을 4야드밖에 생산할 수 없다고 가정하자.

이 경우 미국과 한국 두 나라는 각기 상대방 국가에 대해 두 가지 제품 중 어떤 한 가지 제품 생산에는 절대적인 우위에 있다. 즉 미국은 한국에 비해 밀 생산이 더 효율적임과 동시에 절대적인 우위에 있고, 한국은 미국에 비해 옷감생산이 더 효율적이고 동시에 절대적인 우위에 있다.

이때 두 나라 간에 무역이 이루어지게 되면 미국은 밀 생산에만 특화하여 여기에서 생산된 밀의 일부를 한국이 특화해서 생산한 옷감과 교환하고, 반대로 한국은 옷감생산에만 특화하여 여기에서 생산된 옷감의 일부를 가지고 미국이 특화해서 생산한 밀과 교환하면 된다. 이 예에서 미국이 자기 나라가 특화해서 생산한 6부쉘의 밀을 한국이 특화해서 생산한 옷감 6야드와 교환하게 되면, 미국은 자기 나라에서 옷감을 생산하는 것보다 2야드만큼 더 이익을 보거나 또는 1/3만큼의 노동시간(20분)을 절약하는 셈이 된다.

마찬가지로 한국이 옷감 6야드와 교환하여 미국으로부터 받는 밀 6부쉘은 이것을 한국에서 생산하는 경우, 6단위의 노동시간을 필요로 하는 양이므로 결국 6단위의 노동시간과 같게 된다. 따라서 한국이 이 6단위의 노동시간을 옷감생산에 이용하게 되면 30야드의 옷감을 생산할 수 있게 된다. 이때 한국은 옷감 6야드를 가지고 미국의 밀 6부쉘과 교환할 수 있게 되므로, 24야드의 옷감만큼 더 이익을 보거나 또는 5단위의 노동시간을 절약하는 셈이 된다. 결국 미국과 한국은 모두 무역을 통해서 이익을 얻게 된다.

더닝(J. H. Dunning)의 연구[9]에 따르면 연구 당시 특정 국가들은 다음과 같은 분야에서 절대적인 우위를 가지고 있는 것으로 측정되고 있다. 즉 저임노동력의 경우에는 중국, 필리핀, 가나, 인도네시아, 브라질, 인도가, 그리고 숙련노동력은 대만, 한국, 북아메리카, 유럽 등이 절대적인 우위를 갖는 것으로 나타나고 있다. 다음으로 천연자원의 경우에는 러시아, 중동, 중국 등이 절대적인 우위를 가지고 있고, 선진기술에 있어서는 일본, 미국 등이 절대적인 우위에 있는 것으로 측정되고 있다. 여기에서 특정국가의 절대적 우위는 시간의 변화에 따라 변화할 수 있다는 사실을 간과해서는 안 된다.

2) 비교우위(comparative advantage)

① 비교우위의 원리

데이비드 리카아도(D. Ricardo)는 1817년 그의 저서 「정치경제원론」(*On the Principles of Political Economy and Taxation*)에서 비교우위의 개념을 소개하고 있다.

여기에서 그는 꼭 아담 스미스가 주장한 절대생산비차의 경우가 아니더라도 두 나라가 무역을 하게 되면, 두 나라 모두 이익을 얻을 수 있다는 점을 비교생산비의 원리를 이용하여 설명하고 있다. 즉 아담 스미스가 주장한 절대우위에 기초한 무역은 2국 · 2재 모형하에서 어떤 한 국가는 다른 국가에 비해 반드시 어떤 한 제품의 생산에 있어서는 절대적인 우위에 있어야 한다.

그러나 데이비드 리카아도는 아담 스미스의 모형에서와는 달리, 비록 어떤 한 국가가 다른 국가에 비해 두 제품 생산 모두 다 유리하고, 또 다른 한 국가는 두 제품 생산 모두 다 불리하다고 하더라도, 두 제품 생산이 모두 유리한 국가는 두 제품 중 유리한 정도가 더 큰 제품의 생산에 특화하고, 두 제품 생산 모두 불리한 국가는 불리한 정도가 작은 제품의 생산에 특화하여, 생산된 제품을 무역을 통해 상호 교환하면, 전세계의 생산요소를 절약하고 생산량을 증대시키는가 하면 소비량도 증대시킬 수 있다는 것이다.

〈표 7-4〉는 밀과 옷감 생산에 있어서 미국과 한국의 비교우위와 비교열위를 보여주고 있다. 즉 미국은 1시간의 노동량으로 밀 6부쉘과 옷감 4야드를 생산할 수 있고, 한국은 동일한 1시간의 노동량으로 밀 1부쉘과 옷감 2야드밖에 생산할 수 없음을 보여주고 있다. 이 예에서 미국은 밀과 옷감 생산 모두 한국보다 유리하고, 반대로 한국은 두 제품 생산 모두 불리한 위치에 있다.

이 경우 미국은 한국에 비해 밀과 옷감 생산 모두 절대적인 우위에 있지만, 절대적인 우위의 정도에 있어서는 밀 생산에 있어서의 절대적인 우위(6 : 1)가 옷감생산에 있어서의 절대적인 우위(4 : 2)보다 크기 때문에 미국은 밀 생산에 비교우위를 갖게 된다. 그 반면,

표 7-4 비교우위

	미 국	한 국
밀 (부쉘/1인당 1시간 노동량)	6	1
옷감 (야드/1인당 1시간 노동량)	4	2

한국의 경우에는 옷감생산에 있어서의 노동생산성은 미국의 1/2이지만, 밀 생산에 있어서의 노동생산성은 그보다 훨씬 더 낮은 1/6에 불과하기 때문에 옷감생산에 비교우위를 갖게 된다.

따라서 미국과 한국 두 국가 모두 각기 두 가지 제품 모두를 생산할 것이 아니라, 비교우위의 원리에 입각하여 미국은 밀 생산에 특화하고 한국은 옷감생산에 특화하여, 미국은 생산된 밀의 일부를 한국의 옷감과 교환하고 한국은 생산된 옷감의 일부를 미국의 밀과 교환하면 양국 모두 무역을 통한 이익을 얻을 수 있게 된다.

비교우위에 따른 무역을 숫자를 이용하여 설명하면 다음과 같다.

우리는 여기에서 미국이 밀 6부쉘을 포기하는 경우, 이 밀 생산에 사용된 1시간의 노동을 가지고 미국 내에서 옷감을 생산한다면 4단위의 옷감을 생산할 수 있기 때문에, 한국에 대해 밀 6부쉘을 제공하는 대가로 한국으로부터 옷감 4야드 또는 그 미만을 받게 된다면 무역에 별 관심을 갖지 않을 것이라는 것을 알 수 있다.

이와 마찬가지로 한국도 옷감 2야드를 포기하는 대가로 미국으로부터 밀 1부쉘을 받게 된다면 무역에 별 흥미를 갖지 않을 것이며, 동시에 밀 1부쉘을 얻기 위해 2야드 이상의 옷감을 포기해야 한다면 이 경우 역시 무역에 관심을 갖지 않을 것이다.

비교우위의 경우, 양국이 모두 무역을 통해 이익을 얻을 수 있다는 점을 살펴보기 위해 미국이 밀 6부쉘을 한국의 옷감 6야드와 교환할 수 있다고 가정해 보자. 그러면 표에서 볼 수 있는 바와 같이 미국은 국내에서 밀 6부쉘이 옷감 4야드와 교환되므로 옷감을 2야드 만큼 더 얻는 셈이 된다. 한편, 한국의 경우에는 미국으로부터 얻게 되는 6부쉘의 밀을 한국에서 생산하기 위해서는 6단위의 노동량이 필요하므로, 이 6단위의 노동시간으로 옷감 12야드를 생산하여 이 중 미국과 교환하게 되는 6부쉘의 밀에 대해 옷감 6야드만을 포기하면 된다. 따라서 한국은 옷감 6야드의 이익을 얻을 수 있고 3단위의 노동시간을 절약할 수 있게 된다.

더닝(J. H. Dunning)의 연구[10]에 따르면 연구 당시 특정국가들은 다음과 같은 분야에서 비교우위를 가지고 있는 것으로 측정하고 있다. 즉 일본은 섬유, 의류, 전자제품 등의 제품에서, 그리고 영국은 식품 및 담배제품에서 비교우위를 갖는 것으로 나타나고 있다. 또 스웨덴은 기계전기엔지니어링 분야에서 미국은 수송장비, 독일은 화학 등의 분야에서 비교우위를 갖는 것으로 나타나고 있다. 여기에서 특정국의 비교우위도 시간의 변화에 따라 변화할 수 있다는 사실을 간과해서는 안 된다.

② 무역이익의 배분

그러면 비교우위의 원리에 입각한 무역을 통해 발생하는 이익은 양국 간에 어떻게 배분되는가.

미국의 경우 국내에서 밀 6부쉘과 옷감 4야드가 교환되므로 미국이 밀 6부쉘을 제공하는 대가로 한국으로부터 옷감 4야드 이상을 받을 수 있다면 이익이 될 것이다. 그리고 한국은 국내에서 밀 6부쉘이 옷감 12야드와 교환되므로 미국으로부터 밀 6부쉘을 얻는 대가로 옷감을 12야드보다 적게 포기할 수 있다면 결국 그 차이는 무역을 통해 얻을 수 있는 이익이 될 것이다.

따라서 미국과 한국 모두에게 이익이 되는 밀과 옷감의 교역조건(terms of trade)의 범위는 밀 6부쉘에 대해 옷감 4야드~12야드 사이가 될 것이다.

옷감 4야드 〈 밀 6부쉘 〈 옷감 12야드

여기서 옷감 4야드와 12야드의 차이, 즉 옷감 8야드는 밀 6부쉘을 교역함으로써 얻게 되는 총 이익을 의미한다. 양국 간 두 제품의 교역조건이 옷감 4야드 = 밀 6부쉘에 근접할수록 무역에 따른 미국의 이익은 작아지고 한국의 이익은 커지게 된다. 반대로 밀 6부쉘 = 옷감 12야드에 근접할수록 한국의 이익은 작아지고 미국의 이익은 커지게 된다.

이때 밀 6부쉘에 대한 옷감의 교역조건이 정확히 몇 야드로 결정될 것이냐 하는 것은 양국의 수요 · 공급조건, 국제무역에 있어서의 비중, 재화의 성질, 거래상대국의 시장구조 등과 같은 요인들의 영향을 받게 된다.

(2) 헥셔-오린정리(Heckscher-Ohlin theorem)

1) 기본가정

헥셔-오린정리는 다음과 같은 기본가정에 기초한다.

첫째, 두 나라, 두 제품(X, Y재), 그리고 두 생산요소(노동과 자본)가 존재한다.

둘째, 양국은 동일한 제품의 생산에 동일한 기술을 사용한다.

셋째, 양국에서 제품 X는 노동집약재이고, 제품 Y는 자본집약재이다.

넷째, 양국에서의 두 제품의 생산에는 규모에 대한 보수불변이 존재한다.

다섯째, 양국의 생산은 불완전특화(incomplete specialization)가 된다.

여섯째, 양국의 기호는 동일하다.

일곱째, 양국의 상품시장과 요소시장은 완전경쟁(perfect competition) 상태하에 있다.

여덟째, 국내에서는 생산요소가 자유롭게 이동되지만 국가 간에는 이동되지 않는다.

아홉째, 수송비, 관세 등의 무역장벽이 존재하지 않는다.

2) 헥셔-오린정리의 내용

리카아도의 비교우위이론은 양국 간의 무역의 결정요인을 양국 간의 생산성의 차이를 가지고 설명하고 있으나, 헥셔-오린정리는 무역발생의 원인을 양국 간의 요소부존도의 차이를 가지고 설명하고 있다. 헥셔-오린정리는 크게 헥셔-오린정리와 요소가격균등화정리로 요약하여 설명할 수 있다.

① 헥셔-오린정리

두 나라가 두 가지 생산요소(예: 노동과 자본)를 가지고 두 가지 제품(노동집약적인 제품과 자본집약적인 제품)을 생산한다고 가정하자. 그리고 여기에서 상대적인 개념을 도입하여 한 국가는 자본풍부국이고 또 다른 국가는 노동풍부국이라고 가정하자.

그러면 이러한 가정하에서 두 국가는 각국이 보유하고 있는 생산요소의 상대적 크기가 서로 다르기 때문에 요소가격의 상대적인 차이가 발생하게 된다. 즉, 노동이 풍부한 국가는 노동의 가격(임금)이 싸고 자본의 가격(금리)이 비싸며, 반대로 자본이 풍부한 국가는 자본의 가격이 싸고 노동의 가격이 비싸게 된다.

이때 두 제품 중 한 제품의 생산에는 노동이 많이 사용되고 또 다른 제품의 생산에는 자본이 많이 사용된다고 가정하면, 상대적으로 노동이 풍부한 국가는 노동집약적인 제품의 생산에 특화하고 자본이 풍부한 국가는 자본집약적인 제품의 생산에 특화하게 된다.

이와 같이 어떤 한 국가는 다른 국가에 비해 상대적으로 풍부하게 부존되어 있는 생산요소를 집약적으로 사용하는 제품의 생산에 특화하여 그 제품을 해외에 수출하고, 반면에 자국에 희소하게 부존되어 있는 생산요소를 집약적으로 사용하여 생산된 제품은 외국으로부터 수입하게 된다는 것이 헥셔-오린정리의 기본 골격이다.

헥셔-오린정리는 요소부존도의 차이가 비교우위와 국제무역의 근원이라는 점을 강조하고 있다. 이 때문에 헥셔-오린정리를 요소부존(factor-endowment)정리라고도 한다.

② 요소가격균등화 정리

요소가격균등화 정리는 국가 간에 자유무역이 이루어지게 되면 비록 생산요소가 국가 간에 직접 이동되지 않더라도 생산요소의 가격이 상대적으로나 절대적으로 균등화되는 경향이 있다는 것이다. 즉 자유무역이 이루어지게 되면 노동집약적인 제품을 생산하여 수출하는 국가의 경우에는 노동에 대한 수요는 상대적으로 증가하고 자본에 대한 수요는 감소하게 된다. 따라서 이 국가에서는 노동의 가격은 상대적으로 등귀하고 자본의 가격은 하락하여 결국 이 국가에서의 노동의 가격과 자본의 가격은 점차 균등화된다.

한편, 자본집약적인 제품을 생산하여 수출하는 국가에서는 자본에 대한 수요는 상대적으로 증가하고 노동에 대한 수요는 감소하여 자본의 가격은 등귀하고 노동의 가격은 하락하게 된다. 그 결과 이 국가에서도 두 생산요소의 상대가격이 균등화된다.

이와 같이 비록 국가 간에 생산요소가 직접 이동되지 않는다고 할지라도 자유무역이 이루어지게 되면 생산요소의 가격이 상대적으로나 절대적으로 균등화되는 경향이 있다는 것이 요소가격균등화 정리이다.

(3) 헥셔-오린정리의 검증: 레온티에프 역설(Leontief's paradox)

레온티에프 역설은 헥셔-오린정리를 검증한 가장 대표적인 연구이다. 레온티에프(W. Leontief)는 1947년도의 미국 산업관련표를 이용하여 헥셔-오린정리를 검증한 결과 〈표 7-5〉에서 볼 수 있는 바와 같이 예상과는 정반대의 결과를 얻었다.

즉 헥셔-오린정리에 따른다면, 미국은 자본이 풍부하고 노동이 희소한 나라이기 때문에 자본집약적인 제품을 수출하고 노동집약적인 제품을 수입할 것으로 예상할 수 있다. 그러나 분석결과 미국이 수출한 제품은 연간 1인당 U$14,015의 자본을 필요로 하는 제품이고 수입한 제품은 연간 1인당 U$18,184의 자본을 필요로 하는 제품으로서, 미국이 노동집약적인 제품을 수출하고 자본집약적인 제품을 수입한 것으로 분석되었다.

레온티에프는 이와 같은 역설적인 결과에 대해 그것은 헥셔-오린정리가 잘못되었기 때문이라기보다는 실증분석상의 잘못으로 인해 야기된 결과라고 해명하였다.

레온티에프의 역설에 대한 해명으로는 다음과 같은 설명이 가능하다.

첫째, 레온티에프의 분석에는 천연자원과 같은 기타 생산요소는 전혀 고려되지 않고

표 7-5 백만 달러의 수출품과 수입품 생산에 필요한 자본 및 노동의 양

	1항 ÷	2항 =	3항
	자 본 (1947년 가격, U$)	노 동 (1인-연간)	자본/노동 (U$/1인-연간)
수 출	2,550,780	182	14,015
수 입	3,091,339	170	18,184

자료: W. W. Leontief, "Domestic Production and Foreign Trade: An American Position Re-examined," *Proceedings of the American Philosophical Society* (September 1953): reprinted in R. E. Caves and H. G. Johnson (eds.), *Readings in International Economics* (Homewood, Ill., Richard D. Irwin, 1968), pp. 503~527.

오로지 노동과 자본 두 생산요소만이 모델에 사용되었다는 점이다. 만약, 자본을 대규모로 이용하고 있는 천연자원집약재를 자본집약재로 분류하게 되면, 천연자원을 주로 수입하고 있는 미국의 경우에는 마치 자본집약재를 수입하는 것으로 나타나게 된다는 것이다.

둘째, 레온티에프의 역설을 낳게 한 또 하나의 원인은 미국의 관세정책에서 찾아볼 수 있다. 관세는 수입품에 부과되는 조세로서 수입을 감소시킴과 동시에 수입대체재의 국내생산을 촉진시키게 되는데, 1954년의 트래비스(W. P. Travis)의 연구에 의하면 미국에서 가장 강력하게 보호를 받던 산업은 노동집약적인 산업이었던바, 이것이 무역구조를 왜곡시켰고 미국의 수입대체재의 노동집약도를 감소시켜 레온티에프 역설을 야기시킨 한 원인으로 작용하였다는 것이다.

셋째, 레온티에프는 자본을 측정하는 데 있어서 기계류나 설비, 그리고 건물 등과 같은 실물자본만을 고려하였을 뿐 인적자본을 전혀 고려하지 않았다는 점이다. 여기에서 인적자본(human capital)이란 노동자의 교육이나 직업훈련, 그리고 건강 등 노동생산성을 증대시키는 모든 지출을 의미한다. 미국 노동의 질은 타국의 노동에 비해 더 많은 인적자본과 결합되어 있기 때문에 실물자본에 인적자본을 더한다면 미국의 수출재는 수입대체재에 비해 보다 더 자본집약적이 된다.

이상에서 살펴본 헥셔-오린정리는 리카아도가 비교우위이론에서 밝혀내지 못한 비교생산비의 발생요인과 자유무역에 따른 요소가격균등화 정리를 규명했다는 점에서 높은 평가를 받고 있다. 하지만 현실과 너무 거리가 먼 여러 가지 가정하에서 이론이 전개되었다는 점은 큰 약점으로 지적되고 있다.

2. 새로운 무역이론

(1) 노동숙련설(human-skill theory of trade)

키싱(D. B. Keesing)에 의해 주장된 노동숙련설은 미국노동자의 생산성이 타국노동자의 생산성보다 약 3배 정도 높다는 레온티에프의 역설(Leontief's paradox)에서 출발하여 레온티에프의 역설을 시정하기 위한 이론이다. 이 이론은 노동을 숙련노동(기술자, 과학자, 엔지니어, 관리자 등)과 미숙련노동(미숙련공 등)으로 구분할 때 그 국가가 어떤 노동을 상대적으로 풍부하게 가지고 있느냐에 따라서 그 국가의 무역패턴이 결정된다는 주장이다.[11]

키싱은 수출입제품을 천연자원의 지배를 받지 않는 공산품에 국한할 때, 미국이 수출하는 제품은 이탈리아, 벨기에, 일본 등에 비해 숙련노동집약적인 제품이고, 수입하는 제품은 미숙련노동집약적인 제품이라는 것이다. 이 연구는 수출숙련도는 미국, 스웨덴, 서독, 영국, 네덜란드, 프랑스, 이탈리아, 벨기에, 일본 순이고, 수입숙련도는 일본, 프랑스, 이탈리아, 벨기에, 네덜란드, 스웨덴, 영국, 서독, 미국 순이라고 주장하고 있다. 노동숙련설은 미국이 노동집약적인 제품을 수출한다고 하는 레온티에프의 역설을 반증한 것이라고 할 수 있다.

(2) 대표수요이론(representative demand theory)

린더(S. B. Linder)에 의해 주장된 대표수요이론은 제품을 농산품과 공산품으로 구분할 때, 천연자원집약적인 농산품의 무역은 요소부존상의 차이를 가지고 설명할 수 있지만 공산품의 무역은 그것으로는 설명이 불가능하며 대표적 수요를 가지고 설명해야 한다고 주장한다.[12] 린더는 공산품에 있어서의 비교우위는 그 국가의 대표적 수요에 의해 결정되고, 대표적 수요는 다시 그 국가의 1인당 소득수준에 의해 결정된다고 주장하고 있다.

그는 어떤 제품이 수출제품이 되기 위해서는 무엇보다도 먼저 국내에서 소비되고 투자되는 것이 필요하다고 주장한다. 국내시장에서 대다수의 소비자들이 선호하는 제품만이 국내시장의 수요를 충족시키는 과정에서 경험을 축적하게 되고 수출도 증가하게 된다는 것이다. 따라서 수출가능제품 중에서도 국내에서 가장 많이 수요되는 제품이 비교우위를 갖게 된다는 것이다. 반면, 그 나라의 소수 저소득층 및 고소득층이 좋아하는 제품은 수입에 의존하게 된다고 한다.

그는 또 어떤 두 나라 간에 공산품에 대한 수요의 동질성이 크면 클수록 이들 간에 공산품의 수출입이 이루어질 가능성이 크고 1인당 소득수준이 비슷한 나라 간에는 중복수요를 갖게 되어 교역량이 많아지게 되지만, 1인당 소득수준이 현격하게 차이가 있는 경우에는 이것이 무역의 장애요인으로 작용하게 된다고 주장한다. 대표수요이론은 특히 수요를 중시하고 제품수명주기이론과 제품차별화 문제에도 기여하고 있다는 점에서 그 의의가 있다.

(3) 연구개발요소론과 기술격차론

1) 연구개발요소론(R & D factor)

그루버(W. H. Gruber), 메타(D. Mehta), 버논(R. Vernon) 등에 의해 주장된 연구개발요소론은 미국의 수출이 주로 연구개발요소에 의해 결정된다고 주장한다.[13]

표 7-6 연구개발과 미국의 공산품 수출

(단위: %)

산 업	연구개발		수 출		
	총R&D비용/총판매액	기술·기능직/총고용	수 출/총판매액	수출-수입/총판매액	공산품 수출비중
총 19개 산업	2.0	1.1	3.2	0.6	100.0
연구개발이 활발한 5개 산업	6.3	3.2	7.2	5.2	72.0
기타 14개 산업	0.5	0.4	1.8	-1.1	28.0

자료: W. H. Gruber, D. Mehta, and R. Vernon, "The R & D Factor in International Trade and International Investment of United States Industry," *Journal of Political Economy*, Feb. 1967, 표 1·2 종합.

즉, 그들은 〈표 7-6〉에서 볼 수 있는 바와 같이 미국의 19개 산업 중 연구개발이 활발한 5개 산업이 연구개발이 활발하지 못한 14개 산업에 비해 수출/총판매액 비중이나 수출-수입/총판매액 비중면에서 훨씬 더 높은 수출성과를 달성하고 있음을 제시하고 있다[14]. 또 연구개발이 활발한 5개 산업이 미국의 공산품수출에서 차지하는 비중은 72.0%를 보인 반면, 연구개발이 활발하지 못한 여타 14개 산업이 차지하는 비중은 28.0%에 불과하였다는 점을 밝히고 있다.

그리고 연구개발이 활발한 5개 산업이 1962년도 미국 전체 연구개발비에서 차지하는 비율은 89.4%를 보인 반면 연구개발이 활발하지 못한 여타의 14개 산업의 비율은 10.6%에 불과했다. 또 연구개발에 종사하는 과학자 및 엔지니어의 점유율에 있어서도 각기 85.3%와 14.7%를 보이고 있다. 이를 근거로 그루버, 메타, 버논은 미국 공산품 수출의 강점이 연구개발에 있다고 주장한다.

2) 기술격차론(technology gap)

포스너(M. Posner)에 의해 체계화된 기술격차론은 선진공업국 간에 이루어진 무역의 대부분이 신제품의 도입과 기술혁신에 의해 이루어진 것이라는 점에 착안하여 무역을 국가 간의 기술상의 격차를 가지고 설명하려는 것이다.[15]

이 이론은 신제품을 가장 먼저 개발한 기술혁신국은 그 신제품에 대해 기술적 우위를 갖게 되며, 특허나 저작권에 근거하여 일정 기간 동안 그 제품을 독점적으로 생산하여 수출하게 된다. 이때 기술적으로 기술혁신국에 뒤져 있는 다른 나라들이 그 신제품을 모방하여 생산하는 데는 상당한 시간이 소요되기 때문에, 기술혁신국은 다른 나라들이 그 제품을 모방하여 생산할 때까지 수출을 독점할 수 있다는 주장이다.

그러나 다른 나라들이 점차 새로운 기술을 습득하게 되면 기술혁신국은 독점권을 상실하게 되며, 새로운 기술을 습득한 국가들이 저임금국가인 경우에는 유리한 경쟁조건인 저임금을 이용하여 생산한 자기 나라 제품을 기술혁신국에 역수출하게 된다.

기술혁신국의 기술적 우위는 다른 나라들이 신제품을 모방하여 생산하게 되면 사라지게 되지만, 기술혁신국은 또 다른 신제품이나 새로운 생산공정을 도입함으로써 기술상의 격차를 만들어내고 이를 이용하여 지속적으로 제품을 수출하게 된다.

이상에서 살펴본 연구개발요소론과 기술격차론은 다음에 살펴보게 될 제품수명주기이론에 중대한 영향을 미쳤다.

(4) 제품수명주기이론(product life cycle theory)

버논(R. Vernon)[16]과 웰즈(L. T. Wells)[17] 등에 의해 주장된 제품수명주기이론은 제품이 신제품단계(new product stage), 성숙제품단계(growth stage), 표준화제품단계(maturing stage)를 거치면서 각 단계에 따라 매출액, 수익, 목표시장, 경쟁, 생산비가 어떻게 변화되고, 또 생산, 수출, 소비, 수입이 어떻게 변화되어 가는가를 가지고 공산품의 무역패턴을 설명한 이론이다.

〈그림 7-4〉를 이용하여 제품수명주기이론을 설명하면 다음과 같다.

1) 신제품단계

신제품은 미국과 같이 높은 수준의 기술 및 소득수준 그리고 광활한 시장 등 수요측면의 제반 여건이 잘 구비된 국가에서 가장 빨리 개발된다. 그리고 이렇게 개발된 신제품은 국내 고소득층에 의해 먼저 소비되고, 다음으로 해외수요가 창출되면 점차 수출이 이루어지게 된다. 이때 원혁신국은 기술격차를 이용하여 신제품을 해외에 수출하게 되는데, 초기 수출단계에서는 여러 수출대상국 중 동질성이 가장 높은 유럽선진국에 먼저 수출하게 된다.

이 단계에서는 제품을 적응시키고, 디자인이나 제품기술을 수시로 변경하거나 개선해야 하기 때문에 제품이 쉽게 표준화되지 못하며, 생산과 마케팅 간에 빈번한 의사소통이 필요하기 때문에 시장이 가까운 곳에서 제품을 생산하는 것이 중요하다.

2) 성숙제품단계

성숙제품단계에 이르게 되면 비효율적인 제품디자인 및 생산방법이 사라지고 제품은 점차 안정된다. 또 구매자의 지식이 증가하고 수요는 가격탄력적이 되며 기업은 생산비를 줄이는 데 훨씬 더 많은 신경을 쓰게 된다.

그림 7-4 제품수명주기와 무역패턴

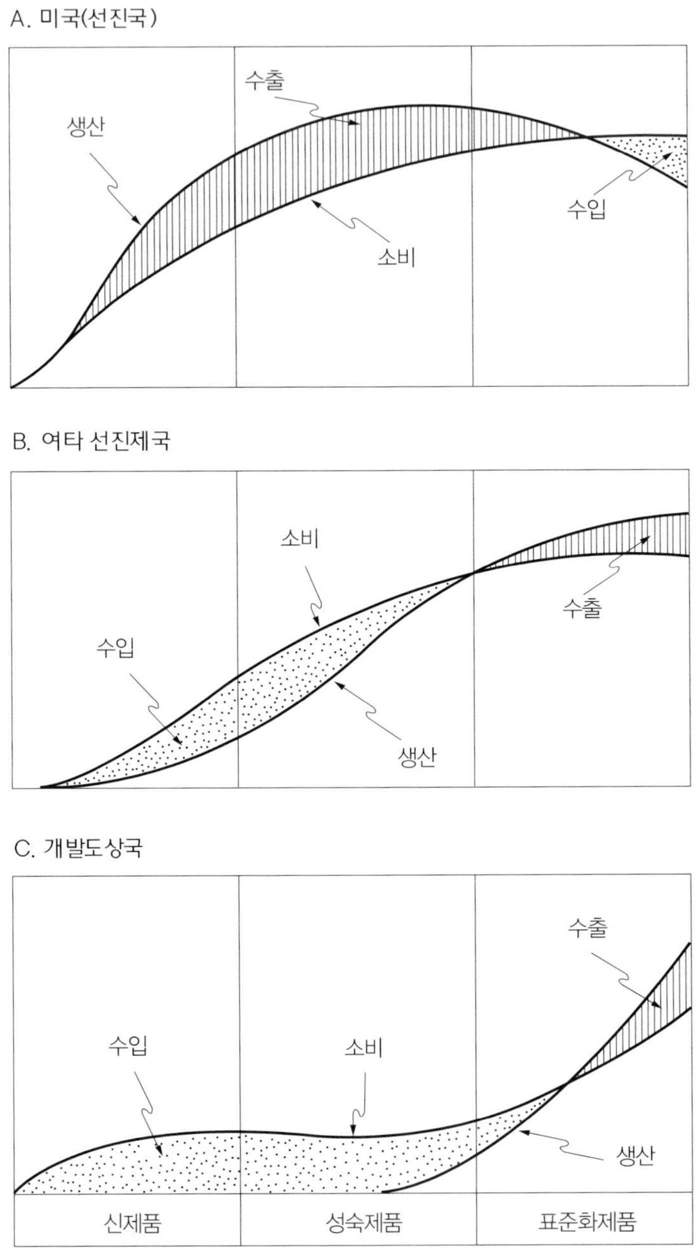

자료: R. Vernon, "International Investment and International Trade in the Product Cycle," *The Quarterly Journal of Economics*, May 1966, p. 199.

한편, 이 단계에서는 유럽선진국들도 동일한 제품을 생산할 수 있게 되고, 그 결과 점차 미국으로부터의 수입을 대체하기에 이른다. 또 점진적인 기술개발과 수출시장 확대 그리고 규모의 경제 실현으로 원가를 인하시킴에 따라 점차 경쟁력을 갖게 된다.

3) 표준화제품단계

표준화제품단계에 이르게 되면 제품 및 생산기술이 전세계적으로 표준화되어 가격경쟁이 심해지게 된다. 그리고 유럽선진국들은 후진국의 기술습득 및 저임금 이용, 그리고 수출드라이브정책 등으로 후진국과의 경쟁에서 뒤지게 된다. 그 결과 후진국에 대한 수출은 물론, 유럽시장뿐만 아니라 미국에 대한 수출까지도 점차 후진국이 담당하게 된다.

이상에서 살펴본 제품수명주기이론은 공산품 무역이 이루어지는 현상을 시간의 흐름에 따라 동태적으로 파악하고 있다는 점에서 그 의의를 찾을 수 있다.

하지만 오늘날과 같이 글로벌기업이 전세계 시장을 대상으로 동시에 제품을 개발하고 마케팅하는 상황에서는 기술수준 및 수요형태의 차이에서 발생하는 모방 갭(imitation gap)이 존재하지 않기 때문에 이 이론이 한계가 있다는 지적을 받고 있다.[18]

(5) 산업내무역이론(intra-industry trade theory)

국가 간에 이루어지는 무역을 서로 다른 산업 간에 이루어지는 무역인가 아니면 서로 같은 산업간에 이루어지는 무역인가에 따라서 산업간무역(inter-industry trade)과 산업내무역(intra-industry trade)으로 구분할 수 있다. 산업간무역은 두 국가 간에 교역되는 상품이 섬유류와 자동차와 같이 전혀 다른 산업 간에 이루어지는 교역을 말하며, 산업내무역은 두 국가 간에 교역되는 상품이 소형승용차와 고급승용차와 같이 동일한 산업 내에서 이루어지는 교역을 의미한다.

그루벌과 로이드(H. G. Grubel and P. J. Lloyd)[19] 등에 의해 주장된 산업내무역이론은 바로 이와 같은 동일 산업 간에 이루어지는 무역현상을 규명하기 위해 개발된 이론이다.

앞에서 살펴본 헥셔-오린정리는 국가 간의 요소부존도의 차이에 따라 발생하는 서로 다른 산업 간의 무역, 즉 산업간무역만을 규명하고 있다. 그러나 오늘날의 국제무역에 있어서는 서로 다른 제품이 교환되는 산업간무역보다는 오히려 동일 산업 내에서 차별화된 제품(differentiated product)이 교환되는 산업내무역이 대부분을 차지하고 있다. 이러한 현상은 국제무역에 있어서 요소부존도가 서로 다른 남북 간의 무역보다도 요소부존도가 서로 비슷한 선진국들 간의 무역이 훨씬 더 높은 비중을 차지하고 있는 점을 가지고도 쉽게 알 수 있다.

그루벌과 로이드는 선진공업국 간에 이루어지고 있는 무역의 50% 정도가 동종 산업

내의 차별화된 제품 간의 무역이라고 주장하고, 상품교역에 수반되는 운송비 및 저장비용, 규모의 경제, 제품차별화 등을 인정한다면, 서로 다른 산업 간의 무역뿐만 아니라 동종 산업 간의 무역도 발생할 수 있다고 주장한다.

산업내무역(intra-industry trade)이 발생할 수 있는 예를 들어보면 다음과 같다.

첫째, 국경무역(border trade)의 경우이다. 즉 자갈, 모래, 돌과 같이 제품원가에 비해 운송비가 많이 소요되거나 채소, 청과물, 우유 등과 같이 장기간 보관이 어려운 상품의 경우에는 원거리 수송이 불가능하다. 따라서 이러한 제품의 경우에는 지리적으로 멀리 떨어진 곳에 있는 자기 나라의 제품보다는 지리적으로 가까이에 있는 인접국가의 동종 상품을 구입하게 된다. 이 경우 동일 산업 내의 무역이 발생하게 된다.

둘째, 해외가공 및 조립생산의 경우이다. 오늘날에는 국가 간의 임금 및 생산비 차이를 고려하여 부품이나 반제품을 본국에서 해외자회사로 수출한 다음, 그곳에서 조립 · 가공하여 다시 본국으로 수입하거나 제3국으로 수출하는 경우가 허다하다. 이때 특정 부품 및 반제품, 그리고 최종 완제품이 동일 산업으로 분류된다면, 부품생산국이나 해외 가공국은 다 함께 산업내무역을 하는 것이 된다.

셋째, 동일한 원료와 기술로 생산되는 두 제품이 상표 등에 의해서 차별화(differentiation)되고 생산에 있어서 규모의 경제(economies of scale)가 존재하는 경우이다. 자동차의 경우를 예로 든다면 제품차별화가 존재하는 경우 소비자들은 기호나 소득수준 때문에 서로 다른 종류의 자동차를 선호하게 되고, 그 결과 양국 간에 동일한 산업에 속하는 자동차의 교역이 이루어지게 된다. 실제로 미국의 Ford는 일본에 Mustang을 수출하고, 일본의 Nissan은 미국에 300ZXs를 수출하였다.

또 자동차의 생산에 규모의 경제가 존재한다면, 동일한 자동차를 대량으로 생산할수록 생산비가 낮아지게 된다. 하지만 모든 사람들의 기호를 다 맞추어 여러 가지 자동차를 생산하게 되면 각 자동차의 생산량이 줄어들어 결국에는 생산비가 높아지게 된다. 이 때문에 자동차생산기업은 다수의 기호에 맞추어 자동차를 생산할 수밖에 없다. 그런데 이때 자기의 기호에 맞는 자동차를 찾을 수 없는 소수의 소비자들은 자신의 기호에 맞는 자동차를 발견하게 되면, 그것이 외국에서 생산된 것일지라도 그것을 선택하여 소비하게 될 것이다. 이로 인해 국가 간에 동종 산업 내의 무역이 이루어지게 된다.

OECD에 따르면 각국의 산업내무역은 시간이 흐를수록 증가하고 있으며 1996-2000년의 경우, 프랑스와 같은 나라는 77.5%를 보였고 여타 국가들의 경우에도 캐나다 76.2%, 오스트리아 74.2% 등의 순위를 보였다. 그 외에도 영국 73.7%, 독일 72.0%, 이탈리아 64.7% 그리고 일본이 47.6%를 보였다. 우리나라는 동 기간 동안 57.5%의 비율을 보였다.[20]

제 3 절 무역실무

1. 무역거래의 절차

수출절차는 수출업자가 수입업자에게 오퍼(offer)를 보내는 단계로부터 시작하여 계약상품을 선적하고 은행에 네고(nego)를 한 다음, 수입업자에게 선적서류를 송부하는 단계까지의 전 과정이 포함된다.

그리고 수입절차는 수입업자가 해외의 수출업자와 계약을 체결한 다음, 신용장을 개설하여 수출업자에게 송부하는 단계로부터 수출업자로부터 수입상품과 선적서류를 받아 수입상품을 통관할 때까지의 전 과정이 포함된다.

오늘날 많은 수출입거래가 화환신용장(documentary L/C)을 통해서 이루어지고 있으므로, 여기에서 화환신용장을 통한 수출입절차를 살펴보면 〈그림 7-5〉와 같다.

① 매매계약 체결 및 신용장 조건 명시

수출상(exporter)과 수입상(importer) 간에 화환신용장을 통해 상품을 수출입하기로 합의가 이루어지게 되면 매매계약서(sales contract)에 신용장조건을 명시한다. 이때 신용장은 통상 취소불능신용장(irrevocable L/C)이면서 확인신용장(confirmed L/C)으로 합의된다.

② 신용장 개설의뢰

수입상은 매매계약서에 합의된 신용장조건에 따라 자기 거래은행에 신용장 개설을 의뢰한다.

③ 신용장 개설

수입상으로부터 신용장 개설을 의뢰받은 외국환은행은 수입상의 여신한도와 신용장 개설신청조건 등을 검토하여 신용장을 개설한다.

④ 신용장 통지

신용장 개설은행(issuing bank)으로부터 신용장을 통지해 주도록 지시받은 통지은행

그림 7-5 신용장을 통한 수출거래 메커니즘

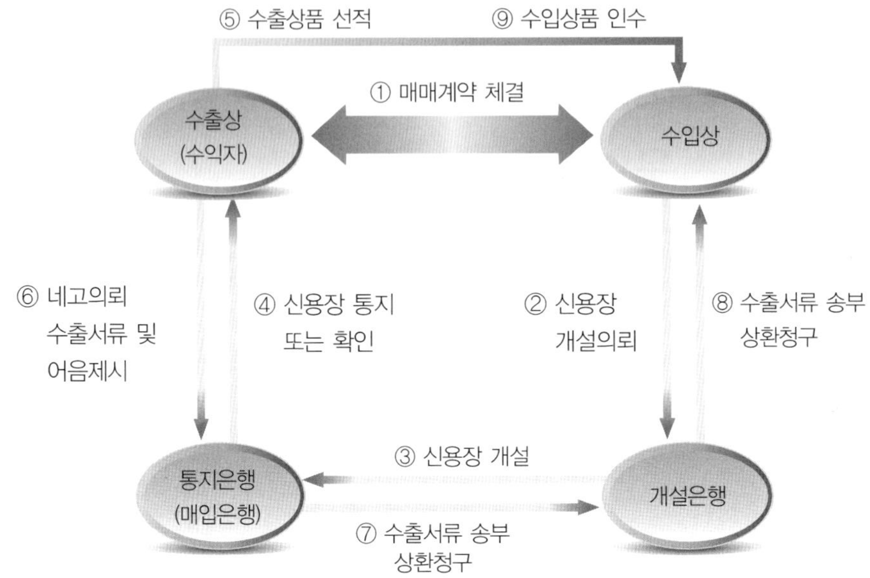

(advising bank)은 수익자(beneficiary)인 수출상에게 신용장이 개설되었음을 통지한다.

⑤ 수출상품 선적

신용장을 통지받은 수출상은 신용장조건과 일치하게 수출상품을 선적한다.

⑥ 수출상의 네고 의뢰, 매입은행의 서류매입

수출상은 신용장에서 요구하는 각종 선적서류를 구비한 다음, 이것을 원신용장과 함께 매입은행(negotiating bank)에 제시하고 네고(nego)를 의뢰한다. 이때 신용장을 통지해 준 통지은행이 신용장의 매입은행이 될 수도 있다. 서류를 제시받은 매입은행은 그 서류가 신용장조건과 일치하고 매입을 거절할 만한 특별한 이유가 없는 한 그 서류를 매입한다.

⑦ 개설은행에 대한 서류 송부 및 상환청구

매입은행은 매입된 서류를 개설은행에 송부하고, 개설은행에 대해 매입으로 인해 발생한 지출대금의 상환을 청구한다.

⑧ 수입상에 대한 상환청구 및 서류인도

매입은행으로부터 서류와 어음을 송부받은 개설은행은 서류가 신용장조건과 일치하는 한 서류를 수리하고, 이 서류를 수입상에게 제시하고 대금을 상환받는다.

⑨ 수입상의 수입화물 인수

수입대금을 지급하고 개설은행으로부터 서류를 입수한 수입상(신용장 개설의뢰인)은 화물인수에 필요한 서류를 운송회사에 제시하고 화물을 인수한다.

2. 무역거래조건

(1) 인코텀즈 2010(Incoterms 2010)

국제상업회의소(International Chamber of Commerce: ICC)는 수출업자와 수입업자 간에 언어, 관습, 법률 등이 서로 다름에 따라서 발생하게 되는 무역거래조건에 대한 해석의 차이, 그리고 이 때문에 발생하게 되는 무역거래의 마찰과 분쟁을 해소하기 위하여, 1936년 '무역거래조건의 해석을 위한 국제규칙(International Rules for the Interpretation of Trade Terms: Incoterms)'을 채택하여, 이를 수출업자와 수입업자의 최소한의 권리와 의무의 기준으로 사용해왔다.

이들 무역거래조건은 수출입 당사자 간의 거래관행이 오랜 시간을 거쳐 정형화된 하나의 거래관습으로서, 결코 영원불변한 것이 아니라 각 시대나 지역, 그리고 새로운 제도 등에 따라서 계속적으로 변화하고 있다.

국제상업회의소는 이러한 변화를 반영하기 위해 Incoterms를 1980년, 1990년, 2000년 등 그동안 7차례 주기적으로 개정해 왔다. 이번 2010년 개정에서는 관세자유지역의 지속적인 확대, 전자통신 이용의 증대, 물류 보안 강화, 운송 관행의 변화 등을 고려하여 이루어졌다.

Incoterms 2010의 가장 대표적인 변화는 우선 ① 규칙을 단순 명확하게 하였고, ② Incoterms의 공식 명칭을 '국내 및 국제 무역조건 사용에 관한 ICC규칙'으로 변경하여 국내거래에서도 사용할 수 있게 하였다. 그리고 ③ 기존의 D조건 네 가지(DES, DEQ, DAF, DDU)를 폐지하고 새로운 조건 두 가지(DAP, DAT)를 새롭게 신설하여 총 11가지로 제정하였고, ④ 운송방식을 '운송방식에 관계없이 적용하는 규칙'과 '선박운송에 전용으로 적용하는 규칙'으로 재분류하였다. 또 ⑤ 위험의 분기점이 되는 본선난간(Ship's rail) 개념을 본선 갑판(on board)으로 변경하였다.

(2) 인코텀즈 2010의 구성

Incoterms 2010은 <표 7-7>에서 볼 수 있는 바와 같이 모두 11개의 거래조건으로 구성되어 있다. 새로 개정된 규칙에서는 표에서 볼 수 있는 바와 같이 운송방식을 '운송방식에 관계없이 적용하는 규칙'과 '선박운송에 전용하여 적용하는 규칙'으로 재분류하였다. 여기에서 '운송방식에 관계없이 적용하는 규칙'에는 EXW, FCA, CPT, CIP, DAT, DAP, DDP 등이 있고, '선박운송에 전용하여 적용하는 규칙'에는 FAS, FOB, CFR, CIF 등이 있다.

(3) 정형 무역거래조건

1) 운송방식에 관계없이 적용하는 규칙(Rules for Any Modes of Transport)

① 공장인도조건(Ex-Works: EXW)

공장인도조건(EXW)은 수출업자가 자기 공장 구내에서 계약상품을 수입업자에게 인도함으로써 모든 의무를 다하고, 수입업자는 계약상품을 수출업자의 공장 구내에서 인수한 이후 최종 목적지에 이르기까지의 모든 비용과 위험을 부담하는 거래조건으로서 LOCO라고도 한다.

이 조건은 수출업자의 입장에서는 가장 부담이 적고, 수입업자의 입장에서는 가장 부담이 많은 거래조건이다. 이 거래조건은 수출업자가 무역거래에 익숙하지 못하거나, 또는 선적 및 보험계약 체결 등의 수출업무를 직접 수행하고 싶지 않은 경우에 주로 이용된다.

표 7-7 Incoterms 2010

Incoterms 2010	
운송방식에 관계 없이 적용하는 규칙	EXW 공장인도조건(Ex Works) FCA 운송인인도조건(Free Carrier) CPT 운송비지불인도조건(Carriage Paid to) CIP 운송비보험료포함지불인도조건(Carriage and Insurance Paid to) DAT 터미널 인도조건(Delivered At Terminal) DAP 목적지 인도조건(Delivered at Place) DDP 관세지급인도조건(Delivered Duty Paid)
선박운송에 전용하여 적용하는 규칙	FAS 본선선측인도조건(Free Alongside Ship) FOB 본선인도조건(Free On Board) CFR 운임포함인도조건(Cost and Freight) CIF 운임보험료포함인도조건(Cost, Insurance and Freight)

② 운송인인도조건(Free Carrier: FCA)

운송인인도조건(FCA)은 복합운송의 경우에 주로 활용되는 대표적인 거래조건으로서, 수출업자가 수출통관된 상품을 수입업자가 지정한 장소에서 지정된 운송인의 관리하에(into the charge of the carrier) 인도하였을 때 의무가 종료되는 거래조건이다. 여기에서 운송인(carrier)이란 철도, 도로, 해상, 항공, 내수로 운송 또는 이들 제 수단의 결합에 의한 복합일관운송(multimodal transport)계약을 체결하여 이행하는 사람을 말한다.

③ 운송비지불인도조건(Carriage Paid to: CPT)

운송비지불인도조건(CPT)은 운송형태에 관계없이 수출업자가 적출지에서 운송인에게 계약상품을 인도해주는 거래조건을 말한다. 이 거래조건은 매매계약 형태상 CFR조건과 유사하여, 수출업자가 목적지까지의 운임을 지불하지만 수출업자의 인도의무는 계약상품을 운송인의 관리하에 인도한 때에 종료되고, 그 이후에 발생하는 상품의 멸실 · 손상 및 추가비용은 모두 수입업자가 부담하게 된다.

④ 운송비 · 보험료지급인도조건(Carriage and Insurance Paid: CIP)

운송비 · 보험료지급인도조건(CIP)은 다른 내용은 CPT조건과 같으나 수출업자가 운송 중에 있는 계약물품의 멸실 또는 손상의 위험에 대한 보험까지를 부담한다는 점이 다르다. 즉 이 거래조건에서는 수출업자가 계약에서 정한 보험계약을 체결하고 보험료를 지급하도록 되어 있는데, 이 점은 CIF거래조건과 유사하다. 수출업자는 계약물품을 운송인의 관리하에 인도한 때에 모든 의무가 종료되고, 그 이후에 발생하는 물품의 멸실 또는 손상에 대한 위험은 수입업자에게 이전된다.

⑤ 터미널 인도조건(Delivered at Terminal: DAT)

터미널 인도조건(DAT)은 매도인이 도착한 운송수단으로부터 일단 양하한 물품을 지정항구나 목적지의 지정터미널에서 매수인에게 인도하는 것을 의미한다. 터미널은 부두, 창고, 컨테이너야드 또는 도로, 철도 또는 항공화물 터미널과 같이 덮개의 유무를 불문하는 모든 장소를 포함한다. 매도인은 합의된 지정항구나 목적지의 터미널까지 물품을 운송하여 양하하는 데 수반되는 모든 위험을 부담하여야 한다.

⑥ 목적지 인도조건(Delivered at Place: DAP)

목적지 인도조건은 매도인이 지정목적지에 도착한 제품을 운송수단으로부터 양하하지 않은 채 매수인이 임의 처분할 수 있는 상태로 인도하는 것을 말한다. 매도인은 물품을 지정목적지까지 운반하는 데 관련된 모든 위험과 비용을 부담해야 한다. 여기서 양 당사자들은 도착장소까지의 위험을 매도인이 부담해야 하기 때문에 도착장소를 명확하게 하는 것이 필요하다.

⑦ 통관인도조건(Delivered Duty Paid: DDP)

통관인도조건(DDP)은 수출업자가 계약상품을 수입국의 수입절차까지 완료하여 수입업자에게 인도하는 조건으로서, 수출업자는 상품을 수입업자에게 인도할 때까지의 모든 비용과 위험을 부담하게 된다. 수입업자는 상품 인수에 필요한 서류를 입수한 뒤, 대금을 지불하고 그 이후의 모든 비용과 위험을 부담한다. 따라서 통관인도조건은 공장인도조건과 정반대로 수출업자에게 가장 많은 의무가 부과되는 거래조건이다.

2) 선박운송에 전용하여 적용하는 규칙 (Rules for Sea and Inland Waterway of Transport)

① 본선선측인도조건(Free Alongside Ship: FAS)

본선선측인도조건(FAS)은 수출업자가 자기의 비용과 위험하에 계약상품을 본선 선측(alongside ship)에서 인도한 후, 수입업자에게 무사고선적서류(customary clean documents)를 제공하는 것으로 모든 책임과 의무를 다하는 거래조건을 말한다. 수입업자는 본선 선측에서 계약상품을 인수한 이후의 모든 위험과 비용을 부담한다. 이 거래조건은 주로 본선 적재비용이 많이 소요되거나 부피가 큰 상품을 수출하는 경우에 주로 이용된다.

② 본선인도조건(Free On Board: FOB)

본선인도조건(FOB)은 수출업자가, 수입업자가 수배한 본선 선상에서 계약상품을 인도하는 조건으로서, 수출업자는 자기 비용과 위험하에 계약상품을 본선 선상에 적재하고 이를 증명하는 운송서류(예를 들면, 본선수취증, 선화증권, 해상화물운송장, 내륙수로운송증권, 복합운송증권 및 이에 상응한 전자정보통신문(EDI message))를 수입업자에게 제공함으로써 모든 책임을 다하게 된다.

수입업자는 계약상품을 선적할 선복(ship's space)을 수배하고 본선 선상에서 계약상품을 인수한 이후 수입지까지의 운임이나 보험 등의 제비용과 위험을 부담한다. 계약상품의 멸실 또는 손상위험은 계약상품이 본선의 난간(ship's rail)을 유효하게 통과하는 시점에서 수입업자에게 이전된다.

③ 운임포함인도조건(Cost and Freight: CFR)

운임포함인도조건(CFR)은 수출통관된 계약상품을 선적항의 본선 선측 난간을 통과할 때 수출업자의 의무가 종료되는 거래조건으로서, 수출업자는 지정된 목적항까지 계약상품을 운송하는 데 필요한 모든 비용과 운임을 지불하게 된다. 그리고 계약상품이 본선 난간을 유효하게 통과한 이후에는 CIF조건에서와 같이 수입업자가 모든 비용과 위험을 부담하게 된다. 이 거래조건은 복합운송이 아닌 경우에 이용하는 것이 효과적이고, 복합운송의 경우에는 CPT조건을 이용하는 것이 보다 더 효과적이다.

④ 운임보험료포함인도조건(Cost, Insurance and Freight: CIF)

운임보험료포함인도조건(CIF)은 수출업자가 계약상품을 선적할 선박을 수배하여 운송계약을 체결한 다음 계약상품을 선적하고 보험을 부보한 후 선적서류를 구비하여 수입업자에게 제공하고, 수입업자는 상품이 선적된 이후의 모든 비용과 위험을 부담하고, 수출업자로부터 제공받은 선적서류와 상환으로 상품대금을 지불하는 서류인도거래조건을 말한다. 따라서 CIF조건은 수출제품의 매매원가(cost), 보험료(insurance) 그리고 목적지까지의 운임(freight) 등 세 가지 요소가 하나의 거래조건에 통합된 형태라고 할 수 있다.

이 거래조건은 수출업자가 지정된 목적항까지의 운임과 운송도중의 계약물품의 멸실 또는 손상을 담보하기 위한 보험료를 지불한다는 점을 제외하면 본선인도조건(FOB)과 같다.

여기에서 거래조건별 수출업자와 수입업자 간 위험과 비용 부담내역을 보면 〈그림 7-6〉과 같고 이것을 좀 더 상세하게 설명하면 〈표 7-8〉과 같다.

그림 7-6 수출업자와 수입업자 간 위험과 비용의 분기점

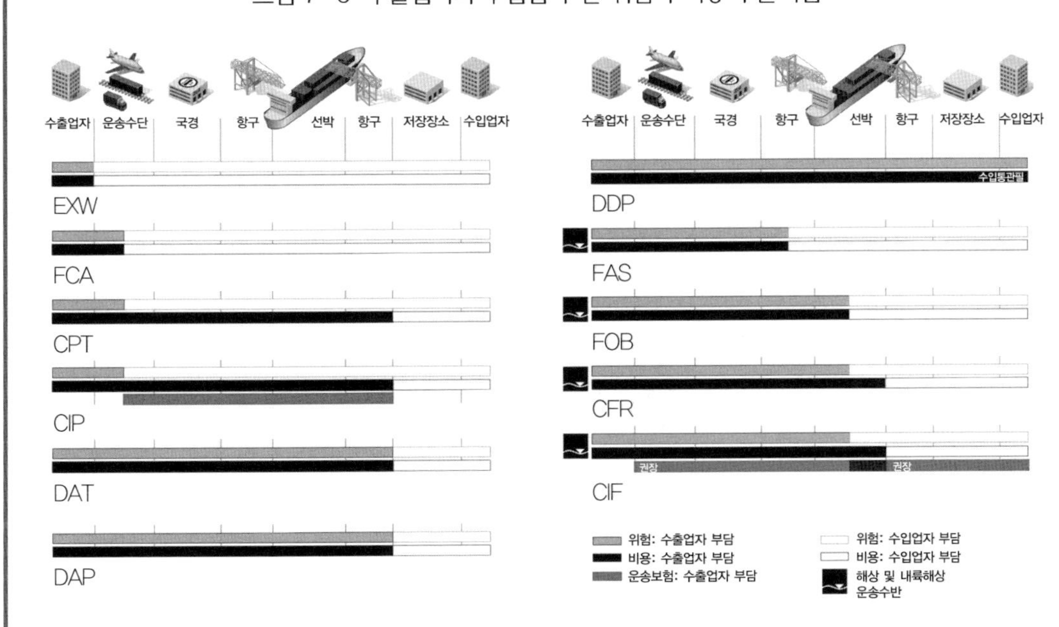

자료: ICC, Incoterms 2010.

표 7-8 거래조건별 수출업자와 수입업자의 의무 (Incoterms 2010)

	트럭(운송수단)적재	수출세관 신고	수출항 까지운송	수출항 트럭하역	수출할 적재비용	수입항 까지 운송	수입항 하역비	수입항 트럭적재	목적지 까지운송	보험	수입세관 통관	수입관세
EXW	수출업자	수출업자	수출업자	수출업자	수출업자	수출업자	수출업자	수출업자	수출업자	N/A	수출업자	수출업자
FCA	수입업자	수입업자	수입업자	수출업자	수출업자	수출업자	수출업자	수출업자	수출업자	N/A	수출업자	수출업자
FAS	수입업자	수입업자	수입업자	수입업자	수출업자	수출업자	수출업자	수출업자	수출업자	N/A	수출업자	수출업자
FOB	수입업자	수입업자	수입업자	수입업자	수입업자	수출업자	수출업자	수출업자	수출업자	N/A	수출업자	수출업자
CFR	수입업자	수입업자	수입업자	수입업자	수입업자	수입업자	수출업자	수출업자	수출업자	N/A	수출업자	수출업자
CIF	수입업자	수입업자	수입업자	수입업자	수입업자	수입업자	수입업자	수출업자	수출업자	수입업자	수출업자	수출업자
DT	수입업자	수입업자	수입업자	수입업자	수입업자	수입업자	수입업자	수입업자	수출업자	N/A	수출업자	수출업자
DAP	수입업자	수입업자	수입업자	수입업자	수입업자	수입업자	수입업자	수입업자	수입업자	N/A	수출업자	수출업자
CPT	수입업자	수입업자	수입업자	수입업자	수입업자	수입업자	수입업자	수입업자	수입업자	N/A	수출업자	수출업자
CIP	수입업자	수입업자	수입업자	수입업자	수입업자	수입업자	수입업자	수입업자	수입업자	수입업자	수출업자	수출업자
DDP	수입업자	수입업자	수입업자	수입업자	수입업자	수입업자	수입업자	수입업자	수입업자	N/A	수입업자	수입업자

자료: *Ibid*.

3. 수출금융

수출대금을 결제하는 방식에는 〈그림 7-7〉에서 볼 수 있는 바와 같이 위탁판매(consignment)로부터 선불판매(cash in advance)에 이르기까지 여러 가지가 있다. 위탁판매는 수입업자에게 가장 유리하고 수출업자에게 가장 불리한 방법이고, 선불판매는 수입업자에게 가장 유리하고 수출업자에게 가장 불리한 방법이다. 아래에서는 장부결제, 인수도조건, 지급도조건, 신용장방식에 의한 수출, 선불판매 등에 대해서만 간단하게 살펴보기로 한다.

(1) 장부결제(open account)

장부결제는 외환관리가 심하지 않고, 또 서로 오랫동안 거래해 온 회사 간이나 본사와 대리점 간, 또는 자회사들 간에 매 거래시마다 대금을 결제하는 경우에 발생하는 과도한 여러 가지 비용과 번잡을 피하기 위하여 일정 기간마다 그때까지의 누적채무를 결제하는

그림 7-7 수출대금의 결제방법

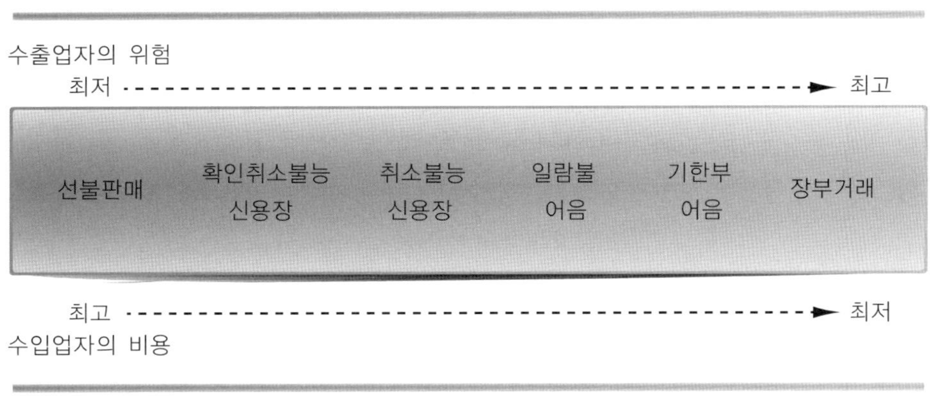

자료: U.S. Department of Commerce, *Business America* (Washington, DC, U.S. Department of Commerce Publication), Feb. 1995.

신용거래방식이다.

(2) 인수도조건(Document against Acceptance: D/A)

환어음은 통상 일람불(at sight)이나 인수도조건(D/A)인 경우가 일반적이다. 일람불이란 어음이 지급인에게 제시되는 날이 어음만기일이 되는 어음을 말하며, 인수도조건은 화환신용장(documentary L/C) 없이 계약에 따라 화물환어음을 가지고 대금을 결제하는 방식을 말한다. 인수도조건에는 일람 후 30일 출급, 60일 출급, 90일 출급 등이 있다.

인수도조건의 경우, 수입업자는 어음에 'Accepted'라고만 서명하고 은행으로부터 선적서류를 인수하여 수입상품을 찾은 다음, 이것을 매각하여 그 판매대금으로 정해진 기간 내에 수입대금을 결제하면 된다. 따라서 그 기간 동안은 은행으로부터 금융혜택을 받는 셈이 된다.

그러나 환어음이 지급도조건(Document against Payment: D/P)인 경우에는 어음금액을 지불해야만 선적서류를 인수하여 수입상품을 처리할 수 있다.

(3) 수출신용장(export L/C)

신용장방식에 의한 수출은 선불판매 다음으로 수출대금을 가장 확실하게 회수할 수 있는 방식이다. 특히 취소불능신용장을 이용한 수출의 경우에는 신용장 개설은행이 수입업자의 신용을 보증해주고 있기 때문에 수출대금의 회수가 보장되며, 여기에 더해 그 신용장이 확인은행에 의해 확인(confirmed)된 경우에는 더더욱 확인은행으로부터도 수출대금의 회수를 보장받는 셈이 되기 때문에, 이중으로 수출대금의 지급을 보증받는 셈이 된다.

수출업자는 신용장조건과 일치하게 계약상품을 선적하고 관계서류를 구비하여 은행에 제시하면, 서류가 신용장조건과 모순되지 않는 한 즉시 수출대금을 회수할 수 있다.

(4) 선불판매(cash in advance)

수입업자의 신용도가 낮거나 수입국의 외환관리상 수출대금을 받기가 어렵다고 판단되는 경우, 수출업자는 수입업자로부터 수출주문을 받음과 동시에 상품대금을 선불하도록 요구할 수 있다. 선불판매는 수입업자에게는 극히 불리한 조건이지만 특별한 주문이나 견본과 같은 경우에는 이 방법이 많이 이용된다. 그러나 외환관리상 현금선불을 제한하는 국가가 많기 때문에 이 방법에 의한 거래는 아주 적은 편이다.

국제경영사례 7 – 2

우리나라의 수출경쟁력

• 수출경쟁력

수출경쟁력은 가격경쟁력과 비가격경쟁력으로 구성된다.

가격경쟁력(price competitiveness)은 특정제품의 국내가격이 국제가격보다 낮은 경우를 말한다. 따라서 수출가격경쟁력은 특정시점의 일국의 수출가격이 국제시장가격보다 저렴한 정도를 뜻한다. 그리고 일정기간 동안의 자국 제품의 수출가격상승률이 국제가격상승률보다 낮으면 국제가격경쟁력이 높아진 것으로 평가하기도 한다.

다음으로, 비가격경쟁력(non-price competitiveness)은 수출제품이 가격 이외의 부문에서 경쟁력을 갖고 있는 정도를 말한다. 즉 기업이 연구개발, 신제품개발, 디자인개발, 상표개발, 포장능력, 광고능력, 유통망개선, 서비스개선, 정부정책 등을 통해 경쟁기업보다 더 높은 우위를 확보하는 것을 뜻한다. 통상 개도국 기업들은 가격경쟁력이 경쟁우위의 바탕이 되지만 선진국 기업들은 높은 인건비 때문에 비가격경쟁력을 바탕으로 경쟁우위를 확보한다.

• 우리나라의 수출경쟁력

최근 현대경제연구원은 전체 수출과 주요 7개(철강, 철강제품, 기계, IT, 자동차, 조선, 정밀기기) 수출품목을 대상으로 한중일 무역특화지수와 비교우위지수 분석을 통해 한중일 수출경쟁력을 비교해 본 결과, 한국은 여전히 일본에 대해서 비교열위 상태가 지속되고 있는 가운데, 중국이 빠른 속도로 추격하고 있는 것으로 분석하고 있다.

따라서 선진국 시장에 대한 수출경쟁력 제고는 물론, 중국 등 신흥국시장 공략도 병행되어야 할 것으로 권고하고 있다. 또 신성장산업 발굴 및 육성 지속을 통한 기술과 상품에 있어서의 프론티어시장 개척이 필요한 것으로 나타나고 있다. 아울러 수출기업 지원 강화, 문화와 생활 관련 한류 붐 활용 등 새로운 기회를 적극 활용해야 할 것을 제시하고 있다.

한편, 우리 수출제품의 품질경쟁력이 높아진 것도 수출경쟁력 강화에 중요한 역할을 하고 있다. 우리의 수출품목은 과거 노동집약적 제품군에서 벗어나 자본 · 기술집약적 제품군인 IT, 자동차 등이 수출전선에 주력제품으로 이동하여 과거에 비해 고도화, 소프트화되고 있다. 또 수출제품 형태도 완제품과 더불어 반도체, LCD, 철강 등 부품 · 소재품목의 비중도 크게 확대되고 있다.

종합컨대, 우리나라의 수출제품 중 IT분야의 반도체와 휴대폰, 전통산업분야의 자동차, 조선, 철강 등은 세계 일류의 품질경쟁력을 유지하고 있고, 동일품목 내에서도 소비자들의 다양한 니즈를 반영하여 제품의 품질이 향상되는 등 수출품목의 고부가가치화가 이루어지고 있다.

• 한국의 수출경쟁력에 대한 평가

국제투자은행(IB)들은 한국의 수출경쟁력이 당분간 지속될 것으로 낙관하고 있다. 한국은 유럽발 재정위기로 인해 수출에 빨간불이 켜졌지만 해외투자은행들은 한국의 수출경쟁력이 당분간 지속될 것으로 내다보고 있다. HSBC는 한국은 생산성 주도 성장을 지속하고 있어 중국이 단기간에 한국 수출을 위협할 만한 경쟁국이 되지 못할 것이라고 판단하면서, 중국이 비록 빠른 성장세를 보이고 있으나 아직 생산요소(자본과 노동) 투입 주도의 성장에서 벗어나지 못하고 있다고 진단하고 있다.

또 엔화 약세로 한국 수출기업의 경쟁력이 저하될 가능성이 낮다는 분석도 나왔다. Bank of

America와 메릴린치 등은 일본 IT 및 자동차 기업들이 수출가격을 낮추는 것은 어렵다고 판단하고 있다. 이들은 일본 IT기업들이 막대한 손실과 높은 부채부담을 지고 있어서 수출가격을 추가로 인하하기가 어렵고, 일본 자동차기업들의 경우 가격을 인하하면 한국과 가격할인 경쟁을 할 수 있어서 큰 폭의 인하는 쉽지 않다고 내다봤다. 그리고 모건스탠리는 "한국경제는 자유무역협정(FTA)을 통해 대내외 경쟁력 제고, 외국인직접투자 유치 등의 효과를 기대할 수 있다"며 한국경제의 경쟁력이 상승할 것으로 전망하고 있다.

• 한국 수출기업의 글로벌화 전략

중소기업중앙회에 따르면 우리나라 수출중소기업의 81%는 글로벌화 전략을 보유하고 있는 것으로 나타났다. 그리고 글로벌화 추진형태로는 '수출중심의 글로벌화'가 75%, '기술, 디자인 등 국제전략적 제휴'가 31%, '현지법인 설립 및 생산기지 이전 등 해외직접투자'가 22.7% 순이고, 주요 거래국이 EU인 기업에서는 '국제 전략적제휴의 적극적 활용'에 의한 글로벌화 추진이 43.4%로 비교적 높게 나타나고 있다.

한편, 글로벌화 추진의 애로사항으로는 '글로벌시장 및 고객관련 분석 정보부족' 37.3%, '낮은 브랜드 파워' 33.3%, '해외 판매네트워크 부재' 27.3% 등을 지적하고 있고, 종업원 규모와 수출액이 큰 기업일수록 글로벌 시장 및 고객관련 분석 정보부족에 대한 어려움이 큰 것으로 나타나고 있어서, 중소기업에 도움이 되는 정보나 자료는 여전히 부족한 것으로 분석되었다.

정부는 중소기업 글로벌화 추진을 위해 해외마케팅 부분에서 '해외전시회 참가지원 등 지원 확대' 57.3%, '현지 마케팅 전문가와의 1 : 1상담지원' 31.3%, '해외바이어초청 국내전시회 지원' 26.9% 등이 필요한 것으로 나타나고 있다. 한편, 전시회 해외마케팅 지원확대는 중소기업이 가장 필요로 하는 정부지원책이므로 중소기업의 해외 판로개척 및 수출확대 기회 제공 측면에서 해외전시회의 꾸준한 지원 확대가 필요할 것으로 보인다.

자료: 강태구, 사이버 수출마케팅(서울, 무역경영사, 2001); 장재철 외, 한국수출경쟁력의 재발견, CEO Information, 삼성경제연구소 (2005. 10. 5.); 중소기업중앙회, 중소기업 글로벌화 추진을 위한 실태조사 (2010. 7. 29.); 헤럴드경제, '한국 수출경쟁력 안심해도 된다," (2012. 3. 2.); 유병규 외 '지속적인 수출경쟁력 제고 필요하다-한중일 수출경쟁력 비교-," 경제주평, 현대경제연구원 (2012. 4. 20.).

CHAPTER

08 해외직접투자전략

International Business

국제경영사례 8－1

글로벌기업의 경쟁적 우위

• Exxon Mobil ExxonMobil

Exxon Mobil은 높은 수준의 국제화율, 효율적인 재무관리시스템, 규모의 경제, 첨단기술을 경쟁적 우위로 범세계적인 석유 및 천연가스의 탐사, 생산, 공급, 운송, 그리고 마케팅활동을 수행하고 있다. Exxon Mobil은 50여 개국에서의 석유생산, 26여 개국에서의 정제, 200여 개 국에서의 영업활동이라는 국제적 역량을 갖추고 있다. Exxon Mobil은 Exxon과 Mobil의 결합으로 원유나 가스를 뽑아낸 뒤 가공하여 완제품을 생산하는 '전방위 생산시스템'을 구축하였다.

• Walmart Walmart

Walmart는 주요 업무프로세스 및 경영시스템을 통해서 핵심역량을 구축하고 있다. Walmart는 각 점포와 거래처, 물류센터 및 본사를 컴퓨터 통신 및 인공위성 통신시스템으로 연결하여 소비자가 원하는 제품을 적시적소에 공급함으로써 물류비용을 대폭적으로 삭감하고 있다. 이러한 핵심역량을 통한 비용절감은 매일매일의 저가전략(Everyday Low Price)을 가능케 하여 지속적인 매출성장을 이룰 수 있게 하였다.

• Toyota TOYOTA Smile for Tomorrow

Toyota는 JIT(just-in-time)방식을 개발 및 도입함으로써 효율적인 자동차 설계와 공정혁신, 그리고 불량품 감축을 이룰 수 있었고, 이는 곧바로 재고비용의 감축과 품질 및 생산성을 향상시키는 핵심역량으로 작용하였다. Toyota는 이 방식을 통해 사소한 고장수리나 품질검사, 문제에 대한 근본적인 해결책을 각 팀이 전담토록 함으로써, 종전보다 훨씬 더 적은 인원으로 제품을 개선하는 한편, 새로운 시장의 개척과 종업원의 능률을 향상시킬 수 있게 되었다.

• GE

GE는 재정적 안정성, 사업부의 다양화, 인재, 세계적인 브랜드 이미지, 혁신, 걸출한 지도력, 세계화, 규모, 가치, 기술력 등과 같은 경쟁적 우위를 바탕으로 전세계 100여 개국에서 다각적인 사업활동을 벌이고 있다. GE의 세계화 추진에는 합작 및 인수가 활발하게 이용되고 있으며, 전세계 여러 나라의 파트너들과 자본 및 기술제휴 등의 전략적 제휴를 강화하고 있다. GE의 기업시민으로서의 평가는 타 기업의 추종을 불허하고 있다.

• Coca Cola

Coca Cola는 인내심을 바탕으로 눈앞의 이익이 아닌 장기이익을 추구하는 최고경영자의 장기적 투자전략과 철저한 현지화 및 전세계적인 생산유통망 구축을 통한 세계화 추진, 본사와 자회사 간의 철저한 품질관리를 통한 품질관리 차별화, 그리고 소비자와 함께 숨쉬는 산뜻하고 활기찬 광고 등을 핵심역량으로 '입이 있는 곳이라면 세상 어디라도 코카콜라를 갖다놓자(Presence)'는 그들의 세계화 구호를 실현시키면서 전세계 음료수 시장을 제패하고 있다.

• Canon

Canon은 광학기술, 정밀기계기술 및 첨단전자기술 등 기술적 핵심역량을 바탕으로 카메라, 의료기기, 복사기, 프린터, 팩시밀리 등 새로운 사업영역을 지속적으로 개척하고 있다. Canon은 핵심적인 기술역량을 개발 · 확충하면서 다양한 관련사업부문으로 다각화가 가능하였는데, 이러한 새로운 사업부문으로의 진출은 새로운 다시금 핵심역량의 개발을 가능하게 함으로써 지속적인 성장을 꾀할 수 있게 작용하였다.

• IBM

IBM은 세계 최대의 정보기술 글로벌기업으로서 최첨단 기술개발 및 관리, 최첨단 신제품의 생산, 다수의 특허 보유, 효율적인 투자비 분배시스템, 강력한 세계화 추진, 효과적인 교육훈련 및 유능한 직원 확보능력 등과 같은 경쟁적 우위를 바탕으로 전세계 모든 나라와 고객들의 정보처리에 관한 요구를 만족시켜주고 있다. IBM의 세계화 추진 및 100% 단독투자, 강력한 현지화 정책 등은 모두 이러한 경쟁적 우위에 기초한 전략이다.

• McDonald's

McDonald's는 편리성을 추구하는 대중 소비자들에게 신속한 서비스, 일관성 있는 상표와 품질, 종업원 복장과 미소, 청결하고도 친절한 분위기 등 표준화된 서비스를 핵심역량으로 기존의 풀 서비스 식당보다 25% 이상 낮은 가격으로 차별화하고 있다. 맥도널드는 햄버거대학이라는 사내 교육기관을 통해 레스토랑 설치에서부터 요리, 손님 접대방법 등에 이르기까지 모든 과정에 대해 끊임없는 교육을 실시하고 있다.

• Samsung Electronics

Samsung Electronics는 생산프로세스기술을 핵심역량으로 전세계 메모리용 반도체 시장을 석권하고 있다. 이는 메모리용 반도체를 가장 효율적으로 생산하는 데 필요한 공정기술 개선 및 각종 기계장비 조작 능력에 기인한 것이다. 또한 삼성전자는 현재 PC와 같은 쌍방 커뮤니케이션이 가능한 디지털 TV 생산에 있어서 세계 제일의 기술력을 보유하고 있고 D램 칩, S램 칩, 컴퓨터 모니터 등에서 세계 1위의 시장점유율을 기록하고 있다.

• FedEx

FedEx는 전세계 212개국을 방대한 물류네트워크를 이용, 하루 300만 건의 화물을 처리하는 세계최대의 국제 Logistics기업이다. FedEx는 COSMOS, Super tracker, DAS, 고객예외처리시스템 등 여러 가지 운송 및 통관서비스와 환불보장 서비스를 포함한 각종의 독특한 서비스로 24-48 시간 내에 Door-to-Door 서비스를 수행하고 있다. 물류센터의 SuperHub와 데이터베이스 관리 시스템인 COSMOS가 모든 물류 인프라의 핵심이다.

제 1 절 해외직접투자의 동기와 유형

1. 해외직접투자의 동기

기업의 해외직접투자는 각 기업의 목표와 전략에 따라서 여러 가지 동기하에서 이루어진다. 통상 가장 쉽게 들 수 있는 동기로는 해외시장 개척 및 확보를 들 수 있다.

하지만 해외직접투자는 이와 같은 극히 단편적인 동기에 의해서만 이루어지는 것이 아니라 여기에는 관세장벽 및 비관세장벽과 같은 무역장벽의 회피, 기존시장의 보호, 현지국의 투자유인정책 활용, 원자재 확보, 저임노동력 확보, 경영의 글로벌화 등과 같은 수많은 동기하에서 이루어지게 된다.[1]

더 나아가 해외직접투자는 단순히 '시장관련 동기' 외에도 전략적인 동기, 기술관련 동기, 자원관련 동기, 재무관련 동기, 경쟁력관련 동기 등이 있다.

그리고 이러한 해외직접투자 동기는 그 목적에 따라서 다음과 같은 여러 가지 세부적인 하위동기로 구분할 수 있다.

① 전략적 동기: 사업확대, 공동사업 추진, 수직적 통합, 다각화

② 시장관련 동기: 시장확보, 무역장벽 회피, 시장개척, 판매강화, 시장정보수집

③ 기술관련 동기: 기술개발, 기술제공, 서비스제공, 기술획득, 기술정보 수집

④ 자원관련 동기: 자원개발, 자원의 안정적 공급, 저렴한 원료 이용

⑤ 경쟁력관련 동기: 원가절감, 원료비 절감, 인건비 절감, 수송비 절감, 규모의 경제 달성

⑥ 기타 동기: 부품 및 플랜트 수출, 설비이전 등이 그것이다.

2. 해외직접투자의 유형

(1) 시장지향형 해외직접투자(Market Seeking FDI)

시장지향형 해외직접투자는 기업이 기술, 브랜드(brand), 마케팅 및 경영기법 등 자신이 독점적 · 배타적으로 보유하고 있는 독점적 우위요소를 활용하여 현지시장을 공급하기 위해 해외에 생산시설을 설립하여 진출하는 경우를 말한다. 이러한 형태의 해외직접투자는 수출을 이용하여 현지시장을 공급하는 것이 비용이 더 많이 들거나, 현지정부가 제품을 현지에서 생산할 수밖에 없을 정도로 높은 수준의 관세 및 비관세장벽을 구축하여 수입을 규제하는 경우 등에 주로 이용된다.

일반적으로 해외 현지국의 소비습관이나 기호, 제품특성, 서비스, 유통채널 등이 자기나라와 전혀 다르고 수출시장이 일정 규모에 달하면 수출방식을 이용하기보다는 현지에 직접투자를 하는 것이 더 효과적이다.

시장지향형 해외직접투자는 자사의 제품시장을 개척 · 유지 · 확대하기 위한 투자로서 여러 가지 해외진출 형태 중 가장 전형적인 것이다. 이러한 형태의 해외직접투자는 제조업에만 국한되는 것이 아니라 소매업, 은행업, 보험, 여행 등과 같은 서비스산업에서도 쉽게 찾아볼 수 있다. 제조업 분야에서 IBM, Coca Cola, DuPont, Siemens 등과 같은 기업의 해외진출, 그리고 서비스 분야에서 Citicorp 등과 같은 은행들의 해외진출 등은 모두 시장지향형 해외직접투자에 속한다.

(2) 자원지향형 해외직접투자(Resources Seeking FDI)

자원지향형투자는 기업이 천연자원이나 인적자원 등을 확보하기 위해 해외에 투자하는 경우를 말한다. 먼저 천연자원지향형 해외직접투자는 기업이 토지, 광산, 석유 등과 같은 특정 천연자원을 해외에서 확보하기 위해 투자하는 경우이다. 특정 제품 생산에 필요한 원료를 확보하기 위해 열대지역에 투자하는 경우, 그리고 광물이나 석유를 채굴하기 위해 광산이나 유전에 투자하는 경우가 여기에 해당된다.

천연자원지향형 해외직접투자는 광물에 대한 채굴, 가공, 판매 등을 수직적으로 통합함으로써 시장을 통한 거래비용을 절약할 수 있으며, 또 수직적 통합에 있어서는 각 생산단계마다 시장지배력을 갖고 있을 뿐만 아니라 그 지배력이 다른 단계로도 파급되기 때문에 산업전체의 과점화가 가능하다.

천연자원에 대한 해외직접투자는 대규모의 투자자본과 오랜 투자기간이 필요한 관계로 신규투자가 사실상 어렵기 때문에 이 분야에 대한 해외직접투자는 몇몇 거대기업들의 과점적 경쟁 형태를 띠고 있다. 다국적석유회사인 British Petroleum, Standard Oil 등이 유전에 투자하는 경우, 그리고 Anaconda Copper, International Nickel 등이 광산에 대한 투자하는 경우 등은 모두 천연자원지향형 해외직접투자에 속한다.

다음으로 인적자원지향형 해외직접투자는 기업이 저렴한 인적자원을 활용하기 위해 해외에 투자하는 경우를 말한다. 예를 들어, Nike와 같이 인건비가 비교적 저렴한 지역에서 신발을 생산하기 위해 중국이나 베트남 등지에 투자한 경우, 그리고 또 다른 기업들이 저렴한 인적자원을 확보 · 활용하기 위해 동남아국가에 투자하는 경우가 여기에 해당된다.

한편, 기술을 확보하기 위한 해외직접투자도 자원지향형 해외직접투자에 해당된다. 즉 오늘날에는 하루가 다르게 기술경쟁이 격화되고 기술상의 경쟁적 우위를 획득하지 못하면 성장은 물론 생존마저 불가능하기 때문에 기업들은 선진기술이나 경영노하우를 습득하기 위해 선진국에 투자하기도 한다.

이러한 예로는 네덜란드의 Philips, 독일의 Siemens와 같은 기업들이 해외 현지에 연구소를 설립하기 위해 해외투자를 하거나, 우리 전자기업들이 미국의 실리콘 밸리(Silicon Valley)에 생산시설을 설립하는 경우 등을 들 수 있다. 이는 고급 기술인력이 있는 선진지역에 투자하여 현지의 우수한 두뇌를 활용함으로써 선진기술에 보다 더 효율적으로 접근하기 위한 것이다.

(3) 효율성지향형 해외직접투자(Efficiency Seeking FDI)

효율성지향형 해외직접투자는 전세계 시장을 가장 효율적으로 공급할 수 있는 생산체계를 구축하기 위해 이루어지는 해외투자를 말한다. 즉, 각 부품을 전세계 여러 지역 중 가장 효율적으로 생산할 수 있는 지역에서 생산한 다음, 이것을 또 다른 지역으로 옮겨 거기에서 가장 효율적으로 조립하고, 이렇게 완성된 제품을 또 가장 효율적인 지역에 보관한 다음 유통시킴으로써 최소의 생산비와 유통비로 전세계 모든 시장을 가장 효율적으로 공급하기 위해 이루어지는 해외투자를 말한다.

예를 들어 IBM, Ford, Xerox 등과 같은 기업들의 해외직접투자는 모두 효율성을 추구하기 위한 투자라고 할 수 있다. 이 외에도 Nike, Sony와 같은 기업들이 저임노동력을 활용하기 위해서 임금이 싼 지역에서 집중적으로 제품을 생산하는 경우, 그리고 Mercedes-Benz가 규모의 경제를 달성하기 위해서 미국의 앨라바마 한 곳에 조립공장을 설립하여 제품을 집중 생산하는 경우, 또 Nissan이 다양한 자동차를 생산 · 판매함으로써 범위의 경제를 달성한 경우 등은 모두 효율성지향형 해외직접투자라고 할 수 있다.

3. 해외직접투자의 형태

(1) 수평적 해외직접투자(Horizontal FDI)

수평적 해외직접투자는 기업이 본국에서 생산하고 있는 것과 동일한 제품을 해외에서 생산하기 위해 해외에 생산자회사를 설립하여 진출하는 경우를 말한다. 즉 무형자산을 소유하고 있는 기업은 제품을 공동 통제하에서 지리적으로 분산하여 생산하는 경우 거래적 우위를 누릴 수 있기 때문에, 이와 같이 제품생산을 지리적으로 다각화하는 경우를 수평적 해외직접투자라고 한다.

수평적 해외직접투자의 예로는 세계 도처에서 동일한 제품을 생산 · 판매하고 있는 Coca Cola, Sony 등과 같은 기업, 그리고 Bayer 등과 같은 다국적제약회사를 들 수 있다.

수평적 해외직접투자는 해외 여러 지역에서 복수공장을 운영함으로써 높은 경제성을 달성할 수 있고, 잠재적 소비자가 위치하고 있는 지역에 분산 투자함으로써 강력한 마케팅 기법을 보유할 수 있다는 이점이 있다.

(2) 수직적 해외직접투자(Vertical FDI)

수직적 해외직접투자는 기업이 최종재의 생산에 필요한 원료나 중간재를 확보하기 위해 해외에 진출하거나(후방통합: backward vertical FDI) 또는 최종 소비자에게 자신이 생산한 제품을 판매하거나 사용할 목적으로 해외에 투자하는 경우(전방통합: forward vertical FDI)를 말한다.

후방통합의 전형적인 예로는 Exxon 및 Shell 등과 같은 석유회사가 원유채굴에 투자하고 정제는 수요국에서 하는 경우, 그리고 Anaconda Copper 및 International Nickle 등과 같은 광산회사 및 제철회사가 자원을 개발하기 위해 현지에 투자하고 정련은 본국에서 하는 경우 등을 들 수 있다.

그리고 전방통합의 예로는 GM, Ford, Toyota 등과 같은 자동차회사가 본국에서 생산한 자동차를 판매하기 위해 해외에 판매자회사를 설립하는 경우를 들 수 있다. 수직적 해외직접투자는 전방통합이 대부분을 차지하고 있다.

(3) 다각적 해외직접투자(Conglomerate FDI)

다각적 해외직접투자란 생산물이 수평적으로나 수직적으로 연결되지 않는 직접투자로서, 기업이 여러 가지 분야의 사업을 동시에 수행하는 경우의 해외직접투자를 말한다. 이러한 경우로는 Exxon과 Unilever 등을 들 수 있는데, Exxon은 전세계 79개국에서 주로 석유, 천연가스 개발, 정유 등 천연연료와 관련된 사업을 운영하고 있는 기업으로 알려져 있지만, 사실은 이러한 사업분야 외에 과테말라에서는 미니체인점망, 캐나다에서는 에소(Esso)주유소, 칠레에서는 구리광산, 벨기에에서는 플라스틱 개발사업을 소유·운영하는가 하면 홍콩에서는 전력공급사업에도 종사하는 등 다각적인 해외직접투자를 하고 있다.

다각적 해외직접투자는 수익원을 다양화하고 위험을 분산시키기 위해 이루어지게 되는데, 기업의 총수익은 기업이 지리적으로 뿐만 아니라 사업영역면에서도 다변화가 이루어질 때 최대가 된다. 그리고 사업영역이 다변화되면 현금흐름의 불확실성도 낮아지게 된다.

여기에서 지금까지 살펴본 수평적 해외직접투자, 수직적 해외직접투자, 다각적 해외직접투자를 하나의 그림으로 살펴보면 〈그림 8-1〉과 같다.

4. 전세계 해외직접투자 현황

(1) 개황

1980년대 이후 꾸준하게 늘어나기 시작한 전세계 해외직접투자는 〈그림 8-2〉에서 볼

그림 8-1 해외직접투자의 유형

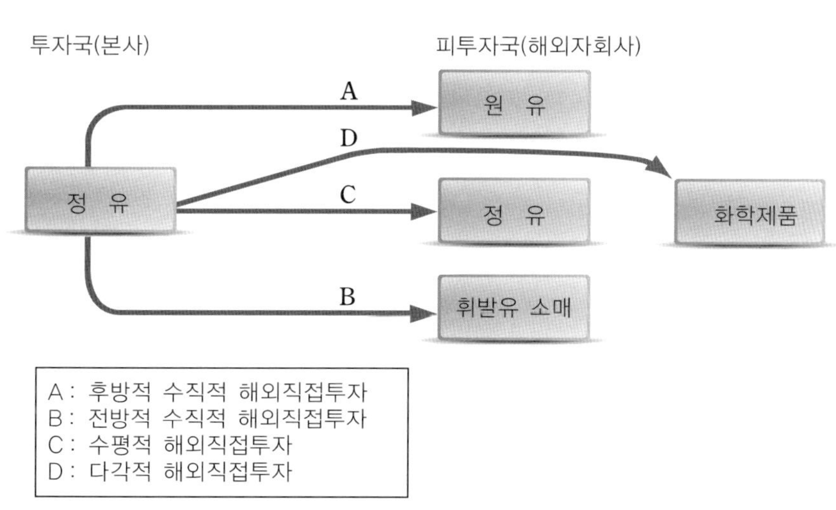

자료: R. J. Carbaugh, *International Economics*, 2nd ed. (Belmont, CA, Wadsworth Publishing Co., 1985), p. 189.

그림 8-2 전세계 해외직접투자 유출 현황 (1980-2010)

(단위: 백만 달러)

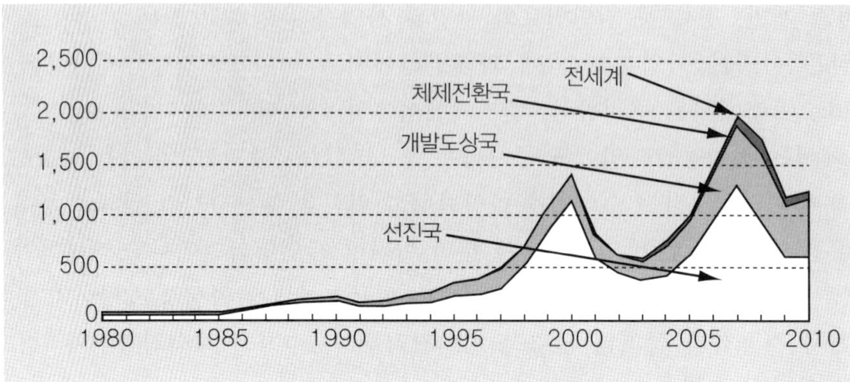

자료: UNCTAD, *World Investment Report 2011: Non-Equity Mode of International Production and Development* (New York and Geneva, UN, 2011). p. 3.

수 있는 바와 같이 시간이 흐를수록 크게 증대되고 있다.

1980년대 전반에는 전세계적인 외채위기와 경기침체 등으로 인해 잠시 둔화되는 양상을 보이기도 하였으나 그 이후 2000년까지는 꾸준한 증가세를 보였다. 이후 2001-2003년에는 증가세가 크게 둔화되었지만 2004-2007년에는 다시 큰 회복세를 보였고 2007년에는 정점에 달하기도 하였다. 하지만 2008년부터는 미국 서브프라임 모기지(sub-prime mortgage) 사태의 영향으로 또다시 큰 폭의 하락세를 기록하였다.

그러나 2010년 이후에는 다시 회복되어 10% 이상의 상승률을 보이고 있는 가운데, UN은 전세계 해외직접투자가 2011-2013년간 지속적으로 증가할 것으로 예상하고 있다.[2]

(2) 해외직접투자 유출현황

전세계 해외직접투자의 유출현황을 살펴보면 〈표 8-1〉과 같다. 전세계 해외직접투자의 누적액은 1980년 5,239억 달러, 1990년 1억 7,174억 달러, 2000년 5억 9,762억 달러, 2005년 10억 6,718억 달러를 거쳐 2010년에는 13억 2,334억 달러를 기록하여 시간이 흐를수록 가속적으로 증대되고 있음을 알 수 있다.

이것을 선진국과 개도국으로 나누어 보면, 2010년의 경우 선진국이 9억 3,519억 달러를 기록하여 전체 해외직접투자 중 70.7%를 차지하였고, 개발도상국은 3억 2,756억 달러를 기록하여 26.8%의 점유율을 보였다. 그리고 EU 경우에는 상당한 정도의 하락세를 보이

표 8-1 해외직접투자 유출 현황(1980-2010)

투자국	연도 말 누적액(10억 달러)							국별 분포(%)						
	1980	1985	1990	1995	2000	2005	2010	1980	1985	1990	1995	2000	2005	2010
선진국	507.3	675.2	1,637.2	2,621.1	5,248.5	9,271.9	9,351.9	96.8	95.3	95.3	91.0	87.8	86.9	70.7
미국	220.1	251.0	430.5	699.0	1,244.6	2,051.2	3,289.0	42.0	35.4	25.0	24.2	20.8	19.2	24.9
일본	19.6	43.9	201.4	238.4	281.6	386.8	562.6	3.7	6.2	11.7	8.2	4.7	3.6	4.3
EU	-	-	768.2	-	2,179.7	6,244.4	4,757.6	-	-	44.7	-	36.5	58.5	35.9
영국	80.4	100.3	229.2	304.8	901.7	1,238.0	110.2	15.3	14.1	13.3	14.1	15.0	11.6	0.8
독일	43.1	59.9	148.4	258.1	442.8	967.3	1,048.6	8.2	8.4	8.6	8.9	7.4	9.1	7.9
프랑스	23.5	37.0	120.1	207.9	496.7	853.2	841.1	4.4	5.2	6.9	7.2	8.3	8.0	6.4
개발도상국	16.4	32.5	79.8	252.8	710.3	1,273.6	3,275.6	3.1	4.5	4.6	8.7	11.8	11.9	26.8
전세계총계	523.9	707.8	1,717.4	2,879.3	5,976.2	10,671.8	13,233.4	100.0	100.0	100.0	100.0	100.0	100.0	100.0

각주: 일부 국가를 제외한 관계로 총계가 100%가 되지 않음.
자료: UNCTAD, *World Investment Report 2011: Non-Equity Mode of International Production and Development* (New York and Geneva, UN, 2011) 및 1980-2011년 각 호를 기초로 작성.

고 있다. 사실 전세계 해외직접투자는 오랫동안 선진국에 의해 주도되어 왔다.

하지만 선진국의 점유율은 시간이 흐를수록 점차 낮아지고 있고, 개발도상국의 점유율은 조금씩 상승하고 있어서 선진국 편중 현상이 점차 개선되어 가고 있다. 이러한 현상은 일부 선진국의 경쟁력 약화는 물론이거니와 한국, 중국, BRICs 및 ASEAN 등과 같은 개발도상국 경제의 선전과 경쟁력 강화에 따른 것으로 해석된다.

다음으로 이것을 주요 투자국별로 살펴보면, 2010년 말 현재 미국이 3억 2,390만 달러로서 전체의 24.9%를 기록하여 1위를 차지하고 있고, 다음으로 독일이 1억 486만 달러로서 7.9%를 보이고 있으며, 프랑스가 8,411억 달러로 6.4%를 차지하고 있다. 미국의 점유율이 지속적으로 낮아지다가 최근에 이르러 다시 회복세를 보이고 있고, 일본은 안정세, 독일과 프랑스는 소폭 하락세, 그리고 영국은 급속한 하락세를 보이고 있다는 점이 특기할 민하다.

(3) 해외직접투자 대상국별 현황

전세계 해외직접투자의 대상국별 현황을 살펴보면 〈표 8-2〉와 같다. 이 표에서 볼 수 있는 바와 같이 2000년대 중반에 이르기까지 선진국들이 전세계 해외직접투자의 70% 정도

표 8-2 세계 해외직접투자 대상국별 현황(1980-2010)

투자국	연도 말 누적액(10억 달러)							국별 분포(%)						
	1980	1985	1990	1995	2000	2005	2010	1980	1985	1990	1995	2000	2005	2010
선진국계	374.9	546.2	1,397.9	2,051.7	4,210.2	7,117.1	6,019.0	60.9	61.1	74.0	69.8	66.7	69.8	48.4
미국	83.0	184.6	394.9	535.5	1,238.6	1,625.7	2,282.5	13.5	20.7	20.9	18.2	19.6	15.9	18.4
일본	3.2	4.7	9.8	33.5	54.3	100.9	-12.5	0.5	0.5	0.5	1.1	0.9	1.0	-
EU	-	-	768.2	-	2,179.7	4,499.1	3,131.0	-	-	40.7	-	34.5	44.1	25.2
영국	63.0	64.0	203.8	199.7	482.7	816.7	459.1	10.2	7.2	10.8	6.8	7.6	8.0	3.7
독일	36.6	36.9	119.6	192.8	460.9	502.8	461.3	5.9	4.1	6.3	6.6	7.3	4.9	3.7
프랑스	22.8	33.6	100.0	185.3	266.6	600.8	339.1	3.7	3.8	5.3	6.3	4.2	5.9	2.7
개도국계	240.8	347.2	487.6	849.3	1,979.2	2,757.0	5,735.7	39.1	38.9	25.8	28.9	31.3	27.0	46.1
중국	-	-	65.7	-	648.8	850.7	1,057.4	-	-	3.5	-	10.3	8.3	8.5
전세계 총계	615.8	893.5	1,888.6	2,937.5	6,314.2	10,192.7	12,436.7	100.0	100.0	100.0	100.0	100.0	100.0	100.0

자료: *Ibid.*

를 받아들이고 있어서, 그 해외투자 유출에 있어서 뿐만 아니라 해외투자 대상국에 있어서도 선진국이 대부분을 차지해 왔음을 알 수 있다.

반면에 개발도상국은 30% 내외의 점유율을 보이고 있고 때로는 그것이 줄어드는 경우도 없지 않았다. 하지만 2010년의 경우에는 선진국의 점유율이 48.4%로 크게 하락한 반면 개발도상국이 46.11%로 그 비중이 크게 증대되어 큰 변화를 보이고 있다.

EU에 대한 해외투자 또한 선진국의 유입감소에 크게 영향을 미칠 정도로 낮은 25.2%를 기록하고 있다. 이는 대부분의 전세계 해외직접투자가 선진국 간에 이루어져 왔던 예전과 달리 점차 개발도상국으로도 확대되고 있음을 보여주는 결과라고 하겠다.

한편, 이것을 주요 대상국별로 살펴보면 2010년의 경우 미국이 약 18.4%를 받아들여 소폭 증가세를 보이고 있고, 그 다음으로는 영국과 독일이 각각 3.7%, 프랑스 2.7% 등의 낮은 점유율을 기록하고 있다. 그리고 일본의 경우에는 마이너스 성장을 보여 해외투자 유출 점유율 4.3%와 극히 비대칭적인 현상을 보이고 있다. 그리고 중국에 대한 투자유입은 지속적으로 8.5%의 높은 수치를 보이고 있어서 특기할 만하다.

(4) 해외직접투자의 산업별 현황

전세계 해외직접투자를 산업별로 살펴보면 〈표 8-3〉과 같다. 이 표를 보면 2010년의 경우 1차산업에 대한 해외직접투자가 22.0%, 제조업 48.0%, 그리고 서비스업 30.0%를 기록하고 있다. 해외직접투자의 산업별 구성비는 시대의 흐름에 따라서 큰 변화를 보이고 있는데, 1차산업에 대한 투자는 2000년대에 이르기까지 지속적인 감소현상을 보였으나 2005년 이후로는 큰 증가세를 보였고 2010년의 경우에는 22.0%를 기록하고 있다.

다음으로 제조업에 대한 해외직접투자는 1980년 43.8%에서 2005-2007년에는 24.4%까지 줄어든 바 있으나 2010년에는 48.0%를 기록하여 다시 크게 증가하는 경향을 보이고 있다.

끝으로 서비스업에 대한 해외직접투자는 1차산업이나 제조업에 비해 괄목할 만한 신장세를 보여 1990년 50.1%, 2000년 74.0%, 2005-2007년 67.9% 등을 기록하였으나 2010년에는 30.0%로 많이 낮아진 상태를 보이고 있다.

(5) 최근 해외직접투자의 특징

최근 전세계 해외직접투자의 몇 가지 특징을 보면 다음과 같다.

첫째, 선진국에 대한 투자는 크게 줄어드는 데 반해, 개발도상국에 대한 투자가 비약적으로 늘고 있다는 점이다. 이는 글로벌기업들이 원자재 가격 상승, 생산비 절감, 해외시장 개척 등을 위해 해외직접투자를 계속 늘리고 있기 때문이다.

둘째, 글로벌기업들이 연구 · 개발(R&D)활동을 해외로 확대하고 있고, 중국과 인도가 가장 큰 이익을 향유하고 있다는 점이다.

표 8-3 산업별 해외직접투자 구성비

(단위: %)

	1980	1990	2000	2005-2007	2009	2010
1차산업	18.5	11.2	1.0	9.7	30.0	22.0
제조업	43.8	38.7	25.0	24.4	37.0	48.0
서비스업	37.7	50.0	74.0	57.9	33.0	30.0
계	100.0	100.0	100.0	100.0	100.0	100.0

자료: *Ibid.*

셋째, 개발도상국들은 그동안 외국인직접투자를 유치하는 입장에 그쳤으나 최근 일부 개발도상국들은 점차 해외투자국으로서의 역할도 높여가고 있다.

넷째, 서비스분야의 해외직접투자가 크게 늘고 있고, 그중 금융분야의 해외직접투자가 크게 증대되고 있다는 점이다.

제 2 절 해외직접투자 진출형태 및 소유권 선택

1. 해외투자 진출형태의 선택

(1) 신설(Greenfield)

기업이 신설과 인수 · 합병 중 어떤 방식을 선택하여 해외에 진출할 것이냐 하는 것은 이 두 가지 진출형태에 따른 예상위험과 조정비용, 기업의 능력과 전략, 그리고 현지국의 영향 등을 종합적으로 고려하여 결정하게 된다.

그중 신설방식에 의한 해외진출은 기업이 예전에 없던 생산시설을 현지에 새롭게 설립하여 진출하는 방식으로서 다음과 같은 이점을 가지고 있다.[3]

첫째, 자신이 직접 해외시장 개입의 규모와 생산시설을 통제할 수 있기 때문에 비용이 훨씬 더 적게 소요된다.

둘째, 인수 · 합병의 경우에서와 같이, 피인수기업의 문제점까지를 떠맡게 될 위험이 없다.

셋째, 가장 최신의 생산기술 및 경영기법을 활용할 수 있다.

넷째, 생산활동, 고용, 경쟁을 증대시켜주기 때문에 피투자국으로부터 환영을 받을 수 있다.

다섯째, 자신이 직접 가장 저렴한 입지를 선택할 수 있다.

여섯째, 인수 · 합병방식을 이용하여 진출하고자 해도 대상기업을 찾을 수 없는 경우에 차선의 대안으로 이용될 수 있다.

(2) 인수 · 합병(Merger & Acquisition: M&A)

인수 · 합병(M&A)은 둘 이상의 기업이 하나로 통합되어 단일기업이 되는 합병(Merger)과 어떤 기업이 다른 기업의 주식 또는 자산을 취득하여 경영권을 획득하는 인수(Acquisition)가 결합된 개념이다. M&A는 기업이 외부경영자원을 일시에 획득하여 신속하게 해외에 진출함으로써 국제적 성장을 도모하고자 할 때 활용되는 가장 적극적인 해외투자방식의 하나이다.

M&A방식에 의한 해외진출은 다음과 같은 장점을 가지고 있다.

첫째, 신속한 해외시장 진출 및 신속한 투자자본의 회수가 가능하다.

둘째, 현지의 계속기업(going concern)을 매수함으로써 초기운영에서 발생할 수 있는 문화적, 법률적, 관리적 문제를 피할 수 있다.

셋째, 현지기업의 기술 및 상표, 유통구조, 그리고 경영기법을 일거에 획득할 수 있다.

넷째, 피투자국의 경쟁구조를 교란시키지 않을 뿐만 아니라 경쟁상의 보복을 피할 수 있다.

이 외에도 M&A방식에 의한 해외진출은 신설이나 합작투자 등의 형태로 진출하는 경우에 직면할 수 있는 문제점을 상당 부분 보완해주는 대체방안으로 받아들여지고 있다. 또 해외자회사의 운영에 대한 불확실성을 축소시켜 줄 뿐 아니라 경쟁력 증대 및 다국적화 수단으로도 활용될 수 있다.

이러한 유용성 때문에 국제화과정에서 조직능력에 한계가 있거나 또는 조속한 현지진출이 필요한 해외투자의 경우 국제M&A방식이 많이 이용되고 있다.

이상에서 기업들이 해외에 진출할 때 이용하는 해외진출방식에 대해 살펴보았는데, 기업들이 실제로 어떤 방식을 이용하여 해외에 진출하는가는 기업내외적인 제반 요인을 고려하여 결정하게 된다.

2. 해외투자 소유권 선택

(1) 단독투자(Sole Venture)

기업이 해외에 진출할 때 선택하게 되는 소유권 형태는 기업의 경영전략이나 피투자국의 정책에 따라서 크게 달라진다. 즉, 해외자회사는 하나의 독립된 경영단위라기보다는 기업의 전체 시스템 중 일부의 경영전략을 담당하는 데 지나지 않기 때문에 해외진출시의 소

유권형태는 자사가 추구하고자 하는 경영전략에 따라서 크게 달라질 수밖에 없다. 4

해외자회사에 대한 소유권형태는 크게 단독투자와 합작투자로 구분된다. 그중 단독투자는 의결권을 갖는 해외자회사 주식의 95% 이상을 단독으로 소유하는 형태로 해외에 진출하는 경우를 말한다. 이에 비해 합작투자는 2개 이상의 기업이 공동의 소유권을 가지고 해외투자사업을 경영하는 경우를 말한다.

일반적으로 단독투자는 기업이 강력한 독점적 우위를 소유하고 있거나, 또는 제품이나 기술에 대해 본사의 강력한 통제가 필요한 경우, 그리고 제품 생산과정에서 모기업이 자회사에 대해 원자재를 공급한다든지 또는 그 반대의 관계가 성립하는 경우 등에 주로 선호된다.

이 외에 단독투자가 선호되는 경우를 보면 다음과 같다.

첫째, 청량음료나 화장품 등의 소비재 제품에서 쉽게 찾아볼 수 있는 바와 같이 차별화된 제품에 대해 전세계적으로 동일한 마케팅기법이 사용되는 경우

둘째, 성숙기 제품에서 찾아볼 수 있는 바와 같이 생산비를 절감하기 위해 범세계적인 시야에서 생산설비의 합리화 및 집중화가 우선되는 경우

셋째, 국제적인 과점기업들이 원료나 자원을 생산하는 경우

넷째, IBM과 같은 신제품개발지향형 기업의 전략 등이 그것이다.

한편, 합작투자방식을 이용하고자 해도 아래와 같이 그것이 불가능한 경우, 단독투자방식이 활용된다.

첫째, 현지 파트너가 능력이나 성실성이 없는 경우

둘째, 현지 파트너의 주식이 제3자에게 양도될 것으로 우려되는 경우

셋째, 현지 파트너와 모기업 간에 이해가 대립되는 경우 등이다.

단독투자방식은 본사가 제품이나 기술에 대해 강력한 통제가 가능하고, 자사의 경영방침을 독자적으로 운영할 수 있으며, 기술이나 노하우의 누출을 방지할 수 있다는 장점을 가지고 있다.

(2) 합작투자(Joint Venture)

합작투자는 2개국 이상의 기업(개인 또는 정부기관)이 공동 소유권을 가지고 합작기업체의 경영에 공동으로 참여하는 해외진출방식으로서, 공동소유의 대상은 주식자본이나 채무, 또는 무형고정자산, 그리고 경영노하우, 기술노하우, 유형고정자산 등 어떤 것이라도 가능하다.

합작투자는 합작에 참여하는 기업들이 기업의 소유권과 경영을 분담하고, 자본 및 기

술 등 파트너 기업이 소유하고 있는 강점을 공동으로 이용하는 한편, 위험을 분담할 수 있다는 점에서 상호 이익적인 해외투자방식으로 평가되고 있다.[5] 따라서 합작투자는 자회사에 대한 통제보다는 현지파트너의 공헌이 필요한 경우에 주로 활용된다.

일반적으로 합작투자가 선호되는 경우를 보면 다음과 같다.

첫째, 현지정부의 규제 때문에 단독투자방식에 의한 진출이 불가능한 경우

둘째, 자기 기업이 필요로 하는 원료나 자원을 현지 파트너가 소유 또는 생산하고 있고, 그 원료나 자원을 구입하는 것이 현지진출의 전제조건이 되어 있는 경우

셋째, 다각화된 제품라인을 가지고 있는 기업이, 현지에서 제품라인별 판매채널을 독자적으로 구축하기보다는 기존채널을 이용하는 것이 훨씬 더 이익적인 경우

넷째, 해외사업에 필요한 자사의 자본 및 경영능력 부족 등을 현지파트너와의 제휴를 통해서 해결하고자 하는 경우 등이 그것이다.

이상에서 살펴본 바와 같이 합작투자는 단독투자의 경우와 달리 본사와 자회사 간에 긴밀한 관계를 유지할 수가 없고, 일정한 거리를 두고 유지되는 것이 일반적이다. 따라서 합작투자에 있어서 가장 중요한 문제는 성실하고 능력이 있는 현지 파트너를 선택하는 것이라고 하겠다.

제 3 절 해외직접투자이론

1. 독점적 우위이론(Monopolistic Advantage Theory)

(1) 독점적 우위요소와 해외직접투자

독점적 우위이론은 기업이 자기 나라와 사업환경이 전혀 다른 해외에 진출하여 사업활동을 수행하는 경우 현지기업보다 훨씬 더 불리한 입장에 놓임에도 불구하고, 어떻게 이러한 불리한 점을 잘 극복하고 본래적인 우위를 가지고 있는 이들 현지기업과 성공적으로 경쟁할 수 있는가에 초점을 맞추어 해외직접투자를 설명하고 있다.

여기에서 현지기업이 갖는 본래적인 우위란 현지기업이 자기 나라에 대해 가지고 있는

지식, 즉 소비자의 기호, 사업활동에 관한 법률적 · 제도적인 틀, 그리고 현지경영관습 등에 대한 지식을 말한다. 다시 말해서 외국기업은 현지기업보다 현지의 제반환경을 더 잘 알지 못하기 때문에 자연히 불리할 수밖에 없는데도 불구하고, 어떻게 현지에서 성공적으로 사업활동을 수행할 있는가 하는 것이다.

여기에 대해 하이머(S. H. Hymer)는 다음과 같은 두 가지 점에 대한 규명이 먼저 이루어져야 한다고 주장한다. [6]

첫째, 기업이 직접투자방식으로 해외에 진출하는 경우, 현지기업(local firms)이 보유하고 있는 본래적인 우위를 상쇄하고도 현지에서 성공적으로 사업활동을 수행할 수 있을 만한 어떤 특별한 우위요소(특허, 지식 등)를 소유해야 한다는 점, 둘째, 이러한 우위요소를 현지기업에게 판매할 만한 시장이 존재하지 않는다는 점이 그것이다.

하이머는 현지기업에 비해 불리한 입장에 있는 외국기업이 현지에서 성공적으로 사업활동을 수행하기 위해서는 외국기업으로서의 불리한 점(cost of foreignness)을 충분히 극복하고도 남을 만한 어떤 특별한 능력을 소유해야만 한다는 것이다.

독점적 우위이론은 이러한 능력을 기업특유의 독점적 우위요소(monopolistic advantage)라고 부르고 있는데, 이것은 기업이 장기간의 투자를 통해서 기업 내부에 축적해 놓은 기업특유의 자산적 지식(firm-specific proprietary knowledge)을 뜻한다. 이러한 자산적 지식은 일반적으로 생산기술, 제품차별화능력, 마케팅 노하우, 경영관리능력, 상표 및 특허권, 규모의 경제, 자본조달 및 관리능력, 수직적 통합의 경제성 등과 같이 특별한 지식이나 기법 등의 형태를 띠게 된다.

예를 들어, IBM, Nestlé, Coca-Cola, Sony, Caterpillar 등과 같은 글로벌기업들이 보유하고 있는 고도의 기술력이나 마케팅기법, 그리고 강력한 브랜드 등에 여기에 해당되는데, 이들 기업은 이러한 독점적 우위요소를 이용하여 아시아, 유럽, 남미, 북미 등에서 현지기업과의 경쟁을 이겨내고 자신의 제품을 생산 · 판매하고 있다.

여기에서 대표적인 기업특유의 독점적 우위요소를 간략하게 요약하면 〈표 8-4〉와 같다.

물론 이러한 기업특유의 우위요소들(firm-specific advantages)이 해외 현지에서 충분히 잘 활용되기 위해서는 그것들이 기업 내부에서 국경을 넘어 쉽게 이동될 수 있어야만 한다. 그런데 이러한 독점적 우위요소들은 공공재(public goods) [7]와 같은 성격을 갖기 때문에 기업 내부에서 국경을 넘어 쉽게 이동될 수 있다는 특성을 가지고 있다. [8] 그리고 해외자회사(subsidiary)는 이러한 우위요소를 개발한 본사(parent company)에게 아무런 추가적인 비용을 지불하지 않고도 그것을 최대한 이익적으로 활용할 수 있다는 특성이 있다. 다시 말해서 이러한 기업특유의 우위요소들은 거의 제로(0)에 가까운 한계비용으로 기업 내부에서 자유롭게 이전된다. [9]

표 8-4 기업특유의 독점적 우위요소

독점적 우위요소 종류	내 용	대표적인 기업
기술상의 우위	혁신기술 개발능력, 신제품 개발능력, 제품차별화능력	IBM, Sony, Xerox
유명상표	유명상표 개발 및 성가 유지능력	RCA, Levi's
규모의 경제	대량생산에 의한 단위당 생산비절감능력	Ford, Boeing
마케팅 노하우	특수한 마케팅기법 개발 및 활용능력	Coca Cola, Glaxo
연구개발능력	신제품개발체제, 특허 및 노하우 개발능력	IBM, Sony
생산능력	생산설비의 현대화 및 높은 수준의 생산성확보능력	Toyota
인적자원관리능력	효과적인 교육훈련 및 유능한 직원확보능력	IBM
자본조달 · 관리능력	저렴한 국제적인 자금조달능력	AT&T, IBM

여기에 더하여 현지기업이 외국기업의 이러한 기업특유의 독점적 우위요소를 획득하는 데는 오랜 시간과 많은 비용이 소요되기 때문에, 외국기업은 현지기업이 그러한 우위요소를 개발할 때까지 자신이 소유하고 있는 이러한 기업특유의 독점적 우위요소를 최대한 이익적으로 활용하기 위해 해외직접투자를 하게 된다.

(2) 독점적 우위요소와 시장불완전성

해외직접투자는 기업이 이러한 독점적 우위요소를 소유하는 것 그 자체만으로 이루어지는 것이 아니라, 그것을 외부적으로 이용하기보다 기업 내부적으로 활용하는 것이 훨씬 더 이익적일 때 이루어지게 된다는 점이 전제되어야 한다. 이것은 시장불완전성(market imperfection)을 가지고 설명이 가능하다.

일찍이 킨들버거(C. P. Kindleberger)는 완전경쟁상태하에서는 국내기업의 경영활동이 그들의 의사결정센터와 가까운 곳에서 이루어지기 때문에 외국기업이 국내기업에 비해 결코 우위를 가질 수 없으며, 따라서 해외직접투자가 이루어질 수 없다고 주장하였다.[10]

즉 모든 시장이 완전경쟁상태하에 있고 생산이나 마케팅에 외부경제가 존재하지 않으며, 정보를 획득하는 데 시간과 비용이 소요되지 않고, 또 무역에 관한 장벽이 존재하지 않는다면 국제거래는 오로지 무역밖에 존재하지 않는다는 것이다. 여기에서 완전경쟁은 산업내에 다수의 기업이 존재하고 모든 기업이 동질의 제품을 생산하고 신규진입에 대한 장벽이 없는 경우에 가능하다.

이와 같이 해외직접투자는 시장이 불완전하기 때문에 이루어지게 되며, 외국기업은 자사가 소유하고 있는 기업특유의 우위요소를 현지기업에게 판매할 만한 시장이 존재하지 않기 때문에, 이러한 시장불완전성을 활용하여 자사의 독점적 우위요소를 가장 이익적으로 활용할 수 있는 방법을 찾게 되고 그것이 곧 해외직접투자라는 형태로 나타나게 된다는 것이다.

한편, 해외직접투자가 이루어지기 위한 시장불완전요인으로는 〈표 8-5〉에서 볼 수 있는 바와 같이 기술을 포함하여 시장을 분리해 줄 수 있는 제품시장의 불완전요인, 요소시장의 불완전요인, 규모의 경제, 그리고 경쟁에 대한 정부나 기업의 간섭 등을 들 수 있다.

그리고 제품시장의 불완전요인으로는 제품차별화(product differentiation)와 마케팅기법을 들 수 있고, 요소시장의 불완전요인으로는 특허제도나 기술획득상의 불평등, 규모의 경제요인으로는 내·외부적 규모의 경제와 수직적 통합의 이익, 그리고 정부의 규제로는 조세, 관세, 이자율, 환율 등을 들 수 있다.

선도기업들은 이러한 시장불완전요인을 통하여 독점적 우위요소를 확보하고, 이러한 독점적 우위요소를 이용하여 해외직접투자를 함으로써 해외시장에서 소요되는 제반 비용을 상쇄하고도 현지기업보다 훨씬 더 높은 이익을 확보할 수 있게 된다.

물론, 이때 독점적 우위요소를 활용하여 해외직접투자를 하는 것이 다른 방식, 즉 수출이나 계약방식을 이용하는 경우보다 반드시 더 이익적일 것이라는 보장은 없다. 왜냐하면 독점적 우위요소를 보유하고 있는 외국기업의 경우 해외진출에 따르는 외국비용(cost of foreignness)을 감안하면, 꼭 직접투자방식이 아니더라도 제품을 국내에서 생산하여 수출하거나 또는 기술을 라이센싱 해주는 등의 방식을 활용할 수도 있기 때문이다.

따라서 기업은 직접투자에 따른 이익이 여타 방식을 이용하는 경우에 얻을 수 있는 이

표 8-5 불완전시장의 발생요인

불완전시장의 요인	예
제품시장의 불완전요인	제품차별화, 특수한 마케팅기법, 재판매가격유지제도, 관리가격 등
요소시장의 불완전요인	특허제도, 기술획득 및 자본조달상의 불평등, 경영자의 능력의 차이
규모의 경제	내·외부적 규모의 경제, 수직적 통합의 이익
정부의 규제	조세, 관세, 이자율, 환율에 대한 정부의 정책, 특정 산업에 대한 진출 및 진입 규제

자료: C. P. Kindleberger, *American Business Abroad: Six Lectures on Direct Investment* (New Haven and London, Yale University Press, 1969), p. 14.

익보다 더 많은 경우에만 직접투자를 활용하게 될 것이다. 그리고 직접투자방식을 이용하게 되면 현지에서 제품을 생산함으로써 국제적인 요소가격의 차이를 이용할 수 있고, 관세 및 수송비와 같은 부담을 피할 수 있으며 현지의 여건과 기호에 훨씬 더 잘 부응할 수 있는 이점이 있다.

2. 제품수명주기 이론(Product Life Cycle Theory)

버논(R. Vernon)[11]과 웰즈(L. T. Wells)[12] 등에 의해서 주장된 제품수명주기이론은 제품이 신제품단계, 성숙제품단계, 표준화제품단계를 거치면서 수출과 해외직접투자가 어떻게 이루어지고, 또 어떻게 변화되어 가는가를 규명하고 있다.

이 이론은 신제품단계에서는 주로 생산의 초기 입지에 관한 문제, 성숙제품단계에서는 새로운 시장이 수출에 의해서 공급되느냐 아니면 해외직접투자에 의해서 공급되느냐 하는 문제, 그리고 표준화제품단계에서는 현지기업과 비교한 해외생산의 경쟁력에 초점을 맞추어 이론을 전개하고 있다.

(1) 신제품단계(new product stage)

일반적으로 신제품은 기술 및 소득수준이 높고 시장이 광활한 미국과 같은 나라에서 가장 먼저 개발되고 소비되는 경향이 있다. 그리고 신제품은 먼저 원혁신국인 미국의 고소득층 소비자에 의해서 소비되고, 국내의 수요가 어느 정도 충족되고 또 신제품에 관한 내용이 해외에 알려지게 되면서 점차 해외수요도 창출되기 시작한다.

이때 원혁신국은 기술상의 격차를 이용하여 처음에는 통신비용이 가장 적게 소요되고 경제 · 문화 · 소득 측면에서 동질성이 가장 높은 유럽선진국(캐나다 및 영국)에 먼저 수출하고, 시간이 조금 더 지나면 후진국에도 수출하게 된다.

(2) 성숙제품단계(growth stage)

제품이 성숙단계에 접어들게 되면 점차 원혁신국기업 이외의 유럽선진국기업들도 그 제품의 생산기술을 쉽게 이용하거나 모방하여 동일한 제품을 생산하게 되고, 그 제품산업은 유럽국가들에서 유치산업(infant industry)으로 성장하기 시작한다. 그러나 원혁신국기업은 국내에서의 한계생산비와 한계수송비의 합이 해외에서의 평균생산비를 상회하지 않는

한 여전히 유럽시장을 수출방식으로 공급하게 된다.

하지만 원혁신국기업은 본국과 해외 현지국 간의 노동비용의 차이 때문에 결국에는 자국에서 생산하여 수출하는 것보다 유럽 현지에 진출하여 거기에서 제품을 생산 · 공급하는 것이 훨씬 더 유리하게 된다. 이즈음 유럽선진국들은 이제 막 성장하기 시작한 자국의 유치산업을 보호하기 위하여 미국으로부터 수입되는 동종제품에 대해 관세나 비관세장벽을 쌓게 된다.

이렇게 되면 미국기업의 입장에서는 두 가지 상황을 우려하지 않을 수 없게 된다. 즉 한편으로는 유럽이 자국의 유치산업을 보호하기 위해 관세 및 비관세장벽을 쌓음으로써 기존의 수출시장이던 유럽시장을 잃을지 모르고, 또 다른 한편으로는 유럽에서 저임노동력을 이용하여 생산된 값싼 제품이 국내로 역수입되어 들어옴으로써 국내시장마저 상실할지 모르는 어려운 입장에 처하게 된다. 따라서 미국기업은 이러한 어려운 입장을 타개하기 위해 유럽시장을 수출로 공급하기보다는 현지에서 직접 제품을 생산하여 공급하는 방식을 택하게 되고 이에 따라 유럽선진국에 대한 해외직접투자가 이루어지게 된다. 물론 이때 해외생산은 언어나 문화적인 측면에서 동질성이 가장 높은 유럽선진국(캐나다 또는 영국)에서 먼저 이루어지게 된다.

한편, 유럽선진국들의 경우에는 시간이 조금 더 흘러 자국의 유치산업이 어느 정도 성장하게 되면 이제는 예전에 미국으로부터 수입하여 소비하던 제품을 자급자족하게 된다. 그리고 더 나아가서는 기술개발이나 수출시장 확대, 규모의 경제 실현 등에 따라서 원혁신국인 미국제품과도 성공적으로 경쟁할 수 있게 되고, 결국에는 미국으로부터의 수입을 완전히 대체하게 된다.

그러나 미국기업은 이 단계에서도 대 후진국 수출에 있어서는 여전히 원혁신국으로서의 높은 기술수준과 원가상의 우위를 기반으로 지속적인 우위를 누릴 수 있다. 하지만 시간이 조금 더 지나면 미국기업은 대 후진국 수출에 있어서도 유럽기업에게 뒤지게 된다. 그리고 결국에는 후진국 시장이 분할되고 규모의 경제를 달성하기가 점차 어려워져서 미국기업은 국내시장만을 공급하게 되고 시장점유율은 더욱더 낮아지게 된다.

(3) 표준화제품단계(maturing stage)

표준화제품단계에 이르게 되면 제품과 생산기술이 전세계적으로 표준화되고 가격경쟁이 격화되며, 유럽선진국은 이제 후진국의 기술습득 및 저임금을 이용한 제품생산 그리고 수출드라이브정책 등 때문에 후진국과의 경쟁에서 뒤지게 된다. 결국 시간이 지나면 후진국이 원혁신국인 미국시장과 유럽시장 모두에 대한 수출을 담당하게 된다.

한편, 미국기업은 자국에서의 시장지위를 방어하기 위하여 후진국이 가격경쟁을 이용하여 제품을 생산한 후 이것을 미국으로 역수출하기 이전에 후진국에 자신의 생산시설을 이전시켜 현지의 값싼 생산비를 이용하여 제품을 생산한 다음 이것을 미국 내로 역수입하려고 하게 된다. 바로 이때 미국기업의 대 후진국 해외직접투자가 이루어진다.

이상에서 살펴본 제품수명주기 단계별 특성을 요약하면 〈표 8-6〉과 같다. 그리고 제품수명주기에 따른 해외사업활동의 변화를 그림으로 살펴보면 〈그림 8-3〉과 같다.

이상에서 논의한 제품수명주기이론을 미국의 RCA(Radio Corporation of America)의 TV 생산 및 수출 그리고 해외직접투자 과정을 살펴보면 다음과 같다.

미국의 RCA는 1920년대 후반 TV를 생산하기 시작하였고 1940년대 초에는 국내시장에 출시하였다. 당시 TV는 주로 국내시장에 판매되고 영국에도 약간 수출되고 있었다. 제2차 세계대전 이후, 1940년대 후반에는 GE와 AT&T 등이 TV생산에 뛰어들자 국내경쟁이 점차 심화되었다. 그리고 RCA는 1940년대 후반 캐나다와 유럽시장에 TV를 수출하기 시작하였다.

이어서 1950년대에는 미국의 경쟁기업인 Westinghouse와 Admiral이 TV시장에 진출하였고, 1960년대 초에는 일본의 Sony와 Panasonic이 경쟁제품을 내놓는 등 TV는 1965년에 이르러 성숙제품이 되었다. 이 시점에서 RCA는 현지에서 생산한 브라운관을 가지고 현지

표 8-6 제품수명주기 단계별 특성

구분	신제품단계	성숙제품단계	표준화제품단계
기술	기술이 단기적이고 급변함. 외부경제에 의존	점차 대량생산방법이 도입됨. 기술이 자주 변경됨	기술이 장기적이고 안정됨. 중요한 혁신이 거의 이루어지지 않음
자본집약도	낮음	높은 폐기율 때문에 높음	대량의 전문화된 장비 때문에 높음
산업구조	시장진출이 확정된 노하우가 됨. 많은 기업이 전문화된 서비스를 제공함	기업체 수가 증가함. 도산과 합병이 많이 나타남. 수직적 통합 증대	금융상의 자원이 시장진출에 결정요소가 됨. 기업체 수 감소
인석투입불	과학자 및 기술자	경영관리	비숙련 및 반숙련 노동
수요구조	판매자 시장. 대체품의 성능과 가격이 구매자의 기대를 결정함	개별 제조기업이 가격탄력성에 직면함. 산업 내 경쟁이 가격을 인하시킴. 제품에 관한 정보가 확산됨	구매자 시장. 정보를 쉽게 이용할 수 있게 됨

자료: S. Hirsch, "The United Electronic Industry in International Trade", in L. T. Wells (ed), *The Product Life Cycle and International Trade* (Boston, Mass., Harvard University Press, 1972), p. 40.

그림 8-3 제품수명주기 이론

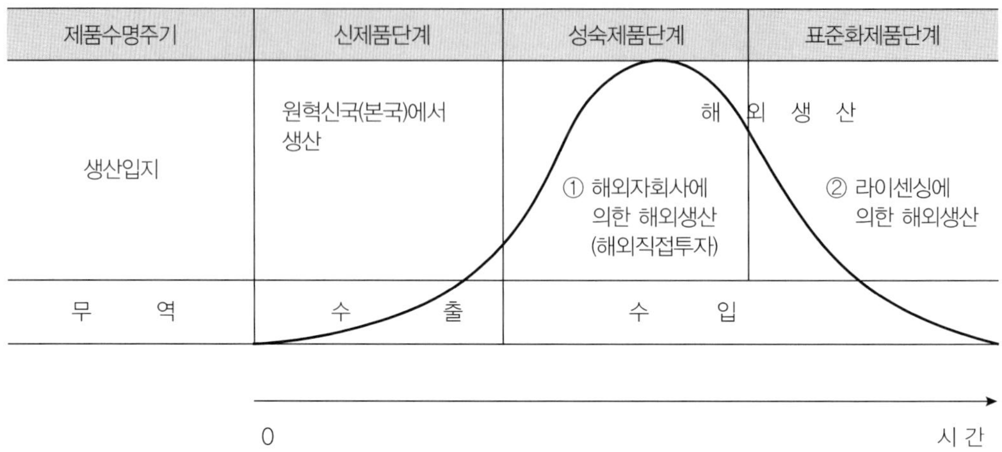

자료: A. M. Rugman, D. J. Lecraw and L. D. Booth, *International Business: Firm and Environment* (New York, McGraw-Hill, 1986), p. 116 일부 수정.

시장을 공급하기 위해서 캐나다에 직접투자를 하였고, 동시에 유럽시장을 공급하기 위해서 영국에도 투자하여 TV생산공장을 설립하였다.

이어서 TV가 표준화단계에 이르러서 TV의 생산 및 판매에 비용이 가장 중요한 경쟁요인으로 작용하게 되자, RCA는 경쟁상의 우위를 확보하기 위해 대만과 멕시코에 TV 역외조립공장을 설립하였다. 그리하여 RCA는 10여 개 국가에서 역외조립공장을 포함한 부품 및 부속품을 생산하고 있고, 50개국 이상에서 TV를 판매하고 있다. 이와 같이 RCA는 제품수명주기에 따라서 처음에는 수출방식을 이용하여 해외시장을 공급하고 시간이 지나 다른 나라 기업들이 TV를 생산할 수 있게 되자 그 다음에는 캐나다와 서유럽에 해외직접투자를 하였고, 이어서 표준화제품단계에 이르자 개발도상국에 투자하여 TV를 생산하고 있다.

이상에서 살펴본 제품수명주기이론은 해외직접투자가 이루어지는 현상을 시간의 흐름에 따라 동태적으로 파악하고 있다는 점에서 의의가 있고, 제2차 세계대전 이후의 여타 선진제국에 대한 미국의 제조업 해외직접투자를 설명하는 데 설득력을 가지고 있다.

하지만 오늘날과 같이 글로벌기업들이 전세계 모든 시장을 대상으로 동시에 제품을 개발하여 동시에 마케팅하는 이러한 상황에서는 기술수준 및 수요형태의 차이에서 발생하는 모방 갭(imitation gap)이 존재하지 않기 때문에 해외직접투자가 국가 간에 순차적으로 이루어지지 않게 되기 때문에 이 이론의 설명력은 그만큼 약화될 수밖에 없다.[13]

3. 시장내부화이론(Internalization Theory)

(1) 시장내부화이론의 내용

시장내부화이론은 코오스(R. H. Coase),[14] 윌리암슨(O. E. Williamson),[15] 버클리와 카손(P. J. Buckley and M. Casson)[16] 그리고 러그만(A. M. Rugman)[17] 등에 의해서 연구되고 발전되었다.

일찍이 코오스는 만약 기업이 자기 기업 내에서 아주 낮은 비용으로 거래를 할 수 있다면 시장불완전성으로 인한 거래비용을 피하기 위해서 시장기능을 대신하여 거래를 내부화하게 될 것이라고 주장한 바 있다. 그 후 윌리암슨은 이러한 주장을 더욱 체계화하였고, 버클리와 카손은 이것을 글로벌기업에게 적용하였으며, 러그만은 이것을 더욱 발전시켜 글로벌기업의 일반이론으로 격상시켰다.

시장내부화이론은 기본적으로 글로벌기업이 지식시장의 불완전성에 기초하여, 일반적으로 정상적인 시장거래를 통해서 이루어지는 여러 가지 외부시장기능을 글로벌기업 체계 내에 내부화하여 내부시장을 창출함으로써 이익을 창출하고, 이와 같은 시장내부화가 국경을 초월하여 이루어질 때 해외직접투자가 이루어지고 그 결과 글로벌기업이 출현하게 된다는 이론이다.

여기에서 시장거래(arm' s length transaction)란 외부시장에서 소유권의 교환을 통해서 이루어지는 정상적인 거래를 말하고, 내부거래(internal transaction)란 기업 내부의 내부시장에서 소유권이 이전되지 않고 이루어지는 개념상의 거래를 말한다.

〈그림 8-4〉에서 왼쪽 그림은 상호 독립적인 A국 기업과 B국 기업 간에 이루어지는 시장거래를 뜻하고 오른쪽 그림은 A국에 위치하고 있는 글로벌기업 본사와 B국에 위치하고 있는 글로벌기업 해외자회사 간에 이루어지는 내부거래를 보여주고 있다.

버클리와 카손은 오늘날의 기업활동은 전통적인 생산이론에서 주장하고 있는 것과는

그림 8-4 시장거래와 내부거래

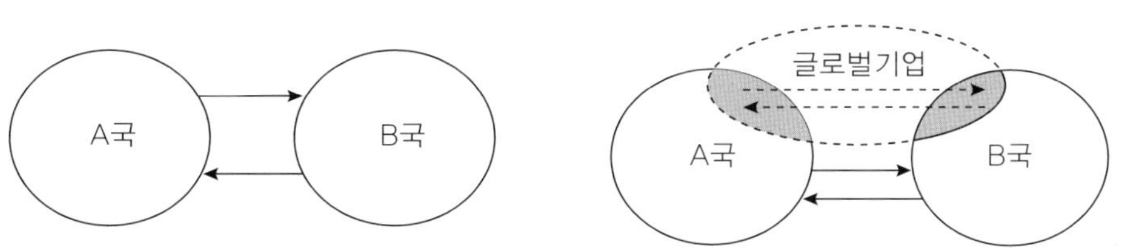

달리 단순히 제품이나 서비스의 생산활동에만 국한되는 것이 아니라, 그 외에 마케팅, 연구개발 등과 같은 여러 가지 활동을 수행하고 있음에도 불구하고 지금까지의 해외직접투자 이론들은 주로 생산측면만을 강조한 나머지, 지식이나 숙련 등과 같은 형태를 띠면서 중간생산물의 흐름과 밀접한 관련을 가지고 있는 마케팅, 연구개발, 직업훈련, 경영팀의 구축, 자금확보 및 금융자산관리 등과 같은 생산외적인 요인을 도외시했다고 주장하고, 이들이 기업활동에서 차지하는 역할을 특히 강조하고 있다.[18]

위에서 언급한 모든 기업활동은 상호의존관계를 가지고 있고 이들은 중간재의 흐름을 통해서 서로 밀접하게 연결되어 있다. 그리고 기업의 중간생산물들은 단순한 반제품이 아니라 한 산업에서 다른 산업으로 이어지는 준가공원료의 성격을 띤 것들로서, 전형적으로 특허나 인적자본 등에 체화된 지식 및 숙련 등과 같은 형태를 취하고 있는 것이 일반적이다.

그런데 이러한 중간생산물을 거래할 수 있는 요소시장, 노하우시장, 금융시장, 원료시장 등이 불완전하기 때문에, 기업은 중간생산물을 정상적인 시장거래를 통해서 거래하지 않고 이것을 기업 내로 흡수하여 내부시장을 창출하여 거래함으로써 여러 가지 불완전시장을 우회하고, 이를 통해서 보다 더 많은 이익을 얻는다는 것이다.

버클리와 카손은 내부화의 동기가 되는 이러한 불완전시장의 발생요인을 〈표 8-7〉에서와 같이 첫째, 제품의 특성 및 외부시장구조와 같은 산업특수적인 요인(industry-specific factors) 둘째, 지리적 · 사회적 특성과 관련된 지역특수적인 요인(region-specific factors) 셋째, 관련 국가 간 정치 · 재정상의 관계와 관련된 국가특수적인 요인(nation-specific factors) 넷째, 내부시장을 조직할 수 있는 경영능력과 같은 기업특수적인 요인(firm-specific factors)으로 들고 있다.[19] 결국 시장내부화는 이들 요소들 간의 상호작용에 의해 이루어진다고 할 수 있다.

또 그들은 시장을 내부화하는 경우에 얻을 수 있는 이익과 비용을 〈표 8-8〉과 같이 구체적으로 제시하여 시장내부화에 대한 경영의사결정에 기초를 제공하고 있다. 여기에서 시장을 내부화함으로써 얻을 수 있는 이익으로는 내부거래시장의 창출, 가격차별화시스템의

표 8-7 시장불완전성의 발생요인

시장불완전성 요인	예
산업특수적인 요인	제품의 특성, 외부시장 구조
지역특수적인 요인	지리적 특성, 사회적 특성
국가특수적인 요인	정치적 요소, 경제적 요소
기업특수적인 요인	경영능력

자료: P. J. Buckley and M. Casson, *The Future of the Multinational Enterprise* (London and Basingstoke, The Macmillan Press, 1976), p. 33~34.

구축, 거래 쌍방 간의 협상 회피, 구매자의 불확실성 회피, 정부간섭의 극소화 등을 들 수 있다. 기업은 이러한 이익을 확보하기 위해서 시장을 내부화하게 된다.

하지만 시장을 내부화하는 것이 꼭 이익적인 것만은 아니다. 다시 말해서 시장내부화는 이익뿐만 아니라 비용도 유발하게 되는데, 시장세분화에 따른 비용의 증대, 커뮤니케이션 비용의 증대, 현지정부로부터 차별대우를 받게 될 가능성 증대, 경영진의 전문성을 제고시키기 위한 비용의 증대 등이 그것이다.

(2) 시장내부화의 유형

1) 지식 및 기술시장을 내부화하기 위한 수평적 통합

글로벌기업은 불완전한 지식시장 및 기술시장을 내부화하기 위해서 수평적 통합(horizontal integration)을 추구한다.[20] 지식은 기업이 오랫동안 많은 비용을 지출하여 축적해 놓은 자산으로서, 이러한 지식을 생산이나 마케팅에 도입시키는 데는 많은 비용과 오랜 시간을 필요로 한다. 그러나 지식이나 기술은 그것이 일단 개발된 다음에는 기업 내에서 공공재(public goods)와 같은 성격을 갖게 되며, 공공재의 가격은 영(0)이므로 기업은 외부시장거래를 통해서는 그 지식이나 기술개발에 투하된 비용을 전혀 보상받을 수 없다.

따라서 글로벌기업은 지식이나 기술상의 우위를 독점적으로 사용할 수 있도록 지식시장이나 기술시장을 내부화하여, 이것을 중간재로 사용하는 완제품을 생산하고 이를 독점함으로써 초기 연구개발에 소요된 비용에 대한 수익을 극대화할 수 있게 된다. IBM이나 Toyota와 같은 기업들의 수평적 통합이 여기에 해당된다.

2) 중간재시장을 내부화하기 위한 수직적 통합

글로벌기업은 중간재시장을 내부화하기 위해 수직적 통합(vertical integration)을 추구한

표 8-8 시장내부화의 이익과 비용

이 익	비 용
내부거래시장의 창출 가격차별화시스템의 구축 거래 쌍방 간의 협상 회피 구매자 불확실성의 회피 정부간섭의 극소화	시장세분화에 따른 비용 증대 커뮤니케이션 비용 증대 현지정부의 차별대우 가능성 증대 경영진의 전문성 제고비용 증대

자료: *Ibid.*, pp. 36～45.

다. 중간재시장은 효율적이지 못하고 불완전하기 때문에, 글로벌기업은 이러한 불완전성을 이용하여 중간재시장을 내부화하게 된다. 중간재시장의 내부화는 기업이 그 생산라인에 원료를 공급하는 후방통합을 하거나 또는 자기 기업이 생산한 제품이나 반제품을 사용하거나 판매하기 위해 전방통합을 하는 경우를 뜻한다.

원자재 및 부품공장 등과 같이 중간재를 조달하기 위한 해외직접투자는 모두 이 범주에 속한다고 할 수 있다. 석유나 광물, 원자재 등을 확보하기 위해 해외에 진출하는 글로벌기업들은 수직적 해외직접투자를 통해서 유전이나 광산, 원자재 등을 저렴한 비용으로 장기적 · 안정적으로 확보할 수 있다. 그리고 시장을 내부화하는 경우 외부시장을 이용하는 경우보다 위험을 크게 줄일 수 있다. 석유산업의 Exxon, Texaco, Shell, British Petroleum과 동(copper)산업의 Kennecott, Anaconda, 그리고 알루미늄산업의 Reynolds, Kaiser 등의 해외직접투자는 모두 여기에 해당된다.

3) 자본시장을 내부화하기 위한 다각적 통합

글로벌기업은 국제자본시장이 불완전하기 때문에 자본시장기능을 내부화하여 다각적 통합(conglomerate integration)을 추구한다. 즉, 글로벌기업은 자체 내의 효율적인 내부시장을 활용하여 자원을 효율적으로 배분하기 위해 국경을 초월하여 수익이 높은 곳에 투자를 하게 되는데, 이때 기존의 국내 생산라인과 상이한 생산라인을 해외에 확대하여 다양한 사업활동을 수행하는 경우 다각적 해외직접투자가 이루어지게 된다. 글로벌기업은 이렇듯 다양한 사업활동을 여러 지역에 분산하여 수행함으로써 위험을 극소화하고 수익을 안정적으로 확보할 수 있다.[21] 이와 같이 글로벌기업은 국제적인 자본시장의 불완전성에 직면하여 위험을 분산시켜주는 효과를 제공해주는 자본시장의 기능을 내부화하게 된다.[22]

이상에서 살펴본 바와 같이 시장내부화이론은 독점적 우위이론과는 달리 독점적 우위를 소유하고 있는 것 그 자체가 글로벌기업에게 이익을 가져다주는 것이 아니라 글로벌기업이 이러한 우위요소를 기업 내에 내부화해야만 이익이 확보될 수 있다는 점을 강조하고 있다.

4. 절충이론(Eclectic Theory)

더닝(J. H. Dunning)[23]에 의해서 주장된 절충이론은 수출과 해외직접투자를 국제생산(international production)이라는 개념으로 포괄하여 정의하고, 국제생산을 기업특유의 우위요소(owner specific advantage)와 내부화 우위요소(internalization advantage), 그리고 생산입지상의 우위요소(locational advantage)를 종합하여 설명하려는 이론이다.

(1) 기업특유의 우위요소

기업특유의 우위요소란 기업이 장기간의 투자를 통해서 기업 내부에 축적해 놓은 자산적 지식(firm-specific proprietary knowledge)으로서, 일정 기간 동안 자기 기업만이 독점적 · 배타적으로 활용할 수 있는 기술이나 경영기법, 또는 마케팅 노하우를 뜻한다.

기업이 이질적인 환경을 가진 해외 특정 국가에 진출하여 국제경영활동을 성공적으로 수행하기 위해서는 현지기업들이 가지고 있지 못한 어떤 독점적 우위요소를 소유하고 있어야만 한다. 한 예로, 브라질에 진출한 Caterpillar가 현지의 이질적인 환경에서 브라질 기업들을 성공적으로 이겨낼 수 있었던 것은 자기만이 독점적 · 배타적으로 활용할 수 있는 특별한 기술을 소유하고 있었기 때문이다.

(2) 시장내부화 우위요소

해외직접투자가 이루어지기 위한 또 하나의 조건은 기업이 자사가 소유하고 있는 우위요소를 자신이 직접 이용함으로써 얻을 수 있는 이익이, 이러한 우위요소를 외국기업에게 임대해주거나 판매하는 등의 대안적인 방법을 이용하여 얻을 수 있는 이익보다 더 커야 한다는 점이다.

즉, 기업특유의 우위요소는 해외직접투자라는 방식이 아니더라도 수출이나 라이센싱과 같은 방식을 통해서도 이익을 얻을 수 있기 때문에 기업특유의 우위요소를 소유하고 있는 것 그 자체는 해외직접투자가 이루어지기 위한 하나의 필요조건에 불과할 뿐 결코 충분조건은 되지 못한다.

위에서 예로 든 Caterpillar의 경우, 자사가 소유하고 있는 우위를 브라질 현지기업에게 판매하여 얻을 수 있는 이익보다 자신이 직접 그 기술을 브라질에 가지고 들어가서 현지에서 제품을 생산 · 판매하는 것이 더 이익적이라고 판단했기 때문에 브라질에 진출한 것이다.

(3) 생산입지상의 우위요소

기업특유의 우위요소와 시장내부화 우위요소가 충족되고 나면, 그 다음은 이러한 우위요소를 현지국의 생산요소와 결합할 때 얻을 수 있는 이익이 제품을 국내에서 생산하여 수출할 때 얻을 수 있는 이익보다 더 큰 경우에만 수출 대신 해외직접투자를 하게 된다는

표 8-9 해외시장진출방식과 그 결정요소

진출방식 \ 결정요소	기업특유의 우위요소	내부화 우위요소	입지상의 우위요소
해외직접투자	○	○	○
수 출	○	○	×
라 이 센 싱	○	×	×

것이다.

석유 및 광물질과 같은 천연자원이나 고도로 숙련된 저임 노동력 등과 같은 요소들은 입지상의 요인이 얼마나 중요한가를 보여주는 좋은 예라고 할 수 있다. 위에서 예로 든 Caterpillar는 자신이 소유하고 있는 우위요소를 브라질의 생산요소인 저임노동력과 효율적으로 결합하는 동시에 미국에서 생산하여 브라질에 수출하는 경우 높은 관세장벽에 직면할지 모르기 때문에 이를 피하기 위해서 직접 브라질에 진출하여 현지에서 불도저를 생산하고 있는 것이다.

이상과 같이 절충이론은 기업특유의 우위요소와 시장내부화 우위요소, 그리고 입지상의 우위요소 모두를 절충적으로 활용하여 해외직접투자를 설명하고자 한 것이다.

더닝은 해외시장진출방식(해외직접투자, 수출, 라이센싱)과 그 결정요소(기업특유의 우위요소, 시장내부화 우위요소, 생산입지상의 우위요소) 간의 관계를 〈표 8-9〉와 같이 제시하고 있다.

즉, 해외직접투자는 기업특유의 우위요소와 내부화 우위요소, 그리고 입지상의 우위요소가 모두 충족되는 경우에만 이루어지게 되고, 수출은 기업특유의 우위요소와 시장내부화 우위요소만 충족되더라도 이루어지며, 라이센싱은 기업특유의 우위요소만 충족되어도 이루어질 수 있다는 것을 보여주고 있다.

5. 과점이론(Oligopolistic Reaction)

(1) 과점이론의 내용

닉커보커(F. T. Knickerbocker)[24]는 과점산업에서는 차별화된 제품이나 동일한 제품을 취급하는 몇몇 소수 거대기업들이 시장을 완전히 지배하기 때문에 해외직접투자는 경쟁기업 상호 간의 작용-반작용(action-reaction)에 의해서 상호의존적으로 이루어지게 된다고 주장한다. 2006년 전세계 휴대전화기 시장에서 Nokia, Motorola, 삼성전자, Sony-Ericsson, LG전자 등 5개사의 시장점유율이 무려 80%를 넘어 과점화가 고착화되고 있는 경우가 여기에 해당된다.

과점산업은 다음과 같은 점에서 경쟁산업과 그 성격을 달리한다.

첫째, 과점산업은 이윤이나 성장에 관한 의사결정에 있어서 상호의존적이기 때문에 각 기업은 동일 산업 내 경쟁기업의 반작용을 숙고하게 된다.

둘째, 과점산업에서는 경쟁이 심화되는 것을 방지하기 위해 진입장벽(barriers to entry)을 구축하는 것이 절대적으로 필요하다. 진입장벽이란 새롭게 시장에 진입하려는 기업이 기존 기업에 대해 갖게 되는 상대적인 불리함을 말하는데, 대표적인 진입장벽으로는 막대한 자본 소요와 규모의 경제, 절대적인 비용상의 우위, 제품차별화, 유통망, 그리고 정부의 규제 등이 있다.

따라서 과점기업들은 기업의 수가 소수이기 때문에 상대 경쟁기업의 움직임에 민감한 반응을 보이게 되며, 의사결정에 있어서도 선도기업을 추종하는(follow the leader) 강력한 상호의존성을 보이게 된다.

이와 같은 동일 산업 내 과점기업 간의 상호의존성은 과점이 갖는 본질이며 이로 인해 과점기업의 독특한 행동이 나타나게 된다.[25] 즉, 과점기업이 신제품을 도입하여 경쟁상 우위를 확보하려고 하거나, 새로운 시장에 진출하려고 하거나, 또는 새로운 원료공급원을 획득하려고 하는 경우, 경쟁기업은 이것이 자기 기업에게 미치게 될 손실을 방지하기 위하여 선도기업의 이러한 행동(action)에 대해 즉각적인 반작용(reaction)을 보이게 된다.

우리나라의 삼성전자가 영국에 전자복합단지를 세우자 LG전자가 이를 따라 영국에 해외투자를 한 경우라든지, 일본의 Honda가 미국과 유럽에 진출하자 Toyota와 Nissan이 즉각적으로 반응을 보여 동일하게 진출했던 예, 그리고 미국의 Chrysler가 GM이나 Ford의 해외진출을 좇아 해외에 진출했던 예 등은 모두 여기에 해당된다.

여기에서 과점기업의 일차적인 목표는 이윤을 극대화하는 데 있다기보다 최소한 다른 경쟁기업만큼 성장하는 데 있다. 왜냐하면, 상대적인 성장률은 종국적으로 상대적인 시장지배력을 결정하기 때문이다. 따라서 과점기업은 자사의 시장점유율(market share)을 위협하는 경쟁기업의 행동에 대해 극도로 민감한 반응을 보이게 된다.

한편, 과점기업들은 그 산업 내에서 신참기업을 배제할 수 있는 진입장벽을 구축함으로써 독점이윤을 누리게 된다. 가장 일반적인 진입장벽으로는 신참기업에게 과도한 자본투자를 유발케 하는 내부적 규모의 경제, 수직적 통합을 통한 희소 원재료 및 저렴한 원재료에 대한 공급 통제, 차별화된 제품, 그리고 특허, 등록상표, 유명 브랜드 등과 같은 지적자산을 들 수 있다.

(2) 과점과 기업의 대응전략

과점이론에 있어서의 과점적 대응책, 내부적 규모의 경제, 수직적 해외직접투자 등에 대해 살펴보면 다음과 같다.[26]

먼저 과점적 대응책을 살펴보면, 예를 들어 X국의 과점산업에 A, B 두 기업이 있고, 이 두 기업이 모두 Y국에 서로 비슷한 차별화된 제품을 오랫동안 수출해왔다고 가정하자. 그런데 지금까지 수출로만 현지시장을 공급하던 X국의 A기업이 Y국에 생산자회사를 설립하여 진출한다고 가정하면, 이 경우 A기업의 이러한 공격적인 행동으로 인해서 B기업이 받게 될 영향은 다음 중의 어느 하나가 될 것이다.

첫째, Y국에 진출한 A기업의 현지 자회사가 현지에서 훨씬 더 저렴한 비용으로 제품을 생산할 뿐 아니라 훨씬 더 강력한 마케팅 노력을 집중시킬 수 있기 때문에 B기업은 시장점유율을 탈취당할 가능성이 높다. 만약 A기업의 현지진출이 Y국 정부가 국내시장을 보호하기 위해서 관세나 수입제한조치를 부과하였기 때문에 이루어진 것이라면, B기업은 자신의 현지 수출시장 전체를 상실하게 될지도 모른다.

둘째, 만약 Y국에 새로 설립된 A기업의 현지 자회사가 마케팅이나 생산의 통합을 통해서 글로벌경영활동을 전개하기 위해 설립된 것이라면, A기업은 B기업에 비해 상대적으로 훨씬 더 높은 수준의 범세계적인 경쟁적 우위를 확보할 수 있게 된다.

셋째, A기업이 Y국에서 경쟁적 균형을 무너뜨릴 수 있을 정도의 기술이나 제품, 인력, 그리고 지식상의 능력을 새롭게 획득하게 되는 경우에는 더더욱 B기업은 물론 여타 경쟁기업까지도 경쟁열위 상태에 몰아넣을 수 있게 된다.

이러한 가능성에 직면하여 B기업이 취할 수 있는 가장 효과적인 대응책은 자신도 A기업의 행동에 맞추어 Y국에 진출함으로써 시장상실위협에 즉각적으로 대응하는 것이다. 이것이 위험을 가장 최소화할 수 있는 최선의 전략이다. 이때 B기업은 비록 예상수익률은 낮더라도, 그런 경우에는 A기업의 수익률도 낮을 것이기 때문에 Y국에 대한 투자를 결행할 수 있다.

일본의 Mazda자동차는 국내의 거대 경쟁기업인 Toyota와 Nissan이 미국시장에 진출하자 이들과 어깨를 나란히 하는 한편 시장점유율과 판매, 그리고 이익을 증대시키기 위해서 이들을 좇아 미국시장에 진출하여 성공을 거두었으며, 미국의 식품회사인 H. J. Heinz도 경쟁기업인 Nestlé, Kellogg, Philip Morris를 좇아 해외시장에 진출하여 손실을 줄일 수 있었다.

이와 같은 과점기업들 간의 경쟁은 결과적으로 과점산업을 특정 국가에 집중시키는 투자집중현상(bunching) 또는 밴드웨건효과(bandwagon effect)를 초래하게 되는데, 이러한 현상은 1950~1960년대 미국기업의 대 유럽투자에서 잘 나타나고 있다. 한편, 닉커보커는 경쟁기업의 대응투자를 유발하는 최초의 투자에 대해서는 제품수명주기이론을 빌어 그것을 설명하고 있다.

다음으로 내부적 규모의 경제(economies of scale)이다.

글로벌기업은 수평적 또는 수직적 통합을 통해서 현지의 비글로벌기업이 달성할 수 없는 생산상의 규모의 경제를 달성할 수 있다. 예를 들어, 글로벌기업이 특정 제품을 현지에서 생산하고자 하는 경우 현지시장규모가 최적규모의 공장(optimal-size plant)을 유지할 수 있을 정도로 충분히 크지는 못하고, 단지 준최적규모의 공장(suboptimal-size plant)만을 유지할 수 있는 정도라고 하더라도, 글로벌기업은 생산된 제품을 현지시장뿐만 아니라 여타 지역에 위치하고 있는 자기 자회사를 통해서 다른 시장에도 판매할 수 있기 때문에 결국 최적규모의 공장을 운영할 수 있게 된다.

그 결과 현지자회사는 현지기업보다 단위당 생산비를 훨씬 더 낮출 수 있고 동시에 경쟁적 우위를 확보할 수 있게 된다. 더욱이 글로벌기업은 수많은 나라에서 수많은 제품을 생산하는 데 있어서 국제적인 생산특화를 통해 규모의 경제를 달성하기 때문에, 비용이 저렴한 지역에 생산시설을 설립하여 얻을 수 있는 우위와 전혀 다른 경쟁적 우위를 확보할 수 있다.

끝으로 수직적 해외직접투자이다.

수직적 해외직접투자는 기초 제조 및 천연자원 분야의 동질적 과점하에서 흔히 찾아볼 수 있는 특성으로서 철강, 알루미늄, 동, 석유산업에 대한 투자는 모두 원료를 확보하기 위한 수직적 해외직접투자에 속한다.

원료를 확보하기 위한 이와 같은 후방적 통합(backward integration)은 ① 단순한 필요, ② 과점적 불확실성의 회피, ③ 과점적 대응, ④ 신참기업에 대한 진입장벽의 구축, ⑤ 수직적 통합의 기술적 우위 등과 같은 이유 때문에 이루어지게 된다.[27]

제 4 절 해외직접투자의 전략적 의사결정

1. 해외직접투자의 결정과정[28]

해외직접투자는 기업이 기술, 자본, 인력 등 자사의 경영자원을 해외의 현지 생산요소와 최적으로 결합하여 이익을 극대화하기 위한 국제사업활동으로서, 해외직접투자를 성공적으로 수행하기 위해서는 무엇보다도 먼저 해외직접투자 안에 대한 체계적인 심사가 필요하다. 〈그림 8-5〉는 해외직접투자를 결정하기 위한 체계적인 심사과정을 보여주고 있다.

① 제1단계: 해외직접투자 안의 심사 필요성 여부 결정

해외직접투자안은 먼저 수출, 라이센싱 등 여타의 대안적인 해외진출방식에 대한 이용 가능성 여부를 분석한 다음, 특정 해외직접투자 안을 심사할 필요성이 있는가의 여부를 결정한다.

② 제2단계: 투자대상국의 투자환경 분석

제 1 단계에서 여러 가지 해외진출방식 중 해외직접투자방식이 투자대상국에 적합한 진출방식이라고 결정되면, 그 다음은 투자대상국의 현재 및 미래의 투자환경을 면밀하게 분석한다.

③ 제3단계: 해외직접투자 안의 수익성 분석

제 2 단계의 투자환경 분석에서 투자대상국의 투자환경이 투자계획기간에 걸쳐 양호할 것으로 판단되면, 그 다음은 해외직접투자안의 수익성을 분석한다. 이 단계에서는 특히 해외직접투자안이 위험(risk)을 고려한 다음에도 목표투자수익률을 달성할 수 있을 것인가를 다시 한 번 검토한다.

④ 제4단계: 투자대상국 정부와의 협상 및 투자결정

제 3 단계의 수익성 분석에서 해외직접투자안이 목표수익률을 보장할 수 있을 것으로 판단되면, 그 다음은 투자대상국과의 협상을 추진하고 협상이 순조롭게 진행되어 합의가

이루어지게 되면 최종적으로 해외직접투자를 하기로 결정하게 된다.

그림 8-5 해외직접투자 결정과정의 주요 체크포인트

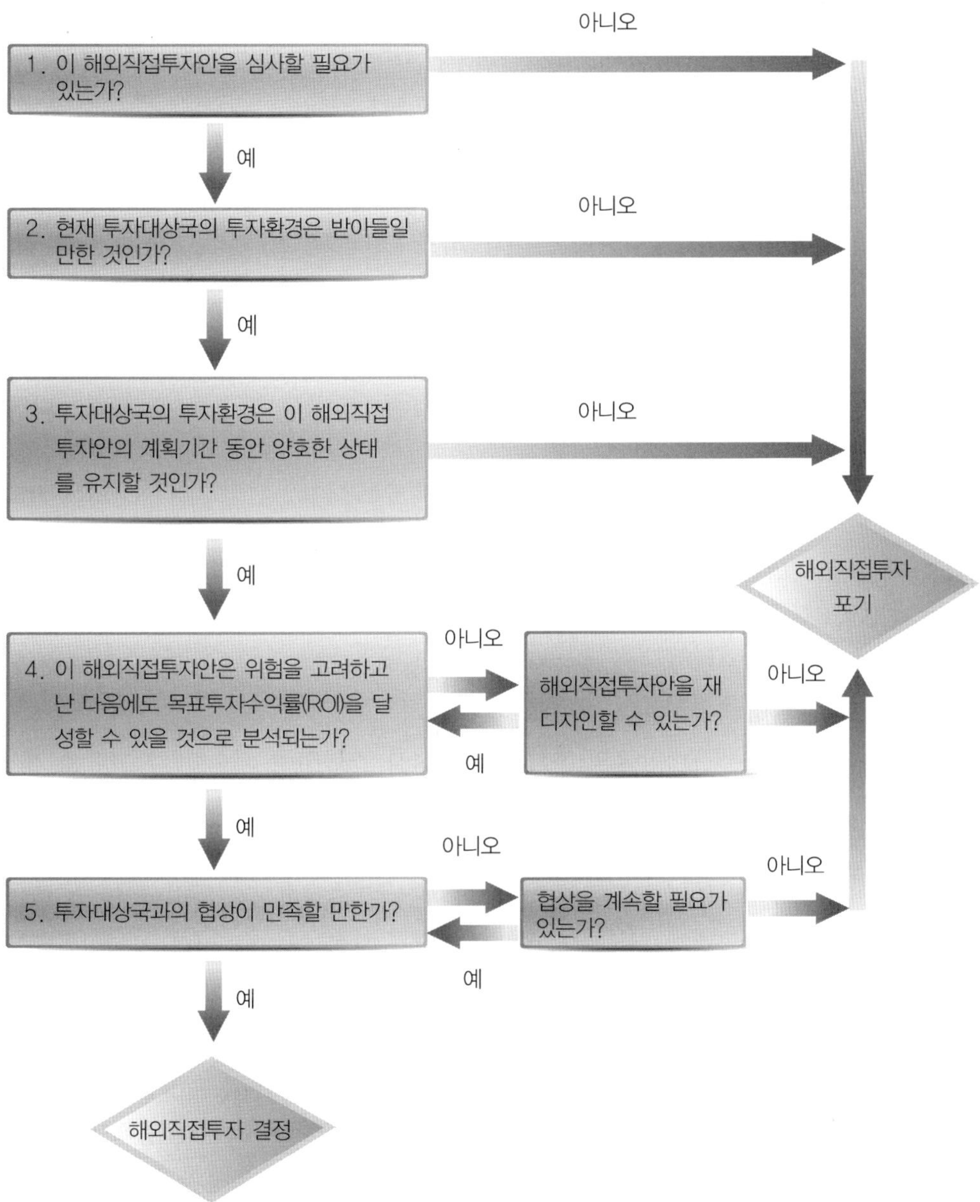

자료: F. R. Root, *Entry Strategies for International Markets*, Revised and Expanded ed. (Lexington, Mass., Lexington Books, 1994), p. 148.

2. 해외직접투자안의 심사 필요성 여부 결정

해외직접투자안에 대한 심사의 첫 번째 체크포인트는 그 해외직접투자안을 심사할 필요가 있는가의 여부를 결정하는 것이다. 이를 위해서는 먼저 수출, 라이센싱 등과 같은 여타의 대안적인 해외진출방식의 이용 가능성 여부를 분석한 다음, 그 해외직접투자안을 심사할 필요가 있는지의 여부를 결정하는 것이 바람직하다.

만약 기업 내의 의사결정자들이 해외직접투자가 목표시장국 진출에 적합한 방식이라고 결정하면, 그 다음은 해외직접투자의 유형, 즉 자회사를 신설(greenfield)하여 진출할 것인가, 아니면 현지에서 가동중인 기존 기업을 인수 · 합병(Merger & Acquisition: M&A)하여 진출할 것인가를 결정해야 한다. 또 소유방식에 있어서도 단독투자(sole venture)방식으로 진출할 것인가 아니면 합작투자(joint venture)방식으로 진출할 것인가를 결정해야 한다.

3. 투자대상국의 투자환경 분석

위 단계에서 해외직접투자안을 심사할 필요가 있다고 결정되면, 그 다음은 그 해외직접투자안을 투자대상국의 제반 환경을 기초로 평가 · 분석하는 작업이 필요하다. 이때 투자환경 분석에서는 해외직접투자안의 수익성 및 안정성에 영향을 미칠 수 있는 투자대상국의 정치적, 경제적, 문화적 환경이 모두 포함되어야 한다.

그리고 경영자들은 투자대상국의 투자환경 분석과 관련하여 최소한 다음의 세 가지 질문을 제기해 보아야 한다.

첫째, 어떤 투자환경요인들이 제안된 투자안의 성공에 결정적인 영향을 미칠 것인가?

둘째, 이러한 주요 투자환경요인들의 현재의 상태는 어떠한가?

셋째, 이들 주요 투자환경요인들이 투자계획기간 동안 어떻게 변할 것인가? 하는 것 등이다.

한편, 투자대상국의 환경분석에는 현재의 투자환경뿐만 아니라 미래의 투자환경 변화까지도 포함되어야 한다. 그리고 미래의 투자환경분석에 있어서는 투자대상국의 정치적 환경을 가장 중요하게 고려해야 한다. 그것은 투자안이 현지국의 정치적 환경에 의해 직접 · 간접적으로 크게 영향을 받게 될 뿐 아니라, 정치적 환경이 다른 투자환경요인들에게도 영향을 미칠 수 있기 때문이다. 투자대상국의 투자환경을 분석할 때, 살펴보아야 할 주요 사항들을 보면 〈그림 8-6〉과 같다.

그림 8-6 투자대상국 투자환경분석 주요 사항

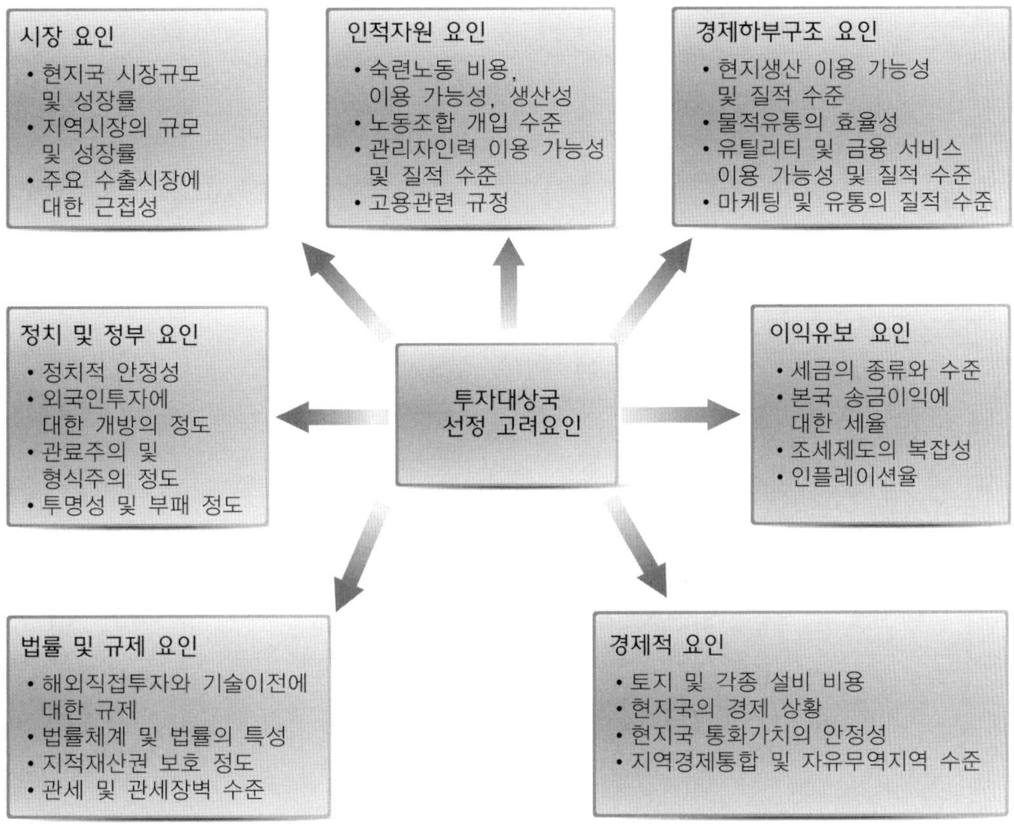

자료: T. G. Cavusgil, G. Knight, and J. R. Riesenberger, *International Business: Strategy, Management and the New Realities* (Upper Saddle River, NJ, Prentice Hall, 2008), p. 404 재인용.

4. 해외직접투자안에 대한 수익성 분석

(1) 수익성 분석을 위한 체크리스트

투자대상국의 투자환경이 양호하다고 평가되고, 동시에 투자대상국에 대한 해외직접투자가 장기적인 시장구축을 위해 합리적이라고 판단되면, 그 다음은 제안된 해외직접투자안이 투자위험을 고려한 투자수익률과 여타의 진출목표를 만족시킬 수 있는가를 평가하기 위해서 그 투자안의 수익성을 분석해야 한다.

해외직접투자안의 수익성을 평가하기 위해서는 투자기업이 해외직접투자안의 규모 및 수익과 비용을 결정짓는 모든 관련 변수들을 규명하고 측정할 필요가 있다. 해외직접투자안의 수익성 평가에 고려해야 할 주요 변수로는 〈표 8-10〉에서 볼 수 있는 바와 같이 시장변수, 생산 및 조달변수, 노동변수, 자본조달변수, 조세변수 등을 들 수 있다.

표 8-10 해외직접투자안의 수익성 평가를 위한 체크리스트

1. 시장변수
   ① 해외직접투자 프로젝트의 제품계열에 대한 목표시장의 시장규모와 예상 성장률
   ② 경쟁상태
   ③ 마케팅 및 유통하부구조
   ④ 요구되는 마케팅 노력의 범위와 비용
   ⑤ 해외직접투자 프로젝트의 제품계열의 수출잠재력
   ⑥ 이 해외직접투자 프로젝트가 목표시장에 대한 본사의 수출을 대체할 가능성
   ⑦ 목표시장에 대한 투자기업 완제품의 새로운 수출 가능성

2. 생산 및 조달 변수
   ① 생산시설에 소요되는 자본투자 금액
   ② 공장입지의 이용 가능성 및 비용
   ③ 천연자원 및 에너지, 그리고 기타 원자재의 이용 가능성 및 비용
   ④ 본사로부터 수입된 투입요소의 이용 가능성 및 비용
   ⑤ 다른 공급원으로부터 수입된 투입요소의 이용 가능성 및 비용
   ⑥ 교통 및 항만 그리고 창고시설

3. 노동변수
   ① 현지국의 관리자 및 기술자, 그리고 사무원의 이용 가능성 및 비용
   ② 해외파견직원의 이용 가능성 및 비용
   ③ 숙련노동자 및 반숙련노동자, 그리고 미숙련 노동자의 이용 가능성 및 비용
   ④ 급여와 특별수당
   ⑤ 노동생산성
   ⑥ 훈련시설 및 프로그램
   ⑦ 노사관계

4. 자본조달 변수
   ① 현지 장기투자 자본의 이용 가능성 및 비용
   ② 현지 운전자본의 이용 가능성 및 비용
   ③ 현지정부의 재정적 유인책의 이용 가능성 및 규모
   ④ 본사가 투자해야 할 자본금액

5. 조세변수
   ① 조세의 유형과 세율
   ② 감가상각비
   ③ 조세혜택과 면제
   ④ 조세관리
   ⑤ 투자본국과의 조세협정

자료: F. R. Root, *op. cit.*, pp. 158~159.

(2) 해외직접투자 프로젝트의 수익성 분석

1) 할인현금흐름분석

〈표 8-11〉는 해외직접투자 프로젝트의 관점에서 현지통화(local currency)를 기준으로 한 해외투자의 현금흐름을 분석한 것이다. 이 표는 총 투자기간 10년 중 5년간의 예상현금흐름을 보여주고 있으며, 최종가치는 5년째 말의 해외투자 프로젝트의 시장가치를 나타낸 것이다.

이 표에서 세금공제 후 기대되는 순 현금유입은 10년 동안 그 해외투자 프로젝트의 투자기간에 걸쳐 발생하게 되는 예상수익과 예상비용의 차이를 나타낸 것이다. 사업개시 연

표 8-11 현지국 통화에 기준한 해외투자 프로젝트의 현금흐름분석

(단위: 백만 Peso)

	연도말						최종가치[a)]
	0	1	2	3	4	5	
세금공제 후 순현금유입	(200)	25.0	50.0	100.0	100.0	100.0	335.2
15% 할인의 현재가치	1.0	0.870	0.756	0.658	0.572	0.497	0.497
세금공제 후 현금유입의 순현재가치	(200)	21.8	37.8	65.9	57.2	49.7	166.6
현금유입의 누적 순현재가치	(200)	(178.2)	(140.4)	(74.6)	(17.4)	(32.3)	(198.3)

a) 15% 할인율을 기준으로 할 때 6년째부터 10년째 말까지의 100만 페소의 현재가치

*) 순현재가치의 공식은 다음과 같다.

$$NPV = \left[\frac{F_1}{(1+d)} + \frac{F_2}{(1+d)^2} + \cdots \frac{F_n}{(1+d)^n} \right] - I_0$$

여기에서 F는 순현금유입, I는 최초투자액, 그리고 d는 할인율을 나타낸다. 만일 순현재가치가 0이라면 수익률이 할인율(기준투자수익률)과 동일함을 의미한다.
내부수익률은 순현금흐름의 현재가치와 최초투자액을 일치시키는 할인율을 나타낸다. 공식을 보면 다음과 같다.

$$\frac{F_1}{(1+r)} + \frac{F_2}{(1+r)^2} + \cdots + \frac{F_n}{(1+r)^n} = I_0$$

여기에서 F는 순현금흐름을, I는 최초투자액을, 그리고 r은 내부수익률을 나타낸다. 내부수익률은 시행착오의 과정을 거쳐 산정된다.

도(0)에는 초기 자본투자로 인해 피투자국 통화(Peso) 표시의 현금이 과도하게 유출되어 있는 현상을 보이고 있다.

여기에서 필요수익률(기준할인율)은 국내투자에 대한 15%의 수익률이 투자계획 기간 동안의 해외투자안의 순현금유입을 할인하는 데 그대로 이용되었다. 현금흐름의 누적 순현재가치는 5년째에 접어들면서부터 흑자로 나타나고 있는데, 이는 해외투자 프로젝트의 수익이 15%의 필요수익률을 상회하고 있음을 나타내는 것이다. 해외투자 프로젝트의 최종가치를 포함하면 내부수익률(internal rate of return: IRR)은 거의 38%에 근접함을 알 수 있다. *

경영자들은 현지국 통화로 표시된 현금흐름이 재산수용 및 운용상의 위험에 얼마나 민감한 반응을 보이는가를 파악하기 위하여, 현지국 통화표시의 현금흐름을 해외투자 프로젝트의 관점에서 분석해 볼 필요가 있다. 그러나 해외투자 프로젝트의 최종적인 수익성은 그 프로젝트가 투자기업 또는 본사에 기여하는 수익률로 평가되게 되는데, 그것은 투자기업의 본국통화(달러)로 표시된 송금 가능한 현금흐름에 의해 결정된다.

투자기업 입장에서의 현금흐름분석은 투자기업의 초기 현금지출(그 프로젝트에 대한 지분투자 및 자금대부), 그리고 자기 기업에게 유입되거나 또는 그 프로젝트로부터 자유롭게 이용할 수 있는 본국통화표시 현금흐름에만 관심을 갖는다.

따라서 현금흐름분석에는 그 프로젝트에 대한 모기업의 초기투자, 그리고 그것이 실제로 본국에 송금되었든지 또는 송금되지 않았든지간에 모기업이 본국통화로 이용할 수 있는 모든 순현금유입(배당금, 이자, 로열티, 경영관리 및 기술 수수료, 수출판매 이익 등)이 포함된다.

본국통화표시 현금흐름분석은 투자대상국으로부터의 과실송금에 대한 현지국 정부의 규제, 그리고 현지국 통화를 본국통화로 환산하는 환율을 고려해야만 비로소 완결된다.

이러한 특성 때문에 본국통화표시 현금흐름분석은 송금위험을 고려해야 한다. 또한 과실송금에 부과되는 피투자국 정부의 세금(withholding taxes)과 송금된 자금에 대한 투자국의 조세 등을 고려해야 한다. 이러한 점들을 고려한 다음 본국통화표시 현금흐름의 순현재가치를 모기업의 기준할인율로 할인하여 측정해야 한다. 만약 순현재가치가 투자계획기간에 걸쳐 0이거나 또는 0보다 더 큰 경우, 그 해외투자 프로젝트의 재무적 타당성은 양호한 것으로 판단할 수 있다.

2) 정치적 위험을 고려한 현금흐름분석

해외투자 프로젝트의 예상 순현금흐름 분석에는 정치적 위험을 고려해야 한다. 정치적 위험을 현금흐름분석에 고려하는 방법에는 다음과 같은 두 가지가 있다.

첫째는 해외투자 프로젝트에 대해서, 투자기업이 국내투자시에 적용하는 기준수익률에 리스크 프리미엄(risk premium)을 추가하여, 해외투자 프로젝트의 순현재가치를 보다 더 높은 비율로 산정하는 방법이다. 예컨대, 국내투자시의 할인율이 15%라고 하면, 해외투자 프로젝트에 대해서는 여기에 10%의 리스크 프리미엄을 추가하여 25%의 할인율을 적용하는 방법이다.

둘째는 리스크 프리미엄을 정치적 위험이 발생할 것으로 예상되는 특정 기간에만 적용하는 방법이다. 순현금흐름 분석에 리스크 프리미엄을 적용하는 데는 몇 가지 문제점이 있으나 사용이 간편하다는 점 때문에 많이 이용되고 있다.

이상에서 해외투자 프로젝트의 수익성 분석에 대해 살펴보았는데, 만약 해외투자 프로젝트가 자기 기업이 바라는 수익률이나 여타 진출목표를 충족시키지 못할 것으로 판단되면, 그 해외투자 프로젝트의 계획을 재조정하지 않을 수 없다.

해외투자 프로젝트의 계획을 재입안하는 경우에는 생산공장의 규모를 축소하거나 또는 기술, 노동, 자본 등의 투입요소를 재구성하여 해외투자 프로젝트의 예상수익률을 높이거나, 또는 원래의 단독투자 계획을 합작투자로 변경하여 투자위험을 낮추는 등의 방안을 강구해야 한다.

5. 투자대상국 정부와의 협상 및 투자결정

해외투자 프로젝트의 수익성 분석이 양호한 것으로 평가되면, 그 다음은 최종적으로 투자대상국 정부와의 협상에 들어가게 된다.

그런데 오늘날 대부분의 국가들은 외국인투자관련법을 제정하여 외국인투자를 관리하고 있을 뿐 아니라, 투자대상국 정부의 심사기준도 개별 외국인투자 프로젝트에 따라서 크게 다르고, 또 그 적용도 대단히 신축적인 경우가 대부분이다.

따라서 현지진출기업의 입장에서는 피투자국의 외국인투자관련법을 잘 이해하는 한편 피투자국 정부의 외국인투자에 대한 심사기준과 평가방법을 미리 파악하여 피투자국에 대한 협상력(bargaining power)을 갖추는 것이 대단히 중요하다.

통상 피투자국 정부는 해외투자 프로젝트를 협상하는 과정에서 자국의 이익을 위해 제안된 해외투자 프로젝트의 내용을 여러 각도에서 면밀하게 심사하는가 하면, 필요한 경우 제안된 해외투자 프로젝트의 일부 내용을 재조정하도록 요구하기도 한다.

해외투자 프로젝트에 대한 해외투자기업과 피투자국 간의 이견은 계속적인 협상을 통해 좁혀지게 되고, 협상이 쌍방 간에 만족할 만한 수준에 이르게 되면 최종적으로 피투자국에 대한 해외직접투자를 결정하게 된다.

제5절 해외직접투자의 영향

1. 투자본국에 미치는 영향

(1) 긍정적인 영향

1) 생산요소확보효과

해외직접투자는 자국에서는 확보가 불가능한 천연자원이나 값싼 노동력 등과 같은 생산요소를 확보하는 효과가 있다. 천연자원을 확보하기 위한 해외투자는 비옥한 토지나 광산, 또는 석유자원을 좇아 농업이나 천연자원 추출분야에 투자하는 경우를 말하며, 노동력 확보를 위한 해외직접투자는 부품생산이나 조립 등 특정 생산단계에서의 비용을 절감하기 위해 저임숙련노동력을 좇아 해외에 투자하는 경우를 말한다.

삼양사는 베트남의 호치민시에 100% 단독투자방식으로 진출하여 삼양베트남(Samyang Vietnam co.)사를 설립, 베트남의 값싼 노동력을 활용하여 신발을 생산 · 판매하고 있다.

2) 시장확보효과

해외직접투자는 해외에 생산공장을 설립하여 제품을 생산 · 판매함으로써 현지시장을 확보하는 효과가 있다. 해외직접투자는 수출을 통해 현지시장을 공급하는 것이 비용이 많이 들거나 현지정부가 제품을 현지에서 생산할 수밖에 없도록 규제하는 경우 등에 대해, 현지에서 제품을 직접 생산 · 판매함으로써 안정적인 수출시장을 확보할 수 있다. 시장확보는 기업의 해외직접투자 동기 중 가장 대표적인 동기라고 할 수 있다.

삼성의 대 중국 해외직접투자는 중국이라는 거대한 시장을 확보하기 위한 것으로서, 1995년에 삼성그룹의 중국본부를 설립한 이래 삼성전자, 삼성전기, 삼성SDI, 삼성코닝, 삼성SDS 등 전자관련 분야의 진출이 활발하게 이루어지고 있다.

3) 국제수지 개선효과

해외직접투자는 해외시장 확보에 따른 수출증대와 본국에 대한 과실송금 등을 통해 장기적으로 투자본국의 국제수지에 긍정적인 영향을 미치게 된다. 통상 해외직접투자가 이루어지기 시작하는 초기단계에서는 자본이 현지로 유출되고 현지투자기업으로부터 경쟁상품이 수입됨으로써 단기적으로 국제수지에 악영향을 끼치지만, 장기적으로는 본국에 대한 과실송금이 초기투자액을 상회함으로써 국제수지를 개선시키는 효과가 있다.

(2) 부정적인 영향

1) 산업공동화 초래

해외직접투자는 개별 기업의 차원에서는 해외로부터 초과수익을 획득할 수 있어서 경영합리화를 달성할 수 있으나, 국민경제적 차원에서는 국내 생산기반의 해외이전과 해외로부터의 수입증대로 인해 산업공동화를 초래할 가능성이 있다.

여기에서 산업공동화란 해외직접투자에 따른 생산라인의 해외이전과 국내투자환경의 악화에 따른 국내 제조업투자의 부진으로 인해서, 국내 생산능력이 저하되고 무역수지가 악화되고 실업이 증대되는 등 국내 경제성장이 전반적으로 약화되는 현상을 말한다.

한때, 우리 기업들의 대 중국 및 베트남 진출 러시와 해외생산 증대에 따른 국내시장 축소로 인해서 산업공동화 현상이 나타난 적이 있으며, 당시 양질의 일자리가 줄고 국내 제조업이 침체되어 우려의 소리가 높았다.

2) 국내투자 감소

해외직접투자는 기업이 자본을 가지고 해외 피투자국에 진출하기 때문에 현지국에게는 자본을 형성시켜 주는 효과가 있지만, 투자본국의 입장에서는 그만큼의 자본이 해외로 유출되기 때문에 가용자본이 줄어드는 부정적인 효과가 나타나게 된다. 그리고 본국생산의 일부가 해외생산으로 대체되기 때문에 해당 부문에 대한 국내 설비투자의 감소마저 초래하게 된다.

한때, 우리나라의 많은 제조기업들이 우리보다 임금이 싸고 여러 가지 인센티브를 제공하고 있는 중국, 인도네시아, 베트남 등으로 생산시설을 이전함에 따라 우리나라의 국내투자가 현저하게 감소된 적이 있었다.

3) 고용 축소

해외직접투자는 생산라인을 해외로 이전하기 때문에 투자본국의 국내고용을 축소시키는 효과가 있다. 즉, 자국의 수출시장이 글로벌기업의 자회사에 의해서 점유되기 때문에 국내 생산활동이 위축되고 그 결과 일자리가 줄어들게 된다. 또 해외직접투자로 인해서 생산이 저임금국으로 이동됨으로써 국내공장이 폐쇄되거나, 또는 해외투자기업의 자회사들이 해외에서 저렴하게 생산한 제품을 본국에 역수출함으로써 본국의 생산이 감소되어 결과적으로 일자리가 줄어들기도 한다.

2. 피투자국에게 미치는 영향

(1) 긍정적인 영향

1) 경영자원확보효과

외국인직접투자는 외국기업이 자본, 기술, 인력 등의 경영자원을 가지고 투자해 들어오기 때문에 피투자국은 이러한 글로벌기업을 받아들임으로써, 이들이 아니었더라면 확보할 수 없는 경영자원을 확보하는 효과가 있다.

그리고 외국인직접투자는 피투자국에게 장기자본을 이동시켜주기 때문에 자본측면에서 제약을 받고 있는 개발도상국의 국내투자를 보완해 줄 뿐 아니라, 선진국의 고급기술인력과 선진기술 등의 경영자원을 유입시켜주는 효과가 있다.

중국은 오래전에 Intel, IBM, GE, MS 등과 같은 세계 유수 글로벌기업들의 연구소를 받아들여 이들이 개발한 최첨단 기술을 습득하여 전반적인 기술수준 향상을 꾀하고 있다.

2) 경제성장촉진효과

외국인직접투자는 기업이 자본을 가지고 피투자국에 들어오기 때문에 생산요소로서의 자본스톡(stock)이 증대되어 경제성장에 기여하고, 기술과 경영관리기법 등도 가지고 들어오기 때문에 생산성이 향상되는 효과도 있다. 또 특정 산업에서 생산이 증대되면 생산된 제품의 판매를 위한 마케팅체제가 확립되는 등의 전후방 연관효과를 거둘 수 있다. 그리고 외국기업의 노동수요와 교육 및 훈련을 통해서 자국 노동의 질이 향상되고 궁극적으로는 경제성장이 촉진되는 효과가 있다.

최근 베트남의 호치민시는 섬유봉제 및 신발 등의 분야에서 수많은 외국인투자를 받아들여 제품을 생산함으로써 산업생산은 물론이거니와 수출증대에도 기여하여 자국의 경제성장에 크게 기여한 것으로 나타나고 있다.

3) 고용유발효과

피투자국은 외국인직접투자를 받아들임으로써 그 투자가 아니었더라면 얻을 수 없는 분야의 산업화를 이룸으로써 생산이 이루어지고 고용창출효과가 발생하게 된다. 글로벌기업이 해외에서 고용하고 있는 인력이 수백만 명에 달한다는 사실은 해외직접투자가 얼마나 많은 고용창출효과를 가져다주는가를 뒷받침해주는 증거라고 할 수 있다.

미국은 한국의 자동차기업들을 받아들여 톡톡한 고용유발효과를 거두고 있는데, 현대자동차 앨라바마 공장은 8,800명, 기아자동차 조지아 공장은 4,500명 등 모두 1만 3,300명의 현지 고용유발효과를 거둔 것으로 나타나고 있다.

4) 기술습득효과

외국인직접투자는 그 본질상 제조기술 및 관리적 · 조직적 기법을 가지고 들어오기 때문에 피투자국은 이를 통해서 이러한 기술과 기법을 습득할 수 있다. 오늘날 대부분의 신기술이 기술자원 및 자본, 그리고 위험부담능력을 가지고 있는 글로벌기업을 통해서 이루어지고 있다는 점을 고려하면 글로벌기업의 해외직접투자를 통한 기술습득효과를 짐작할 수 있을 것이다.

중국은 자동차산업분야에서 독일의 Volkwagen과 두 개의 합작투자를 추진하여 자국 전체시장의 54%를 공급하고 있으며, 그 외에 Honda, GM, 현대자동차와도 합작투자를 하고 있다. 중국 자동차시장에서 중국 고유 모델이 거의 발을 붙이지 못하고 있는 상황에서 이들 외국기업과의 합작투자는 기술습득을 위한 것이다.

5) 국제수지개선효과

외국인직접투자는 피투자국에게 자본을 유입시켜주기 때문에 단기적으로 피투자국의 자본수지에 긍정적인 영향을 미치게 된다. 특히 수출비율이 높고 원자재나 부품의 수입의존도가 낮은 경우 무역수지 개선효과는 더 크게 나타난다. 그리고 제조업의 경우에는 피투자국에게 수입대체효과와 수출촉진효과를 동시에 가져다주기 때문에, 이러한 파급효과를 모두 고려하면 외국인직접투자는 총체적으로 피투자국의 국제수지를 개선시켜준다고 할 수 있다.

그러나 투자본국으로의 과실송금이 최초투자금액을 상회하거나, 계열기업 간의 거래에 있어서 이전가격(transfer pricing)을 활용하여 계속해서 이익을 투자본국으로 집중시키게 되면 피투자국의 국제수지는 장기적으로 부정적인 영향을 받게 된다.

(2) 부정적인 영향

1) 경제적 종속

외국인직접투자가 피투자국의 특정산업을 과도하게 소유하면 자국 경제가 외국기업들에 의해 지배되는 결과를 초래하게 된다. 1960년대 미국 대기업들의 유럽진출은 유럽인들에게 경제적 종속에 대한 우려를 자아내게 하였고, 1980년대 중반 일본기업의 대거 미국진출도 미국인들에게 경제적 종속을 우려하게 하였다.

경제적 종속은 선진국보다는 개발도상국에게 더 심각한 위협이 되곤 하는데, 그것은 경제력이 미약한 개발도상국의 경우 외국인투자기업이 특정산업을 과도하게 지배하게 되면 자연히 경제적으로 종속될 가능성이 높아지고 되고, 동시에 어떤 특정 전략산업이 경제적으로 종속되면 주권국인 개발도상국의 통제권 자체가 위협을 받기 때문이다.

한 예로, 1990년대에 아일랜드는 국가산업 기반 구축을 위해 20여 년간 외국기업을 끌어들였고, 이는 주로 화학, 컴퓨터 하드웨어와 소프트웨어, 첨단 공학분야에 집중되었다. 그 결과 아일랜드의 제조업은 첨단기술산업 중심으로 발전하게 되었으나, 점차 토착기업들의 제조업분야 수출 비중은 줄어들고 외국기업에 대한 의존도는 높아만 갔다. 또 이들 글로벌기업들의 매출은 상당 부분 내부거래이기 때문에 아일랜드는 환율 또는 국제시장의 환경 변화로 인해 받게 될 영향을 통제하기가 어렵게 되었고 사업형태의 변화나 조세의 발달과 같은 변화에도 무력해질 수밖에 없었다.

2) 국가주권 침해

피투자국은 독립적인 주권을 가진 국가로서 자국의 주요 사안에 대해 자주권을 행사할 권한을 가지고 있고, 외부의 통제를 제한하거나 이를 단호히 거부할 수 있는 권리를 가지고 있다. 또 자국의 총생산증대, 국제수지 개선, 실업축소, 인플레이션 축소, 수출증대 등의 거시적인 목표를 달성하기 위하여 필요한 주권을 행사할 권리를 가지고 있다.

그런데 외국인직접투자로 피투자국에 진출한 일부 기업들은 영업활동이나 납세, 그리고 로열티의 본국송금 등에 있어서 현지국 정부의 독립적인 주권행사에 정면으로 도전하는 탈법적인 행동을 취하기도 한다.

미국의 ExxonMobil은 칠레에서 법인세 납부를 회피하기 위해 자회사(Disputada de Las Condes)의 회계장부를 조작하였고, 조세피난처를 이용해 이 회사를 변칙 매각하면서 또 다시 자본이득세를 납부하지 않은 것으로 적발되어 칠레정부로부터 제소를 당한 적이 있다.

3) 정치적 개입 및 문화적 지배

외국인직접투자는 정치적 · 문화적으로도 피투자국에게 중대한 영향을 미친다. 정치적 측면에서는 피투자국 내의 국내 정치문제나 국내 주요 이슈에 깊숙하게 관여하여 영향력을 행사하기도 하고, 법률적인 측면에서는 자국의 법률 및 정책을 피투자국에 소재하고 있는 자국의 해외자회사에까지 연장 · 적용함으로써 문제를 일으키기도 한다. 또 문화적인 측면에서는 자국의 가치관과 문화를 피투자국에게 전파하여 피투자국의 전통적인 가치관을 파괴하기도 한다.

국제경영사례 8 – 2

한국기업의 핵심역량 확보전략

핵심역량(core competence)이란 그 기업을 지금까지 잘 이끌어왔고 또 적절하게 전환하거나 추가적인 역량을 축적하면 미래 성장의 견인차 역할을 할 수 있는, 다시 말해서 기업 내부에 공유되고 있는 기업특유의 총체적인 능력, 기술, 지식, 문화 등을 의미한다. 그리고 핵심역량이란 단절되어 있는 능력, 지식, 기술이라기보다는 일련의 통합된 기능이나 기술을 뜻한다.

핵심역량은 통상 두 가지 요소로 구성된다.

그 하나는 통찰력과 예견력(Insight/Foresight competence)이다. 여기에는 기술적/과학적 지식, 데이터 보유, 정보 접근 능력, 창의력, 탁월한 업무 분석 능력 등이 포함된다.

그리고 다른 하나는 업무실행 능력(Frontline Execution Competence)이다. 이 업무수행능력은 통상 현장 근로자 개개인에게 달려 있다.

핵심역량은 예를 들면, Sony의 소형화 기술, Cannon의 정밀기계기술광학기술, Honda의 엔진 관련 기술, WAl-Mart의 강력한 물류시스템, Coca Cola의 자사 브랜드 이미지 통합을 통한 지속적인 마케팅 능력의 확대 등과 같은 것이 그것이다.

기업들은 자사의 핵심역량을 파악하고 이것을 전사적 차원에서 이용하는 한편, 기존의 핵심역량에 새로운 기술 · 제품 · 서비스 등을 연계시켜 성장분야로 다각화하는 핵심역량 경영을 통하여 독특한 기업문화와 경쟁전략을 찾아내서 키워나가야 하는데, 통상 이 핵심역량은 다음과 같은 특징을 가지고 있다.

첫째, 핵심역량은 현재 수행하고 있는 많은 사업들의 바탕이 되는 능력, 지식, 기술, 문화 등으로 공통된 경쟁기반이 된다.

둘째, 핵심역량은 특정기업이 보유하고 있는 우월적인 내부역량으로서 해외경쟁사들이 쉽사리 흉내낼 수 없을 정도로 차별화되고 독특한 것이다.

셋째, 핵심역량은 고객의 가치증대에 크게 기여한다.

넷째, 핵심역량은 여러 분야에서 동시에 활용할 수 있다.

다섯째, 핵심역량은 지속적으로 축적되어 더 큰 역량을 발휘한다.

여섯째, 핵심역량을 잘 이용하면 관련 또는 비관련분야로 다각화할 수 있는 기회를 포착할 수 있다.

한편, 우리나라 기업들의 경우에는 자신만의 독특한 경쟁적 우위를 확보하지 못한 상태에서 해외에 진출하는 경우가 많은데, 이렇게 되면 현지기업과의 경쟁을 이겨내기 어려울 뿐 아니라 때로는 존립 기반마저 흔들리는 경우가 있다. 그렇다면 우리 기업들이 선진 외국기업들과 같은 경쟁적 우위를 가지고 해외에 투자하기 위해서는 어떻게 해야 할 것인가.

무엇보다도 바람직한 경쟁우위의 원천이 무엇인가를 찾아내서 그것을 활용하는 방안이 절실히 필요하다.

첫째, 유용성이다. 경쟁우위의 원천 자체가 돈을 벌 수 있도록 활용해야 한다.

둘째, 희소성이다. 자신이 가지고 있는 돈을 버는 능력은 다른 기업이 쉽게 구하지 못할 정도로 희소성이 있어야 한다.

셋째, 불완전 모방성이다. 경쟁기업에서 탐내는 능력이 완전하게 모방될 수 없어야만 지속적으로 자사에 돈을 벌어줄 수 있을 것이다.

마지막으로 불완전한 대체성이다. 경쟁기업이 탐내는 능력인데 모방도 불가능하다고 판단되면 혹시 다른 대체할 만한 것이 없을까 찾게 될 것이다.

이런 점이 충족되어야 고객을 영원히 확보할 수 있을 것이다. 이러한 경쟁우위의 원천은 오랫동안 기업전략에 의해 축적된 것이며 이를 통상 기업의 핵심역량이라고 부른다.

한국기업이 경쟁하고 있는 시장은 대부분 경쟁이 치열한 시장이다. 이런 시장에서 경쟁기업을 능가하면서 고객을 오랫동안 확보하기 위해서는 최고경영자의 전략적인 선택이 중요하다. 그러나 세계 최고기업들의 사례로부터 얻을 수 있는 교훈은 이들이 모두 수십 년 전부터 특정분야에 핵심능력을 축적해왔다는 사실이다. 이제 이러한 종류의 경쟁우위 원천을 축적하기 위한 시점에 있는 대다수 한국기업들에 이러한 세계 최고기업들의 사례는 조급함과 좌절감을 안겨줄 수도 있을 것이다.

하지만 앞서 언급한 바람직한 경쟁우위의 원천인 유용성, 희소성, 불완전 모방성, 불완전 대체성 또한 동시에 획득될 수 있는 성질의 것이 아니라 시간이 지남에 따라 단계적으로 쌓여서 나타나는 특성을 가지고 있다. 한국기업 또한 나름대로 성공하기 위해서 세계 최고기업과 다른 전략적인 선택에 의해 집중적으로 축적해야 할 경쟁우위의 원천이 있을 것이다.

시작이 반이다. 미래를 바라보며 일단 당장 유용한 경쟁우위의 원천에 집중하기 시작하면 시간이 지남에 따라 점점 그 가치가 희소해지고, 모방하기 어렵고, 다른 자원으로 대체하기도 어려워져 결국엔 경쟁기업을 능가하면서 영원히 고객을 확보할 수 있는 경쟁우위로 탈바꿈하게 될 것이다.

자료: 이철 역, 글로벌기업의 핵심역량 (서울, 사계절, 1994); G. Hamel and C. K. Prahalad, *Competing for the Future* (Boston, Mass., Harvard Business School Press, 1994); G. Grant, *Contemporary Strategy Analysis* (Cambridge, Mass., Blackwell, 2002).

국제경영 전략과 관리

International Business

제4부

CHAPTER 09

국제경영**전략**

International Business

국제경영사례 9 – 1

Caterpillar 대 Komatsu의 경쟁전략

CATERPILLAR KOMATSU

미국의 Caterpillar와 일본의 Komatsu는 전세계 중장비시장에서 수위를 다투는 경쟁기업이다.

사실, 건설중장비시장은 일찍부터 미국의 Caterpillar가 전세계적으로 주도해 왔던 산업이다. Caterpillar는 제2차 세계대전 후, 전세계 모든 국가에 진출하여 전후복구를 도왔고, 이를 바탕으로 전세계적으로 강력한 딜러망을 구축해 놓았다. 그리고 이러한 강력한 딜러망에 부품을 충분히 갖추어 놓고 안정된 서비스를 제공함으로써 경쟁업체에 비해 상당히 높은 마진을 누릴 수 있었다. 그 결과 1980년대 초 Caterpillar의 시장점유율은 53%까지 달했다.

한편, 당시 Caterpillar의 가장 강력한 경쟁기업은 단지 15%에 불과한 시장점유율을 가지고 있던 Komatsu였다. Komatsu는 제2차 세계대전 이후 수출시장을 확대하고자 하였으나 Caterpillar의 강력한 유통망을 따라잡지 못했고 기계도 고장이 잦고 품질도 뒤떨어져 고전을 면치 못했다. Komatsu는 선진국 시장은 이미 Caterpillar가 선점한 상태였기 때문에, Caterpillar의 유통망이 확립되어 있지 않고 진출을 꺼려하는 지역부터 진출하기 시작하였다. 그러면서 내부적으로는 TQC(Total Quality Control)활동을 벌여 제품의 품질을 향상시키고 각종 비용절감 프로그램을 전개하여 가격경쟁력을 확보하였다. 그 결과 Caterpillar에 필적하는 품질을 유지하면서 Caterpillar보다 항상 10% 이상 싸게 판매할 수 있는 가격경쟁력을 갖추게 되었다.

그러면 당시 양 기업은 어떤 경쟁적 우위를 보유하고 있었는가?

사실, Caterpillar의 성공은 여러 가지 측면에서 대단히 어려운 것이었다. 왜냐하면 건설장비는 국가마다 그 특징이 다르고 수송비가 많이 들며 현장업무비용이 너무 클 뿐 아니라, 현장업무를 지역적으로 적절히 관리해야 하는 분야이기 때문이다.

이렇게 보면 Caterpillar의 성공 배후에는 크게 두 가지 요인이 있다고 할 수 있다. 그 하나는 미 해군 공병대가 해외에 그대로 남겨두고 귀국했던 Caterpillar 건설장비들에 대한 서비스를 제공하기 위해 구축하였던 범세계적인 유통시스템이 경쟁에 대한 보호벽이 되었다는 점이다.

또 다른 하나는 Caterpillar가 전세계적인 생산규모를 또 다른 보호벽으로 활용했다는 점이다. Caterpillar는 전세계적인 수요에 충당하기 위해 동일한 부품을 생산하는 시설에 자본을 집중 투자하는 방식 등을 통해 각국에 산재해 있는 판매망을 비용우위의 판매망으로 전환하였다.

그렇다면 이러한 Caterpillar에 다른 도전은 없었는가?

Caterpillar에 대한 최대의 도전은 바로 Komatsu로부터 나왔다. 일본 유수의 건설장비 생산회사인 Komatsu는 노동비와 철강재 가격에서 우위를 점하고 있는 본국의 중앙집중화된 시설에서 양질의 제품을 생산 · 수출하는 데 기초한 범세계적인 전략을 마련했다. Komatsu는 세계 건설장비 시장에서 15%의 점유율을 획득했는데, 이는 거의 모든 생산라인에서 Caterpillar와 경쟁하면서 얻은 점유율이라는 것을 생각할 때 상당히 높은 수준이 아닐 수 없었다.

그러면 Caterpillar는 Komatsu의 이러한 도전에 대해 어떤 경쟁전략을 구사하였는가?

Caterpillar는 Komatsu에 대한 자신의 우위를 계속 고수하면서 세계시장 점유율을 확대해 나가고 동시에 세계적인 선두업체로서의 위치를 방어하기 위해 네 가지의 독특한 전략을 개발함으로써 경쟁을 이겨낼 수 있었다.

첫 번째는 자신의 범세계적인 전략의 개발이다.

Caterpillar의 통합된 범세계전략을 개발함으로써 비용 및 효율 면에서 경쟁력 우위를 확보했다. Komatsu는 단순히 목표를 추적하는 데만 신경을 썼을 뿐 목표를 밀고 나가는 데는 너무 소극적이었다. Caterpillar가 범세계적 전략을 추진하기 시작했을 때, Komatsu의 지위는 너무 낮은 것이었다.

두 번째는 제조부문에 대한 강력한 투자의욕이다.

Caterpillar의 최고경영진은 전세계적 판매물량에 근거하여 규모의 경제를 충분히 활용할 수 있는 자동생산체제를 구축하는 데 의욕을 보였다.

세 번째는 재원확보를 위한 의욕이다.

Caterpillar는 종업원 1인당 자본지출에서 Komatsu의 3배를 넘었다. Caterpillar는 다른 사업에 자본을 전용하지도 않았고 과도한 이익배당을 통해서 Komatsu에 대한 재정적 우위를 포기하지도 않았다. 그러나 Komatsu는 이윤이 Caterpillar보다 적었기 때문에 Caterpillar의 높은 투자율을 따라가기 위해 자금차입 한도를 소진하지 않을 수 없었다.

네 번째는 일본시장에서의 상대방 지위를 봉쇄한 것이다.

Caterpillar는 일본시장에서 오랫동안 Komatsu와 경쟁관계에 있었으나 Komatsu보다 약한 Mitsubishi와 합작사업을 시작했다. 경영측면에서 볼 때, 이 합작사업은 일본시장을 목표로 한 것이었으나, 전략적 측면에서는 Komatsu의 현금흐름과 시장점유율 그리고 이윤을 견제하기 위한 것이었다. 이 합작사업은 비록 이윤은 낮았지만, 크나큰 전략적 가치를 갖는 것이었다.

이렇듯 Caterpillar는 경쟁이 범세계적이라는 사실을 인식하고 통합적이고 전세계적인 토대 위에서 전략을 수립했다. 그리고 자신의 업무영역 내에서 경쟁을 위한 게임법칙을 바꾸기 위해 전략적 혁신을 단행했다.

또 경쟁사인 Komatsu보다 훨씬 더 적극적으로 그리고 효과적으로 전략을 집행하였다. 또 경쟁기업인 Komatsu의 행동을 조심스럽게 평가하고 그 기초 위에서 경쟁적 반응에 대비하기 위한 보호벽을 설치했다. Caterpillar는 비전통적으로 경쟁하는 데 필요한 재원과 의지 그리고 통합시스템을 운영하기 위한 조직구조를 가지고 있었다.

자료: T. Hout, M. E. Porter and E. Rudden, "How Global Companies Win Out," *Harvard Business Review*, Sep.-Oct. 1982, pp. 98-108; 한국경제신문사, 하버드 경영선집, 「국제경영」, 1992.

제1절 국제경영전략의 개념

1. 국제경영전략의 개념

국제경영전략(international business strategy)의 개념을 이해하기 위해서는 먼저 경영전략의 개념을 파악하고 이것을 국제경영전략에 확대 · 적용하는 것이 바람직할 것으로 생각된다. 이를 위해 먼저 경영전략에 대한 몇몇 대표적인 학자들의 견해를 살펴보기로 하자.

먼저 챈들러(A. D. Chandler)는 경영전략이란 기업이 기본적이고 장기적인 목적과 목표를 설정하고, 그 목표를 달성하는 데 필요한 전략을 수립하고 자원을 배분하는 의사결정이라고 정의하고 있다.[1]

또 앤드류(K. R. Andrew)는 전략이란 그 기업이 어떤 사업분야에 참여해야만 하고 또 어떤 성격의 기업이어야만 하는가를 명확하게 알 수 있도록 정해져 있는 그 기업의 목표와 그 목표를 달성하기 위한 주요 정책이나 계획이라고 정의하고 있다.[2]

또한 오마에(K. Ohmae)는 경영전략이란 한마디로 경쟁우위(competitive advantage)에 관한 문제이다. 전략적 계획의 유일한 목적은 기업으로 하여금 가능한 한 효율적으로 경쟁기업에 대한 지속적인 우위를 확보할 수 있도록 하는 데 있다. 따라서 경영전략은 경쟁기업에 비해 자기 기업의 경쟁우위를 가장 효율적으로 증대시키는 노력이라고 정의하고 있다.[3]

이렇게 보면 국제경영전략이란 국제적으로 사업활동을 수행하고 있는 글로벌기업이 기본적이고 장기적인 목표를 설정하고 이 목표를 달성하기 위하여 전략을 수립하고 자기 기업의 능력을 변화하는 환경에 최적으로 결합하는 일련의 의사결정이라고 정의할 수 있다.

2. 국제경영전략의 중요성

오늘날 범세계적으로 경영활동을 전개하고 있는 글로벌기업들이 직면하고 있는 지구적인 경쟁은 예전의 경쟁과 그 성격이 전혀 다르다. 곧 예전의 국제경쟁은 통상 일국의 비교우위에 입각한 경쟁의 성격을 띤 것으로서, 그것은 곧 그 국가의 수출로 연결되어 제품이 비교우위를 가지고 있는 국가로부터 비교열위에 있는 국가로 수출되는 형태로 나타났다.

하지만 제2차 세계대전 이후 기업의 다국적화 현상이 심화되면서부터는 일국의 비교우위에 입각한 경쟁우위만으로는 성공적인 경쟁이 불가능하게 되었다. 또 비교우위에 입각한 경쟁우위는 시간이 흐르거나 여건이 변화하면 곧바로 소멸될 수 있기 때문에 그것만으로는 기업의 지속적인 생존과 성장을 보장받을 수 없게 되었다.

따라서 오늘날과 같은 지구적인 경쟁을 이겨내고 세계적인 기업으로 살아남기 위해서는 새로운 경쟁우위의 원천이 절대적으로 필요하게 되었는바, 이것이 곧 가치사슬이라는 개념이다.

가치사슬이란 기업이 수행하는 내부로지스틱스, 생산활동, 외부로지스틱스, 마케팅 및 판매, 서비스활동 등이 사슬처럼 연결되어 수행됨으로써 가치창출이 이루어진다는 의미로 사용된다. 기업은 범세계적인 관점에서 가치창출을 위한 이러한 기업활동을 배열(configuration)하고 조정(coordination)함으로써 경쟁우위를 획득할 수 있다는 것이다.[4] 여기에서 가치창출활동의 배열이란 기업이 그 활동을 어떤 국가 또는 어떤 지역에서 수행해야 하고 또 그 수는 얼마만큼으로 해야 할 것인가를 의미하며, 가치창출활동의 조정이란 각 국가 또는 각 지역별로 이루어지는 자회사들의 활동을 어느 정도로 조정해야 할 것인가를 의미한다.

국제경영전략은 바로 이러한 범세계적인 가치창출활동의 배열과 조정을 통해서 범세계적인 경쟁에 대처하고, 위협(threat) 및 기회(opportunity) 등의 새로운 국제적인 도전에 성공적으로 대응하기 위하여 절대적으로 필요하다.

제 2 절 글로벌기업의 전략적 성향

1. 본국지향주의(Ethnocentrism)

본국지향주의란 글로벌기업이 전략적 계획을 수립하고 실행하는 데 있어서 본사의 가치와 이익을 중시하는 전략적 성향을 의미한다. 본국지향주의적 성향을 가진 기업은 제1차적인 목표를 이익의 극대화에 두고, 해외자회사를 본국에서와 동일한 방식으로 운영한다. 이러한 성향을 가진 기업은 국내에서와 동일한 제품을 해외에서 판매하고자 하는 기업들에게서 쉽게 찾아볼 수 있다.

본국지향형기업의 경우에는 모든 중요한 의사결정이 본국을 중심으로 이루어지게 되고, 해외자회사는 본사의 영업활동에 있어서 단지 부수적인 것으로만 간주될 뿐 큰 의미를 갖지 못하며 아무런 재량권도 갖지 못한다. 또 해외자회사에 대한 통제가 중앙집권적으로 이루어지고 현지자회사의 요직은 대부분 본사에서 파견된 직원으로 보직된다. 인재나 제품도 본국산이 우선적인 대우를 받는다.

2. 현지지향주의(Polycentrism)

현지지향주의는 국제기업이 자사의 전략적 계획을 현지의 요구에 부응하게 적응하는 전략적 성향을 말한다. 만약, 기업이 2개국 이상에서 경영활동을 수행하는 경우, 전반적인 전략적 계획을 각국의 요구가 반영될 수 있도록 현지에 적응시키는 전략이다. 현지지향형기업의 사명은 기업이 현지에 잘 수용되고 융화되도록 하는 것이다. 따라서 각 해외자회사는 현지의 요구에 기초하여 자사가 추구하고자 하는 목표를 설정하고 현지에서 획득한 이익을 현지자회사의 확장과 성장에 사용하게 된다.

현지지향형기업의 경우에는 재무나 기술개발 등과 같은 중요한 사항에 대해서만 본사가 의사결정권을 갖고 그 이외의 일상적인 업무에 대한 권한은 자회사에 위임하여 분권화(decentralization)된다. 그러나 해외자회사의 인재가 본사에 등용되는 일은 거의 없다. 일상적인 업무에 관한 권한을 현지자회사에게 위임하는 이와 같은 경영방침은 현지정부, 종업원, 소비자 등과 같은 현지 이해관계자들의 감정 또는 경제적 내셔널리즘에 대한 배려의 차원에서 이루어지기도 한다.

3. 지역지향주의(Regiocentrism)

지역지향주의는 수익성과 현지국의 공중적인 수용을 기본사명으로 현지와 지역 모두의 요구를 중시하는 전략적 성향을 뜻한다. 지역지향주의적 성향을 가진 기업은 개별 국가보다 지리적인 지역을 중시하게 된다. 예를 들어 유럽연합(EU) 내에서 사업활동을 수행하고 있는 글로벌기업은 기업의 모든 전략적 의사결정에 있어서 EU 회원국 전체를 그 대상으로 하는 것과 같은 경우이다.

이렇듯 지역지향형기업은 주로 국제적인 지역시장의 수요를 충당하기 위한 것이기 때문에 지역사업본부의 역할이 대단히 중요하다. 지역지향형기업은 EU, NAFTA 등과 같은 경제통합에 부합하는 경영방침을 수립하여 시행하게 된다.

표 9－1 EPRG모델에서의 글로벌기업의 전략적 성향

글로벌 기업의 전략적 성향	본국지향형(E)	현지지향형(P)	지역지향형(R)	세계지향형(G)
기본사명	수익성	현지국의 수용 (정당성)	수익성과 현지국의 수용 (수익성과 정당성)	수익성과 현지국의 수용 (수익성과 정당성)
관리형태	상의하달	하의상달 (각 자회사는 현지의 목표에 따라 결정)	지역 내 자회사들 간에 상호 협의하여 결정	기업의 모든 수준에서 상호 협의하여 결정
전략	범세계적 통합전략	현지 대응전략	지역적 통합전략 및 현지 대응전략	범세계적 통합전략 및 현지 대응전략
조직구조	계층적 제품사업부	자율적인 국별 조직을 갖는 계층적 지역 사업부	제품별 · 지역별 조직구조가 결합된 매트릭스 조직구조	제조직의 네트워크 (이해관계자 및 경쟁기업 포함)
문화	본국	현지국	지역	세계
기술	대량생산	1회분 (batch) 생산	융통성 있는 생산	융통성 있는 생산
마케팅 전략	제품개발이 주로 본국 고객의 요구에 따라 결정됨	현지의 요구에 기초한 현지 제품개발	지역 내에서는 표준화되지만 지역 간에는 표준화되지 않음	현지의 여건에 맞게 적응시킨 범세계적인 제품
이익전략	이익이 본국에 송금됨	이익이 현지국에 보유됨	이익이 지역에 재분배됨	범세계적 수준에서 이익의 재분배가 이루어짐
인적자원 관리 관행	해외사업이 본국출신에 의해 관리됨	주요 관리직에 현지인이 채용됨	지역 내의 주요 관리직에 지역 출신의 인재가 개발됨	전세계적인 주요 직위에 전세계적으로 가장 적합한 인재가 개발됨

자료: B. S. Chakravarthy and H. V. Perlmutter, "Strategic Planning for a Global Business," *Columbia Journal of World Business*, Summer 1985, pp. 5～6.

4. 세계지향주의(Geocentrism)

세계지향주의는 글로벌기업이 범세계적인 관점에서 사업활동을 전개하는 전략적 성향을 뜻한다. 오늘날 범세계적으로 사업활동을 전개하고 있는 최대 규모의 글로벌기업들은 대부분 세계지향주의적인 전략적 성향을 가지고 있다. 이러한 성향을 가진 국제기업들은 범세계적인 제품을 생산하고 국적에 관계없이 전세계적으로 가장 유능한 인재를 선발하여 채용하는 등 글자 그대로의 세계지향주의적 전략을 채택하고 있다.

이를 위해 세계지향형기업은 국가주의적 편견을 탈피하여 상호의존관계를 가지고 있는 본사와 해외자회사가 유기적으로 결합하여 범세계적 관점에서 사업활동을 수행하게 된다. 따라서 본사와 해외자회사 간에 정책결정에 관한 의사소통이 자유롭게 이루어지며, 기업이 시스템 내부에 가지고 있는 모든 경영자원과 기업이 직면하고 있는 모든 환경요인을 최적으로 믹스하여 기업목표를 달성하게 된다. 최고경영자가 보다 범세계적인 경영이념을 가지고 있는 기업일수록 세계지향형기업이라고 할 수 있다.

이상에서 범세계적인 기업의 네 가지의 전략적 성향을 살펴보았는데, 서로 다른 전략적 성향을 갖는 이들 글로벌기업들의 특징을 국제경영전략의 측면에서 살펴보면 〈표 9-1〉과 같다.

제 3 절 국제전략계획

국제전략계획(international strategic planning)은 기업이 자사의 사명과 목표를 설정하고, 기업의 외부적인 환경과 내부적인 능력을 평가하여 이것을 자사가 설정한 시명 및 징기목표와 최적으로 결합할 수 있도록 계획을 수립하는 일련의 과정이라고 할 수 있다. 글로벌기업은 이러한 전략적 계획을 통해서 이익을 증대시키게 된다.

여기에서 국제전략계획의 수립과정을 살펴보면 〈그림 9-1〉과 같다.

그림 9 – 1 국제전략계획의 수립 절차

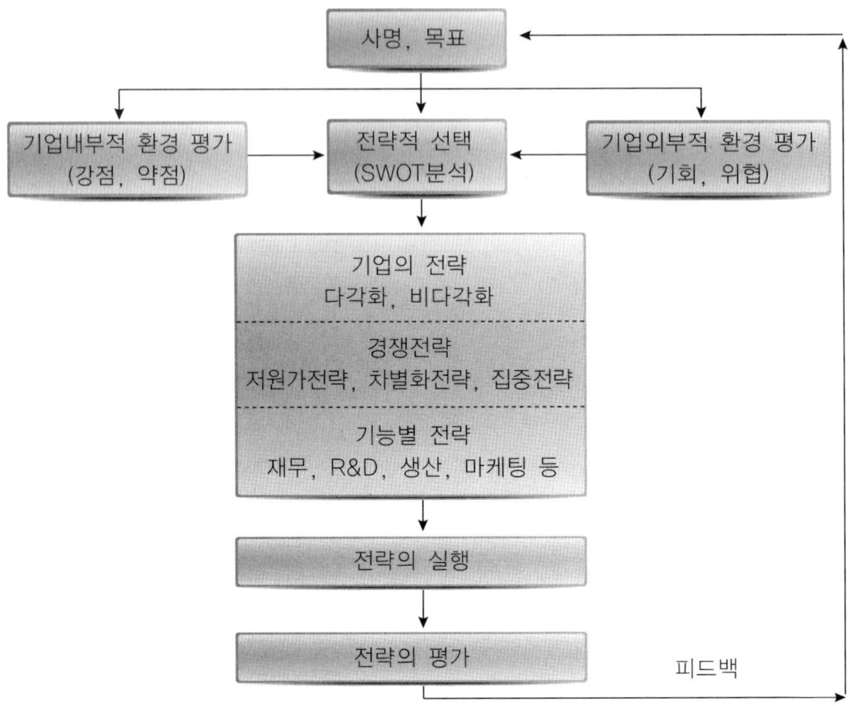

1. 기업의 철학, 사명 및 목표의 설정

기업이 국제전략계획을 수립함에 있어서 가장 먼저 고려해야 할 것은 자사의 철학이나 사명, 그리고 장기적인 목표를 설정하는 문제이다. 기업의 철학이나 사명, 그리고 장기적인 목표는 자기 기업이 지향하는 목표를 제시해주고 이러한 목표를 달성하기 위해 구성원들의 힘을 결집시켜주는 역할을 한다. 또 국제전략계획은 국제경영전략을 개발하는 데 있어서 기초가 되는바, 글로벌기업들은 공통적으로 기업의 사명과 경영이념을 명확하게 정립하여 이것을 일관성 있게 실천하고 있다.

예를 들면, Ford자동차는 '가격이 매우 저렴하여 어느 정도의 봉급을 받는 사람이라면 누구나 소유할 수 있고, 신이 창조한 이 넓은 세상에서 가족과 함께 여가를 즐길 수 있는 대중을 위한 자동차를 생산하는 것'을 비전으로 T형 자동차를 생산하였고, IBM은 '통합된 시스템으로 전세계 고객을 서브하는 세계 제일의 컴퓨터 서비스기업이 되는 것'을 사명으로 정하고 이를 달성하기 위해 최대한 노력하고 있다.

그리고 삼성전자는 '인재와 기술을 바탕으로 세계 최고의 제품과 서비스를 창출하여 인류에 공헌한다' 는 경영이념을 제시하고 있다.

여기에서 몇몇 대표적인 글로벌기업의 핵심 경영이념을 보면 〈표 9-2〉와 같다.

2. 기업 내 · 외부적인 환경에 대한 평가

(1) SWOT 분석

1) 기업의 내부적인 환경에 대한 평가

기업의 내부적인 능력에 대한 평가에서는 자기 기업이 전술한 기업 외부적인 환경이 제시하는 기회와 위협에 효과적으로 대처할 수 있는 경쟁능력을 갖추고 있는가를 파악한다. 여기에서는 자기 기업이 가지고 있는 경쟁적 우위 및 핵심능력과 같은 강점과 자기 기

표 9-2 글로벌기업의 핵심 경영이념

기업명	핵심경영이념
Boeing	• 항공기술의 선두주자 • 큰 도전과 모험 • 안전과 품질
Ford	• People(고객, 구성원) • Product(제품) • Profit(이익)
IBM	• 개인존중 • 고객서비스 • 우수성
Johnson & Johnson	• 질병과 고통의 제거 • 우선순위: 고객, 구성원, 사회, 주주 • 개인존중(성과중심의 기회와 보상)
3M	• 창의성 • 인간존중(솔선력, 자아실현) • 문제해결
Wal-Mart	• 고객과의 가치 창조 • 구성원과의 파트너십 • 끊임없는 상위목표 추구

업이 보완 내지 재정비해야 할 약점을 파악하고 이것을 전세계 경쟁기업의 강점 및 약점과 비교 · 분석한다.

기업들은 SWOT분석을 통해서 자사의 강점(Strengths)과 약점(Weaknesses), 그리고 기업 외부의 기회요인(Opportunities)과 위협요인(Threats)을 파악할 수 있다. SWOT분석은 기업의 강점을 최대한 활용하면서 새로운 사업기회를 포착하고 기업의 약점을 최소화하면서 위협요인에 대처하는 전략을 다각적으로 모색하는 데 활용되는데, 일반적으로 살펴보아야 할 요소들을 보면 〈그림 9-2〉와 같다.

2) 기업 외부적인 환경에 대한 평가

기업의 외부적인 환경에 대한 평가는 먼저 기업이 자사가 목표로 하고 있는 국가나 지역의 경제여건 및 경제동향과 같은 경제적 환경, 정부규제 및 정책방향과 같은 정치 · 법률적 환경, 소비형태의 변화 및 문화적 특성과 같은 사회 · 문화적 환경, 신기술 개발 및 특허

그림 9 - 2 SWOT 분석

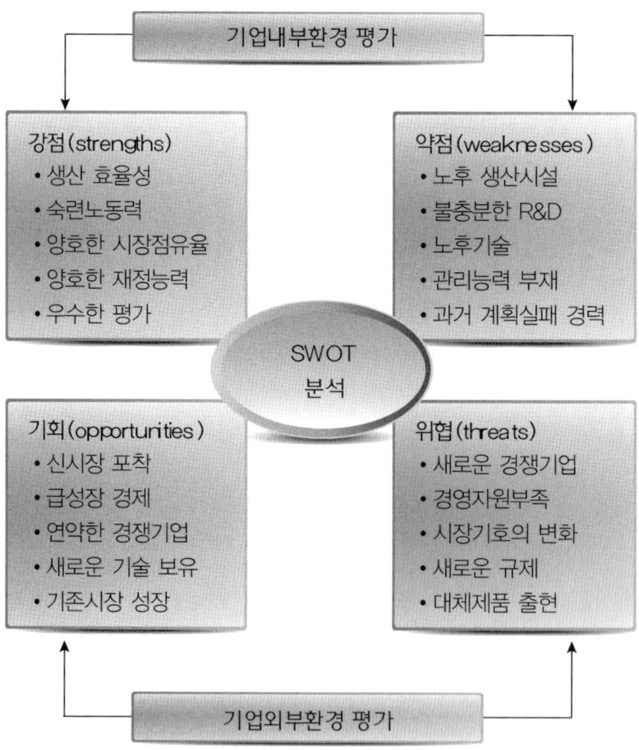

출원과 같은 기술적 환경을 분석 · 예측하게 된다. 그리고 이로부터 자사의 성장을 저해하는 위협요인(threat)과 자사의 성장에 도움을 줄 수 있는 기회요인(opportunity)을 파악하여 손실을 야기할 수 있는 위협요인을 최소화하고 이익을 가져다줄 수 있는 기회요인을 극대화시킬 수 있도록 국제경영전략을 수립한다.

여기에서 위협요인이란 기업이 직면하고 있는 환경의 변화가 자기 기업에게 불리하게 작용하는 것을 의미하고, 기회요인이란 이와 반대로 환경의 변화가 자기 기업에게 유리하게 작용하는 것을 의미한다.

3) SWOT 분석의 예: Toyota

① 기업 내부환경에 대한 평가

강점(strengths)으로는 Toyota와 렉서스의 일본 내 시장점유율이 47.3%에 달하고, Toyota가 북미, 아시아 그리고 유럽에서 각기 14.3%, 13.7%, 4.4%의 높은 시장점유율을 보이고 있는 점이다. 또 Toyota, Lexus, Corolla, Camry 등 세계적으로 가장 강력한 20여 개의 브랜드를 가지고 있다는 점도 강점이 되고 있다. 그리고 제품포트폴리오를 확장하고 제품의 기능, 품질, 안전성 그리고 환경보호 등을 개선하기 위한 연구개발(R&D)에 집중하고 있는 점도 강점이다. 그뿐 아니라 전세계 26개국에 소재한 50여 개 자기 기업에서 자동차, 관련제품 및 부품을 생산하고 유통시키는 범세계적인 생산 및 유통 네트워크를 갖추고 있다는 점도 강점이다. 또 2011년에 U$ 5,760 백만 달러의 높은 이익을 실현한 점도 2010년의 이익 U$ 1,814백만 달러 달성에 이은 강점이 되고 있다.

약점(weaknesses)으로는 잦은 자동차 리콜로 인해서 기업의 브랜드, 이미지 그리고 판매가 영향을 받고 있다는 점이다. Toyota는 2011년 한해에만 해도 13번에 걸쳐 3백 5십만 대를 리콜하였고, 2010년에도 차량 바닥 매트 및 가속패달 결함으로 8백만 대 이상을 리콜한 바 있다. 또 주요 세분시장에서 판매가 급감하고 있는 점도 약점이 되고 있는데, 2011년에는 Toyota의 가장 큰 세분시장인 일본에서 전년 대비 4.8%의 판매 감소를 기록하였다. 그리고 동종기업인 Honda나 Nissan보다 자기자본이익율(ROE)이나 총자산이익률(ROA)이 낮은 점도 약점으로 지적되고 있다.

② 기업 외부환경에 대한 평가

기회요인(opportunities)으로는 Ford와의 전략적 제휴를 먼저 꼽을 수 있다. Toyota는 전략적 제휴를 통해서 기술능력을 향상시키는 전략을 구사하고 있는데, 2011년에 이루어진 Ford와의 전략적 제휴는 소형 트럭 및 SUV 차량용 신형 후륜구동 하이브리드 시스템을 개발하기 위한 것이다. 그리고 2011년에는 BMW 그룹과 차세대 환경친화적 기술개발 협력을 위한 양해각서(MOU)에도 서명했다. 또 지난 몇 년간 전세계적으로 환경친화적인 자동차에 대한 수요가 급증한 것도 하이브리드 자동차에 대한 긍정적인 전망을 의미하는 것으로서 기회요인이 되고 있다.

위협요인(threats)으로는 세계 자동차 시장이 너무 경쟁적이어서 Toyota도 강력한 경쟁에 직면하고 있고 이러한 경쟁은 앞으로도 글로벌화의 진전과 자동차 산업 내의 지속적인 합병 등으로 인해서 더욱 강화될 것이라는 점이다. 또 지진, 홍수 등과 같은 자연재해로 인해서 자동차 생산이 언제라도 중단될 수 있다는 점도 위협요인이 되고 있다. 여기에 더하여 Toyota는 환율변동에 민감한 반응을 보이는 가운데, 특히 엔화 가치가 주로 미국 달러화 및 유로화에 따라 크게 달라진다는 점을 우려하고 있다. 그리고 자동차의 생산비를 증가시키는 각국 정부의 강력한 환경규제정책도 위협요인으로 작용하고 있다.

〈표 9-3〉은 이상의 내용을 요약한 SWOT분석표이다.

(2) Porter의 산업구조분석모델

국제경쟁전략을 수립함에 있어서 가장 중요하게 분석되어야 할 외부환경요인은 고객, 경쟁, 공급자를 포함하는 산업의 구조적 특성이다. 산업의 구조적 특성은 산업의 매력도, 즉 산업의 이익창출 가능성에 중대한 영향을 미치게 된다.

포터(M. E. Porter)의 산업구조분석모델에 의하면, 산업의 매력도는 〈그림 9-3〉과 같은 다섯 가지의 구조적 요인에 의해서 결정된다.

표 9 - 3 Toyota의 SWOT분석

강점(strengths)	약점(weaknesses)
강력한 시장점유율 및 브랜드 인지도 강력한 연구개발 활동 범세계적인 생산 및 유통 네트워크 강력한 이익 증대 실현	기업의 이미지와 판매를 저해하는 자동차 리콜 주요 지리적 세분시장에서의 판매 감소 동종 기업보다 낮은 이익배당 능력
기회요인(opportunities)	**위협요인(threats)**
Ford와의 전략적 제휴 BMW의 디젤엔진 공급 계약 하이브리드 차량에 대한 긍정적인 전망	범세계적인 경쟁 격화 생산구조에 영향을 미치는 자연재해 엔화의 평가절상 생산비 증가를 유발하는 각국의 강력한 환경규제 정책

자료: Datamonitor, Toyota Corporation: Company Profile (17th Jan., 2012), pp. 25-33.

그림 9 - 3 산업의 수익성을 결정짓는 다섯 가지 경쟁요인

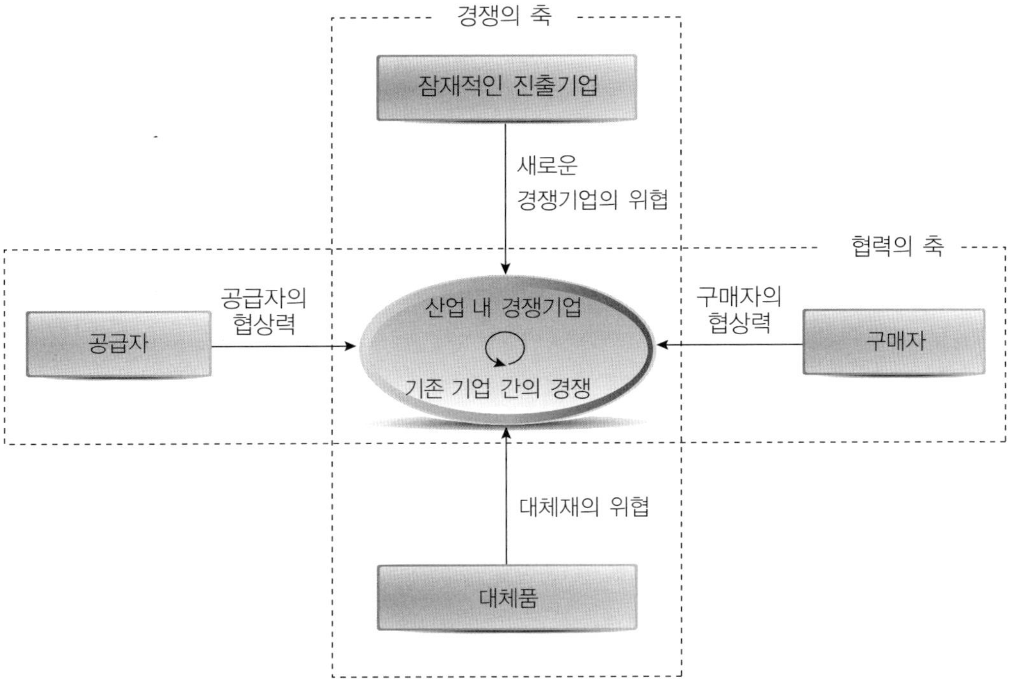

자료: M. E. Porter, *Competitive Strategy: Techniques for Analyzing Industries and Competitors* (New York, Free Press, 1980).

① 산업 내 기존기업들 간의 경쟁(rivalry among existing firms)

경쟁기업들 간의 경쟁은 상호 경쟁비용을 인상시키게 된다. 예컨대 경쟁기업을 제압하기 위해 광고나 마케팅 또는 연구개발에 대한 과잉투자를 하게 되고, 이렇게 되면 가격경쟁으로 가격은 떨어지게 된다. 결국 과다경쟁은 경쟁기업들의 이윤을 떨어뜨릴 수밖에 없게 된다.

② 새로운 경쟁기업의 위협(threat of new entrants)

신규 경쟁기업이 시장에 진입하게 되면 경쟁이 격화되는 것은 필연적이다. 시장은 단기적으로는 제로섬게임이 지배하기 때문에 한정된 구매자원과 기존의 이익이 분할됨으로써 기업의 이윤은 떨어지게 된다.

③ 대체재의 위협(threat of substitutes)

만약 어떤 제품이나 서비스의 효용을 대체해 줄 수 있는 것들이 시장에 존재한다면 그

산업의 가격경쟁력은 필연적으로 떨어지게 된다.

④ 구매자의 협상력(bargaining power of buyers)

만약 고객이 시장에서 협상력을 가지고 있다면 그들은 그 능력을 이용해 가격을 깎을 것이다. 결국 이윤은 줄어들게 되고 기업이 향유하는 이윤도 점차 줄어들게 된다.

⑤ 공급자의 협상력(bargaining power of suppliers)

만약 부품이나 원자재를 공급하는 관련산업의 공급자들이 협상력을 가지고 있다면, 그들은 가격을 인상하라는 압력을 꾸준히 가할 것이다. 그렇게 되면 결국 원가가 인상되고 기업이 누리던 이윤은 줄어들 수밖에 없게 된다.

이상의 다섯 가지 요인들은 현재 기업이 활동하고 있는 산업을 분석하는 데 있어서 뿐만 아니라 산업의 수익구조 및 경쟁의 열쇠를 찾아내거나 그 산업의 장래의 경쟁변화를 예측하는 데 활용할 수 있다.

1990년대에 일본의 Honda와 Toyota는 경제적 환경요인의 하나인 환율의 변동을 잘못 예측한 나머지 엔화의 강세로 인해서 경쟁기업인 미국의 Ford나 GM에 대한 가격경쟁력이 크게 하락하여 막대한 손실을 입은 바 있는데, 이는 외부적인 환경에 대한 정확한 평가가 얼마나 중요한가를 말해주는 하나의 좋은 예라고 할 수 있다.

3. 전략의 수립 및 선택

이 단계에서는 기업의 외부적인 환경과 내부적인 능력에 대한 평가를 기초로 자기 기업이 기본적이고 장기적으로 추진해야 할 구체적이고 명확한 전략적 목표를 사업본부나 자회사별로 설정한다.

여기에서 전략은 경영자가 당면하는 의사결정의 수준과 범위에 따라서 기업경영전략(corporate strategy), 사업부전략(business strategy), 기능별 전략(functional strategy)으로 구분할 수 있다. 기업경영전략은 기업의 종합적인 관점에서 비전과 목표를 설정하고 각 사업분야에 경영자원을 배분하고 조정하는 일련의 활동을 말한다. 그리고 사업부전략은 각 사업단위에서 경쟁우위를 확보하기 위한 구체적이고 실천적인 사업전략을 뜻한다. 또 기능별 전략은 기업전략과 사업전략에 존속된 하위전략으로서 R&D, 생산, 마케팅, 인사, 각 기능별 세부전략을 의미한다. 이들 세 가지 수준의 전략은 상호 별개의 것이 아니라 서로 밀접한 관련을 가지고 있다.

이 단계에서 중요하게 취급해야 할 중요한 전략적 의사결정들을 보면 다음과 같다.[5]

① 자기 기업이 가지고 있는 자금, 기술, 경영관리, 노하우 및 인적자원을 어느 지역, 어느 국가에 언제, 얼마만큼 배분할 것인가?

② 시장잠재력이 높은 국가에 진출할 때 수출, 라이센싱, 직접투자, 관리계약, 여타의 제휴방식 중 어떤 방식을 이용하여 진출할 것인가?

③ 여러 국가에 대한 각 진출방식에 어떤 기회요인과 위험요인이 존재하는가?

④ 어떤 국가에는 기존의 사업활동을 확대하고, 어떤 국가에는 신규투자를 하고, 또 어떤 국가에는 인수방식으로 진출할 것인가?

⑤ 어떤 국가에는 기존의 제품을 그대로 적응시키고, 또 어떤 국가에는 신제품을 도입시킬 것인가?

⑥ 국가에 따라서 마케팅과 제품믹스를 어느 정도까지 변경시킬 것인가?

⑦ 환위험이나 정치적 위험, 그리고 정부의 통제와 규제에 어떻게 대처할 것인가?

⑧ 특정 국가에 대한 투자를 회수할 것인가 아니면 점진적으로 철수할 것인가?

⑨ 범세계적인 사업에 필요한 자금을 어디에서 조달할 것인가?

⑩ 현지의 개인기업과 합작투자를 할 것인가 아니면 정부기업과 합작투자를 할 것인가, 또 어떤 조건하에서 합작투자를 할 것인가?

⑪ 본사와 현지 자회사에서 어떤 경영관리 프로그램을 채택할 것인가?

이상과 같은 전략적 의사결정이 이루어지고 나면, 그 다음은 이렇게 설정된 전략목표를 달성하기 위한 자기 기업의 전략을 개발해야 한다. 전략의 개발과 선택은 기업의 사명과 장기적인 목표를 달성하기 위하여 한정된 자원을 어디에 투입하는 것이 가장 효율적인가를 기준으로 결정한다.

여기에서 McDonald's의 해외시장진출전략을 가지고 전략수립의 예를 살펴보면, McDonald's는 적극적인 해외점포망 확대를 세계화전략으로 설정하고 진출하고자 하는 국가의 여건에 따라서 각기 다른 해외시장진출전략을 수립 · 시행하고 있다. 즉, McDonald's는 전세계 레스토랑 가운데 70% 이상을 프랜차이즈(franchise) 형태로 운영하면서도, 유럽에 대해서는 식생활 습관 등이 미국시장과 유사하여 미국에서와 마찬가지로 운영할 수 있다는 점에 착안하여 완전소유자회사 방식으로 진출하고 있다. 그리고 아시아지역에 대해서는 현지 파트너의 인맥이나 현지 전문가, 그리고 이들이 가지고 있는 현지 관료들과의 협상능력을 이용하기 위하여 현지인과의 합작투자방식(joint venture)으로 진출하고 있다. 또 사우디아라비아와 같은 시장에 대해서는 엄격한 품질기준을 지킬 것과 언젠가는 이 체인점을 인수할 수 있다는 이면계약을 체결하고 이것을 조건으로 McDonald's라는 상호만을 라이센싱(licensing)해줌으로써 자본투자를 하는 경우 직면하게 될지도 모르는 위험을 줄이고 있다.

4. 전략의 실행

이 단계에서는 전 단계에서 수립된 범세계적인 지리적 전략, 해외시장진출전략, 신제품개발전략, 다각화전략, 전략적 제휴, 철수전략 등을 실행하게 된다. 전략의 실행은 기존에 수립된 전략이 실행되고 작동하는 것과 관련된다.

예를 들어, 범세계적인 지리적 전략에서는 특정 사업활동을 어떤 국가에 위치시킬 것인가? 해외시장진출전략에서는 수출, 라이센싱, 프랜차이징, 직접투자 등 어떤 방식으로 해외에 진출할 것인가? 신제품개발전략에서는 어떤 제품을 어떤 방법으로 개발할 것인가? 다각화전략에서는 어떤 유형의 다각화를 추구할 것인가? 전략적 제휴에서는 어떤 기업과 어떤 형태의 전략적 제휴를 맺을 것인가? 철수전략에서는 어디에서 어떤 사업을 철수할 것인가? 하는 것 등이 포함된다.

5. 전략에 대한 평가

이 단계에서는 앞에서 수립되고 선택되었던 전략이 올바로 실행되었는지의 여부와 실행된 전략이 전략적 목표와 일치하는지의 여부를 평가하게 된다. 또한 실행방법이 잘 선택되었는지의 여부도 평가한다. 여기에 대한 평가는 전략의 적합성(suitability), 수용성(acceptability), 실행성(feasibility)을 그 기준으로 한다. 여기에서 전략의 적합성은 전략이 내 · 외부적인 평가에서 파악되었던 이슈와 일치하고 거기에 적합한가 하는 것이고, 수용성은 선택된 전략이 글로벌기업의 소유자, 관리자, 주주들의 목표를 달성할 수 있을 것인가 하는 것이며, 실행성은 전략이 한정된 금융 및 경영자원 범위 내에서 실현될 수 있을 것인가 하는 것이다.

그 다음으로 여기서 얻어진 평가결과를 처음 단계로 피드백하여 기존에 수립된 전략을 수정 또는 변경하거나 또는 기업의 장기적인 목표에 반영하여 지속적인 사업기회를 창출하는 데 활용한다.

제4절 국제경쟁력

1. 국제경쟁력의 개념

국제경쟁력(world competitiveness)이란 한마디로 말해서 국제적인 경쟁에서 이겨낼 수 있는 능력을 의미하는데, 그 개념은 주체나 대상에 따라서 조금씩 달리 정의될 수 있다.

여기에서 국제경쟁력의 개념을 정의하기에 앞서 국제경쟁력과 유사한 용어인 기업경쟁력, 산업경쟁력, 국가경쟁력의 개념을 정리해보면 다음과 같다. 먼저 기업경쟁력이란 다른 나라 기업보다 높은 수준의 기술력이나 성과 또는 낮은 원가를 유지할 수 있는 능력을 말한다. 기업경쟁력은 통상 수익성, 시장점유율, 차별화 능력을 가지고 측정할 수 있다. 다음으로 산업경쟁력은 특정 산업이 다른 나라의 동종 산업과 비교하여 세계적으로 경쟁력을 유지할 수 있는 능력으로서 시장점유율, 무역점유율, 해외직접투자 점유율 등을 가지고 측정할 수 있다. 이어서 국가경쟁력은 높은 생산성을 바탕으로 높은 소득수준을 유지할 수 있는 능력을 말하며, 1인당 GNP, 생산성 등을 가지고 측정할 수 있다.

이어서 국제경쟁력의 개념을 살펴보면, 국제경쟁력이란 기업의 차원에서 '해외시장에서 경쟁기업의 제품을 이겨낼 수 있는 제반 능력의 총체' 또는 '경쟁기업들과의 국제적인 경쟁에서 우위를 점할 수 있는 능력의 총체' 라고 정의할 수 있다.

2. 국제경쟁력 평가

(1) 국제경영개발원(IMD)의 국제경쟁력 평가

국제경영개발원(International Management Development: IMD)은 국가경쟁력을 "기업의 경쟁력을 지속시킬 수 있는 제반 여건들을 창출하고 유지할 수 있는 국가의 능력"으로 정의하고 있다. IMD는 국가경쟁력을 경제운영성과, 정부행정의 효율성, 사회간접자본, 기업

경영의 효율성 등의 4가지 분야로 구분하고, 이를 20개 부문, 314개 항목(정성자료 201개, 설문자료 113개)을 적용하여 평가하고 있다.

① 경제운영 성과(Economic Performance)

이 항목에서는 국내 경제(28개 항목), 국제무역(20), 국제투자(17), 고용(8), 기타(4) 등 5대 부문 77개 항목을 평가한다.

② 정부행정의 효율성(Government Efficiency)

이 항목에서는 경쟁력을 강화시켜주는 정부정책의 효율성을 평가하는데, 공공재정(11개 항목), 재정정책(15), 제도적 여건(16), 기업관련 법(20), 사회적 제반여건(11) 등 5대 부문 73개 항목을 평가한다.

③ 발전인프라(Infrastructure)

이 항목에서는 기업활동에 필요한 기초적 인적자원, 기술 및 과학적 인적자원 등을 평가하게 되는데, 여기에는 기초적 사회간접자본(22개 항목), 기술적 사회간접자본(20), 과학적 사회간접자본(22), 보건과 환경(17), 교육(14) 등 5대 부문 95개 항목이 평가된다.

④ 기업경영의 효율성(Business Efficiency)

이 항목에서는 기업이 얼마나 혁신적이고 이익적이며 신뢰할 수 있는 방법으로 경영활동을 수행하느냐를 평가하게 되는데, 여기에는 생산 · 효율성(9개 항목), 노동시장(21), 금융(21), 경영활동(11), 행태 · 가치(7) 등 5대 부문 69개 항목이 평가된다.

여기에서 IMD가 2011년에 발표한 상위 25개국과 하위 25개국의 국가경쟁력 순위를 보면 〈표 9-4〉와 같다. 이 표에서 볼 수 있는 바와 같이 국가경쟁력이 가장 높은 국가 상위 10개국을 보면 홍콩, 미국, 싱가포르, 스웨덴, 스위스, 대만, 캐나다, 카타르, 호주, 독일 등으로 평가되고 있다. 이들 상위 10개국의 경우 스웨덴, 카타르, 독일의 상승이 눈에 띈다. 이런 가운데, 우리나라는 총 59개국 중 22위를 차지하여 전년보다 한 단계 상승하는 데 그치고 있다.

여기에서 우리나라의 경우를 좀 더 자세하게 살펴보면, 〈표 9-5〉에서 볼 수 있는 바와 같이, 우리나라의 국가경쟁력은 2001년에 29위를 기록한 이래, 2008년까지 가장 높은 순위가 29위에 그치고 있으며 2010년과 2011년의 경우에는 23위와 22위를 기록하여 역대 가장 높은 순위를 기록하고 조금씩 향상되고 있음을 보여주고 있다.

이것을 4대 평가분야별로 살펴보면, 전반적으로 모든 분야가 개선되어 가는 가운데, 2011년의 경우 재정적자부문을 평가하는 공공적자(16위)와 재정정책(11위)이 높은 평가를 받아 정부행정효율분야만 26위에서 22위로 크게 향상되고 있을 뿐, 노동시장과 기업가정

표 9-4 IMD의 국가경쟁력 순위(2011)

경쟁력 최상위 25개 국					경쟁력 최하위 25개 국				
순위 (2011)	국가	2010	2005	2000	순위 (2011)	국가	2010	2005	2000
1	홍콩	2	2	9	35	스페인	36	38	26
1	미국	3	1	1	36	카자흐스탄	33	–	–
3	싱가포르	1	3	2	37	인도네시아	35	59	43
4	스웨덴	6	14	14	38	멕시코	47	56	33
5	스위스	4	8	7	39	터키	48	48	44
6	대만	8	11	17	40	포르투갈	37	45	28
7	캐나다	7	5	8	41	필리핀	39	49	35
8	카타르	15	–	–	42	이탈리아	40	53	32
9	호주	5	9	11	43	페루	41	–	–
10	독일	16	23	13	44	브라질	38	51	38
11	룩셈부르크	11	10	3	45	리투아니아	43	–	–
12	덴마크	13	7	12	46	콜롬비아	45	47	45
13	노르웨이	9	15	16	47	헝가리	42	37	27
14	네덜란드	12	13	4	48	슬로바키아	49	40	–
15	핀란드	19	6	6	49	러시아	51	54	47
16	말레이시아	10	28	26	50	루마니아	54	55	–
17	이스라엘	17	25	23	51	슬로베니아	52	52	36
18	오스트리아	14	17	18	52	남아공화국	44	46	39
19	중국	18	31	24	53	요르단	50	44	–
20	영국	22	22	22	54	아르헨티나	55	58	42
21	뉴질랜드	20	16	20	55	불가리아	53	–	–
22	한국	23	29	29	56	그리스	46	42	34
23	벨기에	25	24	19	57	우크라이나	–	–	–
24	아일랜드	21	12	5	58	크로아티아	56	–	–
25	칠레	28	19	30	59	베네수엘라	58	–	–

자료: International Management Development(www.imd.ch)

표 9 - 5 한국의 평가분야별 국가경쟁력 순위

	2001	2002	2003	2004	2005	2006	2007	2008	2009	2010	2011
1. 경제운영성과	15	23	33	41	38	36	49	36	45	21	25
2. 정부효율성	28	26	33	32	28	41	31	41	36	26	22
3. 기업효율성	35	27	37	25	27	38	38	38	29	27	26
4. 인프라구축	26	23	26	24	20	22	19	22	20	20	20
5. 국가경쟁력	29	29	37	35	29	32	29	31	27	23	22

신, 금융시장과 노동시장을 평가하는 기업경영효율성분야는 27위에서 26위 소폭 상승하는데 그쳤고 교육, 과학, 기술 등을 평가하는 인프라구축분야는 계속해서 20위를 유지하고 있다. 끝으로 경제운영성과부문은 포트폴리오 투자채무(56위), R&D 시설 재배치(54위), GDP 대비 외국인 직접투자(53위) 등의 분야에서 낮은 평가를 받아 전년도 21위에서 25위로 크게 하락하였다.

(2) 세계경제포럼(WEF)의 국제경쟁력 평가

세계경제포럼(World Economic Forum: WEF)은 먼저 국가경쟁력을 "지속적인 경제성장과 장기적인 번영을 가능하게 하는 정책 · 제도 및 제반 요소"라고 정의하고 있다. 그리고 WEF는 국가경쟁력을 경제성장경쟁력 3개 분야(거시경제환경, 공공기관, 기술력)와 기업경영경쟁력 2개 분야(기업경영전략의 정교화, 국내기업 환경의 질)를 합쳐 5개 분야로 구분하고 이를 93개 항목(정성자료 14개, 설문자료 79개)을 적용하여 각국의 국가경쟁력을 평가하고 있다.

아울러 WEF는 국가경쟁력 순위를 경제성장경쟁력 지수(Global Competitiveness Report: GCI)와 기업경영경쟁력 지수(Business Competitiveness Report: BCI)로 나누어 발표하고 있으나 국가별 경쟁력 순위는 경제성장경쟁력 지수(GCI)로 간주되고 있다.

또 WEF는 2006년부터 평가항목을 기본요인, 효율성 증진요인, 혁신요인의 3대 분야로 나누고, 조사대상 국가를 1인당 GDP 기준으로 요소주도형($2,000 미만), 효율주도형($3,000-$9,000), 그리고 혁신주도형($17,000 초과) 경제체제로 구분하여 단계별로 세부항목의 가중치를 차별화하여 산정하는 방식을 채택하고 있다.

여기에서 WEF의 국가경쟁력 평가의 구성요소를 보면 다음과 같다.

표 9 - 6 WEF의 국가경쟁력 순위(2011)

경쟁력 최상위 25개 국					경쟁력 최하위 25개 국				
순위 (2012)	국가	연도 2010-2011	2009-2010	2005	순위 (2012)	국가	연도 2010-2011	2009-2010	2005
1	스위스	1	1	4	117	파키스탄	123	101	94
2	싱가포르	3	3	5	118	카보베르데	117	n/a	–
3	스웨덴	2	4	7	119	탄자니아	113	100	105
4	필란드	7	6	2	120	우간다	118	108	–
5	미국	4	2	1	121	파라과이	120	124	102
6	독일	5	7	6	n/a	벨리즈	n/a	–	–
7	네덜란드	8	10	11	122	베네수엘라	122	113	84
8	덴마크	9	5	3	123	네팔	130	125	0
9	일본	6	8	10	124	키르키스탄	121	123	104
10	영국	12	13	9	125	나이지리아	127	99	83
11	홍콩	11	11	14	126	말리	132	130	115
12	캐나다	10	9	13	127	코트디부아르	129	116	–
13	대만	13	12	8	128	마다가스카르	124	121	107
14	카타르	17	22	46	129	동티모르	133	126	113
15	벨기에	19	18	20	130	짐바브웨	136	132	110
16	노르웨이	14	14	17	131	모잠비크	131	129	112
17	사우디 아라비아	21	28	–	132	스와질란드	126	n/a	–
18	프랑스	15	16	12	133	레소토	128	107	–
19	오스트리아	18	17	15	134	부르키나파소	134	128	–
20	호주	16	15	18	135	모리타니	135	127	–
21	말레이시아	26	24	25	n/a	예멘	n/a		–
22	이스라엘	24	27	23	136	앙골라	138	n/a	–
23	룩셈부르크	20	21	24	137	부룬디	137	133	–
24	한국	22	19	19	n/a	아이티	n/a	–	–
25	뉴질랜드	23	20	22	138	차드	139	131	117

자료: WEF, *The Global Competitiveness Report 2011-2012* (www.weforum.org).

1) WEF 경제성장경쟁력(GCI) 평가

① 거시경제환경분야

거시경제안정(8), 정부낭비요소(1), 국가신용등급(1) 등 3대 부문 10개 항목을 평가한다.

② 공공기관 분야

계약이행 및 법규준수(4), 공공기관 부패(3) 등 2대 부문 7개 항목을 평가한다.

③ 기술력 분야

혁신(6), 정보통신기술(10) 등 2대 부문 16개 항목을 평가한다.

2) 기업경영경쟁력(BCI) 평가

① 기업경영전략 정교화 분야

기업R&D투자, 전문경영 등 경영전략과 관련된 15개 항목을 평가한다.

② 국내기업 경영환경 질 분야

인터넷 사용자, 노사관계 협력 등 국내기업의 경영환경과 관련된 45개 항목을 평가한다.

여기에서 2012년도 WEF의 상위 25국과 하위 25개국의 국가경쟁력 순위를 보면 〈표 9-6〉과 같다. 이 표에서 볼 수 있는 바와 같이 스위스, 싱가포르, 스웨덴, 핀란드, 미국 등이 가장 높은 국가경쟁력을 보이고 있으며, 한국은 2005년과 2010년 19위를 기록하였으나 2010년에는 22위로 하락하였고 2012년에는 다시 24위로 하락하고 있어서 경쟁력이 점차 낮아지는 것으로 평가되고 있다.

2012년의 경우, 거시경제환경(6위), 인프라(9위), 시장크기(11위), 혁신(14위), 보건 및 초등교육(15위) 등의 분야에서는 높은 평가를 받았으나 금융시장 발달(88위), 노동시장 효율성(76위), 제도(65위) 등의 분야에서는 중간 또는 중하위권으로 평가를 받아 전체적인 순위를 끌어내리는 역할을 하였다.

이상에서 IMD와 WEF의 국가경쟁력 평가를 살펴보았는데, 이들 보고서에 따르면 우리나라는 거시경제지표와 시장잠재력은 비교적 양호하지만 정부정책의 효율성, 노사관계, 금융인력 및 기술 등에 있어서는 문제점이 많은 것으로 지적되고 있다.

그런데, 여기서 한 가지 유념해야 할 점은, 각국의 국가경쟁력 순위는 각 평가기관들의 기준이 서로 다르기 때문에 크게 다르게 나타날 수 있다는 점이다. 매년 세계 각국의 경쟁력을 평가하고 있는 IMD와 WEF의 보고서에서 우리나라의 경쟁력 순위가 서로 다르게 나타나고 있는 것은 바로 이 점 때문이다. 하지만, 이들 보고서는 공통적으로 국가경쟁력을 향상시키는 데 있어서는 각국 국민의 개인적인 역량도 중요하지만 보다 더 중요한 것은 각국의 사회경제적 시스템이며, 효율적인 사회경제적 시스템이야말로 국가경쟁력의 관건이라는 점을 강조하고 있다고 하겠다.

3. 국제경쟁우위의 원천

(1) 국가 간의 차이(national differences)

국가 간의 요소가격의 차이에 따른 입지상의 비교우위는 가장 잘 알려져 있는 국제경쟁우위의 원천의 하나이다. 서로 다른 국가들은 서로 다른 요소부존상태를 가지며 이는 국가 간의 요소가격의 차이로 나타나게 된다. 그리고 기업의 연구개발이나 생산, 마케팅 등과 같은 서로 다른 활동들은 각기 서로 다른 요소집약도를 갖게 된다.

따라서 기업들은 자사의 가치창출활동에 가장 집약적으로 사용되는 요소의 가격이 가장 저렴한 나라에 각각의 가치창출활동이 위치하도록 가치사슬을 배열함으로써 원가상의 우위를 획득할 수 있게 된다. 이것이 바로 비교우위(comparative advantage)에 입각한 경쟁우위이다.

예를 들어, 말레이시아는 미숙련노동을 풍부하게 보유하고 있고, 미국은 과학자 및 엔지니어, 연구시설 등과 같은 기술자원을 풍부하게 보유하고 있다고 가정하면, 이 두 국가는 요소부존의 차이로 인해서 말레이시아는 미숙련노동을 집약적으로 사용하는 의류, 수공예품, 인형 등과 같은 제품의 생산에 비교우위를 갖게 되고, 미국은 고도의 전문지식을 필요로 하는 첨단 전자공학제품, 의약품, 의료진단장비 등과 같은 제품의 생산에 비교우위를 갖게 된다. 여기에서 비교우위라는 개념은 말레이시아가 미국과 비교해 볼 때, 첨단 전자공학제품을 생산하는 것보다 의류를 생산하는 것이 상대적으로 더 효율적이라는 것을 뜻한다.

한편, 국가 간의 차이는 비교우위 이외에 소비자의 기호나 유통체계, 정부의 규제, 그리고 상이한 촉진전략의 유효성이나 여타의 마케팅기법 등에 의해서도 유발될 수 있다. 이때 기업들은 제품을 각 개별시장의 독특한 요구에 부응할 수 있게 제공함으로써 자사 제품의 교환가치를 높일 수 있게 되는데, 이것이 국가 간의 차이를 이용한 경쟁전략이다.

(2) 규모의 경제(economies of scale)

규모의 경제는 산출량이 증가함에 따라 단위당 비용이 최소효율규모(minimum efficient scale)에 이를 때까지 감소하는 현상을 말한다. 〈그림 9-4〉는 경쟁사 B가 최소효율규모에

그림 9 - 4 규모의 경제

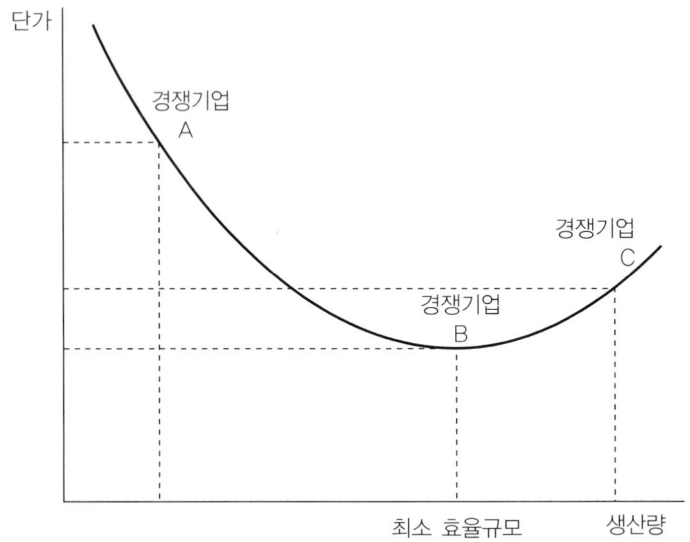

자료: R. M. Grant, *Contemporary Strategy Analysis: Concepts, Techniques, Applications*, 3rd ed. (Cambridge, Mass., Blackwell, 1998).

서 생산함으로써 경쟁사 A 및 C보다 낮은 단위당 비용을 실현하고 있음을 보여주고 있다. 일반적으로 규모의 경제는 투입 대비 산출의 기술적 특성, 투입요소의 비분할성 및 전문화의 이점으로부터 발생한다. 한편, 규모의 경제는 최소효율규모 이상에 이르면 제품차별화, 유연성 확보의 필요성 및 조직 비효율의 부작용으로 인하여 제약을 받게 된다.

규모의 경제는 생산설비뿐만 아니라 여타 부문에서도 발생하게 되는데, 글로벌기업들은 범세계적인 생산 및 마케팅 활동을 통해 생산이나 구매, 자금조달, 유통, 그리고 광고 등에 있어서도 규모의 경제를 달성함으로써 경쟁적 우위를 확보하고 있다. 생산에 있어서 규모의 경제는 단위당 생산비를 절감시켜 주고, 구매에 있어서 규모의 경제는 대량구매에 따른 투입물의 비용을 절감시켜 주며, 자금조달에 있어서 규모의 경제는 필요한 자금을 저렴한 비용으로 조달할 수 있게 해준다. 또 유통에 있어서 규모의 경제는 다수국에서의 판매활동을 통한 시장포트폴리오를 구사할 수 있게 해주고, 광고에 있어서 규모의 경제는 다수국에서의 판매활동을 통한 광고의 표준화를 가능하게 해준다.

어떤 특정의 자본집약적인 산업이나 연구집약적인 산업의 경우에는 반드시 대규모 생산이 이루어지는 경우에만 효율성이 확보된다. 대형 제트엔진 생산의 경우가 여기에 해당되는데, 제트엔진의 경우에는 연구개발 및 생산에 있어서 규모의 경제가 너무 중요하기 때문에 전세계적으로 General Electric, Pratt & Whitney, Rolls-Royce의 세 기업만이 살아남게 되었다.

자동차산업의 경우에도 규모의 경제를 달성하지 못한 소규모 기업들은 살아남지 못하고 대규모 자동차기업에 의해서 인수되었는바, 영국의 Jaguar와 스웨덴의 Saab가 GM에게 인수된 것, 미국의 AMC/Jeep가 Chrysler에게 인수된 것, 영국의 Rover가 BMW에게 인수된 것 등은 모두 여기에 해당된다. 생산, 연구, 마케팅, 그리고 서비스에 있어서의 규모의 경제의 어려움은 Xerox와 General Electric이 대형 컴퓨터산업에 진입하는 데 큰 장벽으로 작용하고 있다.[6]

(3) 범위의 경제(economies of scope)

범위의 경제란 개별기업이 여러 개의 제품을 생산할 때 소요되는 비용이 공통적으로 공유되는 투입요소로 인하여 이를 각각 다른 산업에서 생산할 때보다 낮아지는 현상을 의미하며 이를 시너지 효과라고도 한다. 범위의 경제는 두 가지 이상의 제품이 동시에 생산될 때 생산요소를 공동으로 사용함으로써 달성될 수도 있고, 또 정보 및 기술과 같이 어떤 한 제품을 생산하기 위해 확보된 자원이 아무런 추가비용을 부담하지 않고 다른 제품을 생산하는 데 그대로 활용됨으로써 달성될 수도 있다.

예를 들어, IBM이나 Xerox는 이미 전세계에 주력 제품을 공급하는 유통망과 서비스망을 갖추고 있기 때문에 새로운 사무용 기기를 개발하여 공급하는 경우에도 유통망이나 서비스망을 새롭게 구축할 필요가 없다. 또 Canon과 같은 기업은 현미경사업부가 보유하고 있는 기술을 정밀기계기술과 결합하여 새로운 제품인 카메라를 생산하고, 여기에 다시 전자기술을 덧붙여 또 다른 제품인 복사기와 프린터를 생산하고 있다.

〈그림 9-5〉는 사업 A와 사업 B가 가치사슬상의 기술개발, 물류, 구매 및 마케팅활동을 공유함으로써 범위의 경제를 추구하는 실례를 보여주고 있다.

4. Porter의 국가경쟁력

포터(M. E. Porter)는 국가의 경쟁우위가 어디에서 비롯되는가를 체계적으로 분석할 수 있는 경쟁우위의 분석틀을 제공하고, 국가경쟁우위의 원천을 다음과 같은 네 가지 속성에서 찾고 있다.

① 요소조건(factor endowment): 기술인력이나 사회간접자본처럼 주어진 산업에서의 경

그림 9 - 5 범위의 경제

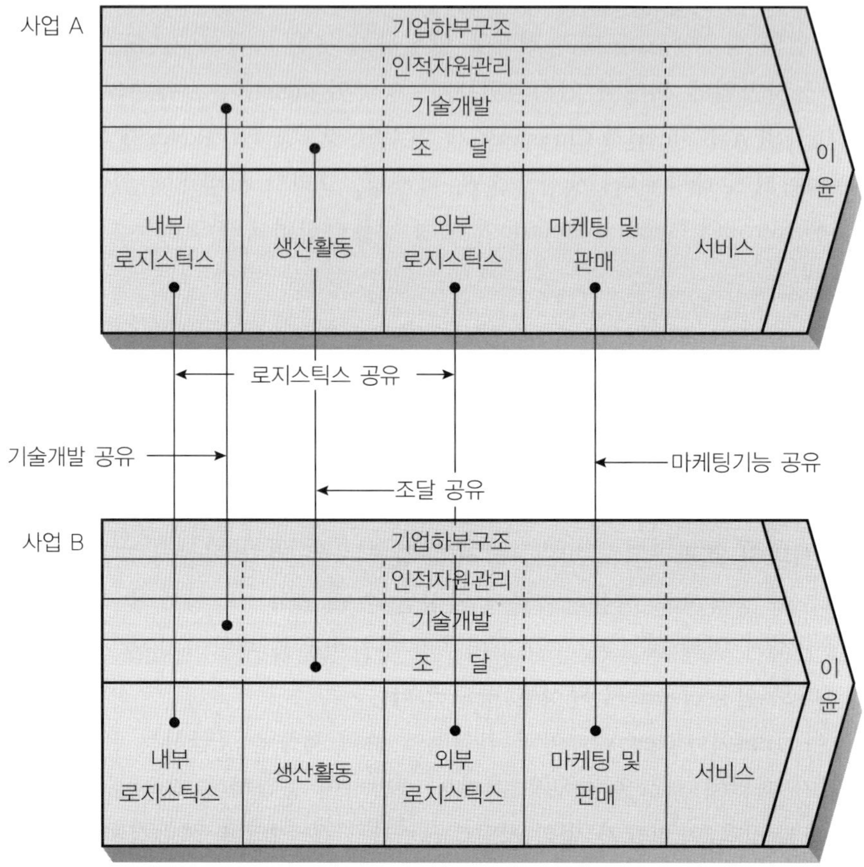

자료: M. E. Porter, *Competitive Advantage: Creating and Sustaining Superior Performance* (New York, The Free Press, 1985).

쟁에 필요한 생산요소의 부존상태

② 수요조건(demand condition): 산업의 생산물과 서비스에 대한 국내시장의 수요 상태

③ 관련산업 및 보조산업(related and supportive industry): 국제적으로 경쟁력이 있는 원료제공산업이나 다른 관련산업의 존재 여부

④ 기업의 전략과 구조, 그리고 경쟁(firm strategy, structure, and rivalry): 기업들이 어떻게 창업되고 조직되며 경영되는가, 그리고 국내에서의 경쟁관계는 어떠한가를 결정하는 조건들이 그것이다.

이들 결정요인들은 〈그림 9-6〉에서 볼 수 있는 바와 같이 그 속에서 기업이 태어나고

그림 9 - 6 국가경쟁우위의 결정요인

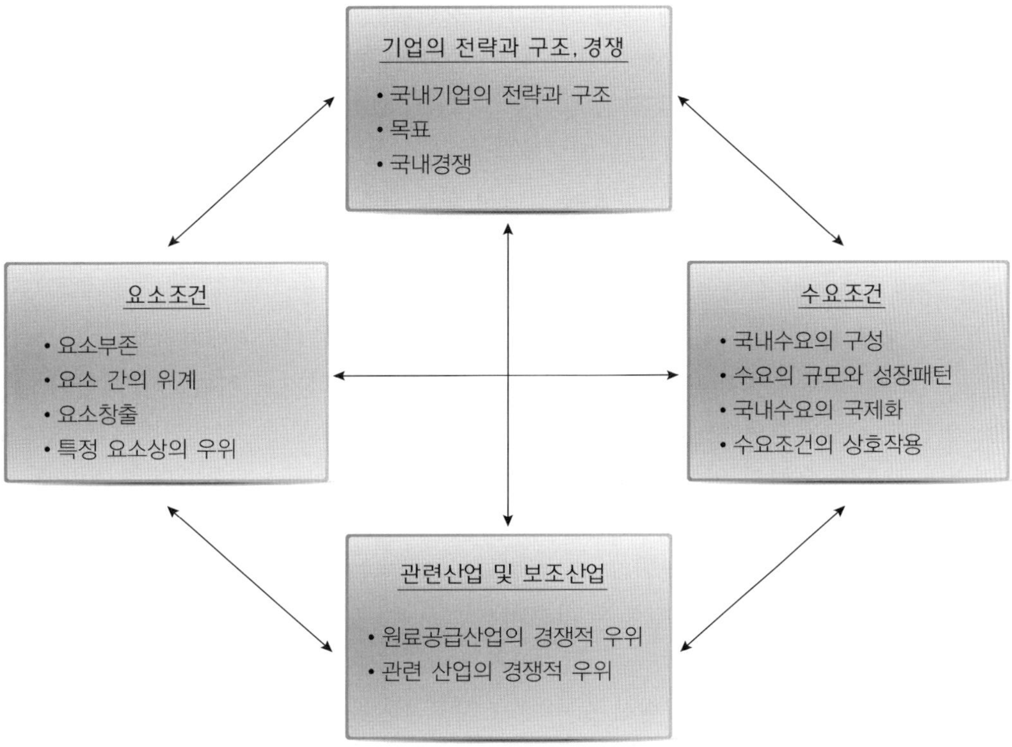

자료: M. E. Porter, *The Competitive Advantage of Nations* (New York, The Free Press, 1990), p. 72.

경쟁하는 것을 배우는 국가환경을 만들어낸다.

(1) 요소조건(factor endowment)

전통적인 무역이론은 노동, 토지, 천연자원, 자본, 사회간접자본 등과 같은 생산요소가 무역의 흐름을 결정한다고 보고 있다. 따라서 일국은 자국이 상대적으로 풍부하게 부존되어 있는 생산요소를 많이 투입하여 생산한 제품을 수출하게 되며, 이때 요소조건이 일국의 국가경쟁력을 결정한다고 보고 있다.

이에 대해 포터(M. E. Porter)는 경쟁력을 창출하고 경쟁우위를 유지하는 데에는 자국에 부존되어 있는 요소조건의 양도 중요하지만, 그보다 더 중요한 것은 자국에 부존되어 있는 요소를 얼마나 빨리, 그리고 얼마나 더 효율적으로 창출해 내고 개량하고 고도화하고 또 그것을 어느 정도로 특정 산업에 특화하여 사용하느냐에 달려 있다고 주장한다.

그는 숙련된 인적자원이나 과학적 토대와 같은 가장 중요한 생산요소들은 결코 부존되어 물려받는 것이 아니라 창출해 내는 것이라 주장한다. 여기에서 가장 중요한 생산요소들이란 지속적으로 대규모의 투자를 필요로 하는 특화된 요소들로서, 경쟁적 우위를 확보하기 위해서는 이들 생산요소가 각 산업의 특정 요구에 맞게 고도로 특화되어야 한다는 것이 전제되고 있다. 예를 들면, 덴마크는 당뇨병의 치료와 연구에 전념하는 두 개의 병원을 가지고 있기 때문에, 인슐린(insulin) 수출에 있어서 선도적인 위치를 차지하고 있고, 네덜란드는 꽃을 재배 · 포장 · 수송하는 우수한 연구기관을 보유하고 있기 때문에 전세계적으로 선도적인 화훼 수출국이 되고 있다.

한편, 때에 따라서는 요소부존에 있어서의 열위가 경쟁력을 저해하기보다 오히려 혁신의 동기로 작용하여 경쟁력을 제고시키는 요인으로 작용하기도 한다고 주장한다. 예를 들어, 일본은 천연자원이 부족하여 많은 원료를 수입에 의존해야 하는 입장에 있지만, 바로 이러한 약점이 오히려 이를 반전시킬 수 있는 적시(just-in-time) 생산방법을 개발케 해줌으로써 주요 일본 제조기업들은 즉시 필요로 하는 자원의 양을 줄임과 동시에 전체적인 생산성을 향상시킬 수 있었다는 것이다. 또 이탈리아 북부 롬바르디(Lombardy)에 위치하고 있는 이탈리아의 제철생산업자들은 높은 자본비용과 높은 에너지비용, 그리고 원료부족 때문에 도저히 다른 기업들과 경쟁할 수 없는 처지였지만, 세계 최초로 자본투자가 적게 소요되고, 에너지를 적게 필요로 하면서 동시에 고철공급원과 최종 소비자에게 근접 · 위치할 수 있도록 하는 소규모 제철소를 운영함으로써 오늘날에는 가장 선도적인 소규모 제철소 운영기업이 되었다는 것이다.

(2) 수요조건(demand condition)

포터는 일국의 경쟁력은 제품 및 서비스에 대한 국내의 강력한 수요에 의해서 강화된다고 주장한다. 국내의 수요는 거의 모든 산업에 막대한 영향을 미치며 기업의 혁신 및 개선의 특성과 진행을 결정하는 중요한 요소가 된다는 것이다.

여기에서 국내의 수요조건을 파악함에 있어서는 수요의 크기보다는 시장의 구성과 특성이 더 중요하다. 어떤 한 국가가 어떤 특정 산업에서 경쟁우위를 갖게 되는 것은 국내 소비자들이 그들의 기호의 변화를 국내기업에게 빨리 전달함으로써 국내기업으로 하여금 외국의 경쟁기업보다 더 빨리 혁신을 이루도록 하고, 보다 더 높은 수준의 경쟁우위를 갖추도록 압력을 가하기 때문이다.

국내 수요가 경쟁우위를 확보하는 데 도움이 되는 첫 번째의 경우는 한 산업의 특정 분야가 외국시장에서보다 자국시장에서 훨씬 더 클 때이다. 예를 들면, 수압굴삭기는 다른 선진국에서는 시장이 아주 작지만 일본에서는 가장 널리 사용되는 건설장비로서 시장이 넓기 때문에 일본기업들이 국제경쟁력을 갖게 되었다.

국내 소비자들의 성격도 경쟁우위를 확보하는 데 도움이 된다. 즉, 국내 소비자들의 기호가 까다로울수록 기업들이 그들의 기호에 맞추기 위해 혁신을 이루어내고 개선을 하기 때문에 이로 인해서 경쟁우위가 높아지게 된다.

다음은 가치관이나 여건도 경쟁우위를 확보하는 데 도움을 주게 된다는 점이다. 일본 소비자들은 소음이 많은 협소한 집이나 아파트에 살면서 무덥고 습기가 많은 여름을 많은 전기요금을 내면서 살아야 했기 때문에 일본기업들은 조용한 소형 절전형 로터리 컴프레서(rotary compressor)를 장착한 에어컨을 개발하게 되었다. 마찬가지로, 스웨덴은 오랫동안 지체부자유자에 대해 관심을 가져왔기 때문에 이 산업분야에서 경쟁력을 갖게 되었고, 덴마크는 환경보호 우선주의 정책을 채택하고 있었기 때문에 효율적인 수질오염방지시스템이나 풍차를 개발할 수 있게 되었다. 그리고 미국은 소비자들이 편리성을 요구하였기 때문에 즉석음식산업이나 신용카드산업이 발전할 수 있었다.

(3) 관련산업 및 보조산업(related and supportive industry)

경쟁력을 결정하는 세 번째 요인은 그 나라가 국제적으로 경쟁력을 가지고 있는 관련산업과 보조산업을 가지고 있느냐 하는 것이다. 공급업자가 제조기업에 가까이 위치해 있는 경우 공급업자는 그 제조기업에게 투입물을 훨씬 더 저렴한 비용으로 공급해줌으로써 제조기업으로 하여금 경쟁적 우위를 유지할 수 있게 해준다. 이탈리아의 금은세공기업들이 세계적인 경쟁적 우위를 가지고 있는 것은 그들이 보석가공기계와 귀금속 재생기계의 2/3를 공급하고 있기 때문이다.

다음으로 경쟁적 우위는 국내의 연관산업이나 보조산업들과 긴밀한 연관관계를 가지고 생산하는 경우에도 확보될 수 있다. 즉, 공급업자와 소비자가 서로 가까이 위치하고 있으면 의사전달이 쉽게 이루어지고 정보가 빠르게 흐르며 아이디어와 혁신이 항상 교환되어 제소기업이 경쟁적 지위를 유지할 수 있게 된다. 이탈리아의 구두 생산업자들은 서로의 경쟁적 우위를 유지하기 위해서, 가죽 제조업자들과 새로운 스타일이나 제조기술에 대한 정보를 정규적으로 교환하고 있다.

한편, 일국의 기업들은 자기 나라의 원료 공급업자들이 세계적으로 경쟁력을 갖고 있는 경우에도 큰 혜택을 보게 된다. 또 국내 연관산업의 경쟁력도 이와 비슷한 혜택을 주게 되는데, 스위스의 제약산업이 높은 경쟁력을 갖게 된 것은 스위스의 기초화학산업이 잘 발달되어 있기 때문이다.

(4) 기업의 전략과 구조, 경쟁(firm strategy, structure, and rivalry)

국가경쟁력에 영향을 미치는 마지막 요소는 기업의 전략과 구조, 그리고 경쟁이다. 먼저 기업의 창업, 조직, 경영, 그리고 국내경쟁은 국가별 환경이나 상황에 따라서 달라진다. 예를 들면, 이탈리아의 경우 국제적으로 성공한 기업들은 흔히 조명, 가구, 신발, 모직물, 포장기계 등 단편적인 산업에 종사하고 있는 중소기업들이고 개인소유이며 가족단위처럼 운영된다. 반면, 독일에서 성공한 기업들은 광학, 화학 그리고 복잡한 기계류 등과 같이 기술적이고 엔지니어링지향적인 기업들이 많으며, 기업의 조직과 경영에 철저한 위계질서가 서 있고 주로 기술계통 출신들이 경영을 책임지고 있다.

다음으로 국가의 목표도 대단히 중요하다. 즉, 미국과 같은 나라는 단기적인 수익을 중시하기 때문에 소프트웨어나 생명공학과 같이 쉽게 성공할 수 있는 산업에 투자한다. 반면에, 독일이나 스위스와 같은 국가들은 장기적인 평가를 중시하기 때문에 연구개발 및 새로운 설비에 대한 지속적인 투자가 필요하고, 보통 정도의 수익을 거두는 성숙산업에 투자한다.

또 하나 중요한 것은 한 나라의 제도나 가치가 개인이나 기업의 목표를 무엇으로 세우게 하느냐 하는 것이다. 스위스에서는 은행업과 제약업, 이스라엘에서는 농업과 국방분야가 가장 높게 평가되고 있기 때문에 그런 분야에서 경쟁력을 갖게 된다.

또한 국내 기업 간의 경쟁이 치열하면 치열할수록 국제경쟁력이 더 높아진다고 보고 있다. 포터는 치열한 국내경쟁은 기업으로 하여금 가격인하, 투입요소의 변화, 서비스 증대 등과 같은 새로운 형태의 경쟁우위를 만들게 함으로써 국제경쟁력을 향상시키게 된다고 주장한다. 예를 들면, 스위스의 경우 호프만 라 로쉬(Hoffman-La Roche), 시바 가이기(Ciba-Geigy), 산도즈(Sandoz) 등과 같은 제약회사들 간의 경쟁이 이들로 하여금 세계적인 위치를 확보하는 데 기여했다. 이것은 미국의 컴퓨터 및 소프트웨어산업에도 그대로 적용되는데 IBM, Digital Equipment, Hewlett-Packard 간의 경쟁은 외국기업에 대한 그들의 경쟁적 우위를 유지할 수 있게 해주었다.

또 하나 국내경쟁에서 중요한 측면은 경쟁기업의 위치이다. 때때로 경쟁기업들이 서로 가까이 밀집해 있을수록 더 좋은 결과를 가져온다. 예를 들면, 이탈리아의 보석회사들은 아레초(Arezzo)와 발렌자 포(Valenza Po)의 두 도시 근처에 몰려 있고, 칼 제조기업은 서독의 졸링겐(Solingen)이나 일본의 세키(Seki) 근처에 몰려 있다. 또 제약회사는 스위스 바젤(Basel)에, 그리고 오토바이와 악기회사는 일본의 하마마쓰(Hamamatsu)에 집중되어 있다.

제5절 국제경쟁전략

1. 가치사슬(value chain)

(1) 본원적 가치사슬

가치사슬이란 가치를 창출해내는 기업 내의 모든 가치창출활동이 연결된 하나의 체계를 의미한다. 가치사슬에는 기업이 수행하는 가치창출활동이 모두 나타나게 되는데, 포터(M. E. Porter)는 기업의 가치창출활동을 기본적인 활동과 지원활동으로 구분한 정교한 본원적 가치사슬을 〈그림 9-7〉과 같이 제시하고 있다.

여기에서 기본적인 활동은 제품의 물리적인 변화에 직접적으로 관련되는 기능을 수행

그림 9 - 7 본원적 가치사슬

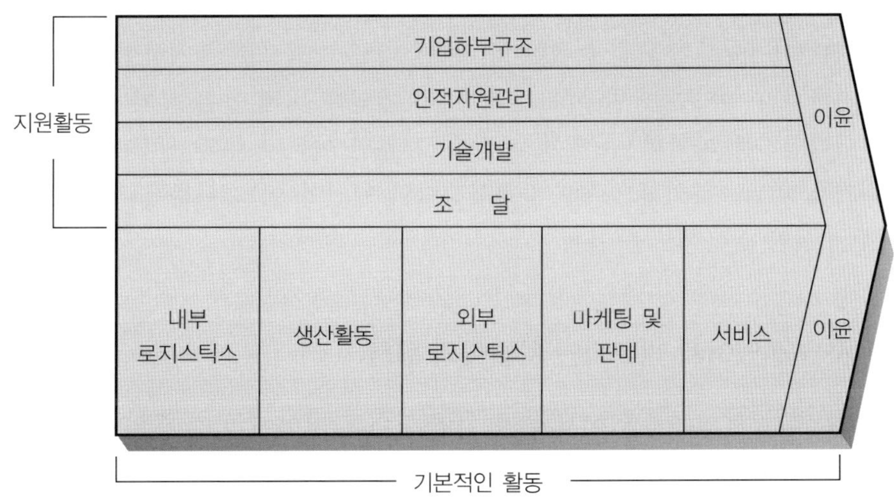

자료: M. E. Porter, *Competitive Advantage*, *op. cit.*, p. 37.

하는 내부로지스틱스, 생산활동, 외부로지스틱스, 마케팅 및 판매, 서비스활동을 말하는데, 그 내용을 살펴보면 다음과 같다.

① 내부로지스틱스(inbound logistics): 제품생산에 필요한 원자재의 관리와 관련된 가치활동으로서, 공급업자로부터 원자재를 공급받아 이것을 제품 생산 부서에 넘겨주는 제반활동

② 생산활동(operation): 원자재를 가공 · 조립하여 제품을 완성시키는 가치창출활동

③ 외부로지스틱스(outbound logistics): 완제품의 재고관리, 주문처리 및 구매자에 대한 인도 등 완제품의 물적유통과 관련된 가치창출활동

④ 마케팅 및 판매(marketing and sales): 구매자로 하여금 제품을 구입하도록 유도하여 제품을 판매하는 가치창출활동

⑤ 서비스(service): 제품의 가치를 보수 · 유지하는 가치창출활동

다음으로 지원활동은 전술한 기본적인 활동을 지원하는 활동으로서 기업하부구조, 인적자원관리, 기술개발, 조달 등을 말하며, 이들 활동의 내용을 보면 다음과 같다.

① 기업하부구조(firm infrastructure): 일반관리, 기획, 재무, 회계, 법률관계, 정부관계, 품질관리 등 가치사슬 전반을 보조하는 활동

② 인적자원관리(human resource management): 인적자원의 채용, 임용, 교육훈련, 인력개발 및 보상활동

③ 기술개발(technology development): 제품 및 공정의 개선을 위한 제반활동

④ 조달(procurement): 기업의 가치사슬 내에 필요한 원자재 구매활동

이상에서 기본적인 활동과 지원활동의 내용을 살펴보았는데, 이 가치사슬은 경쟁우위를 분석하기 위한 도구로 활용될 수 있는바, 보다 더 구체적으로 얘기하면 생산과정의 각 부문에서 부가가치가 얼마만큼 발생하고, 또 다른 기업에 비해 높은 부가가치를 창출하는 핵심부문이 어디인가를 파악할 수 있게 해준다. 그뿐만 아니라 부가가치의 활동별로 주요 경쟁자의 원가를 비교 · 분석함으로써 가격경쟁력의 원천이 어느 부문에 있는지를 파악할 수 있게 해주는 유용한 분석도구이다.

(2) 가치사슬에 있어서 대표적인 차별화의 원천

〈그림 9-8〉은 가치사슬에 있어서 특정 기업이 다른 기업에 비해 우위를 가질 수 있는 대표적인 차별화의 원천을 보여주고 있다. 특정 기업이 다른 기업보다 높은 수준의 가치창출활동을 전개하기 위해서는 기본적인 활동과 지원활동 중 어떤 특정 부문에서 다른 기업을 명백하게 능가하는 독특한 능력을 반드시 소유해야만 한다.

그림 9 - 8 가치사슬상의 대표적인 차별화 원천

	내부로지스틱스	생산활동	외부로지스틱스	마케팅 및 판매	서 비 스
기업 하부 관리	최고경영자의 판매지원 회사의 이미지를 높일 수 있는 건물 · 건설 우수한 경영정보 시스템				
인적 자원 관리	우수한 사원훈련	안정된 노무정책 노동의 질 제고 생산계획 최고의 과학자 · 기술자 영입 연구개발 계획		최고 세일즈맨을 이직하지 않게 하는 장려책 우수한 판매 · 서비스 요원의 모집	서비스 기술자에 대한 광범위한 훈련
기술 개발	원재료의 취급 · 분류 기술 독점적인 품질 보증 기기	독특한 제품 특성 신속한 모델 도입 특이한 생산공정 또는 기계 자동 검품기법	특이한 운송처 스케줄 특수 용도의 차 또는 컨테이너	응용기술 지원 우수한 매체조사 특별주문 모델에 대한 신속한 견적서 작성	한 발 앞선 서비스 기술
조달	가장 신뢰성이 높은 자재 납입 수송	최고 품질의 원재료 최고 품질의 컴포넌트	최적 입지의 창고 파손을 최소화하는 운송회사	가장 바람직한 매체 이용 제품 포지션과 이미지	고품질의 교환부품
	파손 또는 품질 저하를 최소화할 수 있는 자재 취급비법 제조 적시의 자재 납품	시방서와 완전 일치하는 생산 매력적인 제품외관 작업변경에 대한 즉각 대응 능력 낮은 불량품율 제조시간 단축	적시의 신속 배급 신속 · 정확한 수주 처리 파손을 최소화하는 취급	능숙한 광고 빠짐이 없고 수준이 높은 세일즈 활동 채널과의 개인적인 친밀도 기술설명서나 다른 판매지원물의 우수하고 광범위한 판매촉진 구매자에게 제공되는 신용	신속한 설치 높은 수준의 서비스 질 교환부품의 완전 정비 넓은 서비스 범위 철저한 구매자 훈련

이 윤

자료: *Ibid*.

〈그림 9-9〉는 이를 기초로 한 IBM의 가치사슬을 보여주고 있다. 이 가치사슬을 보면 IBM이 어떻게 세계시장을 지배하고 있는가를 쉽게 알 수 있다. 즉, IBM은 자사 제품의 가치를 증대시키기 위하여 가치사슬의 기본적인 활동과 지원활동을 효과적으로 결합하고 있다. 다시 말해서 ROLM사 및 MCI사와의 제휴 그리고 소프트웨어 및 하드웨어 기술에 있어서의 독점적인 능력 등이 IBM으로 하여금 통신산업분야에서 최첨단기업으로 군림할 수 있게 해주고 있음을 알 수 있다. 이러한 가치사슬의 개념은 어떤 기업의 경쟁우위 분석에도 그대로 활용될 수 있다.

2. 본원적 경쟁전략

(1) 비용우위와 차별화우위

기업이 다른 경쟁기업보다 더 높은 수익을 올릴 수 있는 방법에는 크게 두 가지가 있다. 그 하나는 똑같은 제품을 훨씬 더 낮은 비용으로 생산해서 판매하는 것이고, 다른 하나

그림 9 - 9 IBM의 가치사슬

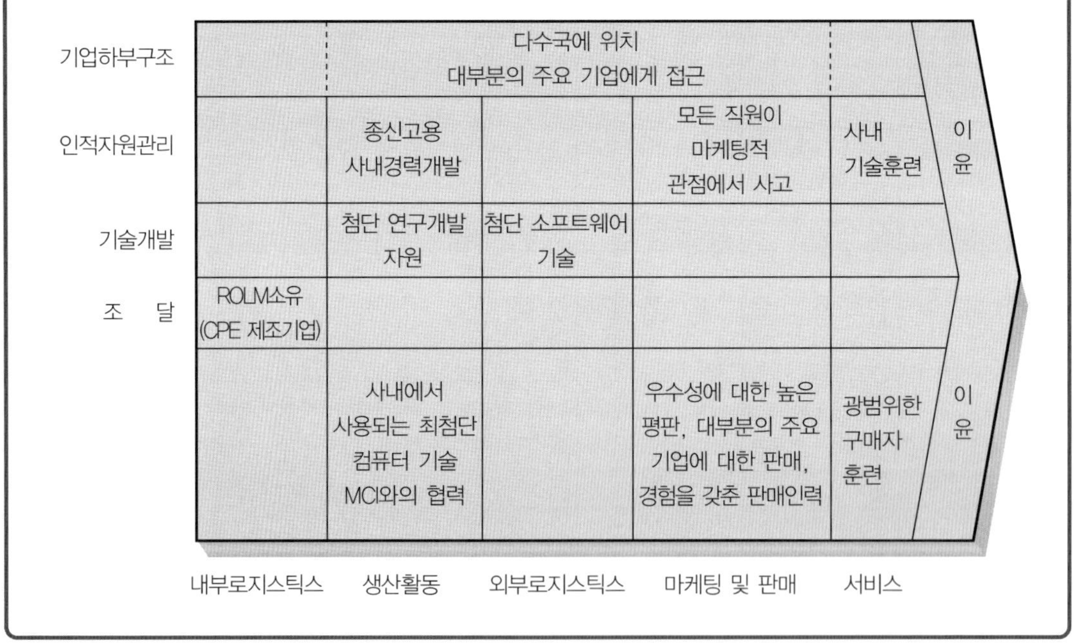

자료: A. C. Hax and N. S. Majluf, *The Strategy Concept & Process: A Progmatic Approach* (Englewood Cliffs, NJ, Prentice-Hall, 1991), p. 82.

는 경쟁기업 제품과 차별화된 제품을 생산 · 판매함으로써 소비자로부터 차별화에 소요된 비용 그 이상의 가격프리미엄을 받는 것이다. 우리는 전자를 비용우위(cost advantage)라고 하고 후자를 차별화우위(differentiation advantage)라고 한다.

여기에서 이 두 가지 전략의 일반적인 특징을 보면 〈표 9-7〉과 같다.

(2) 세 가지 본원적 전략

포터는 위의 두 가지 경쟁우위, 즉 비용우위전략과 차별화우위전략의 선택, 그리고 그 기업의 제품 폭이 얼마나 넓은가에 따라서, 기업의 전략을 〈그림 9-10〉에서 볼 수 있는 바와 같이 저원가전략(overall cost leadership), 차별화전략(differentiation), 집중화전략(focus) 등 세 가지 본원적인 전략으로 구분하고 있다.

① 저원가전략(overall cost leadership)

저원가전략은 기업이 원가상의 우위를 확보하게 되면 비록 경쟁이 심한 경우라도 산업평균보다 더 높은 수익을 거둘 수 있기 때문에 여러 가지 기능상의 방법을 이용하여 원가를 낮춤으로써 산업 내에서의 원가상의 우위를 확보하고자 하는 전략이다. 원가우위의 주요한 원천으로는 경험곡선효과, 규모의 경제, 유리한 입지 등을 들 수 있다.

비용우위전략을 채택하고 있는 기업들로는 철강, 화학, 기계, PC, 유통, 항공, 증권 등의 다양한 산업에서 찾아볼 수 있다. 이러한 전략을 채택하고 있는 기업의 예로는 자동차

표 9-7 비용우위전략과 차별화우위의 일반적 특징

본원적인 전략	주요 전략요소	경영자원과 조직적 특성
비용우위	효율적인 규모의 설비투자 생산이 용이한 제품디자인 간접비 및 연구개발비 통제	자본력 공정엔지니어링기술 빈번한 보고와 통제 엄격한 비용통제 구조화된 조직과 책임이양 양적인 관리시스템
차별화우위	브랜드, 광고, 디자인, 서비스 및 품질 강조	마케팅능력 제품엔지니어링기술 창조성 기초연구능력 질적인 관리시스템 강력한 내부조정기능

그림 9 - 10 본원적 경쟁전략의 유형

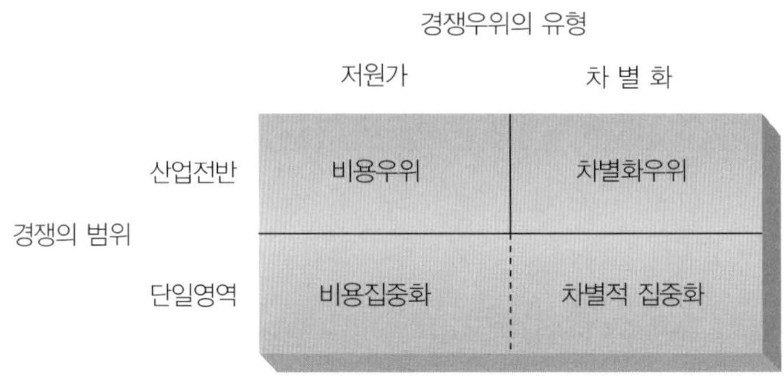

자료: *M. E. Porter, Competitive Advantage, op. cit.*

산업의 경우 한국의 현대와 대우, 항공산업의 경우 Southwest와 Reno, 유통산업의 경우 Walmart, 자동차 산업의 경우 GM, 그리고 기타 산업의 경우 Fuji와 NEC 등을 들 수 있다.

② 차별화전략(differentiation)

차별화전략은 자기 기업의 제품이나 서비스를 차별화함으로써 산업전반에 걸쳐 자기 기업이 독특하다고 인식될 수 있도록 하는 전략을 말한다. 차별화는 제품, 마케팅, 운송시스템 분야 등에서 이루어지게 되는데, 차별화는 기업을 산업경쟁으로부터 보호해 주기 때문에 산업평균보다 더 높은 수익을 거둘 수 있게 해준다. IBM의 우수한 기술, McDonald' s의 햄버거의 일관성, Federal Express의 익일 우편배달의 신뢰성, American Express 카드의 지위, Philips의 혁신, Daimler-Benz의 고급화 등은 모두 차별화에 속하는 것들이다.

③ 집중화전략(focus)

집중화전략은 아주 작은 적소시장(niche market), 즉 특정 구매자집단이나 제품라인의 일부 또는 특정 지역을 집중적으로 공략하는 전략을 말한다. 집중화전략을 쓰게 되면 경쟁력 결정요소에 대한 방어가 가능하기 때문에 산업평균보다 더 높은 수준의 수익을 거둘 수 있게 된다. 이에 대한 대표적인 예로는 Honda의 아코드(Accord) 웨건, Porsche의 고급 스포츠자동차, Microsoft의 PC용 기본 소프트웨어 등을 들 수 있다.

그런데 여기에서 비용우위전략과 차별화우위전략은 상호 배치되는 것이 아니며 현실적으로 많은 기업들이 이 두 가지 전략을 동시에 추구하고 있다는 점을 간과해서는 안 된다는 점을 강조하고자 한다. 예를 들어, McDonald's 햄버거는 비록 저가의 표준화제품이기는 하지만 음식산업에서는 상당히 차별화된 이미지를 가지고 있으며, Toyota나 General

Motors는 차별화된 자동차를 생산하면서도 동시에 세분시장에서는 비용우위를 유지하려고 노력하고 있다.

3. 국제경쟁전략

(1) 포터(M. E. Porter)의 국제경쟁전략

1) 가치창출활동의 배열과 조정

포터(M. E. Porter)는 범세계적 산업(global industry)이라는 개념을 "주요 지역시장 또는 국가시장에서의 위치 설정에 있어서 경쟁기업들의 전략적 위치에 상당한 영향을 받는 산업"으로 정의하고, 이러한 범세계적 산업에 속하는 기업이 추구할 수 있는 범세계적 경쟁전략모형을 제시하고 있다. [7]

그는 범세계적 산업에 속하는 기업은 기업활동의 범세계적 배열(configuration)과 조정(coordination)을 통해 범세계적 전략을 수립함으로써 기업특유의 경쟁적 우위를 창출할 수 있게 되는데, 이러한 경쟁적 우위가 국제경쟁력을 결정하게 된다고 주장한다. 즉, 기업은 기업활동의 배열과 조정을 통하여 비용우위와 차별화를 실현할 수 있으며, 이러한 비용우위와 차별화를 통해 범세계적 경쟁에서 승리할 수 있다고 주장한다.

여기에서 가치창출활동의 배열이란 기업이 그 가치창출활동을 어떤 국가 또는 어떤 지역에서 수행하고, 또 그 수는 얼마만큼으로 해야 할 것인가 하는 것이며, 가치창출활동의 조정이란 각 국가 또는 각 지역별로 이루어지는 자회사들의 가치창출활동을 어느 정도로 조정해야 할 것인가 하는 것이다. 가치창출활동의 배열의 경우, 그 선택범위는 집중에서 분산까지인데, 통상 가치창출활동은 몇몇 국가에 집중시키는 것이 일반적이다. 그리고 조정의 선택범위는 영(0)에서 다수까지로서, 배열의 경우보다 선택의 폭이 훨씬 더 넓다.

여기에서 가치창출활동의 배열 및 조정사안을 살펴보면 〈표 9-8〉과 같다.

2) 포터의 국제경쟁전략

포터는 가치창출활동의 배열과 조정을 통하여 기업이 선택할 수 있는 국제경쟁전략을 〈그림 9-11〉에서와 같이 가치창출활동의 지역적 집중 정도와 조정수준에 따라 네 가지로 구분하여 제시하고 있다.

표 9 - 8 가치창출활동의 배열과 조정

가치활동	배열사안	조정사안
운영	• 중간재 및 완제품의 생산시설의 입지	• 분산되어 있는 시설들에 대한 생산 업무 배치 • 해외 공장들 간의 네트워킹 • 해외 공장들 간의 공정기술 및 생산 노하우의 이전
마케팅 및 판매	• 제품계열 선정 • 표적국가(시장) 선정 • 광고 및 판촉물 준비를 위한 입지	• 전세계 공통의 상표명 • 다국적 거래 조정 • 유통망 및 제품포지셔닝의 범세계적 유사성 • 서로 다른 국가 간의 가격조정
서비스	• 서비스 편제의 입지	• 범세계적인 서비스기준 및 절차의 유사성
기술개발	• R&D 센터의 수와 입지	• 분산되어 있는 R&D 센터들에 대한 연구업무 할당 • R&D 센터간의 정보교환 • 다수국의 시장기호에 부응하는 제품 개발 • 범세계적인 관점에서의 제품 출시 순서
자재조달	• 구매기능의 입지	• 각국 공급업자의 위치선정 및 공급업자관리 • 투입물시장에 관한 지식이전 • 공통적인 제품의 구매 조정

자료: M. E. Porter, "Competition in Global Industries: A Conceptual Framework," in M. E. Porter (ed), *Competition in Global Industries* (Boston, Mass., Harvard Business School Press, 1986), p. 26.

① 단순한 글로벌전략(simple global strategy)

이 전략은 가치창출활동을 지역적으로 집중시키고 기업활동을 본사가 강력하게 조정하는 국제경쟁전략을 말한다. 이 전략은 대부분의 가치창출활동을 가능한 한 특정 국가에 집중시키고, 고객에게 근접해서 수행해야 할 가치창출활동만을 예외적으로 분산시키되 표준화를 통해서 이를 엄격히 조정하는 전략을 뜻한다. 이러한 전략은 1960~70년대에 저원가에 따른 경쟁우위를 누리고자 했던 Toyota와 같은 기업들이 많이 채택했던 경쟁전략이다.

② 수출위주의 전략(export-based strategy with decentralized marketing)

이 전략은 가치창출활동의 배치는 지역적으로 집중시키되 가치창출활동은 별로 조정하지 않는 전략을 말한다. 이러한 전략은 마케팅활동의 분산을 통한 수출위주의 국제경쟁전략을 의미한다. 일본의 Cannon은 가치창출활동을 위한 제조 및 대부분의 지원활동은 일본에 집중시켰지만 가치창출활동은 거의 조정하지 않았다.

그림 9 - 11 국제경쟁전략의 유형

가치활동의 조정수준		지역적으로 분산	지역적으로 집중
	높음	자회사 간의 광범위한 조정을 통한 직접투자전략 예: Xerox	단순한 글로벌 전략 예: Toyota
	낮음	한 국가에서만 활동하는 국내기업 또는 글로벌기업의 국가중심전략 예: GM	마케팅 활동의 분권화를 통한 수출위주의 전략 예: Cannon
		가치활동의 배치	

자료: *Ibid*, p. 28.

③ **해외직접투자전략**(high foreign investment with extensive coordination among subsidiaries)

이 전략은 가치창출활동을 지역적으로 분산시키되 엄격하게 조정하는 전략을 말한다. Xerox는 가치창출활동을 전세계적으로 분산시켰지만 상표나 마케팅기법과 같은 가치창출활동은 엄격하게 조정하는 전략을 채택했었다.

④ **국가중심전략**(country-centered strategy by multinationals or domestic firms operating in only one country)

국가중심전략은 가치창출활동은 지역적으로 분산시키되 별로 조정하지 않는 전략을 의미한다. 이 전략은 어느 한 국가에서만 기업활동을 하는 글로벌기업이나 국내기업이 채택하는 국가중심의 국제경쟁전략이다. GM은 세계 도처에 생산시설을 설립하여 가치창출활동을 지역적으로 분산 배열하고 상표까지도 지역별로 달리 사용하여 현지국 중심의 국제경쟁전략을 펼쳤다.

이상에서 네 가지 국제경쟁전략을 살펴보았는데, 여기에서 주의할 점은 위 네 가지 전략 중 어떤 특정 전략이 다른 전략보다 더 우수한 것은 아니라는 점이다. 기업이 글로벌전략을 추구할 것인가 아니면 국가별 전략을 추구할 것인가는 그 기업이 속한 산업의 특성이나 기업이 가지고 있는 능력에 따라서 좌우된다. 그러나 한 가지 공통적인 현상은 오늘날 산업이 글로벌화되어감에 따라 기업들이 경쟁전략을 점차 국가별 전략에서 글로벌전략으로 바꾸어가고 있다는 점이다.

Toyota나 Honda와 같은 기업들은 예전의 수출위주의 전략에서 최근에는 단순한 글로벌전략을 추구하다가 이제는 점차 적극적인 해외직접투자전략을 이용하여 미국과 유럽 등 전세계에 생산공장을 늘려가고 있다. 그리고 Ford나 GM도 전통적인 국가별 전략에서 최근에는 각국의 생산공장을 통합 · 운영하고 있다. 또 가전산업의 경우에도 그동안 단순한 글로벌전략을 추구해왔던 Sony와 Matsushita 등이 생산기지를 전세계로 넓혀가고 있고, 전통적으로 국가별 전략을 채택해 왔던 Philips도 생산기지를 축소하는 대신 자회사 간의 조정 기능을 점차 확대해가고 있다.

(2) 프라할라드와 도즈(Prahalad & Doz)의 국제경쟁전략

범세계적 통합(global integration)은 전세계를 하나의 시장으로 간주하고 모든 지역에 대해 동일하게 접근하는 전략을 말하고, 지역별 대응(local responsiveness)은 현지의 여건에 부응하게 각기 달리 접근하는 전략을 말한다.

그런데, 글로벌기업이 범세계적인 통합전략을 선택할 것인가 아니면 지역별 대응전략을 선택할 것인가는 여러 가지 요인의 영향을 받게 된다. 먼저 범세계적인 통합전략을 선택하도록 압력을 가하는 요인들을 보면, 범세계적인 소비자 및 경쟁자의 존재, 기술집약적인 산업의 등장, 비용절감 압력, 소비자 욕구의 세계적인 동질화 등을 들 수 있다. 이러한 요인들은 전세계 시장을 하나의 시장으로 간주하고 통합적인 전략을 수립하게 하는 국제경영전략을 요구한다.

다음으로 지역별 대응전략을 선택하도록 고무하는 요인들을 살펴보면 이질적인 소비자 욕구, 대체품의 이용 가능성, 적응의 필요성, 상이한 시장구조, 현지정부의 요구 등을 들 수 있다.

이상과 같이 글로벌기업이 어떠한 전략을 선택할 것이냐는 여러 가지 요인에 의해서 영향을 받게 되는데, 범세계적 통합-지역별 대응전략은 〈그림 9-12〉에서와 같이 기업이 경영활동을 범세계적으로 통합할 것인가 아니면 각 지역별로 대응할 것인가에 따라서 범세계적인 통합전략(global integration strategy), 다중초점전략(multifocal strategy), 지역별 대응전략(local responsiveness strategy)으로 구분할 수 있다.[8]

그림 9 - 12 범세계적 통합-지역별 대응 그리드

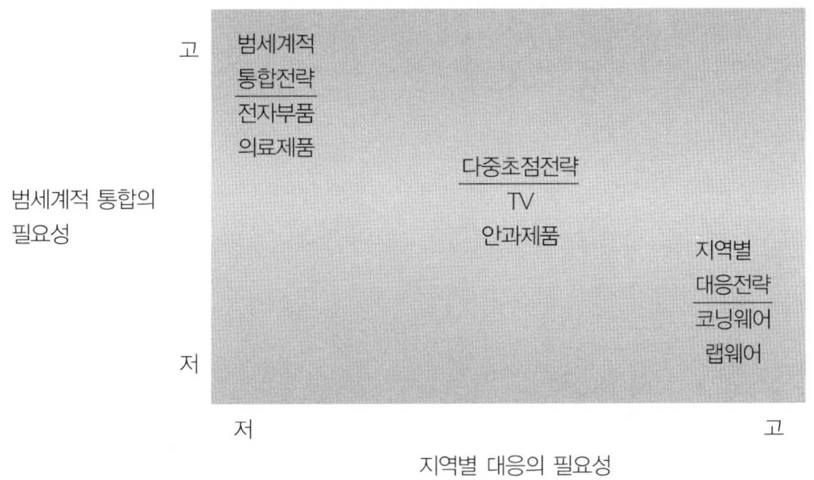

자료: C. K. Prahalad and Y. L. Doz, *The Multinational Mission: Balancing Local Demands and Global Vision* (New York, The Free Press, 1987), p. 24.

① 범세계적인 통합전략(global integration strategy)

범세계적인 통합전략은 본사가 지리적으로 분산되어 있는 여러 자회사의 생산 및 판매 활동을 통합하여 범세계적으로 집권관리하는 전략을 뜻한다. 이 전략은 비용을 절감하고 투자를 최적화하는 데 그 목적이 있다. 대만이나 말레이시아 등과 같이 임금이 싼 지역에 공장을 설립하여 제품을 생산하고 그 제품을 선진국 시장에 판매하는 경우라든지, Ford나 IBM과 같이 규모의 경제를 달성하기 위해서 대규모의 전문화된 공장을 설립하는 경우 등이 이러한 전략에 해당된다.

② 다중초점전략(multifocal strategy)

다중초점전략은 범세계적 통합전략과 지역별 대응전략 간의 중간에 위치하는 전략으로서, 공장규모나 기술과 같은 전략은 중앙집권적으로 관리하고, 제품인도나 경쟁 그리고 고객은 지역별로 대응하는 전략이다. 따라서 이 전략에서는 범세계적인 통합과 지역별 대응의 필요성이 동시에 고려된다. 이 전략은 통합전략과 달리 전략이 선택적이고 획일적이지 않다.

③ 지역별 대응전략(local responsiveness strategy)

지역별 대응전략은 자회사가 자원의 실행을 현지의 경쟁자나 소비자의 요구에 맞게 독자적으로 결정하는 전략을 말한다. 대부분의 사업에 있어서 자회사들 간의 행동을 통일한

다고 해서 꼭 경쟁적 우위가 획득되는 것은 아니다. 지역별 대응전략은 제품을 현지에 적응해야 하거나 또는 각국 시장 간의 유통상의 차이에 적응해야 하는 경우에 필요하다.

국제경영사례 9 – 2

현대자동차의 국제경쟁전략

HYUNDAI

• BCG 매트릭스 분석

BCG 매트릭스는 '시장성장률과 시장점유율'을 2대 축으로 각 생산품에 대한 시장성장률과 시장점유율 분석 및 제품의 라이프사이클에 따른 분석을 통하여 미래를 전망하고 이에 대한 대응전략을 구축하는 것을 말한다.

아래 그림은 현대자동차의 승용차를 BCG 매트릭스를 이용해 분석해 놓은 것이다.

BCG분석(승용차 부문)

시장성장률 \ 시장점유율	고	저
고	Stars 시장점유율과 시장성장률이 높다 많은 이윤을 창출하고 있다 SONATA	Wild Cat 시장성장 가능성은 높으나 아직 성공 가능성은 미지수이다 VERACRUZER TULSON
저	Cash Cows 기업 간 경쟁격화에도 불구하고 시장점유율이 높아 이윤을 창출하고 있지만 시장점유율이 정체되고 있다 GRANDEUR AVANTE	Dogs 소형차시장 수요의 급격한 감소로 시장점유율이 떨어지고 있으며 이윤폭도 적다 CLICK ATOZ시장성장률은 정체되어 있으나 시장점유율은 높아 이윤창출에 기여하고 있다

• SWOT분석

여기에서 북미지역을 중심으로 한 현대자동차의 SWOT 분석을 보면 아래 표와 같다. 즉, 현대자동차의 강점으로는 '가격 대비 높은 품질과 성능' 등을 들 수 있고, 약점으로는 '검증되지 않은 기술력' 등을 들 수 있다. 이어서 기회요인으로는 '패밀리 세단의 지속적인 수요 증가' 등이 있고, 위협요인으로는 '유럽을 중심으로 한 대체 연료 차량 공급(하이브리드, 전기차)' 등을 들 수 있다.

강점(strengths)	약점(weaknesses)
- 가격대비 높은 품질과 성능 - 주요 경쟁차종 대비 10~20% 저렴한 가격 - 기존 소나타 시리즈의 북미시장 진출 경험 및 인지도 - 앨라바마 현지공장 생산으로 인한 생산 유통망 확대	- 검증되지 않은 현대자동차의 기술력 - 싼 차라는 저가 브랜드 이미지 - 경쟁 브랜드 대비 좁은 이미지 - 종합적인 차량 기술 부재(인테리어, 전장, 세시 등)
기회요인(opportunities)	**위협요인(threats)**
- 패밀리 세단의 지속적인 수요 증가 - 유가 상승으로 인한 경제적 중형 세단 수요 - 아시아권(일본, 한국) 차량의 북미 인지도 상승 - 앨라바마 현지생산으로 인한 공급 안정 효과 - 주요 자동차 언론 및 소비자 단체에 의한 높은 평가	- 유럽을 중심으로 한 대체 연료 차량 공급(하이브리드, 전기차) - 국가 인지도의 지속적인 하락으로 인한 동반 하락 - 중국 자동차 산업의 성장으로 인한 북미 수출 - 일본 차량의 기술력 인정으로 인한 북미 인지도 급상승 - 달러 평가 절하로 인한 수출 경쟁력 약화

• **핵심 성공요소(key success factors)**

핵심성공요소 방법은 자동차산업 내에서 성공을 거두는 데 필수적인 요소들을 작성하여, 각 요소에 대한 평가를 통해 종합적으로 평가하는 것을 말한다. 즉 각 요소별로 경쟁적 위치를 강 · 중 · 약으로 표시하여 약점을 보완함과 동시에 강점을 최대한 활용하여 종합적인 핵심 성공요소의 경쟁적 위치를 분석하고 총체적 경쟁력 수준을 가늠할 수 있는 평가방식이다.

여기에서 현대자동차의 핵심성공요소들의 산업 내 경쟁적 위치를 강, 중, 약으로 구분하여 살펴보면 아래와 같다.

현대자동차의 핵심성공요소별 경쟁적 위치

산업내 경쟁적 위치	핵심성공요소
강	시장점유율, 산업설비의 위치성과 신규설비 장착률, R&D 우위/위치, 고용인원의 우수성, 복리후생제도, 환경경영, 각 제품의 시장성장률
중	제품라인의 다양성, 판매 유통의 효율성, 보유자산 가치, 가격경쟁력, 노동생산성, 경험곡선효과, 상대적 제품 품질, 현금 확보 및 흐름
약	광고홍보의 효과성, 부가가치 창출, 기업 이미지, 노사관계

• 핵심 경쟁전략

현대자동차의 경쟁전략은 국내와 국외로 차별화하고 있다. 먼저 국내시장을 선점하기 위한 핵심 경쟁전략을 추진하면서 조속한 신제품 개발과 시장출시를 목표로 하고 있다. 이와 동시에 모델 선택폭 확대정책을 취하여 다양한 소비자 요구를 만족시키면서 적소시장을 개척하고 있다. 둘째로 생산거점을 다지역화하여 고물류비용을 해소하고, 판매인구의 저변확대를 목표로 다점포화에 의한 고객밀착형 맨투맨식 지역마케팅을 실시하고 있다. 셋째로 기업 내부 환경의 안정화를 위하여 노사분규 발생을 예방하고, 노사화합의 경영실천을 축으로 기업이미지 향상 및 노동생산성 증대를 추구하고 있다. 넷째로 신규 시장진입자에 대비한 시장선점을 위해 제품가격 할인 등과 같은 공격적 경영을 시도하고, 이를 통한 신규 및 기존 경쟁사에 대한 기회제공 근절정책을 구사하고 있다. 마지막으로 시장관리의 측면에서 A/S의 철저화와 B/S 실시로 고객만족을 극대화하고 고객참여 경영을 시도하고 있다.

한편, 해외시장에서의 핵심 경쟁전략은 단기 · 중기 · 장기의 3단계 과정에 걸쳐 각 성격에 대한 적절성을 확보하고자 노력하고 있다. 먼저 단기 경쟁전략의 내용을 살펴보면 자사의 브랜드 이미지를 고양하기 위하여, 강력한 광고 및 홍보정책을 실시하는 공격적인 전략을 구사하고 있다. 이러한 브랜드 이미지 고양정책에는 가격보다는 품질에 초점을 둔 판촉전략을 중심으로, 소비자 인식을 전환시키는 데 그 주안점을 두고 있다. 이러한 이미지 고양을 위한 고객관리에 있어서 전세계에 걸친 글로벌 A/S망 구축으로 고객불만사항을 시정하고 브랜드 호감도를 개선하여, 그 결과로 판매물량 확대를 도모하는 전략을 구사하고 있다. 한편, 소형차종인 ACCENT에 대해서는 별도로 특화전략을 채택하여 경영자원의 집중화를 통한 경쟁력 향상을 시도하고 있다.

중기 경쟁전략은 단기적인 판매물량 확대보다는 기본적 경영차원에서 해외 현지경영의 활성화와 수익성 개선 등 두 가지 부문에 초점을 두고 있다. 먼저, 해외 현지경영의 활성화 측면에서 볼 때 해외 현지법인 및 사무소가 수행하는 해외 현지사업활동을 질적 · 양적으로 확대하여 활성화시킴으로써 현지경영화를 시도하고 있다. 이를 위해 본사와 해외법인, 사무소, 현지공간 간 Global Information Network를 구축하여 경영일체화에 의한 경영시너지 효과를 극대화시키면서 미개척 시장진출에 효율적인 지원이 이루어지도록 하는 방안을 도입 · 추진하고 있다. 또한 각 주요 시장에 알맞은 차종 및 모델을 투입하여 세계 주요 시장권별로 생산 및 판매거점을 조기에 확보하면서 단계적인 Full Line-Up 전략을 구사하고 있다.

마지막으로 장기 경쟁전략은 첨단기술의 확보와 시장개척 비용의 절감, 그리고 신제품 개발비용 및 기간의 단축으로 요약할 수 있다. 이를 위해 선진 메이커와의 전략적 제휴를 도모하고 M&A 대상 업체를 탐색하여 그 가능성의 현실화 전략을 구사하고 있다.

자료: 현대자동차.

CHAPTER 10

국제전략제휴

International Business

국제경영사례 10 – 1

글로벌기업들의 전략적 제휴

• **세계적인 전략적 제휴의 확산**

세계적인 초대형 기업 간의 전략적 제휴가 확산되고 있다. 지난 2001년 3월 Coca Cola와 P&G가 합작회사를 만든 데 이어 Wal-Mart · IBM · Ericsson 등도 전략적 제휴를 확대중이다. Thomson Financial에 따르면, 2000년 전세계 글로벌기업 간에 성사된 전략적 제휴 건수는 1만 여 건으로 폭발적으로 늘어났다. 이는 글로벌화 시대에는 M&A에 따른 톱-다운(top-down) 체제보다 수평제휴관계가 더 효과적이라는 인식이 확산되고 있는 탓이다.

Coca Cola와 P&G: 미국의 Coca Cola와 P&G는 2001년 50 : 50으로 출자한 합작회사를 만들었다. Pepsi Cola에 밀리는 Coca Cola의 비탄산 음료, P&G의 프링글스 등 스낵류를 Coca Cola의 1600만 매장에서 공동판매하는 내용이다. Coca Cola는 당초 게토레이드 메이커인 퀘이커 오츠의 인수를 검토했으나, 워런 버펫 등 사외이사들의 반대에 따라 P&G와의 합작으로 선회했다. Coca Cola는 이어 스위스 Nestlé와 '베버리지 파트너즈 월드와이드'라는 공동 판매회사를 설립, 전세계 음료시장 점유율 확대를 노리고 있다.

Ericsson과 Sony: 스웨덴 Ericsson과 일본 Sony도 조만간 영국에 차세대 이동통신 단말기의 공동개발과 생산, 판매를 주관할 합작법인을 설립할 예정이다. Ericsson은 Sony의 음악저장 등 무선통신 단말기의 추가 기능을 공유하고, Sony는 Ericsson의 무선통신 단말기 제조기술과 판매망을 공유하게 된다. 이에 앞서 일본 Toshiba와 독일 Siemens도 화상전송이 가능한 단말기를 공동개발한다는 데 합의했다.

Wal-Mart와 시프라: 미국의 대형 유통업체인 Wal-Mart도 최근 북미자유무역지대(NAFTA)의 남미 확대 움직임에 맞춰 멕시코 유통회사인 시프라 지분의 60%를 인수, '월마트 데 멕시코'라는 합작법인을 설립했다. Wal-Mart는 이를 거점으로 남미 유통시장 점유율을 확대할 계획이다. Wal-Mart의

그늘에 가려있던 K마트도 최근 야채 도매회사인 플레밍과 공동구매 및 판매계약을 체결했다. 두 회사는 공동구매와 재고 정리를 통해 3년간 3억 달러를 절감할 것으로 기대하고 있다.

IBM과 로터스: IBM도 로터스와의 제휴에 이어 59건의 추가 제휴를 검토중이다. 이와 함께 IBM 메인프레임과 호환 가능한 소프트웨어 지원을 위해, 연말까지 세계적인 소프트웨어 제휴관계를 100개사 이상으로 늘릴 예정이다. Cisco Systems, Microsoft, Intel 등 하이테크 기업들도 이 같은 전략적 제휴 확대에 적극 나서고 있다.

IBM-삼성전자 등: 반도체 분야에서는 45나노미터 공정기술을 둘러싸고 아이비엠(IBM)-삼성전자-인피니언-차터드 4개사와 도시바-소니-엔이시(NEC), 마츠시타-르네사스 짝이 각각 연합세력을 구축한 상태다. 45나노 공정기술은 기존 65나노 공정에 견줘 생산성을 갑절 끌어올리는 효과가 있어 기술선점 경쟁이 치열한 분야이다.

Intel과 마이크론: 컴퓨터의 중앙처리장치(CPU)에 주력하던 Intel은 올 초 마이크론과 손잡고 낸드플래시 메모리 시장에 뛰어들었다. 인텔의 변신은 디지털 모바일 기기의 확대로 낸드플래시 시장이 급성장할 것이라는 판단에 따른 것이다. 여기에는 세계 낸드플래시 시장의 50%를 선점한 삼성전자에 대한 견제 심리도 작용한 것으로 보인다. 낸드플래시 시장은 올해 150억 달러에 이어 2010년에는 270억 달러까지 커질 것으로 업계는 보고 있다.

삼성전자와 Microsoft, Intel, MP3, 내비게이션, DMB 등 7가지 기능을 미니 노트북 한 곳에 담은 이 기기는 삼성전자와 Microsoft, Intel의 합작품이다. 운영체제는 MS의 윈도우즈 타블렛 에디션 버전을, 중앙처리장치는 인텔의 칩셋을 채용했다. 특히 MS는 사용자가 자판을 들고 다닐 필요가 없게끔 화면 하단에 부채꼴 모양의 키워드가 나타나도록 특별히 맞춤형 프로그램을 만들었다.

Sony와 삼성: 시장 선점을 위해서라면 경쟁 업체와의 제휴도 꺼리지 않는다. 소니-삼성 합작사는 7세대 엘시디에 이어 8세대 분야에서도 공동투자를 확대하고 있다. 2007년까지 19억 달러를 추가로 투입해 새 공장을 짓고 있다. 소니 입장에서 보면 차세대 텔레비전 생산을 위한 핵심부품을 미리 확보한 셈이고, 삼성전자로서도 안정적인 수요처를 따내 그만큼 덕을 보게 됐다. 한때 특허침해 문제를 놓고 신경전을 벌였던 LG전자와 Matsushita도 PDP 분야에서 포괄적인 제휴를 맺고 특허 공유에 들어갔다.

Apple과 Intel: 2001년 애플은 아이팟을 출시했다. 이때 애플은 Intel과 전략적 제휴를 통해 아이팟의 핵심기술이라고 할 수 있는 CPU를 공동으로 개발했다. 당시에 시장이나 고객의 평가는 이전에 애플컴퓨터가 시장에 내놓은 아이맥처럼 디자인에만 포커스가 맞추어질 뿐이었다. 하지만 아이팟은 달랐다. 탁월한 디자인, 사용자 인터페이스를 통한 사용자 경험은 이전의 다른 제품이 줄 수 없었던 특별한 것이었다.

Google은 2002년 AOL과의 제휴를 통해서 AOL 사용자들에게 구글의 검색결과를 노출할 수 있게 하였고, 현재 세계 최고의 동영상 공유 플랫폼인 YouTuBe를 인수했는가 하면, 2008년에는 온라인 마케팅회사인 '도블클릭'을 인수하면서 서비스 전반에 광고를 체계적으로 운영하게 되는 등 제휴 및 이수를 통한 발전을 거듭했다. Google은 최근에는 애플과 운영체제 영역에서 경쟁을 하고 있으며, Motorola를 인수하여 하드웨어 부분에서도 삼성전자, HTC 등과 치열한 경쟁이 예상되고 있다.

자료: 조선일보(2001. 5. 7.); 한국경제(2001. 4. 20, 2001. 8. 2.); 한겨레신문(2006. 9. 15.); 김대중, 애플과 구글처럼 제휴하라(서울, 다음생각, 2012).

제 1 절 국제전략제휴의 정의

1. 국제전략제휴의 정의

국제전략제휴(international strategic alliance)란 국적이 서로 다르면서 서로 경쟁관계에 있는 둘 또는 그 이상의 기업들이 일부 사업 또는 기능별 활동부문에서 일시적인 협력관계를 가지고 서로에게 도움이 되는 기술, 기법, 제품 등을 제공하는 기업 간의 협력방식으로서 통상 기술개발, 조달, 생산, 마케팅, 디자인, 엔지니어링, 유통 등에서 활발하게 이루어지고 있다.

국제전략제휴는 파트너 기업으로부터 획득한 자원을 이용하여 자신이 속한 산업에서 자사의 입지를 확고히 하고, 새로운 시장에 쉽게 진입할 수 있는 수단이 된다. 또 이를 통해 새로운 핵심역량을 얻을 수 있고, 가치를 부여할 수 있을 뿐만 아니라, 가치창출을 위한 학습효과도 얻을 수 있기 때문에 많은 기업들이 경쟁력을 강화하는 수단으로 많이 활용하고 있다.

1992년 경쟁기업인 Kodak과 Fuji가 더 좋은 사진을 더 쉽게 찍을 수 있는 새로운 사진기와 필름을 개발하기 위하여 Canon, Minolta, Nikon 등의 여타 카메라 생산기업들과 제휴관계를 맺었던 경우는 전략적 제휴의 전형적인 예라고 할 수 있다.

또 2005년 GM, Chrysler, BMW 등이 Toyota의 하이브리드 기술을 견제하기 위하여 체결했던 전략적 제휴도 제휴기업 간의 협력을 통한 경쟁기업의 견제라는 점에서 전략적 제휴의 전형적인 예라고 할 수 있다.

이렇듯 전략적 제휴는 오늘날 기업들이 세계시장에서의 경쟁이 첨예화되고 더 이상 혼자로는 경쟁적 우위를 확보하기가 어렵게 되었기 때문에, 다른 기업들과 상호 대등한 입장에서 서로의 경쟁적 우위를 결합하여 경영자원을 공유하고 전체적인 경쟁력을 향상시키기 위해 많이 활용되고 있다.[1]

2. 국제전략제휴의 범주

(1) 국제전략제휴의 범주

전략적 제휴는 학자에 따라 조금씩 달리 정의되고 있고 그 범주도 정상적인 계약형태로부터 합작투자에 이르기까지 다양하지만, 대체로 다음과 같은 세 가지 필요충분조건을 동시에 만족시키는 경우를 뜻한다. [2]

① 공동의 목표를 추구하기로 합의한 둘 또는 그 이상의 기업들이 제휴관계를 맺은 이후에도 계속해서 독립적인 기업으로 존속하고,

② 파트너 기업들이 제휴에 따른 혜택을 공유하고 상호 간에 합의된 역할을 공동 관리

그림 10 - 1 국제전략제휴의 범주

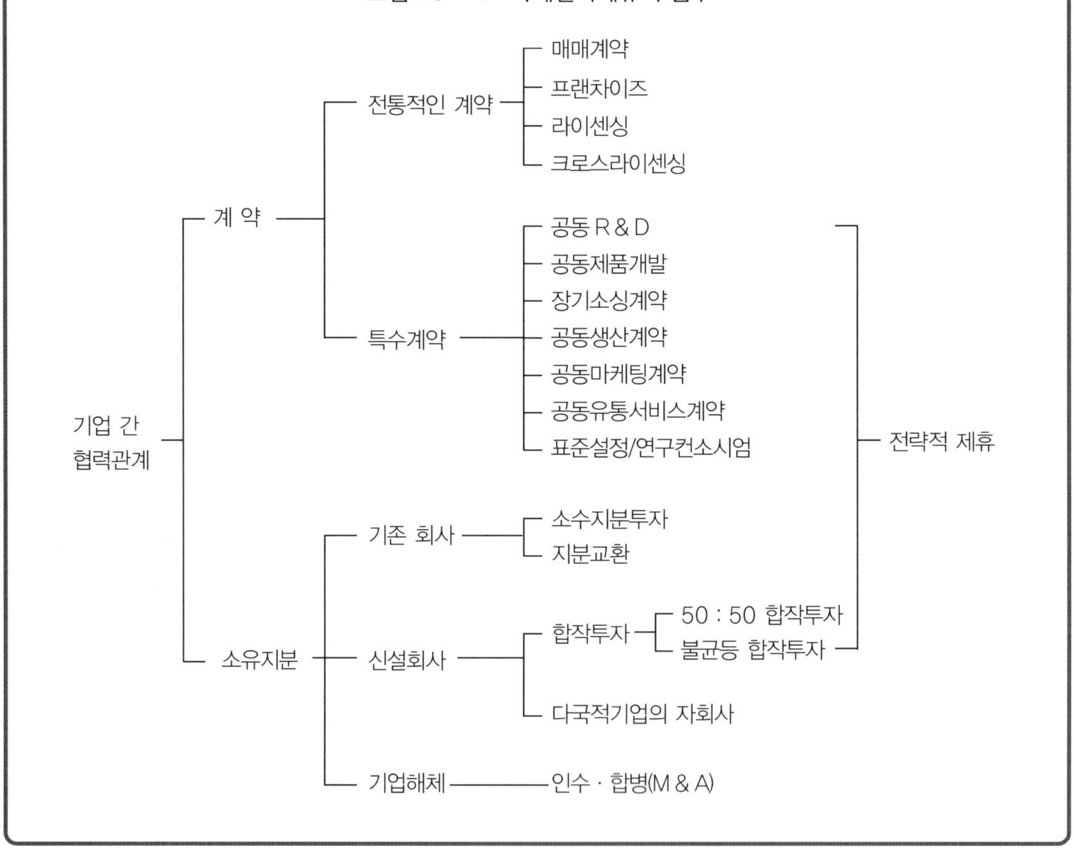

자료: M. Y. Yoshino and U. S. Rangan, *Strategic Alliances: An Entrepreneurial Approach to Globalization* (Boston, Mass., Harvard Business School Press, 1995), p. 8.

하며(이것이 전략적 제휴의 독특한 특성이며 파트너 기업들이 관리하기 어려운 특성이다),

③ 파트너 기업들이 서로 기술, 제품 등과 같은 하나 또는 그 이상의 전략적 부문에서 지속적으로 기여하는 경우이다.

이러한 기준으로 전략적 제휴를 정의하면 그 범주는 〈그림 10-1〉에 제시된 것과 같다. 이 그림을 보면 인수나 합병 이후 한 기업이 경영권을 행사하게 되는 인수 · 합병(M&A)은 전략적 제휴라고 할 수 없으며, 글로벌기업 해외자회사의 경우 비록 그들 간에 합작투자관계를 가지고 있다고 하더라도 그것은 전략적 제휴로 볼 수 없다. 또 라이센싱(licensing)이나 프랜차이즈(franchise)의 경우에도 파트너기업 간에 지속적인 기술이전과 노하우 및 제품의 흐름이 없으면 전략적 제휴라고 보기 힘들다.

한편, 전략적 제휴의 범주를 보다 더 잘 이해하기 위하여 이것을 상호작용 정도와 제휴형태로 구분하고 여기에 그 유형을 나열해보면 〈그림 10-2〉와 같다. 이 표를 보면 상호작용 정도가 가장 낮으면서 경쟁이 되는 제휴는 상호협력계약(cooperation agreement)이고 상호작용 정도와 협력의 정도가 가장 높은 유형은 합작투자이며, 그 중간정도에 있는 유형은 크로스라이센싱임을 알 수 있다.

그림 10 - 2 국제전략제휴와 상호작용 정도

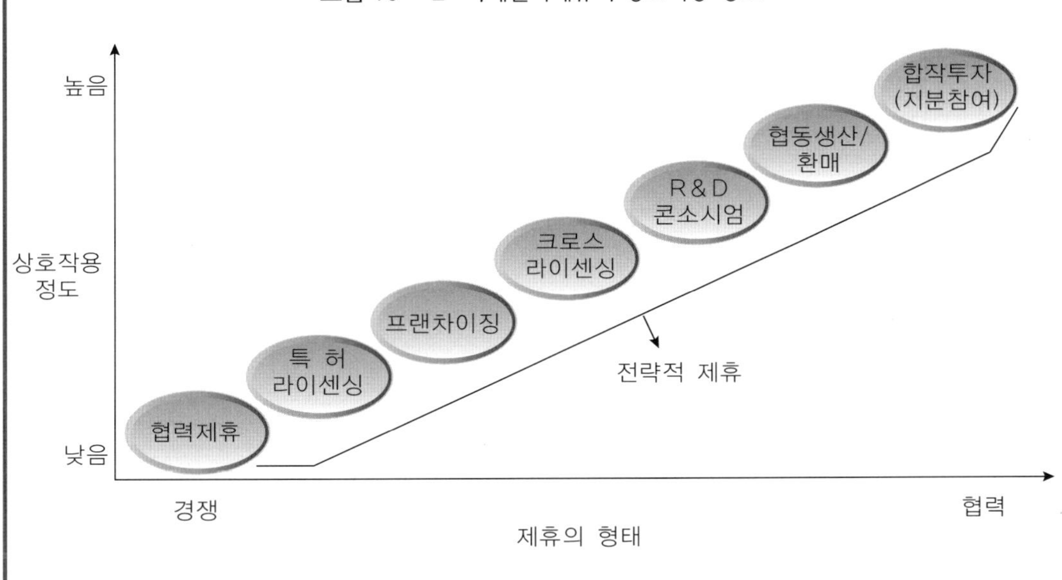

자료: P. W. Beamish, A. J. Morrison, A.. C. Inkpen and P. M. Rosenzweig, *International Management: Text and Cases* (New York, McGraw-Hill, 2003), p. 121.

(2) 국제전략제휴의 유형 및 동기

국제전략제휴는 크게 합작투자 형태의 전략적제휴와 기능별 전략적제휴로 구분할 수 있다. 합작투자는 지분참여도가 높고 당사자들 간에 참여정도가 높은 제휴형태이고, 기능별 제휴는 지분참여 없이 일부 업무분야에서 이루어지는 제휴로서 예를 들면 연구개발, 생산, 마케팅, 기술, 라이센싱, 유통 등의 분야에서 이루어지는 제휴를 말한다. 한편, 인수 및 합병(M&A)은 위에서 설명한 바와 같이 국제전략제휴의 범주에서 제외된다.

여기에서 국제전략제휴의 유형과 그에 따른 동기를 보면 〈그림 10-3〉과 같다.

한편, 자동차 산업의 경우 합작투자 및 전략적 제휴의 동기를 새로운 기술이나 제품에 대한 접근(34.5%), 새로운 시장이나 고객에 대한 접근(23.0%), 규모 및 시너지효과과 달성

그림 10 - 3 국제전략제휴의 유형 및 동기

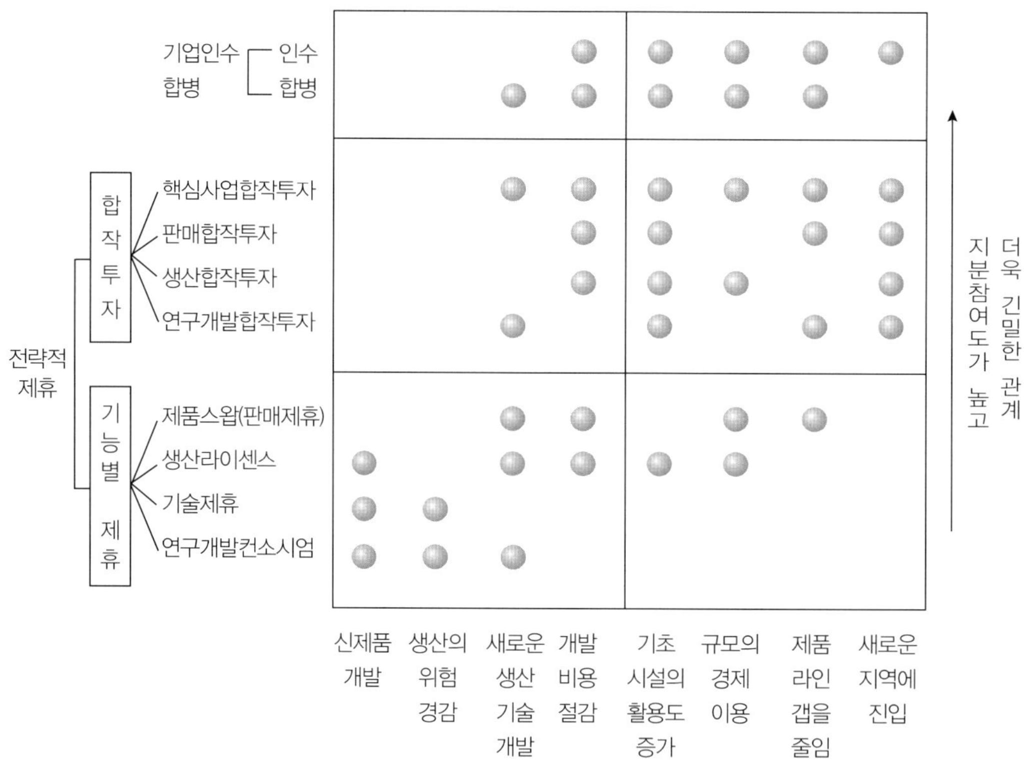

자료: J. Bleeke and D. Ernst (eds.), *Collaborating to Compete: Using Strategic Alliances and Acquisitions in the Global Marketplace* (New York, John Wiley & Sons, 1993), p. 60.

(13.5%), 새로운 사업모델 및 수익창출(8.5%), 제품의 현대화 및 세련화를 위한 자금조달(6.5%), 부채 및 파산위험 회피(3.5%), 기타(10.5%) 등을 보이고 있다. [3]

3. 국제전략제휴의 실례

국제전략제휴는 반도체산업이나 항공기산업, 원거리통신산업 그리고 컴퓨터산업 등에서 쉽게 찾아볼 수 있다. 기업들 간에 맺어지는 전략적 제휴는 수없이 많지만 몇몇 주요 산업에서 이루어진 대표적인 경우를 보면 다음과 같다.

항공기산업에서는 먼저 Airbus를 들 수 있는데, Airbus는 프랑스의 Aerospatiale, 영국의 British Aerospace, 독일의 Messerschmitt, 스페인의 Costrucciones Aeronauticas 등 4개국 유럽 항공사가 경쟁항공사인 미국의 Boeing, Lockheed, McDonnel Douglas와 효율적으로 경쟁하기 위하여 컨소시엄(consortium)방식으로 설립된 전략적 제휴의 한 예이다.

자동차산업에서는 GM이 Toyota와 합작투자로 NUMMI(New United Motor Manufacturing, Inc.)를 운영하고 있고, 일본의 Isuzu 및 Daihatsu와는 소형자동차 부문에서, Hitachi와는 자동차의 전자부품 생산분야에서, 그리고 Fanue와는 자동차 생산용 로봇 생산분야에서 전략적 제휴 관계를 맺고 있다. 그뿐만 아니라 Ford 및 Chrysler와는 플라스틱, 배터리, 트랜스미션, 전자, 환경 등의 분야에서 신기술 개발을 위한 전략적 제휴를 맺고 있다.

전자산업에서는 IBM, Siemens, Toshiba가 차세대 메모리 칩을 개발하기 위해 전략적 제휴를 체결하였고, 삼성전자와 Toshiba는 256M DRAM을 공동개발하기 위해서, 그리고 LG반도체와 Hitachi는 공동생산 및 연구를 위해서 전략적 제휴를 맺은 바 있다. 또 DuPont과 Sony는 광메모리 저장제품을 개발하기 위해서, 그리고 Motorola와 Toshiba는 메모리 칩과 마이크로프로세서 생산을 위한 기술 및 정보를 상호 교환하기 위해서 전략적 제휴를 맺고 있다.

일반 제조업 분야에서는 Nestlé가 자사의 아이스티(iced tea), 네스카페 커피, 그리고 여타 음료제품 시장을 확대하기 위해서 Coca-Cola와 제휴를 맺는 등 수많은 전략적 제휴를 체결하고 있다.

〈그림 10-4〉는 글로벌기업들이 보다 더 높은 수준의 가치창출과 목표를 달성하기 위해 서로 간의 강점을 결합하여 체결한 전략적 제휴의 예이다.

그림 10 – 4 글로벌 전략제휴 사례

파트너기업의 강점	+	파트너기업의 강점	=	공동의 목표
PepsiCo 캔 음료 마케팅능력		Lipton 인지도 높은 차(tea) 브랜드와 고객 프랜차이즈		캔 아이스 차(tea) 공동판매
Philips 가전제품 혁신 및 리더십		Levi Strauss 패션 디자인 및 유통		패션감각을 가진 소비자용 통합전자장비 장착 외출복
KFC 유명 브랜드 및 상점체제, 그리고 운영능력		Mitsubishi 일본 내 부동산 및 입지선정 기술		일본 내 KFC 체인점 설립
Siemens 전세계 정보통신시장 석권 및 케이블 생산기술		Corning 광섬유 및 유리 분야 기술력		섬유광케이블사업 창출
Ericsson 공공 정보통신 네트워크 기술력		Hewlett–Packard 컴퓨터, 소프트웨어, 전자제품 채널 접근성		네트워크 관리시스템 창출 및 판매

자료: Czinkota, M. R., I. A. Rokainen and M. H. Moffett, *International Business*, 8th ed. (Hoboken, NJ, John Wiley & Sons, 2011), p. 446.

제 2 절 국제전략제휴의 동기

1. 국제전략제휴의 일반적인 동기

(1) R&D 비용 및 위험 경감

오늘날 기술이 극도로 대형화 · 고도화됨에 따라 연구개발(R&D)에 소요되는 투자액이 대규모화되고 기술개발 및 시장개척에 따른 불확실성도 크게 증대되고 있다. 따라서 기업들은 공동R&D, 교차 라이센싱(cross licensing) 등과 같은 전략적 제휴를 통해서 중복투자를 피하고 R&D자원과 지식 및 정보를 공동으로 효율적으로 활용하기 위해 전략적 제휴를 맺고 있다.

IBM과 Siemens 그리고 Toshiba 등이 각자 개별적으로도 충분히 생산할 수 있었던 256메가 DRAM을 전략적 제휴를 통해서 공동으로 개발했던 것은 R&D비용을 절약하고, 위험을 경감시키고, 조속한 시장진출을 도모하기 위해서였다. 또 Boeing의 경우에도 777모형을 개발 · 생산할 때, 재정적인 위험을 줄이기 위해서 많은 일본기업들과 전략적 제휴를 맺은 바 있으며, 다국적석유회사들도 심해의 석유시추에 따르는 엄청난 재정적인 위험부담을 분산시키기 위해서 다른 기업들과 전략적 제휴를 맺고 있다.

우리나라의 삼성전자는 2011년 MS와 전략적 제휴를 체결하였는데, 이는 Google-Motorola의 통합에 대항하는 반 애플전선을 구축하여 위험을 경감하기 위한 것이다. 사실 MS가 출시되기 전에는 Apple과 IBM의 2강 대결구도였는데, MS가 애플의 아성을 잠재우고 세계시장을 90% 이상 장악하자 애플사는 존폐의 기로에 서게 되었다. 또한, 삼성 갤럭시의 주요 Mobile OS였던 안드로이드를 개발한 Google이 Motorola를 인수하여 하드웨어와 소프트웨어 모두를 획득하게 된 것에 위기의식을 느껴 위 두 가지 리스크를 대비하기 위한 전략적 제휴이다.

(2) 신기술 개발 및 확보

오늘날과 같이 산업기술이 급변하는 시대에는 개별 기업 혼자서는 급속한 산업기술 변화에 효율적으로 대응할 수 없다. 따라서 기업들은 각자가 경쟁우위를 가지고 있는 분야에 전문화하여 신기술을 개발하고 그 결과를 서로 공유하기로 하는 전략적 제휴를 맺기도 한다.

1998년 일본의 Toshiba는 미국의 IBM, 독일의 Siemens와 전략적 제휴를 체결하여 공동으로 세계 최소형 DRAM을 개발하였는데, 이는 기존의 64MB, 128MB DRAM보다 그 크기가 20%나 작은 것이었다. 또 Canon은 Texas Instruments로부터 전자계산기 관련 기술을, Hewlett-Packard로부터는 컴퓨터 생산기술을, Apple로부터는 소프트웨어 기술을, 그리고 Kodak으로부터는 의료용 기계제작기술을 습득하기 위해 이들 여러 기업과 전략적 제휴를 체결하기도 하였다. 삼성전자가 Toshiba와 DRAM기술을 주고받기로 하는 교차 라이센싱(cross licensing)을 체결한 것도 신기술 개발 및 확보를 위한 전략적 제휴라고 할 수 있다.

삼성전자는 2005년 이탈리아의 명품주방가구업체인 살바라니(Salvarani)와 디자인분야 협업 및 신제품 공동개발에 대한 전략적 제휴를 체결한 바 있다. 이 두 기업은 이 제휴를 통해서 프리미엄 가전제품과 최고급 명품가구를 융 · 복합화(convergence)한 빌트인 신제품을 개발하여, 주거 공간에 대한 신개념의 패러다임을 주도하고 양사의 프리미엄 이미지를 통해서 디자인 트렌드를 선도적으로 이끌고자 하였다.

LG는 2011년 미국 GM과 전기차를 공동개발하기로 하는 전략적 제휴를 체결함으로써 그동안의 단순한 부품 납품회사의 지위를 뛰어넘어 전기차를 공동 개발하는 동반자 관계로 새롭게 자리매김하였다.

(3) 해외시장 진입 및 확대

기업의 해외진출은 때에 따라서 현지국 파트너와 제휴관계를 맺는 경우에만 현지국 정부의 규제나 장벽을 회피할 수 있고, 또 문화적으로도 배타적인 대우를 받지 않을 수 있다. 이런 경우 해외시장 진입 및 확보나 신시장개척을 위한 목적에서 현지국 기업과 전략적 제휴를 맺기도 한다.

영국의 British Airways는 미국의 United Air와 전략적 제휴를 맺고 난 이후에야 미국 내 항로에 취항할 수 있었는데, 그것은 미국 국적기 외의 다른 항공사는 미국 내의 도시 간 운항이 금지되고 있었기 때문이다. 또 Motorola는 Toshiba에게 마이크로프로세서 기술과 미국의 유통망을 제공하고 Toshiba는 Motorola에게 DRAM 기술과 일본의 유통망을 제공하기로 하는 전략적 제휴를 맺은 바 있다.

우리나라의 LG전자는 1999년 네덜란드의 Philips사에 LG-LCD 지분 50%를 양도하고 LCD사업을 공동 경영하기로 하는 새로운 합작법인을 설립한 바 있다. LG는 이 제휴를 통해서 자사의 세계적인 LCD 기술력과 Philips의 브랜드 인지도를 결합시키고자 하는 목적 외에도 Philips의 글로벌 판매네트워크를 활용하여 해외시장을 확대하고자 하는 의도도 가지고 있었다.

한편, 2012년 우리나라의 KDB대우증권은 터키의 최대 증권사인 IS Investment와 전략적 제휴를 맺고, 양사 간 기업금융, 자산관리, 주식중개, 이슬람금융 및 리서치 자료 공유 등 금융투자업 전 부문에 걸쳐 상호 협력하기로 하였다. 이 제휴는 양국 자본시장 분야의 협력 증진 및 한국 금융회사의 터키 진출을 위한 계기가 될 것으로 판단된다.

(4) 경영자원의 공유

기업들은 자원조달, R&D, 생산, 판매, 애프터서비스 등에 있어서 상대 파트너가 보유하고 있는 경영자원, 지식, 경험, 노하우, 시장기회 등을 공유하여 경쟁력을 제고하기 위해서 전략적 제휴를 맺기도 한다.

경영자원을 공유하기 위한 가장 성공적인 예로는 GM과 Toyota 간의 합작투자인

NUMMI를 들 수 있는데, 이 전략적 제휴에서 Toyota는 GM으로부터 미국 내에서의 노사관리 및 부품공급업자 관리에 관한 지식을 습득하고 GM은 Toyota로부터 일본의 경영기법을 습득하였다. 또 자금을 조달을 위한 전략적 제휴도 들 수 있는데, 규모가 작은 기업들은 거대 글로벌기업들과 달리 자금력이 부족하기 때문에 인수방식을 통해 해외에 진출하고자 하는 경우 자금력이 풍부한 글로벌기업과 자금조달을 위한 전략적 제휴를 맺기도 한다.

삼성전자는 2004년 일본의 Sony사와 양사의 특허를 공유하기로 하는 전략적 제휴를 체결하여 반도체, 디지털가전, 네트워크기술 등을 중심으로 약 2만여 개의 특허를 공동 사용하기로 하였다. 이로써 삼성전자와 소니는 제품 자체는 물론 제품의 생산, 마케팅, 연구 · 개발(R&D), 특허 등의 분야에서 전방위 제휴 관계를 체결하여 세계 디지털산업계의 최강 강자연합을 구축하였다.

2011년 일본 Toyota는 Ford와 하이브리드 자동차 생산을 위한 전략적 제휴를 체결하고 10년 안에 소형 트럭과 스포츠유틸리티차량(SUV)의 하이브리드 모델을 공동 개발하기로 합의했다. 이는 미국의 엄격한 배기가스 규제에 대응하기 위한 '적과의 동침' 으로서, Ford는 Toyota의 하이브리드 기술에 힘입어 북미에서의 전기차 및 하이브리드차 생산을 크게 늘리고, Toyota는 Ford의 브랜드 인지도를 이용하여 미국 판매 기반을 확대하고자 한 것이다.

(5) 산업표준의 선택

전략적 제휴는 기술의 표준화를 이루기 위해 활용되기도 한다. 기술의 표준화가 얼마나 중요한가는 VCR 산업에서의 Sony와 Matsushita 간의 경쟁에서 그 예를 찾아볼 수 있다. Sony는 베타(β)방식의 기술을 개발하였고 Matsushita의 자회사인 JVC는 VHS방식의 기술을 개발하였다. 당시 Sony의 β방식은 VHS방식보다 기술수준이 훨씬 높았을 뿐 아니라 화면의 색상이나 품질도 훨씬 더 뛰어났다. 때문에 Sony는 β방식의 기술적 우위만을 믿은 나머지 다른 기업들에게 이 방식을 라이센스(license)하지 않았다. 하지만 기술적 열위에 있던 JVC는 VHS방식을 채택하려는 기업들에게 자유스럽게 라이센스를 허용하여 이 방식을 이용하는 기업들이 많아져, 결과적으로 가전산업의 거의 모든 기업들이 JVC의 VHS방식을 채택하게 되었다.

그 결과 VHS방식을 채택했던 Matsushita, RCA, Hitachi가 전세계 시장을 장악함으로써 Sony의 β방식은 비록 화면의 색상이나 품질이 뛰어남에도 불구하고 시장점유율이 낮아 결국 β방식을 포기할 수밖에 없는 처지가 되었다. Sony는 이후 β방식의 실패를 경험으로 CD 기술을 개발할 때는 Philips와 제휴를 맺어 CD기술을 표준화하는 등 산업표준에 맞는 신제품을 생산하기 위해 전략적 제휴를 맺었다.

이 외에도 기술을 표준화하기 위한 전략적 제휴는 수없이 많지만, 가장 잘 알려진 예로는 Microsoft의 경우를 들 수 있다. 빌 게이츠는 컴퓨터의 미래는 하드웨어가 아닌 소프트웨어에 달려 있다고 예견하고 자사의 운영체제인 MS-DOS의 사용권을 IBM에 제공하는 전략적 제휴를 활용하여 결국 관련시장을 장악하게 되었다.

우리나라의 삼성전자는 2006년 미국 통신회사인 Sprint Nextel, Intel, Motorola와 전략적 제휴를 체결하여 자신이 독자적으로 개발한 차세대 '휴대 인터넷' 이동통신 기술인 '와이브로(WiBro)' 를 통신 종주국이자 세계 최대 통신시장인 미국시장에 진출시킴으로써 4세대 이동통신 기술의 국제 산업표준 주도권을 잡을 수 있게 되었다.

2. 국제전략제휴의 본원적인 동기

전략적 제휴의 동기를 특징지어 보는 또 하나의 방법은 장래 파트너의 전략적 위치를 전략제휴사업의 상대적 중요도(strategic importance in parent' s portfolio)와 시장 내에서의 경쟁적 지위(business market position)를 가지고 가늠해보는 것이다.

여기에서 전략적 제휴사업의 상대적 중요도는 제휴사업이 핵심사업(core)인가 아니면 비핵심사업(peripheral)인가 하는 것이고, 시장 내에서의 경쟁적 지위는 장래의 파트너 기업이 선도기업(leader)인가 아니면 추종기업(follower)인가 하는 것이다.

이러한 두 가지 차원을 가지고 전략적 제휴의 본원적 동기를 살펴보면 〈그림 10-5〉와 같다.

그림 10 – 5 본원적 경쟁우위별 동기

		시장 내에서의 경쟁우위	
		선도기업	추종기업
제휴사업이 모기업의 포트폴리오에서 차지하는 중요도	핵심사업	방 어 (defend)	따라잡기 (catch up)
	비핵심사업	현상유지 (remain)	구조조정 (restructure)

자료: P. Lorange and J. Roos, *Strategic Alliances* (Cambridge, Mass., Blackwell, 1992), p. 7.

(1) 방어(defend)

제휴하고자 하는 사업이 모기업의 전체 사업포트폴리오상 핵심사업분야(core)이고 모기업이 그 사업분야에서 선도기업(leader)일 경우, 이때의 전략적 제휴는 시장 내에서의 경쟁적 우위를 방어하기 위한 것으로서, 시장이나 기술에 대한 접근 및 자원확보를 그 목적으로 하게 된다. IBM은 오랫동안 어떤 기업과도 전략적 제휴를 맺은 바가 없었지만 최근에는 전문 소프트웨어를 개발하여 자사의 경쟁적 우위를 방어(defend)하기 위해 비교적 소규모 기업들과 수많은 전략적 제휴를 맺고 있다.

(2) 따라잡기(catch up)

제휴하고자 하는 사업이 모기업의 전체 사업포트폴리오상 핵심사업분야이기는 하지만 시장 내에서의 경쟁적 지위는 추종기업(follower)일 경우, 이때의 전략적 제휴의 일차적인 목적은 선도기업을 따라잡는(catch up) 것이다. 제휴하고자 하는 사업이, 자사의 생존을 위해서 경쟁적 지위를 강화하는 것이 아주 중요할 경우에는 선도기업과 제휴를 맺는 것이 유일한 현실적 대안이 될 수 있다. 1990년 스웨덴의 Saab자동차는 자사의 경쟁적 지위를 강화하여 GM을 따라잡기 위해서 GM과 전략적 제휴를 맺은 바 있다.

(3) 현상유지(remain)

제휴하고자 하는 사업이 모기업의 전체 사업포트폴리오상 비핵심사업(peripheral)이지만 모기업이 그 사업분야에서 선도기업의 위치에 있는 경우, 이때의 전략적 제휴는 현상유지(remain)를 위한 것이다. 이런 경우에는 현재 그 기업의 위치에서 최대의 효율성을 확보하기 위해 전략적 제휴를 맺게 된다. 스웨덴의 전기제품 생산기업인 Ericsson이 1989년 GE와 맺었던 휴대용 전화기 부문의 전략적 제휴가 여기에 해당되는데, 이 사업은 두 기업 모두에게 비핵심사업이었지만 Ericsson은 GE와의 전략적 제휴를 통해서 미국시장에서 기존의 지위를 유지할 수 있었다.

(4) 구조조정(restructuring)

제휴하고자 하는 사업이 모기업의 전체 포트폴리오상 비핵심사업이고, 모기업이 그 사업분야에서 추종기업의 위치에 있을 경우, 이때의 전략적 제휴는 사업을 재편(restructure)

하기 위한 것이다. 그리고 이때의 전략적 목적은 기업구조 재편에 도움이 되는 역량과 가치를 창출하기 위한 것일 수도 있다. GE는 이동전화사업에서 Ericsson과 전략적 제휴를 맺어 사업을 재편하고자 하였다.

제 3 절 국제전략제휴의 유형

1. 협력의 동기에 따른 분류

(1) 기술제휴

기술제휴는 자사의 부족한 기술을 상대기업의 기술, 특허, 노하우 등을 도입하여 기술격차를 줄이거나 또는 신기술이나 신제품을 공동으로 개발하고자 하는 경우에 주로 활용되는 제휴로서 통상 생산제휴나 판매제휴로 발전하는 것이 일반적이다.

기술제휴의 전형적인 예로는 1995년 1GB DRAM을 생산하기 위해 IBM과 Siemens, Motorola, Toshiba 간에 이루어졌던 연구개발제휴를 들 수 있다. 또 하나의 예로는 1983년 스웨덴의 Ericsson과 미국의 Honeywell 간에 있었던 전략적 제휴를 들 수 있다. 당시 Ericsson은 통신분야에서 전세계적으로 가장 강력한 기술력을 보유하고 있었지만 미국시장에서는 열세를 면치 못하고 있었고, Honeywell은 컴퓨터와 자동제어부문에서 강력한 기술을 가지고 있었지만 통신산업부문에서는 기술은 가지고 있지 못했다. 그리하여 두 기업은 전략적 제휴를 통해서 Ericsson은 Honeywell에게 통신 하드웨어기술을 이전해주고 Honeywell은 Ericsson에게 미국 내에 통신장비를 판매하는 데 필요한 소프트웨어를 제공해줌으로써, 양사 모두 사설 전자교환기(Private Branch Exchange: PBX)분야에서 뛰어난 능력을 보유하게 되었다.

삼성전자와 일본의 Sony는 2004년 자신들이 보유하고 있는 특허를 공유하기로 하는 전략적 제휴를 체결하였다. 이들이 공동으로 사용하는 특허는 반도체, 디지털가전, 네트워크기술 등을 중심으로 2만여 개에 달한다. 이로써 삼성과 Sony는 생산, 제품, 마케팅, 연구 · 개발(R&D), 특허 등의 분야에서 전방위로 제휴를 체결하여 세계 디지털산업에서 최강의 강자연합을 구축하게 되었다.

2011년 Posco는 Google의 혁신적 IT기술과 포스코의 사업역량을 접목해 상호 윈-윈(win-win)하는 시너지 효과를 낼 수 있는 중장기 미래지향 기술개발 협력을 강화하기로 하는 전략적 제휴를 체결하였다. 이 제휴에서 Posco는 설비, 물류분야에 Google의 지도와 3D기술을 접목시키고, 미래형 경영 시스템인 포스피아(POSPIA) 3.0의 스마트 워크플레이스(Smart Workplace)에 검색, 음성인식, 모바일 등 Google의 선진 IT기술과 솔루션을 적용하기로 하였다.

(2) 조달제휴

조달제휴는 다른 기업에게 제품생산을 위탁하거나 다른 기업으로부터 부품을 조달받거나, 또는 자기 기업이 범세계적인 관점에서 자원을 조달하기 위해 글로벌 소싱(global sourcing)전략을 채택하는 경우에 활용되는 기업 간 협력을 뜻한다.

조달제휴는 자동차를 생산하고 있는 글로벌기업 간의 전략적 제휴에서 쉽게 찾아볼 수 있는데, 1980년대 후반 스웨덴의 Volvo와 프랑스의 Renault가 트럭 및 승용차의 공동 연구개발과 엔진을 포함한 부품의 공동조달 및 교환을 위해 맺었던 전략적 제휴가 여기에 해당된다. 이 제휴는 비록 성사되지는 못하였지만 양사가 연구개발비를 분담하기로 하고 Volvo가 생산한 1.4리터 엔진 및 여타 부품을 도입하여 단가를 낮추기 위한 것이었다.

한편, Renault와 Volvo 그리고 Peugeot는 엔진공장을 공동으로 설립하여 공급량이 많지 않던 엔진을 세 기업 모두에게 공급하도록 함으로써 부품조달에 있어서의 규모의 경제를 달성할 수 있었다.

현대자동차는 2012년 독일 BMW와 전략적 제휴를 체결하여 엔진개발을 추진하기로 하였다. 새로운 엔진개발에 10-20억 유로의 비용이 들 것으로 예상하고 있다. BMW는 경제성을 향상시킨 3, 4, 6기통 가솔린엔진과 디젤엔진 개발에 나선 바 있으며, 현대자동차가 BMW로부터 엔진을 조달받게 되는 경우 조달제휴에 해당된다.

(3) 생산제휴

생산제휴는 제휴기업들이 경영자원을 상호 공급하여 제품을 공동으로 생산하거나 상대방 기업의 생산을 위탁받아 제품을 생산함으로써 생산비를 절감하거나 또는 브랜드 지배력을 강화하거나 또는 규모의 경제의 달성 및 유휴 생산시설의 활용을 위한 협력이다. 전술한 Toyota-GM 간의 NUMMI 합작투자가 그 전형적인 예에 속한다. 생산제휴는 추후 판매제휴로 연결되는 것이 일반적이다.

1992년 Siemens와 IBM 두 기업은 생산시설을 각자 독자적으로 확충하는 경우, 너무 많은 비용을 부담해야 했기 때문에 이것을 절감하기 위해서 프랑스 소재 IBM 공장시설을 활용하여 8M DRAM을 공동생산하기로 한 바 있다.

한국의 하이닉스반도체는 2005년 대만의 프로모스사와 반도체 생산을 위한 전략적 제휴를 체결하였다. 이로서 하이닉스반도체는 자사의 공정기술을 적용한 프로모스사의 300㎜ 파운드리 서비스를 통해 추가적인 투자없이 300㎜ 웨이퍼 가공제품에 대한 안정적인 생산능력을 확보하게 됐으며, 해외 생산기지 확보로 통상문제도 근본적으로 해결하게 되었다.

Toyota는 2011년 Microsoft와 전략적 제휴를 체결하여 Toyota는 자동차를 생산하고, MS는 자동차에 원격으로 접속할 수 있는 인프라를 제공하기로 하였다. Toyota는 MS의 클라우드 플랫폼 '애저'(Azure)를 도요타 전기자동차에 도입해 세계 어디서나 자동차에서 디지털 서비스에 접속할 수 있도록 하겠다는 것이다. Toyota가 제공하는 디지털 서비스는 GPS와 멀티미디어 서비스는 물론이고 전기자동차나 하이브리드 자동차의 전력관리 솔루션에 이르기까지 다양하다.

(4) 판매제휴

판매제휴란 제휴를 맺은 기업들이 각자가 가지고 있는 유통경로 및 노하우 등을 공동으로 활용하여 제품을 공동으로 판매하거나 또는 판매지역이나 제품을 선택적으로 활용하여 이를 상호 간에 마케팅하는 경우를 뜻한다.

Nissan과 Volkswagen은 자동차 판매에 관한 전략적 제휴를 맺고 Nissan은 일본시장에서 Volkswagen 자동차를 판매하고, Volkswagen은 유럽시장에서 Nissan의 4륜구동차를 판매하는 전략적 제휴를 맺은 바 있다. United Air Lines와 Lufthansa, Air Canada, SAS, Thai Airways 등의 항공회사들도 항공노선 접근 및 예약 등에 있어서 전략적 제휴를 맺고 있다. 이 외에 최근에는 전자상거래를 통한 글로벌시장 공략을 위해서 인터넷 서비스기업들과 판매제휴를 맺기도 하는데, GM과 AOL 간의 자동차판매를 위한 전략적 제휴가 여기에 해당된다.

삼성전자는 2005년 미국의 생활가전 · 용품 매장 형태 유통분야의 선두업체인 미국 노스 캐롤라이나 소재 로우스(Lowe's)와 생활가전제품 판매를 위한 전략적 제휴를 체결하고 냉장고, 세탁기 등의 가전제품을 미국 전역에 있는 Lowe's사의 1,100개 매장에 공급하고 있다.

삼성전자는 2012년 Kodak과 유럽 내 소비자 잉크젯 프린터 판매를 위한 전략적 제휴를 체결하였다. 삼성은 Kodak의 뛰어난 기술과 이미징 전문지식을 지렛대 삼아 잉크젯 프린터 사업을 출범하고, Kodak 역시 소비자 잉크젯 사업의 성장을 도모할 수 있는 윈-윈 전략인 셈이다.

(5) 자본제휴

자본제휴는 특정 기술 및 제품의 개발이나 생산에 있어서 상대방 기업의 주식을 취득하는 등의 방식으로 자본에 참여하는 것을 말한다. 오늘날 기술수준이 높은 산업프로젝트를 착수하는 데는 막대한 고정비가 소요되기 때문에, 기업들은 대규모의 생산시설에 필요한 운영비 및 연구개발비를 분담하고 부족한 자원을 확보하기 위해서 전략적 제휴를 맺고 있다.

1990년 Boeing은 보잉 777기 개발에 소요되는 막대한 연구개발 및 생산비를 지원받기 위해 일본의 3개 파트너와 전략적 제휴를 맺은 바 있다. 이를 통해서 Boeing은 독자개발로 인한 비효율성과 비용 부담을 줄이는 한편 자신의 역량을 항공기 디자인과 시스템 구축하는 데 집중할 수 있었다. 그리고 부품 협력업체들은 Boeing으로부터 전문기술과 경험을 습득하여 자체 역량을 한 단계 업그레이드 할 수 있었고, Boeing이라는 안정적인 수요처를 확보할 수 있어 자생력을 갖출 수 있었다.

우리나라의 LG전자는 1999년 네덜란드의 Philips사에 LG-LCD 지분 50%를 양도하고 LCD 사업을 공동 경영하기로 하는 신규 합작법인을 설립하였다. 두 기업은 이 자본제휴를 통해서 LG의 세계적인 LCD 기술력과 Philips의 브랜드인지도 및 글로벌 판매 네트워크를 결합시킬 수 있게 되었다.

2010년 Renault와 Nissan 그리고 Daimler는 각 회사의 지분을 각각 3%씩 상호 교환 확보하기로 하는 전략적 제휴를 체결하였는데, 이는 경기침체에 따른 슬럼프 극복 및 차세대 친환경 차량인 전기자동차 개발에 착수하기 위한 것이다. Nissan의 전기자동차인 리프(Leaf)를 포함해 Renault와 Nissan은 이산화탄소 무배출 차량인 전기자동차를 개발 중에 있고, Daimler는 럭셔리 카와 트럭용 이산화탄소 배출 기술을 적용한 디젤차를 개발 중에 있다.

이상에서 논의한 협력 동기에 따른 제휴의 목적, 종류, 특성을 요약하면 〈표 10-1〉과 같다.

표 10 - 1 협력의 동기에 따른 전략적 제휴의 유형

협력동기	목 적	제휴종류	특 성
기술제휴	신기술 및 신제품 공동개발	• 기술 공동개발 • 특허공여	• 생산제휴나 판매제휴로 발전
조달제휴	글로벌 소싱을 통한 비용절감 및 원활한 소싱	• 생산위탁 · 수탁 • 부품조달	• 제휴기업에게 생산위탁 또는 부품조달 제휴 • 글로벌 소싱 전개
생산제휴	공동생산 및 브랜드 지배력 강화	• 공동생산 • 생산위탁 · 수탁 • OEM	• 경영자원의 상호공급을 통한 공동생산 • OEM 및 생산 위탁 • 합작투자를 통해서 판매제휴로 발전
판매제휴	공동판매 및 마케팅 강화	• 공동브랜드 • 위탁판매	• 마케팅 능력을 활용한 제품의 상호 공동판매 • 특정 판매지역이나 제품에 대한 상호 마케팅 전개
자본제휴	기술 및 제품개발을 위한 자본조달	• 합작기업 • 주식취득	• 대규모 산업프로젝트에 활용 • 부족한 자본을 확충하기 위해 자본참여

2. 협력과 경쟁에 따른 분류

전략적 제휴를 파트너 기업들 간의 협력과 경쟁의 협정관계로 보면, 〈그림 10-6〉과 같은 네 가지 유형으로 분류할 수 있다.

(1) 프로경쟁적 제휴(procompetitive alliance)

프로경쟁적 제휴는 대체적으로 서로 다른 산업에 속하는 제조업체와 공급업체들 간의 수직적 가치사슬(value chain)관계로서, 파트너 기업들 간에 잠재적 갈등은 비교적 적고 서로 간의 상호작용도 주로 하위계층에 국한되는 경우를 뜻한다. 자동차생산업체인 GM이 부품공급업체인 Hitachi와 공동으로 합작기업인 Hitachi Vechile를 설립하여 전자자동차부품을 개발한 것은 그 좋은 예이다. 파트너 기업들이 경쟁관계에 있지 않기 때문에 기업의 핵심능력을 보호하거나 학습을 통한 새로운 기술습득은 강조하지 않는 반면, 여러 업체들과의 제휴를 통해서 전략의 융통성 확대나 가치증대를 강조하는 경향이 있다.

그림 10 – 6 협력과 경쟁에 따른 전략적 제휴

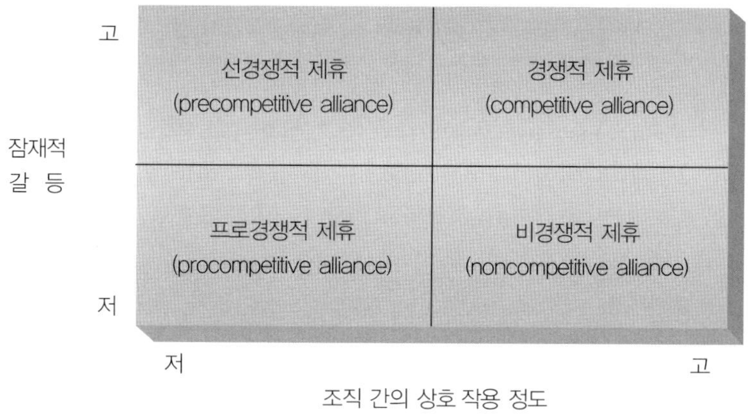

자료: M. Y. Yoshino and U. S. Rangan, *op. cit*, p. 19.

(2) 비경쟁적 제휴(noncompetitive alliance)

비경쟁적 제휴는 일반적으로 동일 산업 내의 비경쟁업체들이 공동으로 협력하는 유형이다. GM과 일본의 Isuzu가 자동차를 공동판매할 것을 목적으로 소형 승용차를 공동개발한 것은 그 좋은 예이다. 이들 파트너 기업들은 상대방 기업을 주요 경쟁자로 보지 않기 때문에 잠재적 갈등은 비교적 적다. 그러나 서로 간의 상호작용은 비교적 높고, 상위계층과 많은 기술인력이 동원되며(설계, 엔지니어링, 생산, 마케팅 등), 많은 자원이 투입되어야 하므로 다른 업체들과의 중복제휴나 핵심능력의 방어는 강조되지 않는다. 반면에, 학습은 비경쟁적 제휴에서 가장 강조되는 중요한 전략적 목적이다.

(3) 경쟁적 제휴(competitive alliance)

경쟁적 제휴는 파트너 기업들 간에 공동협력한다는 점에서는 비경쟁적 제휴의 경우와 유사하지만, 시장에서 서로 경쟁을 한다는 점에서는 비경쟁적 제휴와 다르다. GM과 Toyota가 합작투자로 자동차를 생산했던 경우, 그리고 Ford와 Nissan이 공동으로 밴(van) 승용차를 생산했던 경우가 그 좋은 예이다. 이들은 공동목표를 달성하기 위해서는 서로 간에 긴밀한 상호 작용을 하지만, 시장에서는 서로 경쟁관계에 서게 된다. 따라서 전략적 융통성보다는 학습과 핵심능력의 보호가 더 중요한 전략적 목적으로 강조된다.

(4) 선경쟁적 제휴(precompetitive alliance)

선경쟁적 제휴는 대체로 서로 다른 산업에 속하는 기업들이 새로운 기술개발과 같은 구체적인 활동에 공동으로 참여하는 경우를 말한다. 미국의 DuPont과 일본의 Sony가 공동으로 광메모리저장(optical memory-storage)제품을 개발한 예, Pepsi와 Lipton이 아이스 음료를 개발한 것 등은 그 좋은 예이다. 이들 파트너 기업들은 어떤 기업도 이 새로운 기술분야에서 독자적으로 성공할 수 있는 기술이나 마케팅상의 노하우를 가지고 있지 않지만 공동으로 협력하는 경우 신기술 개발 가능성이 높아지게 된다. 새로운 기술개발의 불확실성 때문에 전략적 융통성이 강조되고 상호작용의 정도도 비교적 낮지만, 상품화의 성공 가능성이 높아짐에 따라서 경쟁관계가 짙어지면서 자체의 핵심능력을 방어하고 상대 파트너로부터의 정보수집활동이 증가하게 될 가능성이 높다.

이상의 네 가지 전략적 제휴의 유형별 특징 및 목표를 정리하면 〈표 10-2〉와 같다. 이 표에서 볼 수 있는 바와 같이 프로경쟁적 제휴는 가치증대를 가장 중요시하고, 비경쟁적 제휴는 학습을, 경쟁적 제휴는 핵심역량의 보호를, 선경쟁적 제휴는 전략적 융통성을 가장 중요시하는 경향이 있다.

표 10 - 2 전략적 제휴의 유형별 특징 및 목표

구 분	전략적 목표			
	전략적 융통성	핵심역량 보호	학습(지식습득)	가치 증대
프로경쟁적 제휴	***	**	*	****
비경쟁적 제휴	**	*	****	***
경쟁적 제휴	*	****	***	**
선경쟁적 제휴	****	***	**	*

주) * 개수는 전략적 목표의 중요성을 표시함.
자료: *Ibid*, p. 22.

제4절 국제전략제휴이론

1. 거래비용이론(transaction cost theory)

거래비용이론에 따르면 기업들은 시장거래에서 발생하는 거래비용(탐색 및 협상비용, 협약준수 및 실행비용, 기회주의 등)과 생산에 따른 비용, 즉 생산비용을 최소화하기 위해 전략적 제휴를 맺는다고 주장한다. 이 이론의 핵심은 거래를 경제적 분석의 기본단위로 정하고 시장(market)을 통해서 거래를 하는 경우 거래비용이 발생하기 때문에 기업들은 거래에 따르는 비용을 절감하기 위하여 시장을 통한 정상적인 외부시장거래보다는 기업내부에서 이루어지는 내부시장거래를 선호하게 되며 이로 인해 기업 간 협력이 이루어지게 된다는 주장이다.

따라서 거래비용이론은 시장(market)과 위계(hierarchy)의 선택준거를 제시해준다고 할 수 있다. 이러한 관점에서 볼 때 거래비용이론은 아래에서 살펴보게 될 네트워크이론과는 달리 매 거래 관계시의 거래비용 최소화에 초점을 맞추고 있다. 이와 관련하여 윌리암슨(O. E. Williamson)은 거래비용이론에 기초하여 시장거래와 위계 양극단의 중간 형태인 준시장거래(quasi-market) 또는 준위계(quasi-hierarchy)가 성립할 수 있다는 점을 제시하고 있다.[4] 즉, 거래를 위한 투자의 성격이 특유하지 못하고 아울러 거래빈도가 연속적 또는 불연속적일 경우에는 시장거래 통제구조(market governance)가 효과적이고, 이와 반대로 거래를 위한 투자의 성격이 특유하고 또 거래빈도가 연속적일 경우에는 단일위계의 통합구조(unified governance)가 효과적이라고 주장한다. 그러나 거래를 위한 투자의 특유성이 중간적이고 아울러 거래빈도가 연속적인 경우에는 규모의 경제 효과와 안정적인 거래관계 유지를 위해 거래관계자 간 의무수반 계약의 쌍무적 통제구조(bilateral governance)가 가능하다고 주장한다. 이러한 쌍무적 통제구조는 기업 간 협력을 포괄하는 개념으로 볼 수 있다.

이와 같이 거래비용이론은 시장거래와 위계 사이에 존재하는 중간 형태의 기업 간 협력에 대한 설명뿐만 아니라 제휴 유형별로 제휴의 생성 및 수행 중에 발생하는 비용에 대한 설명에 있어서도 큰 의미를 갖는다.

2. 자원준거이론(resource based-theory)

자원준거이론은 기업의 경쟁력의 원천은 기업이 보유하고 있는 내부자원에 있다고 보고 요소시장에서의 자원의 획득방법과 기업내부에서의 자원의 개발방법에 주안점을 두고 있다. 또 이 이론은 기업의 성장과 활력의 원천으로서 경영자의 전략적 의도를 중시하고 있다. 이러한 시각에서 기업들은 전략수행에 필요한 자원을 획득하기 위해 다른 기업과 동적인 협력관계를 맺는다는 것이 이 이론의 요체이다.

자원이란 기업의 경쟁우위를 증진시키는 데 필요한 모든 자산(assets)과 조직 프로세스, 정보, 지식 등을 뜻한다. 자원준거이론의 관점에서 볼 때 기업이 자원을 활용하는 방법에는 크게 두 가지 대안이 있다. 그 하나는 자신이 직접 구축 및 보유하고 있는 자원을 활용하여 경쟁하는 방법이고, 다른 하나는 다른 기업의 자원을 활용하여 경쟁하는 방법이다. 기업 간 협력은 바로 이 두 가지 방법 중 다른 기업의 자원을 활용하는 방법의 하나로서, 경쟁기업 간 협력의 핵심적인 동기도 자신의 부족한 자원을 보완하거나 획득하는 데 있는 것으로 볼 수 있다.

이러한 관점에서 링(P. S. Ring)은 기업 간 협력을 위한 자원준거이론의 전제 조건으로 다음과 같이 세 가지를 제시하고 있다.[5] 첫째, 자원의 불완전 이전과 모방, 즉 특정 자원의 이전과 모방이 완전하지 못하기 때문에 기업들은 경쟁기업 간 협력을 통해 자원의 불완전 이전과 모방의 제약을 해결할 수 있다는 점이다. 둘째, 모든 기업은 자원의 제약조건하에 놓여 있다는 점이다. 즉, 어떠한 기업도 경쟁우위를 지속시키는 데 요구되는 충분한 자원을 보유하고 있지 못하기 때문에 다른 기업 자원과의 결합을 통해서만 경쟁적 우위를 지속시킬 수 있다는 점이다. 셋째, 경쟁기업과 협력을 추구하는 기업은 자신과 경쟁기업의 자원 가치를 충분히 인지할 수 있어야 한다는 점이다. 결국, 자원준거이론에 기초한 기업 간 협력은 궁극적으로 결합가치의 극대화(joint value maximization)와 새로운 가치 창출에 초점을 맞추고 있다.

3. 네트워크이론(network theory)

모든 공식적 조직은 사회시스템의 구성원으로서 사회적 외부환경(경쟁기업 포함)과 사회시스템의 규범과 가치에 의해 그 활동이 영향을 받게 된다. 예를 들면, 모든 기업은 공중관계, 경쟁자와의 관계 및 대정부 관계하에서 사업활동을 영위한다. 그 중에서 기업 자신과 다른 기업(공급업체, 경쟁업체, 유통업체 등)과의 관계에 초점을 맞출 경우 이것은 기업 간 관계(inter-firm relations)에 관한 문제가 된다. 따라서 경쟁기업 간 협력도 기업 간 관계의 한 범주에 속하게 된다.

네트워크이론은 사회적 관계에 있어서의 기업 간 관계에 초점을 맞추어 유럽에서 발전된 이론이다. 네트워크(network)는 장기적인 협력관계를 맺고 있는 둘 또는 그 이상의 조직체로 구성되는데, 이는 서로 다른 이해관계자 집단 간 독립성을 유지하면서 상호 신뢰를 바탕으로 전략적 의도하에서 장기적인 결속관계를 구축 · 유지하는 과정으로 받아들여지고 있다.

따라서 기존의 시장(market)과 위계(hierarchy)의 규범 및 통제 메커니즘과는 서로 구별된다. 네트워크는 그 네트워크에 참여한 기업들로 하여금 거래비용을 감소시킬 수 있게 해 줄 때 경제적으로 효율적이라고 할 수 있다. 따라서 효율적 네트워크는 한편으로는 시장거래에서 발생하는 거래비용(탐색비용, 기회주의, 불확실성 등)을 감소시켜 줄 수 있고, 다른 한편으로는 내부조직(위계)에서 비롯되는 관리비용을 줄여 줄 수 있는 대안이 된다. 즉, 네트워크이론은 매 교환 관계시의 최대 효율성보다는 장기적인 차원에서 종합적 교환관계에 있어서의 최대 효율성에 중점을 두고 있다.

이렇게 볼 때 네트워크이론은 기업이 가지고 있는 사회적 관계와 전략적 제휴 형성 과정간의 관계를 밝힘으로써 특정 기업 간 오랜 기간 동안 반복적으로 지속되고 있는 제휴를 잘 설명해줄 수 있다. 또한 최근 여러 산업에서 광범위하게 대두되고 있는 기업 간 네트워크의 이론적 근거로도 매우 유용하다.

4. 산업조직이론(industry organization theory)

기업과 환경 간의 관계에 대해 결정론적 시각을 갖고 있는 산업조직이론은 기업이 환경변화에 대응하는 과정에서 다른 전략대안들과 비교해 볼 때, 전략적 제휴가 기업의 경쟁력을 제고시키는 데 효과적인 대안이 될 수 있는가에 초점을 맞추고 있다. 따라서 산업조직론적 관점에서의 전략적 제휴에 대한 설명은 주로 제휴가 세계 경제환경의 변화에 대응하기 위해 가지고 있는 전략적 효율성에 초점을 맞추고 있다.

포터(M. E. Porter)의 산업구조분석모델에 따르면 당해 산업의 수익률은 다음과 같은 다섯 가지 집단들 간의 역학관계에 의해서 결정된다.[6] 즉, ① 대체재와의 경쟁, ② 잠재적 진입자와의 경쟁, ③ 기존 사업자와의 경쟁, ④ 공급자와의 관계, ⑤ 구매자와의 관계 등이 그것이다. 이 중 수평적 관계 집단이라고 할 수 있는 대체재, 잠재적 진입자, 기존 사업자 등이 경쟁과 협력의 주체가 될 수 있다. 포터는 국제전략제휴를 기업이 경쟁적 우위를 획득하기 위해 활용하는 전략대안의 하나로서 범세계적 가치사슬 활동의 일부를 파트너와 공유 및 위임하는 것으로 보고 있다.[7]

오늘날 우리가 살고 있는 이 세계는 국제화 및 개방화에 따라 거의 모든 업종에 있어서 국가 간 진입이 자유롭게 허용됨으로써 경쟁이 격화되고 세계시장이 통합되고 있다. 따라서 기업들은 생존차원에서 세계적인 시장지배력(market power)을 강화해야 할 필요성이 그 어느 때보다도 강조되고 있는데, 국경을 초월한 경쟁기업 간 협력이 이를 위한 주요 전략수단이 될 수 있다.

제 5 절 국제합작투자

1. 국제합작투자의 세계적 추이

최근 합작투자(joint venture)방식에 의한 해외진출이 크게 증대되고 있다. 그 이유는 무엇보다도 개발도상국들이 단독투자방식으로 자기 나라에 진출하는 외국인투자기업을 억제하고 그 대신 자기 나라 기업과의 합작투자를 통한 진출을 적극 장려하고 있기 때문이다. 또 국제적으로 상호의존관계가 점차 심화되면서 각국의 시장이 지리적(무역자유화, 자유무역지역, 공동시장 등)으로 뿐만 아니라 산업별(인조섬유, 자동차, 전자 등)로도 분할되어 점차 경쟁이 격화되고 규모의 경제가 확대되고 있기 때문이다.[8]

또 합작투자는 생산시설이나 장비가 자동화시스템이나 대량생산 시설로 대체되는 경우, 단위당 생산비를 크게 낮출 수 있기 때문에 그 이용이 더욱 두드러지게 되었다. 다른 한편으로는 그동안 제품의 수명주기가 크게 단축되고 품질 면에서의 우위가 강조되는가 하면 국내시장에서만 활동하던 기업들이 점차 국제화를 전개하였기 때문이기도 하다.

그 결과 최근에는 IBM이나 Mitsubishi, Nestlé, 그리고 GM 등과 같은 세계적인 글로벌 기업들도 예전과 달리 단독투자방식만을 고집하지 않고 합작투자방식을 이용한 해외진출을 적극적으로 추진하고 있다.

2. 국제합작투자의 동기

기업들은 〈표 10-3〉에 제시되어 있는 바와 같은 네 가지 기본목적 중 어떤 특정 목적을 달성하기 위해 국제합작투자를 활용한다. 즉 자사의 기존사업 강화, 기존제품의 신시장 판매, 기존시장에 대한 신제품 판매, 그리고 새로운 사업분야로의 다각화 등이 그것이다.

기업들은 자신의 특정 목적을 달성하기 위해 합작투자를 활용하며 자신의 목적을 달성하는 데 필요한 적합한 파트너를 물색하게 된다. 통상 기존사업을 강화하고자 하는 기업들은 규모의 경제, 필요 기술이나 노하우의 확보, 재무상의 위험 회피 등을 위해 합작투자를 활용한다. 그리고 기존제품을 해외시장에 판매하고자 하는 기업들은 해외시장 진출에 따른 위험을 회피하거나, 동일 업종의 파트너를 물색하거나, 현지시장에 대한 마케팅 및 현지 조립공장을 설립하기 위해 합작투자를 활용하기도 한다.

또 해외제품을 국내시장에 판매하고자 하는 기업들은 기존의 국내공장과 유통채널을 최대한 효율적으로 활용하고 신기술의 위협으로부터 자사를 방어하기 위하여 합작투자를 활용한다. 마지막으로 새로운 사업분야로 다각화하고자 하는 기업들은 경쟁에 필요한 기술을 획득하여 전혀 새로운 신제품이나 신시장으로 다각화를 하기 위해서 합작투자를 활용하기도 한다.

표 10 - 3 국제합작투자의 동기

	기존제품	신제품
신시장	기존제품을 해외 신시장에 판매	새로운 사업분야로 다각화
기존시장	기존사업 강화	해외제품을 국내시장에 판매

자료: P. W. Beamish, A. J. Morrison, A.. C. Inkpen and P. M. Rosenzweig, *op. cit.*, p. 122.

3. 국제합작투자의 소유권 유형

(1) 다수소유형 합작투자

다수소유형 합작투자는 해외투자기업이 50% 이상 95% 미만의 지분(equity)을 소유하는 형태로 해외에 투자하는 경우이다. 다수소유형 합작투자는 투자기업이 합작기업의 운영과 의사결정권을 갖기 때문에 독점적 우위요소를 소유하고 있는 기업일수록 이러한 다수소유형태의 진출을 선호하게 된다. 다수소유형 합작투자는 사업 실패율이 극히 낮은 것으로 알려지고 있다.

(2) 동등소유형 합작투자

동등소유형 합작투자는 해외투자에 참여하는 기업 쌍방이 50 : 50의 지분으로 동등하게 투자하여 동등한 권리와 의무를 갖는 합작투자방식이다. 따라서 양 기업이 사업체의 제반 전략적 의사결정에 공동으로 참여하게 되는데, 이러한 형태의 합작투자는 기업운영 전반에 대해 쌍방 간의 협력이 잘 이루어지는 경우에만 성공 가능성이 높다.

동등소유형 합작투자는 민간기업에서는 찾아보기가 어렵고, 개발도상국이 외국인에게 경영권을 양보하지 않으면서 국가경제에 필요한 산업을 외국자본을 이용하여 설립하고자 하는 경우 등에 주로 채택된다.

(3) 소수소유형 합작투자

소수소유형 합작투자는 해외투자기업이 49% 이하의 지분을 소유하는 형태로 해외에 진출하는 경우로서 합작기업에 대한 경영권은 다수 지분을 가진 상대기업이 갖게 된다. 다만, 30% 미만의 지분을 소유하더라도 합작기업에 다수의 파트너가 참여하는 경우에는 경영권을 확보할 수도 있다.

최근 개발도상국들은 자원민족주의나 국가경제발전의 견지에서 자국 산업이나 기업에 대한 외국기업의 지배를 기피하는 경향이 있기 때문에 다수소유형 합작투자나 동등소유형 합작투자보다도 소수소유형 합작투자의 이용이 늘어나고 있다. 소수소유형 합작투자의 경우에도 세제나 행정적인 면에서 현지기업과 동등한 지원을 받을 수 있다.

이상에서 국제합작투자를 지분참여방식에 따라서 분류해 보았는데, 어느 한 파트너가 합작기업의 운영과 전략적 의사결정을 주도하는 경우에는 합작기업의 성공 가능성이 높지만, 반대로 경영의사결정에 많은 파트너가 참여하는 경우에는 실패 가능성이 높은 것으로 분석되고 있다.[9]

4. 국제합작투자의 장 · 단점

(1) 투자기업 측면에서의 장 · 단점

1) 장점

① 현지정부의 압력에 효율적으로 대처할 수 있다.

최근 개발도상국들은 자원민족주의적인 견지에서나 또는 경제적 종속에 대한 우려 때문에, 외국인투자기업이 단독투자보다는 합작투자형태로 진출하는 경우를 선호하며, 일부 개발도상국의 경우에는 아예 합작투자방식에 의한 진출을 명문화하는 경우마저 없지 않다. 따라서 합작투자방식을 이용하면 현지정부의 이러한 압력에 효과적으로 대처할 수 있다.

② 위험을 분산시킬 수 있다.

해외투자기업은 현지기업과의 합작투자를 통해서 경영상의 위험과 환경변화에 따른 위험을 줄일 수 있다. 즉, 합작투자를 통해 설립된 기업은 현지에서 정치적 · 경제적 불확실성이 존재하는 경우에도 현지기업으로 간주되기 때문에, 국유화(nationalization)와 같은 극단적인 위험을 피할 수 있을 뿐 아니라 위험을 분산시킬 수도 있다.

③ 현지의 시설과 자본, 그리고 자원을 활용할 수 있다.

현지기업과 합작투자를 하게 되면 현지의 법률 · 관습 · 관행 등에 대한 정보를 쉽게 수집할 수 있고, 현지 파트너를 활용함으로써 현지의 기관이나 관료 등과의 접촉이 용이하며, 현지의 자본이나 천연자원, 기술, 노동력, 그리고 마케팅시설 등을 보다 더 적극적으로 활용할 수 있다.

④ 외국기업이라는 이미지를 불식시킬 수 있다.

단독투자방식의 해외진출은 현지국에서 외국기업으로 취급되기 때문에 여러 가지 면에서 불리한 대우를 받을 가능성이 있으나, 합작투자는 현지국의 경제발전에 공헌하고 있다는 이미지를 부각시킴으로써 현지정부에 대한 접근이 용이하며 관세 및 조세, 그리고 수입쿼터 등과 같은 차별대우를 피할 수 있다.

⑤ 새로운 시장개척이 용이하고 비용을 절감할 수 있다.

해외투자기업은 확고한 시장기반을 구축하고 현지파트너를 선택함으로써 현지파트너가 보유하고 있는 정보를 이용하여 새로운 시장을 보다 더 용이하게 개척할 수 있고, 동시에 시장도 확대할 수도 있다. 또 생산입지를 해외로 이전함으로써 운송비 · 노동비 등을 절감하고, 세제상의 혜택을 누릴 수 있어서 전체적인 자본참가비용을 줄일 수 있다.

2) 단점

합작투자는 해외투자기업의 측면에서 보았을 때 다음과 같은 불리한 점을 가지고 있다.

① 계열기업에 대한 경영통제권이 상실되며 자사의 경영, 기술, 마케팅 및 기타의 능력을 이용하여 획득한 이익을 합작기업과 나누어 가지지 않으면 안 된다.

② 현지 파트너 때문에 범세계적인 글로벌기업 망 전체로서의 종합적인 계획의 수립과 운영, 그리고 통제에 대한 탄력성이 제한을 받을 수 있다.

③ 국제마케팅 계획 및 배당금 지급, 소득의 재투자, 제3국에 대한 수출, 원료와 부품의 조달원, 이전가격, 경영자 선임 및 보수, 그리고 규모의 확장 등과 같은 핵심적인 경영관리상의 문제에 있어서 현지파트너와 충돌이 야기될 가능성이 있다.

(2) 현지기업 측면에서의 장 · 단점

1) 장점

① 자사가 부족한 자본을 확충할 수 있다.

합작투자를 받아들이는 현지기업은 자기 기업에게 부족한 자본을 끌어들임으로써 자본력을 강화할 수 있다. 또 외국자본을 이용함으로써 위험을 분산시키고, 외국자본이 아니면 이루기 어려운 사업을 개시함으로써 사업기회를 포착할 수 있다.

② 기술적 노하우 및 경영기법을 습득할 수 있다.

일반적으로 외국인투자기업은 높은 수준의 기술적 노하우나 관리기법 등의 자산적 지식을 가지고 투자해오기 때문에, 이들로부터 이러한 기술적 노하우나 관리기법 등을 습득할 수 있다. 동시에 투자기업의 유명상표나 특허권 등도 이용할 수 있다.

③ 기업의 신용을 증대시킬 수 있다.

현지기업은 전세계적으로 유명 선진기업과의 합작투자를 통해서 국제화를 추진할 수 있고, 동시에 국제적인 신용도 제고시킬 수 있다. 그리고 기업의 신용이 제고되면 자본조달력이 강화되고 제품판매 측면에서도 좋은 결과를 기대할 수 있다.

④ 정부가 제공하는 국내의 각종 혜택을 누릴 수 있다.

합작투자를 받아들이는 기업은 정부의 여러 가지 정책에 따른 제도적 · 행정적 혜택을 누릴 수 있다. 그 예로는 자본조달에 있어서의 편의, 차관에 대한 보증, 세제상의 혜택 등을 들 수 있다.

2) 단점

합작투자는 현지기업의 측면에서 다음과 같은 불리한 점을 가지고 있다.

① 현지에 투자한 외국기업이 현지국의 수출증대 정책 등에 협조하지 않고, 현지에서 가용한 원자재까지도 투자본국으로부터 수입하도록 강요하는 경우 어려움에 처할 수 있다.

② 현지국 직원을 충분하게 고용하지 않고, 현지인에 대한 교육훈련도 등한시하고, 현지에서의 연구개발활동도 수행하지 않는 경우가 있다.

③ 현지국에 대해 기업의 사회적 책임을 다하지 않는 경우도 있다.

5. 국제합작투자 파트너의 선정

(1) 국제합작투자 파트너의 선택대안

1) 현지국 기업

현지국기업을 합작파트너로 선택하게 되면 생산시설이나 시장, 유통, 노사, 그리고 관리적 측면에서 많은 도움을 받을 수 있다. 특히, 합작기업의 초기 운영에서 직면할 수 있는 여러 가지 어려움을 회피할 수 있고 위험이나 불확실성도 줄일 수 있다.

현지국기업과의 합작투자는 예를 들어, 한국기업이 인도에서 인도기업과 합작투자를 하는 경우, 그리고 한국기업이 필리핀에서 필리핀 부동산회사와 합작투자를 하는 경우 등을 들 수 있다. 또 자기 기업이 수행하고 있는 업종과 전혀 무관한 여타 업종에서도 합작투자의 파트너가 될 수 있다. 예를 들어, 제조업에 종사하고 있는 기업이 제조업과 전혀 상관이 없는 금융기관이나 생명보험회사 등의 합작투자 파트너가 되는 경우이다.

2) 현지 정부기업

합작투자 파트너는 꼭 개인기업이어야 할 필요는 없으며, 정부기업도 파트너가 될 수 있다. 오늘날 개발도상국들의 경우에는 경제성장을 달성하기 위하여 현지국 정부가 직접 합작투자 파트너로 참여하기도 한다. 특히 자국의 경제발전에 결정적인 역할을 하는 제조업 분야의 합작투자에 직접 관여하기도 한다. 이러한 형태의 합작투자는 칠레, 멕시코, 파키스탄, 레소토 등과 같은 나라에서 찾아볼 수 있다.

3) 제3국 기업

제3국 기업과의 합작투자는 위험을 줄이는 것이 아주 중요한 문제가 되는 원재료 산업 등에서 쉽게 찾아볼 수 있다. 그 예로서 한국기업이 미국기업과 합작으로 사우디아라비아의 석유탐사 프로젝트에 공동으로 투자하는 경우라는지, 또는 한국기업과 일본기업이 합작으로 남아프리카의 연산광물 추출산업에 투자하는 경우 등이 여기에 해당된다.

제3국 기업과의 합작투자는 어느 한 파트너가 지분은 가지고 있으나 경험이 부족하다든지 또는 정치적인 이유 때문에 자기 기업이 단독으로 직접 개입할 수 없는 경우 등에 활용할 수 있는 방안이다.

(2) 합작투자 파트너 선정시의 고려요인

합작투자에 있어서 가장 중요한 문제는 최적의 현지 파트너를 선정하는 것이다. 해외투자기업은 합작 파트너를 선정할 때 가장 먼저 자기 기업이 합작투자를 통해서 현지시장에서 달성하고자 하는 목표가 무엇이고, 추진하고자 하는 합작기업이 자사의 전체적인 해외진출전략에 부합한 것인가를 검토하고, 나아가 현지 파트너의 목적과 전략을 구체적으로 파악할 필요가 있다. 10

또 양 파트너 간 구체적인 협상에 들어가기에 앞서서 합작기업의 목적과 그 목적을 어떻게 달성할 것인가에 대한 충분한 의견교환이 무엇보다도 중요하다. 그리고 쌍방 간에 합의된 주요 사안들은 법률적 구속력을 갖기 위해 문서화하는 것이 바람직하지만, 양 파트너 간의 신뢰와 이해가 합작기업의 성공에 관건이 된다는 점을 간과해서는 안 된다.

합작투자의 파트너들은 상대 파트너가 소유하고 있는 기술과 자원을 획득하기 위해 합작기업을 설립하기 때문에, 글로벌기업이 합작기업에 대해 얼마나 공헌할 수 있는가는 자사의 제반 능력과 현지 파트너의 제반 능력, 그리고 합작기업의 목적에 따라서도 좌우된다. 통상 외국인투자기업들은 기술 또는 제품을 가지고 합작기업에 공헌하는 것이 일반적이고, 현지국 파트너는 현지국의 사업환경에 대한 지식 및 마케팅노하우를 가지고 합작기업에 공헌하는 것이 일반적이다. 합작기업이 피투자국의 승인을 필요로 하는 경우에는 외국인투자기업의 소유지분이 규제를 받을 수도 있다.

외국인투자기업은 소유지분 외에도 인사, 생산, 재무, 마케팅, 일상적인 업무, 경영계획 등에 관해 현지 파트너와 의견을 조정해야 한다. 합작기업의 경우 이익보고, 배당정책, 자본금의 증자, 양사가 공급해야 할 부품, 원자재의 가격책정, 경영인사권 및 급여 등의 분야에서 서로 의견이 다를 수 있다. 따라서 합작투자 협상시 이러한 사안들에 대한 명백한 합의가 필요하다.

협상은 합작기업의 법적 상태를 규정하고 나아가서 라이센싱, 기술자문, 경영관리협약 등에 관해 합의된 내용을 문서화함으로써 종결된다.

6. 국제합작투자 체크리스트

위에서 합작투자에 관한 여러 가지 내용을 살펴보았는데, 이러한 내용은 모두 성공적인 합작투자를 위한 기초가 된다. 여기에서 합작기업 설립 협상시 투자기업이 고려해야 할 체크리스트(checklist)를 요약해보면 〈표 10-4〉와 같다.

제 6 절 국제라이센싱

1. 라이센싱의 의의와 동기

(1) 라이센싱의 의의

라이센싱(licensing)이란 라이센서(licensor)가 자사가 보유하고 있는 특허(patent), 노하우(know-how), 등록상표(trademark), 기술공정(technical process) 등의 상업적 자산을 라이센시(licensee)가 사용할 수 있도록 권리를 제공하고, 그 대가로 라이센시로부터 일정한 로열티(royalty)나 수수료(fee)를 받기로 하는 계약형태의 국제사업방식을 말한다.

라이센싱은 수출보다 위험이 높지만 해외직접투자보다는 위험이 낮다. 따라서 기업이 국제화 과정에서 국제사업활동이 수출로부터 해외생산으로 전환되어 가는 과정에서 일시적으로 이용되기도 하고, 또 여타 형태의 국제사업방식과 함께 활용되기도 한다. 라이센싱은 또한 기업이 수출이나 해외직접투자방식으로 해외시장에 진입해야 할 필요성을 줄여주는 역할을 하기도 한다.

라이센싱은 수출이나 해외직접투자와 상호 보완적 · 대체적으로 활용될 수 있는 국제사업방식이며, 독점적 기술을 보유하고 있는 기업일수록 라이센싱의 가치가 더 크다고 하겠다.

표 10 - 4 국제합작투자 체크리스트

A. 합작기업의 목적
① 자사의 주요 목표 및 전략
② 현지 합작파트너의 목표 및 전략
③ 양 파트너 목표의 조정

B. 양 파트너의 공헌
① 현지 사업환경에 대한 지식
② 현지 공급업자 및 소비자와의 유대관계
③ 현지국 정부와의 관계 및 영향력
④ 현지국에서의 평판
⑤ 기존 설비 및 시설
⑥ 자본
⑦ 경영/생산/마케팅 능력
⑧ 기술력 및 산업재산권
⑨ 기타

C. 현지국 정부의 역할
① 법률/규정/정책
② 행정적 유연성
③ 해당 합작투자에 대한 관심
④ 합작투자 승인 요건

D. 소유권
① 다수 소유
② 소수 소유
③ 동등 소유
④ 기타 특별 협의

E. 자본구조
① 합작투자의 법적 특성
② 자본금
③ 현지 및 해외 차입금
④ 장래 증자 계획
⑤ 소유권 이전에 대한 제한

F. 경영
① 이사회 임명 및 구성
② 최고경영진의 임명 및 권한
③ 주재원 파견
④ 조직구조

G. 생산
① 생산설비 설계 및 건설
② 기계 및 장비의 공급 및 설치
③ 생산활동
④ 품질관리
⑤ 연구개발(R&D)
⑥ 교육훈련

H. 재무
① 회계 및 통제시스템
② 유동자본
③ 자본지출
④ 배당
⑤ 파트너가 제공하는 제품에 대한 가격책정
⑥ 파트너에 의한 차입 보증
⑦ 조세

I. 마케팅
① 제품계열, 등록상표, 상호명
② 표적시장 및 판매잠재력
③ 유통채널
④ 촉진
⑤ 가격
⑥ 마케팅조직

J. 계약
① 현지국의 기업법
② 정관
③ 계약사항(라이센싱, 기술자문, 경영계약 등)
④ 분쟁해결 절차 및 방법

자료: F. R. Root, *Entry Strategies for International Markets*, Revised and Expanded ed. (Lexington, Mass., Lexington Books, 1994), pp. 174-175.

(2) 라이센싱의 동기

1) 라이센서(licensor)의 동기

① 산업재산권에 따른 부가수입의 확보

기업이 자신이 보유하고 있는 특허나 노하우, 등록상표, 기술공정 등의 산업재산권을 라이센싱을 통해 이익적으로 활용하면 과거의 생산 및 마케팅활동에 관계없이 부가적인 수익을 얻을 수 있다. 특히, 아직 개척되지 않은 시장이나 또는 특정 기술공정이 전혀 사용된 적이 없는 시장에서는 더더욱 부가적인 수익이 가능하다. 실제로 미국의 대규모 석유회사들은 미국에서 개발된 특허공정을 활용하기 위해 유럽기업들에게 정기적으로 라이센싱을 제공하고 있다. 이는 해외시장을 개척하기 위한 것이라기보다는 로열티 수수를 목적으로 한 것이다.

② 마케팅수단으로 활용

라이센싱은 해외시장에서 자기 제품의 성가(reputation)와 수용성을 제고시켜 준다. 현지인들이 특정 기업의 라이센싱을 제공받아 생산된 제품을 사용함으로써 그 기업의 브랜드에 친숙해지게 되면 그 나라에 수출되는 그 기업의 여타 제품도 함께 수용될 수 있게 된다. 또한 높은 수준의 관세를 부과하거나 수입제한조치를 취하는 국가에 진출하는 경우에도 수출보다 라이센싱이 훨씬 더 유리하다. 서비스가 필요한 기술적 제품 판매의 경우에는 라이센싱이 유일한 해외시장 진출방법이 되기도 한다.

③ 특허 및 등록상표 보호

일부 국가에서는 라이센싱이 특허와 등록상표를 보호하는 수단으로 활용되기도 한다. 라이센싱계약은 자사의 제품이나 등록상표, 또는 특허에 대한 현지기업의 권리침해를 방지해줄 뿐 아니라 라이센서에게 로열티(royalty) 수입도 가져다준다.

④ 해외에서 개발된 노하우의 혜택 수혜

라이센싱계약은 일반적으로 라이센서가 제공한 산업재산권을 가지고 라이센시가 개발한 새로운 기술이나 제품에 대해서는 라이센서가 권리를 갖는다고 명시된 경우가 많다. 이 때문에 어떤 기업들은 새로운 기술이나 제품개발에 따른 이익이 라이센싱계약으로부터 얻는 로열티보다 훨씬 더 크다고 평가하기도 한다.

⑤ 여타의 이익

라이센싱계약은 해외직접투자를 위한 자본축적이나 시장잠재력의 측정수단으로 활용되거나 또는 본사가 소유하고 있는 해외공장의 요구에 맞게 활용될 수도 있다.

2) 라이센시(licensee)의 동기

① 외국기업의 기술활용을 통한 수익 확보

라이센시는 자사가 직접 기술을 개발할 능력이 없거나, 또는 직접 개발할 수 있다고 하더라도 개발비용이나 개발기간을 고려할 때 그것이 결코 이익적이지 못한 경우, 외국의 우수기업이 이미 개발해 놓은 기술을 활용함으로써 오히려 더 높은 수익을 확보할 수 있다.

② 외국기업의 특허 활용

통상 외국기업이 개발해 놓은 기술은 그 권리가 특허로 보호되고 있기 때문에 그 기술을 이용하고자 하는 경우에는 라이센싱계약을 활용할 수밖에 없다. 라이센시는 비교적 저렴한 비용으로 이러한 기술을 이용할 수 있을 뿐 아니라 다른 기업에 대한 기술전수도 가능하기 때문에 추가이익을 확보할 수도 있다.

③ 라이센서의 명성이나 신용의 활용

일반적으로 라이센서는 등록상표나 유명상표 등을 통해서 높은 명성이나 신용을 확보하고 있는 경우가 대부분이므로 라이센시는 라이센싱을 통해서 라이센서가 확보하고 있는 명성이나 신용의 혜택을 누릴 수 있다.

④ 해외마케팅 기회의 확보

라이센싱을 이용하면 라이센서의 기업지배를 피할 수 있으며, 라이센시는 라이센싱을 통해서 자사가 이룩하지 못한 수출 및 해외시장 개척 등의 마케팅기회를 확보할 수 있다.

2. 라이센싱의 활용을 촉진하는 요인 [11]

(1) 기술의 공급

기업이 라이센싱방식을 활용하기 위해서는 무엇보다도 자신에게 경쟁적 우위를 가져다주는 자산적 지식을 보유하는 것이 필수적이다. 통상 연구개발(R&D)에 대한 투자가 많은 기업일수록 기술개발이 활발하고 시장기회를 용이하게 잘 포착하며 라이센싱도 활발하게 이용할 수 있다. 대부분의 글로벌기업들은 완전소유자회사를 통한 기술개발을 선호하며 이로부터 최대한의 이익을 향유하려고 한다.

한편, 노후기술은 곧 신기술에 의해 대체되기 때문에 혁신기업들의 경우에는 경쟁적 우위를 확보하기 위해서 자기 기업이 보유하고 있는 노후기술을 다른 기업에게 라이센싱방식으로 제공하여 해외직접투자를 이용하는 경우보다 훨씬 더 많은 이익을 확보할 수 있다. 또 신기술의 경우에도 기술격차가 크지 않는 경우에는 라이센싱을 활용하는 것이 오히려 더 유리하다. 그리고 특정 시장이 혁신기업에 의해 커버될 수 없을 만큼 대규모 시장인 경우에는 경쟁적 기술이 채택되는 것을 방지하기 위하여 다른 기업에게 라이센싱을 제공하기도 한다.

(2) 제품계열의 다양화

제품계열이 아무리 다양화되어 있는 기업이라고 할지라도 경영자원에는 한계가 있기 때문에 모든 제품계열을 모든 시장에 다양화시킬 수는 없다. 그러나 기업이 제품계열을 꼭 다양화하고자 하면 라이센시를 활용하여 다양화할 수도 있다. 그것은 라이센시가 시장에 대한 지식획득과 인재훈련, 그리고 판매경로 개발 등에 대해 이미 매몰비용(sunk cost)을 투하한 자신의 마케팅 전문가를 제공할 수 있고, 또 라이센서의 제품계열을 판매하는 데 있어서 자신의 기존 마케팅프로그램을 조금만 변경하면 되기 때문이다. 또 라이센시가 생산시설이나 현지 관리자를 제공해 줄 수도 있기 때문에 고도로 다양화된 기업은 라이센싱을 이용할 가능성이 높다.

(3) 상대적인 규모

미국이나 유럽의 글로벌기업들은 해외직접투자에 있어서 선도기업을 추종하는(follow-the-leader) 전략을 이용하기도 한다. 즉, 어떤 특정 산업에서 경쟁기업이 해외에 투자를 하게 되면 그와 경쟁상태에 있는 여타 기업도 조만간 그를 뒤쫓아 투자하게 된다. 또 미국 자동차산업의 경우에서 볼 수 있는 바와 같이, 어떤 기업들은 해외시장을 확장하고자 하는 경우 다른 기업의 공급업자로서 자기의 고객을 쫓아 해외에 투자하기도 한다.

그리고 때에 따라서는 소규모 기업이 거대 글로벌기업과 경쟁을 하기도 하는데, 소규모 기업은 자원이 빈약하기 때문에 거대 글로벌기업의 투자를 따라갈 수가 없다. 특히 소규모 기업은 경영자원이나 자본을 해외 모든 시장에 일률적으로 할애할 수가 없기 때문에 현지 파트너의 도움이 절대적으로 필요하게 된다. 따라서 소규모 글로벌기업의 경우 해외시장 진입 초기단계에서 라이센싱을 활용하게 되며, 이를 통해 자본 · 경영 · 판매 등에 대한 시장지식을 확보할 수 있게 된다.

(4) 해외사업 경험

해외사업 경험은 자기가 직접 해외사업을 수행해 보아야만 얻을 수 있는 귀중한 자산이다. 따라서 해외 사업경험이 많을수록 사업활동 경험이 기업 내에 축적되게 된다. 해외사업 경험이 부족한 글로벌기업의 경우에는 현지 라이센시의 마케팅 및 생산능력을 높이 평가하게 되는데, 경험이 부족한 이러한 기업이 생산시설을 가지고 해외시장에 진출한다는 것은 불확실성이 너무 높다. 이 때문에 해외사업 경험이 비교적 적은 기업들은 직접투자보다는 라이센싱을 선호하며, 전체 판매에서 해외자회사가 차지하는 비율이 높은 기업보다는 그렇지 않는 기업이 라이센싱을 활용할 가능성이 높다.

(5) 경쟁

해외시장에 신제품이나 신공정을 소개할 때는 그것을 해외자회사를 통해 해외시장에 공급하는 것이 유리하다. 그러나 제품이나 공정이 성숙단계에 접어들고 경쟁이 심해지게 되면 합작투자나 라이센싱을 활용하는 것이 훨씬 더 유리하다. 특히, 특정 시장에 경쟁기업이 많거나 또는 경쟁적 기술을 범세계적으로 판매하는 기업이 많은 경우에는 직접투자보다 라이센싱을 활용하는 것이 훨씬 더 효과적이다.

경쟁기업이 많은 경우에는 판매가격이나 이익이 낮아지기 때문에 라이센싱이 상대적으로 더 매력적이며, 경쟁적 기술을 판매하는 기업이 많으면 라이센시는 여타 기업과 쉽게 라이센싱계약을 체결할 수 있기 때문에 다른 기업에 앞서서 라이센싱을 활용하는 것이 유리하다. 또 경쟁이 심하면 기술가격이 낮아지고 로열티 수입이 줄어들게 되는데, 이러한 경우에도 라이센싱이 선호된다.

3. 라이센싱의 장 · 단점

(1) 장점

① 라이센싱은 목표 해외시장이 직접투자방식을 이용하여 진출하기에는 너무 좁은 경우, 대규모 자본을 투자하지 않으면서도 해외시장에 신속하게 진출하여 정기적이고 안정적으로 이익을 실현할 수 있다.

② 라이센싱은 현지시장 진출에 따른 관세 및 수량제한과 같은 수입장벽을 우회하면서

기존의 시장을 지속적으로 유지할 수 있다.

③ 라이센싱은 현지국의 수입 및 투자제한정책 때문에 진출이 불가능한 경우에도 직접 투자방식과 달리 아무런 정치적 위험을 부담하지 않고 활용할 수 있다.

④ 라이센싱은 외국기업이 보유하고 있는 높은 수준의 기술에 접근할 수 있게 해줄 뿐만 아니라 전혀 새로운 제품라인을 획득할 수 있게 해준다. 또 자원이나 현지관리자를 확보하기 어려운 경우 또는 해외생산 및 마케팅경험이 부족한 경우에도 유용하게 활용될 수 있다.

⑤ 해외에 진출시키고자 하는 제품이 서비스인 경우, 서비스는 수출이 불가능하기 때문에 라이센싱이 훨씬 더 매력적인 방법이다. 또 제조기업의 제품을 현지시장의 요구에 맞게 적응시켜야 하는 경우에도 라이센싱이 훨씬 더 유리하다.

(2) 단점

① 라이센서의 통제력이 약화되고 생산, 마케팅, 재무 측면에서 범세계적인 전략을 전개하기가 어려우며, 라이센시(licensee)와 충돌할 가능성이 높다.

② 현재의 라이센시가 장차 제3국 시장 또는 국내시장에서 경쟁기업으로 부상할 가능성이 높고, 라이센시가 기술적으로 숙달되거나 좋은 시장을 확보하게 되면 기존의 라이센싱계약을 파기하거나 또는 라이센서에게 불리하게 개정하려고 할 가능성이 높다.

③ 라이센서가 고객과 격리될 뿐 아니라 품질관리나 마케팅개발, 애프터서비스 등이 라이센시에게 위임되고, 생산 및 마케팅활동에 대한 라이센서의 통제력이 약화됨으로써 상표(trademark)나 기업의 평판이 손상될 가능성이 있다.

④ 라이센싱은 수출이나 직접투자보다 수익은 훨씬 낮고, 위험은 수출보다 더 높은 제한적인 국제사업방식이다.

⑤ 라이센서가 라이센시에게 원료나 부품의 조달을 강요하거나 또는 상표의 철회 등을 이용하여 압력을 가할 수도 있다. 또 라이센서가 계속해서 기술혁신을 이루거나 제품을 개량하는 경우 기술적으로 종속될 가능성이 있다.

⑥ 라이센시에게 이전되는 기밀기술이 경쟁기업에게 누출될 가능성이 있다.

4. 라이센싱계약

라이센싱계약은 라이센서(licensor)와 라이센시(licensee) 간의 권리와 의무, 그리고 라이센싱활동에 필요한 제반사항을 협정하여 문서화하게 되는데, 여기에서 라이센싱계약에 포함되는 내용을 살펴보면 〈표 10-5〉와 같다.

표 10 - 5 라이센싱계약의 내용

① 기술패키지 라이센싱된 공업소유권의 실체(특허, 상표, 노하우) 이전방법 원재료, 장비, 중간재의 공급
② 사용조건 라이센싱된 기술의 사용분야 생산 및 판매 지역권 서브라이센싱(sublicensing) 권리 상기밀 유지 특허와 상표의 도용 방지 경쟁적 제품의 취급 배제 경쟁적 기술의 취급 배제 제품수준 유지 이행요구 신제품/신기술에 대한 수혜기업의 권리 공여기업의 감사/조사 권리 수혜기업의 보고의무 사항
③ 보상(compensation) 결제통화 현지국의 조세에 대한 의무 기술설명 수수료 정기적 로열티 일시불 로열티 기술자문료 수혜기업에 대한 판매 또는 수혜기업으로부터의 구매 신제품에 대한 부가적인 수수료 수혜기업에 의한 품질 개선
④ 기타 준수해야 할 계약 업무 계약기간 및 기간 연장 계약취소 및 기간 연장 분쟁해결 절차 라이센싱에 대한 정부의 인가

자료: *Ibid*., pp. 129~130.

제 7 절 성공적인 국제전략제휴 방안

1. 국제전략제휴의 주요 이슈

국제전략제휴를 성공적으로 수행하기 위해서는 제휴를 체결하기 이전에 전략적 제휴와 관련된 여러 가지 주요 이슈를 면밀하게 검토하는 것이 필요하다. 국제전략제휴와 관련하여 살펴보아야 할 주요 이슈를 정리하면 〈표 10-6〉과 같다.

첫째, 전략적 제휴가 과연 여러 가지 전략적 대안 중 최선의 선택인가에 관한 문제를 살펴보아야 한다. 여기에서는 전략적 제휴를 왜, 언제, 어디서 체결하고자 하고, 또 그로부터 얻을 수 있는 이익과 손실이 무엇인가를 살펴본다.

둘째, 제휴 파트너의 선정에 관한 문제를 살펴보아야 한다. 여기에서는 전략적 제휴에

표 10 - 6 국제전략제휴의 주요 이슈

이 슈	내 용
제휴의 논리	왜, 언제, 어디서 전략적 제휴를 하고자 하고, 전략적 제휴를 하는 경우 얻을 수 있는 이익과 손실이 무엇인가에 관한 문제
파트너 선정	전략적 제휴에 따른 이익을 극대화하고 위험을 최소화할 수 있는 파트너 선정과 관련된 문제
제휴의 구축	전략적 제휴가 성공을 거둘 수 있게 하는 체계구축과 관련된 문제
제휴의 동태성 관리	전략적 제휴의 진전에 따른 경영상의 조정과 관련된 문제
제휴의 네트워크관리	혼란을 피할 수 있는 전략적 제휴 강화 시스템 창출 문제
제휴의 한계 인식	전략적 제휴에 따른 조직상의 장애, 전략적 정체, 파트너 기업에 대한 의존 등에 관한 문제
정부의 역할	정부의 정책 및 압력이 전략적 제휴에 미치는 영향에 대한 이해

자료: B. Gomes-Casseres, "Managing International Alliances," Publications No. 793-133 (Boston, Mass., Harvard Business School Press, 1993).

따르는 이익을 극대화하고 위험을 최소화할 수 있는 파트너 선정 문제를 살펴보게 된다. 제휴 파트너는 가능하면 유사한 경영철학과 경영스타일을 갖는 것이 바람직하며, 각 파트너는 서로 상대 파트너의 욕구와 목표, 그리고 능력을 보완해 줄 수 있어야 한다.

셋째, 전략적 제휴에 관한 관리체제 구축 문제를 살펴보아야 한다. 전략적 제휴는 단순한 계약방식으로부터 자본투자방식에 이르기까지 다양하며, 관리방식도 한 파트너가 전담하는 방식으로부터 여러 파트너가 분담하는 방식에 이르기까지 아주 다양하다. 따라서 관리체제 구축 문제를 검토하는 것이 필요하다.

넷째, 전략적 제휴의 동태적 관리 문제를 살펴보아야 한다. 전략적 제휴는 환경 및 기술, 그리고 파트너 기업의 경영이념의 변화에 따라 원래의 협정을 조정하거나 또는 재협상해야 할 필요가 있다. 따라서 이러한 문제를 살펴보는 것이 필요하다.

다섯째, 혼란을 피할 수 있는 제휴 강화 시스템 창출 문제를 살펴보아야 한다. 글로벌 기업이 여러 가지 전략적 제휴를 맺게 되면 많은 시간이 필요하고, 또 타 기업에 대한 의존도도 위험수준에 달하게 되는바, 이를 회피할 수 있는 방안을 강구해야 한다.

여섯째, 전략적 제휴의 한계를 인식해야 한다. 전략적 제휴는 조직상의 장애, 전략적 정체, 그리고 파트너 기업에 대한 의존 등의 문제를 야기시킬 수 있는바, 이러한 점에 대한 인식이 필요하다.

일곱째, 정부가 전략적 제휴에 얼마나 영향을 미칠 수 있는가를 살펴보아야 한다. 이는 현실적으로 정부가 전략적 제휴의 성사 및 성공 여부에 중요한 영향을 미치기 때문에 이를 파악하는 것이 필요하다.

2. 제휴 파트너의 선정 기준[12]

(1) 양립성(compatibility)

국제전략제휴를 성공적으로 추진하기 위한 가장 중요한 파트너 선정기준은 양립성(compatibility)이다. 이는 국제전략제휴에 참여하는 기업들이 제각기 아무리 탁월한 능력을 가지고 있더라도 서로 믿고 협력하고자 하는 자세가 되어 있지 않으면 전략적 제휴에 성공할 수 없기 때문이다.

이 양립성은 제휴에 참여하는 기업들의 전략, 기업문화, 경영관리시스템 등 여러 가지 측면에서 고려되어야 한다. 무엇보다도 제휴에 참여하는 파트너들의 전략이 서로 상반되면 그 성과를 기대할 수 없기 때문에 제휴 파트너들의 전략이 서로 상반되지 않는지를 살펴보는 것이 중요하다.

다음으로 제휴에 참여하는 파트너들 간에 국가적인 문화와 기업문화가 어느 정도로 차이가 나는지, 그리고 그것을 극복할 수 있는 어떤 방법이 없는지를 살펴보아야 한다. 또 경영관리시스템도 제휴의 성패에 중대한 영향을 미치기 때문에 여기에 어떠한 차이가 있고 또 그것을 극복하기 위해서는 어떻게 해야 할 것인지를 면밀하게 살펴보아야 한다.

(2) 제휴 파트너의 능력(capability)

기업들이 전략적 제휴를 맺는 것은 제휴 파트너가 가지고 있는 경영자원과 핵심역량을 충분히 활용하여 자사의 약점을 보완하고 동시에 자사의 강점을 더욱 강화하기 위해서이다. 따라서 제휴 파트너 상호 간의 필요성을 충분히 충족시켜 줄 수 있는 상대를 선정하는 것이 무엇보다도 중요하며, 상호 보완적인 기술을 제공할 수 있는 경우에만 전략적 제휴의 성공 가능성이 높게 나타나게 된다. 어느 한쪽 파트너의 이익만 보장되는 제휴는 아무런 의미가 없으며 결코 오래 지속되지도 못한다. 그런 의미에서 양 파트너가 자기가 취약한 부분에 상대방 파트너가 핵심역량을 가지고 있는 경우, 전략적 제휴가 큰 의미를 갖게 된다.

이러한 예로는 Toshiba와 Motorola 간의 전략적 제휴를 들 수 있는데, 이 제휴에서 Toshiba는 Motorola에게 DRAM 기술과 일본의 유통망을 제공하고, Motorola는 Toshiba에게 마이크로프로세서 기술과 미국의 유통망을 제공하여 양 파트너 모두 큰 이익을 거둘 수 있었다.

(3) 제휴의 몰입성(commitment)

국제전략제휴가 성공을 거두기 위해서는 제휴 파트너들이 적극적으로 자기 기업의 시간과 에너지, 경영자원을 투입할 수 있어야 한다. 따라서 제휴 파트너를 선정할 때에는 파트너가 제휴사업에 전력투구할 자세가 되어 있는가를 분석해 보는 것이 아주 중요하다.

만약 상대방 파트너가 별로 주력으로 하지 않는 사업분야에서 국제전략제휴가 이루어지게 되면 상대 파트너는 거기에 전력투구하고자 하지 않을 것이다. 따라서 상대 파트너의 주력사업분야에서 제휴를 맺는 것이 바람직하고 동시에 성공 가능성도 높을 것이다.

3. 성공적인 국제전략제휴의 속성

브리크와 언스트(J. Bleeke & D. Ernst)는 미국, 유럽, 일본기업들의 국제전략제휴에 대한 연구에서 아래와 같은 두 가지 조건을 가지고 제휴의 성공여부를 살펴보았다.[13]

① 전략적 제휴가 그 기업이 추구하려던 원래의 목표를 달성하였는가?

② 자신이 그 전략적 제휴에 투자했던 자금이나 시간 등의 비용을 회수하였는가?

연구결과, 총 49개의 전략적 제휴 중 약 51%는 두 제휴기업 모두 성공하였고, 33%는 두 제휴기업 모두 실패하였으며, 나머지 16%는 두 제휴기업 중 한 기업만이 성공을 거둔 것으로 나타났다.

이들의 주요 연구 결과를 요약하면 다음과 같다.

첫째, 국제전략제휴는 제휴기업 간에 지역적, 기술적, 제품별 중복이 없을수록 훨씬 더 성공 가능성이 높은 것으로 파악되었다. 이는 제휴기업들이 동일한 지역에서 높은 시장 점유율을 갖고 있는 경우 제휴관계가 경쟁적인 갈등을 겪게 되기 때문이다. 결국 지역적, 기술적, 제품별 시장의 중복이 없는 경우 이해관계의 갈등을 피할 수 있기 때문에 제휴기업 모두 성공을 위해서 매진하게 된다.

둘째, 핵심능력이 강한 기업들 간 제휴의 경우가 핵심능력이 강한 기업과 약한 기업 간 제휴의 경우보다 훨씬 더 성공 가능성이 높은 것으로 파악되었다. 제휴파트너 쌍방 모두가 기술이나 재무구조 측면에서 능력을 갖추고 있는 경우의 성공 확률은 67%에 달한 반면, 어느 한쪽 측면에서만 능력을 가지고 있거나 또는 두 기업 모두 능력이 약한 경우에는 성공 확률이 33%로 크게 떨어지고 있다.

셋째, 제휴기업들의 투자지분율이 50 : 50인 경우가 투자지분율이 불균등한 경우보다 훨씬 더 성공 가능성이 높은 것으로 파악되었다. 이러한 현상은 상대 파트너에 비해 지분을 더 많이 소유하고 있는 파트너는 제휴에 있어서 의사결정을 독점하거나 자신만의 이익을 챙기려고 하고, 반대로 지분을 적게 소유하고 있는 파트너는 제휴가 자기 기업에게 별로 도움이 되지 않는다고 생각하고 제휴를 종결시키려고 하기 때문이다.

4. 성공적인 국제전략제휴 운영 기법[14]

(1) 사명감

전략적 제휴에 참여하는 기업들은 각기 상대 파트너가 자사가 상대 파트너로부터 필요로 하는 것을 보유하고 있다고 믿고 공동의 이득을 실현하겠다는 사명감을 가져야 한다. 이를 위해서 제휴에 참여하는 기업의 최고경영자들은 제휴의 장점을 최대한 활용하고 단점을 최대한 줄이도록 관련 직원들을 설득할 필요가 있다.

AT&T와 Olivetti의 전략적 제휴가 바로 이러한 예에 속한다. AT&T와 Olivetti는 정보처리 및 커뮤니케이션 시장의 시장점유율을 확보하기 위한 공동의 목적을 가지고 전략제휴를 체결하여 Olivetti는 AT&T가 수익성이 좋은 시장에 접근할 수 있도록 해주고, AT&T는 Olivetti가 필요로 하는 2억 6천만 달러의 현금과 마이크로프로세서 및 텔레커뮤니케이션 기술, 그리고 미국시장 기반을 확충하는 데 필요한 자원을 제공하였다. 그 결과 이 두 기업은 모두 자신들이 상대기업으로부터 필요로 하는 것을 획득하고 공동의 이득을 실현할 수 있었다.

(2) 전략

전략적 제휴에 참여하는 기업 중에는 아무런 생각없이 전략적 제휴가 단순히 잘 진행될 것이라는 막연한 희망을 가지고 성급하게 제휴를 맺는 경우가 있다. 이런 경우에는 제휴 파트너들 간에 충돌을 빚을 가능성이 높다. 따라서 전략적 제휴에 참여하는 기업들은 우선적으로 파트너들 간에 발생할지도 모르는 이러한 충돌을 방지하기 위한 제휴전략을 수립하고 그에 따라 전략적 제휴에 대한 참여 여부를 결정하는 것이 바람직하다.

제휴 파트너들 간의 충돌은 제휴계약에 따른 협력과 경쟁 사이에 서로 겹치는 부분이 있는 경우 주로 발생하게 된다. 예컨대, Philips가 AT&T와 디지털 전화교환 시스템을 판매하기 위한 협정을 체결했을 때, Philips는 그 협정이 AT&T의 다른 제품 판매에도 그대로 연장 · 적용되기를 희망했다. 하지만 AT&T가 사무기기 판매에 있어서 Philips의 경쟁기업인 Olivetti와 협정을 체결함에 따라 Philips와 협력할 수 있는 여지가 크게 사라지게 되었다.

(3) 관리통제

일반적으로 제휴관리에 있어서 미국인들은 파트너를 동격으로 대하기보다는 강력하게 지배 · 관리해야 한다고 생각하는 반면, 유럽이나 일본인들은 파트너를 동격으로 취급하고 합의에 의한 경영을 찬성하며 제휴활동에 관한 파트너들의 약속을 얻어내기 위해 장시간 논의하는 방식을 취하고 있다.

Renault-AMC 간의 협상기간 중 일부 미국 경영자들은 Renault가 AMC를 인수할지도 모른다고 두려워했지만, AMC는 결코 인수되지 않았을 뿐 아니라 오히려 Renault가 AMC를 지원하려고 노력하였고 미국 파트너도 마찬가지였다. 이러한 사실은 AMC의 경영책임자와 이사 중 극소수만이 Renault 출신이라는 것만으로도 쉽게 짐작할 수 있다. Renault-AMC 간의 협력은 어느 일방이 제휴관계를 강력하게 장악하지 않았기 때문에 성공할 수 있었다. 어느 일방이 강력하게 장악하는 제휴관계는 결속력이 약하고 성공 가능성도 희박하다.

(4) 문화

전략적 제휴가 얼마나 오랫동안 성공적으로 지속될 수 있을 것인가를 가늠할 수 있는 가장 중요한 요소는 문화적 융합이다. 제휴에 참여하는 파트너들은 각자의 국가적 주체성을 유지하면서도 공통적인 가치관, 스타일 및 문화를 형성할 수 있다. 이러한 문화적 융합이 이루어지지 못하여 제휴관계가 지속되지 못한 예로는 Dunlop-Pirelli 간의 제휴를 들 수 있다.

제휴 파트너들 간의 문화적 이질성은 전략적 제휴를 운영하는 데 있어서 여러 가지 문제를 야기시킬 수 있다. 일례로, 미국의 Alcoa와 일본의 NEC는 공동으로 제작한 인공위성 TV 수상기에 들어가는 '피드 혼(feed horn)' 이라는 부품을 각기 상대 파트너가 책임질 것으로 생각했었다. 결국 수상기 원형(prototype)이 다 완성된 후에야 비로소 이 중요 부품이 빠졌다는 사실을 알게 되었다.

이렇듯 서로 다른 문화를 가진 글로벌기업이 전략적 제휴를 하는 경우에는 각 파트너의 문화적 강점과 약점을 공통적으로 인식하는 것이 중요하다.

(5) 조직

전략적 제휴를 성공적으로 이끌기 위해서는 새로운 조직패턴이 필요하다. 에어버스(Airbus)는 자재가 여러 나라에서 관리되는 문제 때문에 조직을 복합적으로 편성하였다. Airbus는 A300 항공기, 그리고 기체가 넓은 A310 항공기를 생산함에 있어서 동체는 서독이, 날개는 영국이, 조종실은 프랑스가, 수직 안정판은 스페인이 책임을 지는 방식으로 프랑스의 툴루스(Toulous)에서 조립되었다.

이를 위해 Airbus는 이 컨소시엄을 해체시키지 않으면서 동시에 프랑스, 네덜란드, 영국 및 스페인 항공산업의 일부 업체가 보유하고 있는 항공공학 기술을 적절하게 혼합할 수 있도록 몇 가지 사항을 정관에 포함시켰다.

Airbus는 미국 측 경쟁업체인 Boeing, McDonnel Douglas와 효과적으로 경쟁하기 위해서도 국제제휴의 범위 안에서 그러한 새로운 조직운영방법을 유지할 필요가 있었다.

(6) 경영관리

전략적 제휴는 일상적인 의사결정의 성격을 변화시키고 특정 기업에게 새로운 압력을 가하게 된다. 따라서 제휴관계를 공식화하기 이전에, 글로벌기업들은 마찰을 일으킬 가능성이 높은 여러 부문, 즉 이전가격(transfer pricing)에 관한 문제로부터 인사문제에 이르는 여러 가지 운영상의 쟁점들을 철저하게 규명한 다음, 일원적인 경영관리과정을 설정하여 특정 의사결정권자가 모든 파트너들을 참여시킬 수 있는 권한을 행사할 수 있도록 하는 것이 바람직하다. 실제로 이 단계를 소홀히 함으로써 새롭게 형성된 제휴관계가 명확하지 못한 권한과 불충분한 의사소통 그리고 의사결정 지연으로 인해 제대로 작동하지 못할 수도 있기 때문이다.

관료주의적인 형식에 얽매여 이중관리시스템을 채택했던 미국의 TRW와 일본의 Fujitsu 간의 전략적 제휴는 이중결제를 강요하는 '이중관리 시스템'으로 인해 이해 경영관리가 방해를 받아 제휴관계가 종식된 전형적인 예라고 할 수 있다.

국제경영사례 10 - 2

한국기업의 주요 국제전략제휴

• 삼성전자와 IBM의 제휴: 특허 공유를 통한 신제품 개발 집중

2011년 2월 삼성전자와 IBM은 상호 보유한 특허를 공동 사용하는 '포괄적 상호 특허사용 계약'을 체결했다. 각 사는 미국 내 특허 보유 건수 1·2위를 차지하는 거대 특허 보유 기업으로 이 제휴를 통해 양사는 차세대 제품개발주기 단축, 특허료 관련 비용절감 효과 창출을 추구할 수 있게 됐다. 또한 소모적 경쟁을 지양하고 세계 표준 주도를 위해 협력함으로써 핵심역량에 집중할 수 있을 것으로 기대되고 있다.

삼성전자는 반도체, 휴대전화, 디스플레이, 생활가전 등 광범위한 분야에 10만 건에 달하는 특허를 보유하고 있다. IBM은 자체 보유 연구소인 왓슨연구소의 7,000명 연구 인력을 바탕으로 18년 연속 미국 최다 특허를 취득하고 있는 굴지의 특허 취득 업체다. 이 제휴를 통해 삼성전자는 전자업계의 특허 소송을 통한 견제를 회피하고 경쟁사에 비해 상대적 열세 분야인 통신·소프트웨어 중심의 역량 확보가 가능하게 됐다. IBM은 제품 다양화 및 성능 업그레이드를 위해 필요한 메모리 반도체 기본 특허 확보가 가능하게 되었다.

전자업계와 같이 치열한 경쟁이 요구되는 시장에서 '적과의 동침'은 기본적인 전략이다. 삼성전자와 IBM의 경우처럼 기술 제휴를 통해 소모적인 경쟁 대신 차세대 제품 개발에 역량을 집중하는 것은 전략적 제휴를 통해 얻을 수 있는 의미 있는 효과다.

• 포스코와 신일본제철의 제휴: 공동구매를 통한 비용절감

최근 철강업계의 M&A 열풍이 가열되고 있다. 세계 1위의 철강기업인 미탈그룹은 무려 29번의 M&A를 통해 현재의 지위를 확보했다. BHP 빌리턴이나 리오틴토, CVRD 같은 철광석 업체와 자동차 회사 등 철강 제품 수요 업체들은 합병을 통해 판매와 구매 협상력을 키워오고 있는 상황이다.

이런 흐름 속에서 철강업계의 비용절감 필요성은 극에 달했다. 국내 제일의 철강업체인 포스코와 일본의 신일본제철이 저가 양질의 원료탄과 철광석을 안정적으로 확보하기 위한 공동구매 프로젝트를 추진한 것도 같은 맥락으로 이해할 수 있다.

2006년 제휴 당시 세계 1위의 조강 생산업체인 포스코와 세계 2위의 조강 생산업체인 신일본제철은 유럽·중국 업체들의 경쟁 속에서 원가 경쟁력 유지를 위해 호주, 캐나다, 인도 등지의 탄광 및 광산의 조업 통합과 신규개발 및 확장을 위한 공동 출자를 실시했다. 또한 원료 수입 결재 문서 공동 전자 시스템을 도입하는 등 원료 구매와 관련된 다방면의 공동 작업들이 진행됐다. 이를 통해 안정적 원료 구매처 확보와 더불어 원료 구매 비용을 감소하는 등 철강산업의 주요 성공 요인인 가격 경쟁력 제고를 위한 기반을 마련할 수 있었다.

• 현대캐피탈과 GE의 제휴: 안정적 투자재원 확보 및 대외 신인도 향상

2004년 9월 GE소비자금융이 현대캐피탈 지분 38%를 약 4,300억원에 인수하면서 GE는 이사회 3석, 임원 4명, 다수의 실무진을 현대캐피탈에 파견하는 전략적 제휴를 실행하게 된다. 이를 통해 2006년까지 총 1조 515억 원을 현대캐피탈에 투자하게 됐다.

전략적 제휴 이후 현대캐피탈은 2005년 1분기 매출이 전년 동기 대비 10% 증가했다. 현대캐피탈의 신용등급은 AA3에서 AA1로 상승했고, 이에 따라 회사채 금리는 6.2%에서 4.9%로 감소했다.

제휴 당시 GE소비자금융은 전세계 47개 국가에 3만 2천명의 임직원을 보유하고 2004년 자산 규모 1,512억 달러, 순이익 25억 달러의 AAA 신용등급을 보유한 초우량 업체였다.

GE소비자금융 입장에서는 성장하는 한국 금융시장 진출의 교두보 마련이 시급했다. 당시 자동차 할부 및 오토리스 시장 점유율 1위이며 신용등급이 AA3 등급인 현대캐피탈이 가장 적합한 파트너였다. 현대캐피탈 입장에서도 다국적 초우량 업체인 GE와 제휴를 통해 대외 신인도를 제고하고 동시에 GE의 선진 할부 금융기법도 획득할 수 있는 좋은 기회였다. 현대캐피탈은 지분출자에 의한 전략적 제휴를 통해 추가 자금을 확보하게 됐고 시장 신뢰도를 향상시켰다. 추가적으로 GE소비자금융과의 인적 교류를 통해 선진 금융 노하우를 도입해 시장 내 경쟁우위를 확보했다.

• 아시아나와 Star Alliance: 제휴 네트워크를 통한 규모 · 범위의 경제 실현

제휴 네트워크는 연합을 통한 규모의 경제 실현 및 시장점유율 확대의 필요성으로 형성되는 경우가 많다. 이렇게 형성된 제휴 그룹은 다양한 협력 계약을 통해 개별회사들을 한데 모아놓은 것일 뿐 특정 기업과 직접적 연결고리를 갖고 있지는 않다.

항공연합인 스타 얼라이언스(Star Alliance)는 규모 · 범위의 경제 구현을 위해 제휴 네트워크를 형성한 가장 대표적인 예다. 미국의 항공규제 완화, 항공노선의 대도시 터미널 집중방식 채택, 유럽의 경제 통합 등으로 1980~90년대 항공 산업은 규모 · 범위의 경제가치를 크게 끌어올렸다. 비행기 노선을 다양한 국가로 확대할 수 있는 대형 업체들만 수익을 창출할 수 있는 구조로 시장이 변형된 것이다. 이에 조직의 경쟁력을 강화하고 개별적 역량의 한계를 극복하고자 에어 캐나다(Air Canada), 유나이티드 항공(United Airline) 등 약 25개의 항공사 제휴 조직인 스타 얼라이언스가 형성됐다.

이들은 고객기반 통합 · 공동 마케팅을 통해 추가 매출을 달성했고 고객당 공항 부대 시설비 및 조달비용 등을 절감해 서비스 질의 제고에 더욱 집중할 수 있었다. 우리나라 아시아나는 2003년에 스타 얼라이언스에 참여하여 횡보를 같이 하고 있다.

자료: 김태형 · 고한영, "전략적 제휴를 통한 경쟁우위 확보 방법," 매일경제 Luxmen 제9호(2011. 6).

CHAPTER 11

국제생산

International Business

국제경영사례 11－1

Ford의 월드카(World Car) 프로그램

Ford의 CDW-27 프로그램은 전세계 시장에 내놓을 자동차를 디자인하고 생산하는 데 있어서, 공급업자와 기업의 자원(직원 및 장비)을 범세계적으로 통합한 전형적인 경우라고 할 수 있다. 가장 눈에 띄는 이 프로그램의 성과는 선진기술을 이용한 세 가지 종류의 신형중형차(Mondeo, Ford Contour, Mercury Mystique)로서 좌 · 우측 핸들이 가능하고, 세 가지의 새로운 4기통 엔진, 신형 V-6엔진, 그리고 신형 자동 트랜스미션(transmission)을 장착하고 있다는 점이다. 그리고 자동차 재정비를 위해 유럽과 북미 6곳의 부품공장과 3곳의 조립공장을 운영하고 있다.

Mondeo는 유럽시장에는 1993년 3월에, 그리고 아시아태평양시장(타이완, 홍콩, 태국, 싱가포르)에는 1993년 가을에 각각 소개되었고, Contour와 Mystique는 1994년 4월에 북미시장에 출시되었다. Ford는 이들 Mondeo, Contour, Mystique 자동차를 59개국에서 매년 80만 대를 판매할 계획을 세웠다.

Mondeo, Ford Contour, Mercury Mystique는 모두 차체는 동일하지만, 범세계적으로 조달이 이루어지고 3개국에서 생산되는 자동차들로서 유럽, 북미, 아시아, 남미, 그리고 중동을 포함한 다수의 시장을 목표로 하였다.

전세계를 대상으로 하나의 자동차를 디자인하는 것은 Ford에게 뭔가 색다른 도전을 안겨주었다. 먼저 자동차의 기본모델이나 차체는 자동차가 판매될 59개국의 안전도와 법률적인 기준에 맞게 제작해야 했다. 따라서 이들 세 가지 자동차는 눈에 보이는 부분인 하체(underbody), 차대(chassis), 차체 현가장치(suspension), 엔진, 그리고 트랜스미션 등은 아주 유사하다. 그러나 판금(sheet metal), 외장, 내부장식, 의자 등은 유럽과 북미 간에 문화가 다르고 소비자 기호가 다르고 선택사양에 대한 선호가 다르기 때문에 각기 달리 하였다. 예를 들어, 유럽인들은 팔을 쭉 뻗어 핸들을 잡기를 좋아하지만 북미인들은 훨씬 더 편안하고 몸에 가깝게 핸들을 잡기를 원한다. 또 일부 유럽국가에서는 자동차의 히터가 필수적인 옵션 품목이지만 북미에서는 아예 장착되어 있지 않은 경우도 있다.

결과적으로 위 세 가지 종류의 자동차는 모두 각 표적시장의 고객에 맞추어 "개성"을 갖도록 제작되었다. 예를 들면, Mondeo는 유럽뿐만 아니라 중동 및 아시아의 운전자들의 욕구에 맞게 간결하고 의례적이며, Contour는 약간 스포티하고 선이 유연하며 날렵하고, Mystique는 약간 더 의례적이면서 정교한 외관을 갖추고 있다. 그림은 Ford의 범세계적인 통합을 보여주고 있다. 즉, 이 그림은 각국의 공급업자와 주요 부품, 조립공장, 그리고 시장 간의 통합을 보여주고 있다.

한편, Ford는 전세계 자동차업계가 재편되면서 아시아시장에서 GM과 정면 격돌할 조짐을 보이고 있다. 이는 Ford에 비해 아시아 진출이 늦었던 GM이 아시아에 생산거점을 추가로 확보하는 한편 출자회사인 일본 Isuzu, Suzuki와 함께 아시아시장 공략에 박차를 가하고 있기 때문이다.

세계최대 자동차 생산업체인 GM은 그동안 아시아태평양시장 점유율을 10%까지 높이겠다는 목표를 세웠지만 그 이후 시장점유율이 오히려 줄어드는 등 부진을 면치 못하였다. 특히 Ford가 1996년 일본 Mazda의 경영권을 인수해 아시아시장 주도권을 장악한 데 이어 스웨덴 Volvo의 승용차부문을 인수하자 세계시장에서 GM의 위상이 흔들리게 되었다. 이에 따라 GM은 21세기 최대시장으로 떠오를 아시아시장에서 Ford와의 격돌이 불가피하다고 보고 적극적으로 생산거점 확대에 나섰다.

그러면 이에 대해 Ford는 어떤 전략을 갖고 있는가? 이미 아시아시장에서 주도권을 장악한 Ford는 공격보다는 수성에 치중하는 전략을 채택하고 있다. 아시아 10개국에 42만 대의 생산능력을 갖추고 있는 Ford는 GM의 확장전략을 견제하기 위해 1998년 태국에서 생산공장을 가동하기 시작한 데 이어 인도, 필리핀, 베트남 등의 생산능력 확대를 추진하였다.

또한 현재 1%에 불과한 일본시장 점유율을 10%까지 끌어올리는 등 판매가 부진한 아시아 각국에서 점유율 확대에 총력을 기울이고 있다. 특히 1998년 우리나라 기아자동차 지분을 철수하면서 일본 Mazda와의 제휴관계를 강화하고 있다. 이는 Mazda와 아시아시장에서 분업체제를 구축, 개별적으로 점유율을 높여나간다는 전략이다. 그리고 중국, 인도 등에서의 부품사업도 확대하고 있다.

한편, Ford는 2002년 흑자를 만회하기 위해 북미지역 5개 공장을 폐쇄하고 4개 차종을 없애 전세계에서 3만 5,000명을 감원하는 것을 골자로 하는 구조조정안을 발표했다. Ford의 윌리엄 클레이 포드 주니어 최고경영자(CEO)는 "흑자전환을 위한 구조개편은 고통스럽지만 불가피한 것"이라고 말하고 "Ford 자동차가 지난 10여 년간 순탄했으나 이런 성공이 Ford 자동차로 하여금 경쟁사의 저력과 세계 경기침체를 과소평가하게 만들었을지 모른다"면서 "기본으로 돌아가 품질 개선을 위해 노력하려고 이 같은 조치를 취했다"고 밝혔다.

Ford 자동차의 이 같은 감원 규모는 전체 임직원의 10%에 해당하며 이 감원 및 공장폐쇄로 자동차의 연간 생산능력이 16% 감소한 480만대 수준에 그칠 것으로 전망된다.

이렇듯 Ford자동차는 라이벌인 GM과 DaimlerChrysler를 비롯한 해외 자동차메이커들의 틈바구니에서 살아남기 위해 직원을 감원하고 품질개선에 주력하는 등 모든 노력을 경주하고 있다.

여기에서 Ford의 글로벌 소싱을 보면 다음 〈그림〉과 같다.

그림 Ford의 글로벌 통합

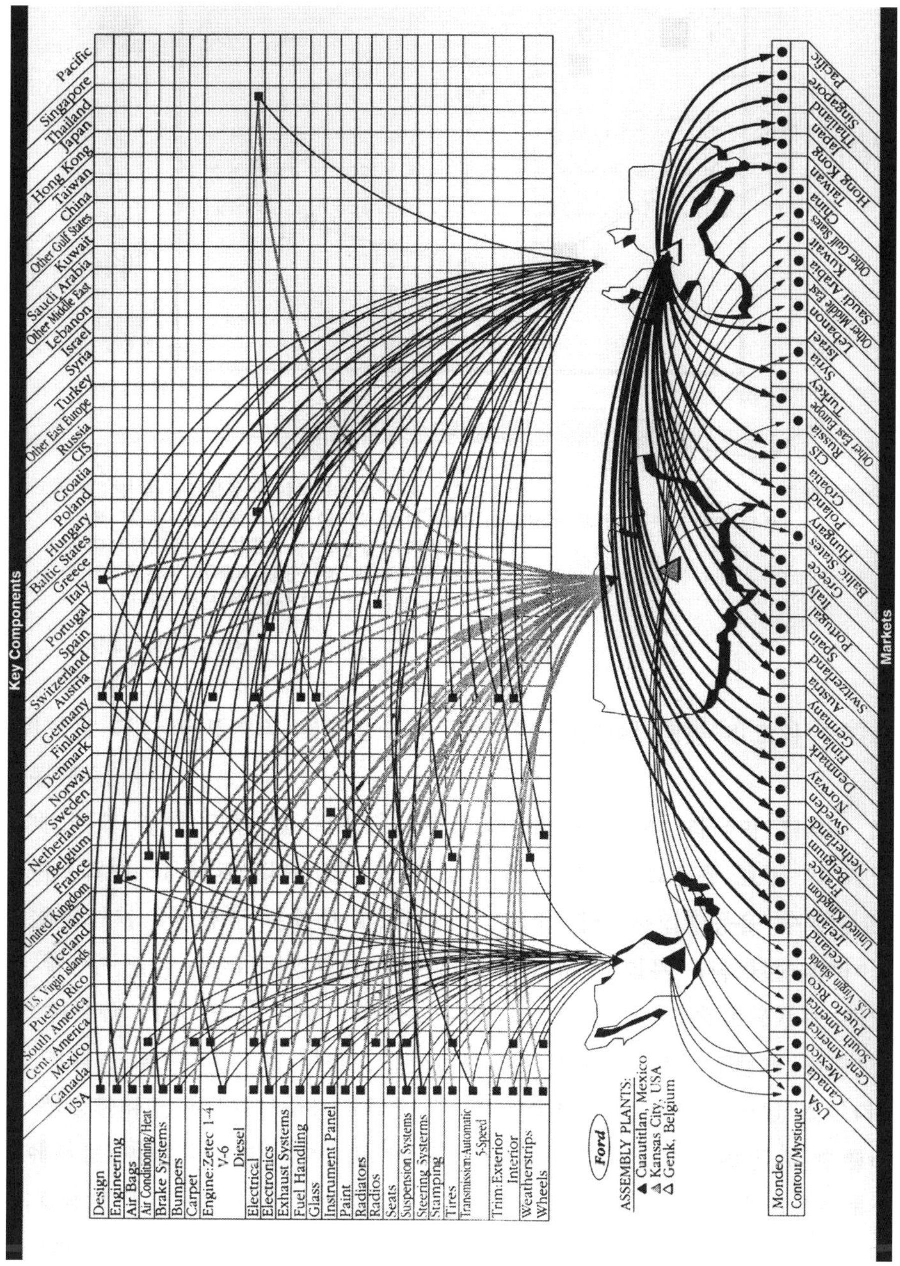

자료: M. R. Czinkota, I. A. Ronkainen, M. H. Moffett and E. O. Moynihan, *Global Business*, 2nd ed. (Fort Worth, Philadelphia, The Dryden Press, 1998), p. 13.

제 1 절 국제생산의 의의

글로벌경영에 있어서 '생산(production)' 이라는 개념은 단순히 제품생산만을 의미하는 것이 아니라 제품생산에 필요한 원료의 확보에서부터 생산된 제품을 해외시장에 공급할 때까지의 모든 과정과 관련된 활동을 포괄하는 넓은 의미로 이해하는 것이 바람직하다.

이렇게 보면 국제생산 및 조달관리는 글로벌기업이 생산비나 수송비, 규모의 경제, 진입비용, 그리고 여타 요인들을 고려하여 제품을 생산하고, 동시에 생산된 제품을 목표시장에 가장 효율적으로 공급할 수 있는 방안을 강구하는 데 그 의의가 있다고 할 수 있다.

따라서 국제생산 및 조달관리에서는 다음과 같은 문제에 대한 의사결정이 이루어져야 한다.[1]

① 목표시장을 어디로부터 공급할 것인가?

② 어느 정도까지를 자기 기업이 직접 생산할 것인가?

③ 자기 기업이 직접 생산하지 않기로 하는 경우, 다른 기업으로부터 무엇을 어디에서 구입할 것인가?

④ 자기 기업이 최소한 일부라도 직접 생산하기로 하는 경우, 생산시설을 어떻게 갖출 것인가?

⑤ 제품을 한 공장에서 집중적으로 생산할 것인가, 아니면 여러 공장에서 분산하여 생산할 것인가? 그리고 공장을 서로 연계하여 생산할 것인가, 아니면 각기 독립적으로 생산할 것인가?

⑥ 어떤 종류의 생산설비(기술)를 이용할 것인가?

⑦ 최적입지는 어디로 할 것인가?

⑧ R&D활동은 어디에 위치시킬 것인가? 하는 것 등이다.

결국 국제생산 및 조달관리에서는 해외생산입지의 선정, 생산에 있어서의 수직적 통합의 정도, 자체생산 및 타 기업 생산제품의 구매, 국제적 조달의 정도, 기술의 선정, 그리고 로지스틱스정책 등에 관한 의사결정이 다루어지게 된다.

제2절 국제생산입지의 선정

1. 국제생산입지의 환경분석

(1) 국제생산입지 선정을 위한 체크리스트

1) 체크리스트

기업이 해외에 진출하여 제품을 생산 · 마케팅하고자 하는 경우, 가장 먼저 생각해야 할 문제가 어떤 지역으로 진출할 것인가 하는 것이다. 그것은 생산입지를 어디로 정하느냐에 따라서 생산원가가 크게 달라지고 이것이 곧바로 제품의 국제경쟁력을 좌우하기 때문이다.

따라서 비교우위와 경쟁적 우위를 살릴 수 있는 최적입지를 선정하는 것이 무엇보다도 중요한데, 최적 생산입지 선정에 있어서는 무엇보다도 먼저 양호한 투자환경을 가진 여러 후보지역들의 제반 환경을 면밀하게 분석하고, 이들을 상호 비교 · 평가하는 작업이 필요하다. 이때 각 후보지역들은 정치적, 경제적, 사회적 · 문화적, 법률적 환경요소들을 기준으로 비교 · 평가하는 것이 효과적이다. 그리고 현지국의 제반 환경에 대한 분석은 현재의 상황뿐만 아니라 앞으로 예상되는 변화까지를 모두 포괄하는 것이어야 한다.

해외생산입지의 선정을 위한 투자환경분석에는 여러 가지 변수들이 종합적으로 검토되어야 하는데, 시장 요인, 인적자원 요인, 경제하부구조 요인, 정치 및 정부 요인, 이익유보 요인, 법률 및 규제 요인 그리고 경제적 요인 등이 그것이다. 일반적으로 거론되고 있는 일부 하부요소들을 보면 〈표 11-1〉과 같다.

2) 생산입지 선정의 예

1996년 삼성전자가 미국 텍사스주 오스틴(Austin)시를 반도체공장의 최적입지로 선정한 사례를 가지고 그 배경을 살펴보면 다음과 같다.

삼성전자는 무엇보다도 오스틴시가 첨단산업의 중심지이고 전력과 용수 등의 인프라가 뛰어나며 명문대학이 인근에 위치하고 있어 고급인력의 수급이 용이하다는 점을 가장

표 11 - 1 해외투자환경분석을 위한 체크리스트

환경요인	주요 세부요인
경제적 요인	GNP 규모와 예상 성장률 현행 개발계획의 유무 일반적인 경제적 안정성
정치적 요인	정부의 형태와 안정성 계층 간 대립의 유무 특수한 정치적, 인종적, 사회적 문제
지리적 요인	수송의 효율성(철도, 해운, 고속도로) 항만시설 자유무역항, 수출가공지역, 보세창고
노동상의 요인	본국 언어구사 경영스태프, 기술자, 사무직원 이용 가능성 숙련노동자의 이용 가능성 반숙련 노동자 및 미숙련 노동자의 이용 가능성
세제상의 요인	세율 세금에 대한 윤리의식 세무당국의 공정성과 청렴성
자금상의 요인	현지자금의 이용 가능성 현지자금의 차입비용 통상적인 현지자금 차입조건
사업상의 요인	투자본국 정부의 투자보험 이용 가능성 전반적인 사업윤리 마케팅 · 유통시스템의 상태

먼저 고려하였다. 그리고 그보다 더 매력적인 것은 현지 지방정부가 삼성전자 공장을 유치하기 위해 헌신적인 노력을 하였다는 점인데, 오스틴시는 삼성전자에게 토지, 건물, 설비 등 고정자산에 대한 재산세를 10년간 최고 55%까지 면제해주고, 공장 부지를 아주 싼값으로 구입할 수 있도록 해주었다. 또 공장이 완공되면 공장일대를 오스틴 시내로 편입시켜주기로 하는가 하면, 폐수문제도 삼성전자가 중화시키는 첫 과정만을 완공하면 나머지는 자신들이 책임지겠다고 약속한 것 등이 종합적으로 작용하였다.

또 2004년 한국의 현대자동차는 왜 미국의 여러 주 중 앨라바마를 선택하게 되었을까? 무엇보다도 앨라바마주에는 좋은 노동력이 있고 주 남쪽 끝에 모빌 항구가 있어서 수송이 편리하기 때문이다. 동시에 앨라바마주 정부와 몽고메리 카운티 정부가 현대자동차 조립공장이 들어오기를 진정으로 원했고, 앨라바마주 정부는 조립공장을 유치하기 위해 2억 5천

표 11 - 2 가장 매력적인 해외투자대상국

순 위	2010 - 2012	2008 - 2010	2005 - 2008
1	중국	중국	중국
2	인도	인도	인도
3	브라질	미국	미국
4	미국	러시아	러시아
5	러시아	브라질	브라질
6	멕시코	베트남	멕시코
7	영국	독일	독일
8	베트남	인도네시아	영국
9	인도네시아	오스트레일리아	태국
10	독일	캐나다	캐나다

자료: UNCTAD, *World Investment Prospects Survey* (New York and Geneva, UN) 2005-2010 각 년 호.

2백만 달러의 주정부 재정을 투입해 공장건립 부지의 일부 토지를 제공한 것은 물론 부지 조성, 도로건설, 자동차 조립 인력훈련 및 세제상의 혜택 등의 인센티브를 제공하였기 때문이다.

이상에서 국제생산입지를 결정하는 데 중요하게 고려해야 할 환경요인들과 두 가지 사례를 들어보았는데, 최근 UNCTAD의 조사에 의하면 글로벌기업들이 가장 매력적인 투자대상국으로 꼽는 나라들은 〈표 11-2〉에서 볼 수 있는 바와 같이 중국, 인도, 브라질, 미국, 러시아 등의 순을 보이고 있으며 그 순위는 시간이 지나도 별로 변하지 않고 있다.

(2) 해외투자환경이 국제사업활동에 미치는 영향

해외투자한경이 글로벌기업의 국제사업활동에 얼마나 결정적인 영향을 미치는가 하는 것은 재론의 여지가 없다. 해외투자환경에는 상술한 수많은 요인들이 있지만, 아래에서는 이 중 노임(labor cost)과 환율(exchange rate)만을 예로 들어 이들이 기업의 국제사업활동에 얼마나 중요한 영향을 미치는가를 살펴보기로 한다.

먼저 노임의 경우를 들어보면, 독일의 Volkswagen은 경쟁기업들이 승용차를 저가로 판매하자 생산비를 크게 줄여야 할 입장에 놓이게 되었다. 그리고 이때 Volkswagen이 취할 수 있는 가장 기본적인 대책은 생산원가를 낮추기 위해서 생산설비를 임금이 싼 지역으로 옮겨 집중생산하는 것이었다. 따라서 Volkswagen은 자기 나라에 있던 자동차 생산공장을 시간당 노임이 자기 나라의 절반에 불과한 스페인으로 옮겨 폴로(polos)자동차를 생산하였다.

다음은 환율의 경우이다. 환율이 특정 국가의 상대적 비용조건이나 기업의 경쟁적 지위 등에 얼마나 중요한 영향을 미치는가는 이미 잘 알고 있는 사실이다. 미국의 Caterpillar와 일본의 Komatsu는 전세계 건설중장비 시장에서 수위를 다투는 경쟁기업들로서, Caterpillar는 주로 미국에서 생산하고 있었고 Komatsu는 주로 일본에서 생산하고 있었다. 그런데 1985년 달러 가치가 엔화에 비해 50% 이상 상승하자, 1979년만 해도 생산비 측면에서 경쟁력을 가지고 있었던 Caterpillar는 거의 모든 생산라인에서 Komatsu보다 40% 이상 가격이 상승하게 되었다. 결국, 환율변동 때문에 Caterpillar의 경쟁력은 크게 약화되었고, 그 결과 Komatsu는 Caterpillar의 기존시장을 쉽게 파고들 수 있었다.

2. 국제생산입지의 선정기법

(1) 선정기법

1) 체크리스트(checklist) 평가법

체크리스트 평가법은 먼저 투자후보지역의 환경을 분석할 수 있는 주요 평가항목을 선정하고, 그것을 중요도에 따라 차례대로 나열한 다음, 각 항목별로 일정한 가중치를 부여하여 종합적인 가중평균점수를 산출할 수 있는 표준화된 체크리스트를 작성한다. 그런 다음, 이에 근거하여 투자후보지역들의 종합점수를 산출하고 이렇게 산출된 점수를 상호 비교하여 최적 국제생산입지를 선정하게 된다.

이 평가법은 투자환경상의 중요한 변동요인을 확인해 줄 수 있을 뿐 아니라 투자대상국을 이들 각 요인에 따라 체계적으로 평가할 수 있는 장점을 가지고 있다. 체크리스트 평가법의 예로는 BERI(Business Environment Risk Intelligence)사와 BI(Business International)사의 컨트리 리스크 서비스(country risk service) 등이 있다.

여기에서 BERI사의 체크리스트 평가표를 보면 〈표 11-3〉과 같다.

BERI사는 정치적 위험과 관련이 깊다고 생각되는 15가지의 변수를 설정하고, 100명 정도의 전문가들에게 이 변수들에 대한 각국의 지수를 평가하게 하여 정치적 위험을 분석하고 있다. 그리고 전체적인 정치적 위험 외에도 정치적인 위험, 운영상의 위험, 재무적인

표 11 - 3 BERI사의 체크리스트 평가표

변 수	가 중 치					비 고
	전체 지수	정치 지수	운영 지수	재무 지수	민족 주의	
정치적 안정성 (political stability)	3	6				예상치 못한 정치적 변화 가능성과 정치적 변화가 국제사업활동에 미치는 영향의 정도
경제성장 (economic growth)	2.5		5			GNP 실질성장률
화폐의 태환성 (currency convertibility)	2.5		5	5	5	현지통화를 외화로 교환할 때 겪게 되는 어려움의 정도 및 국제금융시장에서의 현지통화의 수용성 정도
노동비용/생산성 (labor cost/productivity)	2		3			자금수준, 노동생산성, 생산설비의 근대화 정도, 기업의 사회적 비용부담
장기자본 조달 (long-term capital)	2			5		장기자금의 차입 및 자본조달의 어려움의 정도
단기차입능력 (short-term credit)	2			5		외국계기업이 이용 가능한 단기자금의 차입 가능성 및 현금운용에 필요한 현지 금융기관의 발달 정도
외국인투자환경 (foreign investment credit)	1.5	5			8	정치제도가 민간기업의 사회적 비용을 부담하는 정도와 자본주의 원칙의 허용수준
국유화 (nationalization)	1.5	5			8	재산수용 및 보상의 정도와 민족자본에 대한 우대조치
물가상승 (monetary inflation)	1.5	3		3		물가상승의 정도와 물가상승이 기업에게 미치는 충격을 완화할 수 있는 제도의 효율성 수준
국제수지 (balance of payments)	1.5	3		3		경상수지 및 자본수지의 현황과 외국인투자자의 수익에 영향을 미치는 국제수지의 추이
계약의 실행성 (contract enforceability)	1.5		4	2		계약사항을 존중하는 정도와 언어 및 국민감정의 차이 때문에 발생하는 분규의 정도
관료의 업무지연 (bureaucratic delays)	1	3		2	4	세관통관 및 외화송금 등 정부의 대민업무 처리속도와 능률
통신 및 운송 (communications/ transportations)	1		3			기업이 이용할 수 있는 통신설비 및 운송관계 경제하부구조에 대한 평가
현지의 경영능력 (local management)	1		2			현지에서 자본을 출자하거나 경영에 참여할 수 있는 현지인의 수 및 질적 수준
전문적인 서비스 (professional support)	0.5		3			회계 · 법률 · 판매 · 기술 · 건축청부 등에 있어서 기업의 사회적 비용부담
계	25	25	25	25	25	

평가기준: 수 = 4, 우 = 3, 미 = 2, 양 = 1, 가 = 0

자료: F. T. Harner, "Business Environment Risk Index, Appendix B," *BERI Ltd. System for Selected Countries*, Aug. 1981, p. 9 일부 첨가.

위험, 민족주의의 위험을 별도로 평가한다.

이 체크리스트에서 전체 가중치는 25이며, 총 100점 만점으로 지수를 평가하게 된다. 그리고 최종적인 평가는 투자대상국이 어느 정도의 지수에 속하는가에 따라서 〈표 11-4〉와 같이 평가하게 된다.

즉 모든 투자대상국의 점수를 산정한 결과 총점이 71점 이상이면 투자를 해도 좋은 국가로 평가할 수 있고, 점수가 56-70에 해당하면 비록 투자는 가능하지만 상당한 정도의 주의가 필요한 국가로 판단할 수 있으며 55점 이하이면 투자가 별로 바람직하지 않는 국가로 평가할 수 있다. BERI사의 서비스를 활용하면 매해 전체 대상국가의 종합지수를 활용할 수 있다.

2) 컨트리 리스크(country risk) 활용방법

컨트리 리스크는 투자대상국의 정치적 위험, 경제적 성과, 구조적 위험, 외환관리 상태 등을 종합적으로 분석하여 지표화한 것으로서, 특정 국가 전체의 신용상태를 평가하는 하나의 기준으로 활용되고 있다. 통상적으로 컨트리 리스크의 분석대상은 투자환경을 분석할 때의 분석대상보다 훨씬 더 한정된 일부 요인에 국한된다. 전술한 투자환경분석을 위한 체크리스트에 포함되어 있는 요인들은 비록 컨트리 리스크에 대한 간접적인 평가요인은 될 수 있을지 모르지만 컨트리 리스크 그 자체는 아니라는 점에 유의할 필요가 있다.

컨트리 리스크는 크게 정치적인 리스크(political risk)와 경제적인 리스크(economic risk)로 구분할 수 있다. 그리고 정치적인 리스크에는 ① 재산수용 리스크: 재산수용, 재산몰수, 국유화, 점진적인 수용, ② 전쟁 리스크: 전쟁, 외부침입, 혁명, 폭동, 내란, 국경분쟁, ③ 송금 리스크: 원금, 배당금, 이자, 로열티 등의 해외송금불능 또는 송금지연 등이 있다. 이어서 경제적인 리스크에는 장기간에 걸친 GNP 성장률 저하, 생산비의 급상승, 수출소득

표 11 - 4 BERI사의 정치적 위험 평가 기준

종합지수	평 가
86~100	투자에 전혀 위험이 없는 매우 양호한 투자환경 국가
71~85	전형적인 선진국의 투자환경
56~70	보통 정도의 위험을 가지고 있지만, 사업활동에 치명적인 영향을 미칠 정도로 불안하지는 않는 국가
41~55	투자환경이 매우 위험하여 투자결정에 신중을 기해야 할 국가
0~41	현지 사업활동이 불가능할 정도로 위험이 높은 국가

감소, 식량 및 에너지의 수입급증 등이 있다.

컨트리 리스크는 여러 기관들에 의해서 평가되고 있으나 그 대표적인 예가 유로머니(*Euromoney*)지의 컨트리 리스크 평가이다. 유로머니지는 컨트리 리스크의 범주를 분석지표, 신용지표, 시장지표로 나누고, 이것을 다시 정치적 위험 30%, 경제적 성과 30%, 구조

표 11 - 5 *Euromoney*지의 평가표

순 위 (Sep. 2010)		국 가	총점 (100)	경제적 성과(30)	정치적 위험(30)	구조적 위험(10)	부채지표 (10)	신용등급 (10)	은행대출 접근(10)
최상위 10개국	1	노르웨이	93.33	28.19	26.89	8.25	10.00	10.00	10.00
	2	스위스	90.22	26.80	24.99	8.44	10.00	10.00	10.00
	3	스웨덴	88.93	28.04	22.65	8.24	10.00	10.00	10.00
	4	덴마크	88.80	27.90	22.81	8.09	10.00	10.00	10.00
	5	핀란드	88.55	27.99	22.40	8.16	10.00	10.00	10.00
	6	룩셈부르크	88.27	27.54	21.71	9.03	10.00	10.00	10.00
	7	캐나다	88.26	27.80	22.12	8.34	10.00	10.00	10.00
	8	네덜란드	88.20	27.71	22.85	7.64	10.00	10.00	10.00
	9	홍콩	87.18	25.25	24.87	8.10	10.00	8.96	10.00
	10	오스트레일리아	86.18	27.10	21.43	7.86	10.00	9.79	10.00
한국	25	한국	78.39	23.01	22.33	7.43	10.00	7.29	8.33
최하위 10개국	176	차드	7.52	5.52	–	–	0.00	0.00	2.00
	177	상투메프린시페	7.44	5.44	–	–	0.00	0.00	2.00
	178	투르크메니스탄	7.41	4.16	–	–	0.00	1.25	2.00
	179	에리트레아	7.21	5.21	–	–	0.00	0.00	2.00
	180	모리타니	7.06	5.06	–	–	0.00	0.00	2.00
	181	중앙아프리카공화국	6.16	4.16	–	–	0.00	0.00	2.00
	182	안티구아바부다	4.40	2.40	–	–	0.00	0.00	2.00
	183	피지	4.00	0.00	–	–	0.00	0.00	4.00
	184	미크로네시아	3.25	–	–	–	0.00	1.25	2.00
	185	뉴칼레도니아	2.00	–	–	–	0.00	0.00	2.00

자료: *Euromoney*, Sep. 2010.

적 위험 10%, 부채지표 10%, 신용등급 10%, 은행대출접근 10% 등으로 세분하여 전세계 185개 국가의 컨트리 리스크를 평가하고 있다. 이렇게 산출된 총점을 가지고 그 점수가 높을수록 양호한 사업환경을 가진 국가로 평가하고, 그것이 낮을수록 사업환경이 불량한 국가로 평가한다.

〈표 11-5〉은 유로머니지가 평가한 2010년도 각 국가별 컨트리 리스크를 보여주고 있다.

이 표를 보면 투자환경이 가장 양호한 국가로는 노르웨이, 스위스, 스웨덴, 덴마크, 핀란드 등을 보이고 있고, 투자여건이 가장 좋지 않은 최하위 국가들로는 중앙아프리카공화국, 안티구아바부다, 피지, 미크로네시아, 뉴칼레도니아 등을 보이고 있다.

여기에서는 최상위 10개국과 최하위 10개국에 대한 평가표만 기술되어 있지만, 유로머니를 이용하면 매해 각국 전체의 리스크 평가표를 활용할 수 있다. 이 평가표는 여타의 자료들과 더불어 해외투자 대상국을 선정에 대한 기초자료로 활용될 수 있다.

3) 그리드(Grid) 평가법

그리드 평가법은 국제생산입지를 선정하는 데 필요한 몇 가지 중요한 요인을 선정한 다음, 이들 요인에 대해 각 평가대상국들의 종합점수를 계산하고, 이에 기초하여 이 조건에 충족되는 국가에 우선적으로 진출하는 방법이다.

이 방법에서는 먼저 전체적인 평가기준의 범주를 크게 ① 진출가능 여부, ② 수익성, ③ 위험으로 구분한다. 그런 다음, ①항의 진출가능 여부에서는 평가대상국이 진출 가능한 지역인지 진출 불가능한 지역인지를 구분하고, 이어서 진출 가능한 국가에 대해서는 다시 ②항의 수익성과 ③항의 위험에 속하는 여러 가지 하위요인들에 대한 각 평가대상국들의 점수를 계산한 다음, 여기에서 수익성이 가장 높으면서도 위험이 가장 낮은 국가를 진출대상국으로 선정한다.

이 예에서는 1, 2, 3, 4, 5의 평가대상국 중 1국가는 단독진출을 인정하지 않고 있기 때문에 진출대상 국가에서 제외하고, 그 나머지 2, 3, 4, 5국가에 대해 다시 수익성과 위험을 평가하여 〈표 11-6〉에서와 같이 수익성이 가장 높으면서도 위험이 가장 낮은 2라는 국가를 진출대상국으로 선정하게 된다.

4) 기회-위험 매트릭스(opportunity-risk matrix) 평가법

기회-위험 매트릭스 평가법은 수평축에 평가대상국에 대한 기회(opportunity)요인을 놓고 수직축에 위험(risk)요인을 놓은 다음, 이들 요인에 대한 평가지수를 선정하여 이들 지표에 대한 점수를 계산하고 이들 사각형에 각 국가의 점수를 도시화하는 방법이다. 이들 지표에 대한 평가는 기업이 자사의 사정에 따라서 여러 가지 요인을 포함시킬 수도 있고, 또 각 요인에 대해 각기 다른 가중치를 부여할 수도 있다.

이 평가법을 〈그림 11-2〉를 이용하여 설명하면 다음과 같다.

먼저, 이 예에서 평가대상국은 6개 국가(A, B, C, D, E, F)로 한정되어 있다. 그리고 위험요인으로는 재산몰수, 외환통제, 폭동 및 반란, 환율변화의 네 가지를 들고, 이들에 대해 각기 다른 가중치를 부여하는데, 여기에서 재산몰수 가능성에 대해서는 40%(0.4), 외환통

표 11-6 그리드 평가법

변 수	가중치	평가 대상 국가				
		1	2	3	4	5
1. 진입가능(A), 진입 불가능(U) 요인						
① 100% 소유권 인정 여부	–	U	A	A	A	A
② 라이센싱이나 다수 소유권 인정 여부	–	A	A	A	A	A
2. 수익성(높은 숫자=높은 수익)						
① 필요한 투자의 규모	0–5	–	4	3	3	3
② 직접비용	0–3	–	3	1	2	2
③ 세율	0–2	–	2	1	2	2
④ 현재의 시장규모	0–4	–	3	2	4	1
⑤ 3~10년 후의 시장규모	0–3	–	2	1	3	1
⑥ 현재 및 2년 후의 시장점유율	0–2	–	2	1	2	1
⑦ 3~10년 후의 시장점유율	0–2	–	2	1	2	0
계			18	10	18	10
3. 위험(낮은 숫자=낮은 위험)						
① 3~10년 후의 시장점유율 감소율	0–4	–	2	1	3	2
② 환율문제	0–3	–	0	0	3	3
③ 정치적 불안정 가능성	0–3	–	0	1	2	3
④ 현재의 경영관련 법률	0–4	–	1	0	4	3
⑤ 3~10년 후의 경영관련 법률	0–2	–	0	1	2	2
계			3	3	14	13

자료: J. D. Daniels and L. H. Radebaugh and D. P. Sullivan, *International Business: Environments and Operations* (Upper Saddle River, NJ, Pearson Education Inc., 2007), p. 407.

제 가능성에 대해서는 25%(0.25), 폭동 및 반란 가능성에 대해서는 20%(0.2), 그리고 환율의 변화 가능성에 대해서는 15%(0.15)의 가중치를 부여한다고 가정하자.

또 6개 평가대상국에 대해 1~10까지의 점수를 부여하여 점수가 높을수록 그 위험분야에서 위험이 발생할 가능성이 높은 것으로 평가한다고 하자. 예를 들어, A국의 재산몰수위험에 대한 평가가 8이라고 한다면 이때 총 점수는 8×0.4=3.2가 된다. 그리고 나머지는 위험요인인 외환통제, 폭동 및 반란, 환율변화들에 대한 총 점수를 합하여 위험요인들의 최종적인 누적점수를 산출한 다음, 이것을 수직축에 표시한다. 여기에서 기회와 위협에 대한 전세계의 평균점수가 국가 간의 평가에 대한 비교의 수단으로 활용된다.

이제, 이와 같이 위험 및 기회요인에 대한 평가를 통해 각국의 위치를 도시화하여 〈그림 11-1〉과 같은 결과를 얻었다고 하자. 이 그림을 보면 이 기업은 현재 A국가와 E국가를 제외한 4개국(B, C, D, F)에서 사업활동을 수행하고 있음을 알 수 있다. 현재 사업활동이 이루어지지 않고 있는 A국가는 위험이 낮기는 하지만 기회 또한 낮은 국가로 나타나고 있고,

그림 11 - 1 기회-위험 매트릭스

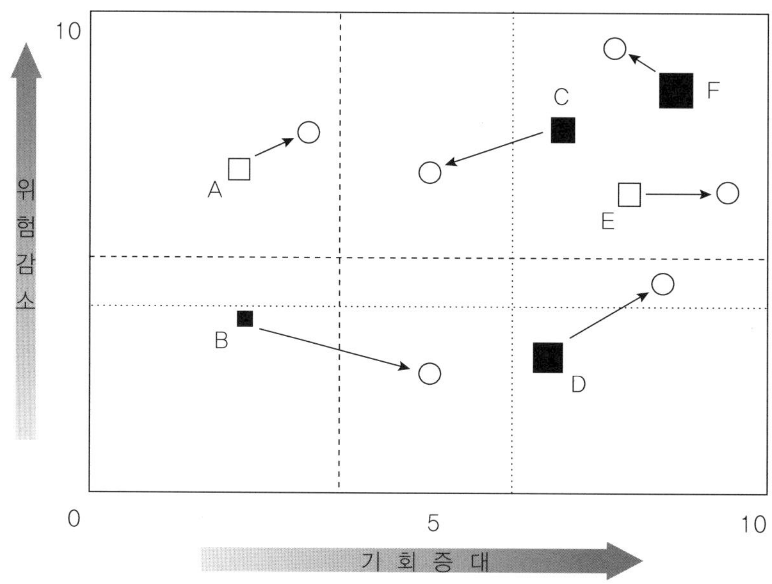

주: □ 현재 사업활동이 이루어지지 않고 있는 국가
■ 현재 사업활동이 이루어지고 있는 국가(사각형의 크기는 사업활동의 규모를 나타냄)
○ 5년 후에 사업활동을 수행할 국가
-- 현재의 전세계 평균 기회 및 위험 점수
… 미래의 전세계 평균 기회 및 위험 점수

자료: *Ibid*., p. 408.

반면에 E국가는 위험이 낮고 기회가 높은 국가로 나타나고 있다. 현시점에서 만약 새롭게 진출할 국가를 선정한다면 A국가보다는 E국가가 더 바람직한 국가로 평가될 것이다. 현 단계에서는 여타의 4개 국가 중 F국가에서 가장 많은 사업활동을 수행하고 있고, C국가와 D국가에서는 보통수준의 활동을 수행하고 있으며, B국가에서는 가장 낮은 활동을 수행하고 있다.

여기에서 각국의 사업환경을 미래를 고려하여 평가한다면, F국가가 가장 낮은 위험과 가장 높은 기회를 제공하는 국가로서 가장 바람직한 진출대상국으로 평가되며, 반면 C국가는 기회는 줄어들고 위험은 증대되어 사업환경이 가장 악화되는 국가로 평가할 수 있다. 한편, D국가는 사업환경이 개선되고 있는 국가로, 그리고 B국가는 중간 정도의 상태에 있는 국가라고 평가할 수 있다.

이 평가법은 현재의 사업활동의 위치뿐만 아니라 미래의 위치까지를 동시에 평가함으로써 진출대상국가의 선정과 이동에 대한 동태적인 평가가 가능하다는 장점을 가지고 있다.

5) 전산화 선형프로그래밍모델

전산화 선형프로그래밍모델은 투자후보국의 여러 가지 환경요인을 종합적으로 고려하여 평가할 수 있는 전산화 프로그램모델을 개발하여 여기에서 분석된 결과를 가지고 최적 국제생산입지를 선정하는 방법이다.

Dow Chemical은 고속정보처리시스템을 이용하여 통일적인 글로벌 생산일정을 짜는 대표적인 기업으로서, 이 기업은 화학제품을 생산하는 데 소요되는 비용을 최소화하기 위해서 전산화된 선형프로그래밍모델을 활용하여 각국의 환율과 세율을 바탕으로 수송비와 현지 생산원가를 비교 · 분석한 다음, 각 제품을 가장 싸게 생산해낼 수 있는 제조기업을 찾아내고 있다. 경우에 따라서 Dow Chemical의 컴퓨터 네트워크는 3대륙에 걸쳐 있는 자사의 여러 공장 중 적당한 곳을 찾아내 거기에서 전세계 고객들에게 제품을 공급하기도 한다.[2]

(2) 글로벌기업이 가장 선호하는 평가기법

그러면 글로벌기업들은 실제로 국제생산입지를 선정하는 데 있어서 어떤 기법들을 주로 활용하고 있는가? 여기에서 대해 몇몇 기업의 경우를 예로 들어 살펴보면 다음과 같다.

먼저, 많은 글로벌기업들은 자기 기업이 투자하고자 하는 국가의 위험(risk)과 진출하고자 하는 선호도(preference)를 가지고 자기 기업이 사업활동을 수행하고자 하는 지역에 대해 문자나 점수로 등급을 매겨 최적 생산입지를 결정하는 경향이 있다.

그리고 GE와 같은 기업은 정치적 위험에 대한 점수를 산출할 수 있는 가중지수를 개발하여 활용하고 있고, Exxon과 같은 기업은 평가전문인단을 구성하여 여러 가지 정치적 위험의 순위를 정하고, 이것을 이용하여 각국에 대한 종합적인 정치적 위험의 확률표를 작성하여 활용하고 있다. 또 IBM, AT&T, Hewlett-Packard 등과 같은 기업들은 자신들이 직접 예측모형을 만들어 활용하기보다 DRI, Dataquest와 같은 전문적인 예측기관과 계약을 맺어 이들 전문기관들이 제공하는 서비스를 활용하고 있다.

제 3 절 글로벌 소싱(Global Sourcing)

1. 해외조달방식

글로벌기업이 어떤 방법으로 목표시장을 공급할 것이냐 하는 것은 기업의 목표나 제품의 특성, 목표시장의 환경, 기술이전의 정도, 그리고 진출대상국의 규제와 같은 여러 가지 요인에 의해서 영향을 받게 되는데, 그 대표적인 방법에는 집중화 조달과 분산화 조달, 그리고 통합화 조달이 있다.

집중화 조달(centralized sourcing)은 글로벌기업이 어떤 특정 지역을 생산거점으로 선정하여 거기에서 제품을 집중적으로 생산한 다음, 생산된 제품을 전세계 여러 시장에 공급하는 방법을 말한다. 따라서 이러한 방식의 조달에서는 생산거점을 어디로 정하느냐 하는 것이 가장 중요한 문제가 된다. 집중화 조달은 규모의 경제를 실현할 수 있고 품질관리가 가능하다는 장점을 가지고 있으나, 관세나 수송비가 많이 소요되고 환위험 등에 직면할 수 있다는 단점이 있다.

분산화 조달(distributed sourcing)은 글로벌기업이 각기 독특한 특성을 가지고 있는 개별 목표시장의 수요에 부응하기 위하여 제품을 목표시장에서 생산하여 공급하는 경우를 말한다. 분산화 조달은 현지국의 요구에 탄력적으로 대응할 수 있고, 여러 공급원을 보유함으로써 융통성을 확보할 수 있다는 장점이 있으나, 개별 생산시설 단위당 높은 비용이 소요되고 품질의 일관성을 유지하기가 어렵다는 단점이 있다. 〈표 11-7〉은 분산화 조달과 집중화 조달의 장 · 단점과 선택조건을 비교한 것이다.

표 11 - 7 집중화 조달과 분산화 조달의 장 · 단점 및 선택조건

	집중화 조달	분산화 조달
이점	• 규모의 경제 실현 가능 • 품질관리 가능	• 현지의 요구에 탄력적 대응 가능 • 복수 공급원에 따른 공급상의 융통성 확보
비용과 위험	• 관세 • 수송비 • 환위험 • 수입규제 위험 • 파업 위험	• 개별 생산시설 단위당 높은 비용 소요 • 고도의 경영관리 필요 • 품질의 일관성 유지 곤란
선택 조건	• 고부가가치제품의 비율이 높은 경우 • 비용이 점차 감소하는 구조를 갖는 경우 • 연속적인 생산공정을 갖는 경우 • 피투자국이 수출에 대한 유인책을 제공하는 경우	• 높은 관세가 부과되는 경우 • 피투자국이 국내생산을 선호하는 경우 • 수입을 규제하는 경우 • 노동집약적인 제품을 생산하는 경우

자료: W. H. Davidson, *Global Strategic Management* (New York, John Wiley and Sons, 1982), p. 191.

통합화 조달(integrated sourcing)은 집중화 조달의 경우 직면할지도 모르는 제품수입국의 수입규제와 같은 위험을 회피하기 위한 방법으로서, 제품의 생산은 개별 목표시장에서 수행하되 판매는 본사의 통합적인 관리하에서 수행하는 방법을 말한다. 이 방법은 집중화 조달에 있어서의 이점인 효율성을 유지하면서 정치적인 위험을 줄일 수 있다는 장점을 가지고 있으나, 파업이나 운송문제 그리고 환위험 등은 단점으로 지적되고 있다.

2. 자체조달 대 외부조달

(1) 글로벌기업의 자체조달과 외부조달의 비율

글로벌기업이 자사가 필요로 하는 제품이나 부품을 자체적으로 생산하여 조날할 것인가, 아니면 외부로부터 구매하여 조달할 것인가에 대한 의사결정은 생산전략을 수립하는 데 있어서 대단히 중요한 부분이다.

실제로, 1~10만 개 이상의 부품으로 구성되어 있는 자동차나 항공기를 생산하고 있는 글로벌기업의 경우에는 항상 이러한 의사결정에 직면하게 된다. 예를 들어, Boeing 787기는 13만 개 이상의 부품으로 구성되어 있고, 이 부품들은 전세계 500개 이상의 공급업자로

부터 공급받고 있는 것으로 알려지고 있다. 〈그림 11-2〉는 Boeing 787의 일부 부품이 어느 나라로부터 공급되고 있는가를 보여주고 있다.

Ford는 피에스타(Fiesta) 자동차를 생산할 때 전체 자동차 가격의 45%에 해당되는 부품만을 자체적으로 생산 · 공급하고, 나머지 55%는 외부기업으로부터 독립적으로 공급받았고, GM도 70%만을 자체생산하고 나머지 30%는 수직적 통합에 의존하면서 외부 부품공급업체로부터 12,000여 개의 부품을 조달하고 있다. 이외에도 Ford는 50%, Chrysler는 70%를 외부조달에 의존하고 있으며, Apple은 AppleⅡ의 70%, 그리고 Nike는 'Nike Air System'을 제외한 모든 부품을 외부에서 조달하고 있다.

이와 같이 글로벌기업들은 필요한 모든 제품이나 부품을 자체적으로 생산 · 조달하기보다, 필요에 따라서는 다른 기업에게 생산을 의뢰하거나 또는 다른 계열기업과 장기 공급계약을 맺어 외부적으로 조달하고 있다.

그러면 기업들은 왜 특정제품이나 부품을 해외로부터 조달하는 것일까? 여기에 대한 질문에 대해 149개 미국기업이 답변한 이유를 보면 다음과 같다.[3]

첫째, 싸게 조달할 수 있기 때문에(74%)

둘째, 국내 공급원으로부터는 조달이 불가능하기 때문에(49%)

그림 11 - 2 Bœing 787의 글로벌 소싱

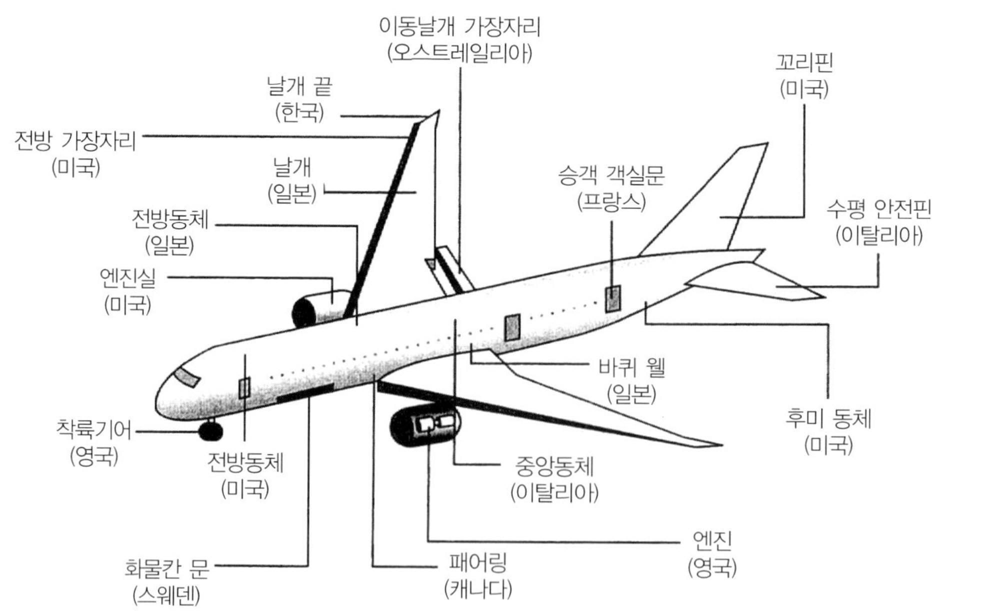

자료: Czinkota, M. R., I.A. Rokainen and M. H. Moffett, *International Business*, 8th ed.(Hoboken, NJ, John Wiley & Sons 2011), p. 41.

셋째, 범세계적인 사업전략의 일환으로서(28%)

넷째, 해외로부터 조달하는 경우 선진기술의 활용이 가능하기 때문에(28%)

다섯째, 해외조달을 이용하는 경우 높은 품질의 제품을 활용할 수 있기 때문에(25%) 등이다.

(2) 자체조달과 외부조달의 결정요인

그러면 자체조달과 외부조달은 주로 어떤 요인에 의해서 결정되는가?

그것은 가장 기본적으로는 구입하고자 하는 제품의 규모와 최소한의 효율적인 생산규모 간의 관계에 의해서 결정된다고 할 수 있다. 만약 소비자가 필요로 하는 수량이 최소한의 효율적 생산수준을 초과하거나, 특정 제품이나 투입물이 소비자들의 최종재에 대한 주요 투입물이 되는 경우에는 확실한 조달원을 확보하는 것이 중요하기 때문에 자체조달이 선호된다. 하지만, 자동차산업의 경우와 같이 자사가 필요로 하는 투입물의 종류가 여러 가지이거나 또는 투입부문이 빈번한 기술변경을 필요로 하는 경우 등에는 외부조달이 선호된다.

또 글로벌전략도 자체조달과 외부조달의 결정에 중요한 영향을 미친다. IBM이 PC산업에 진출하면서 핵심운영체제는 Microsoft에, 그리고 CPU는 Intel로부터 아웃소싱을 하다가 개인용 컴퓨터산업에서 주도권을 상실했던 예는 핵심역량은 외부조달보다는 자체적으로 조달하는 것이 바람직하다는 것을 보여주는 좋은 예가 될 것이다.

표 11 - 8 자체조달 대 외부조달의 선택

자체조달 대 외부조달의 선택에 영향을 미치는 요인	선호되는 조달전략	
	자체조달	외부조달
구입하고자 하는 규모/최소의 효율적인 규모	높은 경우	낮은 경우
공급자의 집중 정도	높은 경우	낮은 경우
조달제품의 수	적은 경우	많은 경우
조달비용이 전체 비용에서 차지하는 비율	높은 경우	낮은 경우
조달제품의 기술변화의 속도	느린 경우	빠른 경우
조달제품의 자본집약도	낮은 경우	높은 경우
기업의 공정발전 수준	높은 경우	낮은 경우
조달제품을 사용하는 기업이 속한 산업의 성장속도	높은 경우	낮은 경우
구매자의 집중 정도	낮은 경우	높은 경우

자료: *Ibid.*, p. 208.

아울러 두 가지 대안에 따른 단위당 비용을 서로 비교해 보는 것도 자체조달과 외부조달을 결정하는 하나의 방법이 될 수 있다. 이 외에 조달전략에 영향을 미치는 요인들을 살펴보면 〈표 11-8〉과 같다.[4]

3. 글로벌 소싱: BMW

BMW는 전세계 자동차시장에서 경쟁력을 가지고 성장할 수 있는 글로벌 생산 및 소싱체계를 갖추고 있다(〈그림 11-3〉 참조). BMW는 전세계에 산재해 있는 모든 공장들이 국제경쟁력을 갖출 수 있도록 긴밀하게 협력하고 이를 통해서 생산성과 유연성을 확보하고 있다.

BMW는 디자인 평가와 통제 기술, 엔진생산, 구매, 검사, 고객서비스 및 보증 등에 관한 업무는 본사가 직접 관장하고 그 외의 분야는 글로벌 소싱에 의존하고 있다. 따라서 엔진은 오스트리아, 영국, 브라질의 엔진공장과 독일 뮌헨의 엔진공장으로부터 공급받고, 부품은 독일의 4개의 부품생산 공장(Landshut, Wachersdorf, Berlin, Eisenach)으로부터 공급받고 있다. 또한 옥스퍼드에서 생산되는 고급 소형차 MINI에 필요한 강판은 스위덴과 영국에 소재하고 있는 강판공장으로부터 공급되며 여타의 부품은 현지 공급업자들로부터 공급된다.

그리고 BMW는 태국과 멕시코에서는 자신이 직접 생산공장을 운영하고 있고 인도네

그림 11 - 3 BMW의 글로벌 생산 및 소싱 네트워크

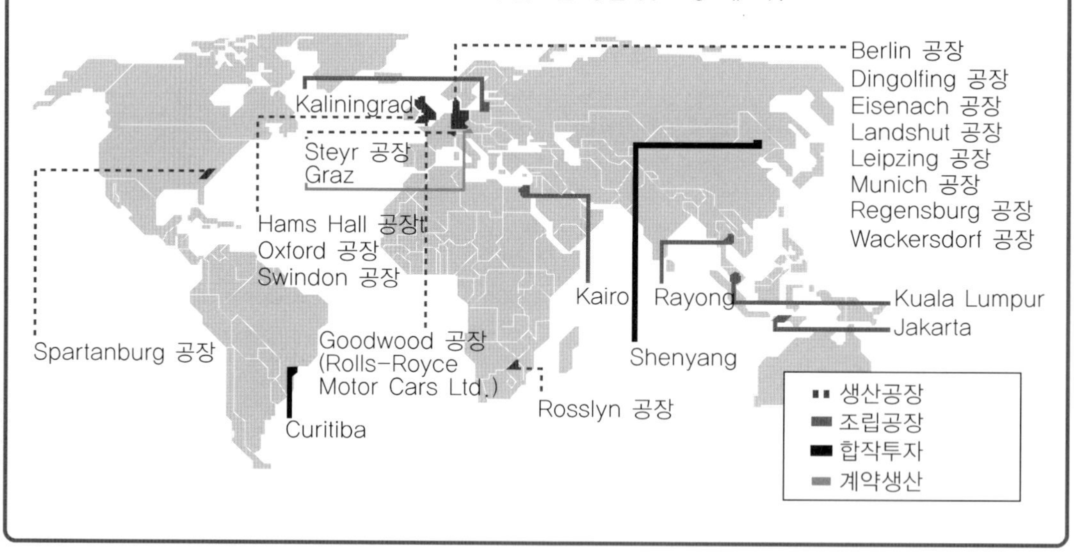

자료: BMW homepage.

시아, 말레이시아, 필리핀, 베트남, 이집트, 러시아 공장은 파트너기업에게 운영을 맡기고 있다.

4. 국제생산활동의 배치

글로벌기업이 선택할 수 있는 생산활동의 범세계적인 배치에는 <그림 11-4>와 같은 여러 가지 대안이 있을 수 있다. 아래에서는 전세계가 4개국으로 구성되어 있다는 전제하에 각 방식의 내용을 살펴보기로 한다.

(1) 범세계적인 집중생산(globally concentrated production)

범세계적인 집중생산은 가장 단순한 국제생산활동 배치 대안으로서, 제품을 어떤 한

그림 11 - 4 국제생산활동의 배치 대안

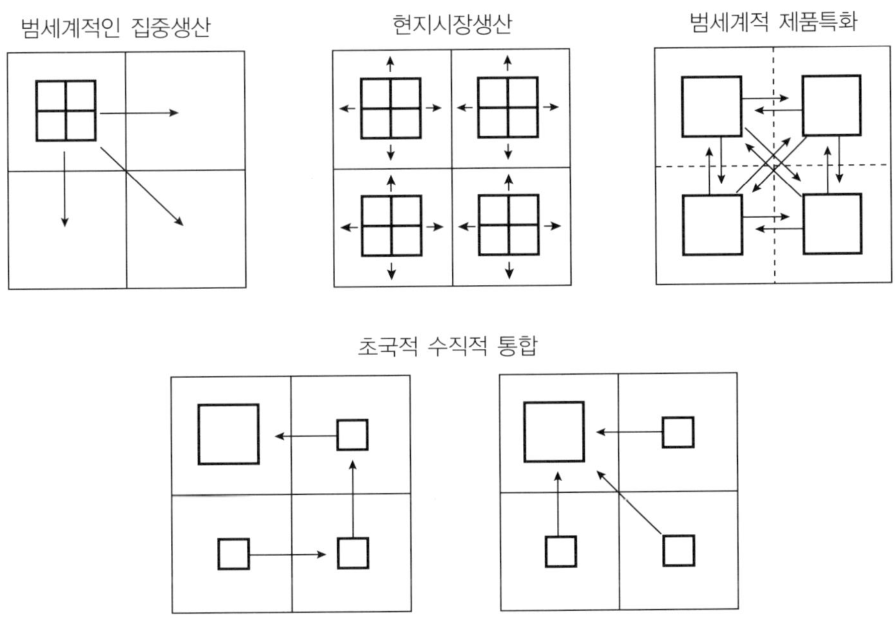

주: □: 국가, □: 공장, →: 제품흐름.
자료: P. Dicken, *Global Shift: Mapping the Changing Contours of the World Economy*, 6th ed. (New York, The Guilford Press, 2011), p. 140.

국가(예: 본국)에서 생산한 다음, 자사의 마케팅 및 판매네트워크를 이용하여 시장에 수출하는 방식을 말한다. 이 방식은 일본기업들이 생산활동을 범세계적으로 분산하기 시작했던 때에 많이 활용했던 전략이다.

(2) 현지시장생산(host-market production)

현지시장생산은 각국에 위치하고 있는 각 생산단위(해외자회사)들이 각기 다른 여러 가지의 제품을 생산하여 자기가 위치하고 있는 국내시장에 공급하는 방식이다. 이 경우 각국에 위치하고 있는 자회사들은 그 국가 내에서만 제품을 생산 · 판매할 뿐, 관세 및 비관세장벽 때문에 국경을 초월하여 판매하지는 않는다. 그리고 이때 각국에 위치하는 생산시설의 규모는 각국의 시장규모에 따라서 결정된다.

(3) 범세계적 제품특화(product specialization for a global or regional market)

범세계적 제품특화에 의한 국제생산활동 배치는 각국에 위치하고 있는 각 생산단위들이 각기 다른 특정 제품 생산에만 특화하고, 생산된 제품을 여러 나라로 구성된 특정 국가그룹이나 경제블럭지역시장(예를 들면 EU, NAFTA 등)에 공급하는 방식을 말한다.

Electrolux나 Whirlpool과 같이 대형 가전제품 생산기업들은 여러 나라에 위치해 있는 자사의 각 공장에서 각기 다른 종류의 세탁기나 냉장고 등을 생산한 다음, 이것을 특정 국가그룹이나 지역시장에 판매하고 있다. 이러한 형태의 수평적 특화나 수평적 통합은 규모의 경제를 가능하게 해주며, 각국 생산시설은 지역시장이 아무 크기 때문에 자연히 규모의 경제를 달성할 수 있을 만큼 대규모가 된다.

(4) 초국적 수직적 통합(transnational vertical integration)

초국적 수직적 통합은 각 생산단위(해외자회사)가 일부 생산과정만을 수행하는 경우와 생산공정의 특정 부분만을 수행하는 경우의 두 가지가 있다. 첫 번째의 경우는 각 생산단위가 각기 다른 일부 생산공정만을 담당하여 수행하고 각국에 위치하고 있는 생산단위들이 서로 연결되어 한 공장에서 생산된 산출물(output)이 다음 생산공정을 담당하는 다른 공장의 투입물(input)이 되는 형태이다.

이 경우 원료와 준가공 제품, 부품 그리고 완제품 등이 지리적으로 분산되어 있는 각국의 생산단위 간에 이동하게 된다. 두 번째의 경우는 각 생산단위들이 각기 다른 생산공정이나 부품에 특화하고 그 산출물을 원편에 위치하고 있는 최종 조립공장으로 운송하는 경우이다. 이렇게 생산된 완제품은 부품을 생산해서 공급했던 국가를 포함하여 전세계에 수출된다. 1960년대 후반 이후 전자제품을 생산하는 미국의 글로벌기업들이 동남아시아와 멕시코에 이러한 형태의 수출기지를 설립한 바 있다.

제 4 절 국제로지스틱스

1. 국제로지스틱스의 의의

국제로지스틱스(international logistics)란 제품 생산에 필요한 원료취득지점으로부터 제품을 생산한 후 최종소비지점에 이르기까지의 원료 및 제품의 흐름과 그에 따른 정보의 흐름을 용이하게 하는 모든 이동 및 저장활동과 관련된 계획, 조직, 통제를 의미한다.[5]

국제로지스틱스는 〈그림 11-5〉에서 볼 수 있는 바와 같이 물적공급(international physical supply)과 물적유통(international physical distribution)으로 구분할 수 있다. 물적공급에는 제품을 생산하기 위한 원재료 획득, 수송, 재고, 포장, 하역, 정보처리 등과 같은 활동이 포함되고, 물적유통에는 생산된 제품을 소비자에게 제공하기 위해 이루어지는 제품계획, 포장, 주문처리, 수송, 창고관리, 하역, 재고관리, 정보처리 등과 같은 활동이 포함된다.

기업의 글로벌화가 급속히 진전되고 있는 오늘날에는 어떻게 하면 전세계적으로 분산되어 있는 생산거점들을 가장 효율적으로 네트워크화하여 원재료, 부품, 완제품의 흐름을 합리화하고 생산거점 간의 관계를 유기적으로 유지할 것인가가 중요한 과제가 되고 있다. 여기에 수출에 따른 로지스틱스 비용이 전체 비용의 10-25% 정도를 차지함으로써 국제로지스틱스의 전략적 중요성이 더욱 높아지고 있다.

이와 같이 그 중요성이 증대되고 있는 국제로지스틱스 기능을 성공적으로 수행하기 위해서는 국제로지스틱스를 구성하고 있는 수송, 포장, 보관 등의 개개 기능이 합리적으로 이루어져야 할 뿐 아니라 이들 모든 기능이 하나의 통합된 범세계적 로지스틱스시스템으로 구축되어 운영되어야 한다.

그림 11 - 5 국제로지스틱스의 범위

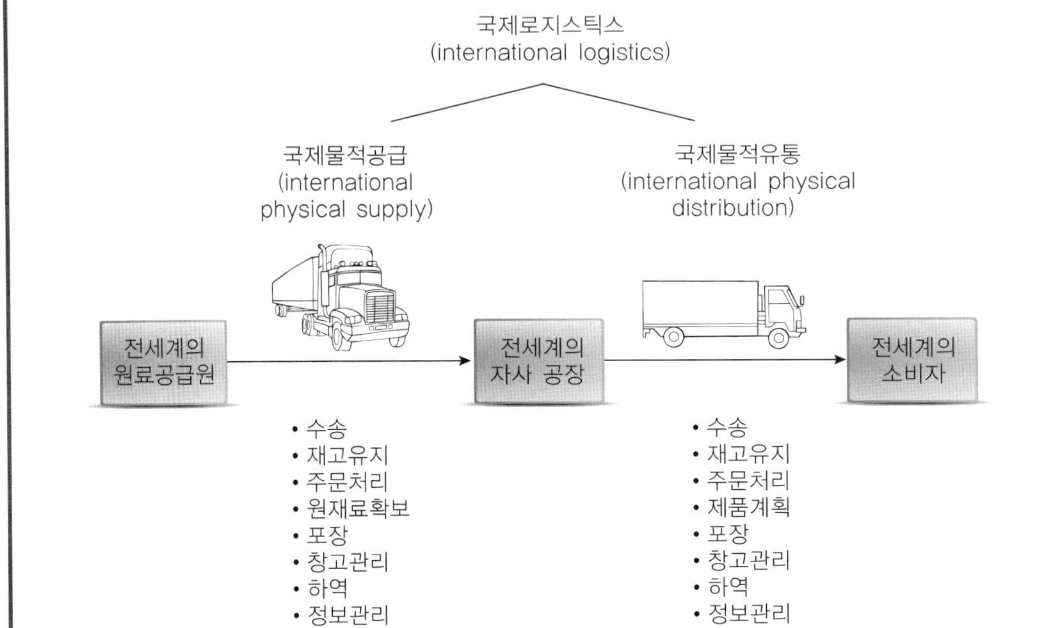

자료: R. H. Ballou, *Business Logistics: Management Planning and Control*, 2nd ed. (Englewood Cliffs, NJ, Prentice-Hall, 1999), p. 9 일부 수정.

2. 국제로지스틱스의 주요 기능

(1) 운송

국제운송에는 가장 기본적으로 철도, 트럭, 해상, 항공, 파이프라인 등과 같은 다섯 가지의 대안이 있다. 이 중 어떤 방법을 이용하여 제품을 운송할 것인가 하는 것은 운송에 소요되는 비용과 시간, 제품의 특성, 그리고 안전성에 따라서 달라지게 된다.

철도는 전세계적으로 가장 널리 이용되고 있는 운송수단으로서, 부피가 큰 제품을 적은 비용으로 대량 수송할 수 있는 수단이다. 따라서 철도는 부피가 크면서 값이 싼 제품의 운송에 많이 이용된다.

트럭은 다양한 제품을 비교적 신속하고 저렴하게 수송할 수 있는 방법으로서, 전세계적으로 가장 많이 이용되고 있는 운송수단이라고 할 수 있다. 트럭은 거리에 구애받지 않고 제품을 직접 고객에게까지 수송할 수 있는 장점을 가지고 있다.

다음은 해상운송으로서, 해상운송은 전통적으로 가장 저렴하면서도 가장 안전한 운송수단이다. 해상운송은 다른 운송수단에 비해 대량운송이 가능하고 비용이 적게 소요되며 원거리 운송에 적합하다. 그러나 속도가 느리고 기후에 많이 좌우되는 단점을 가지고 있다. 오늘날 해상운송에는 컨테이너가 많이 활용되고 있으며 컨테이너선의 등장과 더불어 더욱 발전하고 있다.

다음으로 항공운송은 현재로서는 전체 국제운송의 단지 1% 정도만을 담당하는 데 그치고 있지만 최근에는 그 중요성이 점차 높아지고 있다. 항공운송은 비용은 높지만, 무게에 비해 값이 비싸고 신속한 운송을 필요로 하는 제품을 운송하는 경우에 적합하다.

파이프라인(pipeline)은 석유 및 천연가스와 같이 액체로 된 제품을 운반하는 데 효율적인 운송수단이다. 현재 많은 국가들이 파이프라인을 이용하여 석유나 천연가스를 운송하고 있다.

이상에서 각 운송수단에 대해 살펴보았는데, 오늘날에는 하나의 제품이 생산업자로부터 최종소비자에게 인도되기까지 여러 가지 운송수단이 연결된 복합운송(combined transport)이 많이 활용되고 있다. 여기에서 복합운송이란 운송인이 전 운송구간에 대해 책임을 지고 특정 화물을 최종목적지까지 육운 · 해운 · 공운 가운데 두 가지 이상의 방식을 결합하여 일관운송하는 방식을 말한다. 일반적으로 육 · 해 복합운송이 가장 많이 이용되고 있다.

(2) 포장

포장이란 국제적인 운송, 하역, 보관 등의 유통과정에서 제품을 안전하게 보호하고 제품의 가치를 유지시키기 위하여 적절한 용기를 이용하여 제품을 포장하는 작업을 말한다. 따라서 포장은 제품을 최종소비자에게 운송하는 데 있어서 가장 먼저 이루어지는 중요한 작업이다.

국제운송을 위한 포장은 최소한의 비용과 자재를 가지고 가장 적합하고 안전하게 이루어져야 하며, 장기간의 운송이나 장거리 운송, 악천후, 그리고 제품의 환적(transshipment) 등에 충분히 견딜 수 있도록 작업되어야 한다. 또 포장은 비용이나 무게 등을 고려하는 한편, 양륙 및 하역비용을 줄이고 도난 및 발하를 최소화할 수 있도록 작업되어야 한다.

최근에는 대부분의 운송인들이 컨테이너를 이용하여 제품을 운송하고 있기 때문에 제품이 이중으로 포장되는 셈이 된다. 여기에서 컨테이너(container)란 육운, 해운, 공운 등의 모든 과정에서 화물을 수송하는 도중 화물을 이적하지 않고 일관수송을 가능하게 해주는 규격화된 운송용기를 말한다. 그리고 컨테이너에 화물을 적재하여 목적지까지 일관운송하는 시스템을 컨테이너운송이라고 한다. 최근 국제운송에서는 컨테이너운송이 많이 이용됨으로써 화물운송의 경제성과 신속성, 그리고 안전성이 최대한 충족되고 있다.

(3) 보관

국제적으로 운송되는 제품은 고객의 욕구에 신속하게 부응하고 경쟁기업과 성공적으로 경쟁하기 위해서, 그리고 범세계적인 통합적 로지스틱스를 수행하기 위해서 최종목적지에 운송되기 전까지 일정기간 동안 일정한 장소에 보관되는 경우가 많다.

이 경우 전세계 여러 지역에 보관시설이 필요하게 된다. 그런데 이때 자기 기업에게 필요한 모든 보관시설을 자체적으로 보유한다는 것은 대규모의 장기투자 때문에 효율적이지 못하며, 재고량이 많은 경우에는 보관비용이 많이 소요되는 어려움이 따른다.

따라서 로지스틱스관리자는 이러한 점을 고려하여 자체 보관시설을 설립할 것인가 아니면 필요할 때마다 그때그때 제품을 운송할 것인가를 결정해야 한다. 그리고 보관시설을 설립하기로 결정하면 고객에 대한 서비스 수준과 보관비용 모두를 고려하여 보관시설의 수와 규모, 그리고 그 위치를 결정해야 한다.

한편, 보관문제를 해결하기 위해 일부 국가에서 운영되고 있는 해외무역지대(foreign trade zones)를 이용하는 것도 하나의 효과적인 방법이 될 수 있다. 해외무역지대에서는 외국제품이 관세가 부과되지 않은 상태에서 보관 또는 가공되어 재수출될 수 있기 때문이다. 따라서 이러한 해외무역지대를 이용함으로써 일시적으로 제품을 보관하거나 가공하는 등의 혜택을 누릴 수 있다. 합리적인 보관전략을 수립하여 시행하게 되면, 제품의 가격을 낮추고 인도기간을 단축시킬 수 있을 뿐만 아니라 소비자의 만족도를 높여줄 수 있다.

국제경영사례 11-2

현대자동차의 글로벌 네트워크 전략

전세계 자동차 산업은 가장 규모가 크며 국제화가 진전된 산업분야이다. 현대자동차는 10여 개의 자동차 모델과 트럭, 버스, 기타 상업용 차량과 같은 미니밴 등을 생산하는 한국의 선두 자동차 생산업체이다. 현대자동차의 인기 있는 수출모델로는 Accent, Elantra, Sonata 등이 있다.

현대자동차는 글로벌기업으로 새롭게 탈바꿈하기 위해 5대 글로벌전략과 3대 경영방침을 세워 글로벌화를 추구하고 있다. 5대 글로벌전략은 첫째, 상품경쟁력 강화 둘째, 현지화 전략 셋째, 브랜드 강화 넷째, 지속가능 경영체제 구축 다섯째, 글로벌 경영혁신이다. 또한 현대자동차는 이러한 5대 글로벌전략을 뒷받침하기 위해, 신뢰경영, 현장경영, 투명경영의 3대 경영방침을 세워 추진하고 있다.

2012년 현재, 현대자동차는 7개의 지역본부, 7개 현지생산법인, 16개 판매법인, 5개의 연구소 체제로 글로벌 네트워크를 형성하고 있다.

현대자동차의 글로벌화 현황 (2012년 현재)

구 분	지역 및 국가	계
지역본부	중남미, 동구, 상용동구, 중동/상용아중동, 아프리카, 아태, 상용아태	7
생산법인	미국, 브라질, 터키, 체코, 러시아, 인도, 중국	7
판매법인	미국, 미국HT, 캐나다, 유럽, 영국, 프랑스, 노르웨이, 독일, 폴란드, 체코, 이탈리아, 스페인, 인도, 터키, 러시아, 일본, 호주	16
연구소	미국디자인센터, 미국기술연구소, 유럽기술연구소/유럽디자인센터, 인도기술연구소, 일본기술연구소	5

현대자동차는 각 지역별로 글로벌화를 시도함과 동시에 그림과 같이 글로벌 네트워크를 구축하고 있다. 현대자동차의 전체 네트워크 구조는 자동차산업 네트워크 내에서 상호 연결되어 있는 행위자들의 전략적 위치 및 그들의 관계를 살펴볼 수 있다. 현대자동차는 3개의 국내 생산공장과 7개의 해외 현지생산공장 및 16개 조립생산공장으로 자동차 생산네트워크로 구축하고 있다. 그리고 자동차 생산을 위한 부품공급 네트워크로는 국내에 8,400여 개의 1, 2차 협력업체를 통해서 자동차 부품을 원활하게 공급받고 있다. 또한 해외 현지생산공장에서도 이들 국내 부품공급 네트워크를 기반으로 부품협력업체들과 함께 해외 현지생산공장의 인근 지역으로 동반진출하여 전략 부품조달 및 품질의 불확실성을 감소시키는 등 현대자동차의 글로벌화와 부품협력업체의 글로벌화를 동시에 추구하고 있다. 또한 주요 지원업체 네트워크를 동반 해외시장까지 함께 진출함으로써 해외시장에서도 소비자들에게 자동차 구매에 따른 편의를 제공하고 있다.

현대차의 판매/서비스 네트워크는 세계 주요 자동차 판매시장을 중심으로 판매법인과 서비스 지점, 딜러들의 수를 늘려가고 있다. 판매/서비스 네트워크는 크게 3개의 권역을 중심으로 형성되어 있다고 할 수 있다. 독일, 폴란드 판매법인과 부품센터, 유럽 각지의 서비스 지점, 딜러망을 중심으로 형성된 유럽지역 판매/서비스 네트워크와 인도, 일본, 중국의 판매법인을 중심으로 한 아시아 지역 판매/

서비스 네트워크, 그리고 미국과 캐나다를 중심으로 한 북미지역 판매/서비스 네트워크가 유기적으로 연결되어 있으며, 각 지역별로 차별화된 서비스와 마케팅 활동을 수행하고 있다.

연구개발 네트워크는 국내 남양종합연구소를 중심으로 미국, 일본, 인도, 유럽 기술연구소와 미국 디자인 연구소를 통해 자동차 개발 및 품질향상을 통한 경쟁력 강화를 위해 노력하고 있다. 또한 각 지역별 소비자의 욕구를 충족시키기 위한 현지형 자동차를 개발하는 중요한 역할을 수행하고 있다.

이처럼 현대자동차가 구축한 글로벌 네트워크는 하나의 유기체로 생산과 판매/서비스, 연구개발, 부품공급이 유기적인 협력체제를 구축하고 있다고 평가된다. 국내 네트워크를 활용해 해외 현지생산 공장까지 확장함으로써 해외시장에서의 불확실성을 감소시키고 시너지효과를 창출하고 있는 것이다.

현대자동차의 글로벌 네트워크

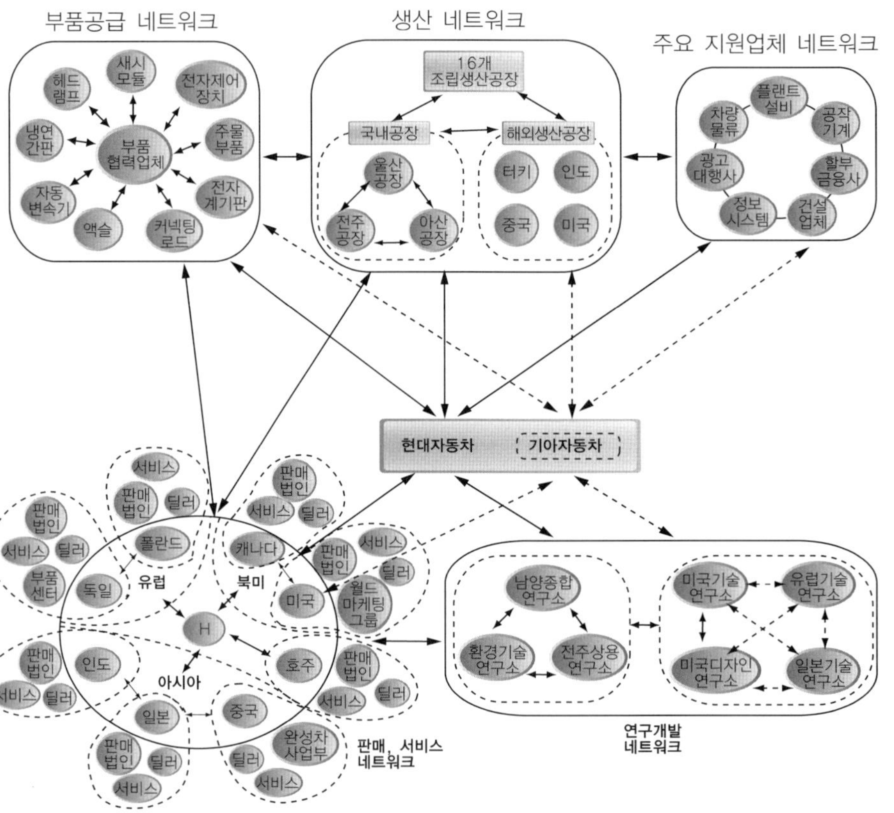

자료: 정구현, 한국기업의 글로벌 경영(서울, 위즈덤하우스, 2008), pp. 275–281; T. S. Cavusgil, G. Knight and J. R. Riesenberger, *International Business: Strategy, Management and the New Realities*(Upper Saddle River, NJ, Person Education International, 2008), pp. 113–114; 현대자동차 홈페이지(www.hyundai.com/kr) 2012.

CHAPTER 12

국제마케팅

International Business

국제경영사례 12－1

Coca Cola의 국제광고전략

마케팅은 기업 내부와 밀접한 관련을 가지고 있다. 마케팅에 관한 위대한 의사결정은 절대 따로 이루어지는 것이 아니다. 마케팅의 생성과정에는 문화적인 측면이 가장 두드러지게 나타난다. 가장 오랫동안 노력해 왔고 감동적인 마케팅 성과를 이룩한 회사는 Coca Cola이다. 그들의 마케팅 신화는 오랜 경험의 결실이다.

Coca Cola라는 전설적인 상표는 1886년 조지아주 애틀랜타에서 존 스타이드 펨버턴(John Styth Pemberton)이란 약사가 처음 고안했다. 그가 개발한 소위 '브레인 토닉(brain tonic)'은 남아메리카의 나뭇잎과 서아프리카의 종자뿐 아니라 카라멜 인산, 그리고 오늘날까지 철통같은 보안으로 베일에 가려져 있는 7가지의 향료가 배합되어 있다. Coca Cola라는 이름은 펨버턴의 부기계원인 프랭크 로빈슨(Frank Robinson)이 만든 것이다. 로빈슨은 그 이름을 비스듬한 장식체로 썼다.

펨버턴이 만든 음료는 처음에 애틀랜타 윌리스 베내블(Willis Venable)의 야곱 약국 소다수 판매대에 진열되었다. 음료 한 잔의 가격은 5센트였다. 첫 해에는 하루 평균 여섯 잔이 팔렸고 첫 해 총수익은 50달러에 불과했다.

Coca Cola는 대대적인 광고와 판매촉진을 시작했다. 존 펨버턴은 영업 첫 해에 광고전단과 상품 교환권에 73달러 96센트를 투자했다. 결과는 물론 적자였다. 그러나 Coca Cola는 오래된 다른 기업보다 훨씬 먼저 대중매체의 중요성을 인식하고 있었다. 광고를 중요시하는 전통은 지금까지 계속되고 있다.

1888년 윌리스가 죽기 직전에 펨버턴과 그의 아들은 에이서 캔들러(Asa Candler)에게 회사를 넘겼다. 후에 애틀랜타의 시장이 된 캔들러도 광고에 관심을 기울였다. 그는 의사이자, 약사인 동시에 부동산업자와 기업가의 역할까지 해낸 인물이었다.

Coca Cola 광고는 항상 소비자를 유혹하며 외형 또는 소비자의 호기심을 자극할 수 있도록 제작된다. 소비자의 의견에 따라 곡선 형태로 제작된 Coca Cola 병은 20세기에 가장 극찬받는 디자인 가운데 하나로 손꼽히고 있다. 물론 Coca Cola가 그 병을 오랫동안 사용한 것은 아니지만, 소비자 마음속에서 지워지지 않도록 환기시키고 있다. Coca Cola 캔에 병 모양의 이미지를 그려 넣는 것도 한 가지 증거다.

병 모양은 1915년에 열린 디자인 공모전의 결과이며, 공모에 당선된 디자인은 루트클래스라는 유리회사가 디자인한 것이다. Coca Cola의 사장인 캔들러는 "어두운 곳에서도 사람들이 Coca Cola라는 것을 바로 느낄 수 있는 병이 필요하다"고 말했다. 특색 있는 병 모양이 Coca Cola 브랜드를 다른 브랜드와 차별화시켰으며, 또한 소비자들이 브랜드와 일체감을 느끼게 되는 가장 중요한 수단으로 발전했다. Coca Cola는 1955년까지 캔을 사용하지 않았다.

• Coca Cola 슬로건 변천사

1886: 마시자 코카콜라(Drink Coca-Cola)
1904: 맛있고 상쾌한(Delicious and Refreshing)
1905: 코카콜라, 소생과 생존의 음료(Coca-Cola Revives and Sustains)
1906: 위대한 국민음료(The Great National Temperance Drink)
1917: 하루에 300만 병(Three Million a Day)
1922: 갈증엔 계절이 없다(Thirst Knows No Season)
1925: 하루에 600만 병(Six Million a Day)
1927: 방방곡곡 어디에나(Around the Corner from Everywhere)
1929: 상쾌함으로 가득 찬 깜짝 휴식(The Pause That Refresher)
1932: 얼음처럼 차가운 태양(Ice-Cold Sunshine)
1938: 갈증을 위한 영원한 친구(The Best Friend Thirst Ever Had)
1942: 진짜 콜라는 코카콜라뿐(The Only Thing Like Coca-Cola Is Coca-Cola Itself. It's The Real Thing)
1948: 코카콜라가 있는 곳엔 따뜻함이 있어요(Where There's Coke There's Hospitality).
1949: 코카콜라 어디서나 찾을 수 있어요(Coca-Cola. Along the High Way to Anywhere).
1952: 당신이 진정으로 원하는 것은 코카콜라(What You Want is Coke).
1956: 코카콜라. 함께한 다른 것들의 맛까지 훌륭하게 해줘요(Coca-Cola. Makes Good Thing Taste Better)
1959: 진짜 상쾌해지세요(Be Really Refreshed).
1963: 코카콜라와 함께라면 문제없어요(Things Go Better with Coke).
1969: 상쾌한 그 맛, 코카콜라(It's the Real Thing).
1971: 온 세상에 코카콜라를 사주고 싶어요(I'd Like to Buy the World a Coke).
1976: 즐거움을 더해주는 코카콜라(Coke Adds Life).
1979: 코카콜라와 함께 웃어요(Have a Coke And A Smile).
1982: 코카콜라, 그것 뿐!(Coke Is It!)
1986: 코카콜라 빨강색, 하얀색, 그리고 당신(Coca-Cola. Red, White & You).
1990: 무엇도 이 맛을 대신할 순 없어요(Can't Beat the Real Thing).

1993: 언제나 코카콜라(Always Coca-Cola).
2000: 즐겨요 코카콜라(Enjoy Coca-Cola).
2003: 생각하지 말고 느껴요(Stop Thinking. Feel It!)

아래에서는 전세계적으로 가장 효과적으로 광고를 하는 기업으로 알려진 Coca Cola의 최근의 Coke 광고를 살펴보기로 한다.

하얀 얼음 위에서 신나게 즐기며 놀던 북극곰, 그리고는 갈증이 나는 듯 산타클로스와 함께 콜라 한 병을 꿀꺽 나눠 마신다. 이것은 전세계인의 마음속에 살아있는 Coca Cola 특유의 겨울광고이다.

지난 1993년부터 겨울이면 어김없이 북극곰(Polar Bear) CF시리즈를 내놓고 있는 Coca Cola가 올해도 새 작품을 선보였다. 이번엔 헤엄을 갓 배우는 아기 곰이 주인공이다. 둥둥 떠 있는 얼음 위에서 엄마 곰을 바라보며 울먹이는 아기 곰, 엄마에게 가고 싶지만 차가운 바닷물에 뛰어들 용기가 나지 않는다. 그러나 엄마가 보여주는 Coca Cola는 참을 수 없는 유혹이다. 마침내 첫 수영에 성공한 아기 곰은 대견한 표정을 짓는 엄마 곰 옆에서 행복하게 콜라를 마신다.

귀여운 아기 곰과 엄마 곰의 따뜻한 사랑이 차가운 겨울바람마저 데워 주는 독창력. Coca Cola 광고 팀의 저력이 다시 한 번 확인되는 순간이다.

곰, 겨울, 북극 등 CF에 쓰인 기호들은 사실 「콜라」란 제품과 전혀 어울리지 않는다. 청량음료는 갈증나는 여름철에 마셔야 제격인 탓이다. 차가운 상징들마저 「즐겁고 상쾌한 느낌」으로 변화시키는 Coca Cola의 역발상 광고는 Coca Cola가 콜라 하나로 전세계를 제패하는 힘의 원천이 되고 있다.

또 한 가지 빠뜨릴 수 없는 점은 Coca Cola의 로고(logo) 자체가 산타클로스를 연상시킨다는 것이다. 강렬한 빨간색과 순결한 하얀색은 「선물」과 「기쁨」을 주는 산타클로스의 상징이자 크리스마스를 예감케 하는 기호들이다. 1913년 유명화가인 해돈 선드블롬이 만들어낸 산타클로스는 지금도 Coca Cola의 광고에 자주 등장하고 있다.

첫 번째 북극곰 광고도 북극곰과 산타클로스가 함께 스케이트를 타는 내용이었다. 이후 크리스마스 트리를 집으로 옮기는 쌍둥이 아기 곰이나 루지와 스키를 즐기는 스포츠 매니아 편, 다정한 친구인 아기 물개와의 만남 편 등 북극곰 광고는 7년 동안 다양한 소재를 펼쳐왔다.

영국의 리서치회사인 인터브랜드는 Coca Cola의 브랜드 가치가 우리 돈으로 30조원이 넘는다는 조사결과를 발표했다. 단순한 콜라 하나에 이 같은 생명력을 불어넣을 수 있었던 비결은 「광고에 대한 아낌없는 투자」에 있다.

Coca Cola의 광고는 독특한 발상과 기민함으로 유명하다. 방송, 신문, 잡지, 점두광고물, 인터넷 등 시대의 변화에 따라 다양한 매체에 풍성하게 광고를 쏟아낸다. 그러나 그 밑바닥에는 항상 가족과 즐거움 등과 같은 Coca Cola가 일관되게 추구하고 있는 가치들을 깔아 놓는다.

청량음료의 매출액이 떨어지는 겨울이라고 해서 광고를 쉬지 않는 것도 이러한 이유에서이다. 비수기 때 부지런히 집안단속을 해놔야 성수기 때 편하게 장사를 할 수 있음을 아는 것이다. 북극곰 광고는 역시 「언제나 Coca Cola」라는 이 회사의 캐치프레이즈와 절묘하게 맞아떨어지는 셈이다.

자료: 한경비즈니스(1999. 1. 26.); S. Crainer, *The 75 Greatest Management Decisions Ever Made ... and 21 of the Worst* (New York, AMACON, 1999).

제 1 절 국제마케팅의 정의와 특성

1. 국제마케팅의 정의

카테오라(P. R. Cateora)는 국제마케팅(international marketing)이란 국경을 초월하여 이루어지는 마케팅활동으로서, 기업이 이익을 달성하기 위하여 일국 이상의 소비자 또는 사용자에게 재화와 서비스의 흐름을 방향 짓게 하는 사업활동을 수행하는 행위라고 정의하고 있다. [1]

그리고 미국마케팅학회(American Marketing Association: AMA)는 마케팅에 관한 정의를 국제마케팅에 확장 · 적용하여, '국제마케팅이란 개인이나 기업의 필요와 욕구를 충족시키는 교환활동을 수행하기 위해 해외시장에 개입하고 아이디어, 재화, 서비스 등의 개념화와 가격, 판매촉진, 유통을 범세계적으로 계획하고 수행하는 과정'이라고 정의하고 있다. [2]

이렇게 보면 국제마케팅이란 기업이 전세계에 산재해 있는 자사 고객의 욕구를 만족시킴과 동시에 자사의 목표를 달성하기 위하여 전세계의 소비자 또는 사용자에게 제품이나 서비스를 유통시키는 총체적인 기업활동이라고 정의할 수 있다.

여기에서 국제마케팅은 그 목적이나 방법, 그리고 기능 등에 있어서는 국내마케팅과 크게 다르지 않지만, 국제마케팅의 경우에는 마케팅활동을 국경을 초월하여 수행하기 때문에 그 과정에서 자기 나라와 전혀 다른 수많은 환경에 직면하게 되고, 이들 서로 다른 다양한 환경을 관리적 · 전략적으로 고려하여 마케팅믹스를 최적으로 조정해야 한다는 점이 크게 다르다고 하겠다.

2. 국제마케팅의 특성과 과제

국제마케팅이 국내마케팅과 특별히 다른 점은 마케팅활동이 국경을 초월하여 이루어지고 그 과정에서 수많은 이질적인 환경(경제, 사회, 문화, 법률 등)에 직면하게 된다는 점이다. 마케팅활동이 복수의 이질적인 환경에 직면하게 된다는 것은 한편으로는 시장기회가 확대되는 것을 의미하지만 다른 한편으로는 시장기회가 확대되는 것만큼 위험도 증대된다는 것을 뜻한다.

이런 점에서, 국제마케팅은 비록 그 목적이나 방법 그리고 기능 등은 국내마케팅의 경우와 크게 다를 바 없지만, 해외의 수많은 이질적인 환경을 관리적 · 전략적 측면에서 고려해야 하기 때문에 마케팅믹스를 각 개별시장에 맞게 조정해야 하는 복잡한 문제가 뒤따르게 된다. 따라서 국제마케팅은 이질적인 복수의 해외환경하에서 마케팅활동을 수행함에 따라 증대되는 제반 위험을 최소화하면서, 동시에 확대된 시장기회를 최대한 활용하여 기업의 마케팅목표를 가장 효율적으로 달성하는 데 그 목표가 있다.

이를 위해 기업은 자신이 처한 해외시장환경을 면밀하게 분석하여 이를 통제가능요소(controllable factor)와 통제불능요소(uncontrollable factor)로 구분한 다음, 가능하면 통제불능요소를 통제가능요소로 전환시키는 것이 무엇보다도 중요하다.

기업이 국제마케팅활동을 수행하는 과정에서 직면하게 되는 국내 · 외적인 환경을 살펴보면 〈그림 12-1〉과 같다.

그림 12 - 1 국제마케팅의 과제

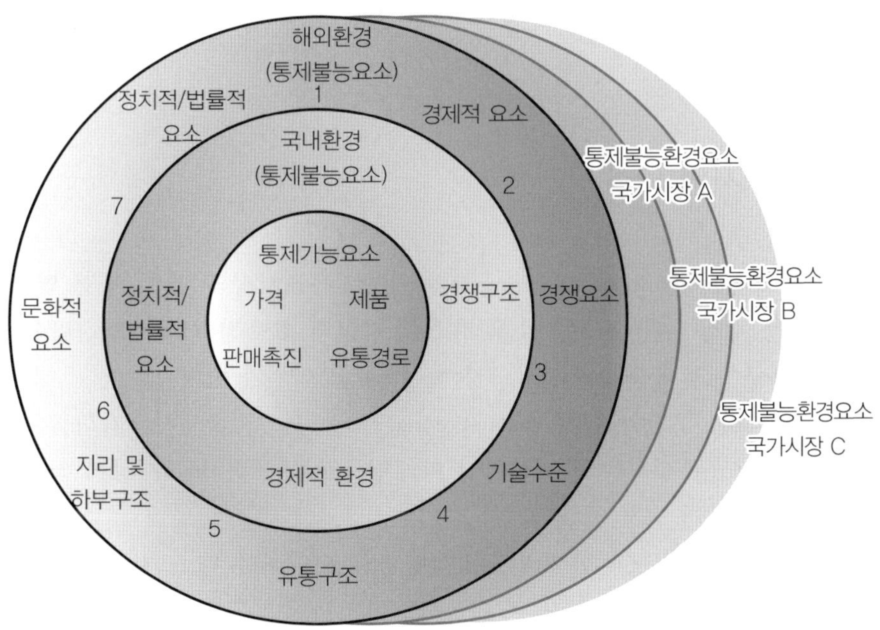

자료: P. R. Cateora, M. C. Gilly and J. L. Graham, *International Marketing*, 14th ed. (New York, NY, McGraw-Hill Irwin, 2009), p. 11.

이 그림에서 글로벌기업이 직면하게 되는 환경은 크게 국내환경과 해외환경으로 구분할 수 있다. 그리고 국내환경은 다시 통제가능요소와 통제불능요소로 구분할 수 있다. 기업은 국내환경요소 중 기업 내적 요소인 가격(price), 제품(product), 판매촉진(promotion), 유통경로(place) 등에 대해서는 통제가 가능하지만, 그 외 기업외적요소인 정치적/법률적 요소와 경쟁구조, 그리고 경제적 환경 등에 대해서는 통제가 전혀 불가능하다.

또 기업은 해외의 통제불능요소인 해외 현지의 정치/법률, 경제, 경쟁, 기술수준, 유통구조, 지리 및 하부구조, 문화 등과 같은 이질적인 통제불능요소에도 직면하게 된다. 이들 해외 통제불능요소들은 국내의 통제불능요소들과 더불어 국제마케팅활동에 적지 않은 부정적인 영향을 미치게 된다.

따라서 범세계적으로 마케팅활동을 수행하고자 하는 글로벌기업은 이들 통제불능요소가 자사의 국제마케팅활동 전반에 미치게 될 부정적인 영향을 미리 예측 · 판단하여 이에 대한 효과적인 대응방안을 강구하는 것이 무엇보다도 중요하다.

제 2 절 국제마케팅조사

1. 국제마케팅조사의 의의

국제마케팅조사(international marketing research)는 목표시장의 제반 환경 및 동향에 대한 자료와 정보를 수집 · 분석하고, 이를 기초로 자사의 효율적인 마케팅전략을 수립하여 현지 소비자의 욕구를 최대한 충족시키고자 하는 데 그 의의가 있다.

국제마케팅조사는 토탈마케팅(total marketing)적 관점에서 국제시장기회를 확인 · 평가하고 각 시장을 비교 · 분석하는 단계로부터 마케팅목표를 설정하고 시장에 참가할 때까지의 모든 의사결정 전반에 걸쳐 이루어져야 한다.

또한 마케팅조사는 단순히 현재의 시장상황만을 파악하는 데 그치지 않고, 그러한 정보와 자료들이 장래에 어떠한 영향을 미치고, 또 어떻게 전개되어 갈 것인가까지를 예측함으로써 기업의 장 · 단기 마케팅활동에 필요한 기초자료를 제공할 수 있도록 해야 한다. 또 최적 마케팅활동을 전개하기 위해서는 시장정보가 지속적으로 수집 · 분석되고 그 결과가 국제마케팅전략에 바로바로 반영될 수 있어야 한다.

2. 국제마케팅조사의 내용

국제마케팅관리자는 기업 내적인 환경과 기업 외적인 환경을 평가하여 자사의 강점(strength)과 약점(weakness)을 파악하고, 기회(opportunity)와 위협(threat)요인을 분석하는 능력을 갖추고 있어야 한다. 여기에서 기업 내적인 환경이란 자기 기업이 가지고 있는 경영자원이나 각종의 능력을 의미하고, 기업 외적인 환경이란 기업이 국제마케팅활동을 수행하는 과정에서 직면하게 되는 제반 해외시장환경을 의미한다.

해외시장환경은 〈그림 12-2〉에서 볼 수 있는 바와 같이 대단히 복잡하고 다양한 요소들로 구성되어 있다. 따라서 국제마케팅관리자는 개별 해외시장의 환경요소를 철저하게 분석해야 할 뿐 아니라 여러 해외시장들 간의 유사한 특성이나 상이한 특성을 상호 비교 · 분석하여, 그 결과를 국제마케팅전략 수립에 반영해야 한다. 해외시장의 환경분석에는 시장특성, 마케팅하부구조, 법률적 환경, 산업특성, 정부의 정책 및 태도, 자원보유현황, 재무적 환경 등이 포함된다.

한편, 해외시장환경을 분석함에 있어서는 각 시장들 간의 유사한 특성이나 상이한 특성을 모두 철저하게 파악하는 것이 절대적으로 중요하다. 그것은 만약 해외시장환경 분석이 어느 한쪽으로 치우치게 되면 분석결과가 편의(bias)를 갖게 되고, 그것에 기초하여 개발된 마케팅프로그램은 너무 표준화되거나 너무 차별화되어, 종국적으로는 효율적인 국제마케팅전략을 불가능하게 만들어 버리기 때문이다.

예를 들어, 유사한 특성만을 분석하여 개발된 표준화된 마케팅프로그램은 동일한 제품에 대해서는 각 시장의 서로 다른 소득이나 경쟁여건을 고려하지 않고 그냥 동일한 가격을 책정하게 된다. 이러한 가격책정은 그 계획이나 관리는 용이할지 모르지만 가격차별화전략을 채택하는 경우에 얻을 수 있는 사업기회나 이익을 희생시킬 수밖에 없게 된다.

그 반대로 상이한 특성만을 분석하여 개발된 마케팅프로그램에서는 각 해외시장에 대해 서로 다른 가격차별화전략을 채택하기도 하는데, 이 전략도 딜러(dealer)나 유통업자들이 제품을 가장 싼 곳에서 구입하고자 하기 때문에 제품공급에 어려움을 겪게 되어 바람직하지 않다.

그림 12 - 2 해외시장의 환경분석

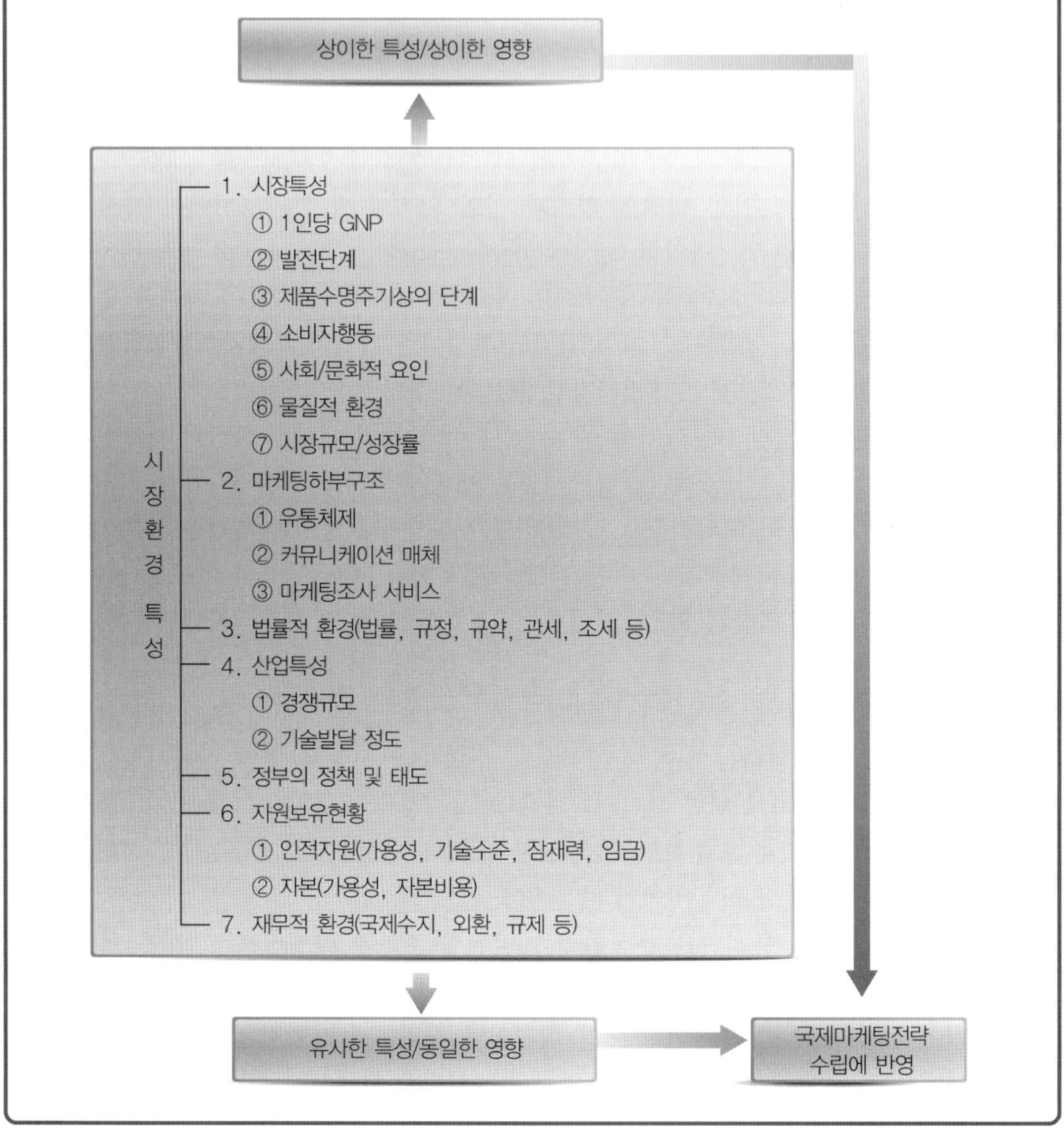

자료: W. J. Keegan, *Global Marketing Management*, 4th ed. (Englewood Cliffs, NJ, Prentice-Hall, 1989), p. 47.

3. 국제마케팅조사 과정

국제마케팅조사는 〈그림 12-3〉에서 볼 수 있는 바와 같이 네 가지 단계를 거쳐 이루

그림 12 – 3 국제마케팅조사 과정

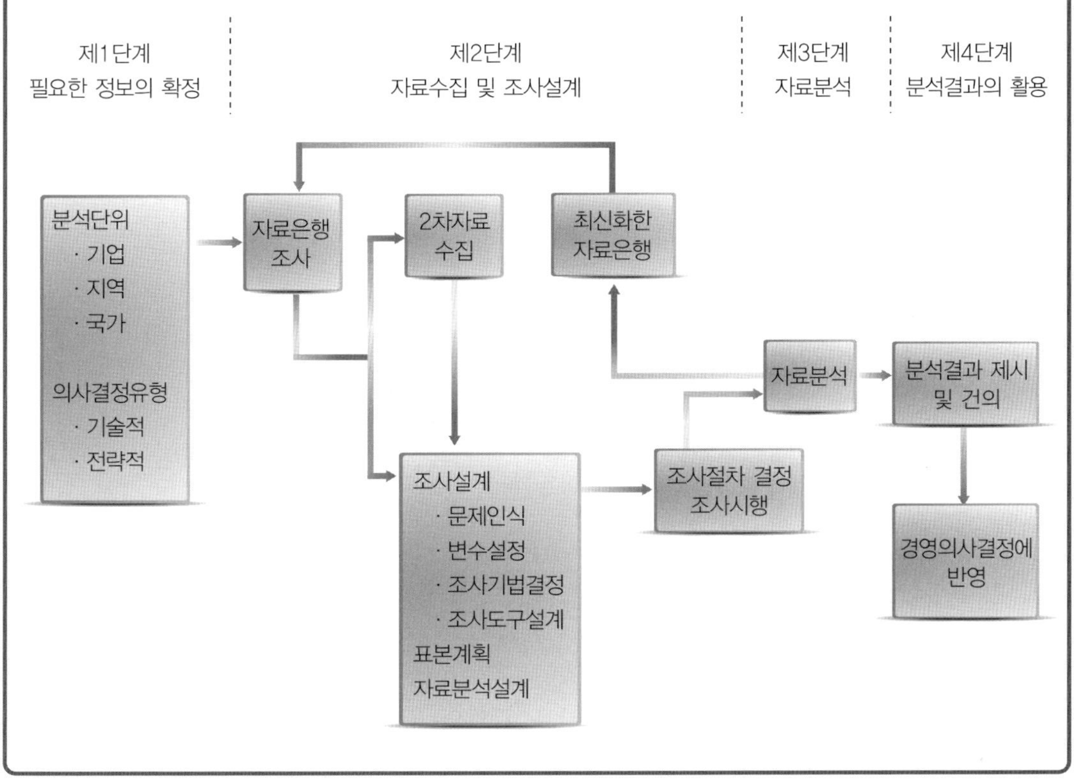

자료: S. P. Douglas and C. S. Craig, *International Marketing Research* (Englewood Cliffs, New Jersey, Prentice-Hall, 1983), p. 27.

어지게 된다.

첫째 단계는 필요한 정보를 확정하는 단계이다. 이 단계에서는 수행되어야 할 의사결정의 내용을 명확하게 기술하고, 또 어떠한 정보가 필요한가를 파악하기 위해 문제를 명확하게 정의해야 한다.

둘째 단계는 자료수집 및 조사설계 단계이다. 이 단계에서는 자기 기업이 필요로 하는 정보를 현재 가용한 정보원이 제공해 줄 수 있는가를 살펴보고, 만약 그 정보원으로부터 필요한 정보를 수집할 수 있다면 그 정보원을 이용하면 된다. 그러나 그것이 불가능하다면 2차 자료나 1차 자료를 수집하여 이용해야 한다. 또 이 단계에서는 조사설계와 표본계획을 수립하고 자료분석을 설계한다.

셋째 단계는 자료를 분석하는 단계이다. 이 단계에서는 수집된 자료를 기 수립된 조사설계에 따라서 분석한다.

넷째 단계는 자료의 분석결과를 활용하는 단계이다. 이 단계에서는 분석된 결과를 제시하고 관리자에게 보고함으로써 국제마케팅 조사의 결과가 최종적으로 경영의사결정에 반영되도록 한다.

제 3 절 국제마케팅전략 개발

1. 국제마케팅전략 수립

국제마케팅전략의 수립에 있어서는 〈그림 12-4〉와 같이 먼저 국제마케팅의 사명과 사업의 개념을 명확하게 결정하고 마케팅하고자 하는 제품/목표시장에 대한 국제마케팅환경을 분석한다.

그리고 국제마케팅환경 분석에 있어서는 기업외부적인 환경과 기업내부적인 환경을 모두 분석한다. 기업외부적인 환경분석에서는 시장환경과 경쟁기업을 분석하여 기회(opportunity)와 위협(threat) 요인을 찾아내고, 기업내부적인 분석에서는 현재의 국제마케팅전략과 가용자원을 평가하여 자사의 강점(strength)과 약점(weakness)을 찾아낸다.

다음으로 국제마케팅환경 분석에서 찾아낸 기회 및 위협요인과 기업내부분석을 통해 찾아낸 강점 및 약점을 고려하여 자사의 국제마케팅 목표를 설정한다. 이어서 이러한 국제마케팅 목표를 달성하기 위한 국제마케팅전략을 개발한다. 여기에는 해외시장 진출방법, 목표시장, 국제시장 세분화, 제품포지셔닝, 국제마케팅자원의 배분 등이 포함된다. 그리고 이러한 전략개발을 기초로 국제마케팅믹스전략, 즉 제품, 가격, 유통, 촉진의 국제마케팅믹스를 결정한다.

마지막으로 국제마케팅 프로그램이 실행되고 그 결과가 평가되며, 평가된 결과는 피드백이 이루어져 새로운 투입요인으로 국제마케팅 전략수립 각 단계에 들어가게 된다.

그림 12 - 4 국제마케팅전략 수립의 절차

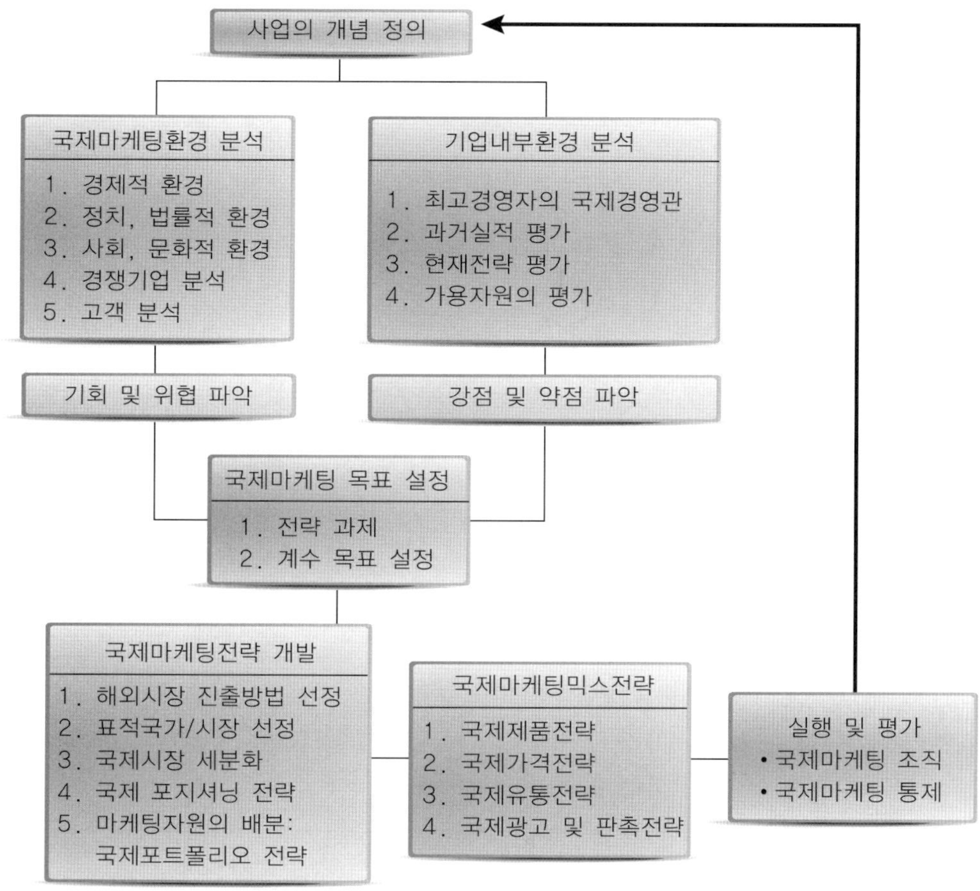

2. 국제마케팅믹스전략

국제마케팅에 대한 개념이 확립되고 국가별 · 제품별 마케팅기회가 포착되면, 그 다음은 국제마케팅믹스전략을 수립하게 된다. 국제마케팅믹스전략은 기업 내의 통제가능요소인 제품(product), 가격(price), 유통(place), 그리고 촉진(promotion)의 4P를 다양한 해외 목표시장의 여건에 부응할 수 있도록 혼합 · 조정하는 활동을 말한다.

여기에서 국제마케팅믹스전략의 체계를 그림으로 보면 〈그림 12-5〉와 같다. 이 그림을 보면 마케팅믹스전략은 기업의 목표를 효율적으로 달성하는 데 필요한 구성요소들 간의 상호관계를 보여주고 있다.

그림 12 - 5 국제마케팅믹스전략

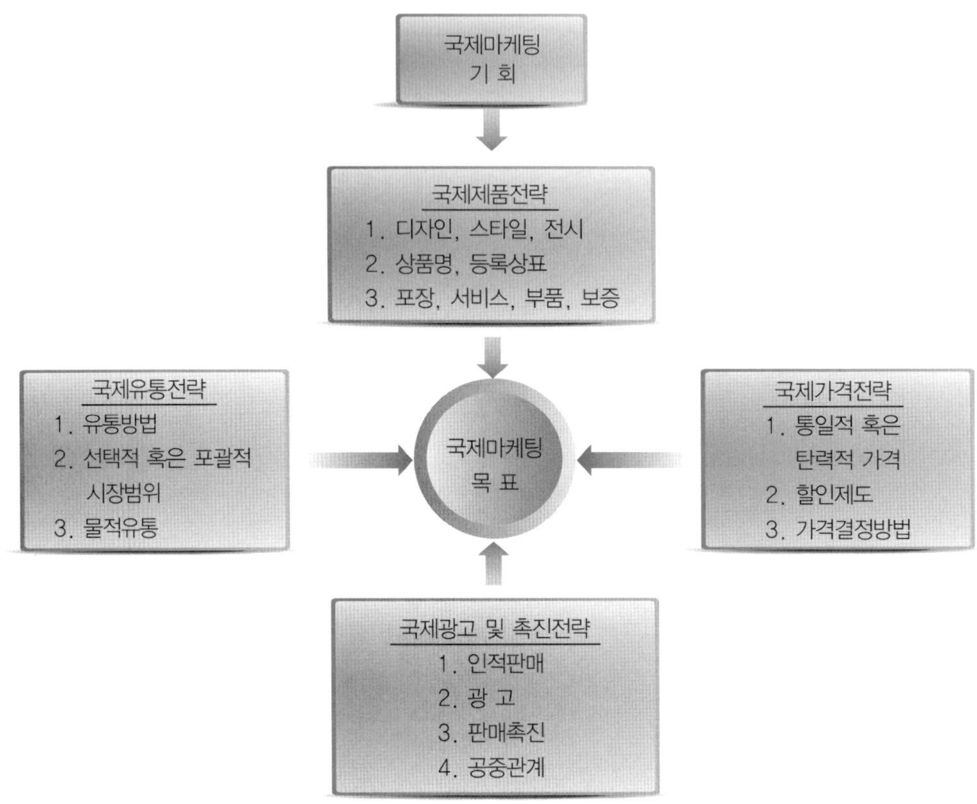

한편, 국제마케팅의 경우에는 국내마케팅의 경우와 달리 서로 다른 해외 여러 시장에서 마케팅활동을 수행해야 하기 때문에 마케팅믹스가 더욱 복잡해지고 구성의 폭도 훨씬 더 넓어지게 된다. 그리고 마케팅믹스를 적절하게 조정하지 못하면 실패 가능성도 높아지게 되고 목표시장이 달라지게 되면 동일한 마케팅믹스를 적용할 수도 없게 된다.

따라서 국제마케팅믹스는 목표시장의 제반 특성을 고려하여 마케팅믹스를 조정하고, 기업의 이익과 마케팅목표가 최적으로 달성될 수 있도록 믹스하는 것이 무엇보다도 중요하다. 또 마케팅믹스는 갖가지 해외시장의 여건 변화와 경쟁기업의 반응 등에 탄력적으로 적응할 수 있도록 융통성 있게 설계되어야 한다.

〈표 12-1〉은 McDonald's가 목표시장의 제반 특성을 고려하여 제품, 촉진, 유통, 가격 등의 구성요소를 조정한 효과적인 글로벌 마케팅믹스 전략을 보여주고 있다.

표 12 - 1 McDonald's의 글로벌 마케팅 믹스 전략

글로벌마케팅 믹스 구성요소	표준화	차별화
제품 (product)	빅맥(Big Mac)	McAloo Tikka 감자 버거(인도)
촉진(promotion)	브랜드명	각 나라에서 각기 다른 속어 별명 사용 Mickey D's(미국, 캐나다), Macky D's(영국, 아일랜드), Macca's(오스트레일리아, Mäkäri(핀란드), MakDo(필리핀)
	광고슬로건 "i'm lovin' it"	McJoy 잡지에 'Hawaii surfing Hula' 광고(일본)
유통(place)	교통이 번잡한 공공장소의 독립건물 식당	스위스 국영 철도에 McDonald's Switzerland가 테마 식당열차 운영, 헬싱키-오슬로 간 운항 유람선 Stena Line에 맥도널드점 운영; 가정집 배달(인도)
가격(price)	빅맥 한 개의 평균가격 $3.54(미국)	$5.79(노르웨이) $1.83(중국)

자료: W. J. Keegan and M. C. Green, *Global Marketing,* 6th ed. (Boston, Mass., Pearson Education, Inc., 2011), p. 13.

3. 국제마케팅전략의 표준화와 차별화

(1) 국제마케팅전략의 표준화

국제마케팅전략의 표준화는 글로벌기업이 전사적인 이익을 증대시키고 범세계적인 통합시스템을 유지함과 동시에 해외자회사들의 활동을 통합할 목적으로 본국시장에서와 동일한 마케팅전략을 해외 모든 목표시장에 그대로 적용하는 것을 말한다.

국제마케팅전략의 표준화는 제품, 포장, 광고 등을 전세계적으로 표준화시킴으로써 규모의 경제(economies of scale)와 시너지효과(synergy effect)를 달성할 수 있고 효율성을 증대시키며 기업과 제품의 통일적인 이미지를 부각시킬 수 있다. 또 체계적인 마케팅계획 및 통제를 가능하게 해주고 효율적인 마케팅기법과 창의적인 인재를 광범위하게 활용할 수 있게 해준다. 이 전략은 시장이 점차 동질화되어 가고 있는 오늘날과 같은 세계시장에서 효율적으로 활용될 수 있다.

예를 들어, Nestlé는 전세계에 판매되고 있는 여러 가지 제품에 대해 동일한 상표를 사용하고 있고, Coca-Cola는 전세계 어느 나라에서나 동일한 광고메시지를 사용하고 있으며, Xerox는 전세계적으로 일관된 리스정책을 사용함으로써 글로벌 마케팅에 성공하고 있다.

또 Colgate는 브랜드, 포장, 광고의 표준화를 통해서 치약업계에서 가장 높은 시장점유율을 기록하고 있고, Unilever는 세탁유연제를 판매하는 데 있어서 포지셔닝(positioning)과 광고주제 그리고 심벌(symbol) 등을 전세계적으로 표준화하여 판매에 성공하였다.

여기에서 글로벌기업이 국제마케팅 표준화전략을 채택하는 데 있어서 특별히 고려해야 할 마케팅 요소들을 보면 〈표 12-2〉와 같다.

(2) 국제마케팅전략의 차별화

국제마케팅전략의 차별화는 기업이 마케팅전략을 수립·적용함에 있어서 해외 개별시장의 서로 다른 기호와 욕구, 그리고 여건에 맞추어 각기 다른 전략을 강구하는 것을 말한다.

표 12-2 국제마케팅 표준화 전략 채택시의 주요 고려 요소

마케팅 요소	글로벌화에 있어서의 주요 고려사항
제 품	고객의 요구, 사용방법, 각국의 기술표준의 동일성
포지셔닝	기업의 경쟁적 위치, 구매동기, 사용/소비패턴의 유사성
상 표	국가의 명성; 상표명이 갖는 의미의 중요성; 발음의 용이성
포장디자인	전달되어야 할 정보의 양; 유통조건의 유사성(예: 제품 진열의 중요성); 현지 경쟁사와의 차별의 필요성; 사용패턴과 도량형의 유사성; 복수 언어로 된 라벨의 수용 가능성
절대가격	시장가격 수준, 법률, 가격의 역할, 원가수준의 유사성
상대가격	기업의 경쟁적 위치, 원가수준, 시장목표의 유사성
광고전략	기업의 경쟁적 위치와 시장목표, 제품수명주기 단계, 구매동기의 유사성
광고제작	이미지, 상황, 인물의 보편성; 광고 등장인물의 전세계적인 인지도; 지역 경쟁사에 대한 차별화의 필요성
광고매체	선택한 매체의 이용 가능성; 이용의 제한 유무
판매촉진	법적·관행적 제한의 유무, 유인효과의 유사성
판매방법	유통구조, 고객의 구매방법과 행태의 유사성
판매요원	기술적 전문지식의 중요성; 외국인에 대한 태도
유 통	유통구조 및 유통기관과의 관계의 유사성
고객서비스	고객의 요구와 지원하부구조(무료전화서비스의 제공 가능성 등)의 유사성

자료: G. Yip, Total Global Strategy: *Managing for Worldwide Competitive Advantage* (Englewood Cliffs, NJ, Prentice-Hall, 1992), pp. 144~145.

현실적으로, 서로 다른 해외시장을 대상으로 마케팅활동을 수행하는 경우에는 〈표 12-3〉과 같이 각 시장의 성격과 산업여건, 마케팅제도, 법적 규제 등이 모두 다르기 때문에 국제마케팅전략의 표준화가 사실상 불가능하다.[3] 따라서 이러한 경우에는 국제마케팅전략을 목표시장의 제반 여건에 부합하게 차별화함으로써 효율성을 극대화시킬 수 있다.

한 가지 예를 들면, 영국의 British Airways는 광고대행사인 사치 앤드 사치(Saatchi &

표 12 - 3 국제마케팅전략의 표준화를 제한하는 요소

표준화를 제한하는 요소	제품 디자인	가 격	유 통	인적 판매원	광고 및 판매촉진: 상표 및 포장
시장의 성격					
① 물리적 환경	기후, 제품의 사용여건		고객의 유동성	고객의 분포도	매체의 이용 가능성, 기후
② 경제 및 산업발전 단계	소득수준, 자본비용 대 노동비용	소득수준	고객의 쇼핑패턴	임금수준, 노동력의 가용성	경제성 이상의 편의성 추구 여부, 구입량
③ 문화적인 요소	"전통과 습관", 외국제품에 대한 태도	거래에 대한 태도	고객의 쇼핑패턴	판매에 대한 태도	언어, 문맹률, 상징성
산업여건					
① 각 시장에서의 제품수명주기 단계	제품차별화 정도	수요의 탄력성	유통기구의 이용 가능성, 개인상표에 대한 원망	시험판매 노력의 필요성	제품에 대한 인지 및 경험
② 경쟁	품질수준	현지비용 대체품의 가격	경쟁기업의 판매통제	경쟁기업의 판매능력	경쟁기업의 광고비용 및 광고메시지
마케팅제도					
① 유통체계	판로의 이용 가능성	통상적인 유통마진	이용 가능한 판로의 수와 종류	판로의 수, 규모, 분포	셀프서비스의 정도
② 광고매체와 광고대리점			유통"촉진"능력	광고효과, 대체품의 필요성	매체의 이용가능성, 이용비용, 중복도
법률적 규제	제품기준, 특허법, 관세 및 세금	관세 및 세금, 독점금지법, 재판매가격유지	제품계열 제한, 재판매가격유지	고용 및 취업 제한, 판매에 대한 특별한 규제	광고메시지 및 광고비에 대한 특별한 규제, 상표법

자료: R. D. Buzzell, "Can You Standardize Multinational Marketing?" *Harvard Business Review*, Nov./Dec. 1968, pp. 108~109.

Saatchi)를 통해서 개발한 광고, 즉 뉴욕 맨해튼에 비행기가 착륙하는 모습을 담은 TV광고를 전세계적으로 표준화하여 TV광고를 하였는데, 이 광고는 비록 수차례의 광고대상을 받을 정도로 우수한 작품이라는 평가를 받았지만, 뉴욕 맨해튼의 모습을 전혀 모르는 많은 외국 사람들에게는 아무런 광고효과도 거둘 수 없었다.

이상에서 국제마케팅전략의 표준화와 차별화에 대해 살펴보았는데, 표준화전략은 비록 경제성과 효율성은 있으나 각국의 서로 다른 시장여건을 충분하게 고려하지 못하는 단점을 가지고 있고, 차별화전략은 비록 차별화된 시장의 고객의 욕구는 충족시켜줄 수 있으나 기업 전체의 일관성 있는 운영이 불가능하고 비용이 많이 소요된다는 단점을 가지고 있다.

한편, 국제마케팅전략의 표준화와 차별화는 글로벌기업이 자기가 설정한 마케팅목표를 달성하기 위하여 이용하는 하나의 전략수단에 불과한 만큼, 이 두 가지 전략을 명확하게 구분하여 국제마케팅활동을 수행하기보다는 오히려 제품이나 시장에 따라서는 이 두 가지 전략을 적절하게 배합하여 활용하는 것이 훨씬 더 효과적이라고 하겠다.

〈표 12-4〉는 주요 글로벌기업들이 여러 가지 마케팅 프로그램 요소들을 어느 정도로 표준화하고 있는가를 보여주고 있다. 이 표를 보면 글로벌기업들이 모든 마케팅 활동을 다 표준화하고 있는 것은 아니며 각 활동별로 상당한 융통성을 보이고 있음을 알 수 있다. 즉 글로벌기업들은 주로 제품포지셔닝, 브랜드명, 광고 컨셉트와 같은 핵심요인들에 대해서 선별적인 표준화를 하고 있는 것으로 나타나고 있다. 이와 같이 글로벌마케팅전략은 글로벌 표준화와 현지적응 간의 조화와 균형을 유지하면서 양자의 이점을 동시에 추구하게 된다.

제 4 절 국제시장세분화와 국제제품포지셔닝

1. 국제시장세분화

(1) 국제시장세분화의 개념

국제시장세분화(international market segmentation)란 각 해외시장에 따라서 소비자들의 기호와 욕구가 각기 다르고 그에 따라 특정 제품에 대한 수요도 다를 것이라는 가정하에

표 12 - 4 국제마케팅전략에 있어서 표준화의 요소

●: 표준화 요소	Adidas	American Express	Levis'	Gillette	Samsonite	Johnnie Walker	Parker Pen	Benetton	Swatch
제 품									
포지셔닝	–	●	●	●	●	●	●	●	●
브랜드명	●	●	●	●	●	●	●	●	●
핵심제품	●	●	●	●	●	●	●	●	●
원 료	●	–	●	●	●	●	–	●	●
광 고									
컨셉트	–	–	●	●	●	●	●	●	●
실 행	–	–	●	●	●	●	●	●	●
프린트									
컨셉트	–	–	–	–	●	●	●	●	●
실 행	–	–	–	–	–	●	●	●	
포 장									
디자인	–	–	–	–	–	–	●	–	●
사이즈	–	–	–	–	–	–	●	–	●
가 격	–	–	–	–	–	–	–	●	●
판매촉진	–	–	–	–	–	–	–	–	–
공중관계	–	–	–	–	–	–	–	–	–
판매컨셉트 (유통)	–	–	–	–	–	–	–	●	●

자료: M. Risenbeck and A. Freeling, "How Global are Global Brands," *The McKinsey Quarterly*, 4, 1991, p. 15.

서, 여러 변수를 이용하여 여러 가지 해외시장을 마케팅활동에 유사한 반응을 보일 것으로 예상되는 세분시장(market segment)으로 묶어 구분하는 것을 말한다. 결국 시장세분화는 해외 여러 시장을 동질적인 특성을 갖는 여러 세분시장으로 나누는 작업이라고 할 수 있다.

시장세분화는 특정 제품에 대한 특정 시장 소비자들의 기호가 이질적이고, 나아가 이러한 이질적인 소비자들을 어떤 동질적인 세분시장(homogeneous segment)으로 묶어서 분류할 수가 있고, 동시에 이렇게 세분화된 시장이 특정 제품이나 특정 마케팅믹스에 전혀 다른 반응을 보일 때 의미를 갖게 된다.[4] 또한 각 세분시장은 최소한 특별한 마케팅믹스를 정당화시켜 줄 수 있을 만큼 잠재적 판매 가능성이 커야 한다.

여기에서 시장 간 세분화(inter-market segmentation)의 개념을 이해하는 것이 필요한데, 이는 개별 국가시장을 여러 개의 세분시장으로 보고 전세계 여러 국가에 걸쳐 동질적인 특정 세분시장끼리 묶어 집단화하는 것을 말한다.

(2) 국제시장세분화의 기준

국제시장세분화는 원칙적으로는 제품, 가격, 촉진, 유통 등의 마케팅믹스 요소들에 대한 해외 현지 소비자들의 반응을 기준으로 이루어져야 한다. 그러나 그것을 직접 정확하게 측정한다는 것은 불가능하기 때문에 그것을 간접적으로 대변해 줄 수 있는 변수들을 이용하여 시장을 세분화하게 된다. 시장세분화의 기준으로는 〈표 12-5〉에서 볼 수 있는 바와 같이 지리적 세분화, 인구통계적 세분화, 심리적 세분화, 행동적 세분화 등이 있다.

1) 지리적 세분화(Geographic Segmentation)

지리적 세분화는 해외시장을 지역, 국가, 도시, 기후 등과 같은 지리적 단위로 구분하는 방법으로서, 소비자들이 지리적으로 상이한 구매행동을 갖는 경우에 이용할 수 있는 효

표 12 - 5 국제시장세분화의 기준

시장세분화의 기준	시장세분화의 요소	예	해당제품
지리적 세분화	지역, 국가, 도시규모, 기후	북미, 동남아, 유럽 등 대도시, 지방 등 열대지방, 한대지방 등	지역한정제품 계절한정제품
인구통계적 세분화	연령, 성별, 지역, 소득, 학력, 직업	소년, 청년, 중년 등 남녀 기혼, 미혼 등 연봉 1억 등 블루컬러, 화이트 컬러 등	영어 학습지 여성용 담배 주부 대상 잡지 고급 승용차 건강 드링크 제품
심리적 세분화	사회계층, 생활스타일	스포츠 선호, 옥외지향 등 신제품 선호 및 보수성향 등	레크리에이션 제품
행동적 세분화	추구하는 편익, 제품 소비량, 상표충성도	경제성, 기능성, 명성 등	기능성 음료

자료 : J. Fraser and J. Oppenheim, "What's New about Globalization?" *The Mckinsey Quarterly*, 2, 1977, pp. 168-179.

과적인 세분화 방법이다. 이렇게 해외시장을 지역단위로 세분화하면, 세분시장이 공통적인 문화적 특성을 갖기도 하고, 또 운송 및 커뮤니케이션 등의 국제마케팅관리가 효과적으로 이루어질 수 있다.

한 예로, 미국의 시카고 지역을 3개 지역으로 나누어 담배를 팔고 있는 R. J. Reynolds 담배회사의 경우를 들 수 있다. 이 기업은 북쪽 지역은 교육수준이 높아 건강에 많은 관심을 가지고 있기 때문에 타르가 적은 담배를 판매하는 데 주력하고, 남동쪽 지역은 공장 근로자들이 많아 보수적이기 때문에 Winston을 집중적으로 판매하고 있다. 또 흑인이 많이 살고 있는 남쪽지역에는 흑인용 신문 등에 Salem 광고를 많이 하고 있다.

2) 인구통계적 세분화(Demographic Segmentation)

인구통계적 세분화는 해외시장을 연령, 성별, 소득수준 등으로 구분하는 방법으로서, 이들 변수는 소비자의 욕구 및 구매행동과 밀접한 관련을 갖는 경우가 많고 비교적 측정이 용이하기 때문에 많이 이용되고 있다. 이 방법은 예를 들어, 소가족 단위의 국가에서는 소규모 포장제품을 판매하고 교육수준이 낮은 국가에서는 시각적인 광고를 활용하는 등의 국제마케팅전략에 활용할 수 있다.

한 예로서, 미국에서 수위를 다투고 있는 장난감회사인 '매텔(Mattel)' 과 '해즈브로(Hasbro)' 는 시장을 성별(sex)로 구분하여 타깃마켓을 잡고 제품을 판매하고 있는데, 매텔은 주로 배추인형, 바비인형과 같이 여자아이들이 좋아하는 인형판매에 주력하는 반면, 해즈브로는 지 아이 조(G I Joe), 트랜스포머, 퍼비인형과 같이 남자아이들이 좋아하는 인형판매에 주력하고 있다.

3) 심리적 세분화(Psychographic Segmentation)

심리적 세분화는 해외시장을 사회계층, 생활스타일, 개성 등으로 구분하는 방법으로서, 외국제품에 대한 태도 그리고 외국제품이 수반하게 되는 서구화 및 근대화에 대한 태도 등에 따라서 세분화하는 방법이다. 이 방법은 인구통계적 세분화에 따른 단점을 보완하고 소비자들에 대한 보다 더 구체적인 정보가 필요한 경우에 많이 활용된다.

예를 들면, 네슬레(Nestlé)는 프랑스인들은 아침에는 밀크에 커피를 타 마시고 점심에는 블랙커피를 마시므로 그 생활 스타일에 맞게 제품을 개발하여 판매하고 있고, 차를 많이 마시는 일본에서는 커피가 생일축하 선물로 많이 활용되므로 포장이 근사한 커피를 개발하여 판매하고 있다.

4) 행동에 따른 세분화(Behavior Segmentation)

행동에 따른 세분화는 해외시장을 제품으로부터 추구하고자 하는 편익, 사용률, 상표 충성도, 가격 및 광고변화에 대한 민감도 등을 이용하여 시장을 세분화하는 방법이다. 한 예로서 식료품을 운반하기 위해 이용하는 자전거는 레크리에이션용으로 이용하는 자전거와 다르기 때문에 해외 소비자들의 행동에 따라서 시장을 달리 세분화할 수 있다.

한 예를 들면, 미국의 말보로(Marlboro) 담배는 미국사람들이 담배광고에 나오는 멋진 카우보이를 좋아하기 때문에 말보로 담배의 판매가 성공적이었지만, 홍콩 사람들은 하루 종일 말을 타는 것을 매력적으로 생각하지 않기 때문에 홍콩인들의 관심을 끌지 못했고 담배 판매도 실패하였다.

이상에서 시장세분화의 기준에 대해 살펴보았는데, 현실적으로는 시장세분화는 어떤 한두 가지 기준보다는 수많은 요인들에 의해서 훨씬 더 많은 세분시장으로 나누어질 수 있다. 〈그림 12-6〉은 국제시장세분화가 시장의 범위나 제품의 특성에 따라서, 그리고 제품의 종류에 따라서 어떻게 다양하게 세분화 될 수 있는가를 보여주는 예이다.

그림 12 - 6 국제시장의 세분화

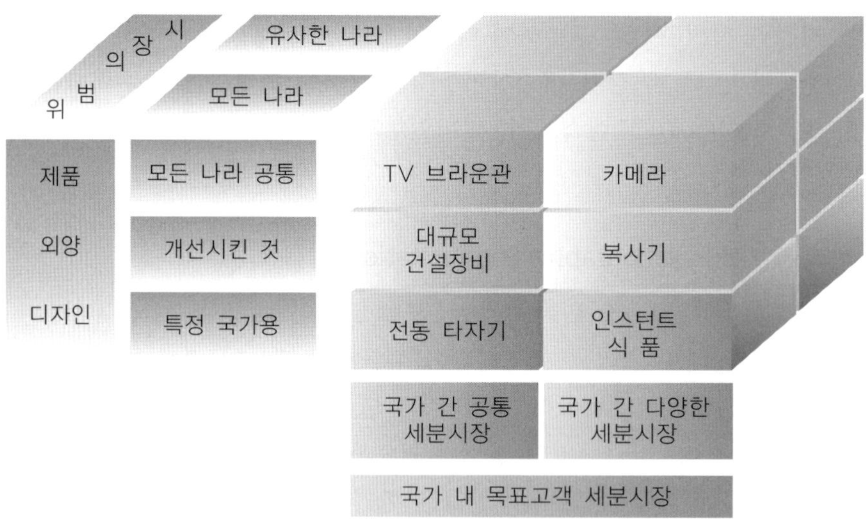

자료: G. S. Day 원저, Market Driven Strategy; 손영석, 서정희 역, 글로벌 시대의 시장경쟁전략 (서울, 21세기북스, 1995), p. 371.

(3) 국제시장세분화전략

1) 국제시장세분화전략

국제시장세분화는 비록 소비자들이 전세계 여러 지역에 산재해 있다고 할지라도 유사한 구매특성을 가지고 있으면 그들에 대해 동일한 마케팅전략을 적용할 수 있다는 사고에 기초한 것이다. 사실상 글로벌기업이 서로 다른 기호와 욕구를 가지고 있는 상이한 환경하의 해외 소비자 모두를 동시에 만족시킨다는 것은 불가능하다. 이런 경우 해외 여러 시장을 각 변수들에 따라서 세분화하고, 동질성을 가지고 있는 이들 세분시장의 소비자 욕구를 만족시킬 수 있는 방안을 강구하는 것이 바람직하다.

국제시장세분화는 산업재 및 소비재시장 모두에 적용할 수 있다. 산업재의 경우, 소형 가솔린 엔진을 생산하는 기업은 전세계 시장을 소형 가솔린 엔진을 부품으로 사용하여 생산하는 제품의 생산업자별로 세분화할 수 있다. 또 스카치위스키(Scotch Whisky)와 같은 술이나 뉴스위크(*Newsweek*) 및 포천(*Fortune*)과 같은 잡지 등의 소비재의 경우에도, 전세계 시장을 동일한 기호를 가지고 있는 해외 소비자를 기준으로 세분화할 수 있다.

글로벌기업은 시장세분화를 통해서 세분시장에 대한 침투를 극대화하고 전략적 우위를 확보함으로써 마케팅 효율을 증대시킬 수 있다. 또 특정 소비자 그룹의 기호와 욕구에 부응할 수 있도록 마케팅계획을 수립할 수 있을 뿐 아니라 세분시장에서 선도기업으로 발돋움할 수 있는 기회를 포착할 수도 있다. 시장세분화는 보다 더 높은 수준의 소비자욕구를 충족시키고 동시에 기업의 희소자원을 보다 더 효율적으로 이용할 수 있게 될 때 가장 효과적인 전략이 될 수 있다.

2) 국제시장세분화전략의 예

〈표 12-6〉은 Ford나 Toyota자동차가 전세계 자동차시장을 자동차의 종류와 지역으로 세분화한 예를 보여주고 있다. 자동차생산기업들은 이러한 세분화를 통해서 각 세분시장들 간에 이익이나 이익의 결정요인들이 어떻게 변화되는지를 파악할 수 있다.

또 하나의 예로서, P&G는 전세계 세탁용 세제시장을 10개의 상이한 브랜드 – 즉 Tide, Cheer, Gain, Dash, Bold3, Dreft, Ivory, Snow, Oxydol, Era, Solo– 로 세분화하여 마케팅활동을 전개하고 있다. 이 외에 6개의 화장비누 브랜드(Zest, Coast, Ivory, Safeguard, Camay, Lava), 4개의 샴푸 브랜드(Prell, Head & Shoulders, Ivory, Pert), 3개의 식기세척용 액체세제 브랜드(Joy, Ivory, Dawn), 그리고 2개의 치약 브랜드(Crest, Gleam) 등을 판매하고 있다.

P&G의 전략은 사람들이 그들 각자가 구매한 제품으로부터 서로 다른 혜택을 원한다는 점을 이용한 시장세분화전략이다. 즉 세탁용 세제의 경우, 사람들은 기본적으로 깨끗한

표 12－6 자동차생산기업의 세계시장 세분화의 예

	지역						
자동차의 종류	북아메리카	서유럽	동유럽	아시아	라틴아메리카	오스트레일리아	아프리카
고급세단							
대형세단							
중형세단							
소형세단							
초소형세단							
스테이션왜건							
승용미니밴							
스포츠카							
스포츠유틸리티							
픽업트럭							

옷을 입기 위해 세제를 사용하지만, 개별 소비자들은 세제로부터 경제성, 표백력, 섬유의 부드러움, 향긋한 냄새, 많은 비누거품 등과 같은 다른 혜택을 얻기를 원한다는 점을 이용한 시장세분화이다.

여기에서 시장세분화의 중요성을 일깨워주는 한 가지 사례를 들어보면, 세계적인 청바지 회사인 Levi's는 전세계 시장을 모두 동일하게 보고 아시아에 진출할 당시 인도인, 일본인, 한국인을 특별히 구분하지 않고 이들 모든 아시아인들에 대해 한 가지 청바지만을 디자인하였다. 그리고 아시아 국가 간의 신체적 차이와 심리적 선호도도 전혀 고려하지 않았다. 그 결과 Levi's는 많은 어려움을 겪게 되었고, 그 다음에야 아시아시장을 세분화하고 각 세분시장에 대해 각기 다른 마케팅믹스전략을 수립·적용함으로써 세계적인 기업으로 자리매김할 수 있었다.

2. 국제제품포지셔닝

(1) 국제제품포지셔닝의 개념

제품포지셔닝(product positioning)이란 자사의 제품이 경쟁사의 제품과 비교하여 아주 특별한 어떤 고유한 특성을 가지고 있다는 점을 소비자의 마음에 확고하게 심어주는 것을 말한다. 예를 들어, Coca-Cola가 전세계에서 가장 규모가 큰 청량음료회사로 생각되고, Porsche가 전세계에서 가장 좋은 스포츠카로 생각되는 것들이 그것이다.

자동차산업의 경우, BMW나 Mercedes-Benz, Volvo 등과 같은 자동차회사들은 전세계적으로 자기 기업의 자동차가 특별히 고급차라는 점을 소비자들에게 인식시키기 위해서 자사 자동차의 특성, 즉 상표, 포장, 가격, 유통, 광고 등을 변화시켜 경쟁사의 자동차와 차별화하고 있다.

제품포지셔닝은 예를 들면, 자동차나 의약품 등과 같은 제품의 경우, 소비자들이 그 제품의 속성, 즉 가격, 기능, 품질, 스타일, 디자인 등을 어떻게 평가하고 있는가를 조사하여 그 조사결과를 이차평면이나 또는 그 이상의 공간에 표시하여 파악할 수 있다.

이렇게 표시된 제품의 포지셔닝은 소비자가 생각하는 그 제품의 특성을 나타내게 되는데, 그것은 또한 그 기업의 차별적 우위를 나타내기도 한다. 자사 제품의 포지셔닝이 경쟁사 제품의 포지셔닝과 근접하게 위치할수록 비슷한 특성을 가진 경쟁사가 되고, 반대로 멀리 떨어져 위치할수록 직접적인 경쟁대상에서 제외된다는 것을 의미하게 된다.

〈그림 12-7〉은 미국 소비자들이 경제성과 성능을 기준으로 평가한 소형승용차의 포지셔닝을 보여주고 있다.

그림 12 - 7 소형 승용차의 포지셔닝(미국)

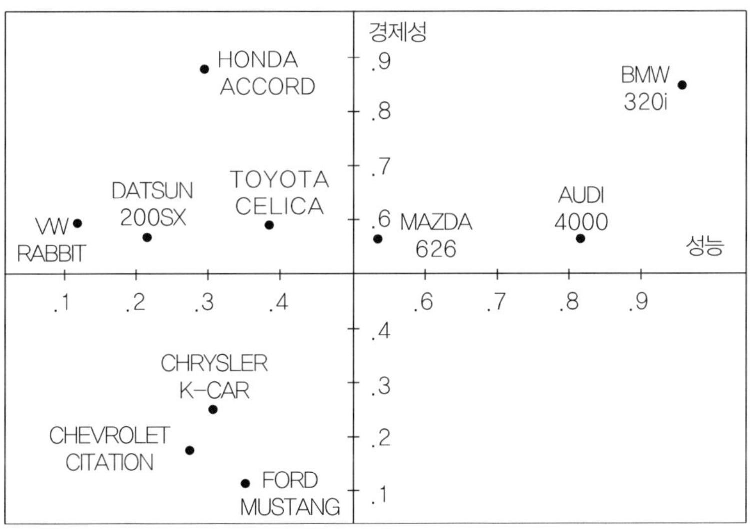

자료: J. K. Johansson and H. B. Thorelli, "International Product Positioning," *Journal of International Business Studies*, Vol. 16, No. 3, Fall 1985, p. 59.

(2) 국제제품포지셔닝관리

기업이 제품을 성공적으로 판매하기 위해서는 제품포지셔닝전략을 개발하는 것이 대단히 중요하다. 이를 위해서는 먼저 자사 제품을 정확하게 포지셔닝하는 것이 필요한데, 제품의 포지셔닝은 다음과 같은 절차를 통해서 이루어지게 된다.

첫째, 자사 제품의 특성을 명확하게 분석한다. 이때 제품의 특성은 가격, 기능, 품질, 스타일, 디자인 등으로 나타낼 수 있는데, 그 특성은 제품마다 그리고 시장마다 다르게 된다. 예를 들어, 자동차의 경우에는 안전성, 기술성, 내구성, 스타일, 핸들링, 운전의 안락성, 동승자의 안락성, 색상, 마력 등의 특성이 특히 중시된다.

둘째, 제품의 여러 가지 특성 중 해외 현지의 잠재적 소비자가 가장 중요하게 고려하는 특성이 무엇인가를 파악한다. 예를 들면, 자동차의 경우 현지 소비자들이 자동차를 구입할 때 안전성, 기술성, 스타일, 안락성, 색상 중 어떤 특성을 가장 중요하게 고려하는가를 파악한다.

셋째, 해외 현지 경쟁사 제품의 위치를 현지시장에서 가장 중요하게 고려하고 있는 특성에 따라서 파악한다.

넷째, 자사 제품의 특성을 시장잠재력은 가장 높고 경쟁은 가장 낮은 특정 지점에 위치시킨다.

이와 같이 자사 제품과 경쟁사 제품을 포지셔닝하고 나면, 자사 제품이 경쟁사들 제품과 어느 정도의 경쟁관계에 있고, 또 자사 제품을 어떻게 포지셔닝하는 것이 시장기회를 가장 잘 개발할 수 있을지를 파악할 수 있다.

스웨덴의 Volvo자동차는 자기 나라에서는 별로 고급스럽지 않은 자동차로 포지셔닝하여 높은 시장점유율을 유지하고 있지만, 미국이나 유럽지역에서는 고급승용차로 포지셔닝하고 있다. 그리고 자기 자동차를 소비자들에게 인식시킴에 있어서도 미국 소비자들에게는 경제성과 내구성 및 안전성을 강조하고, 프랑스 소비자들에게는 품위와 여유를, 독일 소비자들에게는 성능을, 그리고 스위스 소비자들에게는 안전성을 강조하는 등 나라에 따라 전혀 다른 제품포지셔닝전략을 구사하고 있다.

제 5 절 국제제품전략

1. 국제제품수명주기(international product life cycle)

(1) 국제제품수명주기이론[5]

1) 신제품단계(introduction)

신제품은 미국과 같이 기술 및 소득수준이 높고 광활한 시장을 가지고 있는, 그리고 수요측면의 제반 여건이 가장 잘 갖추어진 국가에서 가장 먼저 개발되는 경향이 있다. 또 이렇게 개발된 신제품은 처음에는 미국 국내시장에 판매되고 점차 시간이 지나면 해외시장에도 수출하기 시작한다.

신제품단계에서는 아직 대량생산이 불가능하기 때문에 생산비가 높고, 기술이 안정되어 있지 않으며 자본집약도가 낮다는 특징을 가지고 있다. 또 수요에 대한 가격탄력성이 낮고 시험생산이 계속되며 점차 숙련노동의 투입이 필요하게 된다. 그리고 디자인이나 기술을 계속적으로 개선해야 하기 때문에 제품이 쉽게 표준화되지 못하고 자주 변경된다. 이 단계에서 경쟁기업은 소수 국내기업에 불과하다.

2) 성숙제품단계(growth)

성숙제품단계에 이르게 되면 점차 경험이 축적됨에 따라서 비효율적인 제품디자인이나 생산방법이 사라지고 제품이 안정된다. 동시에 가격탄력성이 점차 높아지고 국제적으로 자본집약적인 대량생산이 이루어지게 된다. 또 수요가 증대됨에 따라서 국내의 많은 기업들이 동일한 제품의 생산에 참여하게 되고 점차 생산비 절감이 중요한 문제로 대두된다.

한편, 이 시점에 이르면 원혁신국 기업인 미국기업 외에 유럽기업들도 점차 동일한 제품이나 유사한 제품을 저렴하게 생산하여 해외 여러 시장에 수출하게 되고, 이를 기점으로 미국기업의 비교우위는 점차 소멸되기 시작한다. 하지만 개발도상국은 이 단계에서도 여전히 그 제품을 수입하여 소비한다.

3) 표준화제품단계(maturity)

표준화제품단계에 접어들게 되면 제품과 생산기술이 전세계적으로 표준화되고, 개발도상국 기업들도 저렴한 미숙련노동을 이용하여 동일한 제품을 생산할 수 있게 되며 가격경쟁은 더욱 치열해지게 된다. 이 시점에서 원혁신국인 미국에서는 그 제품의 생산과 수출이 급감하고 생산업체 수가 크게 줄어들며 경쟁형태가 점차 가격이나 제품차별화에 의한 경쟁으로 전환된다.

한편, 개발도상국 기업들은 이제 저임노동력을 이용하여 생산한 제품을 가격경쟁력을 이용하여 원혁신국인 미국뿐만 아니라 유럽에까지도 수출하게 된다. 이 시점에서 원혁신국인 미국은 수입국으로 전락하게 된다.

여기에서 시간의 흐름에 따른 제품수명주기의 변화와 수출입 및 수출입국의 변화과정을 미국을 중심으로 살펴보면 〈그림 12-8〉과 같다.

그림 12 - 8 국제제품수명주기에 따른 미국 무역의 변화

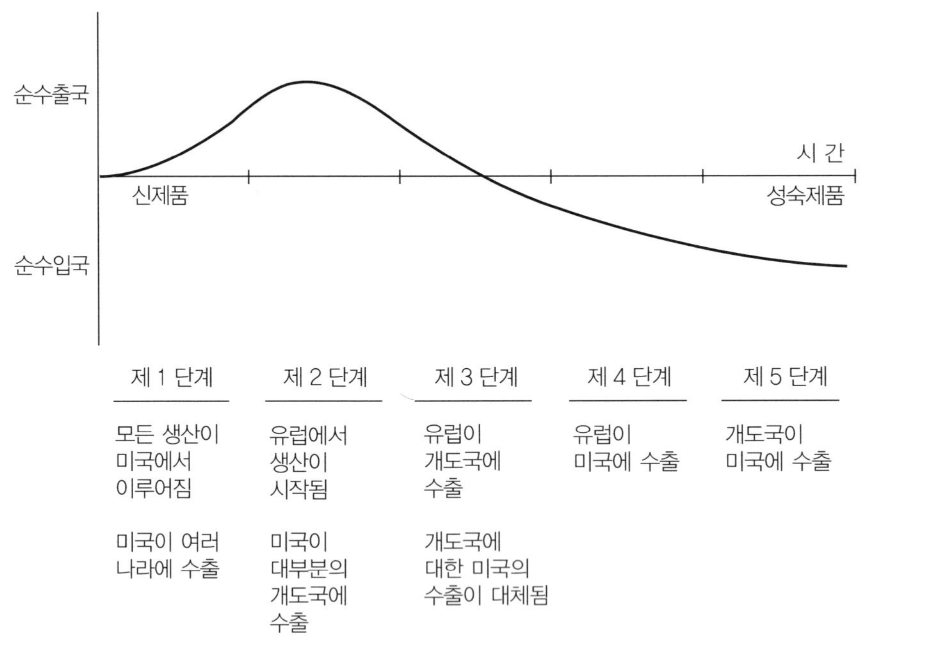

자료: L. T. Wells, Jr., *The Product Life Cycle and International Trade* (Boston, Mass., Harvard University Press, 1972), p. 15.

한편, 제품수명주기는 여러 단계로 구분할 수 있는데, 〈표 12-7〉은 미국기업을 원혁신국 기업이라고 가정하고 제품수명주기를 다섯 단계로 구분하여 각 단계별 마케팅 특성을 보여주고 있다.

(2) 국제제품수명주기의 전략적 시사점

국제제품수명주기는 다음과 같은 점에서 국제제품전략에 유용한 시사점을 제공해 준다.

첫째, 모든 제품은 시장에 도입되고, 성장하고, 성숙하고, 최종적으로는 그 시장에서 사라지는 일련의 과정을 거치게 되는데, 여기에서 중요한 점은 각 제품의 수명주기가 제품 그 자체의 특성이나 시장에 따라서 각기 다르게 나타난다는 점이다. 따라서 제품의 수명주기를 잘 이용하게 되면 새로운 시장기회를 포착하거나 또는 제품의 성장기나 성숙기를 연장시킬 수도 있다.

예를 들어, Gillette 남성 면도기의 경우 〈그림 12-9〉에서 볼 수 있는 바와 같이 특정국 시장에서는 이미 성숙기나 쇠퇴기에 접어든 면도기일지라도 특정 시장에서는 아직 도입기나 성장기에 위치할 수도 있기 때문에 새로운 해외시장기회를 포착할 수 있는 여지가 얼마든지 있을 수 있는 것이다.

둘째, 해외 여러 시장을 제품수명주기가 서로 유사한 세분시장으로 묶어 이 세분시장에 대해 표준화된 마케팅전략을 적용할 수 있다.

표 12 - 7 국제제품수명주기의 각 단계별 특성

단 계	수출/수입	목표시장	경쟁기업	생산비
국내 혁신단계	전무	국내(미국)	소수 국내기업	초기 약간 높음
해외 혁신단계	수출 증가	국내 및 여타 선진국	소수 국내기업	규모의 경제를 통한 점감
성숙단계	안정적 수출	여타 선진국 및 저개발국	여타 선진국 기업	안정
세계적 모방단계	수출 점감	저개발국	여타 선진국 기업	규모의 경제의 저하에 따라 점증
역전단계	수입 점증	국내(미국)	여타 선진국 및 저개발국 기업	비교열위로 인해 증대

자료: S. Onkivisit and J. J. Shaw, "An Examination of the International Product Life Cycle and Its Application within Marketing," *Columbia Journal of World Business*, Fall 1983, p. 74.

그림 12 - 9 남성용 Gillette 면도기의 국제제품수명주기

	도입기	성장기	성숙기	쇠퇴기
미 국	· Fusion ProGlide	· Fusion Power Phenom	· Fusion Power Phantom · Gillette Fusion	· Mach3 Turbo
서유럽		· Fusion Power Phenom	· Fusion Power Phantom · Gillette Fusion	· Mach3 Turbo
라틴 아메리카	· Fusion Power Phenom · Gillette Fusion	· Fusion Power Phantom	· Mach3 Turbo	
아프리카	· Fusion Power Phantom	· Mach3 Turbo		

자료: J. C. Leontiades, *Multinational Corporate Strategy*(Lexington, Mass.: Lexington Books, 1987), p. 76을 참고로 최근 면도기에 맞추어 작성.

셋째, 글로벌기업은 이들 각각의 제품수명주기단계에서 기 수립된 상표명, 독점적인 유통, 고객충성도, 경험을 갖춘 판매인력, 광고기법, 마케팅조사 등과 같은 마케팅상의 기업특유의 우위요소를 최대한 효과적으로 활용할 수 있다.[6]

2. 국제제품 표준화전략과 적응화전략

(1) 국제제품 표준화전략과 적응화전략의 의의

국제제품전략에는 기본적으로 표준화전략과 적응화전략이 있다. 표준화전략은 국내시장에서 판매되고 있는 제품을 아무것도 변경하지 않고 그대로 해외시장에 판매하는 전략을 말한다. 예를 들어, Coca Cola나 McDonald's, Sony, Nestlé 등과 같은 기업들은 세계 어디에서나 똑같은 표준화제품을 판매하고 있다. 또 Mercedes-Benz나 Honda 등도 전세계적으로 아주 표준화된 자동차를 판매하고 있다.

이에 반해, 적응화전략은 제품을 해외 현지시장의 독특한 여건에 맞게 변경하여 판매하는 전략을 말한다. 네덜란드의 전기제품 제조업체인 Philips는 커피메이커와 전기면도기를 일본시장에 판매할 당시 커피메이커의 크기를 일본의 작은 집 구조에 맞게 소형화하였고, 전기면도기를 서구인보다 작은 일본인의 손에 맞게 줄임으로써 현지시장의 여건에 맞

게 적응시켰다. 또 하나의 예로서 기아자동차는 1톤 봉고 프런티어를 리비아에 판매할 때 리비아인들이 대부분 말을 가지고 있다는 점을 고려하여 말의 승하차가 용이하도록 전동식 뒷문, 먹이그릇, 안전수송 보호장치 등을 장착하여 성공한 적이 있다.

기업이 표준화전략과 적응화전략 중 어떤 전략을 선택할 것이냐 하는 것은 기업 내 · 외적인 마케팅환경의 영향을 받겠지만, 이 두 가지 전략은 기본적으로 다음과 같은 특성과 장 · 단점을 가지고 있다.

즉 제품의 표준화는 규모의 경제를 실현할 수 있게 해 주지만, 그것은 제품을 적응화하는 경우에 달성할 수 있는 이익 및 매출액과 비교 · 분석되어야 한다. 그리고 제품적응화는 제품표준화보다 시장수용성이 더 커 매출액은 증대시킬 수 있지만, 이것이 과연 이익과 직결될 수 있을 것인가는 제품적응에 소요되는 비용에 따라서 좌우된다. 다시 말해서 제품적응의 경우에는 추가적인 연구개발비가 소요되고 생산규모가 축소되기 때문에 생산원가가 높아지고 새로운 시장개척이나 제품변경이 필요하게 되어 추가비용이 소요된다.

한편, 제품의 표준화와 적응화는 각 제품산업의 특성에 따라서도 크게 다른데, 〈그림 12-10〉은 이러한 예를 보여주고 있다.

그림 12 - 10 각 산업별 표준화와 적응화의 필요성

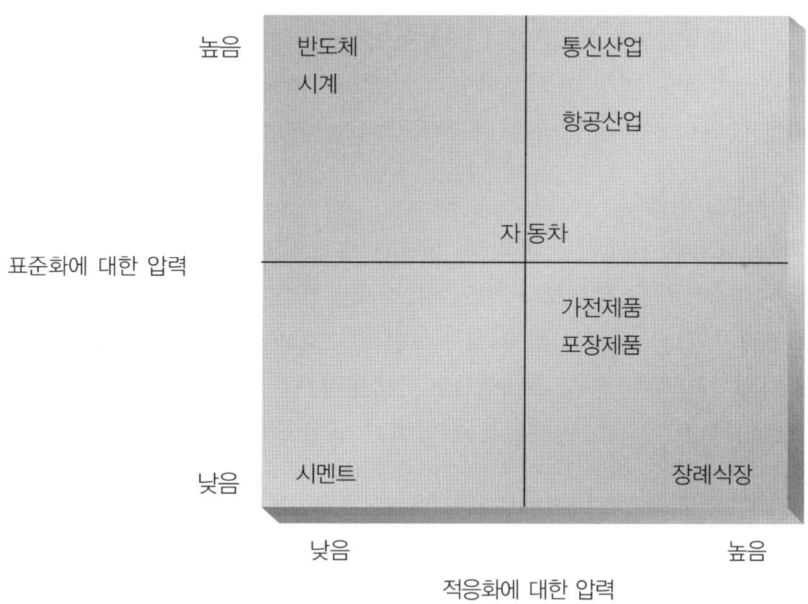

자료: P. W. Beamish, J. P. Morrison, A. C. Ikpen, and P. M. Rosenzweig, *International Management: Text and Cases* (Burr Ridge, IL., Irwin, 2003), p. 153.

(2) 국제제품 표준화전략과 적응화전략에 대한 유인

1) 국제제품 표준화전략에 대한 유인

① 생산에 있어서의 규모의 경제 실현

제품을 표준화하여 전세계 시장에 도입시키게 되면 생산에 있어서의 규모의 경제를 달성할 수 있다. 이에 반해 전세계 여러 곳에 생산시설을 갖추게 되면 규모의 경제가 불가능하고, 공장의 최적규모가 세계 총수요의 극히 일부만을 충당하는 경우에는 제품표준화의 필요성이 사라지게 된다.

Sony는 전세계적으로 판매되고 있는 자사의 표준화제품인 컴팩트 디스크 플레이어(compact disc player)를 인도와 오스트리아에 집중시켜 생산함으로써 규모의 경제를 실현할 수 있었다.

② 제품에 대한 연구개발의 경제성 실현

전세계적으로 표준화된 제품을 공급하게 되면 그 제품에 대한 연구개발의 경제성이 증대된다. 반면, 각국 개별 시장의 특정 수요에 치중하게 되면 연구개발보다 신제품개발에 집중하게 된다. 따라서 제품표준화전략은 신제품 개발비용을 절감시켜주고 집중적인 연구개발을 가능하게 해준다.

Boeing은 747기종이 1970～1994년간 1,000대 이상 판매되어 연구개발비를 회수하고도 남을 정도의 연구개발의 경제성을 실현하였기 때문에, 1994년까지 777기종을 개발하는데 소요되는 약 50억 달러의 연구개발비를 지출할 수 있었다.

③ 마케팅활동의 경제성 실현

제품을 표준화하게 되면 판매안내 책자나 판매원 훈련, 그리고 광고 등을 표준화할 수 있기 때문에 제품을 적응시키는 경우보다 훨씬 더 경제적이다. 또 표준화된 제품의 경우에는 서비스 및 재고관리가 훨씬 더 용이하고 부수적인 광고효과도 기대할 수 있다.

Unilever는 자사의 세탁유연제를 판매할 때 전세계적으로 표준화된 포지셔닝, 광고주제, 심벌(symbol)을 이용함으로써 마케팅활동에 있어서의 경제성을 실현할 수 있었다.

④ 소비자의 상표충성도 제고

기업이 생산 · 판매하고 있는 제품이 소비자가 해외여행을 할 때 자주 구매하는 제품이라면 제품을 표준화하는 경우 소비자의 상표충성도를 높일 수 있다. 그 예로는 전세계적으로 표준화되어 있는 Gillette 면도날이나 Kodak 필름 등을 들 수 있다.

⑤ 제품생산국의 이미지 혜택 향유

특정 제품들은 생산국이 가지고 있는 좋은 국가 이미지 때문에 해외시장에서 여러 가지 혜택을 누리기도 한다. 그 대표적인 예로서, 미국의 말보로(Marlborough) 담배나 Levi's 청바지, 일본의 Toyota 자동차나 Sony 전자제품, 프랑스의 향수 등을 들 수 있다.

⑥ 기술 특성의 영향

일반적으로 기술수준이 높은 제품일수록 국제적으로 표준화되는 경향이 강하다. 통상 기술은 국경을 넘더라도 크게 변하지 않는 것이 일반적이며, 소비재보다는 산업재가 훨씬 더 높은 표준화율을 보인다. 산업재는 현지적응이 불가피한 경우에도 극히 일부분만을 변경시키는 경향이 있다.

⑦ 수출을 이용한 제품판매

기업이 해외시장에 제품을 수출하고자 하는 경우에는 제품을 현지에 적응시키는 데 따르는 부가적인 비용 때문에 표준화된 제품을 수출하려는 경향이 강하다.

2) 국제제품 적응화전략에 대한 유인

① 제품사용조건의 차이

어떤 제품이 여러 나라에서 유사한 기능을 모두 만족시킬 수 있도록 만들어졌다고 하더라도, 제품이 사용되는 조건은 국가나 지역에 따라서 크게 다를 수 있다. 일부 제품들이 각 지역의 전압이나 온도, 습도 그리고 현지시장의 기술수준이나 도로, 교통사정, 복장, 세탁관습 등에 따라 각기 달리 생산되고 있는 것은 그 좋은 예에 속한다.

미국의 P&G는 일본 주부들이 속옷을 세탁할 때 미국 주부들보다 온도가 낮은 물로 손세탁을 하는 관계로, 일본 주부들이 미지근한 물에 쉽게 녹지 않는 자사의 분말세척제를 기피한다는 사실을 파악하고, 온도가 낮은 물에도 쉽게 녹을 수 있는 액체세제를 개발하여 판매에 성공한 것은 제품적응화전략에 속한다.

② 시장여건의 차이

시장여건의 차이도 제품적응을 유인하는 요인이 된다. 특히 소비내구재와 같은 제품은 각 시장의 소득수준에 따라서 그 크기나 특성 그리고 포장까지도 적응시켜야 하고, 식품이나 유행 등의 경우에도 각 시장 소비자들의 기호에 맞게 적응시킬 필요가 있다.

미국의 Campbell Soup은 토마토 스프(tomato soup)를 영국에 판매할 때, 많은 손해를 본 후에야 영국사람들이 미국사람들보다 훨씬 더 쓴맛을 선호한다는 사실을 알고 제품을 현지시장 여건에 맞게 변경하여 판매에 성공하였다.

③ 정부의 영향

특정 제품의 경우에는 그 제품의 생산이나 수입이 현지정부에 의해 금지되는 경우도 있고, 또 생산이 국내로 제한되는 경우도 있다. 그리고 현지생산이 허락되는 경우에도 최종 완제품에 일정수준의 현지부품을 의무적으로 포함시켜야 하는 경우도 있다. 그리고 현지국의 정책이 자동차와 같은 제품의 디자인 등에 영향을 미칠 수도 있고, 또 식료품이나 약품의 경우에는 제품, 포장, 상표 등을 현지정부의 규제에 맞게 변경시켜야 할 경우도 있다.

3. 국제제품의 시장확대전략

기업이 해외시장을 확대하는 방법에는 크게 세 가지가 있다. 그 첫째는 시장점유율을 높이기 위하여 기존시장에 대한 침투를 확대하는 방법이고, 둘째는 새로운 제품시장에 제품라인을 확장하는 방법이고, 셋째는 기존의 영업활동을 새로운 국가에 확대하는 방법이다.

이 세 번째 전략에 해당하는 지리적인 확장전략은 중요한 국제마케팅전략이 될 수 있는데, 여기에는 〈그림 12-11〉에서 볼 수 있는 바와 같은 네 가지의 제품 - 커뮤니케이션전략 대안이 있다.[7]

(1) 전략 1: 제품확장 - 커뮤니케이션확장전략

이 전략은 기업이 국내시장에서와 동일한 제품 및 마케팅 커뮤니케이션을 아무것도 변

그림 12-11 제품-커뮤니케이션 전략 대안

		제품: 적 응	제품: 확 장
커뮤니케이션	적 응	모두 적응	제품 적응
커뮤니케이션	확 장	커뮤니케이션 적응	모두 확장

경하지 않고 그대로 해외시장에 확장 · 적용하는 경우를 말한다. 이런 전략을 채택하고 있는 대표적인 기업으로는 Pepsi Cola를 들 수 있는데, 동 기업은 전세계 모든 시장에 동일한 제품과 마케팅 커뮤니케이션을 확장 · 적용하여 성공적인 마케팅활동을 하고 있다.

이 전략은 이용이 수월하면서도 이익적인 방법으로 알려지고 있다. 기업은 이 전략을 활용함으로써 생산에 있어서의 규모의 경제를 실현하고, 연구개발비 및 마케팅 커뮤니케이션의 표준화에 따른 비용을 절감할 수 있다.

하지만 국내시장에서와 동일한 제품-커뮤니케이션을 해외시장에 그대로 연장 · 적용하는 전략은 해외 모든 개별시장의 독특한 욕구에 적절하게 부응할 수 없다는 단점을 가지고 있다. 따라서 이 전략은 이익을 극대화하는 데 필요한 적응이나 발명전략이 저해되지 않는 범위 내에서만 활용하는 것이 바람직하다.

(2) 전략 2: 제품확장 - 커뮤니케이션적응전략

이 전략은 제품의 기능이나 사용조건은 국내시장에서와 같거나 비슷하지만, 그 제품이 해외 여러 시장에서 각기 다른 기능을 갖거나 또는 전혀 다른 용도로 사용될 때, 제품은 변경시키지 않고 마케팅 커뮤니케이션만을 현지시장에 적응시키는 전략이다.

예를 들어, 자전거나 모터사이클은 미국시장에서는 레크리에이션용으로 이용되지만 저개발국에서는 기초적인 운송수단으로 이용되기도 하는데, 이러한 전략은 바로 이런 경우에 활용될 수 있다. 실제로 일본의 Honda와 Kawasaki는 모터사이클을 미국에 판매할 때는 주행의 즐거움과 레크리에이션을 강조하고, 후진국에 판매할 때는 값싼 운송수단으로서의 실용성을 강조하여 광고 · 판매하고 있다.

이 전략은 비용이 적게 들 뿐 아니라 제품을 변경시키지 않기 때문에 연구개발, 생산, 재고 등에 따른 추가비용을 피할 수 있는 장점을 가지고 있으나, 제품의 여타 기능을 확인하고 마케팅 커뮤니케이션을 재편성하는 데 추가적인 비용이 소요되는 단점이 있다.

(3) 전략 3: 제품적응 - 커뮤니케이션확장전략

이 전략은 제품은 현지의 사용조건에 적응시키고 커뮤니케이션은 국내시장에서 사용하던 것을 그대로 현지시장에 확장하여 이용하는 방법이다. Exxon이 가솔린을 세계시장에 판매하면서 제품은 현지시장의 기후조건에 맞게 적응시켰지만, 커뮤니케이션은 국내판매를 위해 개발되었던 'Put a Tiger in Your Tank' 라는 문구는 그대로 사용했던 예, 그리고 세척제를 생산하는 기업들이 제품은 현지의 수질이나 세탁기의 특성에 맞추어 적응시키면서도 커뮤니케이션은 국내시장에서 사용하던 것을 그대로 사용한 것 등은 좋은 예라고 할 수 있다.

(4) 전략 4: 제품적응 - 커뮤니케이션적응전략

이 전략은 현지의 사회 · 문화적인 여건이나 경제적인 여건 때문에 위 세 가지 전략을 이용할 수 없는 경우, 제품과 커뮤니케이션 모두를 현지시장에 적응시키는 전략이다.

미국의 P&G는 치어(Cheer)라는 브랜드의 세제를 일본시장에 판매할 때, 제품과 광고메시지를 전혀 변경시키지 않고 일본시장에 그대로 도입시켰다. 하지만 일본 주부들은 미국 주부들과 달리 유연제를 많이 사용하여 세탁을 하기 때문에 합성세제가 거품을 잘 일으키지 않고, 또 미국 주부들에 비해 비교적 낮은 온도의 물로 세탁을 하기 때문에 세제를 미국 내에서 판매할 때 사용했던 광고메시지 즉 "어떤 온도에도 효과적이다"는 아무런 소구력을 갖지 못했다. 결국 P&G는 세제의 성분과 광고메시지를 일본시장에 맞게 적응시킨 후에야 판매에 성공할 수 있었다.

(5) 전략 5: 제품혁신전략

제품혁신전략은 위 네 가지 전략을 가지고도 새로운 해외시장의 욕구를 충족시킬 수 없을 때 혁신제품을 개발하여 시장에 진입시키는 전략을 말한다. 국제마케팅에 있어서 제품적응전략은 비록 효과적인 방법이기는 하지만 범세계적인 시장기회에 적절하게 대응하지 못할 뿐 아니라, 기존제품이나 적응제품에 대한 구매력이 없는 시장에서는 그다지 유용한 전략이 되지 못한다. 이때는 비록 제품개발에 많은 비용이 소요되더라도 잠재적 수요를 개척하기 위해 제품혁신전략을 추구하는 것이 바람직하다.

미국의 Colgate는 전세계적으로 약 6억 명 이상의 주부들이 손빨래를 하고 있다는 점에 착안하여, 10달러 미만의 저렴한 플라스틱제 수동세탁기를 개발하여 판매하였는데, 이 제품은 멕시코에서 높은 판매실적을 보였을 뿐 아니라 Colgate가 생산 · 판매하고 있던 세척제 판매도 증대시키는 역할을 하였다.

이상의 다섯 가지 전략을 요약하면 〈표 12-8〉과 같다.

표 12 - 8 국제제품-커뮤니케이션믹스: 전략적 대안

전 략	제품의 기능이나 필요성	제품사용 조건	소비자의 제품구매 능력	제품전략	커뮤니케이션 전략	제품의 예
전략 1	동 일	동 일	있 음	확 장	확 장	청량음료
전략 2	상 이	동 일	있 음	확 장	적 응	자전거, 모터스쿠터
전략 3	동 일	상 이	있 음	적 응	확 장	가솔린, 세제
전략 4	상 이	상 이	있 음	적 응	적 응	의류, 엽서
전략 5	동 일	-	있 음	발 명	새로운 커뮤니케이션 개발	수동세탁기

4. 신제품개발

(1) 신제품개발전략

1) 국제시장에서의 신제품

경쟁이 날로 첨예화되고 제품의 수명주기가 급속하게 단축되고 있는 오늘날에는 신제품개발이 기업의 성장 및 존립에 관건이 되고 있다.

오늘날 우리가 쉽게 접할 수 있는 Xerox의 복사기, DuPont의 셀로판지, 나일론, 프레온가스, Sony의 워크맨과 컴팩트 디스크 플레이어, Bausch & Lomb의 콘택트 렌즈, Matsushita의 비디오카세트, Intel의 마이크로프로세서 등은 모두 초일류 글로벌기업들이 개발했던 신제품들로서 이들은 이러한 신제품개발을 통해서 막대한 이윤을 확보할 수 있었다.

국제마케팅에 있어서 신제품이라 함은 다음과 같은 네 가지 부류의 제품을 모두 포괄하는 개념으로 이해할 수 있다.

첫째, 완전한 신제품이나 기술혁신

둘째, 기존제품의 수정

셋째, 시장에는 이미 출시되었지만 자기 기업으로서는 처음으로 취급하는 제품

넷째, 자기 기업으로서는 이미 취급하고 있지만, 특정 시장에는 처음으로 판매되는 제품 등이 그것이다.

만약 어떤 기업이 지속적으로 기술혁신을 이루고 계속해서 완전한 신제품을 국제시장

에 출시할 수 있다면 그러한 기업이야말로 독점적 우위를 지속적으로 향유할 수 있을 것이다. 하지만 신제품개발은 실패율이 높을 뿐 아니라, 시장의 특성에 따라서는 넓은 의미의 신제품 판매가 훨씬 더 이익적이고도 유효한 마케팅수단이 될 수 있다.

2) 신제품개발과정

신제품개발의 과정을 보면 첫째, 새로운 아이디어의 창출, 둘째, 아이디어의 평가, 셋째, 아이디어에 대한 사업성 분석, 넷째, 신제품개발, 다섯째, 시장시험, 여섯째, 상업화 등과 같은 일련의 과정을 거치게 된다. 아래에서는 이러한 내용을 순서대로 살펴보기로 한다. [8]

① 새로운 아이디어의 창출

신제품개발은 먼저 신제품에 대한 아이디어 수집으로부터 시작된다. 신제품에 대한 아이디어는 고객, 원료 공급업자, 경쟁자, 판매원, 유통업자, 자사의 연구실이나 관리자, 합작회사, 그리고 각종 관련기관이나 출판물 등을 통해서 수집할 수 있다.

신제품 아이디어 창출에 대한 한 가지 예를 들어보면, Hewlett-Packard는 1970년대 후반 경영상의 어려움을 겪고 있던 당시 관리창고에서 일하던 한 기술자로부터 금속이 특정한 방식으로 열을 받으면 구석구석으로 분사된다는 사실을 파악하고, 이를 기반으로 종이에 잉크를 분사하는 새로운 방법을 개발하게 되었다.

② 아이디어의 평가

일단 신제품에 대한 아이디어가 수집되고 나면 그 다음은 수집된 아이디어를 평가 · 분석하는 단계를 거치게 된다. Disney, 3M, Sony 등과 같은 글로벌기업들은 1년에 3,000개 이상의 신제품 아이디어를 검토하고 있다. 이때 새로운 아이디어는 제품의 시장성, 수익성, 경쟁상태 등은 물론 판매 예상지역의 제반 환경 및 자사의 목표와 제반 능력 등을 고려하여 평가 · 분석하게 된다.

③ 사업성 분석

신제품 아이디어가 좋은 것으로 평가되면, 그 다음은 신제품개발을 위한 사업성을 분석하게 된다. 여기에서는 만족스러운 평가를 받은 신제품 아이디어가 과연 성공적인 사업활동으로 직결될 수 있을 것인가를 장차 예상되는 판매액, 비용, 이익 등을 기초로 평가한다.

④ 신제품개발

신제품 아이디어가 좋은 평가를 받고 또 사업성 분석도 만족할 만한 결과를 보이면 그 다음은 신제품 생산단계에 접어들게 된다. 이 단계에서는 먼저 신제품을 국내에서 생산할 것인가 아니면 해외에서 생산할 것인가를 결정한다. 통상 글로벌기업들은 전문인력의 가용성이나 기밀유지 그리고 기업의 손실을 방지하기 위하여 국내에서 개발하는 경향이 많았지만 오늘날에는 현지의 요구나 필요에 부응하기 위해서 점차 해외에서의 신제품개발도 증대되고 있다.

⑤ 시장시험

신제품이 일단 개발되고 나면 그 다음은 시장시험단계에 접어들게 된다. 새롭게 개발된 신제품은 국내시장 및 잠재적 해외시장에서의 시험을 거치는 것이 필요한바, 이는 해외시장마다 인적 · 기술적 요소나 기호, 규제 그리고 규격 등이 전혀 달라서 어떤 한 시장에서의 제품시험 결과를 가지고 여타 시장에 그대로 연장 적용할 수는 없기 때문이다. 여러 시장에서의 제품시험은 시장 간의 차이 때문에 발생할지도 모르는 오류를 피할 수 있다. 그리고 때로는 그것이 현지시장에서의 판매촉진활동이 되기도 한다.

⑥ 상업화

시장시험이 만족스러운 결과를 보이면, 그 다음은 신제품을 상업화하는 단계에 접어들게 된다. 이와 동시에 확인된 표적시장을 대상으로 제품의 적정 출하시기와 순서 그리고 구체적인 마케팅믹스 등을 어떻게 실천할 것인가를 결정하게 된다.

(2) 신제품개발과 연구개발(R&D) 활동

연구개발이 신제품개발에 있어서 결정적인 영향을 미친다는 것은 이미 잘 알려져 있는 사실이다. 이 때문에 전세계 기업들은 선진국 기업, 개발도상국 기업할 것 없이 막대한 연구개발비를 투자하여 R&D활동에 박차를 가하고 있다.[9]

오늘날 글로벌기업들은 R&D활동을 어느 한 나라나 지역에 집중하지 않고 국제적으로 분산 배치하고 있는데, 이는 R&D활동이 전세계 여러 나라에서 거의 균등하게 이루어지고 있기 때문이다. 1991년의 경우, 전세계 110개의 최첨단 기술 중 미국기업이 43개, 일본기업이 33개, 그리고 유럽기업이 34개를 차지하여 지역적인 균등화 현상을 보이고 있으며, 연구개발비 투자에 있어서도 일본이 GDP의 3%를 투자한 데 비해, 독일은 2.7%, 그리고 미국은 1.8%에 불과한 것으로 알려지고 있다.

실제로, 글로벌기업들은 현지의 기술능력과 기술자원을 활용하는 경우, 생산의 국제화에 많은 도움을 받을 수 있기 때문에, 최근에는 국내보다는 해외에서 R&D활동을 수행하는 경우가 크게 늘고 있다.

우리나라 삼성전자나 현대자동차, 그리고 LG그룹 등도 해외 여러 곳에 연구소를 설립하여 R&D활동의 국제화 및 현지화를 강력하게 추진하고 있다.

(3) 연구개발, 생산, 마케팅 간의 상호 연계관계

연구개발, 생산, 그리고 마케팅 간에는 상호 밀접한 관계를 가지고 있는바, 이것을 그림으로 나타내면 〈그림 12-12〉와 같다. 이들은 가치사슬상 가장 중요한 위치를 차지하고 있기 때문에 이들 간의 관계를 얼마나 잘 관리하느냐에 따라서 기업의 경쟁적 우위가 결정된다.

1) 연구개발과 생산 간의 상호관계

경영자들은 통상 제품관련 기술(제품기술 및 공정기술)만이 기업경쟁력의 유일한 원천이라고 생각하는 경향이 있다. 그러나 아무리 좋은 기술이라도 그것이 생산능력과 충분히 연결되지 못하면 경쟁력을 제공할 수 없다. 예를 들어, 페니실린(penicillin)을 가장 먼저 개발한 것은 영국이었지만 발효과정을 개선한 미국의 Pfizer가 페니실린 생산의 1인자가 되었고, 제트엔진(jet engine)은 영국과 독일이 가장 먼저 개발했지만, 그 기술을 개선한 미국의 Boeing과 Douglas가 제트기시장을 완전히 제패했었다. 이들은 모두 기술 그 자체가 기업에게 경쟁력을 가져다주는 것이 아니라 자사가 소유하고 있는 기술을 생산활동에 잘 연결시켜야만 기업에게 경쟁력을 가져다줄 수 있다는 것을 보여주는 좋은 예라고 하겠다.

2) 생산과 마케팅 간의 상호관계

통상 생산부서는 가격을 낮추기 위해 모든 제품과 부품을 표준화하기 바라고, 마케팅

그림 12 - 12 연구개발, 생산, 마케팅 간의 상호관계

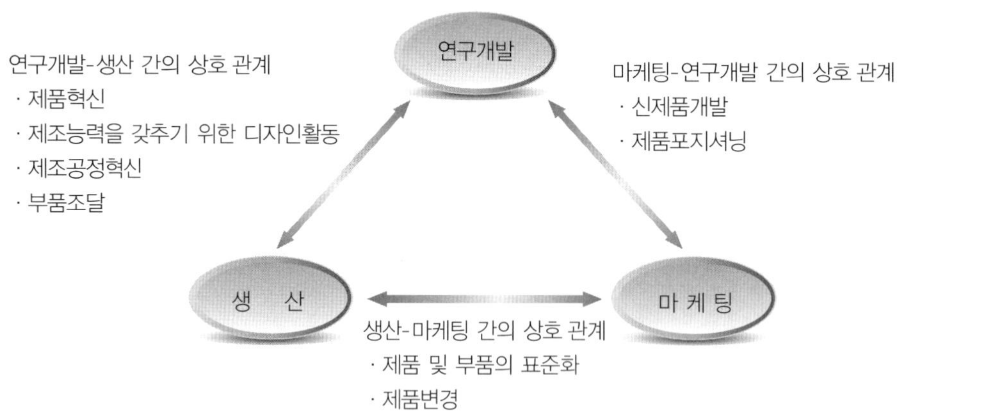

자료: P. W. Beamish, A. Morrison, A. C. Ikpen and P. M. Rosenzweig, *International Management: Text and Cases* (Burr Ridge, Ill., Irwin, 2003), p. 97.

부서는 가격보다는 고객의 다양한 욕구를 충족시켜야 하기 때문에 생산비 증대를 유발하는 제품라인의 다양화와 빈번한 제품수정을 요구한다. 따라서 생산부서와 마케팅부서 간에는 항상 충돌이 발생할 가능성이 있다.

최근에는 이러한 문제를 해결하기 위해 제품정책과 생산을 전략적으로 연결하려는 노력이 이루어지고 있다. 즉, 많은 기업들이 제품과 생산공정혁신을 연결하는 효과적인 제품정책 없이 단지 제품혁신만으로는 장기적인 경쟁적 우위를 유지할 수 없다는 점을 인식하고, 마케팅상의 융통성을 해치지 않으면서도 동시에 합리적인 생산을 통해 생산비를 낮출 수 있는 글로벌 제품정책을 개발하고 있다.

이러한 글로벌 제품정책에는 제품의 핵심부분 표준화와 제품디자인 표준화, 글로벌 표준제품에 대한 제품수요상의 공통적인 특징의 내재화, 글로벌 표준제품에 대한 서로 다른 포지셔닝 설정 등이 있다.

먼저 제품 핵심부분의 표준화의 경우는 일본의 Seiko시계를 예로 들 수 있는데, Seiko는 여러 가지 디자인과 모델로 된 시계를 판매하고 있지만 정작 중요한 핵심부분은 사실상 거의 같은 기계장치를 내장시킴으로써 내용면에서는 글로벌 표준제품을 생산 · 판매하고 있다.

다음으로 제품디자인의 표준화 예로는 Toyota가 똑같은 기본 디자인을 가진 자동차에 Lexus, Avalon, Camry, Corolla와 같은 여러 가지 서로 다른 브랜드를 붙여 판매하는 경우를 들 수 있다.

그리고 글로벌 표준제품에 공통적인 수요의 특징을 내재화하는 예는 Cannon의 경우를 통해 파악할 수 있다. Cannon은 소비자들이 어떤 카메라를 바라는가를 사진의 질, 자동화를 포함한 쉬운 작동법, 기술상의 세련미, 세련된 외장, 저렴한 가격 등과 같은 공통적인 특징을 확인하고, 이를 카메라 개발 및 판매에 활용하였다.

끝으로, 글로벌 표준제품에 대해 서로 다른 포지셔닝을 설정한 예로는 Honda가 거의 똑같은 Accord를 전세계에 판매하면서도 일본에서는 가족용 세단으로, 독일에서는 저렴한 스포츠카로, 그리고 미국에서는 안전한 출퇴근차로 제품을 포지셔닝했던 경우가 여기에 해당된다.

3) 마케팅과 연구개발 간의 상호관계

만약 마케팅관리자가 소비자의 욕구를 제대로 파악해내지 못하면 연구개발부서에 소비자가 원하는 제품을 연구 · 개발해 달라고 요구할 수 없다. 그리고 제품디자이너나 엔지니어들도 소비자의 욕구를 충분하게 이해하지 못하면, 그들이 가지고 있는 기술적 지식을 단순히 제품에 짜 맞추는 데 그칠 뿐, 소비자가 원하는 요구에는 맞추지 못하게 된다.

이런 가운데, 기업이 경쟁적 우위를 확보하기 위해서는 반드시 경쟁기업에 앞서서 신제품을 개발하거나 또는 제품포지셔닝을 확고히 해야만 한다.

마케팅과 연구개발 간의 상호관계에 있어서는 특히 일본기업들이 이들 간의 관계를 잘 관리하고 있는 것으로 알려지고 있다. 이 기업들은 종종 마케팅부서와 연구개발부서가 각자의 활동을 자발적으로 조정하는 과정에서 경쟁적 우위를 확보하는 것으로 파악되고 있다. 또 일본기업의 연구개발부서와 마케팅부서들은 항상 자신들이 경쟁기업보다 먼저 새로운 기술을 제품에 사용하여 소비자의 욕구를 더 잘 충족시켜 주기 위해 새로운 기술의 출현을 항상 주시하고 있다. 예를 들어, VCR을 가장 먼저 개발하여 출시했던 기업은 Philips였음에도 불구하고 일본기업들이 VCR시장을 석권하고 있는 것은 바로 여기에 연유하는 것이다.

제 6 절 국제가격전략

1. 국제가격전략의 의의

국제가격전략(international pricing strategy)이란 기업이 자사의 마케팅 목표를 효과적으로 달성하기 위하여 해외 소비자에게 판매되는 제품의 가격을 계획하고 결정하는 일체의 조치를 뜻한다. 가격은 소비자의 가치변화와 경쟁에 민감하게 반응하고, 해당 기업의 경쟁력과 시장점유율 그리고 매출액 및 이익에 결정적인 영향을 미치기 때문에 국제마케팅활동을 성공적으로 수행하는 데 있어서 가장 중요하게 고려해야 할 요소라고 할 수 있다.

또한 국제가격전략은 국제마케팅믹스의 4P 중 제품(product), 유통(place), 촉진(promotion)과 달리 수요 및 공급의 변화에 즉각적으로 부응할 수 있도록 변경이 용이하다는 점에서 높은 전략적 중요성을 갖는다. 다만 가격전략은 자사의 목표, 원가, 수요, 경쟁, 법률적인 규제, 물가상승, 환율 등 여러 가지 요인의 영향을 받기 때문에 그 전략적인 의의가 크게 손상될 수 있다는 점은 부인할 수 없다.

2. 글로벌 가격책정전략

(1) 글로벌 가격책정[10]

1) 시장 스키밍 가격전략(market skimming pricing)

시장 스키밍가격전략은 독특한 제품이나 특화된 제품에 대해 고가의 가격을 지불할 의사가 있는 세분시장에 접근하기 위한 고가책정전략으로서, 기업이 차별화 전략을 통해 경쟁적 우위를 차지하거나 자기 기업의 제품을 고급제품으로 포지셔닝하고자 하는 경우 주로 활용한다.

기업은 제품을 시장에 처음 도입하는 초기단계에 가격을 높게 책정하여 가격이 높아도 기꺼이 구매하는 고소득층 소비자들에게 판매하고, 점차 수요가 확대되면 가격을 인하하여 그 다음 소득수준의 소비자들에게 제품을 판매한다. 이 방법은 한정된 판매량에 대한 이익을 극대화하고 수요와 공급을 일치시키는 데 그 일차적인 목표가 있고, 그 다음 목표는 자사 제품을 고소득층에게 위치시키는 데 있다.

우리나라의 진로는 일본에 소주를 수출한 초기단계에, 고가격 고품질 전략을 채택하여 일본 시장에서 우위를 차지할 수 있었다. 진로는 일단 시장에서 저급제품으로 인식되는 경우 품질이 아무리 향상되어도 중급제품이나 고급제품으로 전환되기 어렵고, 또 그것이 가능하다고 하더라도 엄청난 광고비와 마케팅 노력이 필요하다고 판단하였기 때문이다.

2) 침투가격전략(penetration pricing)

침투가격전략은 기업이 단시간 내에 시장점유율을 확보하기 위하여 가격을 낮게 책정하는 방법이다. 이 전략은 낮은 가격을 경쟁력으로 해외시장에 신속하게 침투하여 일정한 지위를 확보하기 위한 것이다. 기업이 규모의 효율성을 갖춘 생산시설을 구비하고 있거나 저임노동력을 이용하여 제품을 생산할 수 있는 기업들이 이러한 전략을 활용한다.

일본의 반도체기업들은 미국 내 256K RAM 가격이 18～20달러일 때 자사 제품가격을 10달러로 낮게 책정하여 미국 반도체시장에 성공적으로 침투할 수 있었다.

3) 목표원가전략(target costing)

목표원가전략은 제품의 생산비용을 절감하고 세계시장에서 경쟁력을 갖는 가격을 만들어내기 위해 목표원가를 찾아내는 전략이다. 이 가격전략은 제품개발팀에게 적절한 수준의 품질과 기능뿐 아니라 목표시장에서 적합한 가격으로 이윤을 남길 수 있는 제품을 개발하도록 하는 효과가 있다.

목표원가를 결정하기 위해서는 먼저 목표 세분시장을 정하고 그 세분시장 소비자가 지불할 수 있는 가격을 파악하는 것이 우선되어야 한다. 그 다음에는, 기업의 미래 수익을 목표로 하여 목표원가를 계산한다. 이어서 목표원가를 제품의 다양한 기능에 맞게 분배하고 실제 생산가격과 목표원가 간의 차이를 파악한다. 이렇게 목표원가를 결정한 다음 모든 구성원들이 목표원가를 맞추도록 한다.

4) 원가가산가격결정(cost-plus pricing)

① 원가가산가격결정

원가가산가격결정은 제품의 생산원가에 관리비, 연구개발비, 간접비, 운송비, 관세 그리고 이윤을 더하여 가격을 결정하는 방법으로서, 가격결정이 용이하기 때문에 해외시장 경험이 비교적 적은 기업들이 많이 채택하고 있다.

원가가산가격결정방법은 다음과 같은 몇 가지 단점을 가지고 있다.

첫째, 목표시장의 수요와 경쟁여건을 전혀 고려하지 못한다.

둘째, 가격이 왜곡된 원가를 기초로 결정될 수 있다.

셋째, 가격은 판매량에 영향을 미치고 판매량은 다시 원가에 영향을 미치게 된다.

가장 전형적인 원가가산가격결정방법에서는 제품의 제조원가를 기준으로 하여 여기에 각종 비용과 이윤을 더하여 가격을 결정하게 되지만, 가격을 보다 더 효과적으로 결정하기 위해서는 경쟁가격을 원가에 못지않게 중요하게 고려해야만 한다.

② 수출가격의 조정

기업활동은 기업의 유지, 발전 및 이윤추구에 그 최종 목표가 있는 만큼 수출가격은 이러한 기업의 제반 목표에 부합하게 책정되어야 한다. 수출가격은 국내 생산원가 외에도 원격지간의 거래에서 발생하는 운송비, 관세, 중간상 마진, 보험료, 포장비 등과 같은 부가적인 비용이 소요되기 때문에 국내에서 아무리 낮은 원가로 제품을 생산하더라도 수출가격은 국내가격보다 높게 책정되는 것이 일반적이다.[11]

그러나 수출가격이 너무 높게 책정되면 해외시장에서 경쟁력을 잃게 될 뿐 아니라 수요가 격감될 수밖에 없기 때문에, 이러한 문제를 해결하기 위해서 여타 비용을 줄이면서 수출가격을 낮추는 수출가격의 조정이 필요하다.

수출가격을 조정하는 방법에는 크게 두 가지가 있다. 그 하나는 낮은 원가의 제품공급원을 확보할 수 있는 국제생산시스템을 모색하는 것이다. 여기에는 현지생산을 통해서 공급하는 방법과 낮은 운송비나 관세 등의 이점을 활용하여 여타 지역으로부터 공급하는 방법이 있다.

그리고 다른 하나는 목표시장의 유통구조를 철저히 감시하는 방법이다. 이것은 전체 마케팅 프로그램에서 아무런 기능이나 공헌을 하지 못하면서도 가격만 인상시키는 유통채널을 찾아내기 위한 것이다. 이 경우에는 새로운 중개상을 선정하거나, 기존의 중개상에게 새로운 직무를 부과하거나, 직접판매 시설을 설립함으로써 목표시장에 적합한 유통프로그램을 수립하는 데 필요한 전체적인 비용을 줄일 수 있다.

3. 덤핑(dumping)

수출가격결정에 있어서 또 하나 중요하게 고려해야 할 것이 덤핑이다. 덤핑이란 수출국의 생산업자 또는 수출업자가 특정 제품을 자국에서 통상적으로 거래되고 있는 정상가격보다 더 낮은 가격으로 수출하는 경우를 말한다. 즉, 수출국 내에서 통상적으로 거래되는 특정 제품의 정상가격이 수입국에 수출되는 가격보다 더 높을 경우 덤핑이 된다. 따라서 정당한 이윤을 획득하면서 수출을 하고 있는 경우라 하더라도 수출가격이 자국에서의 판매가격보다 더 낮은 경우에는 덤핑에 해당된다.

덤핑은 비교우위에 입각한 국제무역을 왜곡시켜 수입국 내의 효율적인 자원배분을 저해하고 시장질서를 교란시키기 때문에 국제거래에 있어서 불공정거래로 간주되고 있다. 만약, 자기 나라 수출제품이 수입국으로부터 덤핑판정을 받게 되면 덤핑 마진율에 따라서 일정액만큼의 관세를 추가로 부담해야 하기 때문에 곧바로 가격경쟁력을 상실하게 된다.

1990년대 중반, 일본의 Toyota와 Mazda는 미국시장에 미니 밴(mini van) 자동차를 덤핑수출한 결과 미국정부로부터 덤핑방지관세를 징수당했다. 2006년 현재 전세계적으로 발동된 반덤핑 제소건수는 총 2,840건에 달하며 우리나라는 218건을 기록하여 중국(469건) 다음으로 많은 건수를 기록하고 있는데, 품목별로는 우리의 주력 수출품인 철강 · 화학제품이 전체의 63.0%를 차지하고 있다.

한편, 글로벌기업은 덤핑도 하나의 차별화된 가격전략이 될 수 있다는 점을 명심하여 수입국 정부의 덤핑판정을 피해갈 수 있는 방안을 강구해보는 것도 필요하다고 하겠다. 기업의 관점에서 덤핑판정을 피할 수 있는 방법으로는, 첫째, 국내시장에 판매하는 제품과 국제시장에 판매하는 제품을 차별화하는 방법이 있고, 둘째, 수입국의 중간유통상에게 비가격적인 유인을 제공하여 마치 실제로 가격을 낮추는 것과 같은 효과를 거두는 방법이 있다.

4. 국제가격결정전략

(1) 국제가격결정방법

1) 원가중심가격결정(cost-oriented pricing)

원가중심가격결정은 제품의 단위당 비용에 일정 비율의 이윤이나 비용을 가산하여 가격을 결정하는 방법이다. 여기에는 이윤가산결정방법(mark-up pricing)과 비용가산결정방법(cost-plus pricing)이 있다. 이윤가산결정방법은 제품의 구매원가에 일정 비율의 이윤을 가산하여 가격을 책정하는 방법이고, 비용가산결정방법은 사전에 총 원가를 정확하게 산정할 수 없는 제품의 경우, 사후에 확정된 원가에 일정 비율의 이윤을 가산하여 가격을 결정하는 방법이다.

원가중심가격결정은 가격책정이 용이하고 적정이윤을 목표로 할 때 합리적이며, 장기적으로 안정적이기 때문에 GM과 같은 글로벌기업들이 많이 채택하고 있다. 그러나 이 방법은 국제시장에서의 수요와 경쟁을 고려하지 못하고, 경기변동이나 계절성(seasonality), 제품수명주기상의 단계 등을 반영하지 못하는 단점을 가지고 있다.

2) 수요중심가격결정(demand-oriented pricing)

수요중심가격결정은 국제가격을 비용보다는 해외시장 소비자의 지각과 수요에 따라서 결정하는 방법이다. 여기에는 지각가치가격결정방법과 차별가격결정방법이 있다. 지각가치가격결정방법은 구매자의 지각에 따라 가격을 결정하는 방법이고 차별가격결정방법은 동일한 제품의 가격을 시장에 따라 달리 책정하는 방법이다.

여기에서 차별가격결정방법을 이용하고자 하는 경우에는 다음과 같은 몇 가지 조건이 충족되어야 한다. 첫째, 시장을 세분화할 수 있고 동시에 세분시장 수요의 강도가 달라야 한다. 둘째, 저가로 판매되는 세분시장 제품이 고가로 판매되는 세분시장에 유입되지 않아야 한다. 셋째, 경쟁기업이 고가로 판매하는 세분시장에서 자사의 가격보다 더 낮은 가격으로 제품을 판매할 수 없어야 한다. 넷째, 시장을 세분화하고 여기서 판매하는 비용은 가격을 차별화함으로써 얻을 수 있는 초과수익(extra revenue)을 초과해서는 안 된다. 다섯째, 고객이 구매를 거부하지 않아야 한다.

3) 경쟁중심가격결정(competition-oriented pricing)

경쟁중심가격결정은 제품가격을 경쟁기업의 가격을 중심으로 일정 비율만큼 높게 책정하거나 또는 낮게 책정하는 방법을 말한다. 여기에는 시장대응가격결정방법(going rate pricing)과 입찰가격결정방법(sealed-bid pricing)이 있다. 시장대응가격결정은 동일한 제품을 고도로 경쟁적인 시장에서 판매하고자 할 때 이미 그 시장에서 결정되어 있는 시가에 따라서 가격을 결정하는 방법이고, 입찰가격결정은 설비 및 건설공사 등과 같이 입찰을 낙찰 받으려고 할 때 경쟁기업보다 낮게 가격을 책정하는 방법이다.

(2) 국제가격결정의 세 가지 대안[12]

1) 본국중심 가격결정

본국중심 가격결정은 특정 제품의 최종 소비자가격을 전세계적으로 동일하게 책정함으로써 고객이 운임 및 수입세를 부담하도록 하는 방법이다. GE와 같은 기업은 제트엔진을 판매할 때, 전세계 모든 시장에 대해 동일한 가격을 제시하고 있다. 이 가격결정방법은 경쟁이나 시장상황에 대한 정보를 필요로 하지 않기 때문에 가격결정이 간편하다는 장점을 가지고 있다. 그러나 현지시장의 경쟁 및 시장상황을 전혀 고려하지 못함으로써 각국 시장에서의 이익을 극대화시킬 수 없는 단점이 있다.

2) 현지국중심 가격결정

현지국중심 가격결정은 현지의 사정은 현지자회사가 가장 잘 알고 있다는 가정하에서, 현지자회사에게 현지에 가장 적합한 가격을 책정하도록 위임하는 방법이다. 따라서 각국 간에 가격이 어떻게 조정되더라도 이에 대한 통제나 다른 요구가 있을 수 없다.

이 가격결정방법은 현지의 여건에 민감하게 대처할 수 있다는 장점이 있으나 각국 가격 간에 운송비와 관세를 상회하는 가격차이가 존재하는 경우 상품재정거래가 발생할 수 있다는 문제점이 있다. 또 이 방법에는 효율적인 가격전략에 대한 기업 전체적인 지식과 경험이 현지시장 가격책정에 활용되지 못하고, 지식과 경험이 적은 현지관리자가 일방적으로 가격을 책정하게 될 가능성도 없지 않다.

3) 범세계적인 가격결정

범세계적인 가격결정은 전세계적인 단일가격을 고집하지도 않고, 또 그렇다고 현지자회사의 가격결정 필요성을 무시하지도 않는 방법으로서, 위 두 가지 방법의 중간적인 입장을 취하고 있는 방법이다. 이러한 방법을 추구하고자 하는 기업은 가격을 최종적으로 결정하기에 앞서서 현지원가, 소득수준, 경쟁, 마케팅전략 등 현지시장의 특수한 요소들을 충분히 고려해야만 한다. 이 외에 범세계적인 가격결정은 국제회계 및 상품재정거래를 처리하는 데 있어서, 전사적인 관점에서 본사의 가격조정이 필요하며 국내에서 축적된 가격책정의 경험과 지식을 의도적이고도 체계적으로 관련시장에 활용하고자 하는 방법이다.

5. 국제이전가격결정

(1) 국제이전가격의 의의

국제이전가격(international transfer pricing)이란 글로벌기업이 시스템 전체적인 이익을 극대화하거나 또는 범세계적인 전사적 목표를 효율적으로 달성하기 위하여 필요에 따라 본사와 해외자회사 간, 또는 해외자회사들 간에 거래되는 제품 및 서비스의 가격을 때로는 정상적인 국제가격보다 높게 책정하고 또 때로는 낮게 책정하는 인위적인 가격조작을 뜻한다. 이전가격은 관세 및 세금의 경감이나 송금규제 그리고 환위험을 회피하기 위한 수단으로 활용되기도 한다.

(2) 국제이전가격의 결정

글로벌기업의 이전가격결정방법에는 다음과 같은 것들이 있다.[13]

① 현지의 제조원가에 표준이윤을 가산하여 판매하는 방법

② 기업 내에서 가장 효율적으로 생산하는 제조원가에 표준이윤을 가산하여 판매하는 방법

③ 협상가격으로 판매하는 방법

④ 일반고객에게 판매하는 가격과 동일한 정상가격(arm's length price)으로 판매하는 방법 등이 그것이다.

이 중 어떤 방법이 가장 적합한가 하는 것은 해외자회사나 시장의 특성에 따라서 다르지만, 글로벌기업은 일반적으로 세율이 높거나 송금규제가 강한 국가에 대해서는 이전가격을 정상가격보다 높게 책정하고, 관세가 높거나 세율이 낮은 국가에 대해서는 정상가격보다 낮게 책정하는 방법으로 이익을 극대화하고 있다.

제 7 절 국제유통전략

1. 국제유통경로전략

(1) 국제유통경로전략의 수립

국제유통경로(international distribution channel)란 재화나 서비스를 생산자로부터 해외 소비자에게 이르게 하는 데 직접 관여하는 개인이나 조직 또는 그 총체를 뜻한다. 따라서 국제유통경로에는 기업내부의 마케팅 관련 조직, 그리고 해외대리점, 딜러(dealer), 도매상, 소매상 등과 같은 기업외부의 독립적인 중간상이 포함된다. 14

국제유통전략이란 이와 같이 기업이 해외시장에 마케팅하는 제품이나 서비스를 생산자로부터 현지 소비자에게 가장 효율적으로 이르게 하기 위해, 여기에 관여하는 여러 가지 유통경로를 최적으로 결합하여 최적의 국제유통경로를 구축하는 것을 의미한다.

국제유통경로전략의 수립은 먼저 기업의 내부적인 능력과 외부적인 환경을 평가 · 분석하는 단계로부터 시작된다. 국제유통경로는 그 특성상 수시로 변경할 수 없기 때문에, 기업은 국제유통경로를 확정하기에 앞서서 자사가 어떠한 형태의 유통경로를 개척하고 유지 · 관리할 수 있는 능력을 가지고 있는가를 먼저 파악하고, 그 다음으로 목표시장국의 제반 환경과 유통구조, 도 · 소매 마케팅활동 등과 같은 기업 외부적인 환경을 평가 · 분석해야 한다.

그런 다음 이러한 평가 · 분석을 기초로 목표시장국의 시장규모와 경쟁여건 등을 고려하여 최적 유통경로를 선택해야 한다. 유통경로의 선택에 있어서 가장 중요하게 고려해야 할 사항으로는 중간상의 이용 가능성, 여타 유통경로의 이용 가능성, 유통경로에 소요되는 비용 그리고 중간상의 활동을 관리할 수 있는 정도 등을 들 수 있다.

(2) 국제유통경로의 선택대안

어떤 유통경로를 선택하는 것이 가장 효율적일 것인가 하는 것은 기업이 마케팅하고자 하는 제품의 특성이나 목표시장의 특성 그리고 기업 자체의 특성과 기업의 장·단기목표 등에 따라서 크게 달라진다. 이때 통상적으로 선택 가능한 유통경로를 보면 〈그림 12-13〉과 같은 여러 가지 대안이 있다.

이 그림에서 화살표는 국내 생산업자나 판매업자가 제품을 판매하는 중간상을 나타내고 있다. 유통경로는 생산업자로부터 시작되어 최종소비자에 이르러 끝나기 때문에, 생산업자는 본국의 유통경로와 해외 목표시장국의 유통경로 모두에 영향을 미치게 된다. 〈그림 12-13〉에서 도매상과 소매상은 제품의 흐름뿐만 아니라 필요한 원료의 공급이나 사회의 욕구를 충족시켜 줄 수 있는 중간상으로서, 이들의 효율성은 이들이 위치한 지역의 환경변

그림 12 - 13 국제유통경로의 대안

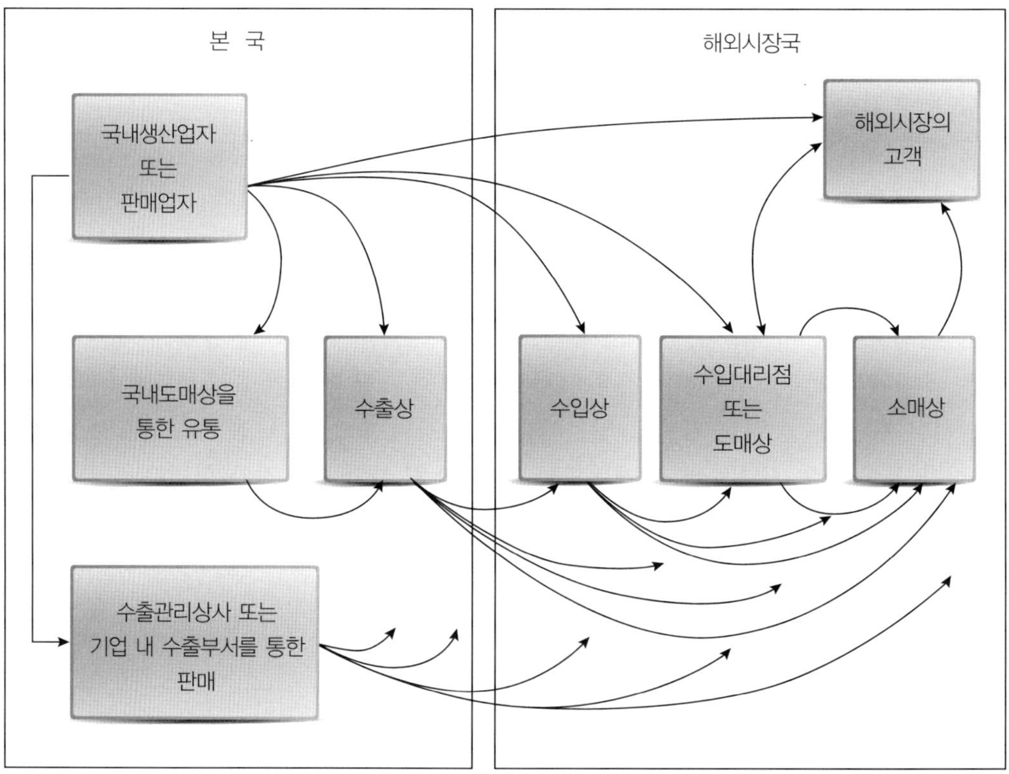

자료: P. R. Cateora et al, *op. cit.*, p. 408.

화에 영향을 받게 된다.

한편, 유통경로는 마케팅하고자 하는 제품의 종류에 따라서도 달라질 수 있는데, 예를 들어 소비재의 유통경로는 통상 통신판매, 인적판매, 생산업자, 직영지점 등을 활용할 수 있다.[15] 그리고 이 중 인적판매의 경우에는 백과사전이나 진공청소기, 화장품 등과 같은 제품을 가정모임(house party)이나 시간제 판매원에게 위탁하여 판매할 수도 있고 생산업자의 직영매장을 통해서도 판매할 수 있다. 또 생산재의 경우에는 소비재보다 훨씬 더 간단하게 자사의 판매망이나 도매상 또는 이 양자를 결합한 형태의 유통경로를 이용할 수 있다.

2. 국제유통경로관리

(1) 국제유통경로의 관리

글로벌기업이 자사의 능력이나 제품의 특성 그리고 목표시장의 특성을 고려하여 적절한 유통경로를 선택하고 나면, 그 다음은 이러한 유통경로를 효율적으로 잘 관리하는 일이 중요하다.

국제유통경로관리는 가장 최적의 유통경로를 선택하여 그 유통경로가 글로벌기업의 목표와 전략에 가장 효율적으로 작용하도록 하는 데 그 목표가 있다. 그러나 해외유통경로인 대리점이나 중간상들은 제조기업의 이익보다는 자신의 이익을 추구하기 때문에 자사에게 이익이 많은 제품만을 판매하는 등 글로벌기업과 전혀 다른 목표를 설정하고 그들 나름대로 유통경로를 관리하는 경우도 없지 않다.

따라서 글로벌기업이 자사의 목표만을 고려하여 이들 해외유통경로를 통제하고자 하는 경우에는 큰 어려움에 직면하게 된다. 이런 가운데, 해외유통경로를 효율적으로 관리하지 못하게 되면 자사의 제반 목표의 달성이 불가능하게 된다.

이런 경우 글로벌기업은 해외유통업자를 직접 통제하는 방식보다는 오히려 현지 유통업자에 대한 적절한 훈련과 개발 그리고 판매에 따른 적절한 보수 지급 등과 같은 동기를 부여하여 자사 제품을 우선적으로 취급하고 판매하도록 관리하는 것이 효과적이다.

(2) 국제유통경로의 평가와 수정

국제마케팅관리자는 국제유통경로를 효율적으로 관리 · 평가하고 필요한 경우에는 그것을 수정하기 위해서 중간상의 영업상태나 시장침투 범위, 고객에게 제공하는 서비스, 제품의 가격 및 수지상태 등을 명확하게 파악해야 한다.

그런 다음 이러한 평가를 기초로 유통경로가 글로벌기업의 제반 목표를 달성하는 데 비효율적이라고 판단되면 그것을 신속하게 수정하는 것이 바람직하다. 유통경로의 수정은 통상 글로벌기업의 영업범위가 크게 확장되거나 또는 현지 유통기구가 대형화된 경우 그리고 그것이 비효율적인 경우에 필요하게 된다.

유통경로를 수정하고자 하는 경우에는 새로운 유통경로가 마케팅목표를 달성하는 데 적합한가 그리고 그것이 유통경로의 수정에 따른 영향을 충분히 흡수할 수 있는가 등을 살펴보는 것이 필요하며, 비록 한번 수정된 유통경로라고 할지라도 또다시 수정될 수 있으므로 융통성을 두는 것이 바람직하다.

제 8 절 국제광고 및 촉진전략

1. 국제광고전략 수립의 전제

국제광고란 어떤 국가에서 생산된 제품이나 서비스를 다른 국가에 판매하기 위해 국제적으로 수행하는 광고활동을 뜻한다. 광고가 소비자에게 제품이나 서비스에 대한 정보를 전달하고 설득력 있는 소구를 수행한다는 점에서는 국내광고와 특별히 다를 것이 없다. 하지만 국제광고는 경제, 사회, 문화, 정치 등 제반 환경이 전혀 다른 해외지역을 대상으로 광고활동이 이루어지고, 그에 따라 광고상의 언어, 회화, 도형, 도안, 색채 등의 선택이 모두 달라진다는 점에서 국내광고와 전혀 다른 광고전략을 필요로 한다. 또 광고매체에 있어서도 국가에 따라서 그 이용 가능성이나 비용 그리고 커버 범위가 다르기 때문에 자연히 그 선택이 달라진다.

따라서 국제광고는 국내광고와 전혀 다른 전략을 필요로 한다. 또 해외 각 시장 또한 서로 크게 다르기 때문에 효율적인 국제광고전략을 수립하기 위해서는 무엇보다도 각 시장의 환경변화를 꾸준하게 관찰하고 국제광고전략에 영향을 미치는 관습이나 법규 등을 세밀하게 분석하여 이에 부응하는 전략을 수립하는 것이 중요하다.

한편, 효율적인 국제광고전략을 수립하기 위해서는 기본적으로 광고에 대한 현지의 규제나 언어 및 문화 그리고 소비자운동 등을 고려해야 한다. 오늘날 대부분의 국가는 광고시간이나 광고대상 등에 대해 여러 가지 규제조치를 취하고 있고 이것은 세계적인 현상이 되어가고 있다. 일례로, 프랑스에서는 유통부문의 광고가 금지되고 있어 수퍼마켓 겸업 주유소의 경우에는 텔레비전 광고를 하지 못하도록 되어 있다.

다음으로 언어 및 문화와 관련하여, 인도와 같은 나라에서는 한 국가 내에서도 너무 많은 언어가 사용되고 있어서 광고효과를 전혀 기대할 수 없는 경우도 있고, 또 문화적 환경이 너무 달라서 색채선호나 생활관습 등이 크게 상이하여 광고효과를 기대하기 어려운 경우도 있다. 또 소비자운동도 국가에 따라서 제도나 규제가 크게 다르다.

2. 광고메시지 및 매체의 선정

(1) 광고메시지의 선정

국제광고에 있어서 가장 중요한 의사결정은 어떤 광고메시지와 광고매체를 선정하느냐 하는 것이다. 먼저 광고메시지 선정에 있어서는 목표시장에 적합한 소구내용을 담은 메시지를 개발하는 것이 무엇보다도 중요하다. 광고메시지는 목표시장, 예상구매자, 언어 등을 고려하여 자사 제품을 예상고객에게 강력하게 소구할 수 있는 내용으로 개발해야 하는데, 여기에는 광고의 주제, 분위기, 제품의 특징에 대한 표현 등이 포함되어야 한다.

그리고 메시지는 가능한 한 짧은 것이 좋으며 시각적 표현을 가미하는 것도 바람직하다. 고품질 이미지 구축을 위해 회사 이름인 Sony를 제품명에 그대로 사용한 Sony의 광고문구 "It' s a Sony"(우리들의 독특한 제품이다) 그리고 Nike의 "Just do it"과 같은 광고메시지는 짧으면서도 소구력을 가진 광고메시지라고 하겠다.

(2) 광고매체의 선정

다음은 광고매체를 선정하는 문제이다. 국제광고에 이용할 수 있는 광고매체에는 신문이나 잡지, TV, 라디오 등이 있으나 나라에 따라서는 그 이용 가능성이나 역할이 전혀 다를 수도 있다. 따라서 국제광고전략을 수립하기 위해서는 광고매체에 대한 현지의 환경, 즉 광고매체의 이용 가능성과 비용, 특성과 효과 그리고 전파영역 등을 우선적으로 분석해야 한다. 또 국제적인 광고매체를 선택할 것인가 아니면 현지의 지역적인 광고매체를 선택할 것인가도 결정해야 한다.

여러 가지 광고매체들은 서로 다른 장 · 단점을 가지고 있고, 그 효과나 이용 가능성도 현지의 경제적 · 문화적 환경에 따라서 크게 다르게 된다. 따라서 글로벌기업의 경우에는 판매되는 제품에 따라서 광고매체를 달리하거나 또는 몇 가지 매체를 병행하여 이용하는 것도 바람직하다.

3. 광고의 표준화와 현지적응화

(1) 광고의 표준화

국제광고에 있어서 광고를 전세계적으로 표준화할 것이냐, 아니면 목표시장국의 독특한 특성에 맞게 적응시킬 것이냐 하는 것은 대단히 중요한 문제이다.

세계화가 진전되면서 광고는 일시에 지구촌 전역에 영향을 미치고 있으며, 광고의 대상도 개별국가보다는 전세계 소비자를 목표로 하고 있다. 이렇듯 오늘날에는 광고를 각 나라마다 달리 제작할 필요가 없을 만큼 세계가 하나의 문화권으로 단일화되고 있다.

이에 따라 Coca Cola, Pepsi Cola, Kodak, Nike, Gillette 등과 같은 글로벌기업들은 하나의 세계적인 모델을 가지고 전세계를 동시에 공략하는 표준화된 광고전략을 수립 · 시행하고 있다. 개략적으로 29% 정도의 기업이 세계전역에 통일적인 광고를 사용하고 있는 것으로 조사되고 있다. 이는 광고를 표준화하는 것이 비용절감이나 광고의 국제성 그리고 광고의 조정능력 등의 면에서 훨씬 더 유리하기 때문이다.

(2) 광고의 적응화

광고의 적응화는 비록 인간의 본성이나 동기는 전세계적으로 유사하다고 하더라도 잠재적 고객의 상이한 심리적 · 문화적 욕구를 충족시키는 방법은 서로 다를 수 있기 때문에, 광고메시지나 매체도 국가에 따라서 달라야 한다는 데서 출발한 전략이다. 즉, 아무리 글로벌화가 진전되고 있다고 하더라도 각 나라마다 문화나 특색이 다르기 때문에 특정 목표시장국의 제반 환경을 고려한 광고가 그렇지 않은 광고보다 훨씬 더 높은 성취도를 보인다는 데 근거한 전략이다.

예를 들면, Levi's는 자사의 청바지를 광고할 때, 나라에 따라서 각기 다른 광고메시지를 이용하고 있다. 즉, 영국에서는 Levi's가 미국의 상표라는 점을 강조하여 미국의 서부를 배경으로 한 서부영화 배우를 이용하여 광고를 하고, 일본에서는 미국의 영화스타인 제임스 딘을 이용하여 "James Dean도 Levi's를 즐겨 입었다"라고 광고하고, 오스트레일리아에서는 Levi's 청바지의 품질을 강조하여 "보기에는 꽉 조이지만(tight) 실제로는 아주 편안하다"는 등 각기 다른 차별화된 광고메시지를 이용하여 광고를 하고 있다.

이와 같은 광고의 적응화는 서로 다른 현지의 여건을 고려한다는 점에서는 바람직하나 비용이 너무 많이 소요되고 현지의 제반 환경을 과도하게 고려하는 경우 인간이 가지고 있는 공통분모를 너무 소홀히 하게 된다는 단점도 가지고 있다.

(3) 광고 표준화전략과 적응화전략의 믹스

국제광고에 있어서 기업들은 현실적으로 완전한 표준화전략을 채택하거나 완전한 적응화전략을 채택하기보다는 이들 양자를 적절하게 배합하는 광고전략을 채택하는 것이 일반적이고 또 바람직하다. 한 예를 들어, Unilever는 오랫동안 표준화된 광고전략을 채택하고 있지만 럭스(Lux)비누를 중국에 판매할 때는 각 성들 간에 비누에 대한 인식이 크게 다르다는 사실을 발견하고 각 지역시장의 특성에 맞는 50개의 상업광고를 개발하여 광고한 바 있다.

4. 국제인적판매

국제인적판매는 목표시장국에 지점이나 현지법인을 가지고 있는 경우, 판매원이 최종 소비자에게 직접 제품을 판매하는 방법을 말한다. 국제인적판매는 소비자를 직접 대면하여 제품을 판매하기 때문에 제품에 대한 소비자의 반응이나 기호 그리고 판매저항을 정확하게 파악할 수 있고, 소비자의 욕구나 구매동기에 맞추어 제품관련 정보를 제공할 수 있다. 또 소비자에게 제품을 자세하게 설명함으로써 구매의욕을 향상시킬 수도 있다. 인적판매는 그 특성상 촉진비용이나 시간이 많이 소요되기 때문에 대량구매 고객이나 산업구매자를 대상으로 하는 것이 바람직하다.

화장품회사인 Avon 그리고 Colgate-Palmolive, Pfizer, Upjohn, GE, Westinghouse 등과 같은 기업들은 인적판매방법을 이용하여 제품을 판매하고 있다. 그리고 초고가 산업재의 경우 강력한 인적판매가 너무 중요하기 때문에 Boeing이나 Northlop 등과 같은 항공기 생산회사들도 인적판매를 활용하고 있다.

한편, 인적판매의 경우에는 우수한 판매원 확보가 가장 중요한 문제로 부각되는데, 글로벌기업이 활용할 수 있는 대안적인 인력으로는 본사파견 판매인력, 현지고용 판매인력,

범세계적 판매인력 등이 있다. 여기에서 본사파견 판매인력은 글로벌기업이 고도의 첨단기술제품을 판매하기 위해 많은 정보가 필요한 경우 가장 효과적으로 이용할 수 있고, 현지채용 판매인력은 현지의 문화적 장벽을 느끼지 않기 때문에 촉진효과가 높고 동시에 비용도 절감할 수 있다. 또 국적에 관계없이 전세계적으로 판매인력을 선발하여 활용하면 가장 능력 있는 인재를 활용할 수 있다.

국제판매인력은 기존 고객을 유지 · 관리하고 새로운 고객을 개발할 수 있는 능력을 갖추어야 하며, 고객에게 지속적인 애프터서비스(after service)를 제공할 수 있어야 한다.

국제경영사례 12－2

현대 · 기아자동차의 글로벌 마케팅 전략

• 현대 · 기아자동차의 세계적인 위상

오늘날 전세계 자동차 업계는 글자 그대로 글로벌 경쟁에 직면해 있다. 이 때문에 자동차회사들은 때로는 흡수합병, 때로는 구조조정, 그리고 또 다른 경우에는 신기술을 통해서 생존을 모색해야 하는 입장에 처해 있다. GM과 Ford, Volkswagen과 Daimler-Chrysler, Renault와 PSA Peugeot, 그리고 일본의 Toyota와 Honda, 그리고 더 나아가 급속도로 성장하고 있는 중국자동차회사들까지 모두 경쟁의 대상이 되고 있다.

현대 · 기아자동차의 글로벌 생산거점과 생산능력

현대자동차								기아자동차		
구분	미국	중국	인도	터키	체코	러시아	브라질	중국	슬로바키아	미국
법인명	HMMA	BHMC	HMI	HAOS	HMMC	HMMR	HMMB	DYK	KMS	KMMG
소재지	앨라바마	북경	첸나이	이즈밋시	노소비체	상트페테 스부르크	상파울루	강소성 염성시	질리나시	조지아주 웨스트 포인트시
지분	100%	50%	100%	70%	100%	100%	100%	50%	100%	100%
양산일	05년 5월	-1공장 02년 12월 -2공장 08년 3월	-1공장 98년 9월 -2공장 07년 1월	97년 7월	08년 11월	11년 1월	12년 4월 (예정)	-1공장 02년 11월 -2공장 07년 9월	06년 12월	09년 11월
연간생산 능력	30만 대	-1공장 30만 대 -2공장 30만 대	-1공장 30만 대 -2공장 30만 대	10만 대	30만 대	15만 대	15만 대	-1공장 13만 대 -2공장 30만 대	30만 대	30만 대
생산 차종	소나타, 산타페	-1공장 소나타 (EF,NF), 엘란트라(XD), 투싼(JM), 엑센트(MC) -2공장 위에동(HD), i-30, 투싼ix(LM)	-1공장 상트로, i-20, 소나타, 엑센트(LC) -2공장 베르나(MC), i-10	엑센트 (MC), 매트릭스 (FC)	FD, YN	C 세그 먼트 소형승용차	소형승용 (알코올)	-1공장: 리오, 옵티 마, 카니발, 스포티지, 쏘울 -2공장: 쎄라토, 포르테	씨드, 스포 티지, EL	쏘렌토 XM

이런 가운데 미국의 빅3는 Toyota에 추월당했고 Renault는 Nissan을 인수하고 유럽자동차회사들은 자신들의 본거지에서 고전중에 있는 등 경천동지할 상황에 놓여 있다.

이런 와중에 우리나라 현대 · 기아자동차그룹은 〈표 1〉에서 보듯이 2009년 현재 미국, 중국, 유럽 등 총 10개의 현지생산법인을 운영하면서 다양한 종류의 자동차를 생산 · 공급하는 성공적인 글로벌 생산 및 마케팅활동을 펼치고 있다. 이들 현지생산법인의 연간생산능력은 총 308만 대에 이르고 있는데, 이는 이들의 국내외 연간 총생산능력 654만 대의 47.1%에 해당하는 것이다.

한편, 현대 · 기아자동차그룹은 2011년에도 생산능력을 계속 확충하는 전략을 구사하고 있다. 현대 · 기아자동차그룹의 국내 · 해외공장 차종별 생산계획에 따르면, 현대자동차의 중국공장은 올해 생산능력(60만 대)보다 많은 72만 대 생산목표를 잡고 있다. 현대자동차 미국 · 인도 공장 역시 올해 가동률을 100% 수준이거나 그보다 더 높게 잡고 있다. 현대 · 기아자동차는 2000년 244만대에서 2010년 574만 대로 증가하여, 불과 10년 만에 글로벌 판매규모를 2.4배나 늘려 글로벌 자동차업체 가운데 가장 빠른 성장세를 보였다. 하지만 2011년 판매 목표는 전년보다 10% 성장하는 수준에 그쳐 성장률이 현격히 둔화될 전망이다. 회사 측 전망에 따르면 현대 · 기아자동차는 생산능력 부족현상에 직면하게 된다는 계산이다.

2011년 현대 · 기아자동차의 국내외 공장 생산목표

2011년 현대 · 기아자동차의 국내외 공장 생산 목표 단위: 대.
괄호 안은 공장의 생산능력

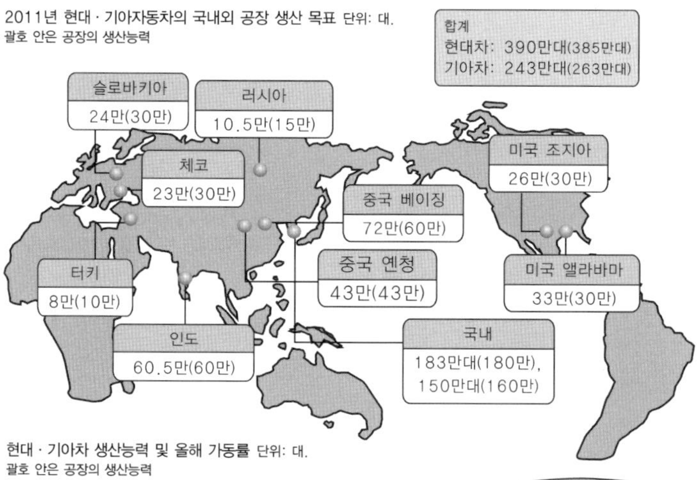

현대 · 기아차 생산능력 및 올해 가동률 단위: 대.
괄호 안은 공장의 생산능력

	생산능력	올해생산목표 (목표가동률, %)
현대차	385만	390만(101)
기아차	263만	243만(92)
합계	**648만대**	**633만대(98)**

가동률이 98%라는 것은 최대생산 한계까지 2%의 여유분이 남아 있다는 뜻임.

자료 : 조선일보(2011. 2. 10).

• 현대 · 기아자동차의 글로벌 마케팅전략

① 북미시장 진출

현대자동차는 1986년 소형차 엑셀(Excell)을 미국에 성공적으로 수출한 것을 시작으로 미국 남부, 서부, 동부뿐 아니라 중부까지 판매지점을 개설, 그 영역을 넓혀 나갔고 급기야는 캐나다시장에까지 진출하였다. 하지만 이 공장은 북미시장의 위축과 경쟁력 악화, 기타 부대비용 및 외국인 비용 부담 등의 이유로 4년 만에 가동이 중단되었다.

이어서 현대자동차는 다시 미국시장에 대한 SUV수출에 주력하여 산타페 판매에 성공을 거두었다. 이어 2004년에는 온화한 기후와 각종 세제혜택, 저렴한 노동력, 친기업적인 환경 등의 양호한 여건을 두루 갖춘 앨라바마를 선택하여 공장을 설립하였다. 앨라바마 공장은 2005년 신형 소나타 양산을 시작으로 2006년부터는 신형 산타페를 추가로 생산하여 고성능, 고품질, 고수익 중대형차 중심의 공장으로 발전시켜 나간다는 전략을 세워놓고 있다.

현대자동차가 미국시장에서 성공을 거둘 수 있었던 것은 가장 큰 이유는 무엇보다도 지속적으로 노력한 품질향상에서 찾을 수 있다. 현대는 미국소비자들이 아직까지 가지고 있는 저가브랜드의 이미지를 불식시키기 위해 이제는 진출 초기의 저가 차량 중심에서 탈피하여 산타페나 티뷰론, 소나타 등 고부가가치 차량으로 판매 전략을 전환하였다. 또한 지속적으로 품질향상에 노력하였고, 그 결과 품질 면에서 경쟁사인 벤츠나 도요타보다 높은 평가를 받게 되었다.

한편, 기아자동차는 2009년 조지아주에 진출하여 연간 30만 대를 목표로 쏘렌토를 생산하고 있다.

② 아시아시장 진출

현대자동차는 2000년 베이징기차그룹과 '승용차 부문 독점생산' 계약을 체결한 것을 시작으로, 2002년에는 베이징에 공장을 설립하였고, 2004년에는 중국 지주회사를 공식 출범시켰다. 그리고 2005년에는 베이징 공장에서 15만 대의 자동차가 생산된 바 있으며 2008년에는 30만 대 규모의 베이징현대 제2공장을 설립하였다.

베이징현대는 2005년 20,508대의 자동차를 판매하여 선발 업체인 도요타, 폭스바겐의 중국 합작법인을 제치고 판매 1위를 차지하였다. 그리고 2004년에는 아반떼 XD의 차량 내 · 외관과 엔진, 변속기 등을 중국인 기호에 맞게 개조해 큰 인기를 얻었으며, 2005년에는 176,589대가 판매돼 중국 내에서 전 차종 판매 2위를 기록하였다. 아울러 2006년에도 폭스바겐의 제타에 이어 전 차종 2위를 기록하고 있고 소나타, 투싼, 베르나 등이 큰 인기를 끌고 있다.

이렇듯 현대자동차가 중국진출 4년 만에 65만 대 판매를 기록할 수 있었던 것은 품질경영을 통해 중국 고객들의 신뢰를 쌓았고 급성장한 현대차의 이미지를 활용해 공격적인 마케팅 전략을 편 것이 주효하게 작용했기 때문이다. 베이징현대는 SUV인 투싼을 추가로 투입하여 시장 공략을 강화하는 한편 제1공장의 생산능력을 연산 30만 대 규모로 확대하였다.

한편, 기아자동차는 2002년과 2007년에 중국 강소성에 제1공장과 제2공장을 가지고 있으며 각기 13만 대와 30만 대의 생산능력을 갖추고 있다. 제1공장에서는 리오, 옵티마, 카니발 등을 생산하고 있고 제2공장에서는 쎄라토와 포르테를 생산하고 있다.

다음으로 현대자동차의 인도시장 진출에 관해 살펴보면, 현대는 1990년 후반 한국에서의 자동차 시장이 정체되고, 인도가 인구가 많아 장기적으로 안정적인 거대시장이 될 것으로 판단하여 인도에 진출하였다. 그리하여 1998년에 첫 현지차인 상트르를 출시하였고 1999년 액센트, 2001년에는 소나타를 성공적으로 생산하였다. 그 결과 현대차는 국민차를 생산하고 있는 마루티에 이어 인도시장 점유율 20%를 차지함으로써 2위를 기록하고 있다. 2007년에는 다시 30만 대 생산이 가능한 제2공장을 설립하였다.

현대자동차는 외국 거대 자동차회사들이 인도진출시 잘못 실수했던 점들을 하나둘씩 고쳐나가고, 그것을 생산 및 판매전략으로 연결시키는 전략을 구사하였다.

그 첫 번째는 공장입지를 다른 외국 자동차회사들과 달리 가난하고 무덥고 낙후된 '첸나이'라는 지역을 선택함으로써 다른 대도시에 비해 저렴한 운송비, 토지 임대료, 노동력을 활용하여 이것을 가격경쟁력으로 연결시켰다. 두 번째는 자동차를 인도 현지의 여건에 맞게 개량하여 생산함으로써 현지화에 힘쓴 점이다. 세 번째는 현지 직원들과의 문화적 차이를 극복한 점이다. 여기에 더하여 현지인들을 우리나라 울산으로 보내 직접 기술을 배워오게 하고 협력업체와 함께 제조에 필요한 모든 설비를 공동으로 들여와서 생산하는 등 문화적 차이를 극복하는 데 노력하였다.

③ 유럽시장 진출

현대자동차는 NATO의 회원국이자 유럽 국가로 인정받고 있는 터키를 통해 유럽시장을 공략하였다. 터키는 EU의 관세동맹국이며 1970년대 이래 이탈리아, 프랑스를 비롯한 유럽 자동차회사들이 합작생산 방식으로 자동차 공장을 가동해왔고, 1990년대에 들어서는 미국과 아시아 자동차회사들이 잇달아 진출, 이즈미트시를 중심으로 합작공장들이 크게 는 바 있다.

또한 터키는 대유럽수출을 위한 전진기지이기도 하다. 그리고 유럽과 중동시장에 인접해 있을 뿐 아니라 EU가입을 추진하고 있어 전략적 요충지로 평가되며, 대유럽 수출이 무관세로 이뤄지고 있어 전략적 중요성이 높은 나라이다.

현대자동차의 대유럽 마케팅전략은 다음과 같은 방향에서 추진되고 있다.

첫째, 개별 유럽 국가들의 특성에 부응하는 다양한 모델을 선정하여 마케팅전략을 추진하고 있다. 이는 성공적인 해외시장 진출에는 제품의 품질과 디자인, 성능의 우수성도 중요하지만 진출 대상국의 자동차와 연계된 각종 세제 문제도 큰 영향을 미친다는 점을 고려한 것이다.

둘째, 현대자동차의 새로운 이미지와 품질인식도를 높이는 데 노력하고 있다. 이를 위해 독일에 R&D 및 디자인 센터를 신설하고, 부품업체들과의 협력 강화 및 홍보를 통해 자사 자동차의 품질 및 안전도를 인식시키고 있다.

셋째, 자동차의 디자인을 유럽인 기호에 맞게 개조하였다. 즉 기존 모델의 장점을 돋보이게 개조하는가 하면 안전도를 제고하는 등 유럽인들의 기호를 적극적으로 반영하고 있다.

넷째, 새로운 판로를 개척 · 확장하고 있다. 현대자동차는 유럽 자동차시장의 42%를 차지하고 있는 대량거래처(렌터카, 리스, 대기업의 회사차량)를 확보하기 위해 노력하고 있으며, 동시에 러시아시장을 선점하여 공략하고, 2008년에는 체코 공장을 완공하는 등 새로운 판로와 시장을 개척하고 있다.

이상에서 현대자동차의 글로벌 생산 및 마케팅전략을 살펴보았는데, 현대자동차는 경쟁이 날로 치열해져 가는 자동차산업 시장에서 2010년까지 글로벌 Top 5에 진입한다는 목표를 세우고 있다. 따라서 연간 500만 대 이상의 생산을 목표로 현재 세계각지에 생산 공장의 규모를 늘려가고 있고, 해외 각 지역의 거점을 중심으로 글로벌 네트워크를 구축하여 R&D, 기술개발, 현지화 마케팅 등을 통해 세계적인 경쟁력을 키워나가겠다는 목표를 가지고 있다.

이에 현대자동차는 지속적으로 품질중심의 경영을 펼쳐 선진국과의 기술격차를 줄여나가는 한편, 브랜드 이미지를 제고하고 글로벌 네트워크를 활용하여 권역별 특화 및 현지화 전략을 펼쳐나감으로써 글로벌 자동차시장을 성공적으로 공략해 나갈 것으로 기대된다.

자료: 현대자동차, 기아자동차

CHAPTER 13

국제재무

International Business

국제경영사례 13－1

빅맥지수(Big Mac index)

영국의 유명한 경제전문지인 이코노미스트(*Economist*)지는 매년 빅맥지수(Big Mac index)라는 환율평가 자료를 발표하고 있다. 빅맥지수란 맥도널드(McDonald's)가 전세계 100여 개국에서 동일한 질의 햄버거인 빅맥(Big Mac)을 판매하고 있다는 사실에 착안하여, 빅맥의 가격을 환율결정이론인 구매력평가설(purchasing power parity)을 적용하여 지수를 산출한 것이다.

구매력평가설이란 동일한 화폐 1달러(dollar)를 가지고 전세계 어디에서나 동일한 재화를 구입할 수 있다는 가정에서 출발한다. 만일 동일한 재화에 대해서 각국마다 가격이 심하게 차이가 난다고 하면, 사람들은 그 재화를 싸게 살 수 있는 곳에서 구입하여 다른 곳에서 비싸게 판매하는 재정거래(arbitrage)를 하게 될 것이고, 이것이 반복적으로 이루어지게 되면 결국에는 그 재화의 가격이 같아지게 된다는 것이다.

구매력평가설에 의하면 환율은 장기적으로 각국에서 동일한 재화를 구매할 수 있도록 가격을 조정하는 방향으로 움직이게 된다. 빅맥지수에 의한 환율은 이 동일한 재화의 예로서, 전세계 100여 개국에서 판매되고 있는 빅맥의 가격을 서로 비교한 것이다. 즉, 빅맥지수는 동일한 햄버거를 미국이나 한국에서 동일한 비용을 지불하여 구매할 수 있는 환율이 된다.

아래 표와 그림은 2012년 1월 12일 세계 주요 국가에서 판매되고 있는 빅맥의 가격을 보여주고 있다. 이 표를 통해서 우리는 어느 나라 통화가 실제 환율보다 더 과대평가 또는 과소평가되고 있는가를 알 수 있다.

이코노미스트지는 빅맥구매력평가(The Big Mac PPP)를 통해 빅맥지수로 환산한 달러/원 환율은 882원이 적정수준이라고 밝히고 있다(표와 그림 참조). 이 표를 보면 한국의 원화는 한국은행이 고시한 환율과 비교하면 24% 정도 저평가되어 있음을 알 수 있다. 한편, 이 조사에서는 인도, 우크라이나, 홍콩 등의 빅맥 가격이 미국의 약 절반 정도밖에 되지 않아 통화가치가 가장 저평가되어 있는 나라로 나타나고 있다. 그 반면, 스위스와 노르웨이 등에서는 빅맥가격이 60% 가량 비싼 것으로 조사되고 있다.

물론 빅맥지수 하나만을 가지고 구매력평가설을 검증하고 각국의 환율변동을 예측하는 것은 무리가 있다는 것이 통론이다. 그것은 빅맥지수가 각국의 무역장벽, 특히 소고기 수입과 관련된 각종 규제와 각국 간의 세금의 차이, 그리고 점포임대료의 차이 등을 고려하지 않고 있어 불완전한 지표이기 때문이다. 그럼에도 불구하고, 많은 경제학자들은 이렇게 간단한 빅맥지수가 고도의 경제예측모형에서 나온 환율변동보다 더 정확하게 환율변동을 예측하고 있다는 사실을 지적하고 있다.

한편, 2012년 1월 12일자 이코노미스트지에 따르면 세계 44개국 햄버거 가격을 조사한 결과, 스위스에서 팔리는 빅맥 햄버거 값은 미국 내 가격인 4.20달러보다 2.61달러 더 비싼 6.81달러에 달하고 있어서 빅맥 햄버거 가격이 가장 비싼 나라로 나타나고 있다.

이는 빅맥지수로 따져 스위스 프랑이 달러화에 비해 62%나 고평가되어 있다는 것을 의미한다. 앞에서 언급 한 바와 같이 빅맥지수란 맥도날드 햄버거의 주력 제품인 빅맥가격이 전 세계 각 지역에서 똑같아야 한다는 일물일가의 법칙과 구매력 평가설에 따라서 세계 각국의 햄버거 가격을 달러화 기준으로 비교해 각 나라의 적정환율을 산출하는 지표로서 이것은 이코노미스트가 1986년 처음으로 소개한 이래 올해로 탄생 25주년을 맞았다.

빅맥 값이 두 번째로 비싼 나라는 노르웨이로서 6.79달러였고 스웨덴이 5.91달러로서 3위, 브라질이 5.68달러로서 4위, 덴마크가 5.37달러로서 5위를 차지했다. 이들 국가는 빅맥가격이 미국보다 비싸서 해당국의 통화가 달러화에 비해 높게 평가된 것으로 나타났다.

나머지 국가들은 미국보다 빅맥가격이 저렴하게 나타났는데, 특히 인도는 1.62달러에 불과하여 44개 조사대상국 중 가장 쌌다. 이는 빅맥가격 기준 인도의 루피화가 61%나 저평가되고 있다는 것을 보여주는 것이다. 그 다음으로 싼 국가들은 우크라이나가 2.11달러로서 50%나 저평가되고 있고, 그 다음으로 홍콩 2.12달러, 말레이시아 2.34달러, 중국 2.44달러 등을 보였다.

우리나라의 빅맥가격은 3.19달러로서 빅맥기준 원화환율이 24%나 낮게 평가되어 있는 것으로 나타나고 있다.

*Economist*지도 "빅맥지수는 1인당 소득 수준이 비슷한 나라들의 환율을 평가하는 유용한 수단"에 불과할 뿐 "세금, 인건비 등 다른 요인이 물가에 영향을 미칠 수 있기 때문에 빅맥지수로 환율을 평가하는 데는 한계가 있다는 점을 명심해야 한다"고 밝히고 있다. 하지만, 빅맥가격은 해마다 연말이면 국가별 물가 수준을 알아보는 일종의 지표로 사용되고 있다.

빅맥가격과 각국의 통화가치

The hamburger standard (2012. Jan. 12)					
국 가	빅맥가격(자국통화)		구매력평가환율 (달러당 자국통화)	실제환율 (달러표시)	달러에 대한 저(−)/고(+)여부, %
	자국통화	달러가격			
United States	$4.20	4.2	−	−	−
Argentina	Peso20.0	4.64	4.77	4.31	10
Australia	A$4.80	4.94	1.14	0.97	18
Brazil	Real 10.25	5.68	2.44	1.81	35
Britain	£2.49	3.82	1.69§	1.54	−9
Canada	C$4.73	4.63	1.13	1.02	10
Chile	Peso 2050	4.05	488	506	−3
China	Yuan15.4	2.44	3.67	6.32	−42
Colombia	Peso8,400	4.54	2001	1852	8
Costa Rica	Colones2,050	4.02	488	510	−4
Czech Rep	Koruna 70.22	3.45	16.73	20.4	−18
Denmark	DK31.5	5.37	7.5	5.86	28
Egypt	Pound15.5	2.57	3.69	6.04	−39
Euro area	3.49	4.43	1.2	1.27	6
Hong Kong	HK$ 16.5	2.12	3.93	7.77	−49
Hungary	Forint 645	2.63	153.67	246	−37
India	Rupee 84.0	1.62	20.01	51.9	−61
Indonesia	Rupiah 22,534	2.46	5369	9160	−41
Israel	Shekel 15.9	4.13	3.79	3.85	−2
Japan	Yen 320	4.16	76.24	76.9	−1
Latvia	Lats 1.65	3	0.39	0.55	−29
Lithuania	Litas 7.8	2.87	1.86	2.72	−32
Malaysia	Ringgit 7.35	2.34	1.75	3.14	−44
Mexico	Peso 37	2.7	8.82	13.68	−36
New Zealand	NZ$ 5.10	4.05	1.22	1.26	−4
Norway	Kroner 41	6.79	9.77	6.04	62
Pakistan	Rupee 260	2.89	61.95	90.1	−31
Peru	Sol 10.0	3.71	2.38	2.69	−12
Philippines	Peso 118	2.68	28.11	44	−36
Poland	Zloty 9.10	2.58	2.17	3.52	−38
Russia	Rouble 81.0	2.55	19.3	31.8	−39
Saudi Arabia	Riyal10.0	2.67	2.38	3.75	−36
Singapore	S$ 4.85	3.75	1.16	1.29	−11
South Africa	Rand 19.95	2.45	4.75	8.13	−42
South Korea	Won 3,700	3.19	882	1159	−24
Sri Lanka	Rupee 290	2.55	69.09	113.9	−39
Sweden	SKr 41	5.91	9.77	6.93	41
Switzerland	SFr 6.50	6.81	1.55	0.96	62
Taiwan	NT$ 75.0	2.5	17.87	30	−40
Thailand	Baht 78	2.46	18.58	31.8	−41
Turkey	Lira 6.60	3.54	1.57	1.86	−16
UAE	Dirhams 12	3.27	2.86	3.67	−22
Ukraine	Hryvnia 17	2.11	4.05	8.04	−50
Uruguay	Peso 90	4.63	21.44	19.45	10

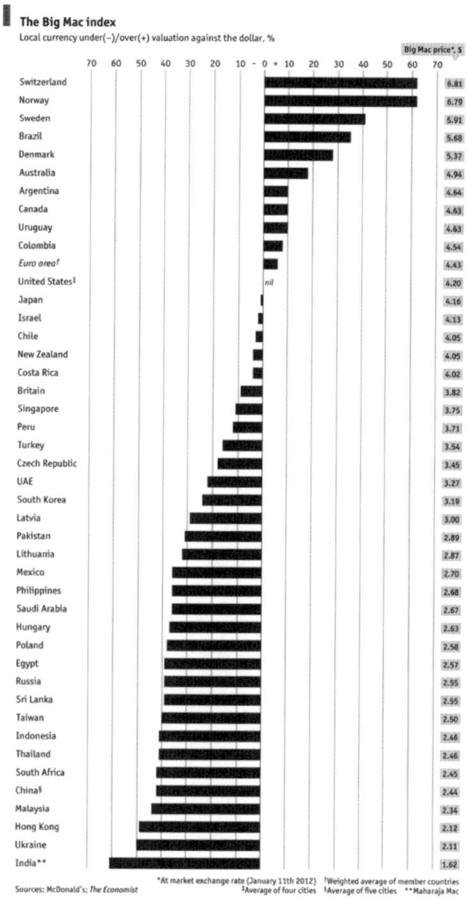

제 1 절 국제재무관리의 특성

1. 국제재무관리의 의의

국제재무관리는 기업이 자본을 효율적으로 조달, 그것을 기업 내부에서 최적으로 사용하여 국제사업활동을 수행하고, 그로부터 획득한 이익을 주주들에게 배당하거나 사내에 유보하는 기업의 자금관리를 의미한다.

기업의 목표는 주어진 경영자원을 글로벌한 시각에서 시스템 내부에 최적으로 배분하고, 그것을 효율적으로 활용하여 시스템 전체의 이익을 극대화하는 데 있다는 점에서, 이러한 목표를 효율적으로 달성하기 위한 효율적인 국제재무관리는 절대적으로 필요하다.

국제재무관리에 있어서도 그 기본원리는 국내기업의 재무관리에서 활용되는 것을 그대로 적용하게 되지만, 국제재무관리에서는 특별히 국내기업의 재무관리에서는 전혀 고려할 필요가 없는 해외시장의 환율변동, 물가수준, 자본비용, 자본조달수단 및 다양한 자본조달원, 그리고 각국의 정치 · 경제적 환경과 법률, 세무구조, 상관습 등과 같은 수많은 이질적인 요소들을 추가로 검토하고 고려해야 한다.

따라서 글로벌기업의 재무담당자는 국제재무환경의 다양성과 복잡성을 깊이 인식하고 자신이 직면하게 되는 환위험관리, 해외투자에 대한 자본예산분석, 자회사의 자금조달 등과 같은 주요 재무문제를 효율적으로 관리할 수 있는 방안을 강구하는 것이 무엇보다도 중요하다. 이것이 전제되어야만 국제적인 사업기회를 성공적으로 포착할 수 있고 동시에 전사적인 경영계획과 통제에 부합한 재무정책을 수립할 수 있다.

2. 국제재무관리의 특성

국제재무전략은 범세계적 규모의 사업을 조정하고 통합하는 수단으로서의 역할을 다해야 하기 때문에, 국제재무담당자는 국제사업활동을 수행하는 과정에서 직면하게 되는 복잡하고 다양한 국제재무환경을 고려하여 국제재무문제를 효율적으로 계획하고 통제해야 한다.

국내기업의 재무관리나 국제기업의 재무관리를 막론하고 재무관리는 기본적으로 자본조달, 적절한 자산구성, 조달자금의 최적 이용, 그리고 재무와 관련된 기업 전반의 의사결정을 수립하는 것이 그 본질이지만, 국제재무관리는 특별히 또 다른 몇 가지 특징을 가지고 있다.

즉, 그것은 국제재무담당자의 활동영역과 책임영역이 광범위하고 복잡하며 유동적일 뿐 아니라 고도의 전문적인 지식을 필요로 하고, 또 재무문제는 사내의 기밀유지와 체계적인 파악이 긴밀히 요구된다는 점이다.

국제재무관리의 이러한 특성은 면밀한 재무계획과 통제를 필요로 하며, 이것이 전제될 때 글로벌기업은 환경변화와 불확실성에 효율적으로 대처하고 해외사업의 확장이나 영업활동의 다양화에 기여할 수 있다. 이러한 특성 때문에 본사와 자회사 간에 이루어지고 있는 주요 국제재무문제인 자금조달, 이전가격 책정, 이익송금, 환리스크 회피 등이 본사의 최종결정을 요하는 집권관리방식으로 이루어지는 것이다.

제 2 절 환위험의 측정과 관리

1. 환위험의 정의

글로벌기업의 범세계적인 사업활동에는 자연히 외화가 개입되고, 글로벌기업은 해외사업활동의 결과에 따라서 외화표시 자산 및 부채를 갖게 된다. 그리고 이 외화표시 자산과 부채는 환율이 변동함에 따라 환위험에 노출되고 환율변동은 글로벌기업의 순현금흐름에 크게 영향을 미치게 된다.

이는 글로벌기업들이 전세계에 걸쳐 각기 다른 수많은 통화를 가지고 국제사업활동을 전개하고 있기 때문에 겪게 되는 현상으로서, Coca Cola와 같은 기업은 매일매일의 국제사업활동을 150개국 이상의 서로 다른 통화로 거래하고 있고, 네덜란드의 항공회사인 KLM은 80개국 이상의 서로 다른 통화로 사업활동을 수행하고 있다.

기업이 이와 같이 여러 가지 외화를 가지고 사업활동을 수행하게 되면 자연히 환위험(exchange risk)에 노출되게 된다. 여기에서 환위험은 글로벌기업의 외화표시 자산이나 부채, 또는 현금흐름이 예기치 못한 환율변동의 영향을 받아 기업의 순이익이나 가치가 변동될 수 있는 가능성이라고 정의할 수 있다.[1] 그리고 이와 유사한 용어로 환노출(exchange exposure)이 있는데, 이것은 기업이 환위험에 처해 있는 상태, 또는 그 범위를 뜻한다.

따라서 엄밀한 의미에서 보면 환위험은 예기치 않은 가치변동으로 인해서 손해를 보게 될 가능성, 즉 환차손의 가능성을 의미하는 데 반해 환노출은 환차손뿐만 아니라 환차익까지를 포함하는 넓은 개념으로 이해할 수 있다.

2. 환위험노출의 종류

글로벌기업의 국제사업활동은 환율변동에 따라 환위험에 노출되게 된다. 여기에서 환위험노출이란 환율변동으로 인해서 기업의 수익성, 순현금흐름, 시장가치 등이 변동할 수 있는 가능성을 측정한 것이다. 국제재무관리에서는 기업의 수익성이나 순현금흐름 그리고 시장가치 등을 극대화하기 위하여 환노출을 측정하고 이것을 효율적으로 관리하는 것이 중요한 과제가 되고 있다.

환노출에는 거래적 노출, 환산노출(회계적 노출), 경제적 노출이 있는데, 환율변동의 시점을 중심으로 이들 상호 간의 관계를 도시하면 〈그림 13-1〉과 같다.

(1) 거래적 노출(transaction exposure)

거래적 노출은 외화표시 거래가 이루어졌던 시점과 대금이 결제되는 시점 사이에 환율이 변동됨으로써 발생하게 되는 환위험노출을 말한다. 즉, 거래 자체는 환율변동 이전에 이루어졌으나 대금결제는 환율변동 이후에 해야 하는 외화표시 거래의 경우에 발생하게 되는 이익 가능성 또는 손실 가능성을 말한다.

거래적 노출의 예를 들어보면 다음과 같다.

어떤 한국기업이 미국기업에게 U$10,000의 기계류를 수출하고 대금은 90일 후에 달러(U$)로 받기로 하였다고 하자. 그리고 이때의 현물환율이 U$1=₩1,300이라고 하자. 그러면 기계류를 수출한 한국기업은 수출시점에서 평가할 때, 90일 후에는 ₩1,300만원(U$10,000×₩1,300)을 받을 수 있을 것으로 기대할 수 있다.

그런데 실제 기계류를 수출한 이후 달러가 계속 평가절하되어 정작 수출대금을 받기로

그림 13 - 1 환위험노출

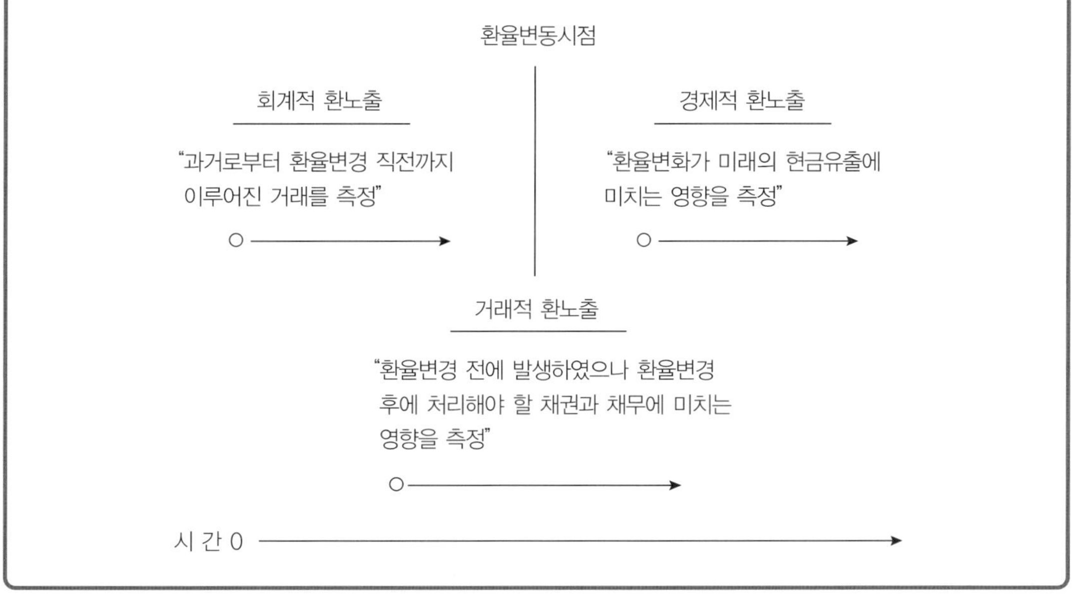

자료: D. K. Eiteman, A. I. Stonehill and M. H. Moffet, *Multinational Business Finance,* 12th ed. (Boston, NJ, Prentice Hall, 2010), p. 283.

되어 있는 90일이 되는 날의 현물환율이 1U$=₩1,200이 되었고 달러로 받는 수출대금을 곧바로 원화로 바꾼다고 하면, 한국기업이 받기로 되어 있는 미화 U$10,000에 대한 원화표시 가치는 ₩1,200만(U$10,000×₩1,200)에 불과하게 된다.

즉, 그동안의 환율변동으로 인해서 수출 당시에 받을 수 있을 것으로 예상했던 ₩1,300만보다 ₩100만이 적은 ₩1,200만밖에 받을 수 없게 된다. 따라서 한국기업은 그동안의 환율변동으로 인해서 원화표시 금액 ₩100만의 손실을 입게 되는데, 이러한 손실 가능성을 거래적 노출이라고 한다.

(2) 환산노출(translation exposure)

환산노출(회계적 노출)은 글로벌기업이 연결재무제표를 작성하거나 해외 여러 지역의 재무결과를 서로 비교하기 위해서 이미 현지국 통화로 측정되어 있는 자산이나 수익, 부채 그리고 비용을 자국 통화로 환산하는 과정에서 발생하는 환차손이나 환차익을 뜻한다. 환산노출은 이미 종결된 거래를 환산하는 과정에서 발생하는 노출이기 때문에 회계기간 내에 발생하는 것도 아니고 또 기업의 현금흐름에 직접적인 영향을 미치는 것도 아니다.

환산노출의 예를 들어보면 다음과 같다.

한국기업이 미국에 완전소유자회사를 가지고 있고, 이 자회사가 미국에 U$1,000,000의 자산과 U$500,000의 부채를 가지고 있다고 하자. 그리고 이때 달러화가 평가절하되어 환율이 U$1=₩1,200에서 U$1=₩1,000으로 하락했다고 가정하자. 이러한 가정하에서 한국기업의 순노출 자산은 U$500,000가 되고 여기에 대한 환산손실 가능성은 원화표시로 ₩10억이 된다.

자 산	U$1,000,000
부 채	U$500,000
순노출	U$500,000
평가절하 이전의 환율(₩1,200＝U$1)	U$500,000＝₩60억
평가절하 이후의 환율(₩1,000＝U$1)	U$500,000＝₩50억
환산손실 가능성	₩10억

이러한 환산이익과 환산손실은 대차대조표항목을 일정한 회계법칙에 따라 환산하는 과정에서 발생하는 환위험노출로서 이미 종결된 거래의 단순한 회계적 수치의 변화만을 나타내는 것이다.

이러한 환산노출의 측정에는 현행환율법, 유동성/비유동성법, 화폐성/비화폐성법이 사용된다.

현행환율법(current rate method)은 자기자본을 제외한 모든 자산과 부채는 현행환율, 즉 대차대조표작성일 환율로 환산하고, 감가상각비와 매출원가를 포함한 손익계산서항목은 수익, 비용, 이득, 손실이 발생한 일자의 실제환율로 환산하거나 연중 가중평균환율로 환산하는 방법이다. 그리고 지급된 배당금은 실제 지급일의 환율로 환산한다.

유동성/비유동성법(current/non-current method)은 해외자회사의 모든 유동자산과 유동부채는 현재환율로 환산하고, 모든 비유동자산과 비유동부채는 역사적 환율로 환산하는 방법이다. 이 환산방법에서 재고는 환위험에 노출되고 장기부채는 환위험에 노출되지 않는다.

화폐성/비화폐성법(monetary/non-monetary method)은 재고자산이나 고정자산은 역사적 환율로 환산하고 현금, 유가증권, 받을어음, 유동부채, 고정부채 등의 화폐성항목은 현재환율로 환산하는 방법이다. 이 방법이 유동성/비유동성법과 다른 점은 재고가 환위험에 노출되지 않는다는 점이다. 한편, 장기부채는 유동성/비유동성법에 의하면 비유동부채이므로 환위험에 노출되지 않으나 화폐성/비화폐성법에 의하면 환위험에 노출된다.

(3) 경제적 노출(economic exposure)

경제적 노출이란 예측하지 못한 환율변동으로 인해서 발생하게 되는 미래의 이익 가능성이나 손실 가능성을 뜻한다. 예측하지 못한 환율변동은 기업의 미래 매출액, 수요, 가격 및 원가 등에 영향을 미쳐 궁극적으로는 기대현금흐름에 영향을 미치게 된다. 예를 들어, 미 달러(U$)에 대한 일본 엔(¥)의 가치가 1% 증대되어 1년간 지속되게 되는 경우, Toyota는 1억 달러 그리고 Nissan은 8천만 달러의 이익이 줄어드는 것으로 알려지고 있다.

여기에서 특정 자산의 가치는 그 자산으로부터 획득하게 되는 미래현금흐름을 적절한 할인율[2]로 할인함으로써 얻게 되는 순현재가치[3]로 나타낼 수 있다. 그리고 이때 해외자산의 가치는 현금흐름의 순현재가치를 모기업의 통화로 환산하여 측정하게 된다.

따라서 해외자산의 순현재가치(net present value: NPV)는 다음과 같이 나타낼 수 있다.

$$NPV = \sum \frac{(CI_t - CO_t)e_t}{(1+r_d)^t}$$

단, NPV: 순현재가치(모기업 통화표시)
CI_t: t시점에서의 현금유입(자회사 통화표시)
CO_t: t시점에서의 현금유출(자회사 통화표시)
e_t: t시점의 환율(직접표시)
r_d: 할인율

따라서 경제적 노출은 환율변동으로 인해서 모기업의 통화로 표시된 자회사의 미래현금흐름의 순현재가치가 변하게 될 가능성이라고 정의할 수 있다.

환율변동에 따른 경제적 효과에는 기본적으로 가격효과와 수량효과가 있다. 즉, 환율변동은 일차적으로 자회사의 현금흐름을 모기업의 통화로 환산하는 가격인 환율 e를 변화시키는 직접적인 요인(가격효과)이 되며, 또 순현금흐름의 양($CI-CO$)과 그 시기 t 등에 영향(수량효과)을 미치게 된다. 따라서 환위험의 경제적 분석에서는 환율변동이 유발하게 되는 현금유입 및 유출의 모든 변화를 고려해야 한다.

3. 환위험관리

환위험관리기법에는 여러 가지가 있는데 그 체계를 보면 〈그림 13-2〉와 같다. 환위험관리기법은 이 그림에서와 같이 먼저 크게 내부적인 기법과 외부적인 기법으로 나눌 수 있다. 그리고 내부적인 기법은 다시 네팅과 매칭, 리딩과 래깅 등으로 구분할 수 있고, 외부

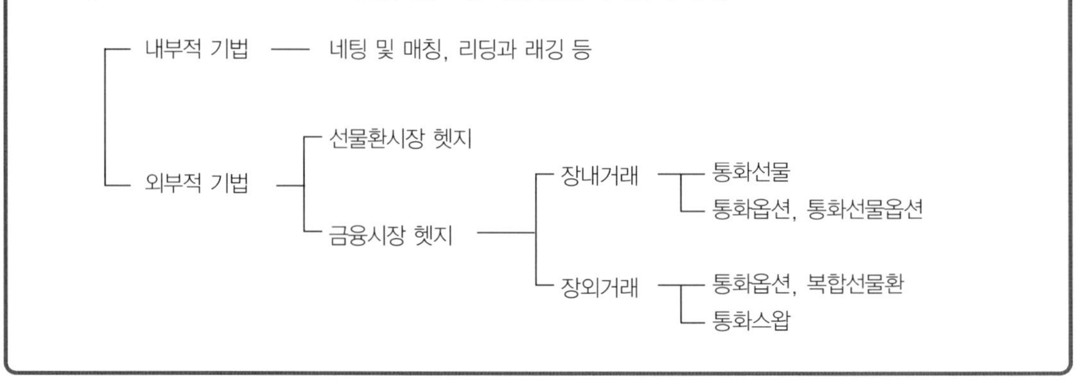

그림 13 - 2 환위험관리기법의 체계

적인 기법은 선물시장 헷지와 금융시장 헷지로 구분할 수 있다. 그리고 금융시장 헷지는 다시 장내거래와 장외거래로 구분할 수 있다.

(1) 거래적 노출관리

1) 선물환시장 헷지(forward exchange market hedge)

선물환시장 헷지는 기업이 미래에 있을 외국통화표시 현금흐름을 환율변동으로부터 커버(cover)하거나 보호하고자 할 때 이용된다.

선물환시장 헷지의 예를 들어보면 다음과 같다. 미국기업이 영국기업에게 호화여객선 1척을 £1,000,000에 판매하고 그 대금은 90일 후에 받기로 했다고 가정하자. 그리고 이때 현물환율은 £1=U$1.400이고 파운드(£)화의 90일 선물환율은 U$1.4175이며, 영국의 90일 이자율은 8%이고, 미국의 90일 이자율은 13.1%라고 하자. 또 미국기업의 주거래은행은 90일 후 현물환율이 £1=U$1.4350이 될 것으로 예상하고 있고 이것은 90일 선물환율인 U$1.4175보다 높은 수준이라고 가정하자.

이 경우 미국기업은 거래적 노출을 헷지하기 위해, 먼저 선물환시장에서 90일 선물환율을 이용하여 £1,000,000를 매출하고 그에 상당하는 U$1,417,500(£1,000,000×U$1.4175)를 매입하는 선물환계약을 오늘 체결하면 환위험을 커버할 수 있다. 이때 이용되는 선물환거래는 현시점에서는 계약만 체결하고 실제 대금결제는 90일 후에 하게 된다. 선물환계약이 체결되면 환위험이 커버되기 때문에 계약이 체결된 이후 환율이 어떻게 변동되더라도 환위험을 회피할 수 있게 된다.

미국기업은 90일 뒤 대금결제일에 이르러 영국의 수입업자로부터 수출대금

£1,000,000를 받아 이것을 선물환계약을 이행하는 데 사용하고, 원래 계약대로 U$1,417,500를 수취하면 선물환거래가 종결된다.

2) 금융시장 헷지(money market hedge)

거래적 노출관리는 선물환시장 대신 금융시장을 이용하더라도 똑같은 효과를 거둘 수 있다.

금융시장을 통한 헷지를 선물환시장을 통한 헷지에서 사용했던 예를 가지고 설명하면 다음과 같다.

① 영국은행으로부터 £1,000,000(£980,392×1.020)를 90일 후에 상환하기로 약정하고 연 8%(분기당 2%)의 이자율로 £980,392(이 금액은 3개월 뒤 원리금의 합계가 £1,000,000이 되는 금액임)를 차입한다.

② 차입한 £980,392를 현물환율 £1=U$1.400를 이용하여 달러(U$)로 교환하여 U$1,372,549를 받는다.

③ 이 금액을 연 이자율 13.1%(분기당 3.275%)로 미국 금융시장에 투자하여 3개월 뒤 U$1,417,500(U$1,372,549×1.03275)를 받는다.

④ 90일 뒤 영국업자로부터 £1,000,000을 받아 이 자금으로 은행차입금을 상환한다.

이렇게 하면 90일 후에 받게 되는 U$1,417,500는 확정된 금액이므로 환위험이 완전히 헷지된다. 또 이 금액은 선물환시장을 이용할 때의 금액과 같게 된다. 금융시장을 통한 헷지는 선물환시장을 통한 헷지와 흡사하다. 다만 금융시장을 통한 헷지의 경우에는 비용이 이자율 차에 의해 결정되지만, 선물환시장을 이용하는 경우에는 비용이 선물환 할증이나 할인(forward premium or forward discount)에 의해 결정된다는 것이 다를 뿐이다.[4]

3) 옵션시장 헷지(option market hedge)

옵션(option)이란 옵션구매자가 어떤 정해진 기간이나(European option) 또는 정해진 기간 이전 어느 때라도(American option), 특정 자산을 정해진 가격으로 매입할 수 있는 권리를 사거나(call option) 또는 판매할 수 있는 권리를 사는(put option) 통화교환거래를 말한다. 외환옵션시장은 환위험에 대해 보험과 같은 역할을 하기 때문에 환위험 관리수단으로 많이 이용되고 있다.

옵션시장을 이용한 헷지를 설명하면 다음과 같다.

먼저 옵션시장을 통한 헷지를 설명하기 위해서는 선물환시장을 통한 헷지의 경우에 사용했던 가정 이외에 다음과 같은 몇 가지 가정이 더 필요하다. 즉, 옵션시장에서 파운드(£)화 풋옵션(put option)은 3개월 만기이며, £1=U$1.400의 행사가격(excercise price)[5]으로 £당

2.5센트(cent)에 거래되고, 이 풋옵션 1계좌의 거래는 ₤12,500이며 계좌당 수수료[6]는 U$25 라고 가정한다.

옵션시장을 이용한 환위험 헷지는 3개월 후 ₤1,000,000을 일정 환율로 매도할 수 있는 권한을 가진 풋옵션을 매입해 두면 된다. 90일 후 현물환율이 옵션계약시의 환율보다 유리하면 현물시장을 이용하고, 불리하면 사 두었던 풋옵션을 행사하면 되므로 최소한 풋옵션을 행사함으로써 획득할 수 있는 일정한 달러가치는 확실하게 확보하는 셈이 된다.

풋옵션 헷징을 이용하는 경우에 소요되는 비용은 다음과 같다.

1거래 계좌당 옵션프리미엄 U$0.025×12,500	U$312.50
옵션당 수수료	U$ 25.00
옵션당 총비용	U$ 337.50
파운드당 옵션비용 U$337.50/₤12,500	U$ 0.0270
옵션거래 계좌 수 ₤1,000,000/₤12,500	80
80계좌의 옵션에 소요되는 총비용 80계좌×$337.50	U$ 27,000

위와 같은 비용을 지불하고 80계좌의 풋옵션을 매입한 후 3개월이 지났을 때 다음과 같은 두 가지의 경우를 예상할 수 있다.

첫 번째는 3개월 후 파운드(₤)화의 현물가격이 행사가격 ₤1=U$1.400보다 낮게 형성되는 경우이다. 이 경우에는 매입해 두었던 풋옵션을 행사하면 ₤1,000,000에 대해 U$1,400,000을 받을 수 있다. 그러나 실제로 확보되는 달러가치는 옵션매입에 따른 비용을 제외한 U$1,373,000(U$1,400,000−U$27,000)이 된다.

두 번째는 3개월 후 파운드화의 현물환율이 ₤1=U$1.400보다 높게 형성되는 경우이다. 이 경우에는 ₤1,000,000에 대한 풋옵션을 행사할 필요가 없다. 왜냐하면 파운드를 현물시장에 내다 팔면 보다 더 많은 달러가치를 획득할 수 있기 때문이다. 즉, 앞의 가정에서와 같이 환율이 예상대로 ₤1=U$1.4350이 되면 미국기업이 현물시장을 이용하여 ₤1,000,000로 획득할 수 있는 달러금액은 U$1,408,000(U$1,435,000−U$27,000)가 되기 때문이다.

이상에서 살펴본 바와 같이 옵션시장을 통한 헷지는 환율이 행사가격보다 낮게 형성되는 경우에는 확실한 금액 U$1,373,000를 확보하는 셈이며, 여기에 부가하여 환율이 행사가격보다 높게 형성되는 경우에는 옵션행사시의 금액보다 훨씬 더 많은 U$1,408,000를 얻을 수 있다. 물론 옵션을 행사할 때의 확실한 금액 U$1,373,000는 선물환시장을 이용하는 경우나 금융시장을 이용하는 경우에 획득할 수 있는 금액 U$1,417,500보다 적은 것이 사실이지만, 환율이 행사가격보다 높게 형성되는 경우에는 이익의 상한선이 무한대가 된다는 점에서 매력적인 환위험 회피방안이라고 할 수 있다.

4) 스왑(swap)

환율이나 이자율의 변동이 너무 심하면 선물환시장이나 금융시장을 이용하는 데 위험이 따른다. 이런 경우에는 스왑(swap)거래를 이용하여 위험을 회피하게 되는데, 스왑거래 기법에는 상호융자(parallel loan) 또는 상호직접융자(back-to-back loan), 그리고 통화스왑(currency swap) 등이 있다.

상호융자(parallel loan)는 예를 들어, 한국의 삼성(Samsung)과 미국의 IBM이 각각 상대방 국가에 Samsung America와 IBM Korea라는 자회사를 가지고 있고, 이들 자회사들이 각기 현지국의 통화를 필요로 한다고 할 때, 미국에 있는 IBM 본사는 미국에 있는 Samsung America에게 자금을 융자해 주고, 한국에 있는 Samsung 본사는 한국에 있는 IBM Korea에게 자금을 융자해 주는 방식이다. 다만, 이들 본사는 상대방 기업의 자회사에 대해 현물환율로 환산한 동일한 금액과 동일한 만기를 가진 자국통화를 자국의 시장금리로 융자해 주게 된다.

한편, 상호직접융자(back-to-back loan)는 Samsung과 IBM의 두 본사가 자회사를 개입시키지 않고 상호 간에 직접 자금을 융자해주는 방식으로서, 여타 사항은 상호융자의 경우와 유사하다.

통화스왑(currency swap)은 두 기업이 스왑계약을 체결하고 이 계약에 따라서 각기 필요로 하는 통화표시의 일정 자금을 외환시장에서 현물환율로 매입하고, 즉시 만기가 되는 미래 특정 시점에 같은 양의 상대국 통화를 그동안의 환율변동과 관계없이 계약시에 적용했던 환율과 동일한 현물환율로 매도하기로 하는 선물환계약을 체결하여, 그 시기가 도래하면 상호 반대의 거래를 이행하는 방식이다.

5) 네팅(netting)과 매칭(matching)

네팅은 동일기업에 속한 해외자회사들이 서로 다른 통화권에 위치하고 있어서 서로 다른 통화로 상호 거래를 하는 경우에 발생하게 되는 환위험을 회피하기 위한 관리기법이다. 예를 들어, 해외자회사들 간에 수출입거래가 이루어지고 있다고 할 때, 수출대금과 수입대금을 서로 상계하고 상계되지 않은 나머지 금액에 대해서만 환위험을 관리하는 기법을 말한다. 따라서 상계된 금액에 해당하는 만큼의 환위험노출이 줄어들게 된다.

다음으로 매칭은 수출입거래에 따른 외화의 유출과 유입의 금액과 만기일을 일치시켜 스퀘어 포지션(square position)상태를 만듦으로써 환위험을 회피하는 기법이다. 예를 들어, 어떤 기업이 제품을 수출하고 달러로 대금을 받기로 되어 있는 상태에서, 그 기업이 자기가 수출했던 기업이나 또는 다른 기업으로부터 어떤 제품을 수입하고 그 대금을 달러로 지급하기로 되어 있다고 하면, 이 경우 수출입대금의 입금과 지급의 시점을 서로 맞춤으로써 환위험을 회피할 수 있다. 수출입 금액이 정확하게 일치하는 경우에는 환위험을 완전히 회피할 수 있고, 정확하게 일치하지 않는 경우라도 최소한 서로 일치하는 금액에 해당하는 만큼의 환위험은 회피할 수 있다.

6) 리딩과 래깅(leading and lagging)

리딩과 래깅은 수출입을 하고 있는 기업이 수출입대금의 지급 또는 영수시기를 앞당기거나 지연시키는 등의 방법을 이용하여 환위험을 회피하는 방법이다. 예를 들어, 한국기업이 수출입 거래를 하고 그 대금을 달러로 지급하거나 지급받기로 되어 있는 경우, 원화가 평가절상(evaluation)될 것으로 예상되면 수출의 경우에는 수출대금을 가능한 한 앞당겨(leading) 회수하고, 반대로 수입의 경우에는 수입대금의 결제를 가능한 한 늦추는(lagging) 것이 유리하다.

한편, 원화가 평가절하(devaluation)될 것으로 예상되는 경우에는 위와 정반대로 수입대금은 가능한 한 빨리 지급하고, 수출대금은 가능한 한 늦게 회수하는 것이 유리하다. 수출기업의 경우 수출대금의 회수를 늦추면 추가적인 이윤을 획득하는 것과 똑같은 효과를 얻게 된다.

7) 디스카운팅(discounting)과 팩토링(factoring)

디스카운팅은 환위험에 노출된 외화수출어음채권을 만기일 이전에 할인하고 자국 통화로 환산하여 환위험을 회피하는 방법이다. 그리고 팩토링은 상업은행이나 팩토링 전문기관에 수출채권을 매도하고 자국 통화를 수취함으로써 환위험을 예방하는 방법이다.

(2) 환산노출관리

환산노출관리에 있어서도 선물환시장을 통한 헷지, 금융시장을 통한 헷지 등과 같은 기법을 비슷한 원리로 사용할 수 있다. 여기에서는 대차대조표 헷지에 대해서만 살펴보기로 한다.

대차대조표 헷지는 환위험에 노출된 자산과 부채의 금액을 같게 함으로써 환산노출금액을 제로(0)로 만들어 환위험을 회피하는 방법이다. 대차대조표 헷지는 환산노출, 거래적 노출, 경제적 노출 모두에 이용될 수 있으며, 헷지의 기본목적이 환산노출을 상쇄시키는데 있다면, 기업은 동일 통화표시 자산과 부채를 일치시킴으로써 환율변동이 대차대조표계정에 미치는 영향을 상쇄시킬 수 있다.

물론 이때 환산노출의 계산 결과는 현행환율법, 화폐성/비화폐성법, 유동성 · 비유동성법 중 어떤 환산방법을 사용하느냐에 따라서 달라진다.

(3) 경제적 노출관리

경제적 노출관리는 예기치 못한 환율변동이 미래의 현금흐름에 미치는 영향을 예측하고 이를 예방하는 데 있다. 그리고 이때의 미래현금흐름은 기업의 운용을 조정하여 외화상 현금의 유출과 유입을 같게 함으로써 헷지할 수 있다.

따라서 경제적 노출을 관리하기 위해서는 기업이 판매대상지역이나 생산입지 및 원료공급원 등을 세계 여러 지역으로 다변화하고, 다른 한편으로는 자금조달원과 이용통화를 다양화하는 것이 필요하다.

1) 영업활동의 국제적 분산

글로벌기업은 외환시장, 자본시장, 실물시장에서의 불균형을 이용하여 예기치 못한 환율변동이 기업의 미래 현금흐름에 미치는 영향을 최소화하고 이에 효율적으로 대처하는 방안을 강구할 수 있다.

글로벌기업은 세계 여러 지역에 자회사 망을 가지고 있기 때문에, 각 지역 간의 상대적 비용의 차이나 각 지역의 수익률 및 판매량의 변화 등을 쉽게 파악할 수 있다. 따라서 상대적 비용이나 수익률 및 판매량의 변화가 발생하면, 원재료나 부품공급원을 보다 저렴한 조달원으로 전환한다든지, 생산시설을 생산비가 훨씬 적게 드는 지역으로 이전한다든지 또는 생산비가 증가하는 지역의 생산량을 축소하고 하락하는 지역의 생산량을 늘린다든지 하는 등의 전략적 융통성을 발휘함으로써 보다 높은 수준의 전사적 이익을 달성할 수 있다.

한 예로서, 독일에서 고급승용차를 생산하여 미국에 수출해 왔던 Daimler-Benz와 BMW는 독일 마르크(DM)화가 미국 달러(U$)에 비해 크게 강세를 보였던 1980년대에, 환율변동으로 인해서 자국에서 생산 · 수출하는 승용차의 값이 크게 올라 기존에 미국 내에서 차지하고 있던 고급승용차의 시장점유율이 크게 줄어듦에 따라, 미국 내에 조립공장을 설립하여 현지에서 자동차를 생산 · 판매함으로써 달러/마르크화의 환율변동에 따르는 경제적 노출을 크게 줄일 수 있었다. Sony도 국가별로 수익과 비용의 흐름이 상쇄될 수 있도록 생산, 연구개발, 부품조달의 입지를 결정함으로써 환율변동에 따른 경제적 노출을 축소시키고자 노력하고 있다.

이와 같이 글로벌기업은 원료의 공급원이나 생산 및 마케팅활동을 국제적으로 분산시키거나 융통성 있게 변경함으로써 환율변동에 따른 미래현금흐름의 불확실성을 줄일 수 있다. 글로벌기업의 입장에서 볼 때, 환율변동은 어떤 특정 지역에서의 경쟁력은 약화시키지만 또 다른 지역에서의 경쟁력은 강화시켜주기 때문에 결국 환율변동에 따른 전체적인 경제적 노출은 상쇄된다.

2) 자본조달의 국제적 분산

글로벌기업은 자본조달원을 국제적으로 분산시킴으로써 환율변동에 따른 경제적 노출을 줄일 수 있다. 즉 자본조달원을 분산시켜 차입통화의 구성과 영업활동에 따른 통화의 구성을 매치(match)시킴으로써 예기치 못한 채무불이행위험(default risk)을 줄일 수 있다.

또한 자본조달의 분산은 국내 경제상황에 따른 미래현금흐름의 불확실성도 줄일 수 있다. 그리고 현지정부의 통화긴축 및 자본시장 규제 등에 따른 위험을 분산시켜 자본의 이용도를 증대시키고 동시에 자본비용을 낮출 수 있다.

또 재산몰수나 전쟁, 자금유출 동결, 기업의 수익성에 영향을 미치는 각종 법규 등과 같은 정치적 위험을 피할 수 있다. 더 나아가 기술적 노후화에 따른 위험을 중화시키거나 자본자산가격결정모형(capital asset pricing model: CAPM)에서 유도될 수 있는 포트폴리오위험을 감소시킬 수 있다.

제 3 절 국제자본예산

1. 국제자본예산의 기초

(1) 국제자본예산의 개념

자본예산(capital budgeting)이란 기업이 이용 가능한 자원을 최대한 효율적으로 사용하여 기업의 가치를 극대화시키기 위해 장기 투자안들을 평가하고 선택하는 과정을 말한다. 자본예산분석은 통상, 첫째, 예상투자에 대한 세금공제 후의 예상현금흐름을 측정하고, 둘째, 이 현금흐름을 기업의 가중평균자본비용(weighted average cost of capital: WACC) 또는 할인율(discount rate)을 이용하여 현재가치로 할인하는 두 가지 단계를 거치는 것이 일반적이다.

(2) 기초적인 국제자본예산기법

1) 회수기간(payback period)

회수기간은 투자원금을 얼마나 빨리 회수할 수 있느냐를 가지고 투자안의 우선순위를 결정하는 방법이다. 이때 회수기간은 투자안의 현금흐름으로 최초투자액을 완전히 회수하는 데 소요되는 기간으로 정의된다.

예를 들어, 매기의 현금흐름이 일정한 금액 C로 주어지는 경우 회수기간은 다음과 같은 방법으로 측정된다.

$$회수기간 = \frac{I_0}{C}$$

단, I_0: 최초투자액
C: 일정하게 주어지는 매기의 현금흐름

이 방법에서 투자안은 회수기간이 허용 가능한 목표회수기간보다 짧으면 채택되고 길면 기각된다. 투자안의 우선순위는 회수기간이 짧은 순서대로 결정된다. 이 방법은 우선 이해하기가 쉽고 현금흐름을 이용해서 회수기간을 계산하는 등 실무적인 장점을 가지고 있기 때문에 보조적인 평가기법으로 가장 많이 활용되고 있다.

한편, 투자안의 평가에는 회수기간의 실무적인 장점과 화폐의 시간가치를 고려한 할인회수기간(discounted payback period)도 많이 이용되고 있다. 이 방법은 '현금흐름의 현재가치'를 가지고 최초투자액을 완전히 회수하는 데 소요되는 기간을 계산하여 이것을 가지고 투자안의 우선순위를 결정하는 방법이다.

2) 순현재가치(Net Present Value: NPV)

순현재가치는 현금유입(투자를 통해서 얻게 되는 경제적 이득)의 현재가치에서 현금유출(투자로 인해서 잃게 되는 경제적 희생)의 현재가치를 뺀 값으로 정의된다. 또 미래 순현금흐름(현금유출-현금유입)의 현재가치에서 최초투자액을 뺀 값으로도 정의할 수 있다. 순현재가치는 투자가치평가의 일반원칙을 가장 잘 만족시켜 주기 때문에 이론적으로 가장 타당한 방법으로 받아들여지고 있다.

$$NPV = \sum_{t=0}^{T} \frac{CI_t}{(1+k)^t} - \sum_{t=0}^{T} \frac{CO_t}{(1+k)^t}$$

$$= \sum_{t=1}^{T} \frac{C_t}{(1+k)^t} - I_0$$

단, T: 투자안의 수명. 따라서 $t=0,\ 1,\ 2\cdots,\ T$이다.

CI_t: t기의 현금유입

CO_t: t기의 현금유출

C_t: t기의 순현금흐름. $C_t = CI_t - CO_t$이다.

I_0: 최초투자액

k: 투자안의 자본비용

위 순현재가치의 공식은 순현재가치가 어떠한 경제적 의미를 가지고 있는가를 잘 말해주고 있는데, 현금유입의 현재가치는 투자안의 경제적 이득의 가치를 나타내고 현금유출의 현재가치는 경제적 희생의 가치를 나타낸다. 따라서 순현재가치는 투자로 인해서 기업가치가 얼마만큼 증대될 것인가를 나타내는 것이다.

위 식에서 현재가치를 계산하기 위해 할인율로 사용되고 있는 자본비용(cost of capital)은 그 투자를 위해 조달된 자본의 기회비용으로서, 기업의 자본제공자(채권자 및 주주 등의 청구권자)가 투자안에 대해 요구하는 최소의 기대수익률, 즉 필요수익률(required rate of return)을 뜻한다.

이 방법에 따른 투자안의 선택은 기업가치가 증가하는 투자안은 채택되고 반대로 감소하는 투자안은 기각된다. 따라서 투자안의 순현재가치가 0보다 크면 채택되고 0보다 작으면 기각된다.

순현재가치법은 다음과 같은 점에서 가장 합리적인 투자평가방법으로 알려지고 있다. 첫째, 투자안의 채택으로 인한 기업가치의 증가를 명확하게 나타내 주고 있고, 둘째, 투자안과 관련된 현금흐름에 기초하여 계산되고 있으며, 셋째, 화폐의 시간가치와 투자위험을 적절하게 고려하고 있고, 넷째, 가치가법성의 원칙을 잘 충족시키고 있다는 점이다. 반면에 투자규모의 차이를 충분하게 고려하지 못하고 있는 것은 단점으로 지적되고 있다.

3) 내부수익률(Internal Rate of Return: IRR)

내부수익률은 투자안의 현금유입의 현재가치와 현금유출의 현재가치를 일치시키는 할인율을 말한다. 이것은 순현금흐름의 현재가치와 최초투자액을 일치시키는 할인율 또는 순현재가치를 0으로 만드는 할인율과 같은 뜻이다.

내부수익률은 아래와 같이 나타낼 수 있다.

$$\sum_{t=0}^{T} \frac{CI_t}{(1+R)^t} = \sum_{t=0}^{T} \frac{CO_t}{(1+R)^t}$$

$$\sum_{t=1}^{T} \frac{C_t}{(1+R)^t} = I_0$$

$$\sum_{t=1}^{T} \frac{C_t}{(1+R)^t} - I_0 = 0$$

이때 R이 투자안의 내부수익률이 된다.

내부수익률의 계산공식은 순현재가치의 계산공식과 비슷하지만 그 의미는 크게 다르다. 즉, 순현재가치의 계산공식에서는 할인율 k(자본비용)가 투자안의 위험도를 고려하여 이미 정해져 있는 값이므로 현금유입과 현금유출 및 할인율 k가 투자가치를 평가하기 위한 자료로 주어졌을 때 투자안의 순현재가치를 계산한다는 것을 나타내고 있다. 그러나 위 내부수익률의 계산공식은 현금유출과 현금유입에 관한 자료가 주어졌을 때 투자안의 내부수익률이 얼마인가를 계산한다는 것을 나타내고 있다.

내부수익률을 이용한 투자안의 채택은 투자안의 내부수익률과 그 투자로부터 얻어져야 할 최소의 필요수익률, 즉 자본비용 k를 비교하여 결정하게 된다. 만약 투자안의 내부수익률이 자본비용 k보다 크면 그 투자안은 채택되고 그보다 작으면 기각된다. 따라서 자본비용 k는 투자안의 채택여부를 결정하는 절사율(cut-off rate)로서의 의미를 갖는다.

이상에서 살펴본 내부수익률은 현금흐름을 할인하여 계산하기 때문에 화폐의 시간가치를 고려하고 있다. 그리고 위험이 큰 투자에 대해서는 보다 높은 절사율(자본비용 k)이 적용되기 때문에 내부수익률 역시 투자안의 위험을 고려하여 투자에 대한 결정을 할 수 있도록 해준다. 내부수익률은 수익률이라는 친숙한 상대적 척도로 투자가치를 평가해 준다는 점에서 글로벌기업들이 가장 많이 활용하고 있는 기법으로 알려지고 있다.

4) 조정현재가치(Adjusted Present Value: APV)

조정현재가치는 앞에서 살펴본 전통적 현금흐름할인방법인 순현재가치(NPV)가 해외투자에 대한 타당성을 분석하는 데 적절하지 못하다는 지적을 개선하기 위하여 개발된 기법이다. 해외투자안에 대한 자본예산의 이론적 프레임은 국내기업에서의 그것과 크게 다를 바 없다. 하지만 국제자본예산에서는 특별히 자회사와 모기업의 현금흐름, 외국의 세제, 재산몰수, 자금봉쇄, 환율변동 및 물가변동, 기본적 경영리스크의 차이 등이 추가로 고려되어야 한다.

최근 기대순현금흐름의 측정에 있어서 이러한 여러 가지 요인을 고려한 분석모델이 개발되었는데, 그것이 바로 레써드(D. Lessard)의 조정현재가치법이다.[7]

이 방법에 따르면 해외투자안의 조정현재가치는 다음과 같이 나타낼 수 있다.

$$APV = -I + \frac{X}{c} + \frac{(b \times D) \times t}{b} + \frac{(b - b') \times D'}{b}$$

단, I: 최초투자액
X: 완전 자기자본조달을 가정했을 경우의 연간 세후 기대현금흐름
c: 완전 자기자본조달을 가정했을 경우의 투자안에 대한 위험이 조정된 필요수익률
b: 기업의 국내차입 이자율
D: 부채자본조달금액
t: 한계세율
b' : 국내 이자율로 환산된 현지차입 이자율
D' : 현지 부채자본조달금액

여기서 세제혜택이나 보조금 등을 고려하면 위의 APV는 다음과 같이 나타낼 수 있다.

$$APV = -I_0 + \sum_{i=1}^{n} \frac{X_i}{(1+k^*)^i} + \sum_{i=1}^{n} \frac{T_i}{(1+id)^i} + \sum_{i=1}^{n} \frac{S_i}{(1+id)^i}$$

단, T_i: i기의 세제혜택에 따른 세금절감액
S_i: i기의 투자안에 대한 세전 이자보조금
id: 세전 부채비용

이상에서 여러 가지 국제자본예산기법을 살펴보았는데, 글로벌기업들은 어떤 한 가지 방법만을 가지고 투자안을 평가하기보다는 두세 가지의 방법을 동시에 활용하여 투자안을 평가하는 것으로 알려지고 있다. 그 중에서도 내부수익률법, 순현재가치법, 투자회수기간법, 회계수익률법 등의 순으로 가장 많이 활용되고 있다.

(3) 국제자본예산의 실례

1) 기본가정

예를 들어, X기업이 U$100,000를 해외에 투자하여 신제품을 출시하고자 한다고 하자. 그리고 이 제품의 예상수명이 5년이라고 하자. 또 이 제품의 수명기간 동안 노동, 원료, 마케팅활동에 대한 현금유출입이 〈표 13-1〉과 같다고 하자.

표 13 - 1 X기업의 자본예산 현금흐름

	최초투자	1차연도	2차연도	3차연도	4차연도	5차연도
현금유입		70,000	100,000	150,000	90,000	60,000
현금유출	100,000	40,000	60,000	90,000	60,000	40,000
순현금흐름	100,000	30,000	40,000	60,000	30,000	20,000

2) 회수기간법(payback period)

자본투자에 대한 회수기간은 최초투자액을 완전히 회수하는 데 소요되는 기간으로 정의할 수 있다. 따라서 이 예의 경우, 최초투자액 U$100,000 가운데 U$30,000는 사업을 개시한 1차연도에 회수될 것으로 예상되고, 그 다음으로 U$40,000는 2차연도에, 그리고 3차연도에는 U$60,000가 회수될 것으로 예상할 수 있다. 따라서 최초투자액 U$100,000는 국제사업활동을 시작한지 2년 6개월 후에 완전히 회수될 것으로 판단할 수 있다.

3) 순현재가치법(net present value)

순현재가치는 투자안의 미래 순현금흐름의 현재가치에서 최초투자액을 뺀 값으로 정의할 수 있다. 순현재가치법은 화폐의 시간가치를 고려하고 있을 뿐 아니라 다른 투자안들과 동일한 회수기간을 비교할 수 있는 틀을 제공해 주고 있다는 점에서 의의가 있다. 이 분석방법에서는 먼저 자본비용이나 자금을 차입하기 위하여 지불해야 하는 이자율을 확정해야 한다. 이 사례에서 기업의 자본비용이 12%라고 가정하면 XYZ 투자안의 순현재가치는 다음과 같이 계산된다.

$$
\begin{aligned}
NPV = & CF_1(PVIF_{12,1}) + CF_2(PVIF_{12,2}) + CF_3(PVIF_{12,3}) + CF_4(PVIF_{12,4}) \\
& + CF_5(PVIF_{12,5}) - \text{최초투자} \\
= & 30{,}000(0.893) + 40{,}000(0.797) + 60{,}000(0.712) + 30{,}000(0.636) \\
& + 20{,}000(0.567) - 100{,}000 \\
= & 26{,}790 + 31{,}880 + 42{,}720 + 19{,}080 + 11{,}340 - 100{,}000 \\
= & 31{,}810
\end{aligned}
$$

단, CF: 현금흐름

$PVIF$: 현금유입의 현재가치

이 계산에 따르면 X기업이 이 투자안을 선택하면 U$31,810에 달하는 이익을 거둘 수 있을 것이라는 것을 말해준다. 투자안의 순현재가치가 0이면 투자안의 이익이 투자비용과 일치하여 손익분기점에 도달한다는 것을 의미한다. 또 투자안의 순현재가치가 부(−)의 수치를 보이면 이 투자안이 손실을 초래하게 될 것이라는 것을 의미한다.

이 분석방법은 자본비용이 같다고 가정하고 있는 것이 단점으로 지적되는데, 그것은 만약 투자안의 투자기간이 10년 정도라고 하면 이러한 가정은 극히 위험스러운 것이기 때문이다.

4) 내부수익률법(internal rate of return)

투자안의 내부수익률은 단순히 투자의 연 수익률을 의미한다. 따라서 투자안의 내부수익률(IRR)이 기업의 자본비용과 같거나 크면 그 투자안은 채택되고 작으면 기각된다. 예를 들면, 최초투자액이 U$40,000인 투자안이 10년 동안 연간 U$7,000의 현금흐름을 창출할 것으로 예상된다고 하자. 이 경우 내부수익률을 결정하기 위해서는 5.714(U$40,000/U$7,000)에 가장 가까운 할인율을 찾으면 된다. 이 5.714와 가장 가까운 할인율은 5.650(연 12%의 할인율에 대해)과 5.889(연 11%의 할인율에 대해)임을 알 수 있다.

이것을 외삽법에 따라 계산하면, 5.714의 할인요인은 11.73%의 수익률과 일치한다. 따라서 이러한 투자안을 채택할 것인가는 기업이 대체투자안에 비해 더 높은 수익률을 달성할 수 있는가의 여부에 좌우된다.

2. 글로벌기업의 자본비용

(1) 기업의 자기자본비용

글로벌기업은 자기가 필요로 하는 자본을 단지 국내 자금원에만 국한하지 않고 범세계적으로 조달할 수 있는 능력을 가지고 있다. 따라서 다른 어떤 기업보다도 더 낮은 자본비용(cost of capital)으로 자금을 조달할 수 있다.

여기서 자본비용이란 기업이 자본을 사용하는 대가로 자본제공자들에게 지급하는 비용을 말한다. 예를 들어, 자금을 차입하는 경우에는 차입금에 대한 이자가 부채의 자본비용이 되고, 주식을 발행하는 경우에는 배당 및 유보이익이 자기자본의 비용이 된다. 기업이 해외투자안을 선택할 때에는 그 투자안으로부터 얻을 수 있는 수익률이 자본비용보다 더 커야 한다.

글로벌기업은 해외투자에 대한 수익성을 분석함에 있어서 미래의 현금흐름을 가중평균자본비용(weighted average cost of capital: WACC)을 이용하여 현재가치로 환산하는 방법을 이용하고 있다. 여기에서 가중평균자본비용이란 주주가 기업의 해외투자에 대해 요구하는 최저수익률로서, 순현재가치(NPV)에서는 이것이 할인율(discount rate)로 사용되고 내부수익률(IRR)에서는 이것이 투자안의 내부수익률과 비교하여 절사율(cut off rate)로 사용된다.

기업의 자기자본비용(cost of equity)은 기업이 시장에서 주식을 발행하여 자금을 조달할 때 요구되는 최저수익률을 뜻한다. 그리고 이때 자기자본비용은 자본자산가격결정모형(capital asset pricing model: CAPM)을 이용하여 측정할 수 있다. CAPM에 의해 산출되는 주식의 기대수익률은 자본시장이 균형상태에 있을 때, 투자가가 그 주식에 대해 요구하는 최소의 기대수익률로서 자기자본비용(k_e)을 나타낸다.

$$k_e = E(R_i) = R_f + \beta_i[E(R_m) - R_f]$$

단, $E(R_i)$: i주식의 기대수익률
R_f: 무위험자산의 수익률
β_i: i주식의 β위험
$E(R_m)$: 시장의 기대수익률

위 식에서 β는 체계적 위험을 나타내는 계수인데, 이는 개별주식의 수익률이 시장수익률의 변동에 대해 얼마나 민감하게 반응하는가를 나타내는 것이다. 체계적 위험 β는 과거의 주가자료를 이용하여 계산할 수 있는데, 주식의 β계수는 각종 증권관계자료에 미리 계산되어 실려 있다. 어느 주식의 β계수가 1보다 크면 그것은 그 주식이 시장수익률에 비해 변화가 큰 것을 의미하고 1보다 작으면 시장수익률에 비해 변화가 작은 것을 의미한다.

한편, CAPM에 의해 얻어진 기대수익률은 주식평가모형(dividend rate of return)을 통해 산출한 결과와 비교해 봄으로써 그것을 검토할 수 있다.

주식평가모형에 의하면 자기자본비용은 다음과 같이 계산된다.

$$k_e = \frac{d_1}{P_0} + g$$

단, k_e: 주식의 필요수익률, 자기자본비용
P_0: 현재의 주식가치
d_1: 당기(제1기)의 배당
g: 주당 배당의 성장률

그러나 이 주식평가모형에서는 배당이 매년 동일한 비율로 성장한다고 가정하고 있기 때문에 이론적으로 CAPM을 가지고 자기자본비용을 계산하는 것이 훨씬 더 바람직하다.

왜냐하면 주식평가모형은 특정 주식의 균형가격이 어떻게 결정될 것인가만을 설명하는 부분균형모형임에 반해, CAPM은 자본시장의 모든 위험자산의 균형가격이 어떻게 결정될 것인가를 설명하고자 하는 일반균형모형이기 때문이다.

(2) 해외투자의 가중평균자본비용

글로벌기업은 해외투자에 있어서 국내자본뿐만 아니라 현지자본도 활용할 수 있기 때문에 전술한 국내투자의 가중자본비용 이외에 현지의 자기자본비용 및 현지의 타인자본비용을 추가로 고려해야 한다. 즉, 해외투자에 있어서는 본사의 자금뿐만 아니라 자회사의 잉여금과 현지채무도 이용할 수 있기 때문이다.

샤피로(A. C. Shapiro)는 해외투자의 가중자본비용(k_0)을 다음과 같은 공식을 이용하여 구하고 있다.[8]

$$k_i = k_0 - \left(\frac{E}{I}\right)(k_e - k_s) - \left(\frac{D}{I}\right)(k_d(1-t) - r_d)$$

단, I: 해외투자
E: 자회사 잉여금
D: 현지채무
k_0: 본사 가중자본비용
k_s: 현지 자기자본비용
k_d: 현지 타인자본비용

이상에서 살펴본 가중평균자본비용은 각 투자안에 대한 특정 재무구조 또는 부채/자산비율을 가정하고 예측하게 되는데, 이와 같은 무차별적인 자본비용 적용은 모든 투자안들의 재무구조와 경영위험이 비슷한 경우에만 적합하다는 사실을 간과해서는 안 된다.

그러나 현실적으로 프로젝트 리스크(project risk)가 달라짐에 따라서 자기자본비용 및 타인자본비용이 달라지고, 여기에 더하여 위험이 서로 다른 프로젝트들은 부채능력이 각기 다르기 때문에 이들의 필요수익률은 모기업의 자본구조를 이용하여 측정하기보다는 프로젝트의 재무구조를 가지고 측정하는 것이 바람직하다.

또 기업 전체적으로 단일 할인율을 이용하는 경우에는 유리한 율로 이용되는 프로젝트 특유의 차입을 반영하지 못하며, 글로벌기업의 경우에는 본국의 외환규제 때문에 높은 비용이 지출되는 외국재원을 이용하는 경우마저 없지 않다. 따라서 이와 같이 이례적으로 자금을 조달하는 경우의 이익과 비용 또한 이 분석에 반영되어야 한다.[9]

한편, 해외투자의 자본비용을 산출할 때에는 환위험, 정치적 위험, 국제적 다각화의 효과를 추가적으로 고려하는 것이 바람직한데, 통상적으로 환위험이나 정치적 위험은 자본비용을 증대시키는 역할을 하고 국제다각화는 자본비용을 인하시키는 역할을 한다.

3. 자본증대와 자본비용

글로벌기업은 국내자본시장뿐만 아니라 해외의 유로시장(Euromarket)이나 해외 현지의 자본시장을 통해서도 자본을 조달할 수 있다. 〈그림 13-3〉은 이용 가능한 자본이 증가하는 경우, 글로벌기업의 한계자본비용이 훨씬 낮아지게 된다는 것을 보여주고 있다.

이 그림에서 글로벌기업이 일정한 부채비율을 유지함으로써 재무위험이 불변일 경우 국내시장만을 이용할 때의 최적자본예산은 U$4천만이 최적이 되고, 이 점에서 한계수익률(MRR)과 한계자본비용(MCC_D)이 일치하게 된다. 그리고 이때 국내한계자본비용(K_D)은 20%와 같게 된다.

이제 글로벌기업이 국내시장뿐 아니라 국제자본시장도 이용하게 되면 한계자본비용은 MCC_f와 같이 하락하고, 이렇게 되면 국제한계자본비용(K_F)은 15%로 감소하지만 자본예산은 U$1천만이 더 늘어나 U$5천만이 된다. 그리하여 투자액은 K_F에서 결정되고 U$2천만은

그림 13 - 3 자본의 이용 가능성과 자본비용

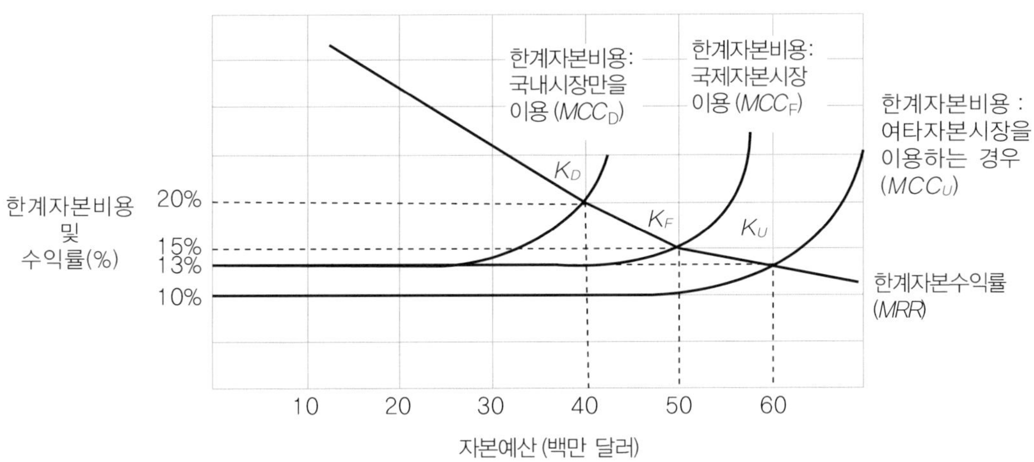

자료: *Ibid.*, p. 376.

해외에서 조달하고 U$3천만은 국내시장에서 15%로 조달하게 된다.

만약 글로벌기업이 유동성이 부족하고 세분화된 자본시장에 위치하고 있다면, MCC_u는 여타 자본시장을 이용하는 경우 한계자본비용이 감소한다는 점을 보여주고 있다. 결국 자본시장의 이용가능성이 높아지고 주식의 국제가격이 책정되는 동반효과로 인해서, 자본비용 k_u는 13%로 하락하고 최적자본비용은 U$6천만으로 늘어나게 된다.

제 4 절 국제자금조달

1. 국제자금조달원의 선택

글로벌기업은 국내외의 다양한 자금조달원을 활용할 수 있기 때문에 필요한 자금을 그 어떤 기업보다도 더 유리한 조건으로 조달할 수 있는 이점을 가지고 있다. 여기에서 해외자회사가 이용할 수 있는 자금조달원으로는 본사와 해외자회사 간의 내부금융을 통한 자금조달과 외부금융을 통한 자금조달이 있다.

(1) 글로벌기업의 내부금융을 통한 자금조달

글로벌기업은 그 특성상 다양한 내부자금원을 활용하여 필요한 자금을 조달할 수 있는데, 글로벌기업의 해외자회사가 이용할 수 있는 내부 자금조달원을 보면 〈그림 13-4〉에서 볼 수 있는 바와 같이 모기업으로부터의 자금, 해외자회사로부터의 자금, 모기업 보증하의 자회사 차입, 그리고 해외자회사의 내부금융 등이 있다.

이하에서는 모기업과 해외자회사 간의 실물거래를 통한 자금조달과 현지자회사의 내부금융을 이용한 자금조달을 예를 들어 살펴보기로 한다.

1) 본사와 해외자회사 간의 실물거래를 통한 자금조달

어떤 글로벌기업이 A국과 B국에 자회사를 가지고 있고, 이 중 A국에 소재하고 있는 자회사가 자금이 필요하다고 하자. 그리고 A국의 이자율(interest rate)이 B국의 이자율보다

그림 13 - 4 해외자회사의 내부 자금조달원

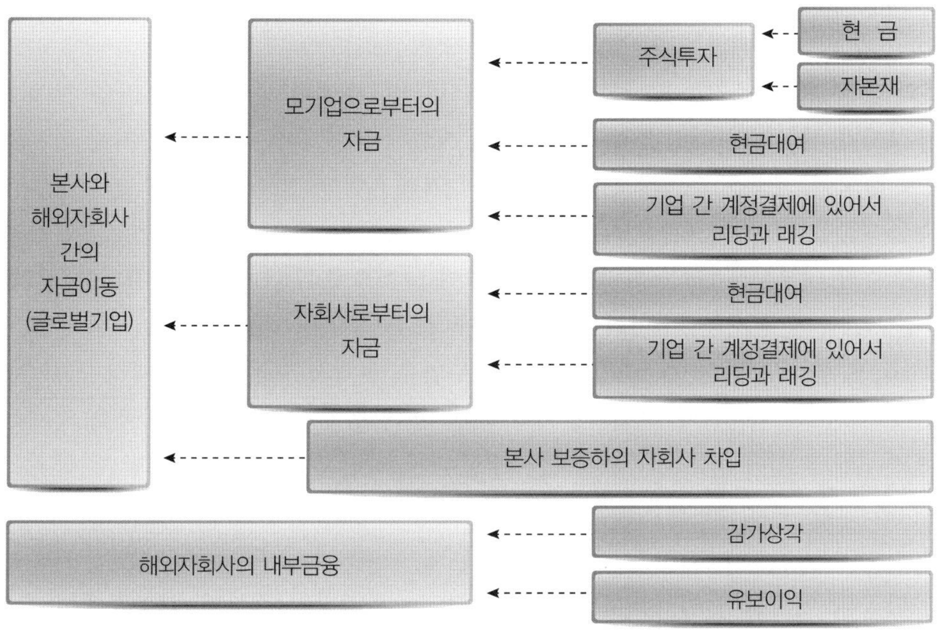

자료: *Ibid.*, p. 416.

높고 A국에 소재하고 있는 자회사가 B국에 소재하고 있는 자회사에게 상품을 수출하고 있다고 가정하자.

이런 경우 A국에 소재하고 있는 자회사가 필요로 하는 자금을 조달해주기 위해서는, 이자율이 낮은 B국 소재 자회사가 현지의 낮은 이자로 기채해서 이 자금을 이자율이 높은 A국 자회사에게 수출선수금으로 송금하고, A국의 자회사는 이 수출선수금을 이용하여 상품을 수출한 다음 이 수출선수금은 수출을 통해 점차 변제해 가면 자본조달비용을 줄일 수 있다. 물론 이러한 내부거래에 있어서도 환리스크(foreign exchange risk)는 고려되어야 한다.

2) 해외자회사의 내부금융을 이용한 자금조달

미국에 해외자회사를 소유하고 있는 한국의 본사가 미국으로부터 특수철강을 수입하고자 한다고 가정하는 경우, 본사가 그것을 직접 수입하지 않고 해외자회사의 금융기능을 이용하여 수입하는 경우를 살펴보자.

한국에 소재하고 있는 본사가 자신이 직접 그 제품을 수입하지 않고 해외자회사의 수입금융을 이용하여 수입하는 이유는 본사가 그것을 직접 수입하는 경우 신용장(Letter of

Credit: L/C)을 개설해야 하고, 신용장을 개설하기 위해서는 신용장을 개설해 주는 개설은행에 일정액의 수입담보금을 적립해야 하기 때문에, 이용 가능한 운전자본이 그만큼 동결되게 되어 이를 피하기 위한 것이다.

해외자회사의 금융기능을 통한 수입은 〈그림 13-5〉에서 볼 수 있는 바와 같이 미국의 현지 자회사가 미국의 철강업자에게 신용장을 개설해 주면, 미국의 철강업자는 이 신용장을 이용하여 한국에 철강을 수출하고 곧바로 자기 거래은행에 신용장과 관련 선적서류를 제시하고 수출대금을 지급받는다. 이때 미국의 현지 자회사는 본사 보증하에 미국에 가지고 있는 일정수준의 대부한도(line of credit)를 이용하여 이것으로 수입대금을 결제하면 된다.

한편, 한국의 본사는 수입화물이 한국에 도착할 즈음 미국 현지 자회사를 수익자(beneficiary)로 한 신용장을 개설하고, 미리 송부받은 선적서류를 세관에 제시하고 수입화물을 통관하여 인수한다. 이때 수입화물이 도착한 후 일정기간 뒤에 수입대금을 결제해도 되는 유전스조건의 신용장(Usance Credit)을 개설하게 되면 본사는 그 기간만큼 더 추가적인 금융혜택을 받을 수 있다.

이때 이자는 현지 자회사가 부담하게 되는데, 현지 자회사의 금융기능을 이용한 자금조달은 한국의 이자율이 미국보다 더 높거나 또는 우리나라 정부가 긴축정책의 추진하는 관계로 자금사정이 어려운 경우 등에 유용하게 활용할 수 있다. 그러나 이 경우 미 달러화 부채가 발생하게 되므로 본사는 달러에 대한 환리스크를 부담하게 된다. 따라서 수입금융 방법을 이용하는 경우에는 환리스크도 고려해야 한다.

그림 13 - 5 해외자회사의 내부금융을 통한 자금조달

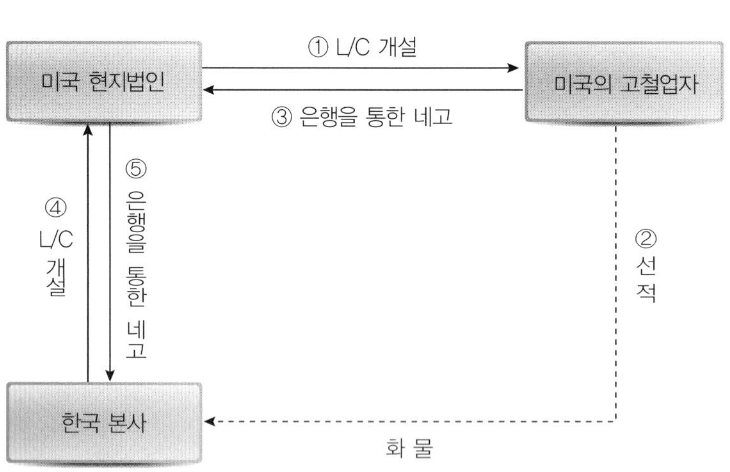

자료: *Ibid.*, p. 417.

(2) 글로벌기업의 외부금융을 통한 자금조달

해외자회사가 이용할 수 있는 외부자금원으로는 〈그림 13-6〉에서 볼 수 있는 바과 같이, 본국의 금융기관이나 국제금융기관, 현지금융기관, 본국은행의 현지지점, 금융주식회사 등이 있다. 여기에서는 유러커런시시장, 국제채시장, 역외금융센터 등을 통한 자금조달에 대해서만 간단하게 살펴보기로 한다.

1) 유로커런시시장(Eurocurrency Market)을 통한 자금조달

유로커런시시장은 특정 통화가 그 통화를 발행한 나라 이외의 장소에서 거래되어 예치 또는 대출되는 시장을 말한다. 유로커런시시장은 원래 유로달러(Eurodollar)시장에서 출발하였는데, 유로달러는 미국 이외의 나라에 예치되어 있는 미 달러화표시예금을 총칭한 것이다. 최근에는 유로달러 외에도 유로유로(Euroeuro), 유로엔(Euroyen) 등의 예금이 있으며 이들을 총칭하여 유로커런시(Eurocurrency)라고 하고 이러한 자금이 거래되는 시장을 유로커런시시장이라고 한다.

글로벌기업은 필요한 자금을 유로커런시시장을 통해서도 조달할 수 있는데, 유로커런시시장의 자금공급자와 수요자는 기업, 각국의 중앙은행, 정부, 국제금융기관 그리고 상업

그림 13 - 6 외부금융을 통한 자금조달

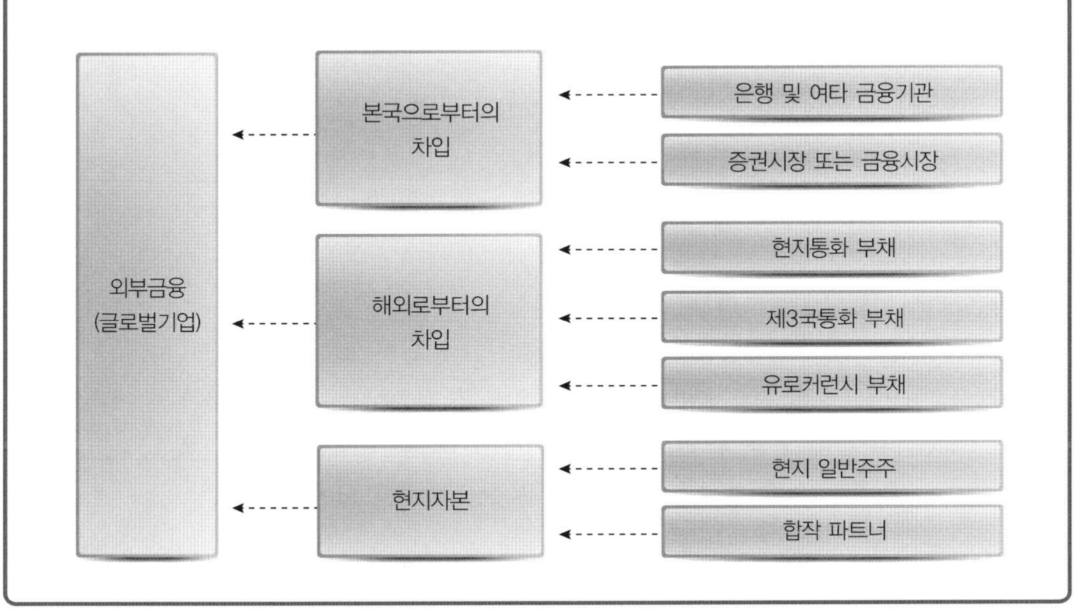

은행 등이 있다. 유로커런시시장의 대출은 초단기대출, 일반대출, 중장기대출이 있으며 필요한 경우에는 은행이 공동으로 신디케이트(syndicate)를 구성하여 대출하기도 한다.

2) 국제채시장(International Bond Market)을 통한 자금조달

국제채(international bond)란 차입자 소재국 이외 지역에서 판매되는 채권을 말한다. 국제채는 외국채(foreign bond)와 유로채(Eurobond)로 구분되는데, 외국채는 차입자가 다른 나라의 국내 자본시장에서 그 나라 통화표시로 발행한 채권을 말하고, 유로채는 채권에 표시된 통화의 발행국 이외의 지역에서 거래되는 채권을 말한다.

예를 들어, 미 달러표시 채권을 미국 이외의 지역에서 발행하고 채권의 인수단도 여러 국제은행들로 구성되어 있고 세계 여러 나라에서 동시에 판매되는 채권과 같은 경우이다. 전술한 유로커런시시장이 단기자금을 조달하기 위한 간접금융시장인 데 반해 국제채시장은 장기자금을 조달하기 위한 직접금융시장이다.

한편, 국제채시장은 유로채가 대부분을 차지하고 있는데, 유로채는 일단 그것이 인수·매출되면 국제자본시장의 유통시장에서 거래되고 시장가격이 형성되게 된다. 유로채시장에서 거래되는 채권은 고정적인 이자율과 만기를 가지고 있는 일반 유로본드가 가장 전형적이지만, 1970년 이후에는 돈을 빌려준 사람이나 투자자에게 투자유인을 제공하기 위해 변동금리채(floating rate note: FRN)를 발행하여 이것이 큰 비중을 차지하고 있다. 또 최근에는 주식과 연결되는 유로채(equity-linked Eurobond)가 많이 발행되고 있는데, 전환사채(convertible bond: CB)와 신주인수권부사채(bond with warrant: BW)가 여기에 해당된다.

3) 역외금융센터(Offshore Financial Center)를 통한 자금조달

역외금융이란 비거주자의 자금조달과 운용에 대해 일련의 금융서비스를 제공하는 것을 의미하는데, 역외금융은 일반적으로 금융 및 세제상의 제약이 거의 없기 때문에 국내금융보다 금리나 세제가 더 유리하고 거래가 자유롭다.

다음으로 역외금융센터란 비거주자를 대상으로 역외금융이 이루어지는 시장을 말한다. 역외금융센터에서는 역외금융에 대해 금융규제, 조세, 외환제도 등의 면에서 각종의 특혜를 제공하여 금융활동을 용이하게 할 수 있도록 지원하고 있다. 대표적인 역외금융센터로는 〈그림 13-7〉에서 볼 수 있는 바와 같이 런던, 뉴욕, 동경, 바하마, 홍콩 등이 있다.

그림 13-7 국제 역외금융센터

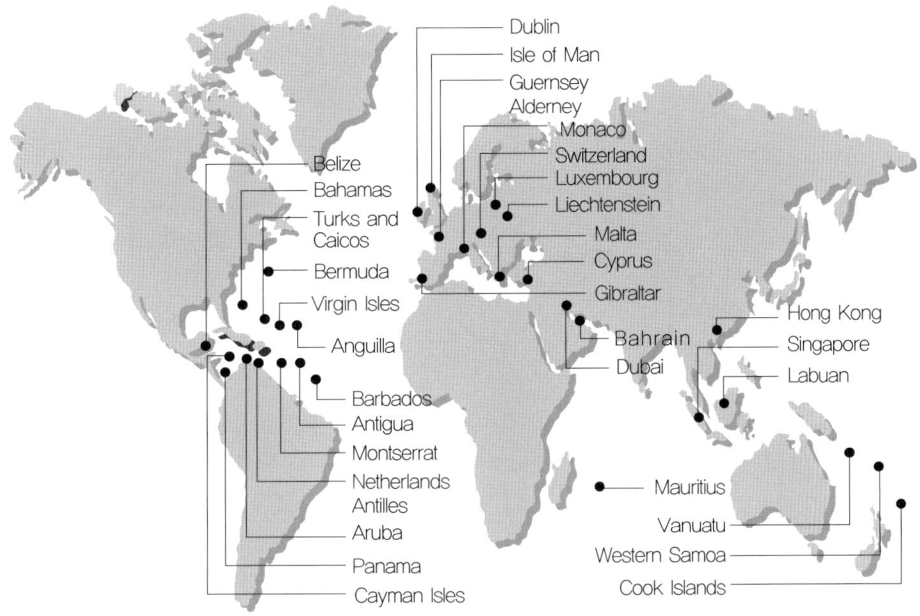

자료: *Ibid*, p. 526.

2. 국제자금조달의 수단

기업이 국제금융시장에서 자금을 조달할 수 있는 주요 수단에는 〈그림 13-8〉에서 볼 수 있는 바와 같이 주식관련증권, 부채형증권, 혁신적 형태의 채권 그리고 신디케이트 론 등이 있다.

(1) 주식관련증권

해외전환사채(Convertible Bond: CB)는 투자자가 전환가격을 이용하여 주식으로 전환할 수 있는 권리가 부여되어 있는 채권으로서, 주식으로 전환하기 이전까지는 보통사채와 마찬가지의 확정부 이자를 수취하고, 주식으로 전환한 이후에는 배당과 자본이득을 취득할 수 있는 채권이다. 따라서 해외전환사채는 채권의 안정성과 주식의 높은 수익성을 동시에 갖는다.

신주인수권부사채(Bond with Warrants: BW)는 사채를 발행한 이후 일정기간 내에 미리

그림 13 - 8 주요 국제금융수단

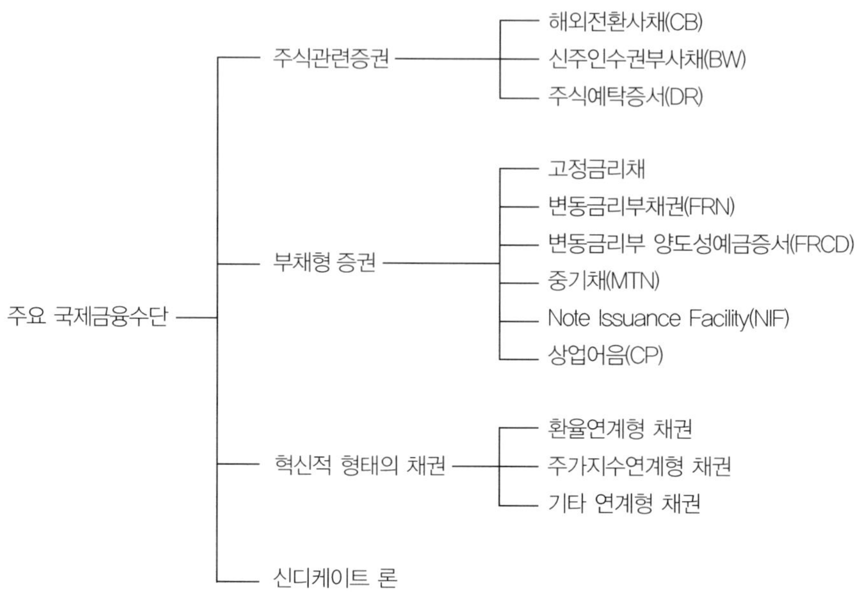

정해진 약정 가격으로 사채 소지자가 발행사 주식의 신주발행을 요구할 수 있는 권리가 부여된 사채로서, 보통사채와 주식옵션을 결합한 형태라고 할 수 있다.

주식예탁증서(Depositary Receipt: DR)란 기업이 해외에서 주식을 발행하여 자금을 조달하고 국제 간의 거래를 용이하게 하기 위해 고안된 주식대체증권으로서, 주식예탁증서를 발행하고자 하는 기업은 원주를 국내 보관기관에 보관하고 외국의 예탁기관이 이를 담보로 현지의 투자자들에게 예탁증서를 발행하는 것을 말한다.

(2) 부채형증권

고정금리채(Straight Bond)란 채권을 발행할 당시 정해진 액면이자율에 따라서 일정기간 동안 확정이자를 지급하는 채권을 말한다. 대표적인 고정금리채로는 외국채와 유로채가 있다. 여기에서 외국채는 차입자가 다른 나라의 자본시장에서 그 나라 통화표시로 발행한 채권을 말하고, 유로채는 채권에 표시된 통화의 발행국 이외의 지역에서 거래되는 채권을 말한다.

변동금리부채권(Floating Rate Note: FRN)은 고정금리채와는 달리 액면이자율이 확정되어 있지 않고 이자를 시장금리에 연동시켜 일정기간마다 조정하여 지급하는 중장기 국제채를 말한다.

변동금리부 양도성예금증서(Floating Rate Certificate of Deposit: FRCD)는 보통 18개월~5년의 만기로 발행되는 양도성 예금증서로서, 투자자에게 금리위험에 대한 보호책의 일환으로 3개월 또는 6개월마다 예금이자율을 조정해주는 양도성예금증서를 말한다.

중기채(Medium Term Note: MTN)란 미국이나 유로시장에서 중장기 자금을 조달하기 위한 수단의 하나로 중기채의 발행자가 차입기간과 발행한도 및 유가증권 형태에 관한 프로그램을 설정하고 그 범위 내에서 이자율과 만기가 서로 다른 어음(note)을 수시로 발행할 수 있는 자금차입수단을 말한다.

Note Issuance Facility(NIF)는 변동금리시장에서 중장기 자금조달수단의 하나로 금융기관으로 구성된 인수단이 전액을 인수하는 조건으로 차입자가 3~12개월의 어음을 발행하여 자금을 인출하고 만기가 되면 자금을 상환하거나 새로운 어음을 발행함으로써 자금을 계속해서 사용할 수 있는 퍼실리티(facility)를 말한다.

상업어음(Commercial Paper: CP)은 기업 또는 금융기관이 단기자금을 조달하기 위하여 직접 또는 딜러를 통하여 은행 등 기관투자가나 일반기업에게 할인식 또는 이자부형식으로 매출하는 무담보 단기약속어음을 말한다. 여기에는 U.S. Commercial Paper와 Euro Commercial Paper가 있다.

(3) 혁신적 형태의 채권

환율연계형 채권이란 원금상환액이나 이자지급액이 환율에 의해 영향을 받는 채권을 말한다.

주가지수연계형 채권이란 만기상환액이 주가지수의 등락에 따라서 결정되는 채권으로서 오늘날에는 주가지수뿐만 아니라 모든 지수를 연계대상으로 하고 있다.

(4) 신디케이트 론(Syndicate Loan)

신디케이트 론이란 차입자가 특정 간사은행(lead manager)에게 기채 알선을 의뢰하는 교섭의뢰서(mandate)를 발급하고, 그 은행이 참여은행을 모집, 채권단을 구성하여 대출하는 방법으로서 전통적인 상업은행의 대출기능과 투자은행의 인수기능이 복합된 형태이다.

이상에서 국제금융조달수단에 대해 살펴보았는데, 기업들이 실제로 자금을 조달하는 형태를 보면 국제채를 이용하는 경우가 30.8%, 중기채 23.2%, 신디케이트 론 22.1%를 차지하고 있으며 주식은 예상외로 4.8% 정도에 불과한 것으로 파악되고 있다.[10]

3. 글로벌기업의 자금조달 행태

글로벌기업들의 자금조달 행태를 보면 이들은 〈표 17-2〉에서 볼 수 있는 바와 같이 본국으로부터 본국통화를 조달하기보다는 오히려 해외시장에서 외화자금을 조달하는 쪽을 선호하는 것으로 파악되고 있다.[11] 그리고 미국 글로벌기업의 경우에는 해외자회사의 내부자금조달의 대부분을 부채금융이 차지하고 있고 주식발행에 의한 자금조달 비율은 26.4%에 불과한 것으로 밝혀지고 있다.[12]

한편, 미국 이외의 글로벌기업의 해외자회사 자금조달패턴을 보면, 당해 기업의 내부조달과 상업은행대출이 주요 자금조달원이고 사채 및 주식은 별로 중요한 자금조달원이 되지 못하는 것으로 파악되고 있다.[13]

이상에서 자금조달원과 글로벌기업의 자금조달 행태에 대해 살펴보았는데, 글로벌기업들은 자금조달수단을 선택함에 있어서 첫째, 사용용도에 맞는 조달형태, 둘째, 자금조달비용, 셋째, 외환관리 등의 위험이나 환율변동, 넷째, 자금이동에 수반되는 세제, 법률, 통제, 다섯째, 현지 금융관습 등과 같은 중요한 점들을 깊이 고려해야 한다.

표 17-2 글로벌기업의 자금조달원천

(단위: 백만 달러, %)

	미 국(1994)	일 본(1992)
글로벌기업	51,007	16,925
주식자본유출	12,666	17,166
재투자수익	31,730	na
기업 내 대출	6,611	-238
여타의 본국 자금원	-22,808	4,088
피투자국 자금원	59,394	3,041
여타국의 자금원	117,647	43,222
총 액	205,240	67,276

자료: UNCTAD, *World Investment Report 1997: Transnational Corporations, Market Structure and Competition Policy* (New York and Geneva, UN, 1997), p. 27.

제 5 절 국제자금운용관리

1. 국제현금관리

전세계 여러 지역에 수많은 자회사를 거느리고 국제사업활동을 수행하고 있는 글로벌 기업은 국제현금관리에 있어서 현금을 본사에 집중 · 관리함으로써 자금을 보다 더 효율적으로 이용할 수 있다. 현금을 본사에 집중시키게 되면 각종 통화의 강세와 약세는 물론 각 통화의 이자율도 쉽게 파악할 수 있다.

또 본사에 집중되어 있는 현금은 자회사가 필요로 하는 경우 즉시 공급할 수 있고 현금손실도 피할 수 있다. 그뿐만 아니라 특정 자회사가 자금이 필요하여 이를 차입하고자 하는 경우 여유자금을 전용할 수 있기 때문에 자금을 가장 저렴하게 이용하면서도 가장 높은 수익을 확보할 수 있는 장점이 있다.

한편, 효율적인 국제 현금관리를 위해서는 무엇보다도 잘못 배치된 자금의 기회비용을 최소화하는 것이 중요한데, 여기에서 잘못 배치된 자금이란 불필요하게 국경을 넘어 이동되었거나 불필요하게 다른 통화로 바꾸어진 자금을 뜻한다. 불필요한 자금의 국제적 이동은 많은 거래비용을 유발시킬 뿐 아니라 경우에 따라서는 그 가치가 불필요하게 변동되기도 한다.

이런 경우 다자간 네팅(multilateral netting)을 이용하게 되면 계열기업들이 일정기간마다 자금이 잘못 배치됨으로써 발생하는 채권과 채무의 순차액만을 수불할 수 있기 때문에 현금흐름을 수반하지 않고도 대금을 결제할 수 있다. 다자간 네팅을 이용하는 경우에는 현금흐름의 양과 통화의 종류, 현금 유출국 및 유입국, 현금흐름의 시기, 지불금액 그리고 현금이동시의 비용 등을 고려해야 한다.

또한 국제적인 현금관리를 위해서는 자금을 국제적으로 운용하는 것이 필요하다. 그것은 자금배치상의 오류를 최소화하고 다자간 네팅을 효과적으로 운영할 수 있기 때문이다. 또 자금운용시스템에 의해 수집되는 여러 가지 정보는 단기 현금예산을 준비하는 데도 도움이 된다. 그리고 일정기간 단위로 현금을 측정 · 예측하면 여유자금을 전사적으로 이용하기 위해 본사로 송금할 것인가 아니면 현지에 축적할 것인가를 결정할 수 있다.

2. 이익배당 및 로열티 등의 송금

글로벌기업에 있어서 이익배당 송금은 자금을 자회사로부터 본사로 이동시키는 가장 전형적인 방법이다. 글로벌기업은 자회사들로 하여금 일정 비율의 가처분이익을 정기적으로 본사에 송금하도록 하거나 또는 본사가 주주에게 지불하는 배당금과 같은 비율의 이익배당금을 해외자회사로부터 징수하기도 한다. 또 해외자회사의 운영자금 및 단기자금수요를 초과하는 모든 이익을 본사에 송금하도록 강제하기도 한다. 그리하여 이렇게 송금된 자금으로 필요한 투자자금을 공급하거나 주주에 대한 배당금을 지불한다.

하지만 해외자회사에게 일률적으로 일정비율의 이익을 본사에 송금하도록 하거나 또는 본사가 일정금액을 징수하는 것은 자칫 해외자회사의 운영에 지장을 초래할 수 있기 때문에, 글로벌기업은 본사에 대한 이익송금을 강력하게 추진하기보다는 오히려 신축적으로 추진하는 것이 자금을 효율적으로 이용하는 데 도움이 될 수 있다.

한편, 글로벌기업은 〈그림 13-9〉에서 볼 수 있는 바와 같이 본사와 자회사 간 또는 자회사들 간에 이익배당이나 로열티, 라이센싱 대가 또는 경영관리 수수료(fee) 등을 기업 내부에서 이전할 수 있는 특성을 가지고 있다. 따라서 이러한 내부이전시스템을 자금운용에 이용할 수 있는데, 이 경우 로열티나 수수료 등은 시장가격이 형성되어 있지 않기 때문에 본사와 해외자회사 간의 계획적인 자금이전수단으로 활용되기도 한다.

3. 이전가격정책

글로벌기업은 전사적인 이익을 우선적으로 고려하기 때문에 계열기업 간 거래되는 원료, 부품, 중간재, 최종생산물, 특허, 경영노하우 등에 대해 이전가격정책을 실시하는 것이 일반적이다. 이전가격은 본사와 해외자회사 간 거래되는 제품의 가격을 자사의 전략이나 필요에 따라서 국제가격보다 높게 책정하거나 또는 낮게 책정하는 것을 말한다.

예를 들어, 글로벌기업이 자금을 본사에 집중시키고자 한다면, 본사가 해외자회사에게 상품(서비스)을 수출하는 경우에는 가격을 국제가격보다 높게 책정하고, 반대로 해외자회사가 본사에 상품(서비스)을 수출하는 경우에는 국제가격보다 낮게 책정하는 것을 말한다.

이러한 이전가격조작은 글로벌기업의 입장에서는 이익을 극대화할 수 있기 때문에 합

그림 13 - 9 글로벌기업의 내부이전시스템

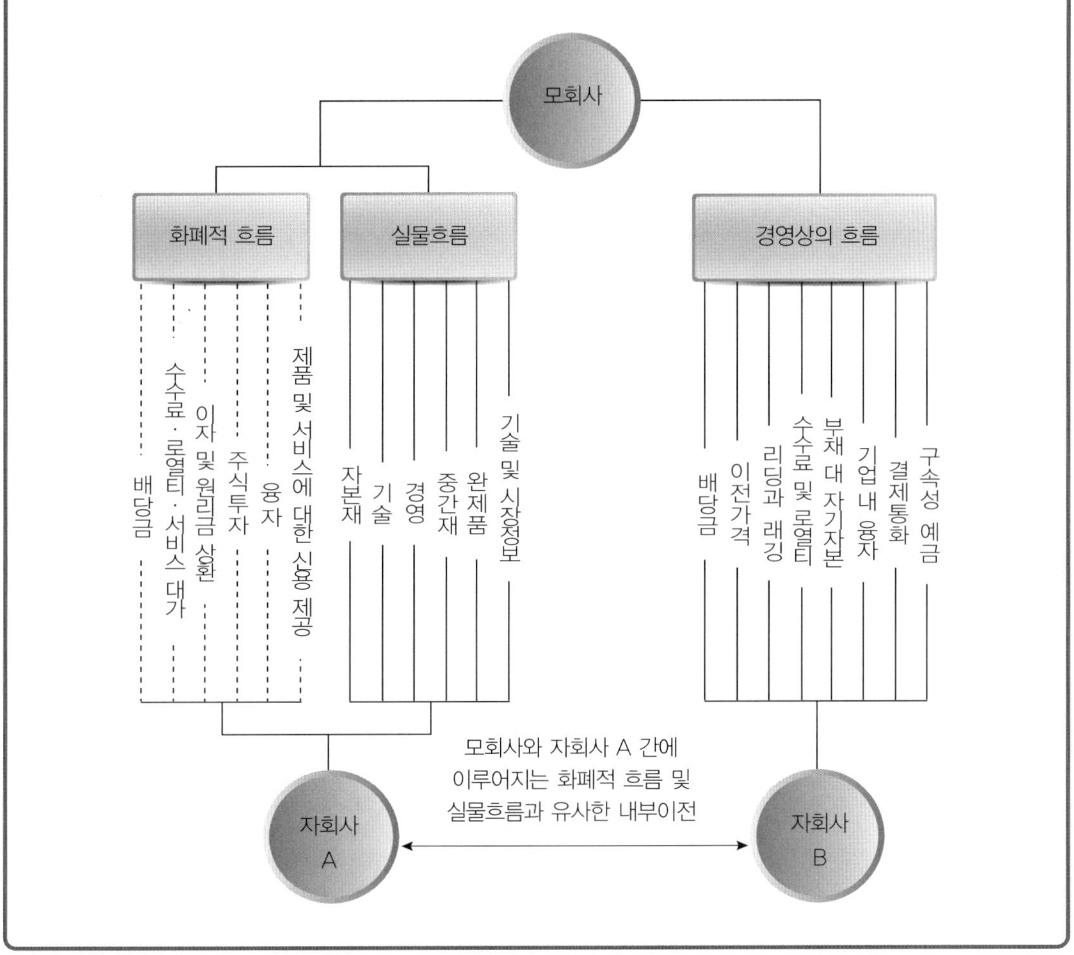

자료: A. C. Shapiro, *Multinational Financial Management*, 6th ed. (New York, John Wiley & Sons, 1999), p. 19.

리적인 행동으로 받아들여질 수 있을지 모르지만, 외국인투자를 받아들이는 피투자국의 입장에서는 글로벌기업이 피투자국의 과세를 회피하기 위해 의도적으로 취한 행동으로 취급할 수도 있다.

일반적으로 글로벌기업들은 과세를 경감시키거나 환손실을 피하거나 또는 해외자회사에게 자금을 융자해주거나 노동조합의 임금인상 요구에 대응하기 위해서 이전가격을 활용하고 있다. 여기에서 그 구체적인 동기와 글로벌기업이 취하는 가격책정방법을 요약하면 〈표 13-3〉과 같다.

표 13 - 3 이전가격책정의 동기와 이전가격책정방법

동 기	책정방법
1. 법인세	낮게 책정(underpricing)
2. 관 세 수 입 수 출	 낮게 책정 낮게 책정
3. 이익 또는 자본의 본국송금	높게 책정(overpricing)
4. 환위험 강세통화를 청구할 때	 높게 책정
5. 기계류 등의 자본화	높게 책정
6. 정부가 가격을 동결시킬 때 가격인상 요구 지원	높게 책정
7. 반독점부과금에 대한 대응	낮게 책정
8. 덤핑부과금에 대한 대응	높게 책정
9. 임금인상 요구 완화	높게 책정(이익을 낮추기 위해)
10. 합작투자	높게 책정(이에 따른 이익은 파트너와 분배)
11. 새로 설립된 해외자회사 지원	낮게 책정
12. 침투가격을 통한 시장점유율 확대	낮게 책정(단, 이것이 소비자가격 인하로 연결되어야 함)

자료: S. Plasschaert, "Transfer Pricing and Taxation," in UNCTAD, *Transnational Corporations and World Development* (London, UK, International Thomson Business Press, 1996), p. 395.

국제경영사례 13－2

한국기업의 환위험 관리실태

환위험 관리의 필요성

우리나라가 자율변동환율제를 채택한 이후, 기업들은 환율변동의 위험에 직접적으로 노출되어 있으며, 수출기업의 경우 환율변동으로 인해 경영상 어려움을 겪기 때문에 장기적인 환율안정을 위해 환위험을 관리하는 것이 중요하다. 그리고 실무상 기업의 외환리스크 관리 능력을 거래기업의 신용등급 산정에 반영하여 신용공여한도, 여신금리 수준, 전결권 등을 결정하기 때문에 환위험관리가 그 어느 때 보다도 중요하다.

한국수출보험공사의 실태조사 결과(2010)

한국수출보험공사는 전국 423개사를 대상으로 환위험관리실태를 조사하여 아래와 같은 결과를 발표하였다.

- 환위험관리

환위험 관리 유무에 대해서는 응답기업 중 53.4%가 환위험 관리를 전혀 하지 않는다고 응답하여 기업들의 환위험 관리에 대한 인식제고와 노력이 시급한 것으로 나타났다. 하지만 이러한 수치는 2005년의 한국무역협회가 조사한 바 있는 73.8%보다 현격히 개선된 것으로 판단된다.

환위험관리를 하지 않는 이유로는 「환율전망을 할 수 없어서」라는 응답이 51.3%를 차지하여 환위험 관리의 잘못된 인식을 보여주고 있으며, 「인력부재」, 「방법을 몰라서」, 「비용부담」 등의 사유가 그 뒤를 이었다. 한편, 수출실적 U$10백만 미만 수출기업의 환헷지 비중은 38.2%로서, U$10백만 이상 수출기업의 73.3%보다 매우 낮게 나타나, 규모가 작은 기업일수록 환위험 관리를 하지 않는 것으로 조사되었다.

- 환위험관리 방법

환위험 관리수단으로는 환변동보험(58.4%)과 금융기관 선물환(38.1%)이 높게 나타났으며, 통화선물(4.1%)과 통화옵션(3.0%)은 제한적으로 이용하는 것으로 조사되었다. 그리고 환위험관리를 위해 수출보험공사에 바라는 점으로는 환율동향정보제공이 39.9%로 가장 높게 나타났고, 이어서 환위험 설명회 개최(12.1%), 업체별 1:1 컨설팅(10.9%), 다양한 상품도입(10.5%) 등과 같은 지원을 요청하였다.

- 결제통화 및 손익분기점 환율

이번 설문조사에서 수출기업들은, 수출대금 결제통화로 달러화를 사용한다는 응답이 87.5%를 차지하여 엔화나 유로화를 사용하는 경우보다 압도적인 우위를 보였다. 통화별 손익분기점 환율은 각각 달러화 1,132원, 엔화 1,185원, 유로화 1,574원으로 조사되었고, 기업규모별 손익분기점 환율은 대기업이 1,090원, 중소기업이 1,134원으로 나타났으며, 수출규모별로는 수출실적 U$10백만 이상 업체가 미만인 업체보다 17원이 낮은 1,119원으로 응답하여 손익분기점환율이 기업규모 및 수출규모와 높은 상관관계를 보여 주었다.

이번 실태조사 결과에 따르면 수출기업들은 아직도 여전히 환위험 관리에 대한 인식이 부족할 뿐만 아니라 수출중소기업들이 영세하여 환위험관리가 부재할 뿐 아니라 환위험 노출이 과다한 것으로 나타나고 있다.

중소기업연합회의 조사 결과(2008)

중소기업연합회가 2008년 12월 조사한 결과에 따르면 수출중소기업 70.1%가 환리스크를 전혀 관리하지 않는 것으로 나타나고 있으며 그 이유는 다음과 같다. 즉 거래금액이 소액이라서(36.9%), 환헤지 비용부담(22.3%), 적절한 방법을 몰라서(16.5%), 재무전문인력 부족(10.7%), 최고경영자 인식부족(1.0%), 무응답(12.6%) 등을 들고 있다.

다음으로 환관리 수단으로는 수보의 환변동보험(45.2%), 시중은행 선물환 거래(31.0%), 수출입계약 대금일 조정(14.3%), 선물회사 선물거래(4.8%), 수출대금전액 헤지(4.8%) 등을 이용하고 있는 것으로 나타나고 있다.

이상에서 우리 나라 기업들의 환리스크관리실태를 살펴보았는데, 앞으로 외환시장의 개방도가 높아짐에 따라 환율변동에 따른 환리스크가 더더욱 증대될 것임에도 불구하고, 국내 기업들의 환리스크관리는 사후적 관리 방법인 가격조정이나 리딩 앤드 래깅 등에 주로 의존하고 있으며, 사전적으로는 매칭 등 매우 수동적인 환리스크관리방법만을 사용하고 있다.

이에 반해 Ford, P&G 등 외국의 유수 글로벌기업들은 오래전부터 매우 과학적이고 체계적인 방법으로 환리스크를 관리해 오고 있다. 외국 기업들이 주로 사용하고 있는 환리스크관리기법은 보유외환에 대해 최대 손실 가능금액을 VaR(Value at Risk)라는 계량기법을 사용하여 측정한 후, 이것이 미리 정해놓은 리스크 한도(Risk Limit) 범위 이내인 경우에는 현재 외환 보유 상태를 그대로 유지하거나 매칭 등을 이용하여 소극적으로 환리스크를 관리한다.

그리고 만약 측정된 VaR값이 정해놓은 한도를 넘을 경우에는 외환 보유구조 자체를 바꾸는 근원적 헤지를 하거나 선물환거래 등을 통한 적극적인 헤징을 하여 환리스크를 회피한다. 이러한 방법은 환리스크의 발생 가능성을 사전에 진단하여 미리 대처함으로써 실제로 발생할 수 있는 환리스크를 최소화할 수 있다는 특징을 가지고 있다. 우리 기업들의 경우에도 이러한 체계적인 환리스크관리가 필요하다고 하겠다.

자료: 금융감독원, 기업의 환리스크 관리실태 서베이, 2003; 한국무역협회, 중소수출기업의 환리스크 관리 실태조사, 2005; 운종현, 국내 환관리 지원시스템의 문제점과 개선방안, 한국무역협회(2009. 2. 11.); 한국수출보험공사, 환위험관리실태 설문조사 결과 발표(2010. 3.); 국민은행 파생상품영업부, 환위험 알면 일수록 작아진다: 수출기업의 환위험관리해법(서울, 국민은행, 2012).

CHAPTER 14

국제인사

International Business

국제경영사례 14-1

GE의 인재양성 프로그램

전세계 벤치마킹 대상 1호 기업, 세계에서 가장 유명하고 존경받는 CEO가 있었던 회사, 100년 넘는 미국 기업 역사에서 지금까지 유일하게 살아남은 기업, 1998년부터 2002년까지 5년 연속, 그리고 2006년 'Fortune' 지가 선정한 '미국에서 가장 존경받는 기업', 세계 최고의 인재사관학교 등등. 1878년 발명왕 토머스 에디슨이 설립한 GE를 수식하는 다양한 단어들이다.

• GE의 인재사관학교 크로톤빌 연수원

이 중에서도 인재사관학교가 GE를 설명하는 가장 핵심적인 단어다. 2005년 미국의 한 기관에서 전세계 기업 중 핵심인재 교육에 가장 많은 투자를 하는 기준으로 기업 서열을 매긴 적이 있다. 이때 GE는 2위를 압도적인 차이로 누르고 1위에 올랐다. GE를 바라보는 외부 시각을 그대로 보여주는 반증이다.

세계 최고 인재사관학교 GE의 핵심인재를 바라보는 시선은 다른 기업들과 조금 다르다. 간부급이나 임원들만 핵심인재에 해당된다고 생각하지 않는다. 신입사원부터 체계적이고 강도 높게 지속적으로 단련되면 누구나 핵심인재로 만들어질 수 있다고 본다. 결국 GE의 핵심인재 육성교육의 포인트는 '신입사원 때부터의 체계적인 단련을 통해 평범한 인재를 핵심인재로 만드는 것' 이라 할 수 있다.

따라서 GE는 개인의 경력이나 직급에 따른 다양한 인재양성 프로그램을 시행한다. 즉, 부장이나 차장급 이상이 돼야 비로소 핵심인재 육성교육 대상이 되는 우리나라 기업들의 현실과는 크게 다른 부분이다. 전체 직원은 5단계로 구분된다. 1단계는 신입사원을 포함한 2년차 이하의 신규리더, 2단계는 프로젝트를 이끄는 초급리더, 3단계는 팀장급인 중급리더, 4단계는 부서장급 고급리더, 5단계가 임원으로 소위 슈퍼급 핵심인재라 불리는 이들이다. 이처럼 지속적으로 인재육성 교육에 노출되다보니 한 번, 혹은 많아야 몇 번 교육을 받는 한국 기업 직원들과 뭔가 다를 수밖에 없다.

그렇다면 GE는 어떻게 세계 최고 인재사관학교가 될 수 있었을까. 전문가들은 '20년간 GE를 이끌었던 잭 웰치 전 회장의 높은 관심과 관여'를 최고의 성공요소로 꼽는다.

1956년, 당시 GE 회장이었던 랄프 코디너는 교육의 필요성을 절감하고 연수원을 설립했다. 'GE의 심장부'란 별명을 가진 '크로톤빌 연수원'이다. 그 시절만 해도 직원교육과 훈련은 외부 경영대학원에 위탁하는 게 보통이었다. 그러나 코디너 회장은 회사가 운영하는 전문 교육기관에서 교육시키는 것이 더 효과적이겠다고 판단하고, 이런 역할을 담당할 연수원을 세웠다.

당초 연수원은 일반 경영대학원과 유사한 주입식 교육 위주로 운영됐다. 재무, 마케팅, 회계, 조직행동 등 일반적인 경영학 과목을 기본으로 배우고 독서와 토론, 사례연구가 병행됐다. 결과적으로 참가자들에게 지식은 전달할 수 있었지만, 여기서 배운 걸 실제 업무로 연결시키기는 쉽지 않았다. 핵심인재로서 연수원 교육을 거친 잭 웰치는 이 같은 시스템의 한계를 잘 알았다. 그래서 81년 회장에 취임하면서 연수원의 교육 시스템을 확 바꿔 버렸다. 수십억 달러를 투입해 시설과 환경을 리모델링하고 주입식 교육이 아닌, 진정한 리더를 양성하는 교육으로 전환하라고 지시했다. 그렇게 크로톤빌은 GE 개혁의 산실로 바뀌었고, 이때부터 GE는 세계 최고 인재를 양성해 내는 인재사관학교로 이름을 떨치게 된다.

그러면 과연 크로톤빌 연수원의 교육내용은 어떻게 바뀌었을까.

액션러닝 도입이 대표적이다. 팀 단위로 과제를 준 다음 팀 스스로 해결책을 도출하도록 하는 게 액션러닝의 핵심. 팀이 찾아낸 해결책을 적용해 어떤 결과가 나타나는가 하는 것까지를 확인한다. 이 같은 과정을 통해 팀원들은 자연스레 문제해결 방법을 익히게 된다.

또 외부강사의 이론적인 강의를 듣던 방식에서 내부 고위임원의 실무에 기반한 강의를 듣는 것으로 탈바꿈했다. 크로톤빌 연수원 교육의 85% 이상이 내부강사에 의해 이뤄질 정도다. 잭 웰치 역시 크로톤빌연수원의 단골 강사 중 한 명이었다. '피트'라는 자신만의 전용 강의실에서 잭 웰치는 매달 GE의 핵심인재들과 만나 GE의 가치와 리더십에 대해 토론을 벌였다. 회장과 대화하면서 참가자들이 리더로서의 마음가짐을 새롭게 다잡고 결과적으로 핵심인재로 거듭났을 것임은 익히 짐작해볼 수 있다. 잭 웰치 또한 이 같은 토론을 통해 경영혁신에 관한 많은 아이디어를 얻어 현장에 접목시켰다. 대표적으로 '워크아웃'이 피트에서 벌어졌던 열띤 토론과정을 통해 탄생한 개념이다.

• 현장교육이 강점

GE는 미래 리더가 갖춰야 할 요건으로 '4E+V'를 상정했다. 4E는 스스로 열정이 넘칠 뿐 아니라(Energy) 상대방에게도 활력을 불어넣고(Energizer), 정보가 부족하거나 어려운 상황에서도 과감한 결단을 내릴 수 있으며(Edge), 즉시 실행할 수 있는(Execute) 사람이면서 동시에 미래에 대한 분명한 비전(Vision)을 갖고 있는 인재를 가리킨다. 이 4E+V는 직원채용과 평가 등 모든 분야에서 가장 중요한 판단기준으로 활용된다. 결국 연수원 교육 목표는 '4E+V'를 갖춘 인재양성이라 할 수 있겠다.

좀 더 세부적으로 들어가 보면, 슈퍼급 핵심인재인 임원대상 교육은 EDC(Executive Development Course)로 불린다. 5주 동안 진행되는 이 프로그램을 위해 GE 내에서도 가장 촉망받는 인재 40명이 선발되는데, 이 과정은 제프리 이멜트 회장이 직접 관리한다. 40명은 6개 팀으로 나뉘고, 각 팀은 1개월 동안 부여받은 특정 주제를 해결하기 위해 전세계를 다니며 다양한 사람들을 만나야 한다. 이때 부여되는 주제는 회사의 미래전략과 기업문화 변화, 혹은 회사가 당면한 사업문제에 관한 것 등이다. 1개월 뒤 각 팀은 자신들이 대안까지 마련해 완성시킨 주제를 최고경영진에게 발표한다. 이 과정에서 토론에 토론이 이어지는 것은 당연지사다. 또 이들의 최종제안서를 최고경영자가 채택할 경우 바로 시행에 들어간다.

이 외에 비즈니스와 관련된 개인역량을 평가하고 분석해서 장점을 강화시키는 동시에 단점을 보완하도록 도와주는 BBF(Business Based Forum), 전세계 지역의 시장지향적 전략과 글로벌 리더십 기술 개발에 초점을 맞춘 BMC(Business Management Course), GE의 중요한 전략적 이슈를 집중적으로 다루는 EIS(Executive Issues in Strategy) 등의 교육프로그램이 제공된다.

고급 간부대상 교육프로그램 중 MLP는 2주 과정으로 진행되는데, 리더나 관리자로서 먼저 자기 자신을 제대로 관리한다는 게 요점이다. 역시 2주 과정인 CCL은 서로 다른 문화나 관습, 제도를 이해할 수 있도록 하는 교육이다. 전세계 나라와 지역에서 비즈니스가 일어나는 만큼 필수코스다. 3주 과정의 MDC는 임원 리더십을 중점적으로 가르친다.

이 외에 중급리더는 전략적으로 사고하는 법과 직원 퇴직을 방지하는 법 등을, 초급리더는 개인성과 향상법 등을, 신규리더는 대인관계를 위한 커뮤니케이션 기술 등을 중점적으로 배운다.

한편 프레젠테이션 기술, 인터뷰 기술, 프로젝트 매니지먼트, 코칭과 멘토링에 대한 것은 직급별로 업그레이드 교육이 계속된다. 내용도 상당히 구체적이다. 이를테면 프레젠테이션 기술과 관련해서는 상대를 몰입하게 만드는 효과적인 시각자료 활용법, 메시지를 강조하는 보디랭귀지와 목소리 사용법, 상대의 질문이나 저항에 적절히 대처해 설득력을 높이는 기술, 당황하거나 긴장하지 않도록 감정과 기분을 조절하는 법 등을 배우는 식이다. 인터뷰 기술교육 또한 매우 중시한다. 리더로서 적절한 사람을 제대로 선발하기 위해서는 핵심적인 질문을 던져 상대를 정확하게 파악하는 역량이 필요하다고 보기 때문이다.

자료: 매경이코노미, 제 1371호(2006. 9. 6).

제 1 절 국제인적자원관리의 중요성

1. 국제인적자원관리의 중요성

오늘날 기업이 국제사업활동을 수행하기 위해 해외에 진출하는 것은 이제 예외적인 현상이라기보다는 하나의 일상적인 현상이 되었다. 그리고 기업의 이러한 일상적인 해외진출은 국제사업활동을 성공적으로 관리 · 운영할 수 있는 인재를 필요로 하게 되었다. 그 결과 오늘날에는 인적자원의 경쟁력이 곧 국제경쟁력의 요체라고 할 수 있을 만큼 인적자원문제가 중요하게 되었다.

국제인적자원관리는 〈그림 14-1〉에서 볼 수 있는 바와 같이 세 가지 차원으로 구성된

그림 14-1 국제인적자원관리 모형

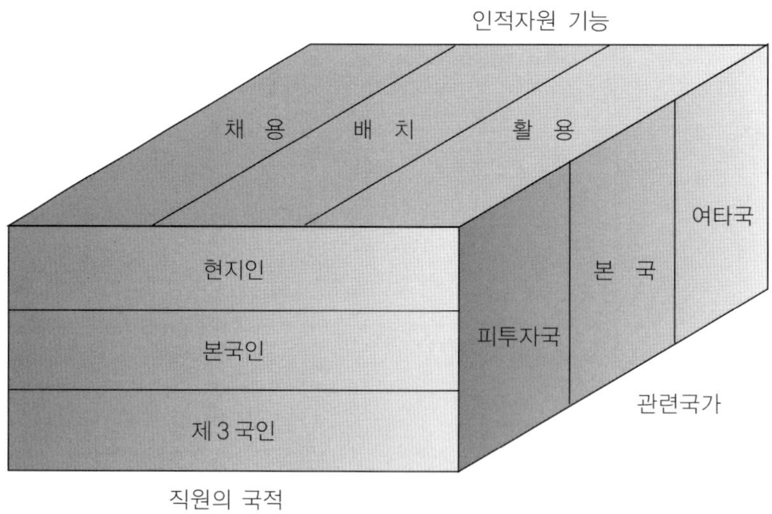

자료: P. V. Morgan, "International Human Resources Management: Fact or Fiction," *Personnel Administrator*, Vol 31, No. 9, 1986, p. 44.

다. 즉 첫째는 인적자원의 기능인 인적자원의 채용과 배치, 그리고 활용이고, 둘째는 국제인적자원관리가 이루어지는 나라로서 해외자회사가 위치하는 피투자국, 본사가 위치하는 본국, 그리고 여타국이다. 셋째는 글로벌기업에 종사하는 직원의 국적으로서 현지인과 본국인, 그리고 제3국인이다.

국제인적자원관리는 이 세 가지 차원, 즉 인적자원의 기능, 직원의 국적, 국제경영활동이 이루어지는 국가 간의 상호작용이라고 할 수 있다.

이렇듯 국제인적자원관리는 외국 현지의 경제 · 사회 · 문화 · 법률적 환경하에서 국제사업활동을 성공적으로 수행해야 할 최고 능력의 관리자를 국적에 관계없이 선발하여, 이들을 국제사업활동이 이루어지고 있는 피투자국 또는 제3국에 배치 · 활용해야 한다는 점에서 본국인만을 그 대상으로 하는 국내기업의 인적자원관리와 그 성격이 다르다.

따라서 창조적인 국제인적자원관리가 곧 글로벌기업의 성공적인 사업활동과 직결된다고 할 수 있을 만큼 그 중요성이 높아져 가고 있는 것이다.[1] 사실 국제경영활동을 수행하는 과정에서 발생하는 여러 가지 문제들은 결국 사람에 의해서 발생하는 것들이고, 그것들은 또 사람에 의해서 해결되어야 할 문제들이기 때문에 능력을 갖춘 인재를 선발 · 육성하여 적합한 직책에 적기에 배치하는 것은 곧 글로벌기업의 성공적인 경영활동의 열쇠가 된다고 할 수 있다.

2. 기업의 글로벌화와 인적자원관리

기업이 범세계적으로 사업활동을 전개하게 되면 국제경영자나 근로자에 대한 관리도 그 시각을 범세계적으로 확대해야 한다. 많은 기업들이 해외에 진출한 후 인적자원을 잘못 관리하여 현지의 반발을 사거나 비판을 받는 경우가 허다한데, 이는 기업의 인적자원관리가 글로벌화 수준에 부응할 수 있도록 관리되지 못한 데 그 원인이 있다.

기업의 국제화가 보편화되고 있는 오늘날에 있어서는 국제인적자원관리도 전통적인 인적자원관리에서 탈피하여 보다 더 장기적이고도 범세계적인 인적자원의 수급을 고려한 현대적 의미의 인적자원관리로 전환해야 한다.

또한 국제인적자원관리는 본국에서 파견된 직원뿐만 아니라 현지에서 채용된 직원 모두의 욕구를 충족시켜줌과 동시에, 본사의 범세계적인 목표를 저해하지 않으면서 현지의 역사적 · 사회경제적 · 제도적 측면과 충돌하지 않도록 관리하는 것이 중요하다.

그리고 근무기간이 만료되거나 여타의 사유로 인해서 귀국하는 직원에 대한 관리 및 국제적인 노사관계 등도 국제인적자원관리에서 해결해야 할 중요한 과제이다.

제 2 절 국제경영자

1. 국제경영자의 임무와 직책

국제경영자는 자신이 위치하고 있는 상황에 따라서, 해외 현지에 대해서는 본사를 대표하는 대표자이고, 현지 자회사에 대해서는 최고경영자이면서, 현지 지역사회에 대해서는 한 사람의 구성원임과 동시에, 현지국에 대해서는 한 사람의 외국인으로서의 역할을 수행하게 된다.

국제경영자는 이와 같이 그 지위와 직능 그리고 직책에 따른 여러 가지 기능을 동시에 수행해야 할 위치에 있기 때문에 그 임무가 중차대하며, 국제경영활동 자체가 본질적으로 국경을 초월하여 이루어지는 것이기 때문에 그 임무는 더욱 복잡할 수밖에 없다.

국제경영자가 수행해야 할 여러 가지 직무를 보면 다음과 같다.[2]

첫째, 글로벌기업의 경영관리자

둘째, 본사의 특정 권한을 갖는 경영관리자

셋째, 현지 경영환경하의 경영자

넷째, 문화, 생활패턴, 가치관이 상이한 사회에서의 상호작용 속의 경영자

이 중 앞의 두 가지 지위는 본사와의 관계에서 수행해야 할 직무이고, 뒤의 두 가지 지위는 현지와의 관계에서 부차적으로 수행해야 할 직무이다.

2. 국제경영자의 유형

(1) 국제경영자의 유형

국제경영자의 유형에는 대표적으로 다음과 같은 네 가지가 있다.[3]

① **최고경영자**(top management)

글로벌기업의 최고경영자는 전사적 리더십 역할을 수행하며 특히 유능한 인재를 확보하고 육성하는 역할을 담당한다.

② **사업부경영자**(business manager)

사업부경영자는 글로벌 사업의 책임자로서 세계시장을 대상으로 전략을 수립하고, 경영자원의 세계적 배치와 조정을 효과적으로 수행한다.

③ **국가경영자**(country manager)

국가경영자는 현지 자회사의 대표로서, 현지 시장동향을 감지하고 현지사업의 육성을 통해 모기업에 대한 공헌자의 역할을 수행한다.

④ **기능경영자**(functional manager)

기능경영자는 특정분야의 전문가로서 전세계적으로 지식을 탐색하고 전파하는 전문지식의 챔피언 역할을 수행한다.

(2) 국제경영자의 글로벌 마인드

국제경영자는 오늘날과 같은 글로벌화 시대에 범세계적인 사업활동을 성공적으로 수행하기 위해서는 글로벌화된 의식구조를 갖는 것이 필요하다. 통상 개방적인 글로벌 마인드의 특성을 보면 다음과 같다. [4]

첫째, 글로벌화를 위협으로 보지 않고 새로운 기회창출의 가능성으로 본다.

둘째, 본국중심적인 사고에서 벗어나서, 국경을 초월한 세계적인 동향에 민감하게 촉각을 세우고 주요 전략시장의 내부자(insider)가 될 수 있도록 한다.

셋째, 글로벌화에 적응하는 데 그치지 않고 글로벌화를 선도하고 가속화함으로써 새로운 게임의 룰을 창조한다.

넷째, 모든 자산을 소유 · 통제하지 않고 다양한 국제협력과 네트워크를 형성한다.

다섯째, 폐쇄적인 자국중심의 문화를 지양하고 유능한 인재를 국적에 관계없이 수용할 수 있는 개방된 문화를 형성한다.

3. 국제경영자의 자질

(1) 기본자질

해외파견직원이 현지에서 맡은 바 직무를 효과적으로 수행하기 위해서는 어떤 기본자질을 갖추어야 할까? 무엇보다도 먼저 본사의 기업목표를 충분히 이해하고 그것을 달성하는 데 필요한 제반 능력을 갖추어야 한다. 그리고 동시에 해외자회사가 위치하고 있는 현지의 이익을 고려하고 그 자신이 해외의 이질적인 제반 환경에 충분히 적응할 수 있어야 한다.

그런데 미국, 유럽, 일본의 글로벌기업을 대상으로 수행한 연구에 따르면 이들 전체 기업의 76%에 해당하는 기업들이 10%에 이르는 해외파견 실패율을 기록하고 있는 것으로 조사되고 있다. 더욱이 미국 글로벌기업 중 7%는 그 비율이 무려 20%를 상회하는 것으로 조사되고 있다.[5]

미국과 일본기업들의 해외파견 실패원인을 그 중요도 순서대로 살펴보면, 미국기업의 경우에는 ① 배우자의 현지 적응능력 결여, ② 파견직원 자신의 현지 적응능력 결여, ③ 가족관련 문제, ④ 파견직원의 감정적인 미숙, ⑤ 현지 업무수행능력 결여를 들고 있다. 그리고 일본기업들은 ① 현지 업무수행능력 결여, ② 현지 적응능력 결여, ③ 개인적 · 감정적인 문제점, ④ 기술적인 능력 결여, ⑤ 배우자의 현지 적응능력 결여 등을 들고 있다.

여기에서 해외파견직원이 해외의 이질적인 해외환경하에서 맡은 바 직무를 성공적으로 수행하는 데 필요한 기본적인 자질을 요약하면 〈표 14-1〉과 같다.

(2) 세부 주요 자질[6]

1) 문화적 적응능력

해외파견직원은 자기 나라와 전혀 다른 문화권에서 직무를 수행해야 하기 때문에 현지 관리자로서 현지 문화의 관점에서 이질적이라고 판단되는 요소들이 있다면 이를 제거하거나 완화함으로써 문화적으로 현지에 적응할 수 있는 능력을 갖추어야 한다. 이질문화에 대한 적응능력을 갖추지 못하면, 현지에서의 업무수행이 불가능할 뿐 아니라 정부기관이나 종업원 등과도 마찰을 빚게 될 가능성이 높다.

2) 업무수행능력

해외파견직원의 업무수행능력은 해외사업의 성공 여부를 결정짓는 가장 중요한 요소

표 14 - 1 21세기 해외파견직원이 갖추어야 할 자질

자질	자질의 내용
다차원적인 시각	• 광범위한 다기능, 다국가, 다환경적 경험
라인관리능력	• 해외사업 및 해외파견에 대한 성공적인 경력
의사결정능력	• 성공적인 전략적 의사결정 능력
풍부한 창의력	• 피투자국 정부 및 업계 엘리트들이 받아들일 수 있는 정도의 능력
문화적 적응능력	• 다양한 이문화경험을 통해 외국문화에 쉽고 빠르게 적응할 수 있는 능력
문화적 기민성	• 다양한 문화, 종족, 국가, 종교 출신의 사람들과 효과적으로 업무를 처리할 수 있는 능력
팀구축능력	• 기업의 목표를 달성하는 데 필요한 문화적으로 다양한 업무수행그룹을 구축할 수 있는 능력
정신적 수양	• 해외파견근무를 이겨 낼 수 있는 인내력
협상능력	• 다문화 환경에서 사업협상을 성공적으로 수행할 수 있는 능력
변화 대처능력	• 조직의 변화를 성공적으로 착수하고 실행할 수 있는 능력
예측능력	• 피투자국의 정치적, 경제적 위협요인 및 기회요인을 신속하게 포착하고 대응할 수 있는 능력

자료: C. G. Howard, "Profile of the 21st-Century Expatriate Manager," *HR Magazine*, Jun. 1992, pp. 93～100.

이다.[7] 해외파견직원은 본사 및 전문기술진으로부터 멀리 떨어져 있기 때문에 국내관리자의 경우보다 훨씬 더 많은 책임을 떠맡고 있을 뿐 아니라 직무와 관련된 각종의 의사결정을 독자적으로 결정하고 또 일과를 수행해야 하기 때문에 업무수행능력을 갖추는 것이 중요하다.

3) 어학능력

해외파견직원이 해외 현지에서 직무를 성공적으로 수행하기 위해서는 우선 현지언어나 국제어를 구사할 수 있는 능력을 갖추어야 한다. 이는 해외파견직원이 대부분의 시간을 현지에서의 업무수행을 위한 의사소통에 할애하고 또 현지에서 일상생활을 해야 하기 때문이다. 실제로 많은 글로벌기업들이 어학능력을 해외파견을 위한 중요한 기준으로 삼고 있는 것은 어학능력과 현지적응 간에 밀접한 상관관계가 있기 때문이다.

4) 리더십 및 개인적 속성

해외파견직원은 강력한 리더십을 가져야 하며 개인적으로는 업무를 수행하는 데 충분한 정도의 교육수준, 독립성 및 주도력, 창조성, 인내성 그리고 국제적인 시야를 지녀야 한다. 특히 높은 수준의 교육이 필요하다.

또한 해외파견직원은 상사나 부하직원, 사업동료, 고객 등과 원만한 관계를 가질 수 있는 속성을 지녀야 한다. 그리고 연령은 최소한 30대 초반이나 이보다 약간 더 많은 경우가 가장 적합하며 육체적 · 정신적으로 건강해야 한다.

5) 가족의 적응능력

해외파견직원은 통상 가족을 동반하게 되는바, 이질문화에 대한 적응은 해외파견직원 자신보다는 오히려 가족에게 더 많은 부담을 안겨준다. 동반가족, 특히 배우자가 현지에 적응하지 못하는 경우 조기귀국 하는 경우가 허다하다. 조기귀국은 해외파견직원 본인뿐만 아니라 글로벌기업에게도 막대한 손실이자 비용부담이 된다.

(3) 국제경영자 선발기준

국제경영자의 선발기준은 기본적인 것은 국내 직원을 선발하는 경우와 크게 다르지 않다. 하지만 국제경영자 선발에서는 각 해외파견의 독특한 특성을 고려한 추가적인 기준을 고려해야 한다. 통상 기업들은 국제경영자 선발시에도 국내 업무경력이나 업무수행능력 등과 같은 통상적인 기준만을 사용하고, 잠재적 국제경영자의 이문화 지식능력이나 개인 간의 능력을 도외시하는 것으로 지적되고 있다.

여기에서 독일, 영국, 일본, 미국 등 4개국 136개 글로벌기업들이 국제경영자를 선발할 때 이용하고 있는 기준을 보면 〈표 14-2〉와 같다. 이 표에서 보듯이 4개국 기업 모두 기술/전문 능력, 해외근무 의지, 기업 내 경력 등을 가장 중요한 기준으로 삼고 있다. 이 중 미국기업과 영국기업은 기술/전문 능력을 가장 중요한 기준으로 꼽고 있는 가운데, 독일기업은 본인의 해외파견 의지를, 그리고 일본기업은 기업 내 경력을 가장 중요한 기준으로 활용하고 있다.

여기서 한 가지 특이한 점은 문화적 적응능력과 비슷한 의미를 가진 개인적인 요소는 미국기업이 일본기업보다 중요도를 더 낮게 취급하고 있다는 점이다.

4. 국제경영자의 선발과 양성

(1) 국제경영자의 해외파견 및 복귀과정

해외파견직원의 해외파견 및 복귀과정을 살펴보면 〈그림 14-2〉와 같다.

① 본사 근무

② 해외파견직원 모집

③ 해외파견직원 선발

④ 해외파견 교육

⑤ 해외파견 근무

표 14 - 2 글로벌기업의 국제경영자 선발기준

선발기준	독일	영국	일본	미국	평균 중요도 순위
기술/전문 능력	10	1	2	1	1
본인의 해외근무 의지	1	2	8	3	2
기업 내 경력	2	4	1	2	3
개인적 요소(개방성, 융통성 등)	4	3	3	8	4
리더십 능력	5	7	7	4	5
팀업무수행능력	3	5	5	6	6
과거 업무성과 평가	6	8	6	5	7
가족의 해외근무 의지	7	6	14	7	8
교육상의 자격	8	9	13	9	9
과거 해외근무 경력	12	10	10	10	10
외국어 구사 능력	11	11	4	11	11
회사에 대한 충성도	9	12	12	12	12
현지에 대한 지식	14	13	11	13	13
나이	13	14	9	14	14
성	15	15	13	15	15

주) 1: 가장 중요, 15: 가장 덜 중요

자료: Z. Tungli and M. Peipet, "Expatriate Practices in German, Japanese, U.K., and U.S. Multinational Companies: A Comparative Study of Changes," *Human Resources Management Journal*, 48(1), 2009, pp. 153~171.

그림 14 - 2 국제경영자의 해외파견 및 복귀과정

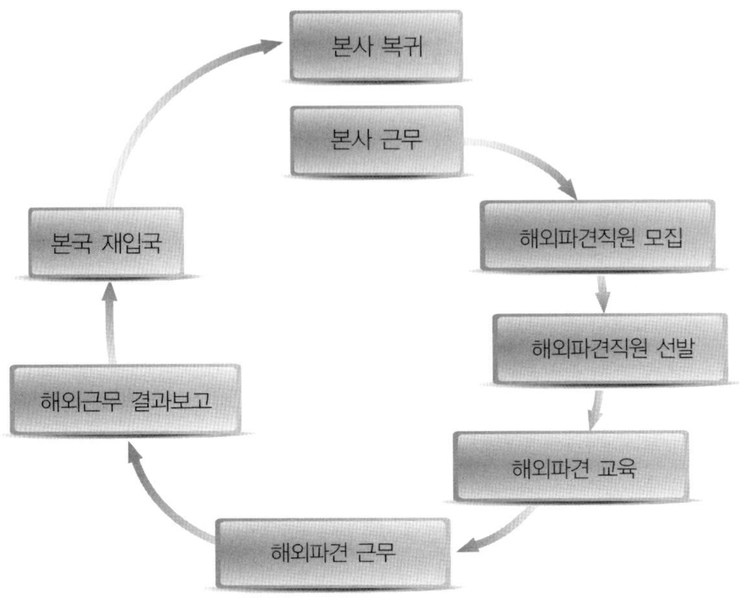

자료: N. J. Adler, *International Dimensions of Organizational Behavior*, 2nd ed. (Boston, Mass., PWS-Kent, 1997), p. 237.

⑥ 해외근무 결과보고

⑦ 본국 재입국

⑧ 본사 복귀

(2) 국제경영자의 선발과정

국제경영자를 선발할 때는 직무 또는 직무에 영향을 미치는 요소들을 체계적으로 분석하여 선발에 활용해야 한다. 하지만, 선발에 있어서 어떤 일률적인 기준을 적용하기보다는 파견국이나 수행해야 할 직무에 따라서 융통성을 두는 것이 바람직하다.

여기에서 국제경영자 선발에 대한 상황접근법을 살펴보면 〈그림 14-3〉과 같다.

먼저 글로벌기업의 본사는 해외직무를 수행할 최적임자를 선발하기에 앞서서 현지인을 활용하더라도 그 직무를 충족시킬 수 있는가를 먼저 살펴본다. 만약 현지인을 이용하여 그 직무를 충족시킬 수 있다면 굳이 본사나 외부로부터 파견직원을 선발하기보다 현지인을 선발하여 기술 및 관리기법을 훈련시킨 다음 채용하면 되기 때문이다. 그러나 적합한 현지

그림 14 – 3 국제경영자 선발 결정과정

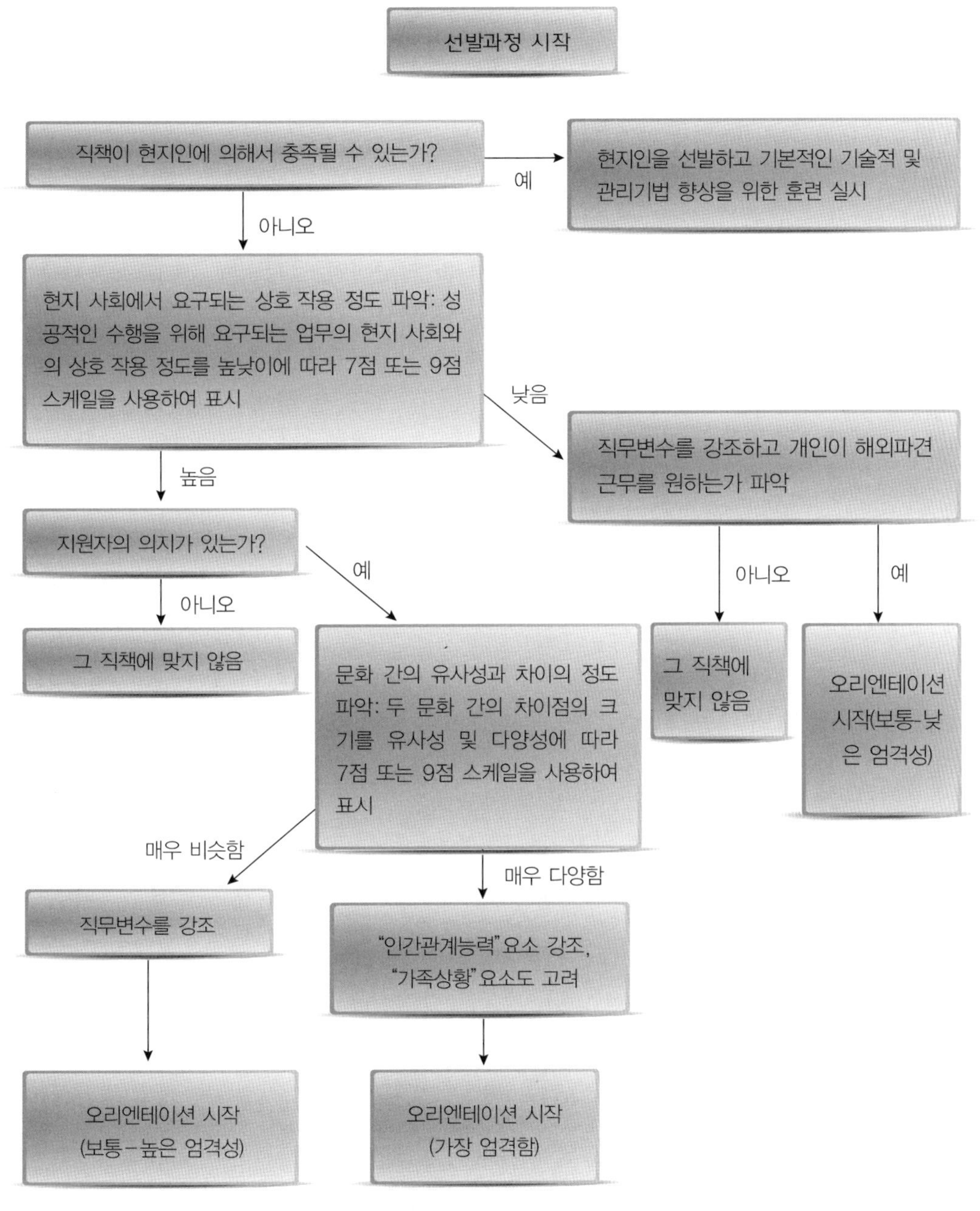

자료: R. L. Tung, "Selection and Training of Personnel for Overseas Assignments," *Columbia Journal of World Business*, Spring 1981, p. 73.

인을 찾을 수 없는 경우에는 부득이 본사나 외부로부터 선발할 수밖에 없다.

다음으로 해외파견직원이 현지에 파견되어 맡게 될 직책이 현지사회와 어느 정도로 관계를 가져야 할 직책인가를 확인해야 한다. 만약 그 직책이 현지문화와 광범위하게 접촉해야 하고 현지의 가치체계에 대한 이해를 전제로 하는 것이라면, 선발과정에서 인간관계변수와 환경변수를 훨씬 더 중요하게 고려하여 선발해야 한다.

이때 해외파견직원 선발위원회는 해외환경이 국내환경과 어느 정도 다른가를 파악하고, 만약 그 환경의 차이가 별로 중요하지 않으면 직무변수를 기준으로 인재를 선발하는 것이 바람직하고, 그 차이가 크면 인간관계능력 및 가족상황 등과 같은 요인들을 기준으로 인재를 선발하는 것이 좋다.

그리고 이렇게 선발된 요원에 대해서는 현지적응을 위한 여러 가지 교육을 실시해야 한다. 이때 만약 해외에서 맡게 될 직무가 현지사회와 수많은 상호작용을 필요로 하고, 두 국가 간의 차이가 현격히 크다면 선발된 파견직원에게 국제경영자 양성을 위한 여러 가지 훈련프로그램을 교육시켜야 한다.

이와 같이 해외파견직원의 선발에는 개인적인 사정, 현지의 환경, 수행되어야 할 직무의 성격 등을 고려해야 하며, 그 선발기준은 동일한 직무라 할지라도 현지 환경에 따라서, 또 동일한 환경이라 할지라도 직무에 따라서 달라진다.

(3) 국제경영자의 채용대안

1) 본국인 채용

본국인 채용은 해외자회사의 주요 관리직을 본국인으로 보직하는 경우를 말한다. 통상 본국인 채용은 해외사업활동이 초기단계이거나 현지인 관리자를 이용할 수 없는 경우 그리고 본사의 핵심역량을 해외자회사에 이전하고자 하는 경우 등에 이용되며 고위직인 경우 이러한 경향이 더 강하게 나타난다.

본국인 채용은, 본국인이 기업 내부 직원인 경우 본사의 목표와 운영절차, 해외계열회사의 사업부 관리 및 엔지니어링기법 등을 잘 알고 있고 동시에 본사의 기업문화에 젖어있을 뿐 아니라 본사 직원들을 잘 알고 있어서 업무수행이나 의사소통이 원활하게 이루어질 수 있다는 장점이 있다. 이 때문에 기업에 따라서는 통제나 의사소통을 이유로 회계 및 재무와 같은 특정 직능분야에 본국인을 채용하려는 경향이 있다.

그러나 해외자회사의 주요 직위를 본국인만으로 충원하게 되면, 모기업의 경영스타일과 모국의 문화적 편견이 해외자회사에게 그대로 이식되는 문제점이 있다. 그리고 현지출신 관리자들의 승진기회가 제약을 받게 되고 동시에 그들이 본사의 경영스타일과 관습에 맞추어가야 하기 때문에 불만을 갖게 될 수도 있다. 또 본국인 채용관리자에게는 훨씬 더 많은 보수를 지급해야 하기 때문에 여기에 대해서 현지출신 관리자들이 불만을 가질 수 있다. 따라서 오늘날에는 본국인만을 채용하려는 정책이 점차 사라지고 있다.

한때, Proctor & Gamble, Philips, Matsushita 등과 같은 글로벌기업들이 이러한 채용정책을 채택한 바 있는데, 오늘날에도 Toyota나 Matsushita와 같은 일부 일본계 글로벌기업들은 아직도 해외자회사의 주요 직위에 본국인을 채용하고 있다.

2) 현지인 채용

현지인 채용은 해외자회사의 관리자를 현지인으로 충원하는 인사정책으로서 본국인만을 채용하는 경우에 직면할 수 있는 문제점을 보완해줄 수 있는 채용정책이다. 최근에는 현지 위주의 경영을 위해서 많은 기업들이 현지인을 해외자회사의 관리자로 채용하는 사례가 크게 늘고 있다.

현지인 채용은 무엇보다도 본사직원을 해외에 파견하는 경우에 부담하게 되는 비용을 절감할 수 있다는 장점을 가지고 있다. 또 현지인 관리자는 본사의 직원을 해외에 파견하는 경우와 같이 해외파견관리자 본인이나 가족에 대해 언어 및 문화적 적응 등과 같은 교육을 필요로 하지 않는다. 뿐만 아니라 현지인은 현지의 경제 · 정치 · 사회문화적 환경에 익숙하고 또 현지 정부 및 주주, 노동조합, 원료공급자들과 원만한 관계를 유지할 수 있기 때문에, 현지 경영활동에 수반되는 제반 문제를 효율적으로 해결할 수 있다는 장점을 가지고 있다.

또 현지인을 관리자로 채용하게 되면 현지에서 채용된 직원들의 사기를 진작시킬 수 있을 뿐 아니라 외국기업이라는 이미지도 불식시킬 수 있고, 현지정부로부터 우호적인 대우도 받을 수 있다. 특히 기술이나 전문지식을 현지에 이전하고자 하는 경우에 가장 적합하다.

그러나 관리자를 현지인 위주로 채용하게 되면 현지기업의 운영에 대한 본사의 통제력이 약화될 우려가 있다. 또 현지인을 적절하게 훈련 · 교육시키지 못하면, 현지인들이 제반 문제를 본사와 다른 관점에서 파악하게 되어 해외자회사를 본사와 연계시키지 못하게 되고 그 결과 전체적인 조화가 불가능하게 된다. 그리고 현지인만을 채용하는 정책은 글로벌화된 관리자를 양성하는 데 오히려 방해가 될 수도 있다.

현지인을 주로 채용하고 있는 대표적인 글로벌 기업으로는 Coca Cola, Intel, Texas Instruments, IBM, DuPont 등을 들 수 있다.

3) 제3국인 채용

제3국인 채용은 기업이 범세계적인 경영철학을 가지고 있거나 또는 능력을 가진 본국인이나 현지인을 채용할 수 없는 경우 등에 주로 많이 이용된다. 국적을 불문하고 가장 능력이 있는 관리자를 채용하는 인사정책은 기업이 마치 자원이나 재정 그리고 기술을 범세계적인 관점에서 합리적으로 이용하고자 하는 것과 마찬가지로 가장 합리적인 정책이라고 할 수 있다. 이러한 인사채용정책을 채택하면 국제적인 전문가를 이용할 수 있을 뿐 아니라 해외자회사관리에 대한 범세계적 시야를 가질 수 있고, 글로벌기업의 범세계적 목표와 일치하는 경영정책을 구사할 수 있다.

이러한 인사정책을 채택하고 있는 대표적인 기업으로 ABB를 들 수 있는데, ABB는 8명의 상임이사 중 스웨덴 출신 2명을 제외한 나머지 6명은 국적에 관계없이 전세계적으로 가장 유능한 인재를 채용하고 있다. 바로 이러한 글로벌 인사정책이 ABB를 성공적인 글로벌기업으로 이끈 가장 중요한 원천으로 평가되고 있다. 이 외에 제3국인을 채용하고 있는 대표적인 기업으로는 Nestlé, Philips, Colgate-Palmolive 등을 들 수 있다.

하지만 제3국인 관리자는 현지의 환경에 익숙하지 못할 뿐 아니라 현지정부의 관리들과 원만한 관계를 유지할 수 없는 관계로 위험에 노출될 가능성이 있고 정치적으로도 불리한 조치를 당할 가능성이 있다. 또 제3국인 관리자는 다른 경쟁기업의 스카웃의 대상이 되기도 하기 때문에 언제 기업을 떠날지 모르는 단점이 있다.

여기에서 위 세 가지 국제경영자 채용대안의 특징을 요약하면 〈표 14-3〉과 같고 이들

표 14-3 국제경영자 채용대안의 특징

주요 쟁점	채용대안		
	본국인	현지인	제3국인
비용	고	저	고
기술	고	저	중
충성심	중	고	저
채용 가능성	약간 명	다수	소수
보수	높음/복잡	비교적 낮음	중간/복잡
해외파견에 대한 관심	저	고	고
다른 기업에 의한 채용	아니오	예	예
신뢰성	중	고	저

자료: M. Harvey, "Designing a Global Compensation System: The Logic and a Model," *Columbia Journal of World Business*, Winter 1993, pp. 57~72.

채용대안의 장 · 단점을 요약하면 〈표 14-4〉와 같다.

(4) 글로벌기업의 실제적인 인사채용정책

그러면 글로벌기업은 실제로 본국인, 현지인 그리고 제3국인 중 어떤 인재를 가장 많이 채용하고 있을까? 여기에 대해, 미국이나 유럽의 글로벌기업들은 저개발국보다는 선진국에서 현지인들을 훨씬 더 많이 채용하고 있는 것으로 분석되고 있다.[8] 그리고 일본 글로벌기업들은 상위직과 중간직에 본국인을 훨씬 많이 채용하고 제3국인은 거의 채용하지 않고 있는 것으로 분석되고 있다.

일반적으로 기업들은 인사채용에 있어서도 점진적인 국제화를 추구하는 것으로 밝혀

표 14 - 4 국제경영자 채용대안의 장 · 단점

	장 점	단 점
본국인 채용	• 조직상의 통제와 조정이 유지되고 용이하다. • 장래가 촉망되는 관리자에게 국제적 경험을 쌓게 할 수 있다. • 특정 직책에는 본국인이 가장 적합하다. • 해외자회사로 하여금 본사의 목표 및 정책을 따르게 할 수 있다.	• 현지인의 승진기회가 제한된다. • 현지국 적응에 많은 시간이 소요된다. • 본국인이 본사의 부적절한 스타일을 해외자회사에 강제할 수 있다. • 본국인과 현지인에 대한 보상이 다를 수 있다.
현지인 채용	• 언어나 기타의 장벽이 없다. • 채용비용을 줄이고, 근로에 대한 특별한 허가를 취득할 필요가 없다. • 현지인은 오랫동안 근무가 가능하기 때문에, 경영의 지속성이 유지될 수 있다. • 정부의 정책이 현지인 채용을 지시한다. • 승진기회가 있기 때문에 현지인의 사기가 진작된다.	• 본사의 통제 및 조정이 어려워진다. • 자회사 밖에서의 현지인의 승진기회가 제한된다. • 현지인의 채용으로 본국인의 해외경험 기회가 제한된다. • 현지인의 채용은 범세계적 단위보다는 국가단위의 연합을 촉진시킨다.
제3국인 채용	• 본국인보다 급여 및 수당이 낮다. • 제3국인이 본국인보다 피투자국 환경을 더 잘 알고 있다.	• 제3국인 채용시에는 국가간의 적대성을 고려해야 한다. • 현지국 정부가 제3국인 채용을 꺼릴 수 있다. • 제3국인이 근무를 마친 다음 고국으로 돌아가지 않으려고 한다.

자료: P. J. Dowling, R. S. Schuler and D. E. Welch, *International Dimensions of Human Resource Management*, 2nd ed. (Belmont, California, Wadsworth Publishing Company, 1994), p. 57.

지고 있다.[9] 즉, 해외진출 초기단계에서는 본국인을 많이 채용하지만 점차 현지에서 경험을 쌓게 되면 현지인 채용이 늘고, 더 나아가 전세계 시장에 진출하여 경험을 쌓게 되면 국적에 관계없이 가장 유능한 관리자를 선발 · 채용하는 것으로 분석되고 있다.

5. 국제경영자의 선발 및 교육

해외파견직원은 자기가 성장하고 교육받고 근무해오던 환경과 전혀 다른 해외에 파견되면 이질적인 환경에 적응하는 데 많은 어려움을 겪게 된다. 그리고 이러한 이질적인 환경에 적응하지 못하게 되면 경제적으로 뿐만 아니라 경영효과나 개인적인 측면에서도 큰 희생을 면치 못하게 된다.

따라서 일정한 자질을 갖춘 국제경영자를 잘 선발하는 것도 중요하지만, 선발된 파견요원을 잘 교육시키고 훈련시켜 유능한 경영자로 양성하는 것도 그에 못지않게 중요하다.

글로벌기업은 어떤 채용정책을 채택하든지 상관없이 자사의 범세계적인 전략 및 사업계획과 통합되는 장기적이고도 지속적인 경영자 선발프로그램을 구비하고 있어야 한다.[10]

그러면 선발된 해외파견요원에 대해서 과연 어떤 내용을 어떻게 교육시켜야 할 것인가? 교육 및 훈련의 내용은 기업이나 파견국에 따라서 약간씩 다를 수 있지만 대체적으로 다음과 같은 몇 가지로 나누어 볼 수 있다.[11]

(1) 지역연구프로그램

지역연구프로그램에는 현지환경에 대한 설명과 문화교육프로그램이 포함된다. 이 프로그램에서는 피훈련자에게 그 국가의 사회정치적인 역사, 지리, 경제발전단계, 문화적 관습 등을 교육시킨다. 교육내용은 주로 해외파견직원이 파견지역의 환경에 보다 잘 적응하는 데 도움이 되는 내용이 중심이 된다.

(2) 문화적 융화훈련

문화적 융화훈련에서는 해외파견직원이 현지의 문화를 잘 이해하고 적응할 수 있도록 상이한 문화 속에서 겪은 에피소드 등을 통해 훈련을 실시한다. 이러한 훈련은 어떤 특정 문화에 소속한 일원을 다른 문화의 사람들과 잘 어울리고 적응하도록 하는 데 효과적인 방법이다.

(3) 언어훈련

해외파견직원에게 파견국의 언어교육을 실시한다. 언어훈련은 파견되기 이전까지 몇 달이 걸릴 수도 있고 몇 년이 걸릴 수도 있다.

(4) 감수성훈련

감수성훈련은 해외파견직원이 익숙하지 못한 행동유형이나 가치체계를 습득하고 받아들이며, 이질문화 속에서 업무를 수행하기 위해서는 이것이 유용하다는 것을 인식할 수 있도록 훈련을 실시한다. 감수성훈련은 인종적 편견을 줄이는 데 좋은 기법일 뿐 아니라, 특히 심리적 몰가치상황이 낮은 사람들에게 가장 좋은 훈련기법이다.

(5) 현장실습

현장실습은 해외파견직원을 현지 또는 국내의 집단거주지역에 파견하여 경험을 쌓게 하는 것이다. 이렇게 함으로써 피훈련자는 상이한 문화적 배경을 지닌 사람들과 함께 생활하고 일할 때 예상되는 감정적인 압박을 미리 경험할 수 있게 된다. 물론 현장실습 지역의 문화와 파견되는 지역의 문화 간에는 상당한 차이가 있을 수 있지만, 피훈련자는 자기와 다른 문화의 생활방식을 가진 사람들과 접촉해봄으로써 많은 것을 습득할 수 있게 된다.

이상의 교육프로그램은 필요에 따라서는 그 내용이 추가될 수도 있지만, 각 프로그램들은 상호 배타적으로 이용되기보다 상호 보완적으로 이용되는 것이 효과적이다.

이상에서 해외파견직원에 대한 교육내용을 살펴보았는데 실제에 있어서 미국, 일본, 유럽 글로벌기업들은 해외파견직원을 교육시킬 때 언어훈련(language training)을 가장 많이 시키고 있고, 그 다음으로는 현지환경에 대한 교육(environmental briefing)과 문화교육(cultural orientation)이 뒤를 잇고 있다.[12] 최근에는 문화적 융화훈련(culture assimilator)도 점차 중요한 훈련프로그램이 되고 있다.

제 3 절 해외파견직원의 관리

1. 경력 및 보상관리

(1) 경력관리

해외파견직원은 항상 자기의 해외파견이 과연 자기 경력에 도움이 될 것인가, 본사에 돌아가면 과연 어떤 직무를 담당하게 될 것인가, 해외근무기간 동안 본사가 자기를 승진대열에서 제외시켜버리지는 않을까 하는 등의 의구심을 갖게 된다.[13] 이러한 의구심은 해외파견 이전이나 파견 이후에도 계속된다.

만약 해외파견직원이 귀국 후 맡게 될 직책과 승진문제 등에 의구심을 갖게 되면 해외파견 자체를 기피하려고 하거나 또는 해외에 파견되어 현지에 근무하더라도 제 기능을 발휘하지 못하게 된다.

따라서 이러한 문제를 해결하기 위해서는 해외파견직원을 효율적으로 관리하는 것이 무엇보다도 중요하다. 이를 위해 기업은 본사에서의 근무와 해외에서의 근무를 계획적으로 실시하고, 이들에게 향후의 진로와 승진 등에 관한 본사의 인사정책을 명확하게 밝혀줌으로써 해외근무에 대한 의욕을 고취시켜 주어야 한다.

또 기업의 인사방침이 확고하게 수립되어야 하고, 현지에 대한 인사권을 현지에 위임하는 것이 필요하다. 그리고 해외파견직원의 경력을 효율적으로 관리하여 귀국 후 본사 재배치에 도움이 될 수 있도록 해야 한다.

(2) 보상관리

1) 해외파견직원의 보상내용

해외파견직원에 대한 보상관리는 대단히 어려운 문제 중의 하나이다. 그 이유는 해외파견직원에 대한 보수가 너무 높게 책정되면 능력 있는 인재들이 중추적인 직책에서 빠져

나와 모두 해외파견 직책으로 몰리게 되고, 반대로 너무 낮게 책정되면 해외파견을 기피하게 되기 때문이다.

따라서 글로벌기업은 해외파견직원에 대한 보상수준을 국내에서 동일한 업무를 수행하고 있는 본사 직원의 임금, 본국의 임금환경, 그리고 국제시장에서의 제3국인의 임금 등을 고려하여 합리적으로 책정하는 것이 중요하다.

통상 해외파견직원에 대해서는 본국 근무시에 지급하는 임금 이외에 환율이나 인플레이션, 세금 그리고 생활비 차이 등을 고려하여 현지에서 생계비를 유지할 수 있는 수준의 추가적인 지급이 불가피하다. 또 보상관리는 해외파견에 따른 문화적 · 정치적 · 경제적 충격을 고려하는 수준에서 결정되어야 한다.

통상적으로 해외파견직원이 받게 되는 임금은 기본급, 부가급, 수당 등으로 구성된다.

- 기본급(basic salary): 기본급은 해외파견직원이라고 해서 특별히 더 많이 지급하기보다는 본국의 기본급을 그대로 적용하는 것이 통례이다.
- 부가급(allowance): 부가급은 해외파견직원이 해외파견을 받아들이고 자국과 전혀 다른 환경에서 직무를 수행하는 데 대한 보수로 지급되는 금액으로서, 기본급에 대한 일정 비율이나 일정 금액으로 지급되는 것이 일반적이며 지역적인 차이나 근무기간을 고려할 수도 있다.
- 수당(benefits): 수당은 해외파견직원이 정상적인 생활을 계속할 수 있도록 지급되는 금액으로서 여기에는 생활수당, 주거수당, 교육수당 등이 포함된다.
- 소득세(taxation): 해외파견직원이 해외파견국에서 소득세를 부담하거나 본국에서보다 더 많은 소득세를 부담해야 하는 경우에 지급된다.

2) 해외파견직원의 보상수준

〈그림 14-4〉는 해외파견직원에 대한 보상이 어느 정도 수준으로 이루어져야 하는가를 보여주고 있다. 해외파견직원에 대한 보상은 기본적으로 직원이 국내에서와 동일한 생활을 영위할 수 있을 정도의 수준이어야 한다. 그리고 여기에 더하여 해외파견에 따른 생활상의 질적인 차이를 보상해 줄 수 있는 재정적인 유인이 부가되어야 한다.

이 그림을 보면 본국에서의 급여가 소득세(income taxes), 주거비용(housing), 생활비(goods and services), 예비비(reserve)로 구분되어 있다. 해외파견의 경우에는 두 번째 그림과 같이 국내급여보다 훨씬 더 많은 비용이 지출된다. 즉, 해외파견의 경우 본사는 첫 번째와 두 번째 그림의 각 부문별 차이에 해당하는 만큼의 비용을 더 지출해야 한다는 것을 의미한다. 결국 해외파견직원에 대한 보상은 본국에서의 급여와 동일한 구매력을 갖는 수준이어야 하며 여기에 해외파견에 대한 프리미엄(premium)이 추가되어야 한다.

그림 14 - 4 해외파견직원의 보상수준

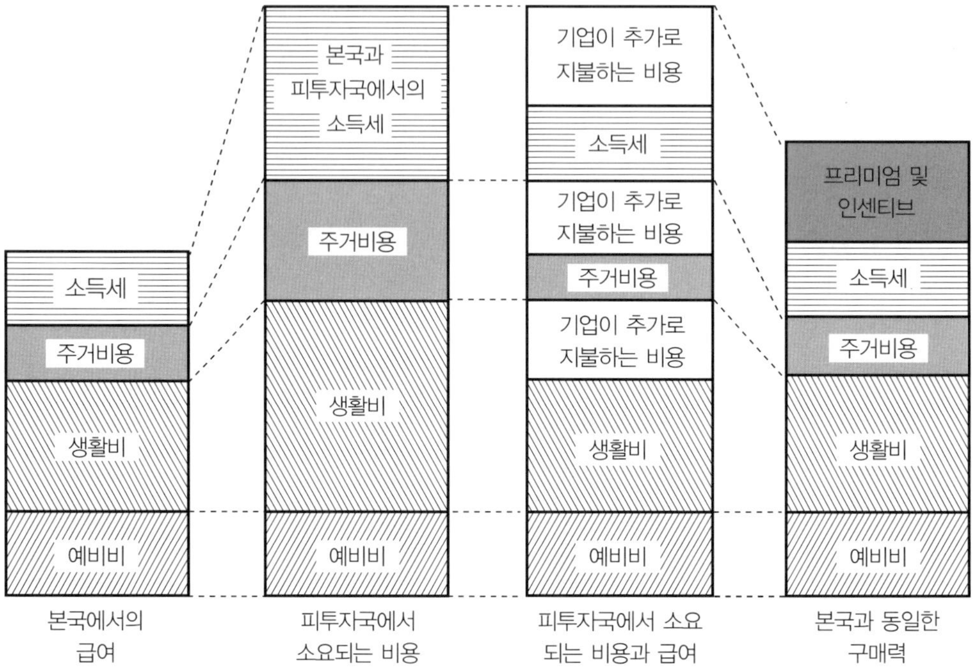

자료: C. Raynolds, "Compensation of Overseas Personnel," in J. J. Famularo (ed), *Handbook of Human Resource Administration* (New York, McGraw-Hill, Inc., 1986), p. 51.

미국의 Colgate-Palmolive는 해외파견직원에 대한 급여를 결정할 때 본사가 위치하고 있는 뉴욕의 물가와 급여수준을 기준으로, 직원이 파견되는 국가의 물가, 주거임대료, 소득세 등을 고려하여 결정함으로써 국내 근무시의 급여 및 생활수준과 차이가 없게 하고 있다.

한편, 해외파견직원에 대한 보상수준은 일반적으로 국내의 급여보다 약 3배 정도 더 높기 때문에 최근 GM이나 IBM과 같은 글로벌기업들은 특별한 경우가 아닌 한, 본국 직원을 해외에 파견하기보다 비용이 훨씬 더 적게 소요되는 현지인을 많이 채용하는 것으로 알려지고 있다.

2. 해외파견직원의 귀국관리

(1) 해외파견직원의 공통적인 고충 14

글로벌기업들은 해외파견직원의 선발, 양성, 교육에 관해서는 많은 관심을 기울이지만 정작 귀국관리에 대해서는 별다른 관심을 기울이지 않는 것으로 파악되고 있다. 이와는 달리 해외에 파견된 직원들은 본인이 본국에 귀국하게 될 때의 개인적인 수입이나 본사 및 본국에 대한 재적응 등에 가장 많은 신경을 쓰게 된다.

일반적으로 해외파견직원들이 주로 다음과 같은 고충을 토로하는 것으로 밝혀지고 있다.

① 해외에 파견할 때까지는 신경을 써주지만 일단 파견된 이후에는 파견이 끝날 때까지 별다른 관심을 가져주지도 않고 본사복귀에 대한 구체적인 계획도 가지고 있지 않다는 점이다.

② 본사와의 의사소통 부족으로 인해서 본사의 운영에 대해 개인적 · 직업적인 고립감을 느끼게 된다는 점이다.

③ 해외에 근무하는 동안 국내승진에서 고려되는 경우가 그리 많지 않아 자신의 경력관리에 의구심을 갖게 된다는 점이다.

④ 자신의 현재 해외파견이 자기 경력 전반에 어떤 영향을 미칠 것인가를 잘 알지 못한 상태에서 파견되어 근무하는 경우가 일반적이어서 이것이 해외근무 도중 근심의 대상이 된다는 점이다.

⑤ 해외파견직원은 통상 새로운 국내 직책이 부여되지 않은 상태에서 귀국하게 되고, 새로운 직책이 주어질 때까지 상당 기간 대기해야 한다는 점이다.

⑥ 국제적 경험을 가진 해외파견직원은 귀국하는 경우 경쟁기업의 스카우트 대상이 되기 때문에 다른 기업에 스카웃되어 그 기업을 떠날 수도 있다는 점이다.

⑦ 해외파견 기간 동안에는 마치 기업주처럼 행동하고 자율권을 가지고 의사결정을 했지만 귀국 후에는 자율권이 상실됨으로써 동기를 상실하게 된다는 점이다.

(2) 체계적인 해외파견 및 본사귀환계획

글로벌기업은 다음과 같은 두 가지 점에서 체계적인 해외파견 및 귀환계획을 수립할 필요가 있다. 첫째, 해외파견시에는 동기가 부여되기 때문에 별 문제가 없지만, 귀국 후 국내직책에 만족하지 못하면 그 기업을 떠나게 될 가능성이 높고, 그렇게 되면 그 직원에게 투자한 시간과 금전은 물론 급기야는 훌륭한 직원마저 잃게 되기 때문이다. 둘째, 사내의

표 14 - 5 해외파견 및 본사귀환에 대한 계획과정

1. 해외파견계획단계(planning expatriations)
   ① 기업 및 경력과 같은 특수 목적을 고려한 해외파견계획의 개발
   ② 여러 가지 환경에 대한 평가절차의 개발
   ③ 목적을 달성하기 위한 방법의 수정

2. 사전해외파견단계(pre-expatriation phase)
   ① 해외파견의 목적에 대한 명확한 설계
   ② 해외파견에 대한 일관된 평가기준의 개발
   ③ 본사 귀환시 예상되는 문제에 대한 교육 실시
   ④ 해외파견직원 및 그 가족에 대한 훈련 실시

3. 해외파견단계(expatriation phase)
   ① 해외파견직원과의 공식적인 커뮤니케이션 경로의 수립 및 유지
   ② 해외파견직원의 국내활동 및 중요성에 대한 자료 제공
   ③ 해외파견직원의 해외파견에 대한 체계적이고 정기적인 보고
   ④ 해외파견직원에 대한 실적평가 및 적절한 인정과 보상
   ⑤ 본사에 해외파견직원에게 제공할 수 있는 직책이 있는가의 여부와 그것이 해외파견직원의 경력에 적합한가에 대한 평가

4. 본사귀환단계(repatriation phase)
   ① 본사에 복귀한 해외파견자에게 파견기간 동안 변화된 조직 및 환경에 대한 집중적인 교육 실시
   ② 본사의 새로운 직책에 대한 동기부여의 재정립
   ③ 가족의 재적응에 대한 지원

자료: M. C. Harvey, "The Other Side of Foreign Assignments: Dealing with the Repatriation Dilemma," *Columbia Journal of World Business*, Spring 1982, p. 55.

다른 직원들이 해외파견직원이 체험한 문제점들을 알게 되고, 본사가 그러한 문제점들에 대해 별로 관심을 기울이지 않는다는 것을 알게 되면 해외파견을 기피할 가능성이 높아지기 때문이다.

따라서 글로벌기업은 해외파견과 해외파견직원의 본사귀환에 대한 체계적인 접근방법을 개발하는 것이 중요하다. 해외파견 및 본사귀환에는 ① 해외파견계획, ② 사전해외파견단계, ③ 해외파견단계, ④ 본사귀환단계의 과정을 거치게 된다. 〈표 14-5〉는 해외파견 및 본사귀환에 대한 계획과정과 각 단계의 주요 목표 그리고 해외파견직원에 대한 각종 교육 및 지원책을 제시하고 있다.

제4절 국제노사관리

1. 글로벌기업과 고용

글로벌기업은 전세계적으로 약 7,300만 명의 근로자를 고용하고 있는 것으로 알려지고 있다. 이 숫자는 전세계 비농부문 유급근로자의 10%에 가까운 것이고 선진국만을 기준으로 하면 유급근로자의 약 20%에 해당되는 것이다.[15] 특히 1990년대 글로벌기업의 해외자회사들은 개발도상국에서 약 1,200만 명의 근로자를 고용했던 것으로 알려지고 있고 여기에 생계를 의존하고 있는 사람은 그 두 배가 넘는 숫자로 추정되고 있다.[16]

일반적으로 규모가 큰 글로벌기업은 국내기업보다 높은 임금을 지급하고 국내보다 더 수준이 높거나 적어도 동등한 근무조건 및 혜택을 제공하고 있는 것으로 파악되고 있다.[17] 또한 많은 글로벌기업들이 그들의 사회적 책임을 강조하고 있으며, 이러한 기본 공약은 글로벌기업 자신의 근로자들의 복지와 하청업자 및 합작투자 기업의 고용관행에 잘 반영되어 있다.[18]

글로벌기업과 고용과의 관계는 ILO의 삼자선언 및 OECD의 지침, 그리고 보다 최근에는 여러 나라의 노동관행에 대한 산업행동강령에 의해서 더욱 분명해지고 있다.

2. 노사관리의 집권화와 분권화

각국의 노사관리관행은 그 나라의 특수한 문화적 · 법률적 · 제도적 환경을 반영하기 때문에 각기 다른 특성을 지니고 있다. 예를 들어, 미국은 계약에 의한 고용으로 직무급이고 유럽제국은 장기적 안정고용으로 직능급이며 일본은 종신고용으로 연공급을 택하고 있다. 이 밖에도 각국은 서로 다른 인사정책을 채택하고 있으며 정부가 고용 및 임금에 깊숙이 개입하기도 한다.

이와 같이 각 나라들이 모두 자국 나름대로의 특수한 노사관행이나 인사관리제도를 가지고 있기 때문에 글로벌기업은 본사의 노사관행 및 인사관리제도를 자기 기업이 진출해 있는 모든 나라에 일방적으로 적용하기가 어렵다.

따라서 각국의 노사관행 및 인사정책의 차이 때문에 발생할지도 모르는 충돌을 피하기 위해서는 현지파견관리자에게 본사의 목표와 크게 다른 행동을 취하지 않는다는 것을 전제로 노사관리를 이양하여 자회사를 원활하게 관리하는 것이 효과적이다.[19]

한편, 인사 및 노무관리를 본사가 집중관리하는 것이 효과적인가 아니면 해외자회사에게 분권관리하는 것이 효과적인가는 한마디로 말할 수 없다. 다만, 글로벌기업이 해외에 진출한 역사가 짧아서 아직 노무관리 능력이 축적되어 있지 않거나 또는 어떤 한 국가에서의 노사협약 때문에 글로벌기업의 범세계적인 노무관리가 영향을 받을 가능성이 있는 경우에는 집권관리가 훨씬 효율적이라고 할 수 있다. 또 범세계적인 조달패턴이 수립되어 있고 어떤 자회사가 또 다른 나라에 소재한 자회사가 생산한 부품이나 생산물을 사용하여 완제품을 생산하는 경우에는 범세계적인 생산전략을 유지하기 위해 집권관리가 효과적이라고 할 수 있다.

그러나 현지의 지역특성을 고려해야 한다는 점에서 보면 노무관리를 현지에 이양하여 분권관리하는 것이 더 바람직하다고도 할 수 있다. 그것은 현지경영자가 현지사정을 가장 잘 알고 있어서 협상에도 도움이 될 뿐 아니라, 그 계약하에서 직무를 수행하고 그에 대한 최종적인 책임을 져야 할 사람이 바로 현지관리자이기 때문이다. 만약 본사가 최종 의사결정권을 갖는다면 현지관리자의 지위와 권위 그리고 효율성은 낮아질 수밖에 없을 것이다.

글로벌기업은 현실적으로 노사관리를 집중 관리함으로써 자회사의 단체교섭에 대한 통제권을 강화해 가는 반면 자회사의 중요성은 상대적으로 약화되어 가고 있다.

3. 글로벌기업과 노동조합과의 관계

(1) 글로벌기업과 노동조합의 상충된 이해관계

글로벌기업과 노동조합은 이해관계가 서로 상반되며 통상 노사협상은 임금이나 근로자의 노동조건 등에 대해 협상하게 되고, 협상의 대상은 임금 이외의 급부를 포함한 급여, 노사 간의 문제, 분쟁의 조정 또는 고정 등이 중심이 된다.

글로벌기업과 노동조합은 상호 간 상대방에 대해 상반된 시각을 갖는 것이 일반적이다. 그 한 예로서 글로벌기업의 대표는 노동조합이 그 교섭력을 국제적으로 확장하여 전세계 여러 지역에 산재해 있는 자기 기업그룹의 전체적인 사업운영에 큰 타격을 주지나 않을까 우려하여 노동조합의 움직임을 주시하고 경계한다. 반면에 노동자들은 노동조합이 기업의 대표와 급여 등을 논의하고 협상할 수 있는 유일한 수단이기 때문에 노동조합의 결성을 강력하게 지지하고 노동조합이 주장하는 바를 따르게 된다.

(2) 글로벌기업과 노동조합의 대응

글로벌기업은 노동조합에 대항하여 여러 나라에 생산공장을 설립해 놓고 어떤 한 나라에서 파업이 발생하여 제품공급이 중단되면 다른 나라 공장에서 제품을 조금 더 생산하여 소비자들에게 공급한다. 글로벌기업들은 이러한 기업 간의 범세계적인 협조체제를 통해서 동정파업과 같은 노동조합의 국제적인 협력을 무력화시키고 있다.

이 때문에 노동조합의 대표들은 글로벌기업들이 파업에 따른 영향을 줄이고 현지 노동조합의 교섭력을 약화시키기 위해서 이중제품조달정책(dual sourcing policy)을 채택하고 있다고 비난하는 것이다.[20]

또 글로벌기업들은 노동쟁의가 발생하는 경우 생산시설을 다른 나라로 이전시키겠다고 위협하기도 한다. 하지만 실제로 파업이 발생하는 경우 자회사가 위치하고 있는 현지의 노동조합들은 고용주인 글로벌기업으로부터 임금외 급부(nonwage benefits)를 얻어내기 위해 공동전략을 펼침으로써 노동운동이 진행되는 동안에는 글로벌기업이 생산시설을 다른 나라로 이전시킬 수 없다.

한편, 노동조합은 글로벌기업의 이러한 정책에 대응하여 국제적인 단체교섭을 활용하고 있다. 최근 4,400명 이상의 일자리를 일거에 잃게 된 EU 7개국의 주요 노조들이 '유로생디칼리즘'이라는 이름 아래 글로벌기업의 폐쇄결정에 대응하여 국제연대를 본격화한 사건은 그 좋은 예에 속한다.[21]

하지만 현실적으로 단체교섭이 국제적으로 성공을 거두는 경우는 쉽지 않다. 그것은 각국 노동조합 간에 노동조합의 구성이나 정치적 · 이념적 성격 그리고 관심이 달라서 국제적인 단체교섭을 위한 협력이 용이하지 않기 때문이다. 즉, 조직의 구성면에서 미국의 경우에는 대부분의 노동조합이 산업별로 조직되어 있고 직능별 단위조합이 조직되어 있으며, 독일에서는 산업별 조합이 몇 개의 단일체로 구성되어 있다. 또 네덜란드나 스웨덴에서는 노동쟁의가 사용자와 노동자의 포괄적인 조직에 의해 해결되는 경향이 있기 때문이다.

또한 각국 노동조합의 관심분야도 크게 달라서 미국의 노동조합은 경영자에 대응한 집단적 교섭력을 무기로 경제적 이슈에 관심을 두는 경향이 있는 반면, 독일의 노동조합은 공동결정권 및 감사회에 대한 참여, 영국의 노동조합은 경제적 이슈 및 경영자와의 협력거부권, 그리고 프랑스나 이탈리아의 노동조합은 경제 및 정치제도 변경에 우선을 두고 있기 때문이다.

그 결과 노동조합이 범세계적으로 결속되거나 통합되는 경우는 거의 찾아보기 힘들다. 또 아직까지 다국적 협상이 이루어지지 못하고 있을 뿐만 아니라 그 가능성도 극히 희박하다. 하지만 글로벌기업은 현지 노동조합의 국제적인 연대를 통한 파급효과를 너무 과소평가해서는 안 된다.

국제경영사례 14－2

삼성의 해외파견직원 선발 및 교육

1. 해외지역전문가제도

삼성은 '세계화를 위한 현지화' 전략의 하나로 해외지역전문가제도를 실시하고 있다. 이는 21세기의 국제적인 감각을 지닌 세계경영자를 양성하기 위한 것으로서 관습이나 문화적인 차이를 뛰어넘어 그 나라 사람처럼 생각하고 행동할 수 있는 완전히 현지화된 삼성인을 양성하기 위한 제도이다.

해외파견자로 선발된 200-300명의 직원은 모든 업무로부터 해방되어 아무런 조건 없이 1~2년간 자신이 선택한 나라에 파견되어 본인의 의사에 따라 자유롭게 활동하고 현지인과 생활하며, 어학연수와 체험연수를 통해 현지 사회문화 전반에 대한 여러 가지 경험을 쌓게 하는 제도이다.

2. 인재양성프로그램

삼성은 개인의 자기계발을 중시하여 일정한 자격증을 취득했을 때는 회사 차원의 인센티브를 제공하는 등 지원을 아끼지 않고 있다. 삼성이 실시하는 주요 교육프로그램에는 핵심인재육성교육, 국제화교육, 계층교육, 기술교육 등이 있다.

① 핵심인재육성 프로그램

삼성의 미래를 이끌어 갈 핵심인재를 교육시키는 과정으로서 지역전문가과정과 Techno-MBA, Socio-MBA, 21세기 리더과정, 21세기 CEO과정 등이 포함된다. 특히 21세기를 맞아 새롭게 개설된 Techno-MBA와 Socio-MBA는 전문소양을 갖춘 경영인력을 육성하기 위한 것으로 업무와 별개로 실시되는 전문교육이다.

② 국제화 프로그램

국제화 프로그램은 국제화 교육부문과 외국어 교육부문으로 나누어진다. 국제화 교육부문은 해외사업부문의 관리자, 주재원 부임자 및 귀임자를 위한 각종 과정과 지역연구과정 등 6개 과정이 운영되고, 외국어 과정은 다양한 어학 및 문화를 이해할 수 있도록 12주 과정을 운영하고 있다(영어, 중국어, 일어, 독어, 러시아어, 스페인어, 포르투갈어 등).

③ 리더양성 프로그램

신입사원 및 신임 과 · 부장, 신임 임원 등 해당 계층 신임자를 대상으로 하는 '기본교육'과 상위 직급의 업무수행능력을 사전 배양하기 위한 '육성교육'으로 나누어진다. 기본교육에는 신입사원을 위한 입문과정, 신임과장 · 부장과정, 경영자 세미나 등이 있고, 신임 임원과정에는 신경영을 선도하는 21세기 뉴 리더로서의 사명감을 부여하고 사업부문 책임자로서의 추진력과 리더십을 겸비한 전략경영 실천능력을 함양한다.

④ 전문직무 프로그램

이 프로그램은 전문직무능력 개발을 통해 혁신적 기업문화 창출에 기여할 인재를 양성하기 위한 것이다. 이 프로그램은 모든 사람이 각 분야에서 전문지식을 가지고 자신의 능력을 최대한 발휘하여 시너지효과를 달성할 수 있도록 짜여진 것이다. 실제로 해당 분야에 필요한 종합적 전문지식을 습득하는 경우에만 전략적 업무수행이 가능하고 그 분야의 혁신을 주도할 수 있다. 이 프로그램에서는 신경영과 기업문화 확산을 위해 다양한 교육을 실시하고 있으며, 질 좋은 교육을 위해 해외 선진기업 벤

치마킹, 국내 타기업, 대학, 교육기관과의 교류를 활발히 진행하고 있다.

⑤ Cyber교육 프로그램

삼성은 기업에 필요한 인재, 나아가 국가에 필요한 인재, 궁극적으로는 세계 인류사회에 공헌할 수 있는 인재를 양성한다는 신념으로 인터넷 비즈니스 성공전략, 글로벌경영, 비즈니스 매너, 알기 쉬운 시사경제, 퍼포먼스 영어 등 40여 종의 「Cyber 교육」 프로그램을 실시하고 있다.

3. 국제화교육

삼성인력개발원은 세계인과 함께 호흡하고 행동하는 글로벌 삼성인을 육성함과 동시에 글로벌 삼성을 실현하기 위해 유능한 국제사회인으로서 필요한 외국어 활용능력과 국제실무능력을 배양하는 국제화교육을 실시하고 있다.

여기에서는 임직원의 국제화 역량을 제고하기 위한 이문화교육을 비롯하여, 외국어교육, 지역연구, 해외파견자교육 등을 실시하는 한편, 해외 현지사업장의 핵심인력양성 및 현지인력의 직무능력 향상을 위한 다양한 교육프로그램도 개발, 운영하고 있다.

① 외국어교육

이 프로그램은 영어, 일어, 중국어, 기타 전략언어 등의 장기 합숙과정을 통해 어학 실무활용능력은 물론 현지화 능력을 집중적으로 배양하기 위한 교육이다. 도심형 전문연수시설인 「서울연수소」에서는 집합교육에 의한 다양한 현장밀착형 어학실무 및 테마과정도 운영하고 있다.

② 해외파견자교육

해외파견자의 사명감 고취와 현지 문화에 대한 조기적응 및 해당지역의 경영전략 추진방향을 수립할 수 있도록 지원하는 교육으로서 지역전문가, 주재원 및 주재원 가족, 해외MBA, 해외법인장 등의 현지화 능력개발과정을 운영하고 있다.

③ 이문화교육

문화의 차이를 이해하고 서양문화에 편견이 없는 국제인으로서 해외비즈니스를 원활히 수행하는 한편, 현지생활에 대한 적응능력을 배양하기 위한 교육이다.

④ 지역교육

해외 현지사업을 전개함에 따라 체험하게 되는 정치, 경제, 사회, 문화 및 상관습, 의식구조 등을 체계적으로 학습함으로써 현지 비즈니스에서의 경영성과를 극대화하기 위한 포괄적인 지역연구과정이다.

⑤ 현지인력교육

해외사업장에서 근무하는 현지인력을 대상으로 실시하는 교육으로서, 21C 초일류기업으로 성장하기 위한 삼성의 경영이념과 철학 및 정신을 이해하고, 삼성가족의 일원으로서 문화공동체 의식을 함양하기 위한 교육이다.

이상의 삼성의 각종 교육프로그램이 삼성의 인력양성체계에서 어떠한 영역에 위치하고 있는가를 나타내면 다음 표와 같다.

[삼성의 인력양성체계]

<table>
<tr><th rowspan="2">구분</th><th rowspan="2" colspan="2">SVP
핵심가치 공유</th><th rowspan="2">SLP
차세대 리더 양성</th><th colspan="4">SGP 글로벌 역량 개발</th></tr>
<tr><th>글로벌
전문인력</th><th>현지인
삼성화</th><th colspan="2">삼성인
국제화</th></tr>
<tr><td rowspan="2">임 원</td><td colspan="2">SVP 임원세미나</td><td rowspan="2">SLP
고위경영자양성</td><td rowspan="2">SGP
법인장</td><td rowspan="7">해외현지 인력양성</td><td rowspan="7">프리미어 과정</td><td rowspan="7">외국어 교육</td></tr>
<tr><td colspan="2">SVP 신임/영입임원</td></tr>
<tr><td>부 장</td><td>SVP
신입부장</td><td rowspan="5">SVP
삼성
입문</td><td>SLP
임원양성</td><td>SGP
법인장
양성</td></tr>
<tr><td>차 장</td><td>SVP
신입차장</td><td rowspan="2">SLP
차장 · 과장</td><td rowspan="2">SGP
주재원
양성</td></tr>
<tr><td>과 장</td><td>SVP
신입과장</td></tr>
<tr><td rowspan="2">사 원</td><td>하계수련대회</td><td colspan="2">삼성 MBA</td></tr>
<tr><td>SVP 신입입문</td><td colspan="2">지역전문가</td></tr>
</table>

주) SVP: Samsung Shared Value Program: 신입사원 입문교육
SLP: Samsung Business Leader Program: 고위경영자 양성 및 임원 양성 프로그램
SGP: Samsung Global Expert Program: 글로벌 전문 인력 양성 프로그램

자료: 정구현, 한국기업의 글로벌경영 (서울, 위즈덤하우스, 2008), pp. 203~210; 김영래, 삼성의 DNA(서울, 비즈프라임, 2011); 삼성인재개발원(www.samsunghrd.or.kr).

CHAPTER 15

국제조직

International Business

국제경영사례 15 – 1

ABB의 글로벌 매트릭스(matrix) 조직

ABB(Asea Brown Boveri)는 2012년 현재 전세계 100여 개 국가에서 12만 5천 명의 종업원을 거느리고, 현재 매출액 316억 달러, 수익 16억 달러, 자산 363억 달러를 기록하고 있는 세계 최대의 산업용 전기기계분야 글로벌기업이다.

ABB는 바람, 태양, 열, 석탄 등 다양한 에너지를 전기에너지로 변환하는 전력생산으로부터 생산된 전력이 산업기반 시설과 각 가정으로 보내지기까지 일련의 과정에 필요한 제품을 생산하고 있다. 그들은 배전반 및 차단기, 변압기, 발전기, 변전소 등의 전력기술 분야와 제어시스템, 드라이브, 산업용 로봇, 모터, 계측, 각종 저압제품 등의 자동화 부문에서 43만 가지의 제품과 1,700만 여 개의 부품을 공급하고 있다.

오늘날 ABB는 미국의 GE, 독일의 Siemens와 함께 세계 3대 중전기업체로 손꼽히고 있다. 하지만 이러한 외형에도 불구하고 스위스 취리히(Zurich)에 있는 ABB 본사의 건물은 웬만한 중소기업만도 못하다. 그리고 이곳에서 일하는 본사직원도 겨우 170여 명에 불과하다. 여기에 ABB가 추구하는 세계화전략이 그대로 담겨 있다.

바네빅(P. Barnevik) 회장은 『우리 회사의 경영구조는 3개의 모순된 요소로 구성되어 있다. 크고도 작은 기업, 글로벌(global)하지만 로컬(local)한 기업, 중앙집권적이면서도 분권적인 체제가 그것이다』라고 말한다. ABB는 글로벌화된 기업이면서 동시에 현지화되고 대기업의 이점을 살리면서 동시에 중소기업의 신속함을 갖추며, 또 분권화된 동시에 중앙집권적이라는 상충적인 욕구들을 만족시킬 수 있도록 매트릭스조직구조를 선택한 결과 이것이 가능하게 되었다.

ABB는 그 방대한 조직에도 불구하고 중소기업과 같은 유연성을 발휘한다. 140여 국에 진출해 있는 자회사들의 신속성은 현지기업을 무색케 한다. 이는 국내외 거대 기업들이 관료조직화 등 때문에 「대기업 병」을 앓고 있는 것과는 판이하게 다르다. 그래서 ABB는 「21세기 글로벌기업의 모범형」

으로 불려왔고, 오랫동안 거대한 글로벌기업조직을 가장 효율적으로 운영하는 기업으로 평가받아왔다.

ABB의 이런 모습은 특유의 「조직론」에 기인한다. ABB는 지난 1987년 스웨덴의 아세아그룹(ASEA)과 스위스의 브라운 보베리 그룹(Brown Boveri)의 합병으로 생겨났다. 이 두 기업의 합병 이유는 간단했다. ASEA는 기술력과 마케팅력이 필요했고 Brown Boveri는 방계회사를 관리하기 위한 경영력이 필요했던 것이다. 이때부터 바네빅 회장은 『경영조직은 얇을수록 좋다』는 신념하에 취임하자마자 본사의 2,000여 명의 직원을 10분의 1로 줄이고, 독일 사업본부는 1,600여 명의 본부 직원을 100여 명으로 감축했다.

바네빅 회장은 본사조직을 슬림화(slim)하는 대신 철저히 분권화 · 현지화 조직을 건설했다. 그리고 「매트릭스(matrix)조직」을 도입, 모든 조직을 50명 정도의 소규모 사업집단으로 나누는 데 성공했다. ABB 특유의 매트릭스조직의 원리는 간단하다. 그룹 이사회 밑에 상호 독립적인 제품별사업부와 지역별사업부라는 두 개의 조직을 둬 경쟁 및 협조관계를 이루게 하는 것이다.

매트릭스의 한 축을 이루는 제품별사업부는 ABB의 주요 사업분야를 65개의 사업본부로 나누었다. 즉 지역에 관계없이 ABB가 참여하고 있는 운송장비, 발전소설비, 송전시설, 공해방지시설, 내전설비, 엔지니어링 서비스, 또한 금융서비스와 같은 독립적인 사업영역으로 조직하여 종류에 따라 사업을 총괄하는 게 제품별사업부의 일이다. 제품별사업부에서는 부품을 통합적으로 구매하며 제품에 대한 가격결정과 조정기능을 수행하고 생산량을 각 공장에 할당한다. 또한 기술이전과 개별사업단위의 철수 또는 신규진입과 같은 주요 의사결정을 담당한다. 이와 같이 제품별사업부는 주로 기술, 연구개발, 생산, 구매와 같은 활동부분을 글로벌하게 통합하고 조정하는 역할을 담당한다.

제품별사업부의 모세혈관이 세계 각지에 산재해 있는 5,000여 개의 이윤센터(profit center)이다. 이윤센터는 각각 50명 안팎으로 구성된 최소 사업단위로 완전한 분권화 경영체제를 갖추고 있다. 각 이윤센터는 자체적으로 대차대조표와 손익계산서를 작성한다. 개인의 인사고과도 자신이 속해 있는 이윤센터의 성과에 의해 좌우된다.

제품별사업부의 반대편 측에는 50여 개의 지역별사업부가 존재한다. 이 지역별사업부는 현지의 경제, 사회환경과 네트워킹을 이루는 것으로서, 고객의 수요를 충족시키고 현지에 있는 인력관리를 효과적으로 하는 등 현지경영에 대한 책임을 진다. 지역별사업부는 현지의 기본적인 사업단위를 중심으로 하여 점차 기업의 상층으로 정보가 흘러들어 가도록 하는 역할을 수행한다. ABB는 지역을 유럽, 북미, 아시아 · 태평양 등 3개의 광역지역 분할에서 한발 더 나아가 세계를 50개 지역으로 세분화, 그 지역에서 벌이는 사업에 대해 모든 책임을 지도록 되어 있는 조직구조이다. 3명의 광역지역 본부장 밑에는 각각의 국가 혹은 권역별로 50여 명의 지역관리자가 있다. 이들은 1,400여 개의 자회사를 총괄한다. 지역관리자가 소속되어 있는 ABB회사는 보통 지주회사의 형태로 설립돼 해당국가에 진출해 있는 ABB자회사를 관리한다.

이렇게 두 개의 큰 축으로 조직을 나눈 다음 개별 1,300여 개의 회사를 아주 작고 현지화되어 있으며 분권화된 조직의 기본적인 구성단위로 만들었다.

ABB는 이들 분권화되고 현지화된 소규모의 자회사들을 효과적으로 통제하는 매트릭스조직을 통해서 글로벌화되고 거대하며 중앙집권적인 통제를 갖는 조직으로 운영될 수 있는 것이다. 즉, ABB는 조직의 구성단위인 사업부를 철저하게 현지화되고 소규모인 그리고 분권화된 사업단위로 쪼갠 다음, 이들 사업단위를 효과적으로 통제할 수 있는 글로벌한 조직구조를 운영함으로써 기업 전체적으로는 글로벌화되어 있고 대규모이며 동시에 중앙집권적인 통제를 가능하게 한 것이다.

이렇듯 매트릭스조직은 말 그대로 X축의 사업영역과 Y축의 지역영역을 상호 독립적으로 동등하게 존재시키는 게 특징이다. 4명의 제품별사업부 대표와 3명의 지역별사업부 대표는 바네빅 회장과 함께 그룹이사회를 구성한다. 이 그룹이사회에서는 서로 다른 운영원리에 따라 움직이고 있는 제품별 조직과 지역별 조직 간에 서로 상충되고 의견이 있을 경우에는 ABB의 가장 최상부에 위치한 운영위원회에서 조정을 한다. 이러한 조직구조는 일반적으로 제품별사업부를 토대로 그 밑에 지역별사업부를 두는 글로벌기업들의 경영패턴과는 대비된다.

어떻게 보면 매트릭스조직은 상호 경쟁만 유발시켜 효율성만 저하시킬 것처럼 보인다. 실제로 그런 면이 전혀 없는 것은 아니다. 제품별사업부의 담당자는 규모의 경제를 추구한다. 때로는 해당지역의 이익을 희생시켜서라도 전사적인 차원에서 해당 사업의 이익극대화에 주력하기도 한다. 반면 지역별사업부의 담당자는 사업보다는 지역 우선이다. 그래서 제품별사업부 담당자와 지역별사업부 담당자 간에 마찰이 빚어지는 경우가 허다하다.

그러나 이런 단점보다는 장점이 훨씬 많다는 게 업계의 평가이다. 사업영역의 「규모의 경제」와 지역영역의 「분권화 효율성」이 교묘하게 결합되고 있다는 것이다. 예컨대 핀란드 ABB모터스의 경우 생산활동이나 조직관리는 현지의 소조직이 담당하지만 수주 · 판매활동은 본사를 통해 세계 100여 개국에 구축된 판매망을 활용한다. 한정된 인원으로는 도저히 수집할 수 없는 세계 각국의 연구개발정보나 정부발주공사에 대한 정보도 본사의 정보망을 적극 활용하고 있다. 대형 프로젝트의 경우 ABB 그룹 내의 컨소시엄이 형성되는 것도 다반사다. 필리핀의 복합 사이클발전소를 건설하는 데 4개국의 ABB회사들이 힘을 합쳤다. 중국에 진출할 때는 홍콩, 대만, 싱가포르 등 중국에 가까운 자회사들이 연합했다. 지역사업의 경우 자회사의 유연성이 돋보인다. 전자부품사업은 전자왕국 일본에서도 애프터서비스만큼은 최고로 평가된다.

세계적인 경영학자인 미국의 피터즈(T. Peters)는 그의 유명한 저서 「해방경영」에서 바네빅 회장을 『20년대 근대적 대기업 조직의 모델을 구축한 GM의 알프레드 스론 이후 현대적 조직구축의 대가』라고 평가했다. ABB의 조직이 앞으로 세계화 기업들이 추구해야 할 조직모델임을 인정한 것이다.

하지만 1996년 바베넥 회장이 물러나고 새 회장 G. Lindahl이 취임한 후 ABB의 기존 조직구조는 지속되지 못했다. 린달 새 회장은 그동안 취해왔던 ABB의 전략과 조직을 그대로 승계하고, 미국과 유럽을 벗어나 새로운 아시아 신흥시장국으로 진출할 것을 천명하였다. 하지만 1997년 아시아 국가들의 외환위기로 이러한 계획은 빛을 보지 못했고 ABB는 금융서비스를 제공했던 사업에서 대금이 제대로 회수되지 않아 현금조달 및 운용에 큰 어려움을 겪게 되었다.

이러한 어려움은 결국에는 ABB가 그동안 이끌어온 매트릭스 조직구조의 존립을 위협하기에 충분했고, 그 결과 2002년에는 결국 매트릭스 조직을 포기하고 전통적인 글로벌 제품별 사업부제 조직으로 개편하였다. 이어 2006년에 다시 조직을 개편하여 최고경영자 아래에 5개의 사업부를 둔 글로벌사업부제 조직을 채택하여 오늘에 이르고 있다.

자료: 중앙일보 (2001. 7. 3.); 한국경제신문 (1995. 7. 25.); ABB Homepage(www.abb.com) 2012; 한국경제 (2012. 4. 19.); 파이낸셜뉴스(2012. 4. 12.).

제 1 절 기업의 글로벌화와 조직구조

1. 기업의 기본 조직구조

조직(organization)이란 기업이 특정 목표를 효과적으로 달성하기 위하여 기업 내의 권한과 책임, 의사소통 및 통제 등에 관한 내부관계를 확립하는 경로를 뜻한다. 따라서 조직은 기업을 관리하고 업무를 효율적으로 수행하기 위하여 기업 내 구성원들 간의 직무 및 기타 상호관계를 연결하고 정보, 기술, 또는 자본을 공동으로 이용하며, 정해진 목표를 효과적으로 달성할 수 있도록 구축되어야 한다.

기업의 기본적인 조직구조에는 기능별 조직구조, 제품별 조직구조, 지역별 조직구조가 있다.

기능별 조직구조(functional structure)는 조직이 마케팅, 재무, 생산 · 로지스틱스(logistics), 연구개발, 대 정부관계, 인사 등과 같이 기능별로 짜여진 경우를 말한다. 이러한 조직구조는 자원을 단기 수요변화에 효율적으로 공급할 수 있고, 부서별로 조정이나 평가 그리고 계획이 가능하다는 장점을 가지고 있다. 그러나 전문부서가 너무 많으면 의사결정이 신속하게 이루어지지 못하고 전반적인 전망이 불가능하다는 단점이 있다.

제품별 조직구조(product structure)는 조직을 제품라인별로 구성하고 제품라인 부서가 구매, 생산, 마케팅, 재무 등의 기능을 관장하는 형태의 조직구조를 말한다. 이 조직구조는 기능 간의 협조가 신속하고 용이하게 이루어질 수 있는 장점이 있으나 장기적으로 전문가를 개발하기가 어렵다는 단점이 있다.

다음으로 지역별 조직구조(area structure)는 특정 지역에서 사업활동을 성공적으로 수행하기 위해 특정 지역에 대한 상세한 지식이 필요한 경우 조직을 지역별로 편성하는 경우이다.

2. 새로운 조직구조의 필요성

위에서 살펴본 조직의 기본원칙은 글로벌기업에도 그대로 적용된다. 따라서 글로벌기업은 특정 목표를 달성하기 위하여 조직상의 권한과 책임관계를 명확하게 확립해야 하고, 관련회사들을 효율적으로 통제 · 운영하여 성공적으로 업무를 수행할 수 있도록 원활한 의사소통 시스템을 갖추어야 한다.

특히 글로벌기업의 경우에는 심리적인 거리(psychological distance), 내셔널리즘(nationalism), 문화 및 환경상의 커뮤니케이션 갭(gap) 등과 같은 요인들 때문에 원활한 의사소통이 더욱 필요하게 된다. 따라서 글로벌기업은 본사 및 해외자회사의 관리자들이 이러한 환경의 복잡성과 다양성에 효과적으로 대처할 수 있도록 조직되어야 한다.[1]

글로벌기업들은 이러한 필요성에 대응하여, 기업활동이 수출에서 해외 현지생산으로 전환되기 시작했던 1960년대 중반 이후부터 새로운 조직을 구축하기 시작하였다. 즉 이들은 더 이상 기존의 조직구조를 가지고는 효율적인 경영이 불가능하다는 사실을 인식하고 자사의 원료, 반제품 및 부품, 최종재 등의 흐름을 범세계적으로 합리화하기 위해 조직구조를 재구축하기 시작하였다.

3. 글로벌기업 조직구조의 변화과정

글로벌기업의 조직은 그 기업의 역사와 경영이념, 최고경영자의 경영철학, 퍼스널리티(personality) 및 아이디어, 취급제품라인과 다각화의 정도, 그리고 다국적화 정도 등에 따라서 각기 달리 결정된다.

하지만 국내기업이 글로벌기업으로 성장해 가는 데는 〈표 15-1〉과 같은 일정한 경로를 거치는 것이 일반적이며, 국적에 관계없이 대체적으로 유사한 패턴을 따르는 것으로 알려지고 있다.

즉, 해외진출 초기에는 수출을 통해 국제사업활동을 시작하고 조직은 수출과나 수출부가 담당하게 된다. 그러다가 수출이 전체 사업활동에서 차지하는 비중이 높아지게 되면 수출부가 수출사업부로 확장 · 개편되고, 더 나아가 국제사업활동이 단순한 수출차원을 벗어나 라이센싱이나 해외생산으로 확대되면 조직은 다시 수출사업부에서 국제사업부로 확대 · 발전된다.

표 15-1 기업의 국제화 전개과정과 조직구조의 변화

국제화단계	국제화전략	조직구조
제1단계: 간접수출 또는 비정기적 수출	해당 없음	해당 없음, 또는 수출과 신설
제2단계: 직접수출	직접수출을 통해 해외시장에 진출	수출사업부
제3단계: 직접투자	일부 국가에는 직접투자방식으로 진출, 여타 국가에는 직접투자 이외의 방식으로 진출	국제사업부
제4단계: 다국적 생산 및 마케팅	전세계 시장을 다수국전략 또는 글로벌 전략에 따라 복수 공급원으로부터 공급	지역별 조직구조 또는 제품별 조직구조

자료: F. R. Root, *Entry Strategies for International Markets*, Revised and Expanded ed. (New York, Lexington Books, 1994), p. 264.

다음으로 국제생산 및 마케팅활동이 범세계적으로 이루어지고 사업활동이 다각화되면 글로벌기업의 조직은 지역별 조직구조나 제품별 조직구조 또는 기능별 조직구조로 바뀌거나 지역별·제품별·기능별 조직구조를 혼합한 매트릭스 조직구조로 바뀌게 된다.

하지만 모든 기업이 이와 같은 획일적인 국제화 과정 및 조직구조를 거치는 것은 아니며, 경우에 따라서는 중간단계의 과정이나 조직구조를 뛰어넘을 수도 있고, 또 발전속도에 따라서는 어떤 특정 단계의 국제화 과정 또는 조직구조가 상당기간 지속될 수도 있다.[2]

제2절 글로벌기업의 조직구조

1. 독립적 자회사(autonomous subsidiary)

(1) 독립적 자회사 조직구조

독립적 자회사 조직구조는 〈그림 15-1〉에서 볼 수 있는 바와 같이 해외자회사의 장이 중간경영층을 거치지 않고 최고경영자나 본사의 이사회에 직접 연결되도록 편성되어 있는 조직구조를 말한다. 이러한 조직구조는 모자관계조직(mother-daughter pattern)이라고도 한다.

독립적 자회사는 해외사업이 급속하게 성장하고 있는 과정에서 일시적 또는 과도기적으로 이용되는 조직구조로서, 글로벌기업이 국내에 잘 수립되어 있는 제품라인과 동일한 제품라인을 해외시장에 급속하게 확장하기 위해 해외시장에서의 성장을 최우선 전략으로 채택하는 경우 주로 이용된다. 이 조직구조는 미국계 기업보다는 유럽계 기업에서 쉽게 찾아볼 수 있는데, 이는 유럽계 기업이 추구하는 다국적전략의 단순성을 반영하는 것이다.

(2) 독립적 자회사 조직구조의 장 · 단점

독립적 자회사는 해외자회사에게 독립성이 부여되기 때문에 현지자회사가 현지시장에 신속하게 대응하고 현지국 정부와 긴밀한 관계를 유지할 수 있는 장점이 있다. 또 장기적인 대책수립은 물론 현지인 관리자의 개발도 촉진할 수 있다. 그뿐만 아니라 최고경영자가 의사결정에 직접 참여하기 때문에 총체적이고 장기적인 이익을 고려한 대책을 수립할 수 있고 신속한 위기대처와 원활한 의사소통이 가능하다.[3]

그러나 해외자회사가 최고경영층과 직접 연결되어 있기 때문에 최고경영층의 시간이 효율적으로 이용되지 못하고, 의사결정이 전사적으로 이루어지기보다는 해외자회사의 관점에서 이루어질 가능성이 높다는 단점이 있다.

그림 15－1 독립적 자회사 조직구조

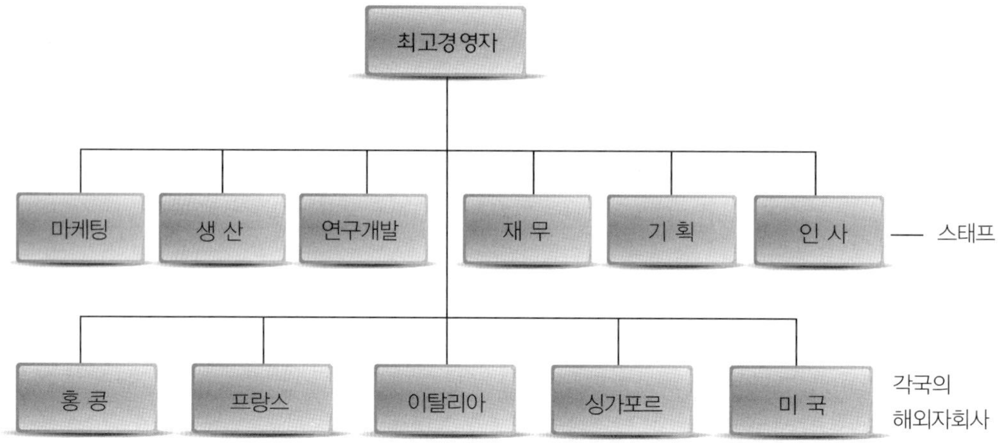

2. 국제사업부(international division)

(1) 국제사업부 조직구조

국제사업부 조직구조는 〈그림 15-2〉에서 볼 수 있는 바와 같이 기능별 · 제품별 또는 지역별로 편성된 조직에 국제사업부를 두고, 이 국제사업부로 하여금 해외영업활동 전반을 관장하도록 편성해 놓은 조직체계를 말한다. 국제사업부는 국내조직의 일부로서 조직되고 국제사업정책 및 범세계적인 전략기획 전반에 대한 책임을 지며 조직상으로는 국내사업부와 동등한 위치에 놓인다.

국제사업부는 일반적으로 지역별 조직구조에 따라 조직되고 책임과 권한의 분권화가 이루어지기 때문에 각 지역담당관리자가 특정 지역에 대한 경영활동에 대해 전적인 책임을 지게 된다.

국제사업부가 국제경영활동을 효율적으로 수행하기 위해서는 국내사업부와 긴밀하게 협조하는 것이 필요한데, 이를 위해서 마케팅, 생산, 재무, 연구개발, 인사, 기획 등의 기능별 스탭진을 두게 된다. 하지만 규모의 경제에 따른 이익을 활용하기 위하여 생산 및 기타 관련 기능은 여전히 국내사업부가 관장하도록 한다.

해외자회사에 대한 국제사업부의 임무는 배분된 권한을 가지고 해외자회사들 간의 활동을 조정하고 이전가격을 설정하며 수출품의 생산시설을 설계하고 자회사의 증자 등의 문

그림 15 - 2 국제사업부 조직구조

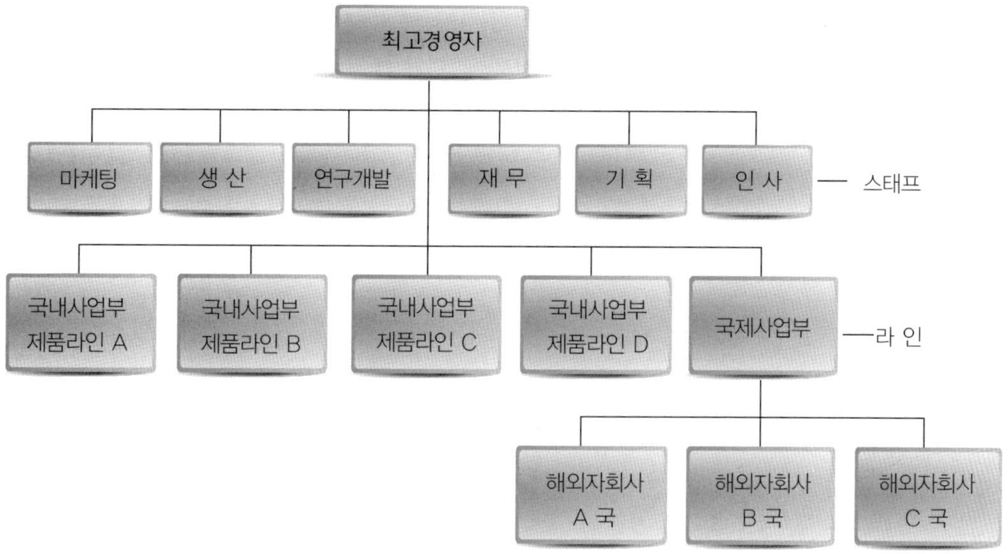

제를 다루는 데 있다.[4]

국제사업부는 환경변화에 별로 민감하지 않은 소수의 제품을 취급하는 기업 그리고 국제적인 판매와 이익이 국내사업부에 비해 별로 중요하지 않은 그런 기업의 경우에 많이 이용되는 조직구조이다.[5] 또 국제적인 노하우나 경험을 결집시켜 지역적인 시장확대나 새로운 시장을 개척하고자 하는 경우에 주로 이용되며, 보다 더 통합적인 여타 형태의 조직구조로 이행해 가는 과정에서 과도기적으로 이용되는 것이 일반적이다. 국제사업부는 유럽계 기업보다는 미국계 기업에서 쉽게 찾아볼 수 있다.

미국의 PepsiCo는 국제청량음료사업부 밑에 150개국의 영업을 관장하는 6개 지역사업부(프랑스, 일본, 이집트, 오스트레일리아, 아르헨티나)를 두고 있다. 이들 지역사업부는 각기 독자적으로 운영되며 현지업무에 관한 거의 모든 권한을 갖는다.

우리나라의 삼성물산은 상사, 건설 등의 사업부제조직구조를 채택하고 있다. 삼성물산은 2개부문(상사부문과 건설부문)으로 구성된 대규모 사업부조직을 보다 세분하여 40여 개의 사업유니트(unit)로 재편성하고, 각 사업유니트로 하여금 독자적인 대차대조표와 손익계산서하에서 사업을 독자적으로 운영하도록 하고 있다.

(2) 국제사업부 조직구조의 장 · 단점

국제사업부는 해외사업에 대한 집권관리를 가능하게 하기 때문에 단결력과 통일성을 제공해 준다. 그리고 다양한 시장이나 사업기회에 적응할 수 있는 조직능력을 향상시켜 주며 국제적인 전략개발을 촉진시켜 주는 장점을 가지고 있다. 또 이중의 노력이나 비용을 피하고 제품선택, 자본배분, 이익증대 등에 있어서 최선의 방법을 결정하는 데 전사적 접근이 가능하다.

하지만 국제사업부는 국내사업부에 비해 우선권이 뒤지며 국내사업부와의 사이에 영업성과나 이익, 이전가격 책정(transfer pricing) 등 영업활동상의 조정문제가 발생하게 될 가능성이 높다. 그리고 우선권상의 충돌이나 이익목표의 중첩 및 자원경쟁은 국내사업부 간의 협력을 해치는 요인이 되기도 한다. 따라서 국제사업부 조직에서는 국제사업부와 국내사업부 간의 긴밀한 협조가 필요하며, 자원을 양 사업부 간에 효율적으로 배분하는 것이 무엇보다도 중요하다.

3. 범세계적 제품별 조직구조(global product structure)

(1) 제품별 조직구조

제품별 조직구조는 글로벌기업이 가장 많이 채택하고 있는 조직구조로서, 이 조직구조는 〈그림 15-3〉에서 볼 수 있는 바와 같이 본사가 기업의 전반적인 사업목표와 각 제품사업부별 목표를 수립하고, 제품그룹별로 구성된 각 제품사업부가 전세계를 대상으로 해당 제품에 대한 모든 활동을 계획 · 통제 · 관리하며 최고경영자에게 직접 보고하는 체계이다. 각 제품사업부는 그 밑에 국제부나 수출부 또는 생산공장 등 보다 세분화된 조직을 둘 수 있다.

이때 국제제품사업부는 재무, 마케팅, 생산, 기획 및 인사 그리고 그 밖의 여타 기능분야에 있어서 스태프의 지원을 받게 되며, 또 각 지역이나 국가에 대한 전문가들로부터도 지원을 받는다.

제품별 조직구조는 통상 제품별 다각화전략을 추구하는 기업들이 주로 채택하는데, 이는 제품다각화가 막대한 연구개발투자를 필요로 할 뿐 아니라 제품별 조직구조가 국내사업부와 국제사업부 간의 기술 및 신제품의 이전과 통제를 용이하게 해주기 때문이다.

제품별 조직구조는 화학, 동력기기, 전기 및 전자제품을 취급하는 기업이나 제품이 다

그림 15 – 3 제품별 조직구조

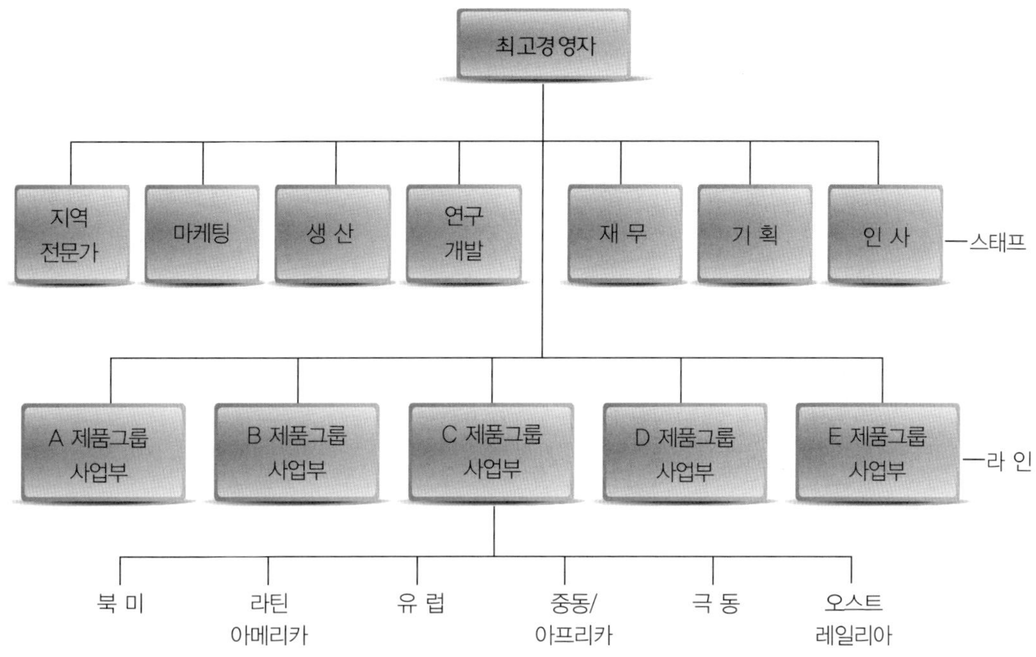

각화되어 있는 범세계적 콩글로머리트(conglomerate)에서 쉽게 찾아볼 수 있는데, 유럽계 지주회사(holding company)나 미국의 초기 콤바인(combine)과 유사한 조직구조이다.[6] 이러한 조직구조를 채택하고 있는 대표적인 기업으로는 GE, Shell, ITT, Bayer, Sandoz, Philip Morris, Kodak 등을 들 수 있다.

(2) 제품별 조직구조의 장 · 단점

제품별 조직구조는 고도의 기술로 생산되는 다양한 제품을 범세계적인 규모로 계획 · 생산 · 마케팅하는 기업에게 가장 효과적인 조직구조이다. 또 제품이 서로 다른 기술로 생산되거나 제품의 최종 사용용도가 서로 다른 경우 이들 제품을 몇 개 그룹으로 묶어 관리하는 데도 효과적이다.

또 빠른 속도로 성장하는 기업의 경우 제품라인을 추가하고 새로운 시장기회에 투자하는 데도 효과적이다. 이 조직구조에서는 생산시설을 집중시킴으로써 비용상의 효율성을 개선할 수 있는 장점이 있다. 특히 그것은 경쟁적 지위가 세계시장 점유율에 따라 결정되는 산업의 경우에 현저하게 나타나며, 시장점유율은 다시 생산이 어느 정도로 합리화되어 있느냐에 따라서 결정된다.[7]

하지만 제품별 조직구조는 제품이나 시장이 바뀌게 되면 조직도 바뀌어야 하고, 또 어떤 특정 제품계열에 적합한 조직구조가 반드시 다른 제품계열에도 똑같이 적합할 것이라고 할 수 없기 때문에 이는 단점으로 지적되고 있다. 또 지역이나 국가적인 노하우를 적용하는 데도 어려움이 있으며, 제품사업부를 국가별·지역별로, 그리고 전사적으로 조정하는 데도 어려움이 있다.

그뿐만 아니라 특정 시장의 특성에 적합한 경험과 노하우를 갖지 못하고, 최고경영층이 전세계 여러 지역을 모두 고려하여 제품을 계획·마케팅하는 것이 불가능하다는 등의 단점이 있다. 그리고 제품별로 여러 개의 공장을 운영해야 하기 때문에 자원할당이나 이익계산 등에 있어서 문제가 발생할 가능성이 높다.

4. 범세계적 지역별 조직구조(global area structure)

(1) 지역별 조직구조

지역별 조직구조는 글로벌기업들이 제품별 조직구조 다음으로 가장 많이 채택하고 있는 조직구조이다.

이 조직구조는 〈그림 15-4〉에서 볼 수 있는 바와 같이 조직을 북아메리카, 아시아, 라틴아메리카 등과 같이 지역별로 편성하고, 각 지역담당관리자가 담당지역 내의 모든 활동에 대한 책임과 권한을 가지며 최고경영자에게 직접 보고하는 체계를 말한다. 따라서 최고경영자와 지역담당관리자 사이에 중간관리자가 없고 국내시장은 단지 전세계 여러 시장 중의 하나로만 취급된다. 그리고 각 지역별 사업부들은 범세계적 경영사고를 갖는 마케팅, 생산, 재무 등의 기능별 스태프들로부터 지원을 받는다.

지역별 조직구조는 각 지역이나 시장의 특성이 마케팅활동에 중대한 영향을 미치는 경우에 주로 채택된다. 글로벌기업이 성숙제품을 판매할 때 주로 이러한 조직구조를 채택하는데, 이들은 대규모 공장에서 안정적인 기술을 이용한 집중생산과 전문생산을 통해 생산비를 낮추고, 가격차별화와 제품차별화 수단으로 마케팅기법에 역점을 두는 경향이 있다.[8] 하지만 제품라인이 확대되고 최종시장이 다양화되면 지역별 조직구조는 더 이상 적합하지 않게 된다.

지역별 조직구조는 은행, 식품, 청량음료, 컨테이너, 자동차, 농기계, 제약, 화장품산

그림 15 - 4 지역별 조직구조

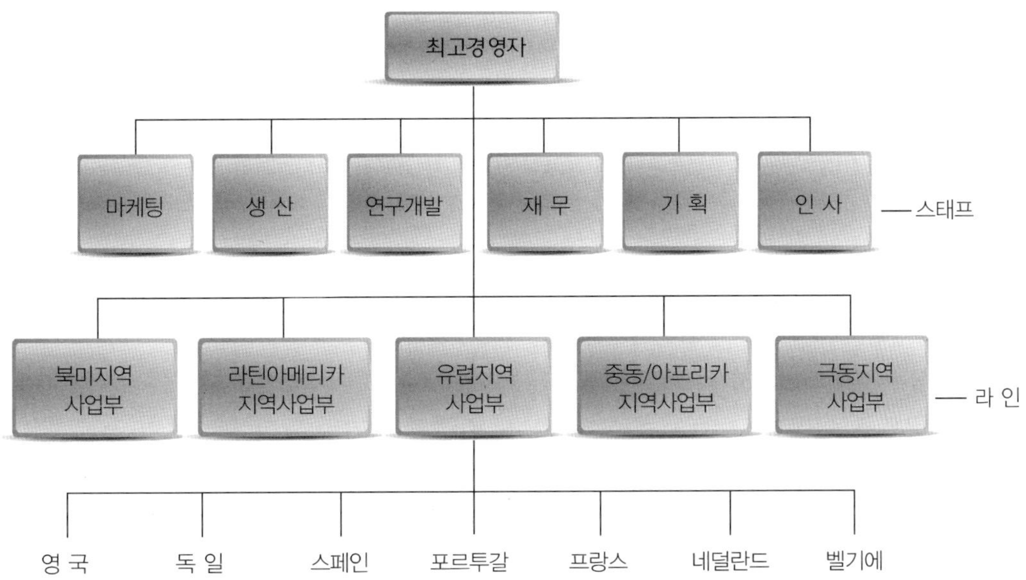

업 분야의 기업들이 선호하고 있는데, 이러한 조직구조를 채택하고 있는 대표적인 글로벌 기업으로는 Ford, GM, Daimler-Chrysler, BP, DuPont, IBM, Pfizer, Nestlé, Philips, P&G, Kellogg 등을 들 수 있다.

(2) 지역별 조직구조의 장 · 단점

지역별 조직구조는 해외시장이 국내시장보다 성장 가능성이 더 높고 제품과 브랜드가 제품수명주기상 후기에 위치하고 있는 경우, 그리고 최종 사용용도가 유사하고 제품라인이 적은 성숙산업의 경우에 적합하다.

해외시장의 성장률이 국내시장보다 높고 총판매에서 해외판매가 차지하는 비율이 높아지면, 해외 현지의 여건이나 제약요인 및 기호 등에 대한 지식이 마케팅활동에 결정적인 영향을 미치게 되는바, 이때 지역별 조직구조가 필요하게 된다. 지역별 조직구조는 지역 및 현지시장을 차별화할 수 있고 시장믹스를 현지의 여건에 맞게 변경할 수 있다는 장점을 가지고 있다.

그러나 제품영역이 다양한 글로벌기업의 경우에는 중점을 두어야 할 제품의 선정이나 기술정보 및 노하우의 이전, 제품과 현지 특수성 간의 조정, 그리고 제품공급에서 판매에 이르기까지의 로지스틱스(logistics) 등에 어려움이 따른다. 또 지역사업부에 있어서 라인과 스태프의 담당자가 중첩되고 지역사업부 간의 의사소통이 어렵다는 단점이 있다.

5. 범세계적 기능별 조직구조(global functional structure)

(1) 기능별 조직구조

기능별 조직구조는 〈그림 15-5〉에서 볼 수 있는 바와 같이 기업의 기본적인 업무, 즉 마케팅, 생산, 연구개발, 재무, 기획, 인사 등의 기능담당자가 범세계적 시야에서 업무, 계획, 통제 등에 관한 집행을 책임지는 체제이다. 따라서 관리적 입장에서 보면 가장 단순한 조직형태라고 할 수 있다. 즉 예를 들면 마케팅부서는 모든 판매기업과 유통업자에 대한 통제권을 가지며 범세계적인 마케팅활동 전반에 관해 전적인 책임을 지게 된다.

기능별 조직구조에서는 협력이 가장 중요한 문제가 되기 때문에 이들 기능담당자들은 지역별 · 제품별 스태프들로부터 지원을 받게 된다. 이러한 조직구조는 미국계보다는 유럽계 글로벌기업들에서 많이 찾아볼 수 있으며, 제품이 극히 소수의 규격제품이나 소수의 고객에 한정되어 있고, 고도로 통합된 제품라인을 취급하고 있는 철강, 석유, 자동차산업 등에서 쉽게 찾아볼 수 있다. 이러한 조직구조를 채택하고 있는 대표적인 기업으로는 Exxon, Nissan, Hitachi 등을 들 수 있다.

그림 15 - 5 기능별 조직구조

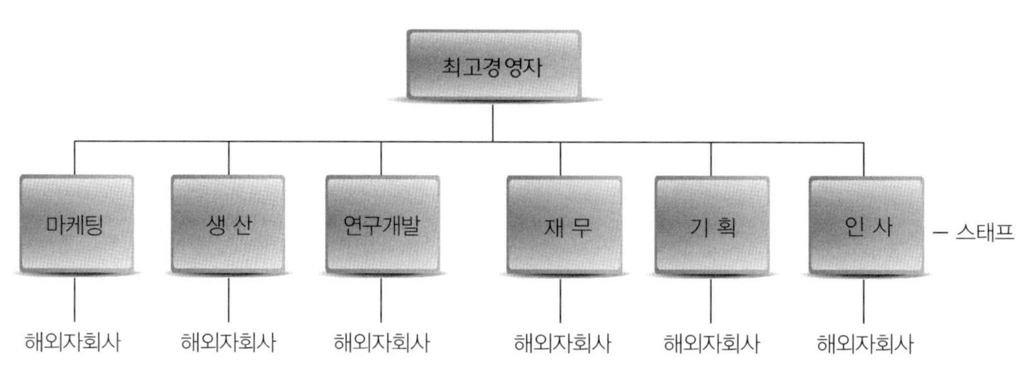

(2) 기능별 조직구조의 장 · 단점

기능별 조직구조는 국내경영을 제품계열에 따라서 조직해 온 기업들에게 가장 적합한 조직구조이다. 그 이유는 기능별 조직구조가 마케팅, 제조 및 기타 다른 기능에 있어서 전문화를 촉진할 수 있기 때문이다. 또 이 조직구조는 중앙통제를 강화할 수 있고 업무를 명확하게 구분할 수 있다는 장점을 가지고 있다.

그러나 각각의 제품전문가를 따로 두어야 하고 종종 판매와 생산 간의 목표가 괴리되며 지역별 · 국가별 전문지식을 적용하는 데 제약이 따른다는 단점이 있다. 또한 일반관리자가 한 사람 이상에게 보고해야 하는 번거로움이 있다.

6. 기타 조직구조

(1) 글로벌 혼합조직구조(mixed structure)

혼합조직구조는 제품, 지역, 기능 중 두 가지 또는 그 이상의 조직체계를 혼합한 조직구조를 말한다. 여기에서 그 전형적인 예를 보면 〈그림 15-6〉과 같다.

글로벌기업이 이러한 조직구조를 채택하는 이유는 그 기업의 역사적 발전과정을 포함하여 국제사업활동이 그 기업에서 차지하는 비중, 지역별 · 제품별 사업의 불균등 발전, 기업의 규모와 복잡성, 능력을 갖춘 국제경영자 공급의 어려움 그리고 최고경영층의 방침 등과 같은 여러 가지 요인들이 복합적으로 작용하게 된다.

혼합조직구조는 제품별 · 지역별 · 기능별 조직구조 간의 상호의존성을 적절히 하는 한편 범세계적인 제품구조와 지역구조를 동시에 갖기 위한 것이다. 이 조직구조에서 중요한 것은 일반관리자가 두 조직구조 중 어느 한쪽에게만 보고하도록 명령체계를 일원화할 필요가 있다는 점이다.

혼합조직구조는 인수나 합병(M&A)에 따른 결과로 나타나거나, 제품별 조직구조에서 국제사업부를 가지고 있는 기업이 범세계적인 제품구조로 이행해 가는 과도기적인 단계에서 채택하는 조직구조라고 할 수 있다.[9] 예를 들어, Caterpillar는 기능과 지역을 혼합한 조직구조에 하나의 제품사업부를 두고 있고, Union Carbide는 국내는 제품사업부별로, 해외는 지역별로 조직구조를 편성하고 있다.

그림 15 - 6 혼합 조직구조

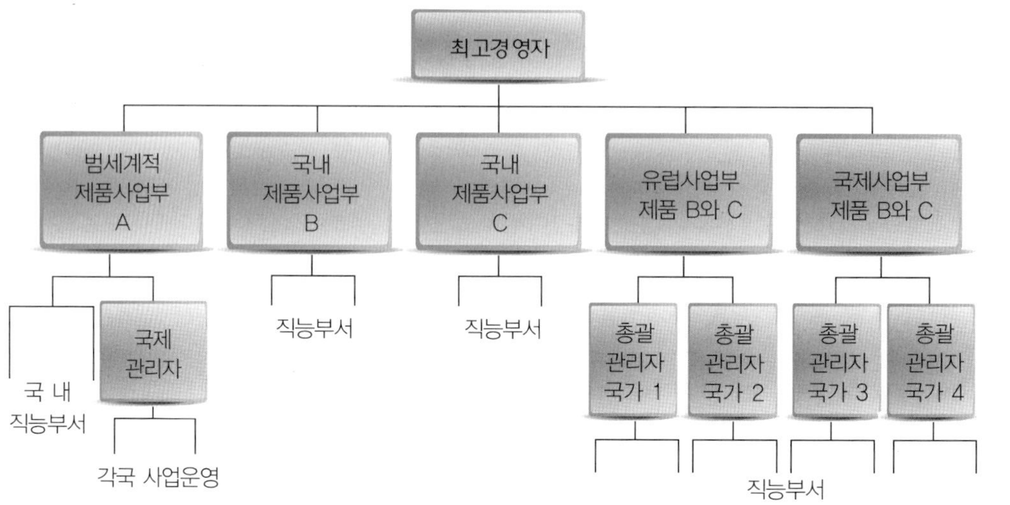

(2) 글로벌 매트릭스 조직구조(global matrix structure)

매트릭스 조직구조는 1970년대에 새롭게 나타난 조직구조로서 〈그림 15-7〉에서 볼 수 있는 바와 같이 제품별 · 지역별 · 기능별 조직을 중첩하여 편성해 놓은 조직체계이다.

예를 들어, 스위스의 ABB는 〈그림 15-8〉에서 볼 수 있는 바와 같이 기업을 지역과 제품별 매트릭스 조직으로 부문화하고, 소규모의 자율적 운영단위인 5,000개의 이익중심점(profit center)을 두고 있다. 이어 각 이익중심점은 50명 정도로 구성되어 사업과 지역의 두 계열에 속하면서 사업본부장(business area manager)과 지역본부장(country manager)의 관장하에서 자율적 운영과 더불어 성과에 대해 책임을 지는 형태로 되어 있다.

그리하여 세계화와 지역화 그리고 이익중심점 위주의 자율적 경영과 고객서비스 그리고 모든 의사결정에 있어서 기동성과 유연성을 발휘하도록 하여 고객중시(customer focus)의 최우선목표를 달성하는 데 노력을 집중시키고 있다.[10]

매트릭스 조직구조는 상호 의존적인 사업, 필수 불가결한 자원, 전략, 지리적 영역 등에 대한 계획과 조직 그리고 통제를 용이하게 하고자 하는 글로벌기업들이 많이 채택하고 있다.[11] 이 조직구조에서는 관리자가 프로젝트관리자나 기능(제품 또는 지역)관리자 등과 같은 두 명 또는 그 이상의 사장에게 보고를 하도록 2차원 명령체계로 되어 있다. 이러한 조직구조에서는 해외사업에 대해 제품, 기능, 지역그룹 모두가 공동으로 책임을 지게 되는데, 이는 이들 그룹이 서로 간 상호관계를 갖고 있다는 사고에 기초한 것이다. 이러한 조직구조는 고도의 기술집약산업이나 빈번한 제품믹스 변화가 필요한 산업, 또는 제품이나 프로젝트의 수명주기가 짧아 즉각적인 대처가 필요한 경우 등에 적합하다.[12]

기능사업부를 제품사업부 또는 지역사업부와 결합하는 목적은 해외자회사를 많이 거느리고 있고 인수를 많이 한 기업의 경우 조정과 통제를 높이기 위한 것이다. 이 조직구조는 유용성이 그다지 높지 않은 과도기적인 조직체계라고 할 수 있는데, 이러한 조직체계를 채택하고 있는 기업으로는 GE, Dow, Citicorp, Shell Oil, Texas Instruments 등을 들 수 있다.

이 조직구조는 융통성이 크고 시장변화나 기술적 요구에 즉각 대처할 수 있다는 장점이 있다. 하지만 각 그룹(제품, 기능, 지역)들이 희소자원에 대해 서로 경쟁을 하고, 하위관

그림 15 - 7 매트릭스 조직구조

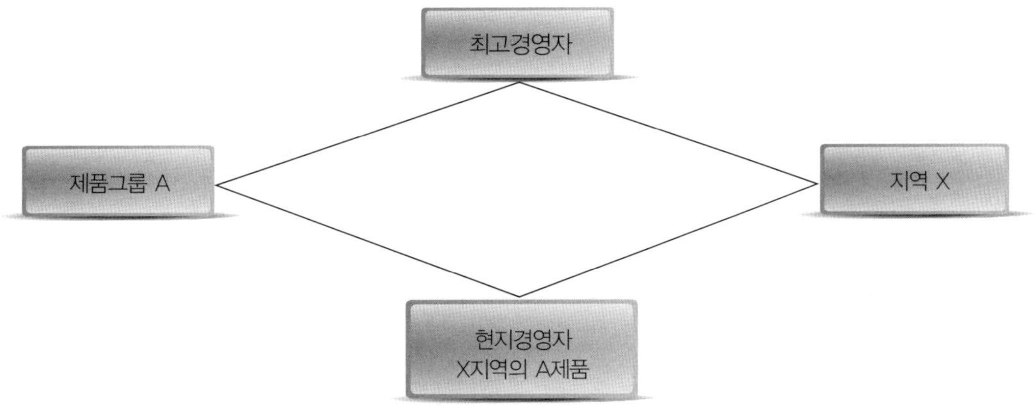

그림 15 - 8 ABB의 매트릭스 조직구조

사 장	사 업 부			
*최고경영위원회 **운영위원회	발전 plant	송변전, 배전	산업용기기 건설시스템	수송장비
지역: 유 럽 / 미 주 / 아시아	· 가스터빈 · 제어시스템 · 발전소사업 · 오염방지사업 등 11개 사업영역	· 변압기 · 네트워크제어 · 전력시스템 · 에너지 등 9개 사업영역	· 산업공정 · 발전기 · 냉각장치 · 건축서비스 등 18개 사업영역	· 복합수송 · 철 도 · 신호시스템 등 8개 사업영역

리자들 간에 합의가 이루어지지 못하는 경우 자원할당에 대한 경영의사결정이 각 그룹 이상의 차원에서 이루어져야 하는 단점이 있다. 또 특정 관리자나 경영그룹의 신념과 같은 요소들이 그들에게 유리한 방향으로 의사결정을 유도할 가능성이 있다는 등의 단점을 가지고 있다.[13]

(3) 글로벌 고객별 조직구조(global customer structure)

글로벌 고객별 조직구조는 기업이 특별한 전문성을 필요로 할 정도로 기호가 서로 다른 고객이나 고객그룹을 서브해야 하는 경우에 주로 활용되는 조직구조이다. 이러한 조직구조는 Kodak이나 Bridgestone과 같은 기업에서 쉽게 찾아볼 수 있다.

Kodak은 기업의 조직을 소비자그룹에 따라서 오락영상그룹과 영상운용그룹 그리고 소비자영상그룹의 세 가지로 구분하고 있다. 그리고 오락영상그룹에서는 헐리우드나 런던, 홍콩 등의 스튜디오에 고품질의 필름을 판매하고, 영상운용그룹에서는 사업가나 병원 등에 스캐너나 복사기겸용 프린터, 고기술 의학용 필름, 영상시스템 등을 판매하며, 소비자영상그룹에서는 전문사진작가 및 아마추어 사진사들에게 필름을 판매하고 있다.

일본의 타이어 제조기업인 Bridgestone도 전세계에 Bridgestone과 Firestone이라는 두 가지 브랜드명으로 타이어를 판매하면서 3개 부서로 된 고객별 조직구조를 채택하고 있다. 즉, 한 부서는 자동차를 생산할 때 타이어를 장착하는 Ford, Nissan, BMW와 같은 자동차 생산기업을 관장하고, 또 한 부서는 개인 타이어 소비자를 관장하면서 소매망을 통해 타이어를 판매하고, 또 다른 부서는 농기계를 생산하는 기업을 통해서 농업용 타이어를 소비자에게 판매하는 업무를 관장하도록 하고 있다.

(4) 유럽통합본부(European headquarter office)

유럽통합본부란 유럽지역을 총괄 · 관리하는 조직구조를 말한다. 미국기업들은 초기에 유럽지역을 담당하는 지역관리책임자를 가진 국제사업부를 조직 내에 두고 유럽지역을 자주 왕래하며 업무를 수행하도록 하였다. 당시 EU 및 EFTA 등과 같은 경제공동체 및 수출자유지역이 출현하고 유럽지역 내에서의 제품생산 및 판매가 확대됨에 따라 유럽지역을 총괄 관리하는 유럽통합본부를 설치할 필요가 있었다.

이 조직구조에서 라인관리자인 유럽담당관리자는 유럽지역 경영전반에 대한 책임을 지며, 새로운 프로젝트를 창안하고 그 산하의 각국 관리자들로부터 제출된 제안들을 검토하고, 유럽지역에서 이루어지고 있는 사업을 전반적으로 감독 · 조정하는 역할을 담당하게 된다. 유럽담당관리자는 보통 기능별 스태프 또는 제품별 스태프를 갖는다.

유럽통합본부조직은 보통 분권화된 조직이고 그 최고경영자는 정기적으로 본사에 보고를 하도록 되어 있다. 그러나 몇몇 기업들은 그들의 국제경영활동 관리를 유럽사무소에 집중시키는 경우도 있다.

제 3 절 글로벌기업의 전략과 조직구조의 선택

1. 국제적 조직구조의 변화과정

기업의 조직구조는 영원불변한 것이 아니라 기업이 어떤 전략을 선택하느냐에 따라서 얼마든지 달라질 수 있다.

스토포드와 웰즈(J. M. Stopford & L. T. Wells)는 〈그림 15-9〉와 같이 해외시장에서의 제품의 다각화 수준과 해외판매비율이 높아지면 조직구조가 분권적 조직구조으로 바뀌고, 그 반대의 경우에는 집권적 조직구조로 바뀌게 된다고 주장하고 있다.[14]

즉, 해외제품의 다양성이 낮은 경우에는 기능별 조직구조를 선택하고 다양성이 높은 경우에는 제품별 조직구조를 선택하게 된다. 또 해외사업규모가 비교적 작은 경우에는 국제사업부 조직구조를 선택하고 비교적 큰 경우에는 지역별 조직구조나 제품별 조직구조를 선택하는 경향이 있다.

이 외에 〈표 15-2〉에서 볼 수 있는 바와 같이 조직구조의 선택은 자회사 간의 제품변경의 차이, 제품변경, 해외생산 규모, 해외자회사의 수, 해외자회사의 외부 소유권 비율, 해외 인수수준 등에 따라서도 달라진다.

그림 15 - 9 Stopford와 Wells의 국제적 조직단계모델

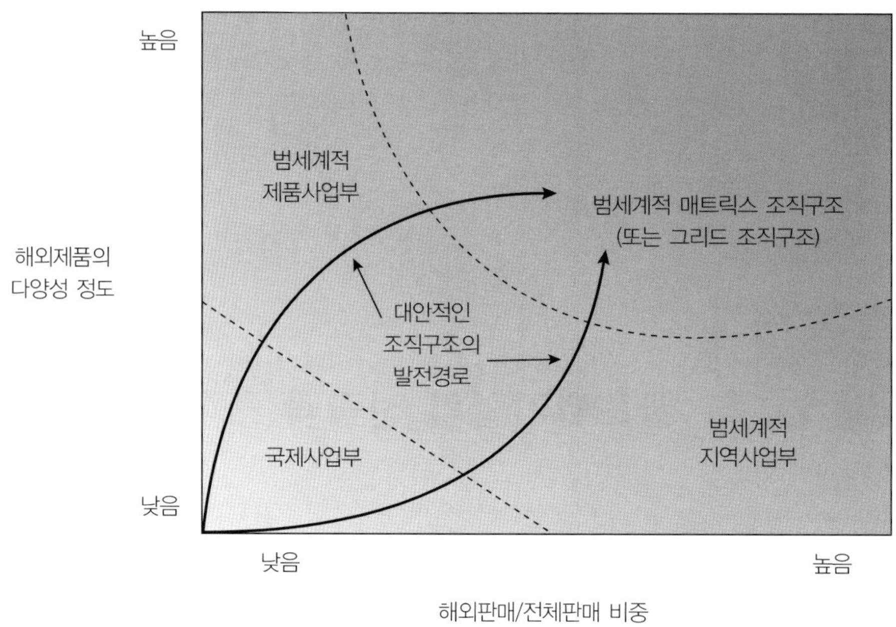

자료: J. M. Stopford and L. T. Wells, *Managing the Multinational Enterprise: Organization of the Firm and Ownership of the Subsidiaries* (New York, Basic Books, 1972), p. 65.

표 15 - 2 기업의 전략과 조직구조 형태 간의 관계

기업의 전략	조직형태			
	기능별 조직구조	국제사업부	지역별 조직구조	제품별 조직구조
해외제품의 다양성	낮은 경우			높은 경우
자회사 간의 제품변경의 차이	적은 경우			
제품변경				많은 경우
해외사업규모		소규모	대규모	대규모
해외생산규모			대규모	
해외자회사 수	극소수	소수	다수	다수
해외자회사의 외부 소유권 비율	낮은 경우			
해외 인수수준	낮은 경우			

자료: W. G. Egelhoff, "Strategy and Structure in Multinational Corporations: An Information-Processing Approach," *Administrative Science Quarterly*, 27, 1982, pp. 435~458.

2. 조직구조와 국제화 전략

조직구조는 또 기업이 어떤 국제화전략을 채택하느냐에 따라서도 달라지게 되는데 〈표 15-3〉은 이것을 보여주고 있다.

즉 기업이 다수국 전략(multidomestic strategy)을 채택하는 경우에는 범세계적인 지역별 조직구조를 선택하고, 국제적 전략(international strategy)을 채택하는 경우에는 국제사업부 조직구조를 채택하며, 글로벌 전략(global strategy)을 채택하는 경우에는 범세계적 제품별 조직구조를, 그리고 초국적 전략(transnational strategy)을 채택하는 경우에는 범세계적인 매트릭스 조직구조를 선택한다는 사실을 보여주고 있다.

표 15 - 3 글로벌 전략과 조직구조 간의 관계

	다수국 전략	국제적 전략	글로벌 전략	초국적 전략
	낮음 ◀---- 조정의 필요성 ----▶ 높음 낮음 ◀---- 관료주의에 따른 비용 ----▶ 높음			
권한의 집중	국가별 단위로 분권화	주요 핵심역량은 집권화, 여타는 분권화	최적의 범세계적 입지에 집권화	동시에 집권화와 분권화
조직구조	범세계적 지역별 조직구조	국제사업부	범세계적 제품별 조직구조	범세계적 매트릭스 조직구조
복잡한 통합 메커니즘의 필요성	낮 음	중 간	높 음	아주 높음
기업문화	중요하지 않음	상당히 중요함	중요함	아주 중요함

자료: C. W. L. Hill and E. R. Jones, *Strategic Management*, 3rd ed. (Boston, Mass., Houghton Mifflin, 1995), p. 390.

제 4 절 본사와 해외자회사 간의 조직모델

1. 다국적 조직모델(multinational organization model)

〈그림 15-10〉은 제2차 세계대전 이전에 해외에 진출했던 유럽기업들이 많이 채택했던 고전적인 다국적 조직모델을 보여주고 있다.

이 조직모델은 해외사업활동이 각기 다른 개별시장에 부합하게 이루어질 수 있도록 주요 자산, 책임감, 의사결정 등이 여러 나라의 해외자회사에게 분권화되었다. 그리고 경영이 가족중심으로 이루어졌기 때문에 해외자회사에 대한 통제는 공식적인 조직구조보다는 개인적인 관계와 비공식적인 통제에 의해 이루어졌으며, 본사와 해외자회사 간에는 단순한 비공식적인 재무적 통제가 이루어질 뿐이었다. 또 이 조직모델에서 해외사업은 세계 각지에 흩어져 있는 독립적인 개별 사업들의 포트폴리오 구성으로 간주되었다.

그림 15 - 10 고전적인 다국적 조직모델

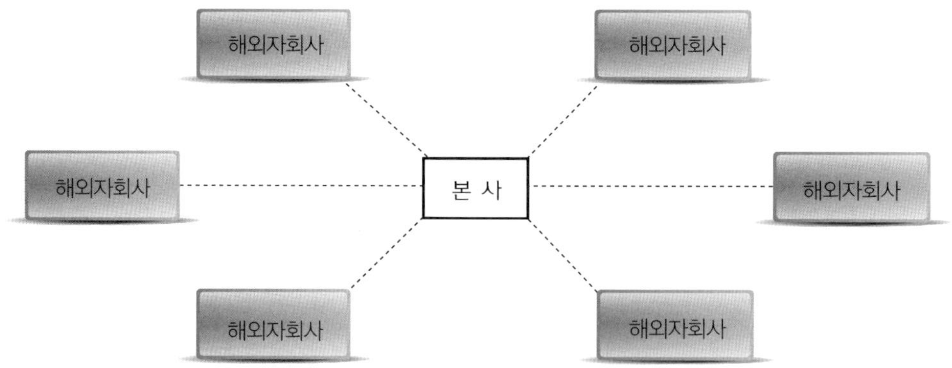

자료: C. A. Bartlett and S. Ghoshal, *Managing Across Borders: The Transnational Solution* (Boston, Mass., Harvard Business School Press, 1989), p. 50.

2. 국제적 조직모델(international organization model)

<그림 15-11>은 제2차 세계대전 이후 초기단계에 주류를 이루던 국제적 조직모델을 보여주고 있다.

당시 본사는 자사의 기술 및 전문기술인력을 기술이나 시장발전이 뒤진 해외에 이전하는 것이 주 임무였으며 현지자회사들은 현지의 여건에 적합한 제품이나 기술을 자유롭게 채택하였다. 이 조직구조에서는 해외자회사가 신제품, 신공정 또는 아이디어 등을 본사에 의존하기 때문에 고전적인 다국적 조직모델에서보다 본사의 조정 및 통제가 더 강하게 된다.

이 조직모델은 미국기업의 관리문화에 잘 들어맞는 것으로서, 고전적인 다국적 조직모델에서와 같이 해외자회사에게 주요 자산, 책임감, 의사결정 등에 대한 권한을 분권화하여 이양하지만 본사가 통제력을 행사하는 형태이다. 그리고 해외자회사에 대한 통제는 공식적인 관리 및 통제시스템을 이용함으로써 본사와 해외자회사 간의 연계를 강화하며 해외자회사는 단순히 중추인 본사에 부속되는 기관으로 간주된다.

3. 글로벌 조직모델(global organizational model)

글로벌 조직모델은 본사의 강력한 중앙집권적 통제하에서 범세계적 규모의 경제를 달

그림 15 - 11 국제적 조직모델

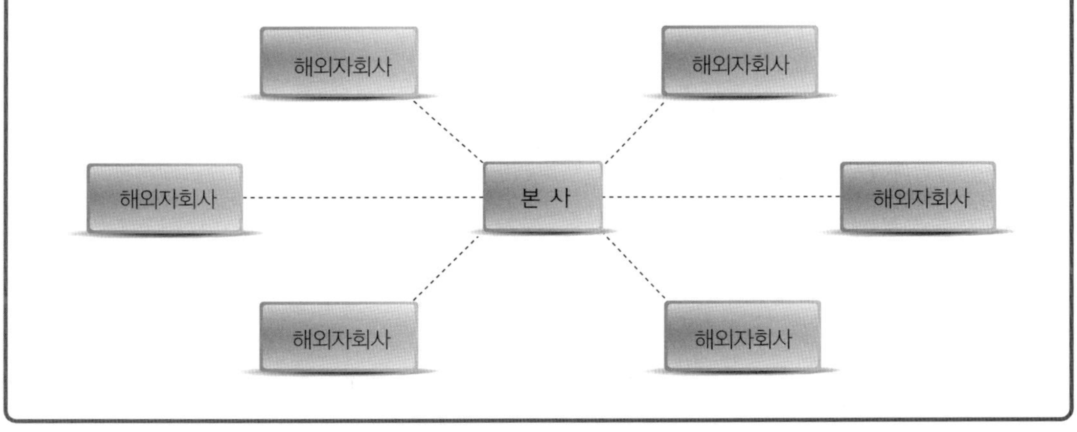

자료: *Ibid.*, p. 51.

성하기 위해 표준화된 제품을 생산하여 전세계에 판매하던 기업들이 채택했던 조직모델로서 〈그림 15-12〉와 같다. 이러한 조직모델은 초기에는 포드(H. Ford)나 록펠러(J. D. Rockefeller)가 채택하였고 경쟁이 극심했던 1970~80년대에는 일본기업들이 채택했었다.

이 조직모델에서는 주요 자산이나 자원, 책임감, 그리고 의사결정이 본사에 집중되고 해외자회사는 범세계적 규모의 경제 달성을 위한 해외시장 접근 도구로 사용된다. 이 때문에 해외자회사의 역할은 판매와 서비스에 국한된다. 그리고 해외자회사는 전술한 다국적 조직모델이나 국제적 조직모델에 비해 신제품이나 새로운 전략의 창출 그리고 기존 제품의 수정 등에 대해 자율권을 갖지 못한다.

4. 통합된 네트워크 조직모델(integrated network)

〈그림 15-13〉은 글로벌화가 고도로 발달된 글로벌기업의 글로벌 네트워크 조직모델을 보여주고 있다. 글로벌 네트워크 조직모델은 본사가 모든 권한을 쥐고 있던 체제와 달리, 각각의 사업단위가 독립적인 활동을 전개하면서 수평적으로 긴밀하게 협조하는 조직형태를 취한다.

이 조직모델에서는 전문화된 자원과 능력을 상호 의존관계에 있는 여러 해외자회사에게 배분함으로써 현지시장의 욕구에 보다 더 잘 부응하고 국가에 따라 상이한 요소가격에 따른 이익을 획득하고, 자원의 집중에 따른 위험을 줄일 수 있다.

그리고 본사와 해외자회사 간 또는 해외자회사들 간에 부품, 완제품, 자원, 인력 및 정

그림 15 - 12 글로벌 조직모델

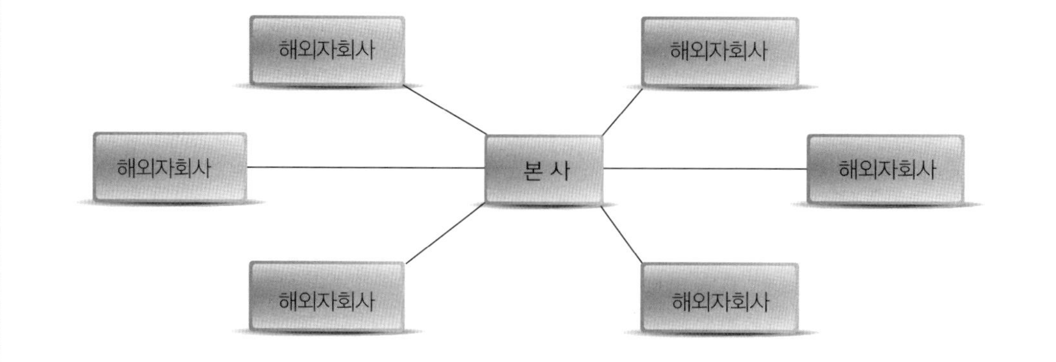

자료: *Ibid.*, p. 52.

그림 15 - 13 통합된 네트워크 조직모델

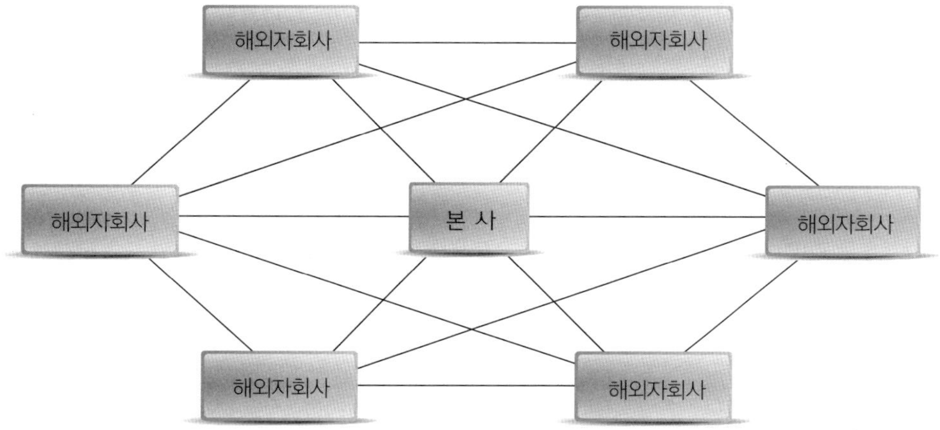

자료: *Ibid.*, p. 89.

보 등을 상호 교환함으로써 통합된 조정이 가능하게 된다. 또한 의사결정 권한이 본사와 해외자회사 간에 분산되는 가운데 본사와 해외자회사 그리고 해외자회사들 간 의사결정에 있어서의 조정과 협력이 이루어지게 된다.

국제경영사례 15-2

삼성물산의 사업부제 조직구조

삼성물산은 1938년 창업 이래 산업계의 주역으로 한국 경제의 고도화와 세계화를 선도하고 있는 삼성그룹의 모태기업으로 창업 이래 무역을 통해 한국 경제의 발전과 함께 성장했으며, 1975년 정부로부터 한국 종합상사 1호로 지정 받은 이후 본격적인 해외 영업을 확대해 한국의 대외 무역을 선도적으로 이끌어 온 국내 최고의 종합상사이다.

1995년 12월에는 삼성건설을 합병하여, 현재 상사와 건설 두 개 부문으로 운영되고 있으며, 1만 3백여 명의 임직원이 51개국 127개 거점에서 활발한 사업을 전개하여, 2011년 말 기준 21조 5,455억 원의 매출을 기록하고 있다.

• 상사부문

삼성물산은 상사부문을 글로벌 가치창조기업으로 발전시켜 나갈 예정이다. 전통적인 트레이딩 사업 모델에 상사의 핵심 경쟁력인 글로벌 네트워크와 정보력, 마케팅력, 금융력 등 종합력을 접목시켜 다양한 신규사업을 개발해 나가고 있다.

삼성물산은 태양광, 풍력 등 신재생에너지 발전사업과 바이오에너지 사업, 담수화 사업 등 미래 성장 가능성이 기대되는 에너지·환경 사업에 세계적 파트너사들과 함께 적극 참여하고 있다. 또 다른 중점사업분야인 자원 사업에서는 석유, 가스 광구에서 탐사, 개발, 생산 등 모든 단계에 사업 참여 중이며 석탄, 희유금속 등 국가 및 산업 발전을 위한 필요 자원 확보에 기여하고 있다.

또한 산업의 근간이 되는 산업소재와 관련 철강, 전자, 화학 등의 분야에서 트레이딩 및 직접투자를 통한 운영사업을 전개하고 있으며, 의류 및 IT소비재 등 다양한 사업을 펼쳐 나가고 있다.

앞으로 상사부문은 에너지·환경, 자원, 산업소재 등 중점사업분야를 중심으로 사업의 개발부터 투자·운영까지 Value Chain 확대를 지속 추진해 나갈 것이다. 삼성물산은 이를 실천하기 위하여 전문인력 확보 및 양성으로 추진사업의 전문성을 강화하고 분야별 전문 사업자와의 전력적 제휴를 통해 신사업 수행에 필요한 사업역량 강화를 적극 추진하여 가치를 창출하는 명실상부한 '글로벌 가치창조기업'으로 발전해 나갈 것이다.

• 건설부문

삼성물산은 건설부문을 세계 초일류 건설회사로 성장시킬 예정이다. 건축과 토목, 플랜트, 주택의 4대 사업부문에서 건설 기술력을 상징하는 23개 핵심상품을 선정해 각 상품별 최고 수준의 인재와 기술역량을 바탕으로 고객에게 최상의 부가가치를 실현하고 있다.

특히 세계 최고 빌딩 아랍에미레이트 부르즈칼리파를 건설해 세계 초고층 빌딩의 역사를 새롭게 써가고 있으며 세계 최대 가스복합화력발전소인 사우디아라비아 쿠라야 IPP, 세계 10대 사장교인 인천대교 등 세계가 주목하는 프로젝트를 수행하면서 글로벌 위상을 확고히 하고 있다.

건설부문은 고객에게 더 나은 가치를 제공하기 위해 혁신을 거듭하고 있다. 시공도급 중심의 체제에서 개발과 설계 구매, 운영, 투자 등 건설산업 가치사슬 전단계로 사업영역을 적극 확대해가고 있다. 무엇보다 각 분야에서 축적한 글로벌 역량을 바탕으로 고객이 원하는 가치를 고객보다 먼저 발굴하고 제공하는 Total Solution Provider로 변신해 명실상부한 글로벌 초일류 건설회사로 성장해 나갈 예정이다.

삼성물산은 아래에서 보듯이 상사부문과 건설부문으로 나뉜다.

[삼성물산의 사업영역]

상사부문	에너지 · 환경	발전, 바이오에너지, 플랜트
	자원	석유/가스, 석탄, 금속광물
	산업소재	철강, 화학, 점자, 섬유
건설부문	건축	하이테크 공장, 초고층 빌딩 등 건축물의 시공 및 사업관리
	토목	항만공사, 교량사업 등 토목구조물의 시공 및 사업관리
	플랜트	발전플랜트사업, 에너지시설 등의 설계, 구매, 시공, 사업관리
	주택	주택 신축, 판매 (재건축, 재개발, 일반도급, 자체사업)

그리고 삼성물산은 아래 그림에서 보듯이 사업부제 조직구조를 채택하고 있다.

[삼성물산의 조직구조]

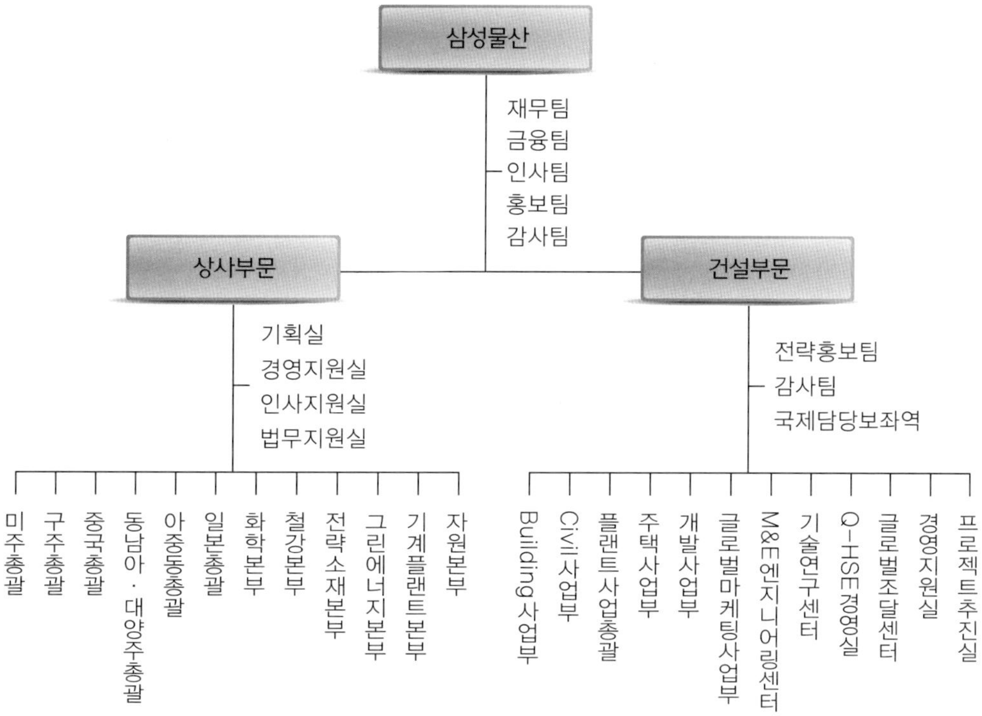

이렇듯 삼성물산은 위 그림에서 볼 수 있는 바와 같이 사업부제 조직구조를 채택하고 있다. 그리고 이 두 개 부문으로 구성된 대규모 사업부조직을 보다 세분하여 40여 개의 사업유니트(unit)로 재편

성하고, 이 사업유니트로 하여금 독자적인 대차대조표와 손익계산서하에서 독자적으로 사업을 운영하도록 하고 있다.

이 사업부조직구조에서 삼성물산의 최고경영자는 마치 지주회사(holding company)의 본사와 같이 개별 사업유니트의 경영자를 임명하고 자본금을 투자하게 된다. 그리고 각 사업유니트장은 직원채용과 인력배치, 평가, 보상, 승진에 대한 모든 인사권을 행사하며 본사가 정해준 범위 내의 자본투자 및 영업에 대한 자율권을 행사한다. 동시에 자신의 판단하에 자신의 사업유니트 내의 여러 소규모 사업단위를 서브유니트(sub-unit)로 나누고 서브유니트장을 직접 임명할 수 있는 권한을 갖는다.

이와 같이 자신의 사업에 대해 절대적인 권한을 이양받아 한 해의 사업을 운영하게 되는 각 사업유니트는 당해 연도 자신의 매출에서 매출원가와 직접비 및 보유자산의 평가충당금을 제하고 영업간접비, 해외경비, 운전자금 이자, 영업지원경비, 영업외수지와 관계자회사의 손익을 고려한 한계이익을 산정하게 된다. 그런 다음 이 한계이익에서 본사가 제공한 자본금에 대한 배당, 각종 법인세 부담금을 제외한 나머지 가처분이익의 일부를 투자와 부실정리를 위한 적립금으로 정하고 그 나머지 모두를 당해 연도 그 사업유니트의 직원에게 성과인센티브로 배분하게 된다.

삼성물산의 이와 같은 사업유니트제는 마치 본사가 은행과 같은 역할을 하고 개별 사업유니트는 마치 독자적으로 운영하는 회사처럼 조직된 구조이다. 즉 각 사업유니트는 본사가 제공한 자본금을 토대로 자기 사업유니트 직원의 월급을 주고 본사의 스탭조직에는 마치 서비스용역에 대한 대가처럼 간접비를 부담하며, 각종 부실채권이나 재고 역시 매년 재평가하여 평가충당금의 형식으로 회계에 반영하고 자본금에 대한 배당을 지급하며 법인세부담, 투자 및 부실정리를 위한 적립금을 제외한 나머지를 모든 사업유니트의 직원이 공유하는 시스템이다. 한편 사업유니트의 직원은 개개인에 대한 실적평가를 통해 개별적으로 성과급을 지급받는다.

본사와 사업유니트 간의 관계가 마치 은행과 독립기업과의 관계와 유사하다는 점은 개별 사업유니트가 적자를 내게 될 때 더욱 극명하게 나타나게 된다. 만일 어떤 사업유니트가 자금한도를 초과하게 되면 본사는 이 사업유니트를 '1차 부도'로 규정하고 그 사업유니트로 하여금 자구책을 강구하도록 하며 이른바 '특별금융'을 제공한다. 그러나 이와 같은 자구책이 실패하여 '2차 부도'가 발생하게 되면 그 사업유니트에 대해 '화의' 또는 '법정관리'에 들어간다.

여기에서 화의란 사업성은 좋으나 외부환경의 악화로 인한 부도로서 현재의 경영진은 유지하되 정상화 대책을 강구하는 것이며 법정관리란 경영실책 또는 관리부실로 인한 부실로서 사업유니트장을 교체하여 정상화를 시도하는 것이다.

이와 같은 삼성물산의 사업유니트제도는 사업부제조직의 기본원리에 가장 충실하게 만든 조직구조라고 할 수 있다. 즉 최고경영자는 전략적 의사결정과 사업유니트장의 인사 및 업적평가만을 담당하고 사업유니트장이 자신의 사업유니트의 직원을 직접 뽑아 직접 투자를 결정하고 그 책임을 지는 시스템이다.

삼성물산의 이와 같은 사업유니트제는 분권화와 책임경영이라는 목표를 달성하기 위하여 사업부제조직을 철저하게 시행하려는 시도로 평가할 수 있으며, 앞으로 다른 기업으로도 많이 확산될 것으로 사료된다.

자료: 삼성물산 홈페이지(www.samsung.co.kr); 장세진, 글로벌시대의 경영전략, 제6판 (서울, 박영사, 2010).

미주

제1장

1) K. Ohmae, *The End of the Nation State: The Rise of Regional Economies* (New York, The Free Press, 1995).
2) L. L. Bryan *et al*, *Race for the World: Strategies to Build a Great Global Firm* (Boston, Mass., Harvard Business School Press, 1999).
3) P. Dicken, *Global Shift: Mapping the Changing Contours of the World Economy*, 6th ed. (New York, The Guilford Press, 2011), pp. 2～4.
4) Yip, G. S., P. M. Roewe, and M. Yoshino, "How to Take Your Company to the Global Market," *Columbia Journal of World Business*, Winter 1988, p. 40.
5) R. B. Reich, *The Work of Nations: Preparing Ourselves for 21st Century Capitalism* (New York, Alfred A. Knopf, 1991)
6) R. D. Robinson, *International Business Management*, 2nd ed. (Hinsdale, Ill., Dryden Press, 1978), p. 17.
7) S. H. Robock, K. Simmonds and J. Zwick, *International Business and Multinational Enterprises* (Homewood, Ill., Richard D. Irwin, 1972), p. 3.
8) M. Z. Brooke, *International Management*, 2nd ed. (Glocester, UK, Stanley Thornes Ltd, 1992), p. 18.
9) F. J. Contractor and P. Lorange, *Cooperative Strategies in International Business* (Lexington, Mass., Lexington Books, 1988).
10) E. J. Kolde, *International Business Enterprise*, 2nd ed. (Englewood Cliffs, New Jersey, Prentice-Hall, 1973), p. 192.
11) J. Hladik, *International Joint Ventures* (Lexington, Mass., Lexington Books, 1985).
12) F. R. Root, *Entry Strategies for International Markets*, Revised and Expanded ed. (New York, Lexington Books, 1994), p. 40.
13) *Ibid.*, pp. 15～18.

제2장

1) R. Vernon and L. T. Wells, *Manager in the International Economy*, 4th ed. (Englewood Cliffs, NJ., Prentice-Hall Inc., 1981), p. 4.
2) UN, *Multinational Corporations in World Development* (New York, UN, 1985), p. 6.

3) UNCTAD, *World Investment Report 2011: Non-Equity Mode of International Production and Development* (New York and Geneva, UN, 2011).

4) R. Vernon and L. T. Wells, *op. cit.*, pp. 4~5.

5) *Ibid.*, pp. 5~22.

6) *Ibid.*, Ch. 3.

7) H. V. Perlmutter (1969) "The Tortuous Evolution of the Multinational Corporation," *Columbia Journal of World Business*, 4(1), pp. 9~18.

제3장

1) 제반 인구관련 지표는 PRB, World Population Data Sheet(Washington DC, PRB, 2010)(www.prb.org) 참조.

2) W. W. Rostow, *The Stages of Economic Development*, 2nd ed. (New York, Cambridge University Press, 1971).

3) Bank for International Settlements, *Triennial Central Bank Survey* (Basel, BIS, 2007).

제4장

1) 한상복 · 이문웅 · 김광억, 문화인류학개론 (서울, 서울대학교 출판부, 1994), pp. 65~66.

2) V. Terpstra and K. David, *The Cultural Environment of International Business* (Cincinnati, OH, South-Western Publishing Co., 1985), pp. 151~153.

3) R. A. Ricks, *Big Business Blunders* (Homewood, Ill., Dow-Jones Irwin, 1983).

4) G. Hofstede, "The Cultural Relativity of Organizational Practices and Theories," *Journal of International Business Studies*, Vol. 14, No. 2, Fall 1983, pp. 75~90.

5) V. Terpstra, *The Cultural Environment of International Business* (Cincinnati, OH, South-Western Publishing Co., 1978), p. xviii.

6) J. A. Lee, "Cultural Analysis in International Operations," *Harvard Business Review*, Mar.-Apr. 1966, pp.106~114.

7) W. J. Keegan and M. S. Green, *Global Marketing*, 6th ed. (Upper Saddle River, NJ, Prentice-Hall, 2011), pp. 125~126.

8) E. M. Rogers, *Diffusion of Innovation*, 3rd ed. (New York, The Free Press, 1983).

제5장

1) F. R. Root, "Analyzing Political Risk in International Business," in A. Kapoor and P. D. Grub (eds), *The Multinational Enterprise in Transition* (Princeton, Mass., Darwin Press, 1972), p. 355.

2) S. H. Robock, "Political Risk: Identification and Assessment," *Columbia Journal of World Business*, July-August 1971, p. 7.

3) S. J. Kobrin, *Managing Political Risk Assessment: Strategic Response to Environmental Change* (Berkeley, CA., University of California Press, 1982), p. 35.

4) F. R. Root, *Entry Strategies for International Markets*, Revised and Expanded ed. (Lexington, Mass., Lexington Books, 1994), pp. 153～157.

5) J. Jakobsen, "Political risk for multinational companies: Empirical evidence from a new dataset," mimeo, 2011, p. 37.

J. Jakobsen, "Old problems remain, new ones crop up: Political risk in the 21st century," *Business Horizons*, 53(5), 2010, pp. 481～490.

6) H. Dereesky, *International Management: Managing Across Borders and Cultures* (Upper Saddle River, NJ, Pearson, 2011), p. 33.

7) C. R. Kennedy, Jr., "Multinational Corporations and Expropriation Risk," *Multinational Business Review*, Vol. 1, No. 1, Spring 1993, pp. 44～55.

8) R. J. Rummel and D. A. Heenan, "How Multinationals Analyse Political Risk," *Harvard Business Review*, Jan./Feb. 1978, pp. 67～76.

9) C. W. Hofer and T. P. Haller, "Globalscan: A Way to Better International Risk Assessment," in H. V. Wortzel and L. H. Wortzel (eds.), *Strategic Management of Multinational Corporation: The Essentials* (New York, John Wiley & Sons, 1985), p. 152.

10) S. H. Robock and K. Simmonds, *International Business and Multinational Enterprise*, 4th ed. (Homewood, Ill., Richard D. Irwin, 1989), p. 390.

11) D. T. Wilson, *International Business Transactions* (St. Paul, MN, West Publishing Co., 1981), pp. 264～283.

12) D. K. Eiteman, A. I. Stonehill and M. H. Moffet, *Multinational Business Finance*, 12th ed. (Boston, Mass., Prentice Hall, 2010), pp. 468～469.

제6장

1) R. August, D. Mayer and M. Bixby, *International Business Law: Text, Cases, and Readings,* 5th ed.(Upper Saddle River, NJ, Pearson Prentice Hall, 2009) 참조.

2) 여러 가지 사례에 대해서는 R. August, D. Mayer and M. Bixby, *ibid.* 를 참조.

3) R. D. Robinson, *International Business Management*, 2nd ed. (Hinsdale, Ill., The Dryden Press, 1978), pp. 554～555.

4) J. N. Behrman, *National Interests and the Multinational Enterprise* (Englewood Cliffs, NJ., Prentice-Hall, 1970), pp. 114～127.

5) D. T. Wilson, *International Business Transactions* (St. Paul, MN, West Publishing Co., 1981), pp. 79～98.

6) J. A. Fadiman, "A Traveller's Guide to Gifts and Bribes," *Harvard Business Review*, Jul.-Aug. 1986, pp. 122～136.

7) 대표적인 몇몇 실례에 대해서는 강태구, 글로벌기업 (서울, 무역경영사, 2008) 참조.

8) 법무부 · 전국경제인연합회, 「국제상거래뇌물방지법 해설: OECD 뇌물방지협약 국내이행 법률」(서울, 법무부 · 전국경제인연합회, 1999).

9) J. D. R. Adams and J. Whalley, *The International Taxation of Multinational Enterprises* (Westport, CT, Greenwood Press, 1977).

10) R. Vernon and L. T. Wells, Jr., *Manager in the International Economy*, 4th ed. (Englewood Cliffs, NJ, Prentice-Hall, 1981), p. 203.

11) International Chamber of Commerce, *Guidelines for International Investment* (Paris, ICC, 1972).

12) OECD, *The OECD Declaration and Decisions on International Investment and Multinational Enterprises: 1991 Review* (Paris, OECD, 1992).

제7장

1) W. J. Bilkey and G. Tesar, "The Export Behavior of Smaller-Sized Wisconsin Manufacturing Firms," *Journal of International Business Studies*, Spring/Summer 1977, pp. 93～98.

2) S. T. Cavusgil, "Organizational Characteristics Associated with Export Activity," *Journal of Management Studies*, Vol. 21, No. 1, 1984, pp. 3～21.

3) W. J. Keegan and M. C. Green, *Global Marketing*, 6th ed. (Boston, Mass., Pearson Education, Inc., 2011), p. 221.

4) *Ibid.*, pp. 221～223.

5) *Ibid.*, pp. 219～220.

6) L. G. B. Welt, *Countertrade* (London, Euromoney Publications, 1985).

7) J. R. Carter and J. Gagne, "The Dos and Don'ts of International Countertrade," *Sloan Management Review*, Spring 1988, p. 33.

8) R. Fletcher, Australian Countertrade in the Global Economy, *Working Paper Series*, Jan. 1996.

9) J. H. Dunning, *International Production and the Multinational Enterprises* (London, Allen-Unwin, 1981).

10) *Ibid.*

11) D. B. Keesing, "Labor Skills and Comparative Advantage," *American Economic Review*, May 1963, pp. 249～258.

12) S. B. Linder, *An Essay on Trade and Transformation* (New York, John Willey & Sons, 1961).

13) W. H. Gruber, D. Mehta, and R. Vernon, "The R & D Factor in International Trade and International Investment of United States Industry," *Journal of Political Economy*, Feb. 1967, pp. 20～37.

14) 연구개발이 활발한 5개 산업: 수송, 전기기기, 기계장비, 화학제품, 기계.
기타 14개 산업: 고무 및 플라스틱, 유리제품, 석유 및 석탄, 광물, 조광물, 피혁, 인쇄물, 담배, 식료품, 직물, 가구, 목재, 종이, 의류.
15) M. V. Posner, "International Trade and Technical Change," *Oxford Economic Papers*, October 1961, pp. 323~341.
16) R. Vernon, "International Investment and International Trade in the Product Cycle," *The Quarterly Journal of Economics*, May 1966, pp. 190~207.
17) L. T. Wells, Jr., "A Product Cycle for International Trade?" *Journal of Marketing*, July 1968, pp. 1~6.
18) R. Vernon, "The Product Cycle Hypothesis in a New International Environment," *Oxford Bulletin of Economics and Statistics*, Nov. 1979, pp. 255~267.
19) H. G. Grubel and P. J. Lloyd, *Intra-industry Trade* (London, UK, Macmillan, 1975), pp. 71~118.
20) OECD, "Intra-Industry Trade," *Economic Outlook* (Paris, OECD, Jun. 2002), pp. 159~163.

제8장

1) Group of Thirty, *Foreign Direct Investment 1973~1983* (New York, Group of Thirty, 1984), pp. 30~31.
2) UNCTAD, *World Investment Prospects Survey 2010-2012* (New York and Geneva, UN, 2010).
3) P. J. Buckley, *The Theory of Multinational Enterprise, Acta Universitatis Upsaliensis, Studia Oeconomiae Negotiorum*, Vol. 26, Uppsala, Sweden, 1987.
4) J. M. Stopford and L. T. Wells, Jr., *Managing the Multinational Enterprise* (New York, Basic Books, 1972), p. 108.
5) J. Hladik, *International Joint Ventures* (Lexington, Mass., Lexington Books, 1985).
6) S. H. Hymer, *The International Operations of National Firms: A Study of Direct Foreign Investment* (Cambridge, Mass., MIT Press, 1976).
강태구 역, 국내기업의 국제사업활동 (광주, 전남대학교 출판부, 1998).
C. P. Kindleberger, *American Business Abroad: Six Lectures on Direct Investment* (New Haven and London, Yale University Press, 1969).
7) 공공재는 지식, 도로, 공원, 다리 등과 같이 한 사람이 소비한다고 해서 다른 사람이 소비할 수 있는 기회가 배제되지 않는 재화를 의미한다. 여기에서는 기술이나 노하우가 해외의 한 기업에게 제공된다고 해서 다른 기업에게 제공할 수 있는 기회가 배제되지 않는다는 것을 의미한다.
8) H. G. Johnson, "The Efficiency and Welfare Implications of International Corporation," in C. P. Kindleberger (ed.), *The International Corporation: A Symposium* (Cambridge, Mass., MIT Press, 1970), pp. 35~56.

9) S. H. Hymer, *op. cit.*, p. 219.

10) C. P. Kindleberger, *American Business Abroad*, *op. cit.*, p. 13.

11) R. Vernon, "International Investment and International Trade in Product Cycle," *Quarterly Journal of Economics*, May 1966, pp. 190～207.

________, *Sovereignty at Bay* (New York, Basic Books, 1971).

12) L. T. Wells, "International Trade: The Product Life Cycle Approach," in L. T. Wells (ed.), *The Product Life Cycle and International Trade* (Boston, Mass., Harvard University Press, 1972), pp. 3～38.

13) R. Vernon, "The Product Cycle Hypothesis in a New International Environment," *Oxford Bulletin of Economics and Statistics*, Nov. 1979, pp. 255～267.

14) R. H. Coase, "The Nature of the Firm," *Economica*, Vol. 4, 1937, pp. 386～405.

15) O. E. Williamson, *Markets and Hierarchies: Analysis and Antitrust Implications* (New York, The Free Press, 1975).

16) P. J. Buckley and M. Casson, *The Future of the Multinational Enterprise* (London and Basingstoke, The Macmillan Press, 1976)

강태구 역, 다국적기업의 장래(전남대학교 출판부, 1995).

17) A. M. Rugman, *Inside the Multinationals* (London, Croom Helm, 1981).

A. M. Rugman, "A New Theory of Multinational Enterprise: Internationalization versus Internalization," *Columbia Journal of World Business*, Spring 1980, pp. 23～29.

18) P. J. Buckley and M. Casson, *op. cit.*

19) *Ibid*, pp. 33～34.

20) A. M. Rugman, *op. cit.*

21) D. R. Lessard, "Transfer Prices, Taxes and Financial Markets: Implications of International Financial Transfers within the Multinational Firm," in D. R. Lessard (ed.), *International Financial Management: Theory and Application* (New York, John Wiley & Sons, 1985), pp. 426～447.

22) A. M. Rugman, "Risk, Direct Investment and International Diversification", *Weltwirtschaftliches Archive* (*Review of World Economics*), Vol. 113, 1977, pp. 485～500.

23) J. H. Dunning, "Trade, Location of Economic Activity, and the Multinational Enterprise," in B. Ohlin *et al.* (eds.), *The International Allocation of Economic Activity* (London, Macmillan, 1977), pp. 395～418.

________, "Toward an Eclectic Theory of International Production," *Journal of International Business Studies*, Vol. 11, No. 1, Spring/Summer 1980, pp. 10～12.

________, "The Eclectic Paradigm of International Production: A Restatement and Some Possible Extensions," *Journal of International Business Studies*, Vol. 19, No. 1, Spring 1988, pp. 1～31.

24) F. T. Knickerbocker, *Oligopolistic Reaction and Multinational Enterprise* (Boston, Mass.,

Harvard University Press, 1973), Ch. 3.
25) F. R. Root, *Entry Strategies for International Markets*, Revised and Expanded ed. (Lexington, Mass., Lexington Books, 1994), pp. 460～464.
26) *Ibid.*, pp. 461～464.
27) *Ibid.*, p. 463.
28) *Ibid.*, pp. 143～165.

제 9 장

1) A. D. Chandler, *Strategy and Structure* (Boston, Mass., MIT Press, 1962).
2) K. R. Andrew, *The Concept of Corporate Strategy* (Homewood, Ill., Dow Jones-Irwin, 1971).
3) K. Ohmae, *The Mind of the Strategist* (New York, McGraw-Hill, 1982).
4) M. E. Porter, "Competition in Global Industries: A Conceptual Framework," in M. E. Porter (ed.), *Competition in Global Industries* (Boston, Mass., Harvard Business School Press, 1986), p. 38.
5) W. A. Dymsza, "Global Strategic Planning: A Model and Recent Developments," *Journal of International Business Studies*, Fall 1984, pp. 169～170.
6) M. E. Porter, *Competitive Strategy: Techniques for Analyzing Industries and Competitors* (New York, The Free Press, 1980).
7) M. E. Porter, "Competition in Global Industries: A Conceptual Framework," *op. cit.*, pp. 19～42.
8) C. K. Prahalad and Y. L. Doz, *The Multinational Mission: Balancing Local Demands and Global Vision* (New York, The Free Press, 1987), pp. 14～15.

제 10 장

1) F. J. Contractor and P. Lorange, *Cooperative Strategies in International Business* (Lexington, Mass., Lexington Books, 1988).
2) M. Y. Yoshino and U. S. Rangan, *Strategic Alliances: An Entrepreneurial Approach to Globalization* (Boston, Mass., Harvard Business School Press, 1995), p. 5.
3) KPMG' s 2012 Global Auto Executive Survey (5th Jan. 2012).
4) O. E. Williamson, *Market and Hierarchy: Analysis and Antitrust Implication* (New York, The Free Press, 1975).
5) P. S. Ring, *Networked Organization: A Resource-Based Perspective* (Uppsala, Sweden, Uppsala University Press, 1996).
6) M. E. Porter, *Competitive Strategy: Techniques for Analyzing Industries and Competitors* (New York, The Free Press, 1980).

7) M. E. Porter, *Competitive Advantage of Nations* (New York, The Free Press, 1990).
8) E. J. Kolde, *Environment of International Business* (Boston, Mass., Kent Publishing Co., 1985), pp. 357~358.
9) J. P. Killing, *Strategies for Joint Venture Success* (New York, Praeger, 1983).
10) F. R. Root, *Entry Strategies for International Markets*, Revised and Expanded ed. (Lexington, Mass., Lexington Books, 1994), pp. 171~176.
11) P. Telesio, *Technology Licensing and Multinational Enterprises* (New York, Praeger, 1979), pp. 16~22.
12) M. Cauley de la Sierra, *Managing Global Alliance* (Reading, Mass., Addison Wesley, 1995).
13) J. Bleeke and D. Ernst, *Collaborating to Compete: Using Strategic Alliances and Acquisitions in the Global Market Place* (New York, John Wiley & Sons, 1993).
14) H. Perlmutter and D. A. Heenan, "Cooperative to Compete Globally," *Harvard Business Review*, March-April 1986, pp. 136~152 요약.

제 11 장

1) R. D. Robinson, *Internationalization of Business* (Hinsdale, Ill., Dryden Press, 1984).
2) A. Kupfer, "How to be a Global Manager," *Fortune*, Mar. 14, 1988, pp. 43~48.
3) D. A. Ball *et al.*, *International Business: The Challenge of Global Competition* (Boston, Mass., McGraw-Hill Irwin, 2002), p. 675 재인용.
4) W. A. Davidson, *Global Strategic Management* (New York, John Wiley and Sons, 1982), pp. 206~210.
5) R. H. Ballou, *Business Logistics: Management Planning and Control*, 2nd ed. (Englewood Cliffs, NJ., Prentice-Hall, 1999), pp. 5~6.

제 12 장

1) P. R. Cateora, M. C. Gilly and J. L. Graham, *International Marketing*, 13th ed. (New York, NY, McGraw-Hill Irwin, 2009), p. 9.
2) American Marketing Association, *Marketing Definition, A Glossary of Marketing Terms* (Chicago, Ill., American Marketing Association, 1963), p. 15.
3) R. D. Buzzell, "Can You Standardize Multinational Marketing?" *Harvard Business Review*, Nov./Dec. 1968, pp. 108~109.
4) F. R. Root, *Entry Strategies for International Markets* (Lexington, Mass., D.C., Heath and Company, 1987), pp. 196~197.
5) R. Vernon, "International Investment and International Trade in the Product Life Cycle," *Quarterly Journal of Economics*, May 1966, pp. 190~207.

6) A. M. Rugman and S. Collinson, *International Business*, 4th ed. (Harlow, UK, Pearson Education Ltd., 2006), pp. 318～320.
7) W. J. Keegan and M. C. Green, *Global Marketing*, 6th ed. (Boston, Mass., Pearson Education, Inc., 2011), pp. 314～320.
8) G. Albaum, J. Strandskov, J., and E. Duerr, *International Marketing and Export Management*, 4th ed. (Harlow, UK, Pearson Education Limited, 2002), p. 390.
9) UNCTAD, *World Investment Report 2005: Transnational Corporations and the Internationalization of R&D* (United Nations, New York and Geneva, 2005).
10) W. J. Keegan and M. C. Green, *op. cit*,, pp. 332～337.
11) H. Becker, "Price Escalation in International Marketing," in H. B. Thorelli and S. T. Cavusgil (eds.), *International Marketing Strategy*, 3rd ed. (New York, Pergamon Press, 1990), pp. 523～526.
12) W. J. Keegan and M. C. Green, *op. cit*, pp. 348～349.
13) P. R. Cateora M.C. Gilly and J. L. Graham, *op. cit.*, p. 551.
14) *Ibid.*, p. 396.
15) W. J. Keegan and M. C. Green, *op. cit*, pp. 366～370.

제13장

1) L. L. Jacque, "Management of Foreign Exchange Risk: A Review Article," *Journal of International Business Studies*, Spring/Summer 1981, pp. 81～101.
2) 해당 자산을 획득하기 위해 조달된 자본비용.
3) 순현재가치=미래의 순현금흐름(현금유출－현금유입)의 현재가치－최초투자액.
4) S. H. Kim, *International Business Finance* (Richmond, Virginia, Robert F. Dame, Inc., 1983), p. 278.
5) 행사가격이란 옵션을 행사할 때 적용되는 환율로서, 이것은 옵션계약시 미리 약정된다.
6) 옵션매입자는 옵션발행자에게 일정한 권리를 사는 대가로 일정액의 수수료를 지불하게 되는데 이것을 옵션가격 또는 옵션프리미엄이라고 한다.
7) D. R. Lessard (ed), *International Financial Management: Theory and Application* (New York, John Wiley & Sons, 1985), p. 500.
8) A. C. Shapiro, *Multinational Financial Management*, 6th ed. (New York, John Wiley & Sons, 1999), pp. 620～622.
9) A. C. Shapiro, "International Capital Budgeting," in D. R. Lessard (ed.), *op. cit.*, pp. 548～549.
10) OECD, *Financial Market Trends*, 1998. 2.
11) S. M. Robbins and R. B. Stobaugh, *Money in the Multinational Enterprise: A Study of Financial Policy* (New York, Basic Books, 1973), p. 59.

12) U. S. Department of Commerce, U. S. *Direct Investment Abroad, 1977* (Washington, D.C., U.S. Government Printing Office, 1981).

13) U. S. Department of Commerce, *Foreign Direct Investment in the United States* (Washington, DC, U.S. Government Printing Office, 1976).

제14장

1) N. H. Tichy, "Setting the Global Human Resource Management Agenda for the 1990s," *Human Resource Management*, Vol. 27, No. 1, Spring 1988, pp. 1～18.

2) M. Z. Brooke and H. L. Remmers, *The Strategy of Multinational Enterprises: Organization and Finance* (London, UK, Longman Group Ltd., 1970), p. 50.

3) C. Bartlett and S. Ghoshal, "What is a Global Manager," *Harvard Business Review*, Vol. 46, Sept.-Oct. 1992, pp. 124～132.

4) J. Fraser, "What's New about Globalization," *The McKinsey Quarterly*, No. 2, 1997, pp. 168～179.

5) R. Tung, "Selection and Training Procedures of U. S., European, and Japanese Multinationals," *California Management Review*, 25, 1982, pp. 57～72.

6) J. M. Heller, "Criteria for Selecting an International Manager," *Personnel*, May-Jun. 1980, pp. 18～22.

R. L. Tung, "Selection and Training of Personnel for Overseas Assignments," *Columbia Journal of World Business*, Spring 1981, pp. 68～78.

7) R. D. Hays, "Ascribed Behavioral Determinants of Success-Failure among U. S. Expatriate Managers," *Journal of International Business Studies*, 2, Summer 1971, pp. 40～46.

8) S. Ronen, *Comparative and Multinational Management* (New York, John Wiley & Sons, 1986), pp. 511～512.

9) L. G. Franko, "Who Manages Multinational Enterprises?" *Columbia Journal of World Business*, Summer 1973, pp. 30～42.

10) *Ibid.*

11) R. L. Tung, "Selection and Training of Personnel...," *op. cit.*, pp. 70～72.

R. L. Tung, "Selection and Training of Procedures of U. S., European, and Japanese Multinationals," *op. cit.*, pp. 57～71.

12) R. L. Tung, "Selection and Training of Procedures...," *Ibid.*, p. 66.

13) S. H. Robock and K. Simmonds, *International Business and Multinational Enterprises*, 3rd ed. (Homewood, Ill., Richard D. Irwin, 1983), pp. 541～542.

14) M. C. Harvey, "The Other Side of Foreign Assignments: Dealing with the Repatriation Dilemma," *Columbia Journal of World Business*, Spring 1982, pp. 53～59.

15) UNCTAD, *World Investment Report 1994: Transnational Corporations, Employment and the*

Workplace (New York and Geneva, UN, 1994), pp. 22～23.

16) World Bank, *World Development Report: Workers in an Integrating World* (New York, World Bank, 1995), p. 62.

17) UNCTAD, *op. cit.*, pp. 198～201.

18) *Ibid.*, pp. 325～327.

19) S. H. Robock and K. Simmonds, *op. cit.*, pp. 533～535.

20) D. Kujawa (ed.), *American Labor and Multinational Corporation* (New York, Praeger Publishers, 1973), p. 226.

21) 중앙일보 2001년 4월 25일자.

제 15 장

1) W. A. Dymsza, *Multinational Business Strategy* (New York, McGraw-Hill Book Co., 1972), pp. 18～19.

2) J. M. Stopford and L. T. Wells, *Managing the Multinational Enterprise* (New York, Basic Books, 1972), p. 11.

3) S. Ronen, *Comparative and Multinational Management* (New York, John Wiley & Sons, 1986), pp. 319～320.

4) *Ibid.*, p. 320.

5) R. D. Robinson, *Internationalization of Business: An Introduction* (Hinsdale, Ill., Dryden Press, 1984), p. 84.

6) S. M. Davis, *Managing and Organizing Multinational Corporations* (New York, Pergamon Press, 1979), pp. 204～205.

7) W. H. Davidson and P. Haspeslagh, "Shaping a Global Product Organization," *Harvard Business Review*, March-April 1982, pp. 69～76.

8) S. M. Davis, *op. cit.*, p. 206.

9) *Ibid.*, pp. 206～207.

10) T. Peters, *The Tom Peters Seminar* (New York, Vintage Books, 1994), pp. 36～38.

11) T. H. Naylor, "International Strategy Matrix," *Columbia Journal of World Business*, Summer 1985, pp. 1～19.

12) S. M. Davis and P. R. Lawrence, "Problems of Matrix Organizations," *Harvard Business Review*, May-June 1978, p. 232.

13) C. K. Prahalad, "Strategic Choices in Diversified MNCs," *Harvard Business Review*, July-August 1976, pp. 67～78.

14) J. M. Stopford and L. T. Wells, *op. cit.*, pp. 64～67.

사항색인

[ㄹ]

[ㅁ]

[ㅇ]

[기타]

강 태 구

전남대학교 상과대학 무역학과 졸업
전남대학교 대학원 무역학과 석사과정 수료
전북대학교 대학원 무역학과 박사과정 수료(경제학박사)
University of Wisconsin-Madison 객원교수
University of California-Los Angeles 객원교수
전남대학교 경영대학장 · 경영대학원장
한국국제통상학회 부회장
한국국제경영관리학회 부회장
한국국제경영학회 회장
현 전남대학교 경영대학 교수
한국국제경영학회 고문

저서 및 역서

국제경영학(박영사, 1989, 공저)
다국적기업의 장래(전남대학교 출판부, 1995, 역서; P. J. Buckley and M. Casson, *The Future of the Multinational Enterprise*, 2nd ed., London and Basingstoke, Macmillan, 1991).
다국적기업론(전남대학교 출판부, 1995, 공역; 江夏健一 · 首藤信彦, 多國籍企業論(東京, 八千代出版, 1993).
국내기업의 국제사업활동(전남대학교 출판부, 1998, 역서; S. H. Hymer, *The International Operations of National Firms: A Study of Foreign Direct Investment*(Cambridge, Mass., The MIT Press, 1976)).
무역학개론(무역경영사, 1995, 공저; 전정판 2000; 개정3판 2006; 개정4판 2012)
국제경영(박영사, 1997, 전정판 2002; 개정3판 2007; 개정4판 2012)
글로벌기업(무역경영사, 1994; 전정판 2000; 개정3판 2008; 개정4판 2013)
광주지역의 투자환경(전남대학교 지역개발연구소, 2000, 공저)
사이버 수출마케팅(무역경영사, 2001)
중국 조선족사회의 경제환경(집문당, 2005, 공저).
그 외 국제경영분야 논문 다수

제 4 전정판
국제경영

1997년 1월 30일 초판발행
2002년 8월 10일 전정판발행
2007년 3월 15일 제 3 판발행
2012년 8월 23일 제 4 전정판인쇄
2012년 8월 30일 제 4 전정판발행

저 자 강 태 구
발행인 안 종 만
발행처 (주) 박영사
서울특별시 종로구 평동 13-31번지
전화 (733)6771 FAX (736)4818
등록 1959. 3. 11. 제300-1959-1호(倫)

www.pybook.co.kr e-mail: pys@pybook.co.kr

정 가 29,000원 ISBN 978-89-6454-280-4